华夏人文历史

姚著中国史 ❶

黄河文明之光

姚大中 著

华夏出版社

图书在版编目（CIP）数据

姚著中国史：全五卷 / 姚大中著. -- 北京：华夏出版社有限公司，2021.6

ISBN 978-7-5222-0112-2

Ⅰ.①姚… Ⅱ.①姚… Ⅲ.①中国历史－研究 Ⅳ.① K207

中国版本图书馆 CIP 数据核字 (2021) 第 019043 号

著作财产权人 © 三民书局股份有限公司

本著作中文简体字版由三民书局股份有限公司许可华夏出版社有限公司在中国大陆地区发行、散布与贩售。

版权所有，未经著作财产权人书面许可，禁止对本著作之任何部分以电子、机械、影印、录音或任何其他方式复制、转载或散播。

著作权合同登记号 图字：01-2014-6595 号；01-2014-6596 号；01-2014-6597 号；01-2014-6598 号；01-2014-6599 号

姚著中国史（全五卷）

著　　者	姚大中
策 划 人	潘　平
责任编辑	潘　平　杜晓宇　董秀娟　王　敏　刘　伟　吕　方
特约编辑	李钊平
封面设计	殷丽云
责任印制	周　然
出版发行	华夏出版社有限公司
经　　销	新华书店
印　　装	三河市万龙印装有限公司
版　　次	2021 年 6 月北京第 1 版 2021 年 6 月北京第 1 次印刷
开　　本	880×1230　1/32
印　　张	82.375
字　　数	1905 千字
印　　数	1-4000 册
总 定 价	498.00 元

华夏出版社有限公司　地址：北京市东直门外香河园北里 4 号　邮编：100028
网址：www.hxph.com.cn　电话：（010）64663331（转）
若发现本版图书有印装质量问题，请与我社营销中心联系调换。

前 言

历史，今日已系人文科学诸分野的共同基础。

我终觉得，传统中国历史的叙述方法与解明方式，对上项需要，尚存有其可待补充处——

其一，中国今日的人与地，须包含东北、蒙古、新疆、西藏，则其记录，应该突破传统"东部十八省"的汉族中国范畴。深一层说，中国在世界非为孤立，应该从叙述空间适度再扩大。传统的历史现象说明，于时间上是悬空的，应该拉下到今日人的立场！传统历史偏向于政治史的叙述，但人类活动非限于政治层面，则同时也应该注视当时人的社会、经济生活。还有，今日发达的考古学，应该可以加以利用，以改变传统专凭文献资料的习惯。同样，社会学、地理学等诸学问，又何妨与历史学结合，对历史解明，应该只有帮助，而不致拒斥。

其二，研究中国历史，今日已非限中国人自身。本国人笔下的本国史，容易主观而作身在其"内"的环顾，观察自有所局限。外国人置身事外，自上鸟瞰的客观性系其长处，但究竟非中国人，透视深度不够或只见屋顶未及屋内，又或存在先入为主偏见时，便非只遗憾而已。于适切今日时代的历史观点之下，调和中外双方的治学方法与态度，又非不可能办到。

基于如上两项构想，乃有这套中国史的撰写。每册分则各自独立，合则成套。

　　走一个新的方向，自不能必其成功与正确。然而，我的动机，原正不过"只开风气"。

　　谢谢分册陆续出版以来不断赐与我的谬赞，也谢谢刘振强兄的鼓励。

姚大中　于台北
1981年4月15日

目 录

黄河文明的诞生与展开

中国文明的光源
　　人类的发生·文明的始源　　005
　　北京原人／河套人／山顶洞人／札赉人　　022
　　黄河——中国文明的中核　　042
　　黄河文明的广域性　　070
　　传说与历史　　093

古代中国的成立
　　中国历史之曙光——夏朝　　117
　　殷朝国家与其都市文明　　131
　　卜辞的世界——信仰·历法·产业·社会　　182
　　周革殷命与封建制　　219
　　礼乐文化　　253

时代的跃动：纪元前八至前三世纪
　　从都市国家到领土国家（春秋）　　271
　　光与热的大奔放期　　302
　　中央集权制萌芽与中国"国际"统合的准备期（战国）　337
　　汉族的诞生　　367
　　百家争鸣——中国思想史的黄金时代　　372

汉族中国统一后的中国世界

秦汉大世纪
　　统一朝代的伟大继承　　　　　　　　　397
　　四百年汉朝盛衰　　　　　　　　　　　433
　　纪元前二〇〇至纪元二〇〇年间的科学与技术　456
　　汉朝人的生活与流行　　　　　　　　　469
　　思想·学问与独尊期儒家　　　　　　　506
　　汉朝社会、经济层面剖析——乡里与豪族　525

东洋—中国文明圈形成
　　南方的改造：百越／南蛮／西南夷　　　563
　　东方的黎明——东夷　　　　　　　　　587

主要参考书　　　　　　　　　　　　　　611

黄河文明的诞生与展开

中国文明的光源

人类的发生·文明的始源

中国史起点，共同的认识，自须始自闻名世界学术界的最古型化石人类，猿人类（原人）标准范例的北京人或北京原人（Sinanthropus pekinensis）。

北京原人于人类进化系统树上属于与今日人类间尚无直接联系的猿人类或原人，距离人种分化的阶段尚属遥远。因之，与其直接便称"中国人"，毋宁谓具有世界性意义，更为恰当。相对方面，北京原人化石出现于中国域内，固系中国史的开宗明义，却也是中国史与世界史的最早连接。并以北京原人所属的猿人类乃人类进化最早阶梯，则中国史第一页须与世界史相共通。

地球历史，依于层位学、岩石学、古生物学而区分的始生代、原生代、中生代、新生代诸地质时代，最后又是延续迄今的新生代所再区分第三纪与第四纪，其第三纪自约七千万年前开始，迄于一百万年前为止，对于动植物界与全人类史，已都占有极其重要的位置。十九世纪以来，最接近人类的高等动物如今日非洲产大猩猩等类人猿与人类的共通祖先化石类人猿，已以科学家们的努力，分别于欧、亚、非旧大陆各地的第三纪地层中发现。中国也是此等化石的宝库，南部广西山岳地带石炭岩洞穴中，大量积存了兽类骨骼化石，过去往往由附近居民采掘，呼之为龙骨而卖入药材铺，其中便曾发现类似属于人类而大过人类二倍以上的臼齿。迨正式的学术调查与发掘展开，出土颇多的牙齿与下颚骨，考定都属第三纪，学术界名之为"巨猿"（Giganthropus）的大型类人猿骸骨化石，为世界性的地略披退克司（Dryopithecus，意即"森林古猿"）系统的一种。已高度发达的类人猿化石地略披退克司当第三纪中新世与鲜新世时，正普遍栖息于欧洲、亚洲、非洲的世界各地。推定至二千数百万年前，此一人类与类人猿的共通祖先系统开始二分，其一演化为今日的大型类人猿，另一支则通过进化过程向"人类"发展。巴基斯坦东部锡哇犁克（Siwalik）丘陵鲜新世地层发现，推定属于一千四百万年前的拉玛猿人（Ramapithecus），其退化了的上颚犬齿特征，显示便是此类类人猿的最早人类化，即地略披退克司分支后的人类最早雏型。

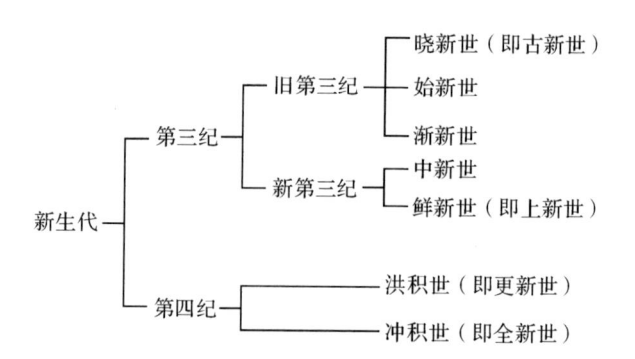

```
                              ┌─ 晓新世（即古新世）
                    ┌─ 旧第三纪 ─┼─ 始新世
          ┌─ 第三纪 ─┤          └─ 渐新世
          │         │          ┌─ 中新世
新生代 ─┤         └─ 新第三纪 ─┴─ 鲜新世（即上新世）
          │
          └─ 第四纪 ─┬─ 洪积世（即更新世）
                    └─ 冲积世（即全新世）
```

人类发生的初期阶段，人类如何自类人猿区别，解说非常困难。考古、人类学界认定的人类特性，系直立行走、工具制作、火的使用与语言等四要素。以此等特性为表记，指示人类与类人猿分离而独立进化的最早起源,为共同承认的学说,时间距今一百万年前开始至一万年前终结,属地质时代第三纪鲜新世最后,以及接续鲜新世的第四纪洪积世(Pleistocene)。四次冰河侵袭地球,便属此一时代,因而洪积世有四次冰河期与间隔的三次间冰河期的细分。再接续,又便是迄于今日的冲积世(Alluvium)。

拉玛猿人时代以后,最早超脱于类人猿与人类中间形态的化石人类,系最初于南非发现,年代当二百万年前鲜新世之末至洪积世之初,其后又接续被发现甚多同一类型化石的澳司脱拉洛披退克奈(Australopithecine,意译"南方猿人")。骨盘、大腿骨已与真正人类相似,显示具备了直立而两足行走的条件。脸部与头盖的构造虽仍与类人猿相似,脑容积平均六百五十立方公分,仅及现在人类一半以下,但较大猩猩的约五百立方公分已大得多。拇指大过其他各指,可与其他各指相互张合与握拢的特征,又可见上肢已渐发生"手"的效用。但由于其大颗臼齿,可以理解,仍以采集植物性食物为主,捕捉野生动物作食料的现象并非常态。同类型的此一最原始人类中,最著名的是一九五九年,英国考古人类学家李奇(L. S. B. Leakey)在非洲大陆东部坦桑尼亚(Tanzania)的坦干伊喀(Tanganyika)奥图伐伊峡谷(Olduvai gorge),所发现意译为"东非人"的Zinjanthropus boisei,已能制作简单的工具,出现最古形式与最原始石器的砾石器(原石器、打器、pebble tool),只是最初粗制的石器与由自然力割裂的燧石,区别颇不容易。此类石器存在年代,一九六一年经地质学家测定在一百七十五万年前左右。

最初的人类,于东、南非洲开始扬弃类人猿式树上生活,转移为地上生活以来，已专使用下肢直立行走，上肢终进化成了"手"。较进步的核石器与剥片石器原始工具制作，又使食物容易获得，肉食分量加大。继爪哇岛中部闻名的直立猿人（Pithecanthropus erectus 爪哇猿人）于六十万年前出现，便是考古人类学界最重大发现之一，代表学术界最熟悉的北京原人于地球登场。北京原人今日已被确定为人类特性完全铸定时的模式，代表了同一类型的人类文化阶段。北京原人自五十万年前洪积世中期出现，火已由偶然知晓使用而学习得到火种不灭方法，不但可用以防寒与抵御动物侵击，且得烧烤猎获物，使生肉柔软，因此之故，下颚由于咬嚼力的减少而退化。头盖以直立而与地面保持垂直，脑的容积增大，发达至足以经营复杂精神活动能力的领域，并具备了说话机能，简单的言语与会话从而发生。

人类诞生的时代，也关系现代科学上测定年代的方法。届至目前，多种测定年代的方法中，被科学家们承认为最具准确性，并广泛使用于历史学、考古学方面的，乃是"碳十四定年法"，或者，以碳十四具有放射性而又名放射性碳，所以又称"放射性碳定年法"。此乃美国科学家李比（W. F. Libby）于一九四七年发明，一九六〇年因之获得诺贝尔化学奖。理论系依于放射衰变，便是说：任何生物体，从死亡之际开始，体内碳十四便只出不进，放射强度依放射定律随年代而逐渐递减，到死亡第五七六〇年时，其放射强度已仅及原来的一半；再经过五七六〇年，放射强度只剩四分之一；续经五七六〇年，则仅八分之一；……应用之于考古学，测出的年代与真实的年代相当接近。然而，应用的正确度也非没有限制，放射性碳于地质学上洪积期之末，三万年至四万年的测定已有困难，年代再往前推，便须依其他定年法才能决定其年代。所以，一九六一年"东非人"的年代测定依凭，便非"放射性碳定年法"，而系"钾氩定年法"。

年代测定法		材料	最大测定的年代	半衰期 half-life
年轮		树木	2000 年	
地磁气		陶器、炉、窑、熔岩		
风化速度		黑曜石	10000 年	
放射性元素	放射性碳	树木、炭、贝	70000 年	5760 年
	钾 40	火山岩		
	氩 40	熔岩		>13 亿年

出自河出书房版《世界的历史》（一）《人类的诞生》，第 110 页。

有关人类起源的理论，其系谱解说，大体可整理如前述。而最近数年，新的人类学家，已去世的"东非人"发现者李奇之子小李奇（Richard Leakey），在东非洲连续的戏剧性考古惊人发现，对原人类学家异中求同所认定的共通学说，提出了挑战。一九七二年，小李奇首先于坦桑尼亚北边邻国肯亚（Kenya）北部的鲁道夫湖（L. Rudolf）东区，发现推定年代在二百五十万年前，脑容积八百立方公分，编号"1470"号而经拼组头骨碎片复原了的头颅。老李奇发现"东非人"时，已主张所有已发现的各种澳司脱拉洛披退克奈与人类进化都无涉，"东非人"才是。"东非人"头颅与脸部已倾向于"人"，能制作工具且具一定的形式，脱离了不太熟练运用工具与随便利用现成工具的阶段。所以澳司脱拉洛披退克奈与"东非人"同源而各自分化，与真正人类衔接的则是"东非人"。小李奇继承其父意见，"1470"号头骨便被引为证明，提出人类进化的革命性理论，认定可资辨认的人类形态，早自二百五十万年以前已自澳司脱拉洛披退克奈分出，自成独立发展系统，而两者同时并存[1]。但小李奇的发现与其理论，提出后颇受非议，甚多人类学者认为此一头骨，实际只是偶然的畸形物，为某一具有畸形大脑袋的灵长类个例而已。

三年后的一九七五年，小李奇领导考古研究队续有弥足珍贵的大发现，发现地点仍在肯亚鲁道夫湖东岸。两项收获之一，极为相似"1470"号的头盖骨又被发现了一具，新发现强力支持了小李奇对于"1470"号的主张。小李奇另一项意义尤为重大的发现，是测定一百五十万年前的一具完整拼组了的头盖骨出现，令人惊奇，竟然与北京原人化石几乎完全一模一样。北京原人乃届至目前，代表直立猿人最有名的典型，发现时地质学家暂时估定的年代系距今五十万年前，小李奇因此指出：非洲此一发现，已引起对北京原人的真正年代发生了疑问，可能必须加以修正，而往前推移一百万年。又说，鲁道夫湖头盖骨乃是真正人类所出的"直立猿人"系统与通称澳司脱拉洛披退克奈的猿人间十分重要的联系，足以确定证明两者间的同时并存[2]。只是，新学说在世界学术界的反应，今日尚未澄清。

同在一九七五年，东京抄收到中国新华社广播也报导，云南省禄丰县石炭坝的煤矿场，于推算为八百万年前的地层中，发掘出一具除门牙外其余牙齿均完整无缺且具备自类人猿进化为人类特征的猿人的下颚骨化石，与拉玛猿人形态相似[3]。拉玛猿人的骨骼，今日正愈扩展在肯亚、土耳其、匈牙利等境内都有发现，

---

[1] 《国际地理杂志》1973年6月号专文。
[2] 《新闻周刊》(1976年3月22日)报导，以及1976年3月8日合众国际社电讯。
[3] 1975年4月12日台北新闻报导。

巴基斯坦锡哇犁克山中，且曾大量发现其牙齿下颚骨，年代推测在一千万年前。新华社的报导如果无误，其意义，当在此一人类与澳司脱拉洛披退克奈的同源祖先类型，发现地已推展到了中国域内。

不论如何，今日人类对于自己最早渊源的揭晓，科学学术界尽管十分认真探求，研究兴趣也广泛，所知仍十分有限，未来必有也必会再有更多的新的知识提供。只是，在任何新发现的结论或新理论未能详细公布于世，以及获得共同承认以前，毋宁以持审慎态度为妥当。所以，今日一般的人类诞生叙述，仍设定洪积世中期为人类步上加速历史发展路线的枢纽时代，而北京原人又系研究起点。考古人类学界以往也曾重视德国域内发现的海德堡人（Palaeanthropus heidelbergensis），但其立于洪积世的位置，迄今不能稳定，而且已知海德堡人的发现地并非便是原住地，系因河水流动而漂至，所以无由直接知晓其所代表的文化[1]，而一括属之北京原人代表的文化期[2]。

时间延后到距今约十五万年前的洪积世后期，继猿人类之后出现了古生人类（原始人类，Homo primigenius）的化石人类，当第三间冰期至第四冰河期之间，广泛分布于欧洲、非洲、亚洲。德国的内安得塔尔人（Homo neanderthalensis）乃其代表，经营剥片石器文化，脑容量一千三百至一千六百立方公分，与现在的人类已相近似，但其头盖骨、四肢骨虽较猿人类进步，比现在人类仍显幼稚。同一类型的人类经考古、人类学界所赋予名词

---

[1] 角田文卫:《文化的黎明》，筑摩书房版《世界历史》（一）《历史的黎明》，第 24 页、第 38 页。
[2] 苏联科学院《世界通史》第一卷第一分册，东京教育版日译本古代 1., 第 38 页。

是：爪哇的 Homo soloensis、非洲的 Homo rhodesiensis 等，以及中国的河套人（鄂尔多斯人，Ordos man）。

古生人类与其先行北京原人代表的猿人类，人类学上合称旧人类，旧人类也便是现在人类出现以前的人类总称。与人类学相配当，考古学方面对人类自发明取火方法，已能制作打制石器，而尚不知磨制技术的时代，名之旧石器时代（Paleolithic Age）。旧石器时代又依文化创造主体的人类进化阶梯而分前后期，泛称的旧人类时代，便值前期旧石器时代。

前期旧石器时代诸遗址发掘调查获得物质文化、精神文化的综合了解，石器已继利用硅岩、石英等现成砾石的两面打击二三次粗制的砾石器，进而由石核加工的石核石器出现，多数制成握斧（Hand axe），适应掘土、砍木等用途。同时，剥片加工的剥片石器，如所制成三角形、椭圆形诸形状握斧与尖头器（point），也已产生，以便利于切割肉类、刮骨、剥取毛皮。石核石器与剥片石器主要分布地，前者为旧大陆南部温暖地域，后者为旧大陆北方寒冷地域，但非谓两者判然不相容，共存的例子同样很多。前期旧石器时代以适应诸冰河期间隔的气候，文化开展层次因之也不同，而有依于欧洲编年基准，连续三文化期的区分：歇利安（Chellean）期、亚修利安（Acheulean）期的前两期均属猿人类时代，最晚的慕司特利安（Mousterian）期已系古生人类的时代，内安得塔尔人便于此文化期出现。

慕司特利安期是个承上启下连接后期旧石器时代的关键性时代，所以考古学上又以中期旧石器时代相称。此一文化期特堪注目的征象，是人类栖息场所已从早期的岩阴与洞窟，过渡到专以洞窟为住居处，其遗迹也屡已被发现，且从洞窟内发现了炉的痕迹。遗骸又以意识已经存在而开始了埋葬风习，于家族自居的洞窟内掘穴埋葬先人遗体。石刃与原始的骨角器，此时也开始登场。

接着，现生人类（新人类，Homo sapient）自第四冰河期时出现，后期旧石器时代细分的奥利格那西安（Aurignasian）期、索鲁特利安（Solutrean）期、马格达利安（Magdalenian）期等三文化期便转移由现生人类创造。现生人类分别发生于地中海沿岸与亚洲等旧大陆各地，与现在地球上存在的人类已属同一种类，头盖骨、四肢、体格等构造，头脑的高度发达，手腕加长而适合于复杂的劳动，都与现代人无异，而为现代人的直接祖先。但有一个问题：现在人类与旧人类间的系图如何？过去学术界曾有旧人类系绝灭了的人类，与现生人类并无直接关系的意见，但今日对此说多数已不采用，主张现生人类便由旧人类中产生。而且，旧人类尚无人种上的分化，也须现生人类出现，人类的人种区分才渐次分明，以及从旧大陆广泛移往南、北美洲与澳洲，地球上所有的地域，自后期旧石器时代而都已有人类定居。今日于世界各地发现的化石现生人类，法国发现的克鲁马农人（Cro-magnon man）是高加索人种或白色人种直接祖先；意大利北部发现的古利马尔地人（Grimaldi man）与尼格鲁人种或黑色人种由来有关联；中国的山顶洞人（Upper cave man）又系蒙古利亚人种或黄色人种系谱。

已系现生人类的后期旧石器时代，欧洲人类已分布到西伯利亚，大部分仍居住洞窟，但自平地地面挖掘深穴而居的住居址也开始出现。以骨或角为材料的骨角器大量制作，精巧而又种类繁多，包括枪尖、骨针、骨锥、铦（鱼叉）、钓针、指挥棒、投枪器，以及各种装饰品。石刃加工具备了多种技术，石镞的发现，说明弓矢也被发明。到晚期，几何纹细石器（Microlith）的存在，又是考古学一大发现。特堪注目，人类最古艺术便自后期旧石器时代发生，遗址中壁上动物、人物等写实性彩色绘画的所谓洞窟壁画，以及裸女浮雕与雕刻的最早被发现，都是学术考古成果中的瑰宝。洞窟埋葬死者时提供随葬品的习惯也自此时形成，原始的宗教观念可知同已产生。

关于经济形态，前期旧石器时代采集植物性食物，以及捕获小动物与有蹄类作食料的获得经济（food gathering），稍后以枪尖石器的制作成功，投枪发明，狩猎工具改良，而猎获物数量、种类都有增加，已系狩猎与渔捞的共同作业。最初的社会集团，集合家族形成共同体，依血缘相结的"群"（Horde），亦于前期旧石器时代成立，婚姻关系推定尚停留在乱婚阶段。集团劳动关系的分业，则男性狩猎、渔捞，女性采集、看守火种与育儿等。"群"至前期旧石器时代最后的文化期，亦即中期旧石器时代阶段，转换为单系血缘集团的氏族（Clan），母系制为基石的氏族社会最早出现，自此届至现生人类后期旧石器时代，仍相共通。后期旧石器时代较之前期旧石器时代的经济形态，并无本质上差别，从事狩猎—渔捞—采集经济。只是，由于弓矢的发明而效率愈高，猎获物数量愈增，食料愈丰富，食物已有积储，对动物、鱼、果实等开始具有了保存观念。

东亚的场合，前期旧石器时代相当于洪积世中期，中期与后期旧石器时代则均洪积世后期。

待到地质时代推移到距今一万年前左右起，地层因河川的堆积作用而形成的冲积世（即全新世）来临，旧石器时代终被扬

绝对年代（纪元前）	地质年代	冰河期	人类（化石）		文化		经济	工具	社会政治		
550,000 500,000 450,000	中期	第一冰河期	原人（猿人类）	北京原人	前期旧石器时代	Chellean期	狩猎、渔捞（食物采集）	打制石器	群（前氏族社会）		
400,000 350,000 300,000 250,000		第一间冰期									
		第二冰河期				Acheulean期					
200,000 150,000	洪积世（即更新世）	第二间冰期									
		第三冰河期									
100,000		第三间冰期	古生人类	河套人	〔中期旧石器时代〕	Mousterian期					
50,000	后期	第四冰河期		山顶洞人	后期旧石器时代		〔高度狩猎〕		氏族社会	母系制	氏族	
10,000			现生人类		中石器时代			细石器 半磨制石器				
6,500	冲积世（即全新世）	后冰河期		札赉诺尔人	新石器时代 1,000—500 铁器时代 3,000—1,500 青铜器时代 5,000—2,000 金石并用期		农耕、畜牧（食物生产）	磨制石器 陶器			氏族（部族）联合	
										父系制	部族联合

史前中国在人类进化史中位置的编年系图

弃，经由中石器时代（Mesolithic Age）的文化过渡期中介，而被全新面貌的新石器时代（Neolithic Age）替代。

前页附表便是史前中国立于人类进化史位置简赅的编年系图[1]。

中石器时代，系以半圆形、梯形、三角形、菱形等几何学的小型石器细石器盛行，以及组合式石器的开始制作（细石器附以木、角、骨的柄而作镰、铦、枪等之用），为文化特征。石器制作方式仍踏袭打制，但半磨制品也已被发现。文化分布，北欧Maglemosean文化、西欧Azilian文化与Tardonoisian文化、西亚细亚（巴勒斯坦）Natufian文化，以及中国札赉诺尔文化，都具有代表性。绝对年代自纪元前一万年左右开始，但也依地域性而有差异。

以中石器时代为间隔而形成石器时代的"新""旧"区分，其鲜明标志是工具制作的革命性转变。新石器时代，石器粗糙打制的旧传统已被扬弃，依于磨研技术新方法而制作与使用的磨制石器普遍出现。也于此时代，随着冰河的后退，人类为适应转变了的生存环境，渐渐已有新的反应，便是最早的农耕与畜牧发生。最早的农耕也必同时经营畜牧，于是史前史上的原始或初步农耕（Incipient Agriculture）成立，人类经济形态由原先的获得经济昂然迈进生产经济（food producing）领域。

仅以经济手段为基准，对于人类古代文化史，因此今日也有：

---

[1] 制表参考资料：晓教育图书版《现代教养百科事典》7.历史，第27页、第30页附表；诚文堂新光社版《玉川百科大辞典》14.世界历史，第13页附表；岩崎版《世界史图说》，第7页附表；小学馆版《世界原色百科事典》别册《世界文化》，卷末世界文化史年表；世界文化社版《世界历史丛书》3.古代中国，附录年表（史前时代）。

始原时代（primaval ages）、古拙时代（archaic ages）、古典时代（classical ages）三分法的新的时代区分法。始原时代的设定，便是生产经济以前，最初的获得经济时代，时间范围近似旧石器时代与中石器时代，而不全然相当。即使石器已知磨制，亦即通常所指已系新石器文化的场合，如果其地仍未经营生产经济时，依然属于始原时代范畴，区分原理有异[①]。但历史界于传统上的史前史时代区分，习惯仍立于工具制作基准与石器技术，而区分旧石器、中石器、新石器的三个时代。

自美索不达米亚以至小亚细亚的一部，经叙利亚、巴勒斯坦以至埃及的平原，土壤肥沃，向系大量谷物生产的理想场所，此地域也以最早文明开花著名于历史，然而，想象中最原始的农耕发生地却非与之相符，而是此地域的外缘地，且非平地而系丘陵地带。北伊拉克于纪元前八千年左右留存的 Karim Shahir 遗址，是考古发掘调查，现知向新石器时代农耕文化移行有线索的最古资料。其时人类生活资源虽仍依存于野生动植物的狩猎、采集为主，而局部磨制石斧、细石刃的镰、碾臼等出土，也显示了最初植物栽培萌芽的可能性，所发现兽骨的半数以上，也似已是家畜化了的绵羊、山羊、猪等骨骼。新石器时代的曙光已经显露。

最原始的农耕、畜牧，于气候干燥，无森林与海岸线的山岳地开始后，从刈割野生谷物，以及与之同时并行的渐次饲养野生动物，发展到有意识的栽培谷物与饲育家畜，终于确定了农耕的起源，而考古—文化史上，乃进入新石器时代。Karim Shahir 遗址以南，北伊拉克 Kurdistan 山脉西侧 Jarmo 遗址，以及巴勒斯

[①] 角田文卫:《文化的黎明》，筑摩版《世界的历史》1.历史的黎明，第 34—35 页。

坦死海西北方 Jericho 遗址，都是已知实行本格化农耕—畜牧的最古遗迹，年代考定都在纪元前六千五百年左右。基于盛水、盛谷物与食物熟煮需要而发明的容器陶器，用石奠基、砌土为墙的住所，以及颇多住所集合形成的原始农耕村落痕迹，都曾于此等遗址发现。

到纪元前六千年，农耕地带已自最早的西亚细亚扩大到小亚细亚、伊朗等几乎地中海以东 Orient 全域。接着，世界各地新石器时代农耕文化相继纷纷展开，虽然相互间也显现了地域性的个性，但隔离而又分别发展的农耕—畜牧生产经济与其定居农村生活，则已是共通特征，而完成地球上人类生活共同的一大变革。今日世界文明，便立于此一基盘之上。

人类自最早以迄今日，通过其漫长时期的文化发达进程，以新技术发明，对生活发生决定性变革而成立的转换期，前后曾有三次。最早祖先阶段由于直立步行，获得语言能力，以及手与指的功能激发，使用了工具与火，人类文化从此创造与发生，乃有创造期或第一次转换期出现。第三次转换期，近代产业革命成为促进向来社会—文化构造从根底上解体的原动力，以及二十世纪之中叶对原子的控制成功，引发今后全人类生活的革命性变化，自毋待赘言。而介乎此第一次与第三次革命之间的第二次革命期或转换期，便是与考古学上新石器时代相对应的彻底否定人类食料采集生活方式，予社会—文化自根本发生变化的农耕发明，人类文化史上名之食料生产革命（Food-Producing Revolution），或者，与近代产业革命对比而称农业革命（Agricultural Revolution）。再或者，又以人类自此以谷物栽培而进入安定的定居生活，社会关系复杂分化，古代文明产生所需的技术、经济、社会、政治诸基本条件，均以此为形成时代，而学术界又往往以此阶段称形成期（Formative Era）[①]。文明世界中新技术、新发明得以次第完成，十八世纪产业革命再变换人类生活基调成为可能，都必然以及必须以形成期的成立为前提。

以农耕—畜牧为人类日常生活基础的形成期农村生活，磨制石器与对流动生活不适合、非待定居生活时代不能普及的陶器，自系全世界形成期文化最显著共通特性。除此之外并行的一般通则，又可归纳为：

纺织技术的发明：用绳索或藤之类编织网、袋、笼等的技术，采集、狩猎时代原已流行，但组合棉或羊毛等动植物纤维织成衣着布料的纺织技术，则必待纺锤与机织工具的发明与发达。其时代，便在已系定居农村的形成期。抑且，各地域形成期文化中，被发现的纺锤车式样都相同，可推定织机的构造与原理为同一，尽管各自独立发明。此一情况，与各地形成期村落遗址中坚固而安定性的陶器大量制作，以及随兴施加各种纹式与彩色，正复相同。

木工技术的发达：新石器时代精巧的磨制石器，导引木工技术倾向专门化。旧石器时代便开始的森林采伐与木材加工，至新石器时代，非只因磨研技术与用途分化后各种进步石器出现而效率超高，结合木材与木材的技术，且必须待到得以使用磨制凿子的阶段，才可能成立。而也惟其木工的发达，乃得有建筑技术的进步，以及船、车等交通运输手段的改良与发明。

帆船的发明：水上交通手段船的发明，推测可能甚早，而帆

[①] 形成期文化，取材自石田英一《形成期的农耕文化》，学生社版《古代史讲座》2.原始社会的解体，第284—285页、第292—295页。

的出现，最早利用人力以外的物理动力，则堪称划时代的技术发明，人类水上交通范围因之得以扩大。而此发明，大体便是形成期的业绩，纪元前三千年以前的埃及陶器上，最早已见描绘张立四角形帆的舟船之图。

车的普及：陆上交通工具的车，似于美索不达米亚的形成期最早发明，现已发现的资料，纪元前三千年前后美索不达米亚的雕刻中，已显示如马一类动物所驾二轮或四轮的车辆存在。整体欧亚大陆的古代文化圈，大抵届至纪元前一千年左右，车的使用都已普及，以及运用了与车同样原理的辘轳。

金属器的制作：金属器使用，乃古代文明成立的基本动力。其理由是，具有坚固与锋利条件的金属器，已非如木、石、骨等加工的单纯技术，利用金属原料制成器形与使之弯曲变形，非经由施加高热燃烧使成液体，再灌入一定铸型的手续不可。所以有关金属加工，高热燃熔的炉、风箱、坩埚（熔化锅）、铸型、床、铗、锤等各色各样新的工具与装置都须陪伴具备。从自然铜以及银、铅、锡、金等性能的认识，而至较铜坚硬的合金青铜发明，尤系一大进步。而大体上，自最早的美索不达米亚金石并用期，至纪元前三千年左右，美索不达米亚东、西地域对青铜的特殊熟练技术与知识，都已普及。

犁耕的发明：利用以牛为代表的大型家畜动力耕作，以及犁耕的发明，美索不达米亚与埃及自纪元前三千年左右都已成立，迄于纪元前一千年之间，东起中国，西至欧洲，也全行普及。

旧人类时代原无人种与文化区别，待人类共通历史演进到现生人类进化完成，食料生产革命发生，人类选择适宜环境经营定居或半定居生活的新石器时代来临，乃以体质、遗传形质、地域别，而发生了人种—种族的分化。不同的种族，又依于社会经济生活与其习俗等人为特性的基准，而民族开始分离。此一时期，语言的分歧发展乃系重要指标，以语言结构归纳的语系与诸语族，多数也最初形成于新石器时代或接续的金石并用期。"中国人"独自发达的范畴于此划定，此其一。

其二，又因人类到达自给自足农耕经济阶段，食用植物谷物的品种选择与淘汰，以及可能对抗自然灾害等知识，都已具备，生产力向上，生产物以大量栽培而出现剩余储藏的现象也加大。畜牧部分亦然，对家畜群的保护与管理，肉、乳、毛皮等的多方面利用，共同都有改良而增广其用途。人口繁殖率因生活安定、收获量丰富而增大，社会关系陪伴转变，基于生产的农耕劳动，已以社会再分工而自原采集者女子转移入男子之手，男子是战士也是农夫，于母系制氏族社会中地位不断增高。另一重要的结果，人口的一部分，又随农耕、畜牧技术发展与人口成长加速，而改行从事直接的食料生产以外诸工作，劳动力以劳动对象扩大而分业开始。待新石器时代继续转换到金石并用时代，人类已知晓铸造与使用金属器，农耕地带中心确定移至大河流域，生产力愈益扩展，生活愈益丰裕，母系制氏族社会终再向父系制氏族社会转移，而有以氏族—部族为基准的最早的国家成立，文明世界开始出现。

人类历史演进至此阶段，非洲大陆东北端与亚洲大陆西南部，以及亚洲大陆南边、东端的大河下流地方，已分别形成了文明中心，埃及、美索不达米亚、印度河、黄河等世界四大文明发生。但包括埃及、美索不达米亚，以及叙利亚、巴勒斯坦等地方，西方人习惯泛称为 Orient，起源的拉丁语含有"太阳升起的地方"或"东方"之意,所以,埃及文明与美索不达米亚文明也往往被合并为同一范畴。以后人类历史,便分此四个或三个文明圈而展开。到欧洲受 Orient 文明影响而形成以海洋性为特色的独自的爱琴文明圈时,又以中国、印度、西亚细亚、欧洲等四大文明圈并立于世界,而各自创造与发展其独立的文明与文化。

中国与中国人的文明历史,便从此独自成立系统而展开。

北京原人 / 河套人 / 山顶洞人 / 札赉人 [*]

关于中国史前文化的地下史料,大陆科学界以匼河文化代表中国最古文化。匼河文化以黄河屈曲至山西省西南部芮城县匼河村地面下约三十公尺砾层中,哺乳动物骨骼化石与带有烧痕的动物骨片,以及石英质粗制石器的出土,而被指认。石器遗留年代,被指较与北京原人伴出的石器时代为尤早,但早到如何程度?却无肯定答案,因此估测间便多歧异。最久远的年代主张,认为匼河村石器堪比东非洲距今一百七十五万年以前的人类最原始砾制石器,形态相似,制作法也相似,从而又推测,人类与类人猿分化的舞台,中国北方黄土地带乃与非洲大陆同时并在。但此一意见,乃先已想定与假设中国可能存在较北京原人更原始的石器文化而作的推论,所以立足点殊不稳固。较多数的意见,虽不否定匼河村所发现为砾石器,然而,以北京原人所代表的周口店文化相较,周口店北京原人出土的第一地点年代非为最早,遗

---

[*] 本节主要取材于平凡社版《世界考古学大系》5. 东亚Ⅰ:关野雄《东亚的史前文化》、樋口隆康《化石和人类》、松崎寿和《沙苑文化和广西洞穴文化》诸章。

迹中第十三地点才最古，匼河所发现与之相当，乃周口店第十三地点同一文化的旧石器时代诸遗址之一。也惟其匼河文化无详细与完整的进一步调查研究报告提供，迄今存在着年代解释上的困难，所以不能正式列入中国史前史的解说序列。即使在大陆，发行最广与最通行的权威著作范文澜《中国通史简编》也未提及匼河文化，而仍以北京原人为叙述起点。

同样的情况，大陆科学界又曾宣布，一九六四年陕西省西安以西的蓝田县发现了猿人类化石[①]，便是近年颇为著名于学术界的蓝田猿人。据估定，已具有六十万年的历史，推向北京原人被测定年代之前，而约与爪哇的直立猿人同一年代。但调查资料也不明了，迄无正式研究报告提出。

一九七六年又报导，于保存中期旧石器时代人类"丁村人"牙齿化石与极丰富遗物的山西省襄汾县丁村遗址，发现了与蓝田猿人属于同一年代，较北京原人早约十万年而属于孩童的右侧头盖骨碎片化石[②]。然而，数日后新华社却接续广播修正了年代估测[③]，指出，此新发现的化石，较北京原人同龄儿童的头盖骨为薄，因之年代经重新比定为距今十万年前。换言之，非只晚于北京原人，且迟过了较早同在丁村发现的丁村人的年代。

所以，中国域内人类文化的起点，以视今日具备的资料，仍须以北京原人与所代表的周口店文化为基准。

中国域内文明光源，世界闻名的北京原人之为考古人类学瑰宝，非只以系世界最古的化石人类之一，重要性尤因这些化石

---

① 1965年5月15日台北收东京外电报导。
② 1976年11月24日台北收东京外电报导。
③ 1976年11月27日台北收香港外电报导。

人骨，于已被发现的猿人类化石中为特形完整，以及对之已发表的研究资料最为丰富齐备，而确立其人类发达史上最坚固的地位。北京原人出土地在北京市西南五十四公里的房山县周口店。周口店附近多石灰岩所形成的小丘，石灰岩中又常有裂缝与洞穴出现，民国七年（1918年），受聘农商部地质调查所为顾问而来中国的瑞典籍地质学家安特生（J. Gunnar Andersson），最早于周口店西南约三公里的鸡骨山石灰岩裂隙中发现了若干动物化石。民国十年（1921年），安特生再得谷兰阶（W. Granger，美籍）、兹丹斯基（O. Zdansky，奥籍）协助，两年间所获采集品中，最初以发现北京原人的牙齿两枚，而轰动国际。于是，民国十六年（1927年）开始，由地质调查所与协和医学院（Peking Union Medical College）正式合作，在洛克菲勒（Rockfeller）基金的研究经费支持之下，展开正规化的学术发掘，先后参加发掘与专门性研究工作者，中国有裴文中、杨钟健、卞美年、贾兰坡等，以及步达生（D. Black，加拿大籍）、步林（B. Bolilin，瑞典籍）、魏敦瑞（F. Weidenreich，美籍）等国际间最有经验的各国考古学、人类学、解剖学、古生物学、地质学等学者。至民国廿四年（1935年）的八年中，前后五次学术发掘（1927年、1928年、1929年、1930年、1933年，另1933年的一次发现了山顶洞后期旧石器时代遗址），至继步林主持现场发掘的裴文中赴欧，系统性的发掘才中断。室内研究工作则先由步达生主持，步达生积劳去世于研究室中，由魏敦瑞继续，至对日抗战爆发，北平沦陷，而珍珠港事变稍前的一九四一年，魏敦瑞始返美。于此期间，数以百万字计的关于北京原人学术研究报告，连续向全世界发表，包括中、美、加拿大、瑞典、法、德、英、苏联诸国，研究热潮且持续到二次大战结束以后，可谓迄今为止，世界科学界从未曾有，对人类化石最有系统与最具丰富资料的研究整理智慧结晶。

不幸，世界之珍的北京原人化石原件，却已于民国三十年日军偷袭珍珠港的同时，神秘失踪。其时以国际情势急遽变化，为保护北京原人而运离中国大陆赴美存放途中，随护送美军的被日军俘虏，而从此下落不明，至今成为世界性搜索目标，下落却仍是个谜。大陆方面对周口店继续展开的考古调查，据1967年报导 ①，考古学家"最近"已又发现了北京原人的一块头盖骨与一块后头顶骨，但详情未知。所以，今日的研究，依凭仍是失踪了的北京原人的头盖骨。

周口店遗迹的战前调查，发现洪积世化石的地点有十七处，其中特为重要的发现地点系No. 1、4、13、15四处，第一地点猿人洞便是北京原人发现地。年代推算，第十三地点较第一地点稍古，第十五地点较第一地点稍晚，第四地点又稍晚。北京原人存在的年代，研究者之间意见曾有歧异，第一间冰期、第二间冰期，或依前期旧石器文化区分的最早歇利安期、三十五万年前的亚修利安期，甚或再迟至慕司特利安期，都被主张。多数所共通承认，则北京人依伴出石器整体的技术水平与特征测定，系属于与爪哇直立猿人同时期的歇利安期或冰河期编年的第一间冰期，绝对年代约五十万年前。包含较晚的第十五地点与第四地点，一起属于前期旧石器时代，以及地质年代的洪积世中期，而名周口店文化。但大陆一九六一年的铀钍测定，又指第十三地点才属五十万年前，第一地点为三十六万年前，第十五地点为二十一万

---

① 1967年11月15日台北收东京外电报导。

年前，山顶洞则五万至一万二千年前，因而对北京原人活动时代所作的推论：改定在洪积世中期的四十万年至二十万年间。[1]

北京原人出土的第一地点猿人洞，石灰岩洞窟内部发掘面积东西一百七十五公尺，南北五十公尺，堆积厚度四十余公尺，发掘地层自上而下分十一层位。丰富的化石动物群与原人化石，以及为数约十万件的石器，都于此十一级文化层中发现。民国十八年（1929年），裴文中最早发现震惊学术界，几乎完全的未被压力压坏的头盖骨。迄于一九三七年（1935年后仍有零星发掘），总共约一百八十件化石人骨资料自第一地点被采集，其中，原人化石的完全头盖骨四（分别自第八、第九层位以及第十一层位东方的小洞内发现）、下颚部十四、牙齿一百五十、上腕骨三、大腿骨片七、锁骨一、胫骨一等等，分属于自幼儿至老人的四十个原人男女个体所有。年龄百分之四十不明，推定四十岁以上的，占其余百分之六十的百分之十。

头盖计测值比较[2]

	全长 mm	高 mm	头盖容积 cc	厚（平均）mm
大猩猩（类人猿）			平均 505	
直立猿人（爪哇猿人）		105	860	10.0
北京原人	194	115	1075	9.7
内安得塔尔人		125	1400	7.2
现代人		134	1400	5.2

---

[1] 和岛诚一《农耕牧畜发生以前的原始共同体》引郭沫若、杨钟健、裴文中、周明镇、吴汝康、贾兰坡《中国人类化石的发现与研究》，《自然》第10卷第5、6号，学生社版《古代史讲座》（二）《原始社会的解体》，第4页。

[2] 出自平凡社版《世界考古学大系》5. 东亚Ⅰ，第19页。

由于上述资料而明了北京原人一般特征，结论是：

1. 头盖低平而厚，额部向后倾斜。

2. 眉棱骨特形发达，粗壮而突起，左右相连接。

3. 头部最广阔处为耳孔上方，较现代人位置为低。

4. 头盖容积平均一〇七五立方公分，较直立猿人为大。

5. 后头突起显著发达。

6. 脑壳内腔，脑的构造左右不平衡，大脑左边较右边大，而小脑相反。

7. 下颚骨厚重，下颏后退内缩。

8. 脸部角度呈直角形。

9. 牙齿兼具较现代人近于类人猿与较类人猿已进步至现代人的特征。前一现象如：齿冠与齿根都较现代人粗大，上颚犬齿冠高较前邻门齿与后邻臼齿也都超过，非如现代人的已短于门齿而仅高过臼齿。但下颚犬齿已近似门齿呈现扁平状，犬齿与上颚小臼齿、下颚门齿间齿隙也已消灭，则又属后一征象。

10. 上腕骨发达，基本上已同于现代人形式，而下肢的大腿骨前后扁平，胫骨细长，又仍属原始性质。

如上北京原人体型特征中，头盖骨低，具有现代人已消失的眼窝上方凸部眉棱骨、无颏、下颚坚强有力而仍呈猿形尖嘴等，都仍保持与直立猿人（以及类人猿）相似的痕迹。但下颚依魏敦瑞的说明，也已存在了"颏三角"的颏形原始胚胎。魏敦瑞另一项颇有兴味的研究报告：北京原人恒齿的"出槽程序"（乳齿变换恒齿成所谓永久齿透出牙床的程序），较现代人的 M（大臼齿）$_1$、I（门齿）$_1$、I$_2$、P（小臼齿）$_1$、C（犬齿）、P$_2$、M$_2$、M$_3$，其第二大臼齿须提前三位，即由第七换至第四位，与类人猿的 M$_1$、

I_1、I_2、M_2、P_1、P_2、C、M_3 程序相同，但类人猿的犬齿又较北京原人落后一位。依此而言，北京原人在人类进化史上的位置，恰正立于类人猿与现代人的中间阶段。[①]

北京原人大腿骨明显较直立猿人进步，从其下肢构造可以推定，原人已完全是两足直立步行的人类。上腕骨基本上已如现代人形式，可知上肢尤其全然进化成了现代人的手。其身高，以大腿骨推算，约一百五十二公分，较现代中国北方人的平均高度略低。

北京原人小脑右部较左部发达，而大脑部分相反的征象又堪注意，指示了原人已有运用右手的习惯。而语言神经区的脑积左侧下前部特形发达，也可推测，其时的北京原人，已具备明晰语言的表达机能。

北京原人所使用工具，从猿人洞所发现数量丰富的石器，可知原料主要为砂岩与石英，少数一部分则硅岩、火山岩、角石、燧石等。以砂岩为材料的场合，多制为石核石器，便是说，以砂岩的砾（碎块），沿边缘加以敲打使出现印钝厚刃面而成，形状圆形、长扁形等不定，握斧便属于此类石器，多系大型，功用在于打割。数量上较之为多的主流，乃是小形而多采石英片，以砸压剥离技术制作，用途在于切截方面，具有薄刃的细长形剥片石器或石刃。较厚的剥片，常于一端边缘，局部打击为尖头器。但整体而言，无论石核石器或剥片石器，均属打击粗制的打制石器或打割石器，未作细部加工修正。

发掘点第一地点或猿人洞文化堪特笔大书的，乃于灰层堆积

---

① 李济：《北京人的体质与生活》，《大陆杂志》第五卷第十期。

中发现木炭块、具有烧痕的各种动物骨片，与加热变色龟裂了的石块，以法国史前学家步日耶（H. Breuil）的鉴定，而确认北京原人已能人工引"火"，发明了发火法，以及具备了控制火的能力[1]。熟食方法被了解，火被利用于广泛的日常生活方面，乃是人类生活的意识跃进，人类文化发展划时代大事件。所以，北京原人立于石器制作打割石器的最古文化系统，便由于已知火的利用此一端，与欧洲、非洲旧石器时代文化相比，火的利用须待洪积世后期第三间冰期或第四冰河期内安得塔尔人时代始见一般化，显然超前。对于形态上虽仍属原始的北京原人，也从而可以确信，已具有人类初期的高度文化。只是，人类最早的发火法，现知均尚依于击打燧石的方法；而在木材上用锥状物旋转的摩擦发火法使用，据考定须待新石器时代的来临。

周口店遗迹测定较猿人洞文化更古的第十三地点，地质年代已立于洪积世中期的最下位，未发现人骨，但发现带有烧痕的骨片以及灰的堆积，则北京原人于较猿人洞更古时期即已知晓了火的使用，可获实证。

原人的生活，从洞窟陪伴出土动物化石种类统计，绝大多数约百分之七十的骨角片属于鹿类，可了解为主要食物。其余所发现，则有马、羊、水牛、骆驼、野猪、豹、熊、土狼、狐、象、犀等啮齿类与食肉类动物带有伤痕的碎片。抑且，总数九十余种动物中的剑齿虎、三趾马等三十余种，都系今日已经灭绝了的哺乳动物化石。植物类又以野生果实与草根、茎、芽等为食料。

周口店文化与北京原人的发现，非中国初期旧石器时代遗迹

---

[1] 李济：《中国史前文化》，《大陆杂志》第二卷第十一期。

的唯一代表。与北京原人所使用石器同系统的石器，从三门峡坝开始，山西、陕西一带沿黄河岸现已陆续被发现。此一事实，显示的是洪积世中期猿人类居住地，于黄河中流域具有相当广泛的分布。

湖北省长阳县赵家堰区黄家塘乡下钟家湾地方一处洞穴，内部堆积角砾岩与砂质泥土层中，也发掘得人类上颚骨一件（1956年），其已具现代人特征而仍带有一部分原始性，被测定系与周口店猿人文化相同地质年代的化石人骨。原人化石人骨由北向南推展发现，曾令学术界大感兴奋。

再向中国南部推展，广东省曲江县（今韶关市）马坝乡，名为狮子岩洞的石灰岩山的熔岩洞所保存丰富化石中，又发现人类头骨片三件（1958年），属男性左眉骨与其上方的额骨，前额较周口店山顶洞人或上述长阳县所发现均显低平，较北京原人则高，眉骨强烈向前方突出，两眶又视北京原人为小而圆，指示其存在年代正当北京原人阶段的晚期，或者，古生人类阶段的早期。

如上两处化石人骨破片，考古人类学界分别命名为"长阳人"与"曲江人"，发现地均有洪积世中期的化石动物群陪伴出土。

人类于洪积世中期尚无地方分别，北京原人也系目前为止世界学术界共通承认代表猿人类的典型，于旧大陆并非孤立。其所使用不整形打割的石核石器与握斧，自东南亚贯通非洲、欧洲，至于西伯利亚的同时期遗物，都相同。洪积世中期近乎北京原人骨骼的化石于中国以外陆续发现，尤其具有不同寻常的意义。苏联科学院版《世界通史》列举北京原人型人类的世界性分布例证，有一九四八年越南北部发现的牙齿，一九三八年非洲南部南非德兰士瓦（Transvaal）发现的臼齿、一九四八至一九五〇年南非 Swartruggens 洞窟发现的颚骨、一九三五年东非坦桑尼亚 Eyasi 湖附近发现的头盖骨等，结论是当北京原人时代，南亚的广大地域、欧洲南部，以及全非洲的人类，以体格而言，均系与北京原人相似的猿人类所居住[①]。只是，其所认定北京原人的存在年代意见，乃洪积世中期之末与后期洪积世之初的第二间冰期，亚修利安文化期的代表者，与通说存有差异。

北京原人所代表的周口店文化期已过去，中国域内中期旧石器时代的古生人类登场。以内安得塔尔人代表的古生人类化石，于欧洲、亚洲、非洲广泛发现，一般容貌，复原时仍呈现额低，眼窝上端突起显著，犬齿尖、无颏，而脑容量的一千三百至一千六百立方公分，已与现生人类相近。在中国，今日已了解的，便是河套人与以之为主体河套文化，与山西方面丁村人所代表的丁村文化，共同反映了中国的中期旧石器文化。

第四纪洪积世后期，黄河流域河南、山西、陕西、甘肃一带广大地域经风化黄土堆积的深厚黄土层已经形成。北京原人时代，黄河流域一带气候较黄土期为暖，地面厚土近于红色，由红土过渡到黄土的期间，曾经过巨大雨量与洪水，挟带甚多砾石堆积在坡度较低的地面。因之，陕甘黄土层形成，其底层便多砾石层，砾石层之下，又便是红色土。

河套或蒙古名词的鄂尔多斯（Ordos），便是陕西省极北部长城内外地区，宁夏南端与绥远省南部，内蒙古盟旗制度中的伊克昭盟所在。地形恰当黄河倒 U 字大转弯处，西、北、东三面均被黄河环绕，南面缺口，通过陕西、宁夏而接连甘肃省。地

[①] 苏联科学院《世界通史》第 1 卷第 1 分册，东京图书日译本古代 1.，第 40—41 页。

势自南向北形成倾斜的高原，平均海拔九百公尺，东部肥沃的草原上人口较多，西部则为人烟稀少的沙漠地带。于这方面的旧石器文化发现，主要贡献者乃天主教神父们，民国八年（1919年），比利时传教团的 Shott，最早在宁夏银川市东南的红沙铺附近注意到旧石器遗迹存在。翌年的一九二〇年，法国传教士桑志华（P. Emile Licent），正式在宁夏东边黄河沿岸的三圣宫附近与万巴拉寺边发现了旧石器遗物，并于河套南方甘肃省庆阳之北黄土底部砾层中，采集到加工了的石英岩破片与石核。民国十二年与次年（1923—1924 年），桑志华神父与另一位德日进神父（P. Teilhard de Chardin），同赴河套南边地区调查踏勘，发现了沙拉乌苏河（Sjara-osso-gol 陕西北部）岸、水洞沟（宁夏南部）、油房头（陕西榆林西南）等遗迹多处。接续，民国十八年至廿年（1929—1931 年）间，德日进与杨钟健又在河套东部准噶尔河流域、山西省保德、陕西省吴堡与其附近的宋家川、榆林附近的鱼河堡，以及河套西南部甘肃省中卫附近等地，都采集得旧石器。诸所发现遗迹中最重要的，乃是水洞沟与沙拉乌苏河地方。

水洞沟位当河套西南隅，系银川市隔黄河对岸一处名为横城（村镇名）的小河流名称，遗迹便散在其岸边一处处的黄土崖。遗迹 A-F_1 的住居址，熟食烧残的兽骨片与木炭痕迹明显存在，出土石器数量的丰富压倒其他地点。此处黄土堆积厚约十五公尺的文化层中所发现打制石器，尖头器、搔器、刃器、雕器、握斧等，种类众多，连同未加工的石片，重量超过三百公斤，石器制作形式均与欧洲旧石器时代分期的慕司特利安期（前期旧石器时代晚期或中期旧石器时代）末期乃至 Aurignasian 期（后期旧石器时代前期）初期相似，特多大型石器，也见经过精巧加工的细石器类。石器质地以石英岩占绝大多数,其余为砂岩与石灰岩。与石器伴出石化了的兽骨中,野生的马最多,驼鸟的卵壳断片也相当丰富,包括黄土堆积期后灭绝了的种类,均属洪积世晚期的代表性动物群。冰河期的位置当第三间冰期,只无任何属于当时人体遗物发现。

河套人或鄂尔多斯人的发现地,乃是河套南边山地的沙拉乌苏河岸。蒙古语的沙拉乌苏河,即陕西省境流入黄河的无定河上游,以河岸多红柳,汉族的名词因之称红柳河。河的上游,以侵蚀作用而形成深约六十五公尺的大峡谷,两岸崖面呈细砂崖,也介在含有淡水产贝壳的砂质粘土层,可知系湖沼沉淀与风成两者堆积而成。其旧石器时代的文化层系在河的右岸,距水面约七公尺以下,大量石器与各色各样的动物化石骨,相伴出土。此一地点,便以桑志华的调查助手,亦即最初发现者的蒙古人之名而名为旺斯乔克(Wansjock)遗迹。便在旺斯乔克遗迹西方约五百公尺处,于采集得与石器相同的洪积层哺乳动物化石骨中,伴出了人类牙齿(左上外侧门齿)一枚,判定属于七至八岁孩童所有。"鄂尔多斯之齿"(Ordos tooth),乃以代表了中国中期旧石器时代的化石人类而闻名。

门齿之外,桑志华、德日进、贾兰坡等接续也曾自沙拉乌苏河遗址表面采集得人类右大腿化石骨两件与左上腕骨一件,大腿骨分别长四十四公分与四十三公分,推定分属于成年男性与成年女性各一;上腕骨长二七·八公分,属成年男性。也因而推测男性身长约一·七六公尺,女性身长约一·六三公尺,但出土层位不明,所知仅止于此。一九五六年,汪宇平等续在沙拉乌苏河畔的滴哨沟湾村附近发现头骨顶部的破片一件,出土地系河岸断丘上部洞穴中，地面下二・六公尺处的黄砂土层与砂砾层间，头骨厚度平均六・八五公厘，较北京原人的九・七〇公厘为薄，而较现代人的五・二〇公厘又厚。头骨发现地点西北方约百余公尺，汪宇平又于孤立段丘崖面地面下约五公尺的砂砾层中，采集得长二二・五公分的大腿骨一件。所以，以往据以指认河套人的，限于"鄂尔多斯之齿"，渐渐证据已在增加，条件的完备具有了可能性。然而，已发现骨骼的原始性确度究竟至何程度？基础的调查资料与报告仍然缺乏，研究成果只能期待未来。

沙拉乌苏河方面发掘所得石器，以尖头器、搔器、雕器类为多，形式与水洞沟所发现相类似，石质也大部分属石英岩，但水洞沟石器以大型为主，此处却几乎全系细石器。此一事实，说明了两遗址的文化期固属相当与并行，却也存在相互间的年代的差异，沙拉乌苏河方面为较晚，或且已与中石器时代相关连。与石器伴出，沙拉乌苏河遗址又多发现利用兽骨加工的骨片，其中包括了两面相同刻线的精巧的骨制装饰品。

自沙拉乌苏河遗址，与石器、骨器同时出土的化石动物骨，数量达惊人丰富程度。全部四十五种脊椎动物中，长鼻类、奇蹄类、偶蹄类、肉食类等大型哺乳动物以外，也含有小型的食虫类二种、啮齿类十三种，以及鸟类十二种。哺乳动物中以马与羚羊为特多，以及象、犀、鹿、牛、狗等。化石保存大都良好，甚且有披毛犀等全副完整骨骼被发现之例。当时动物群类别，野驴、赤鹿等今日尚残存河套，多数则如象、披毛犀、洞穴鬣狗等，系已灭绝了的具有洪积世特征与中国北方黄土形成时期的标准型动物。

河套旧石器的发现，水洞沟与沙拉乌苏河，大部分都在黄土层以及与之同时代的砂层或粘土层，自黄土层之下的砾层所发现为绝少。相对方面，桑志华于庆阳、油房头发现旧石器，却都是出土自砾层的代表性遗址。两处出土石器均不多，以石英岩砾加工的石核石器为主。年代推定均属洪积世后期之初，或者说，与周口店期的终末相衔接。

惟其如此，河套方面的中期旧石器时代文化，可大别之为庆阳与油房头等稍早的时期，以及与之连接的水洞沟与沙拉乌苏河等两群。相续的绝对年代，约自纪元前十万年以至前十五万年。河套人的门齿特征与大腿骨弯曲状，形态都与欧洲内安得塔尔人相仿佛。

与河套隔黄河东边相邻的山西省，同以发现中期旧石器时代遗迹而闻名。一九五四年，裴文中在山西省汾河侵蚀黄土高原而形成的下游大盆地上，即襄陵县（今属襄汾县）丁村附近，临汾河沿岸南北约十公里的河谷断丘上，相继发现九处遗址，从黄土层下的砾层与砂层中，发掘得约二千件石器，以及大量的化石动物群。石器绝大部分均为角页岩的砾石制造，剥片石器数量远超过石核石器。剥片石器诸类型的掘土用尖头器中，三棱式特殊形态为文化特色，石灰岩制的石球可能系追捕动物时投弹之用。关于丁村文化年代，以石器制作方法来看显较周口店期进步发展，以及依于化石动物群的研究，最初虽曾有估测属于前期旧石器时代的中间期之说，现在则已重新推定乃前期旧石器时代晚期或中期旧石器时代。较周口店第一地点或第十五地点都须延后，而立于周口店文化与河套文化的中间位置。

丁村九处遗址之一，黄土层底部砂砾层内且发现了人类牙齿三枚，右上内侧外侧门齿各一，右下第二臼齿一，考定同系一名十二三岁孩童所遗留。由牙齿演化诸特征揭示，丁村人与内安得塔尔人无甚差异。

与丁村打击技法相似的石器，山西省境尚多调查发现。曲沃县里村西沟、垣曲县附近，交城县西治河与瓦窑河一带，都曾见出，均与丁村文化或河套文化相共通，而属中期旧石器时代遗迹。特别是交城县与曲沃县，石器出土地点已各四十余处，未来发展，可能将有更大成果。

后期旧石器时代，与现在人类同型的人类出现，此类新人，以骨骼呈石化状态而被发现，所以被称化石现生人类，中国代表性发掘成果与最早发现的新人，便是与北京原人发现地同在的山顶洞人（或称上洞人）。山顶洞或上洞之名，系依民国十二至十三年（1933—1934年），裴文中于周口店第一地点猿人洞的顶部，亦即人类生活与住居地位置较北京原人已升高一层，距地面高出约六十公尺处另外发现的洞穴而得。洞穴内部厚十公尺余的堆积，自上而下分五个文化层，人类化石残骨与齿，分别于此诸层位中发现。第三层存在灰与石灰岩烧痕等，测定为人类住居址。闻名于世界史前史学术界的山顶洞遗址第四层上位三个人类头骨与躯干骨完整出土，以及其旁散布了赤铁矿粉末，指示山顶洞人已具有了埋葬习惯，其地即死者的埋葬址，此一事实，堪说明人类精神面的发展。

洞内出土遗物，石器有石英岩所制剥片石器与砂岩砾所制打割石器，骨角器，石制与贝制装饰品，以及数量丰富，计鸵鸟、鬣狗、香猫等五十四种属于洪积世最末期的动物化石。海产物的发现，又可显示当时人类活动范围的扩大。考古年代系谱上，推定属后期旧石器时代晚期的马格达利安期，较欧洲型克鲁麦囊人代表的文化期稍晚。

由于山顶洞遗物中发现穿了孔的兽骨、鱼骨、贝壳，以及以赤铁矿染色的石珠等人身装饰物，可知其时若干程度"美"的感觉已经萌生。骨器中出现兽骨磨成的骨针，可知也已具简单的缝纫技术。骨针与装饰品使用的穿孔术，乃新石器时代始行普及的技法，而自山顶洞文化初见，山顶洞文化高度的质的进步显见。

山顶洞人的齿、骨，依魏敦瑞研究，系分属同一家庭中的七个成员。第四层出土的两个女性头骨与一个老年男子头骨，以今日人种特征的标准衡量，彼此间代表的成分各不相同，老年男子（约六十岁）为原始蒙古型，一女为西南太平洋美拉尼西亚（Melanesia）型（约四十岁），另一女又系埃斯基摩型（约二十余岁）。其余化石分属一个成年人、一个青年、一个约五岁的孩童、一个新生婴儿。而此七人构成共同生活的家庭中，魏敦瑞意见的结论，指出尚无可以认定为原中国人（Proto-Chinese）的痕迹存在。惟其如此，山顶洞人的人种多元现象，留给考古人类学界一项至有兴味的研究课题，却也迄今意见纷歧无定论。

中国域内的化石现生人类，以后各地陆续发现，安徽省泗洪县下草湾（大腿骨）、广西省来宾县桥巩乡麒麟山（老年男子头骨片）、同省柳江县（属柳州市）木罗多思多岩与穿石岩（头骨与体骨）都是，"资阳人"尤其代表了中国南部最初发现的化石人骨。资阳人于一九五一年在四川省资阳县黄鳞溪南岸出土，为一中年女性的人头骨，出土地层在第三层的含砂砾石层，动物化石属洪积世后期，其学术研究上之重要性，在于依头骨各部特征，虽推定系新人型，但较之山顶洞人抑或欧洲的克鲁麦囊人，都显得原始，因此，资阳人的存在，可能较山顶洞文化年代须向前推。

中国域内发现的其余后期旧石器时代遗迹，主要地点尚有广西省柳州与崇善县（今崇左）、山西省大同、朔县、宁武、都乐、盂县、寿阳、榆社、平陆、永济等，以及殷朝后期国都所在地河南省安阳小南海北楼顶山洞穴遗址，都曾采集得到石器、骨器资料，只是尚无体系性的调查整理。一九七七年中国宣布，科学界也发现了一万至五万年前便有人类生活于喜马拉雅山区的证据，指称：旧石器、新石器时代的文化遗迹与化石现生人类头骨，数以千计的化石自青藏高原地下发现。只尚不具备任何研究凭借①。

旧石器时代与新石器时代的中间期，考古历史界以其存在特殊性而另行划定为过渡期的中石器时代，地质年代当洪积世终末以至冲积世初头，约距今一万年前。此一时代，生活文化大体仍是旧石器时代的延续，但以北半球的冰河大部分已被融化，雨季降临，地层乃以砾、砂、粘土、黄土等的河川搬集堆积作用而形成，气候温暖，森林茂盛，人类摆脱洞穴住居旧姿态而移向低平的河畔生活，从事渔捞狩猎，人口增加，生活技术也以适应生活环境而盛行附以木或兽骨制柄的小型石器，即所谓细石器。相对方面，新石器时代特色磨制石器与陶器的制作运用，以及农耕畜牧生产方式，又开始萌芽。所以，中石器时代一方面衔接旧石器时代，一方面向新石器时代推移，却与双方又都有区别，而得自行划定一中间性的文化期，以细石器为主的狩猎文化阶段的遗址、遗物在欧洲有丰富发现，中石器时代因此而被重视。

在中国，中石器时代甚或新石器时代之初的遗址、遗物，相比西方，都呈现比例上的贫乏；较之仰韶文化与龙山文化所代表中国

―――――――
① 1977年6月10日台北收香港外电报导。

新石器文化的亘于黄河流域中国北部全体都有遗址与文化遗物发现，也大异其趣。其原因，据最早发现仰韶遗迹的安特生推测，可能以猛烈的降雨而致中石器抑或新石器时代最初期的遗迹流失。

中国旧石器时代系图 [1]

绝对年代	地质年代	石器时代文化区分			化石人类
纪元前 10000	第	冲积世	次生黄土	（考古学上的空白期 → 前2500年以后仰韶文化）新石器时代 沙苑文化 札赉诺尔·顾乡屯文化	札赉诺尔人
50000		洪积世后期	黄土期	后期 山顶洞文化	山顶洞人 资阳人
100000				河套文化 沙拉乌苏河文化	河套人
				中期 水洞沟文化	
150000				丁村文化 黄土底砾层的石器	丁村人
200000	四		旧石器时代	周口店第3、4地点	
300000		洪积世中期	周口店期	前期 周口店文化	北京原人（周口店第1地点）文化 上部 下部	第周15口地店点	北京原人
400000					
500000					
600000	纪			山西匼河 周口店第13地点	
900000		洪积世前期	泥河湾期		

---

① 制表参考资料：平凡社《世界考古学大系》5.东亚Ⅰ，第36页；贝塚茂树《中国的历史》（上），岩波版，第35页。

中国中石器时代遗迹的最初发现，乃蒙古戈壁的沙巴拉克（Shabarakh）。民国十二年（1923年），美国亚洲探险队于其地沙丘表面，采集得圆锥形碧玉、打制石器，以及鸵鸟蛋壳制成的装饰品串珠，以无陶器与磨光石器伴出而断定属新石器时代以前遗物[1]。但确认的代表性遗迹，系东北地方兴安省西部邻近苏联境域，胪滨（满洲里）以东，呼伦湖北边的札赉诺尔。民国十六年（1927年）以来，先已有煤矿工人发掘获得属于第四纪的动物化石，民国十八年（1929年），V. J. Tolmatchov 于其地全体厚十至二十公尺的堆积，作有系统的分十个层位发掘，乃有大量动物化石与石器、骨器等文化遗物出土。石器多数打制而成扁平状的长方形，一概是细石器，未发现大型石器。民国廿二年（1933年）以后，人类的头骨、下颚骨、躯干骨等也陆续出现，便是学术界注目的札赉诺尔人。石化程度不大，头骨呈现标准圆头形，人类学家指出已与现代蒙古利亚人种相似。但披毛犀、犸獏等哺乳动物化石骨颇多与河套所发现的耐寒动物同类，因此札赉诺尔曾被学术界误认为中期旧石器时代遗迹。最早判定应属中石器时代者系裴文中，其所解释，乃此等旧石器时代以黄河流域为原生存地的动物，气候变化后，因适应生存条件，向北迁移至气候寒冷地带，到达东北北部的时间，则已是中石器时代，再继续往西伯利亚时尤晚[2]。

与之类似的文化，又于哈尔滨市西南五公里温泉河畔旧河床地，有顾乡屯遗迹的发现。民国二十年（1931年），尹赞勋

---

[1]　李济：《中国史前文化》，《大陆杂志》第二卷第十一期。
[2]　李济《中国史前文化》引裴文中《中国史前时期之研究》，第138页，《大陆杂志》第二卷第十一期。

与 E. E. Ahnert、A. S. Loukashkin 等已于此获得颇多化石兽骨。一九三三年起，日本人主持下满蒙学术调查团七次调查发掘的结果，续有大量动物化石与石器、骨角器等遗物出土，其洪积世动物化石与可能属于中石器时代的石器共存的情况，测定与札赉诺尔遗迹为同时期又同性质。所以，裴文中以此两遗迹共同设定为札赉期，而列为中国中石器文化范式。中国最早的细石器文化札赉期，至新石器时代的后续发展阶段，便成为龙江期、林西期形态。细石器文化继续南下而与黄河流域北上的仰韶文化接触，又形成另一类型以内蒙古赤峰红山后、辽宁锦西县沙锅屯等代表的混合文化。

陕西省东南部朝邑县与大荔县交界处广大砂丘地带的沙苑遗迹与广西省洞穴遗迹，近来也有填补中国中石器时代遗迹空隙的重要发现。

沙苑文化系一九五五年至翌年，由安志敏等发现的十五处遗物散布地点所代表，石化了的兽骨与伴出少量骨珠、贝饰、石制饰品之外，大部分的出土遗物以打制石器为主，大型的剥片石器也与细石器并存，乃耐人寻味的特色。前一类中的尖头器与欧洲中期旧石器时代遗物相似，后一类的石枪又与嫩江省昂昂溪细石器遗迹（新石器时代较早期文化的龙江期）所出土相似，而类似的石刃又于甘肃仰韶期遗迹中发现。少数磨制石镞与磨制开孔石制饰品，已是新石器时代进步制法，相对方面，陶器与石皿、石棒等磨碎用具却未发现。沙苑遗迹以具此等性格，因此被推定系中石器时代以至新石器最初期的文化，或者说，自中石器时代向新石器时代移行的过渡期，沙苑文化依于砂丘地带的地理环境而制为细石器的情况，与蒙古方面的细石器文化相似（蒙古方面无较大型的石器出土），近年内蒙古新发现三十多处石器散布地，其文化遗物便与沙苑遗迹同一系统。

广西省中石器时代遗迹，以民国廿四年（1935年）左右武鸣县苞桥、芭勋、腾翔与桂林市附近等四处洞穴遗迹的调查报告而受注意。石器形式与制作技术的一方面尚存原始面貌，而另一方面又呈现进步迹象，似与沙苑文化同一时代。洞穴遗物，推测也与越南方面新石器时代的早期文化具有关系。

概括而言，以目前具有的资料，鉴定中国中石器文化系图，以遗物特征的复杂性，而且出土状况多数不够明晰，尤其沙苑遗迹的以砂丘容易移动而层位识别困难，遗物都由表面采集而得。相对年代的属于中石器时代固自遗物可以认定，绝对年代的推算，便惟待放射性碳定年法测定。所以，中国中石器时代遗迹的十分明了，尚须期待未来时日的详细调查研究与澄清。大体的系谱了解，只得知与西伯利亚方面后期旧石器时代文化有关，同时，自身又系新疆、蒙古方面新石器时代细石器的祖源。

黄河——中国文明的中核[*]

经过考古学上中石器时代的关键性时代，无论世界或中国，人类历史便全行变貌。虽然史前人类文化的演进，不能如历史时

---

[*] 本节主要取材于平凡社版《世界考古学大系》5.东亚Ⅰ：关野雄《东亚的史前文化》、林已奈夫《黄土地带和仰韶文化》、澄田正一《龙山文化的展开》、冈崎敬《甘肃、青海的农牧文化》；贝塚茂树《黄河文明》，学生社版《古代史讲座》(三)《古代文明的形成》。

代般有确实年代可记录，世界各地区间在演进时间表上也存在参差，然而，当旧石器时代，全球人类没有文化上区别，都以追逐个别野生动物与采集植物以维持生命，共通立于接受自然环境支配的，或先或后转换为新石器时代，却都已掌握了食用动物家畜化与发明植物人工培植为前提，而相对能够控制自然。文化演进的脚步，因之得以加速，虽仍不能如历史时代，一个世纪已是段相当长的时间，但也已非如始原时代，人类文化的进度，一千年还不过"短"时间的情况。

大变化的推动力是地球上的地理差异发生。当史前第四次与最后冰河期来临与过去，地球冲积层逐渐形成，地质学上自洪积世后期转入冲积世时，海洋面积加阔，陆地缩小。以中国而言，旧石器时代地理结构上原无不同的蒙古高原与黄河流域间，已完成如今日面貌，气候也变成如今日现状。地面既经巨大的地形与气候剧变，淘汰残剩或因而新生的生物，便须有多方面新的适应。以旧石器时代后期开始活跃的现生人类为文化主人的史前文化史，也由此迎接了新石器时代的转移，以及创造了"新"的新石器文化。人类的生产意识与生产活动，都自此展开，而始原时代被扬弃。

新石器时代，受季节风之惠的湿润地带，雨量丰富，土地肥沃，农耕文化所以得自采集经验中发生。但农耕文化脱胎自旧石器时代动物文化的痕迹仍然可见，人类在了解野生植物加以人工栽植技术的同时，驯服野生动物牛、羊、马等使成家畜而加以饲养，所谓畜牧，仍然以及必然附着于农耕，以"农"为主而"牧"为副。农耕新文化的世界性分布，美索不达米亚、埃及、爱琴海区域、黑海一带丰腴的黑土地带，以及南亚的印度、远东的中国黄土地带，逐渐都卷入本质同一，以及人类的聚落定居形成共通特色的大潮流中。农耕新文化必须另有适应伐木、耕土等土地利用的新工具，石器制作于是脱离以现成的石块打击石块的打制技术范畴，发明了磨研方法。黄河流域其时尚呈现遍地草木丛生景象，种植必先经过环境整理，担负此一主要效用的石斧类，以及适应于谷物刈穗特殊用途的石刀（石庖丁），乃与其他种植或收获物料理用工具，相偕发达。用于蒸煮谷物与盛储食物，以钵、鬲等为代表的陶器制作也开始盛行，特别是具有美丽色彩纹样而制作技术精致的彩色陶器受到欢迎。待农耕文化到达高度发达阶段，文字与天文、地理各种知识，以及金属器工具，又陪伴相继发明或发现，完成形成期对今日人类文明奠基的历史贡献。

然而，新的变形地貌中，欧亚大陆北方的亚洲部分西伯利亚、蒙古等或北亚细亚，以至中亚细亚，寒冷而干燥的气候，一望无际的沙漠与大草原，或者茂盛的原始性大森林，乃是禽兽孳殖的良好天地。所以，此一广大地域间人类生活的内容，铸定羊、山羊、牛等有蹄类动物家畜化，而高度利用的生产路线，与标准农耕文化的农主牧副呈现逆方向发展，发达为牧主农副的形态，尽管家畜被圈在栏里（农主牧副）与放到野外（牧主农副）的饲养方式并无不同。关于工具，又随饲养或畜牧专门化，而石器与骨角器的制作，强烈显示了保留旧石器文化遗产的性格，系踏袭旧石器时代原轨迹发展而来，而非扬弃或转换。抑且，虽然蒙古高原方面新石器时代遗迹中，用以脱谷等磨制石皿、石杵、环石等大型石器，出土也相当普遍；但专供动物调理之用，形状都甚细小，中期旧石器时代人类狩猎动物供衣食所利用，小型而硬质石材的打制剥片石器如石刃、皮剥、石锥等所谓细石器，至新石器时代愈特殊发达，形成北方欧亚大陆新石器时代共通的代表性文化特性，而铸定考古学上细石器文化（microlithic culture）的范畴。

中国新石器时代，人类文化便分别依如上两大类型而展开，已经分化又终已立于进化系列最新与最前端的地球上现生人类一支黄色人种，也已系创造黄河流域农耕文化的主体，而开启了黄河—中国文明与中国历史的序幕。

洪积世后期，现生人类最早出现于最后一次即第四次冰河期，在于中国北方温和的气候一变而为严寒袭击，人类学界相信，如此寒冷的气候，终成为黄色人种或蒙古利亚人种形成的母胎。纪元前二万五千年左右，蒙古高原与西伯利亚等地域，气温均立于冰点下六十至七十度以下，人类为适应此等气候，体型已经过自然选择（natural selection）。为维持一定体重而避免皮肤面大量放热，身材必须矮而且小，手足与身体的比例也较短，皮肤面可以毛皮之类披覆，但眼与鼻为中心的颜面仍暴露于外而须趋向于平坦，始得保护，高鼻也以呼吸时容易冻伤而不符合要求，眼帘又以寒气下保护眼球的需要而脂肪层特厚。蒙古利亚人种特有的体型，据推论，便如此经过无数世代，而在蒙古高原最早生成。原蒙古利亚人种的人类逐渐向四方移住，其向东与向南进达黄河流域的，便续又形成原中国人（Proto-Chinese）。

原蒙古利亚人种与原中国人形成时期的第四次冰河期，中国地貌急剧变化，在异常寒冷与干燥气候的影响下，中国北部遭遇春季强烈而干燥酷寒的西北风袭击。强风自蒙古高原深处戈壁沙漠挟带大量黄色的岩石砂层飞舞而上天空，再向黄河流域降落。此一冰河期的漫长岁月中，每年春季无分昼夜运送黄尘，深埋在以陕西、山西、河南为中心的地域，而急速堆积成此一带的黄土层，乃出现了著名于世界的黄土地带，如今日所见，厚度至数十公尺。

冰河期已经过去，黄土堆积期也已终了，干燥的气候随之又发生变化，温暖而暴雨不断降临的时代开始。黄河流域的黄土高原所蓄积水量流化为无数大小河川，黄土原以石英与长石等微粒子堆积，粒与粒之间存有空隙，其呈垂直方向通过的孔，经雨水与河川不断侵蚀，往往出现两壁垂直的深广峡谷，黄河与其支流两岸尤其显著，峡谷因此也形成黄土地带具代表性特征的地形。当时已移出了洞穴的人类，为躲避水害，便进入峡谷而选择断岩上为住居地点。

抑且，黄土微粒相互间多存细孔，水分与空气均容易通过，微粒又因雨水蓄积了石灰质，所以充分保持天然养分，适宜于作为耕土。肥沃的土地与丰富的水量，正是农耕所需的基本条件。所以，中国北部黄土地带，迨人类自旧石器时代经中石器时代而入新石器时代，地理条件的优厚可谓得自天赐，也与尼罗河、印度河流域利用河川定期泛滥的结果而成肥土堆积，条件有异。

中国文明自现在系统上溯最早的直系源流仰韶文化，便如此发生于黄河中流域黄土地带。黄土地带成为地球上有数的丰腴地域，因此也才有世界四大文明之一的中国文明诞生。北京原人遗迹最早发现者瑞典籍地质学者安特生，当周口店遗址发现之前六年，民国十年（1921年）于河南省洛阳县西七十五公里处的渑池县仰韶村外，海拔六一八公尺的黄土峡谷岸崖，最初采集得黑、赤两色为代表的美丽彩色纹样陶器出土。经连续发掘的结果，南北九百六十公尺，东西四百八十公尺的遗址范围中，住居迹、墓地，以及石斧、石刀、石镞等磨制石器与未使用辘轳，底色经酸化炎烧成红色，而施以几何学纹、象征纹、涡纹、动物纹等纹样的良质而薄的彩陶等，大量文化遗物被发现。此与安特生同年辽宁省锦西县沙锅屯洞穴遗址的发现，同系中国新石器时代遗迹科学调查的起点，以及中国史前文化最早的科学研究。仰韶文化也以安特生的介绍，而轰动世界学术界。

自此以后中国域内所展开史前调查，成果惊人丰硕，于世界文明史上已占极重要位置。迄今关于旧石器时代遗迹的发现至二百余处，新石器时代遗迹，仰韶文化与其后继文化通计，依夏鼐一九五九年约估，至二千余处[1]，近年统计，尤增至三千处以上[2]。

中国新石器时代遗迹，经安特生与热忱的继起学者持续努力，全面性学术发掘与研究之下，其中与仰韶村遗址性格相共通的遗迹与所保存民族文化遗产，发现已达千例以上之数[3]。均以最初的发现地之名，概括以"仰韶文化"代表此相同系统的文化，以及设定之为新石器时代的仰韶文化期。而仰韶文化系以表面磨研与美丽调彩的彩色陶器为特色，所以"彩陶文化"的名词，于考古学界又与仰韶文化构成了同义词，虽然彩陶非新石器时代所独有，至于青铜器时代仍续存在。抑且，彩陶文化的陶器，亦非唯一都是彩陶，彩陶仅系精制品，大多数乃是生活日常用品的粗质灰陶。灰陶依狭义而言，乃历史时代所制作灰色陶器

---

[1] 贝塚茂树《黄河文明》引夏鼐《最近十年间的中国考古学的新发现》，载《考古》，1959年第10期，学生社版《古代史讲座》（三），第160页。
[2] 贝塚茂树：《中国的历史》上（岩波版），第38页。
[3] 同上，第40页。

的专有名词，但广义亦适用于新石器时代包括彩陶与继之出现的黑陶同在的粗质陶器。

现知的仰韶文化分布限界，大体以陕西省南部、山西省南部与河南省西部为中心。西过陕西省渭水、泾水与其支流流域而至甘肃省东部的洮河流域，中含山西省中部，东由河南省北东之境超越河北省而北，北及鄂尔多斯沙漠，南至湖北省汉水上、中流域此一广泛的黄河流域，浓密弘布，遗迹大抵被发现于河谷的黄土台地上。溢出此范围，影响力又继续向周围地区新疆、内蒙古、东北地区，与长江流域推展。

只是，标准的仰韶文化分布的周围地域，虽其流布系同质，地域差别却也愈往外延愈显著。向北与向东，张家口、赤峰与沙锅屯等遗址所表现，已系地方性旁支与仰韶—细石器混合文化；山西省北部河曲、偏关、大同、朔县等地虽有彩陶出土报告，但也以地理的、气候的条件，同于内蒙古系具细石器文化色彩的仰韶系文化；陕西省北半洛河流域则未经调查，情况不明。向西，新疆的彩陶文化性格如同内蒙古。向南，河南省最南部信阳，以及湖北、江苏方面发现的彩陶，受仰韶文化影响而已入龙山文化系统。即使安特生与仰韶村相当的重要发现成果，并与本格的仰韶文化特为亲近的黄河上流域农耕文化，也须别称甘肃仰韶文化，而系仰韶文化亚流的意味。

经缜密调查与资料整理后发现，仰韶文化非只依于分布地区而见其地域性差别，正系或主流文化范围内也存在年代差别，其发展阶段须区别为早期与晚期，或者说，第一类与第二类。特堪注目的例证，邻近仰韶村遗址，距其西方仅约五十公里，黄河左岸的河南省陕县庙底沟与三里桥两遗址，一九五六至一九五七年大规模发掘调查，两遗址仅仅间隔广幅一千四百公尺的河谷，便以出土彩陶明显的差异，分别代表了两种不相一致的类型，而鲜明指示了相互间年代的距离。庙底沟的仰韶文化，彩陶于所发现全体陶器中占绝大比例，各类圆形与直线、曲线几何纹样复杂而变化丰富，且自口缘延及器腹。三里桥则彩陶为少，纹样简单，又只在口缘。考古界引庙底沟遗址为仰韶文化第一类的典型，三里桥则第二类，以及判定前者存在年代较后者为早的理由，乃基于伴出的庙底沟石器仍以打制居多，发掘得到的兽骨所见，家畜如狗、猪等种类与数量也俱少，均可供为仰韶文化中比较早期所遗存的推论依凭。相对方面，从三里桥方面的陶器性质，也可理解时期虽新，彩纹却较第一类呈现退化形式，换言之，特征渐渐丧失。唯其如此，第一类代表了仰韶文化的早期，第二类则晚期。

分别与两者具有共通特征的众多仰韶文化遗迹中，山西省夏县西阴村、万泉县（今万荣县）荆村、永济县盛金庄、陕西省长安县马王村、五楼、华阴县西关、华县柳子镇等，均与庙底沟同属仰韶文化早期；河南省陕县七里堡、山西省平陆县盘南村、陕西省宝鸡县北首岭、咸阳县尹家村、西安市米家崖等，均与三里桥同属仰韶文化晚期。而特为著名的仰韶村遗址，又便与前者同型，距离仰韶村西方约二百七十公里的西安市半坡村遗址，则是后者的标准例子。

如以代表仰韶文化而言，史学界不断研究后发现，仰韶村遗址虽于仰韶文化为最早发现的遗迹，谓之仰韶文化的标准遗迹，已非适当。代表纯粹的、典型的仰韶文化性格，须是一九五四至一九五五年考古发掘重大收获，即西安市以东约十公里，渭水支流浐河河谷黄土台地半坡村南北二百公尺，东西一百公尺遗址范围内的村落与墓地。半坡遗址与庙底沟、三里桥遗址的学术调查，对仰韶时代的文化研究，都获得划期性成果。

庙底沟遗迹的仰韶文化住居址中所发掘为数极多的陶器断片，经接合复原完形的至七百件之多，已以彩陶纹样与形态的种类丰富在仰韶文化遗迹中出类拔萃，被悬为仰韶彩陶研究的基准。而其农具半月形的石刀、石镰出现，又代表了此时期居民的农耕、伐材等技术水平。

仰韶文化的进步性，于晚期的标准典型半坡遗迹尤其明显。由所发现夹砂粗陶小壶中贮存粟粒，而确知仰韶人以适合中国北方风土的粟的栽培为主要作物，以及石锹、石刀（陶刀）、石臼、石杵等众多农具的出土，半坡村居民的以农业为主生业，且其生产力已达到可观程度，又都可据而了解。三十个以上的圆形或方形半地下式竖穴住居建筑址被集中发现，以及环绕于住居址外缘周围的濠沟，濠沟以外北侧与东北部的大片成人共同墓地，以及直接指示系生产场所遗构而被发现于住居址东侧的六处烧制陶器窑址等，又都足以明了仰韶期村落形成姿态的一般，以及仰韶文化实质内容的强有力资料，而知其农村社会结构，正已与历史时代相仿佛。

半坡村仰韶文化遗址墓地发掘的重要性，在于人骨调查研究。人类学家对分属六十一个成年人的骨骼（内男性五十一，女性十）的计测，指出半坡人所代表的仰韶人，已明显具有现代蒙古利亚人种特征，堪标示为现代中国人真正祖先或其祖型，所谓"原中国人"的 Proto-Chinese。只是依于解剖资料所发表男性颜面复原图，类似的则是现代南方蒙古利亚人种，以及获得形质近于中国南方的中国人与分布于中南半岛的现代人结论。此于语言学方面，蒙古利亚人种间，西藏语、缅甸语、泰语等，与汉语存在密切关系，似相关连。半坡遗址残存大腿骨男性六例，据大腿骨长度所推定的仰韶人身材高度报告，说明自一六五·二四公分至一七二·四八公分，平均一六九·四五公分。此一高度，较现代一般蒙古利亚人的平均身高都已超过，为何出现此一现象？人类学家尚无见解叙述①。

仰韶文化之非早期新石器文化，于安特生最早发现仰韶遗迹时便已判定，并且注意到代表仰韶文化特征的彩陶形态，与东部地中海域的 Sleily、西南俄罗斯的 Tripolie、Thessaly、近东的 Susa 与特为著名于考古界的阿那乌（Anau，中亚细亚南部）等发掘自新石器时代以至金属器时代之初的过渡期彩陶，惊人类似，也因此引起世界考古学者对中国彩陶研究的莫大兴趣。

安特生相信，中国彩陶便自西方世界所移殖，其文化移动痕迹，乃由中国西北境以兰州为中心的甘肃地方调查而得。安特生于发现仰韶村遗址后的民国十二至十三年（1923—1924年）在肥沃的洮河流域甚多新石器时代与铜器时代遗址中发掘丰富的彩陶遗物成功。以诸遗址的陶器形式比较研究，特别以仰韶文化彩陶纹样的似于阿那乌彩陶，乃有仰韶文化起源与 Orient 农耕文化相关联，性格也共通的认定。他指出：彩陶推定是于纪元前三千年代自农耕技术已相当发达了的西亚细亚发源，西亚细亚彩陶文化通过中亚细亚再传播中国，才有仰韶文化的发生。一度学术界颇多附同此一学说。然而，此一推论，却徒有假设，而无完

---

① 贝塚茂树：《中国的历史》上，第42页。

全的以及实质的证明。仰韶文化如何自西亚细亚彩陶文化衍生？中国彩陶制作技术何时自西方输入？关于遗迹方面地域的、年代的衔接系统，都无从制定。

惟其如此，中国最古农耕文化的仰韶文化，今日学术界的定说，系中国独自起源与独立创造，只与 Orient 彩陶文化的发生，存在年代前后的差异而已。而且，非只仰韶文化西方起源说难以成立，旧大陆农耕文化一元论，所谓纪元前第七、第六千年代谷物栽培，最早自西亚细亚开始而分向东西传播，乃于一般情势下波及中国的立论，同样无由接受。理由至为明显，西亚细亚栽培植物普及的代表是麦类，中国新石器时代黄河流域却如前述以粟类为主要作物。

留存未明的问题，乃届至今日中国史前考古所发现，自中石器或新石器时代之初的沙苑文化期，以迄仰韶文化展开，其间呈现了一大段时期空白。仰韶文化农牧形态与彩陶制作所指示，已明白脱离原始性而达到进步阶段，则仰韶文化以前，中国域内是否存在发展阶梯上的先行文化？尚不明了。此一空隙问题，有待于未来更周详的发掘调查，以及更发达的研究。

时代	分期相对年代	代表性遗址	绝对年代（纪元前）	
			安特生1925年的意见	安特生1943年所修正
新石器时代晚期	齐家期 仰韶期 马厂期	甘肃宁定县齐家坪 河南渑池县仰韶村 青海乐都县马厂沿	3500—3200 3200—2900 2900—2600	2500—2200 2200—1700 1700—1300
铜器时代	辛店期 寺洼期 沙井期	甘肃洮河县辛店 甘肃临潭县寺洼村 甘肃民勤县沙井村	2600—2300 2300—2000 2000—1700	1300—1000 1000—700 700—500

仰韶文化的年代，安特生依其甘肃、青海地方所发现彩陶的分布调查作规准，加列河南省仰韶村的最初出土资料，广泛以彩陶为研究对象，曾有前后两次编年论提出，缩小仰韶文化的代表面而以之列为彩陶文化发展一阶位。民国十四年（1925年）首次六期编年发表，划分晚期新石器时代、新石器与纯铜器时代过渡期的三期，以及纯铜器时代与青铜器时代初期的三期，"仰韶"这一期排列为六期中的第二期。六期分期，以平均每期三百年的假定，推定各时代的绝对年代，以与 Orient 纪元前五千年代后半左右的原始村落文化相对应。至一九四三年，安特生对自己的原意见加以修正，以仰韶文化年代的终末设定于殷朝之始（纪元前约1500年左右）以前二百年的纪元前一千七百年左右为支点，而续有第二次编年的再估定，以前此推定的六期绝对年代，各各延后一千年抑或一千年以上，而相对年代的六期顺序不变。

安特生的编年，公布当时已颇受议论，以后，缺陷愈明显而批判愈多。其彩陶文化西方起源而传播路线仿自历史时代，通过汉朝以来中国引进西方文化的门户甘肃才分布中原一带，以及单色陶器又必然较彩色陶器原始的先入为主观念，所以基于齐家坪出土都系单色陶器，便认定齐家期的位置应占有最古年代，而立于仰韶期之前，都是最大缺失。因此，当中国新石器时代遗迹、遗物愈发现愈多，对于彩陶文化的认识已大有转机的今日，全行明了，事实与安特生的推测恰恰相反。甘肃彩陶如安特生已所了解，具有彩色、图案较河南进步，质地、琢磨却较河南逊色的特质。而此特质，正说明河南—甘肃彩陶间的关系，乃由东向西发展，而非逆方向的自西再向东。焉于世界陶器类型中仅中国独有，也只流行于仰韶文化主流地区，甘肃、青海方面必须后期才波及，又足资理解传播源由。所以，中国彩陶文化系自黄河流域或中原发生之后，才影响甘肃、青海地区彩陶文化的形成。同时，包含河南、河北、山西、陕西的中原地区彩陶文化分布至边缘西北地区的甘肃、青海时，发展形态必然出现地域分化差别，与本格化彩陶文化的仰韶文化间显现了差异，形成主流以外的旁支，如发掘所见。安特生将具有地方色彩的甘肃、青海文化与中原固有的仰韶文化，视为同列发展阶段，以及主观的、反常识的本末倒置指甘肃遗址较中原诸遗址陶器形式为古，年代论的错误自为当然，此其一。其二，一九四五年夏鼐发掘调查齐家坪墓葬，从层位获得齐家期较仰韶期为新的实证。抑且，齐家期非彩陶文化系统而与接续仰韶文化的龙山文化有关联，也以遗址近年不断发现，而成定论。由此，安特生的中国彩陶文化理论基础，可谓完全崩溃，今日于认识上已予以根本的纠正。

  关于仰韶文化的绝对年代，正确测定，尚待放射性碳定年法的采用，目前仍仅出诸推测。而这方面意见的提出，便至为纷歧，讨论也颇激烈。T. J. Arne 首先以仰韶文化与 Susa Ⅰ、Ⅱ，Anau Ⅰ、Ⅱ，Tripolie A 等各遗迹对比，推定其年代约自纪元前三千年至前二千五百年左右，安特生便参考此一估测而有彩陶文化中仰韶期编年的设定。中国学者间，李济、徐中舒、梁思永、吴金鼎、夏鼐、裴文中、石璋如等，也均有所主张，但多数便按安特生的分期增减。① 各国学者一般的意见，大体仍依安特生一九四三的修正意见为基准，以纪元前二千二百年前后为仰韶文化绝对年代的上限；或者，以纪元前二千五百年的约数估定仰韶

---

① 参阅石璋如《中国的远古文化》，第 21—25 页。

文化展开的年代；再或者，以纪元前三千年代至前二千年代设定为仰韶文化期。

愈益发达的中国史前学，调查研究的又一突破性重要收获，为仰韶文化与相偕共同代表中国早期农耕文化，以黑色磨研陶器为特征的龙山文化或黑陶文化间关系的重估。学术界原先以彩陶文化成立年代早过黑陶文化，以及前者分布于自河南省中部以西，穿越陕西省以至甘肃省的黄土高原间，后者主体又自山东省以至河南省的范围，不相关联，而建立两文化相互对立，系各别系统与完全异质的两类文化的通说，今日于共通认识上已予否定与修正。

于此，庙底沟遗迹非只系表明仰韶文化本质的范例之一，也特被举以示仰韶文化与龙山文化间所存在的连续性。遗址总面积约二十四万平方公尺中，四四八〇平方公尺的范围内，发现仰韶文化层之上又重叠了龙山文化层。上层住居址构造的整齐、窑址结构的完全，都较仰韶文化进步。陶器便已存在了少量黑陶，形式大体虽仍似仰韶期，却也已有近于龙山文化的趋向。与庙底沟相邻的三里桥遗址，与之同具龙山文化原始特征，只是三里桥的发掘结果系东区龙山文化而西区仰韶文化，分布范围不同，庙底沟的仰韶、龙山两文化层垂直重叠的状态，尤其明示两文化的前后关系。因此，考古学界予庙底沟遗址此一层位部分以第二期文化命名，而推定系自仰韶文化进至龙山文化的过渡期。如此于仰韶文化中具备早期龙山文化特质的器物，自庙底沟第二期文化始见，渐次成熟时，便是河南龙山文化的定型形成。

与庙底沟第二期文化同性质，从层位的发掘调查而认识仰韶文化立于龙山文化下层的陶器与文化层，庙底沟遗址发现前，已有河南省安阳县后冈、高井台子、浚县大赉店等例。其后，与之相同的层位关系发现愈多，河南省洛阳孙旗屯、郑州林山砦、偃师县灰嘴、陕西省西安开瑞庄、华县柳子镇、华阳横阵村、山西省平陆县盘南村、万泉县荆村等遗址都是。一九七五年，中国科学界尚有陕西省临潼县姜寨发现类似的大规模遗迹报导，总面积五万五千平方公尺的遗址中，仰韶文化层保存状况至为良好，发掘得三百多处住居址与二百多个墓葬；龙山文化层也发现四十处以上住居处与三个墓葬例[1]。仰韶—龙山过渡期的早期龙山文化分布范围，自陕西省东部、河南以至山西省南部，广泛延伸至约略仰韶文化分布地域全般的现象，特堪引人注目，可以理解，仰韶文化原即龙山文化的先行文化，两者的关系乃相续而非对立。早期龙山文化中也残存甚多原始形式与单纯线条组合的彩纹，晚期形式中才行消失[2]，而展示了仰韶（彩陶）、龙山（黑陶）两类文化间质的差异，且此差异也只存在于精制品，陶器主体与实用品的粗质灰陶，仍于两者间相共通。

半坡村农村遗迹被推为安特生仰韶村遗迹调查以来彩陶文化或仰韶文化体系的代表，一九六三年出版的报告，却又同样指出，其陶器于形式学上，明显与后续的龙山文化黑陶或殷朝文化的精致青铜器，都相连接[3]。

同时，仰韶文化与龙山文化形成复合层，或者说，仰韶—龙山两文化遗物混合出土地层的存在，也已以河南省成皋县点军台、伊阳县上店、陕西省西安米家崖等遗址调查而确知。虽然此

---

[1] 1975年11月4日台北收香港外电报导。
[2] 《世界考古学大系》（五），第49页。
[3] 宇都宫清吉：《古代中国的展望》，《世界历史大系》（三）古代中国，第52页。

类混合文化形态，于两文化间的过渡过程，现尚不能判定。仰韶村遗址之所以现已不被承认为仰韶文化典型的理由，也便基于安特生的发掘，除彩陶外也有黑陶出土的事实，所以再估测后，认定彩陶并非仰韶村固有的单一文化要素，而系如点军台遗迹的复合类型与混在遗迹。尹达的解说，则推定仰韶村同也存在下层为仰韶文化层而上层系龙山文化层的层位顺序，只因安特生无差别的发掘，才相混淆而已[1]，所以两类文化融合形成一种文化的痕迹，不可谓见之于仰韶村遗址。

代表原中国人的仰韶人生产与生活状况，自仰韶文化诸遗址以及出土的大量遗物推察，印象已甚明晰——

经济方面，农业生产部门已占有重要的地位，遗迹多发现于近河的黄土段丘上，便以土地肥沃而疏松，适宜以及容易耕种的原因。如果雨水不缺，收获当无匮乏。抗旱性强的粟，从万泉县荆村、西安市半坡村、华县柳子镇等遗址都已分别出土，黍也被发现已具其地位。渑池县仰韶村曾见附着于陶器上稻的谷皮痕迹，但此陶器是否属于固有的仰韶期，学者间颇存疑问，所以据以作出河南省新石器时代稻作栽培可能性的推测，尚未能视为健全。猪与犬都已家畜化为可认定，仰韶村遗址兽骨而且已以猪骨占多数，以及由移动范围最小的家畜猪被大量饲育，可全行反映其时安定的安居生活。

但总体经济生活中，狩猎、渔捞比重仍然较大，鹿的骨、角丰富出土，得以指示系猎获物主体。陕县庙底沟、舞阳县鹅冈都发现羚羊的角，其为另一狩猎重要对象可知。半坡村遗址采集

---

[1] 贝塚茂树《黄河文明》引尹达《中国新石器时代》，学生社版《古代史讲座》（三），第159页。

所得兽骨碎片，犬、猪、羊以外，牛、马显已与鹿、兔、竹鼠、獾、狸等骸骨同在，但是否已系家畜抑或仍属捕捉而得的野生动物？则决定尚有困难。半坡村所发现动物，尚有鹫、鸡等鸟类与鲤科鱼类。水产动物中，舞阳县郭庄南大冈厚及二十公分的贝层堆积，又说明了补助主食时爱好食用贝类的倾向。

野生植物方面，松、榛、朴、栗等果实都曾被发现，似系谷物不足时采集食用。

关于工具，石斧、石锄、石耨、石环、石杵、石臼等，以及刘穗用而日本学术界惯用语为石庖丁的石刀，均属农业生产所必需。特堪注目者，耕地所用石犁，已系仰韶文化石器特色与农业的进步性表征，其舌状薄石板，大者长至三十公分以上，上部茎状突起，系供附加木柄操作之用。

陶器乃被发现的仰韶文化手工业主体，数量之多，特甚者如山西省夏县西阴村遗址，包括能拼合认出全形者与破碎片，至数万片的惊人丰富程度。仰韶文化以彩陶为代表，彩色陶器非仰韶期出土陶器的全部，只是其中少数显现特色的精制品，却也以此才具有代表性，意义必须辨明。此类制作技术与装饰、质地都非常精致的精制彩陶，大体乃细泥红陶与砂质红褐陶，以酸化焰燃烧胚体成型。器形钵、罐、壶、盆、缸、瓮等皆有，口径、深浅与形式变化不同，其中底向内凸的钵，尤系早期仰韶文化特色（如庙底沟之例）。彩绘红色、黑色或白色的纹饰，早期彩纹由腹部上升至口部，甚或器形内部，纹样则以几何学纹、涡纹、象征纹等构成，种类繁多，也有少数动物纹。晚期所发现，纹样便已向单纯的几何学纹退化，多呈直线而少变化，鸟、蛙、鱼等动物纹样却相对增加，半坡遗迹的人面与鱼纹之盆便均有名，分别以简单素朴化而强劲有力的线条描绘人的颜面表情，以及表现鱼的生动姿态。形式上，壶类形成晚期特色，特别是大腹细颈或双耳小口的细长尖器壶。

较精制彩陶发现比例为特大，几乎超过百分之九十的另一类砂质粗陶，或广义所称灰陶，种类似于精制品，形态于早期与晚期间无多变换，依于此类陶器粗糙而又数量特多的性格，足以说明，乃新石器时代大众日常普遍使用的器物。

骨角制品发现的有钓针、凿、槌、斧等，是渔具与猎具，也多为日常生活用具。弓矢的使用，又非只充实了狩猎生活，抑且加大了防御敌人与野兽攻击的能力，仰韶文化诸遗址中众多石镞、骨镞的出土，可知弓矢应用已普遍化为无疑义。

骨针、骨锥、鹿角制针等，以及仰韶村、西阴村与浚县大赍店等遗址普遍发现石制或陶制纺锤车，可了解缝纫与纺织已系仰韶文化衣着方面进步的手工业。麻布痕迹已在华县柳子镇竖穴中发现，庙底沟陶器耳上所黏着碎布纤维，推定亦即麻布。夏县西阴村遗址于民国十五至十六年（1926—1927年），由李济发现半个蚕茧壳而成为轰动学术、考古界的大事，果尔，则中国以独特发达享誉古代世界史的蚕丝知识与技术，以及华贵衣料丝织品，起源之早与历史之久为可明了。

超越衣、食现实生活，艺术与美的观念存在于仰韶人之间，由普遍而种类繁多的陶器纹样已堪认知。庙底沟红陶口缘浮雕的蝎子、华县柳子镇人头颜面陶器与揉塑成大眼、尖嘴的圆形枭面陶制品等陶土造型，对于仰韶文化的艺术面，同系指标。装饰品的被发现，以陶质或石质环形的钏（手镯）占压倒多数，其素纹的、加以简单刻纹的、施以黑、赤彩纹的等等，种类不一。骨制指环，以骨、贝、动物犬齿等各各开孔串制的垂饰品，以及玉制耳饰等，都曾发现。从玉或骨制的笄，以及骨或石制的钗的使用，又可了解，中国人特有束发为髻的风俗，于仰韶文化中已经流行。甘肃省诸遗址埋葬墓中，玉质装饰品环、璧等多供随葬，尤为特色。

玉乃新疆特有产品，而其制品于甘肃省累有发现，推测交换关系，自仰韶期新石器时代已有可能存在。

仰韶文化遗址与仰韶人集体生活遗迹，颇多大范围之例。半坡村面积二万平方公尺，庙底沟二十四万平方公尺，三里桥十八万平方公尺，仰韶村与相仿佛的西阴村遗址东西五百六十公尺、南北八百公尺，尤已系新石器时代村落中世界性罕见广大之例，即使今日若干村落也相形见绌。仰韶期每处村落都拥有相当密集人口居住的事实，对于其时居民从事农耕而经营稳固的定居生活，足以获致强烈印象。

住居址均呈半地下式竖穴，构造成型的大体规格，系自地面挖掘坑道通入地下作室内入口，室内相对排立高出地面的四或六根木柱，以支持茅草搭盖的屋顶。竖穴周围作基础性的低矮泥土矮墙，上布颇多细柱，细柱间再以土壁或木板填筑，达于屋檐。其形式，庙底沟作每边约七公尺的方形，厚约数十公分；半坡村方形竖穴每边自三·五公尺至五公尺不等，或者，直径约五公尺左右的圆形竖穴，自地面下挖约三十公分程度。周围矮墙高度，庙底沟约六十至七十公分，半坡村约四十公分。均以炉的存在而知系住居址，炉的位置，通常设于室内中央或近入口处。

附着于住居址，又常发现贮藏用小型竖穴的窖，作圆形或长方形，内中除陶器、石器等日用品外，也残存兽骨与烧余谷物的壳。华县柳子镇遗址曾自住居址内侧壁龛中发现大量完整无损的陶器。

半坡村遗址的堪注目处为，其住居村落周围挖有 V 字形环濠，宽度上部六至八公尺，底部一至三公尺，深五至六公尺。功用推测系防御工事。

但一般而言，仰韶文化中，指示氏族与氏族间战争可能性的痕迹绝少，堡寨遗迹从未发现，武器分量也不多，战争的机会似乎殊不常有。相对方面，陶器制作殊为发达与窑址众多发现，反映的毋宁都是氏族以村落为单位的安定和平生活。但是，此方面据以凭借的直接资料，颇为欠缺。

相似的缺憾还有，关于仰韶期村落的社会结构如何？堪资了解的资料，目前也仍贫弱。少数可供推测的例子之一是，仰韶人一般住居址虽都甚小，却也发现如半坡村编号一号的大型建筑，系一南北十二公尺，东西部已遭破坏，依残存约十公尺的部分推定，东西原长可能约二十公尺左右的方形半地下式竖穴。其东、北、南三面约高五十公分的矮墙上，列有共三十个细柱穴。此一大过一般住居址的同型建筑，学术界多解释为氏族与村落居民共同集会所，但也乏直接证据。同时，仰韶期系立于母系制的氏族时代，而如 Orient 普遍得见，涉及母系中心的女性像等资料，仰韶期中国却无。仅能于墓葬附有随葬品的场合，以妇女与老人为丰富的现象，或可引为仰韶期母系社会的指示，以及说明氏族社会的老人权威与老人尊重。同时，巨屋以及巨墓于仰韶文化中都未出现，则可想定，正是新石器时代财富集中与权力集中情事尚未发生的反映。

成人墓葬，仰韶人均于住居区域以外开辟共同墓地。仰卧伸展葬与单葬为基本形式，占发掘所得的大部分，且多头部西向。但也存在俯身葬、屈葬，以及二次葬之例，南召县二郎岗又见遗体头部北向。半坡共同墓地发掘成人埋葬共一百三十具遗体，内除俯身葬十五具、二次葬六具外，余均仰卧伸展葬，附有随葬品的五十二例，便都限于仰卧伸展葬。半坡用以随葬的，多系陶器，同一墓中最多曾发现十七件，随葬品置放场合多数在遗体下半身部位。迁移若干遗体合葬同一墓坑的二次葬，有华县柳子镇十二具遗体合葬之例，方约二·一公尺的墓坑中，除儿童一人为一次葬外，其余十一成人便是整然排列的二次葬。儿童与成人合葬乃系少数特例，儿童死亡时，多数以瓮棺就近单葬于住居址附近地下，瓮棺也惟用以埋葬儿童尸体。

死者埋葬时头部西向，以及以日用物品与装饰品随葬习惯的育成，意义至为明显，代表了灵魂意识非只萌生，且已形成仰韶文化一大要素。但头部为何多数西向，则不能解释。

仰韶文化于纪元前三千年代之末，渐渐已向龙山文化移行。对于仰韶期遗迹的调查，后期已移入中国学者自身之手，龙山文化尤其全然以中国学者吴金鼎、梁思永、李济、董作宾等的发掘研究而明了，纯系中国学者的独力业绩，遗迹迄今已发现八百处以上。

龙山文化的兴起与自仰韶文化交替，对农产物依存度愈益增加，耕地面积扩大，农耕技术显著进步，经济成长加速，牛、马确定已系家畜，狩猎、渔捞退向补助化，衣、食、住消费生活水准大幅提高，中国新石器文化再迈出一大步。

国际闻名的中国新石器时代一大划期龙山文化遗迹最早发现，以及对之发端性的认识，系仰韶村遗址发现之后七年，民国十七年（1928年），吴金鼎于山东半岛济南以东五十公里，山东省历城县龙山镇南方城子崖，较附近平地稍高的台地上的发掘。民国十九至二十年（1930—1931年）李济等在连续调查之下，分出上下两层，上层比定为周朝谭国遗址，龙山文化遗迹便自下层发现。出土物包含了灰、黑等色调与不同土质的陶器，以器壁薄如卵壳，轻而表面发漆黑色光泽，形态既复杂，制法又精巧的黑色陶器，特为注目。所以，其后凡有黑色陶器出土的新石器时代遗迹与其文化类型，便付以黑陶文化之名，黑陶文化又依发端遗址地名称之为龙山文化。只是，陶器土质黑色的理由，尽管猜测颇多，究竟原因迄今尚不能明了。

　　黑陶文化—龙山文化，如同彩陶文化—仰韶文化，相互间都系同义词，然而，非对文化性格予以完全适切的表现。黑陶固系龙山文化重要因素，却非惟一要素或特性，也如同彩陶之于仰韶文化，并且较彩陶——仰韶文化尤为强烈。位于山东省东南海岸地带位置的日照县两城镇，墓地出土丰富遗物中，便存有多种性质陶器同在的事实，其分类：（1）细泥质黑陶、（2）砂质黑陶、（3）细泥质灰陶、（4）砂质灰陶、（5）细泥质红陶、（6）砂质红陶、（7）泥质或砂质黄陶、（8）泥质白陶等。所以，黑陶文化的意义，乃以各类陶器中性格最为突出的黑陶而代表，日常用的一般器具，如同彩陶文化乃灰褐色粗制陶器。虽然黑陶文化与彩陶文化间推移，相互间共通的粗制灰陶器形也随之发生若干变化。

　　龙山期的农村，住居址如同仰韶期为方形或圆形的半地下式竖穴，茅草搭盖的屋顶也同呈尖顶状。但室内卧处地面与墙壁都已敷涂白色石灰，考古界呼之"白灰面"，了解石灰加工以防湿气的功能，正系生活方式与生活技术的一大进步。同样的进步，卧处加添附有烟囱的暖炉设备，其构造已类似后世中国北方惯用的炕，以期冬日安寝时保温。贮藏用竖穴与烧制陶器的窑址，如同仰韶期为与住居址相关联的遗迹。城子崖与两城镇，都是龙山文化分布于山东省的代表性遗址。长安县客省庄的龙山文化层竖穴住居址，在一般的单室之外，并发现双室规格，前后两处以中间通道连接，成"吕"字形而分内外室，住居构筑的趋向复杂性初见。村落格局，依发掘遗址范围，两城镇南北约二百公尺，东西约四百公尺；浚县大赉店南北约四百公尺，东西约一百公尺。

龙山期村落遗址的又一重要发现，系圈定遗址范围，基于共同防卫需要而建的版筑土垒于城子崖遗址发现，遗构原高推定约六公尺，基底部宽度以中段有厚近十公尺处而推定须超过十公尺，延长度约东西三九〇公尺，南北四五〇公尺。同样的版筑垒壁，亦发现于安阳后冈。城郭雏型，想定自此时期已经铸定。所谓版筑（或板筑），乃对建筑工事须加固部分，先竖版围筑，再以土投入版围中，然后用木或石予以捣固而层层加叠的土层工程，于古代世界中为中国独特的工程技术。

墓葬方面，仍以仰卧伸展葬的单身葬为一般现象，经营长方形的竖穴土坑墓。山东省安丘县景芝镇（1957年，7处）与曲阜县西夏侯村（1962年，11处）发掘调查了解的构造，前者长二至二·七公尺，宽一公尺左右，土坑深约五十公分；后者长二·三至五·七公尺，宽〇·九至二·四公尺，均一墓坑一遗体，随葬品多陶器，也见玉器与石器。堪重视系西夏侯村墓坑内部分二段，中央下底部深二十至三十公分处安置遗体，其周围则为〇·六至一公尺宽的二层台，安置随葬品，后世墓葬祖型初见。

工具类形式踏袭仰韶期，而磨制石器的比例显著增加。与半月形石刀（石庖丁）与石镰被采用的同时，贝制品的刀与镰也有出现，骨铲以及双齿木耜亦被发现。

谷物的种植种类不明，家畜饲养倾向的加大却颇为明晰。城子崖遗址出土动物骸骨的分类，有犬、兔、马、猪、獐、鹿、麋鹿、羊、牛等九种。马骨、牛骨的数量已仅次于猪骨与犬骨。

城子崖遗物中发现骨制的梭与纺锤车同在。骨梭的应用，无疑又是纺织技术一大进步。

陶器制作方面，黑陶精制材料，如同彩陶系精密的粘土质，钵形也如同彩陶的器形与使用，灰陶粗制品中尖底壶尤与仰韶期无所差别。然而，皿、钵、壶等以外的器型，便殊见变异，高足器、圈足器，特别是世界唯中国独有的鬲、鼎等三足器类蒸煮用具大量增加[①]。三足而袋形的鬲型陶器，近年学术界颇主张乃仰韶文化所无，而为龙山文化所产，鬲的存在，便是两文化差异点之一。但是持此意见者对仰韶文化遗迹中也曾有鬲发现的现象，解释并非圆满。则鬲的发明，是否始自仰韶文化晚期而由龙山文化继承发展？至今仍尚悬疑而无定说。但鬲乃史前中国陶器特色，世界各地未见的中国特殊形式，则学术界为无异论。其具有巨大的中空袋形三足，大型注口，附着把手的饮酒器鬶，尤系龙山文化独特器型，而至殷朝青铜器中转化为斝；另一类三足器为

---

① 关野雄对灰陶前中后三期系列化的编年，曾对三足器发生有所推论。指出：陕西省宝鸡县斗鸡台戴家沟第三层、山西省夏县西阴村等遗址出土的陶器代表前期，绳纹尚未一般化，三足器也尚无存在；河南省安阳后冈中、下层、浚县大赉店、渑池县仰韶村、石召寨、秦王寨、池沟寨、山西省万县荆村等出土的陶器代表中期，绳纹已普及，三足器也已形成；至后期，则已系历史时代。但关野雄此一灰陶分期说，中国学者间未加采用。其说参见曾野寿彦、增田精一《都邑文化之道》，筑摩版《世界历史》（一）《历史的黎明》，第204页。

炊蒸谷物用的甗，于青铜器中又成了甗。龙山文化中粗质鼎鬲类三足陶器都由殷、周踏袭为青铜彝器的原型，于今日都已明了。彩陶所未使用的辘轳（转盘）制坯法，所谓轮制，于龙山文化中开始使用，黑陶表面因此都由旋转研磨而成，烧制又与仰韶文化相比已变化为密封的还元焰窑。

苏联科学院版《世界通史》第一卷第一分册曾指纪元前三千年代之末的仰韶型村落中，已开始存在铜加工的痕迹[1]，但无引用资料来源的说明。而龙山文化具备对铜的熔融知识，则以山西省榆次县源涡镇汾河支流黄土台地的竖穴遗址中，堆积土深处附着了铜的粗质陶片发现而认知，虽然源涡镇熔铜被推定系加热后浸透入陶器，铜器的有无为不可知。然而，继承龙山文化的殷朝优秀青铜器文化，即以龙山文化为发达过程，亦非无可能，果尔如此，则因小型铜利器开始使用，而木制品、骨角器的加工得以进步，龙山文化生产力发展获得莫大推动力，当系原因，源涡镇同一竖穴中细孔骨针的发现，堪为此一推测的旁证[2]。

殷朝文化一大特征的甲骨占卜，龙山文化也已开端。与殷墟卜骨相似，具有凿痕与灼裂了的卜兆的猪、牛、羊、鹿等肩胛骨，屡于龙山文化遗址中发现，城子崖遗址发现的十六片卜骨，十片得自上层（已专用牛肩胛骨），六片便于下层龙山文化层发掘出土。滕县安上村等若干遗址且出土卜龟。可以了解，问天意预测事象的意识，龙山文化中已渐普及，虽然卜骨上尚非如同殷墟甲骨刻有文字。

---

[1] 东京图书日译本，古代1.，第313页。
[2] 和岛诚一：《东亚农耕社会的类型》，学生社版《古代史讲座》（二），第169页。

龙山文化开启殷周文化，而自身又自仰韶文化发展而来，今日已系学术界定说。黄河流域中原河南、陕西诸遗迹，如庙底沟与三里桥所示，仰韶文化与龙山文化存在下层、上层的层位重叠关系，也已知系一般现象。抑且，河南省安阳县城西北小屯村后冈遗址，以民国二十年（1931年）梁思永的发掘调查而得上层为含有白陶的殷文化层，中层为含有黑陶的龙山文山层，下层又是含有彩陶的仰韶文化层的三文化层顺位垂直堆积的形态确认后，同样的殷（周）—龙山—仰韶上、中、下三文化层序诸遗址，又被陆续发现。与后冈同县的高井台子、同乐寨、河南省浚县大赉店、洛阳西郊涧河边、陕西省西安市附近沣河流域的开瑞庄（一名客省庄）等，都是有名的例子。

龙山文化为下层的上、下两层位堆积，城子崖与两城镇两遗址上层属周文化，禹城县周尹庄、历城县大辛庄、邹县七女城、滕县宫家庄等，以及著名的郑州市附近二里冈遗址，上层便都系殷文化层，而明示龙山文化向殷文化发展的编年顺序。

所以，向来指认龙山文化以最初发现时的山东半岛发端，向西发展，而与中原仰韶文化相互对立的旧说，现在已成过去。明了黑陶或龙山文化，同样起源于中原方面，而且便是自彩陶系列中所分化，逆向东方发展，至山东方面而到达最盛期。研究主张中，并有黑陶中彩陶要素的消灭系自后冈、大赉店一线，以及出现为黑陶典型基准如城子崖的高度发展态势时，绝对年代方面与殷朝已系并行文化的意见[1]。因此今日也有以仰韶文化称第一期文化，龙山文化为第二期文化的主张，共同系殷周文化先行的两

---

[1] 曾野寿彦、增田精一：《都邑文化之道》，筑摩版《世界历史》（一）《历史的黎明》，第201页。

类中国史前文化，虽然两文化前后衔接与推移关系的体系性绝对年代之证明，尚待之将来。

新的学说以安志敏为代表。说明：中原地区庙底沟第二期文化，乃现知龙山早期形态，具有开始自仰韶文化向龙山文化过渡的意义，接续，河南、山西、陕西方面的龙山文化，各各自仰韶文化分化而独自发展。分化过程，自第二期文化的庙底沟与三里桥黑陶于出土品中所占比例可以推测。前一遗址中，砂质粗灰陶占66.45%，泥质灰陶占30.62%，细泥质红陶占2.05%，细泥质黑陶占0.88%；后一遗址则砂质粗灰陶占50.82%，泥质灰陶占30.68%，砂质粗红陶占9.02%，泥质红陶占1.43%，细泥质黑陶占8.07%。最后，才有以龙山文化最初发现地龙山镇城子崖与日照县两城镇为代表，山东方面标准的龙山文化或典型的黑陶文化成立。所以，东方沿海地区典型的龙山文化，于龙山文化全体中乃因比较的晚期而发达，也必须至其时，河南以西的仰韶文化晚期恰与山东的龙山文化晚期相当，才形成两文化东西对立的态势。

依此理解，龙山文化全体的编年，须如下列：

庙底沟第二期文化 ⟶ 河南、山西、陕西龙山文化 ⟶ 山东龙山文化 ⟶ 浙江、辽东龙山文化

惟其龙山文化全体具此分化的时间与序列，地方性格与彼此间因此显现的差异，便铸定强烈，是为龙山文化一大特征。于山东龙山文化的基准之下，河南、陕西方面，安志敏因此别名之为河南龙山文化、陕西龙山文化以示区别。河南龙山文化的性格，

已在于黑陶减少，而方格纹、篮纹与绳纹的陶器居多，以及平底罐与甑、鬶的出现。辽东半岛与浙江方面的黑陶，愈已系地方性文化或龙山文化旁支的性质。

龙山文化的地方性差别，尤立于其分布范围特别广泛的背景。迄今学术发掘所知，山东方面仰韶文化全然无发现，得知仰韶文化影响之力东方未能到达山东半岛。而龙山文化遗址，却非只于以山东—河南为中心的地域内发现，且除新疆史前考古未发达，龙山文化有无波及为不明了（西北科学考查团德日进、杨钟健虽也曾于阿克苏附近发现黑陶，仍以系孤例而不能肯定为文化传播抑或历史时代贸易所携往）以外，就既知形成的龙山文化圈，西起陕西、甘肃、北及渤海湾沿岸与朝鲜半岛，南则前此考古学上全然处女地的长江中、下游湖北、浙江与江苏的江淮地方，尽行包含在内，走势抑且远至中南半岛，以及马来半岛方面，其影响力之强可知。

分布范围愈较仰韶文化圈广大的龙山文化，其遗迹于黄河流域以外发现的实例，与山东省隔渤海相对的辽宁省境内，貔子窝的单砣子、旅顺鸠湾内的羊头洼贝冢、营城子的四平山石冢、方家屯的老铁山石冢、长山岛的上马石贝冢等，以及河北省唐山的大城山遗址、江苏省徐州高皇庙遗址下层文化，均发现发端于山东龙山系文化的分布。江苏省淮安县青莲冈与南京市北阴阳营，则基本上系龙山文化而受仰韶文化影响。浙江省杭州市老和山、杭县良渚镇、嘉兴县双桥、安徽省寿县附近等地，也同见黑陶系文化遗物出土。

山西省南部系仰韶文化主要分布地，而龙山文化同于此一地区分布，含有龙山文化要素遗物的出土，迤北及于太原市光社与太原附近义井。陕西省宝鸡县斗鸡台，又系仰韶文化与龙山文化遗迹并见的代表性遗址之一。自此继续向西，甘肃省东半部与宁夏南部，西迄武威，北达银川，南至甘南的地域，均有龙山文化分布。

甘肃省安特生史前文化六期分期中的齐家期，今日经考古学术界重新订正，便与陕西龙山文化相关联，立于仰韶文化（半山期）之后而为殷—周文化（辛店期）的先行文化。

中国文明自黄河流域中核形成而向周围广域性展开，由仰韶—龙山两类相续的史前文化遗址分布，可以强力显见。

黄河文明的广域性[*]

学术界估测，细石器自后期旧石器时代由西伯利亚，尤其贝加尔湖附近发源，广范围文化交流的结果，乃有欧洲中石器文化的特殊发达。中国中石器文化同系西伯利亚方面延长，南向中国的蒙古与东北地方流入，而有以细石器为基调的中石器文化札赉期展开。到新石器时代，西伯利亚细石器文化通过蒙古南下，从新疆准噶尔盆地经中亚细亚，连接西亚细亚，直达非洲；另一个方向，则出西伯利亚，越过乌拉河、伏尔加河，而与中俄、南俄、东欧以及北欧诸地方携手。简言之，西自大西洋岸东迄太

---

[*] 本节主要取材于关野雄《东亚的史前文化》、冈崎敬《甘肃、青海的农牧文化》、三上次男《东北地区的石棺墓文化》、水野清一《长江中下流域的农耕文化》、关野雄《华南地区的印文陶文化》，均平凡社版《世界考古学大系》5.东亚Ⅰ；水野清一编集《中国文化的成立》，人物往来社版《东洋的历史》（一），第115—132页，《农耕技术的波及》节。

平洋岸，非干燥即寒冷的广阔欧亚大陆北方，都立于自然条件苛酷的共通点，人类生活式样也相同，为细石器文化弘布圈。而如上两系统传播路线痕迹见于中国域内时，考古界推察，青海省西宁朱家寨（甘肃仰韶期，即半山期）系受向西南亚细亚流传的影响；东北北部所发现遗迹，则直接源自西伯利亚系统，续经中国东北地方东部而延伸至朝鲜半岛与日本。

细石器文化之为新石器文化而须与前代文化有所区别，系以继承前代遗产的性格之外，也具备了新发扬的技术与制品，特别关于磨制技术的向上。斧于新石器时代以广泛的木工用途而特殊发达，为达成此用途的效率，所以予刃以砥磨乃绝对必要。北欧亚大陆的同时代各地域，石斧便发现至多，石器砥磨的技法既全面性发达，石质也相同。利用骨、角或牙加工，与其资材的灵活适用，又都是北欧亚大陆共通现象。颇多细石器必须嵌配骨制或木制的柄，才得使用为工具。枪尖也是石质与骨、角、木等资材具有，弓的制材同系木、骨或角，抑且，弓的形式，已由直弓进步为弯弓。

陶器纹样的以骨质或木质栉状工具所刻划栉目纹为中心，又系欧亚大陆北方全地域属于同一文化系统的共通特征，所以，此一地带的新石器文化，考古学上亦谓之栉目纹陶器文化圈（Kammkeramischer cultures）。但西伯利亚东部，堪注意已受中国方面影响，陶器纹样渐渐素纹化，形式也自北欧尖底系统向磨研平底转换。抑且，自西伯利亚愈向南，以及愈到以后，接受黄河流域新石器文化的影响为愈明显，又已系学术界共通认识。

立于如此背景之下，中国长城以北的细石器文化，考古学上乃有如下的划期准则——自最早阶段的札赉期再发达，到新石器时代初期，便有嫩江畔昂昂溪遗迹或龙江期，由细石器与幼稚的陶器所反映渔猎生活的文化。龙江期文化继续南下，形成林西方面新石器时代中期的细石器文化。然后，在长城附近，与黄河流域北上，代表农耕生活的仰韶期彩陶文化接触，而发生新石器时代后期细石器与彩陶的混合文化，如热河省赤峰红山后、察哈尔省张家口附近高家营子、辽宁省沙锅屯等诸代表性的遗址所显示。

代表龙江期的东北境内嫩江省龙江县昂昂溪砂丘地带遗址中，大小枪尖、铦、锥等骨器与凿、小刀、镞等石器都曾丰富发现，而石斧等磨制类石器虽也见诸如墓葬人骨脚部的场合，却为数尚少，技法也不精。可以推察，当时尚属农业生活之始，或者说，仍以渔猎手段为主。

热河省西北部内蒙古地域的林西县遗址遗物，如同昂昂溪的均出于黑沙层中，细石器外的石斧、石犁、石铲、石磨等磨制石器成为主要用具，陶器分灰、黑、褐、黄（褐）、红（褐）五种颜色，多数已由辘轳制成。林西期的经营农业定居生活，以及文化较昂昂溪进步，依于上述遗物种类为可了解。

热河省中部，同系内蒙古区域的赤峰县红山后遗迹，调查结论分二期，第一文化属细石器文化，第二文化须后移至蒙受殷周文化影响。赤峰第一文化所发现，非仅栉目纹陶器，也含有彩陶成分与仰韶式的钵，以及仰韶系石斧、石刀（石庖丁）、石犁、石铲等与打制细石器的石镞、石刃等同在，明了已为仰韶—细石器文化的混合文化。与之相类似的仰韶—细石器混合文化广泛分布于内蒙古范围，自西喇木伦河与阴山以南，热河承德大庙、察哈尔张家口高家营子、绥远孛罗巴尔苏，以至陕西横山县西北沙拉乌苏河两岸诸遗址，均有发现。

赤峰文化流布范围的南方，辽宁省方面，自新石器时代以至金石并用时代所受黄河流域文化的影响，印象愈益深刻，石斧、石刀等磨制石器与以中国独特的三支袋足为特色的鬲形陶器等中原文化，分从河北省沿海海岸伸展至辽河流域，以及自山东以庙岛列岛为跳板传入辽东半岛。锦西县沙锅屯洞穴，辽东半岛东岸貔子窝、大连滨町、旅顺大台山、普兰店等遗址，都见到彩陶系陶器。其附近四平山、老铁山石冢、羊头洼、上马石贝冢等，又均系黑陶系遗迹，薄而光如卵壳的黑陶，带有钻凿痕、烧灼痕与炸裂卜兆的占卜用兽骨，都说明龙山文化的波及。而四平山遗址丰富的钓钩等渔具中发现与西伯利亚、蒙古同样利用鸟骨制成的针筒，以及上马石遗址出土栉目纹陶器，又都指示仍与北方欧亚大陆文化相共通。惟其如此，以西伯利亚文化为基本的中国东北地区南部辽宁省一带地域，已自赤峰型转向，于仰韶文化晚期以来强烈感染中原文化侵蚀的面貌特为明朗。诸遗迹的年代下限，且须延至中原已系历史时代的汉朝初年。

赤峰文化东方自辽河上流到达松花江草原，长春市与吉林市方面的基调相仿佛，于细石器文化上继续成立一类强烈中原文化要素的农耕文化。石斧、石刀等磨制石器，鼎、鬲等三足陶器，青铜制的斧与小刀等都曾出现。图们江流域所发现，替代鼎、鬲的，是模仿青铜器而制的石剑、石矛以及石镞，文化性质较长春、吉林稍异，虽同系受黄河流域影响而成立的农耕文化，但狩猎文化色彩继续浓厚，年代下限亦至于汉初。

中国东北地方的新石器时代，整体而言，都以蒙受黄河流域中原方面先进文化影响，通过金石并用时代，而跃入青铜器时代，但步调以地理位置不同而非全域同一，依于前述为可了解。

长城地带最容易与最先接触中原文化，所以时间上最早约于纪元前一千年代的前半便已追随中原；与河北、山东相邻的东北地区南部辽河流域一带也相同；吉林地区推定须纪元前一千年代的中期才是青铜器时代开始期；图们江流域与朝鲜半岛再落后至纪元前一千年代后期之初。此一范围内共同届至蒙受青铜器文化的期间，棺形以石材（大型石板）合围而成的箱形石棺墓，也称石棺墓或箱式棺的出现于全域，为堪注目。石棺墓或箱式棺文化的弘布，正是中国东北地区与朝鲜半岛替代原先新石器时代特征栉目纹陶器，代表已转换为金石并用与青铜器时代的特征，余波并及于日本的北九州。

石棺墓的分布，自河北省方面唐山市小官庄一带，至于内蒙古东南部、松花江流域，以及朝鲜各地，均有发现。热河赤峰红山后石棺墓随葬品中灰色的鬲显示，与中国东周期的文化具有关系。由热河、唐山地区历辽河平原远及吉林地区，石棺文化基本均出自赤峰同一系谱，随葬陶器如同赤峰系统的以赤色磨研无纹陶器（砂质粗红陶）为中心，而西伯利亚式样的青铜制品同在，得知其文化性格。但吉林市周围所发现石棺墓群的众多所在地，包括吉林市土城子、东团山子、骚达沟、西团山子、草盘山等，成立年代都较赤峰地区为迟，甚或已系纪元前第一千年代中期之末。松花江上流地区的桦甸二道甸子、靖宇道水屯等遗迹与之相似。其东境图们江流域地方石棺墓的随葬品却已显著相异，其代表性遗址延吉县小营子，急倾斜的山腹斜面阶梯式密集存在的数百石棺墓，内部大量出土黑曜石制的打制石镞、石枪、石刀等独特品与多种多样骨角器，相反，陶器中不存在中国特有的三足器鬲形陶器，赤峰红山后以犬、鹿、羊等牺牲兽伴葬的习惯，图们江方面以未发现此等兽骨而也知其无。朝鲜半岛东北隅咸镜北道钟城郡城面潼关镇、同会宁郡烟台峰等石棺墓，以邻近中国松江省而与汪清县天桥岭、百草岭等遗迹存在密切接触，较朝鲜半岛西北角平安北道石棺墓文化的自中国安东省方面接续，系统相异，但年代都已属石棺墓的后期，则相共通。

朝鲜半岛石棺墓文化的划一性格，见之于以磨制石剑与石镞随葬。石剑系模仿中国式细形铜剑，而铜剑传至半岛推定当纪元前三至前二世纪前半，所以半岛上石棺墓的出现，约略也在其时前后。半岛上石棺墓遗迹的另一共通性，无论西北鲜、中鲜、南鲜，坟墓密集度不能比拟中国东北地区，颇多单独发现之例。但南鲜地区也自存其特色，于单纯的石棺墓之外，具有石棺与支石墓的复合形态，或者，另与积石冢复合的支石墓。

以顶部伞状覆盖巨石为特征的支石墓与堆积石块而成的积石冢，相同的始源为金石并用时代，中国东北地方与朝鲜半岛的地域范围内，乃与石棺墓性格多共通要素的特殊形式坟墓，也都以最早出现的石棺墓构造为基础，只是相互间系谱的详情不明了。支石墓于中国域内以辽东半岛的亮甲店为南限，松江省通化、敦化附近，以及朝鲜各地，均有存在。中国积石冢又以旅顺附近的老铁山与四平山成群遗迹为有名。

东北亚象征青铜器时代来临的石棺墓成立，于中国已系汉族形成的时代，汉人势力也已开始登上此等地域，而此三种特殊性坟墓的埋葬者，堪注意非为汉族。同时代并行的汉人坟墓，均以土坑墓为代表，或者瓮棺墓，上层阶级又是木椁墓。石棺墓与其他二种式样坟墓，乃此一地域内受汉人文化影响的土著诸部族支配者与其家族的坟墓。土著民社会的以狩猎、牧畜与农耕为并行生业，因与先进中国政治上、交易上活泼交涉而文化向上，也自此时代而由移民此等地域与土著民共同居住的汉人，命名土著诸部族为貊人（貉人）、濊人等名词，"貊"又系汉人对中国东北地方与朝鲜半岛已知晓的青铜器时代以来土著住民的总称，今日通古斯系诸种族。

石棺墓文化以受汉人金属器文化冲击而形成，也以愈益加深汉式文化感染而衰退，终末期又依地域别而存在与开始期成正比的年代前后顺序。向西与向南直接接触黄河流域先进地带的热河地区与河北省唐山地区开始期最早，终末期也最早，纪元前四至前三世纪已形消失，原因便以当时中国强力的政治力已向此方面厚植。自此继续进出辽河平原，中国势力分向南、北扩散时，便是朝鲜半岛西北部最早出现石棺墓，至纪元前一世纪前后，西北鲜与中鲜又因乐浪郡设置下中国文化压倒性波及的关系，而石棺墓届临终末期，土著势力转向南移。但中国势力追随浸透南鲜的结果，南鲜方面，石棺墓文化持续至纪元二至三世纪也已不能再存留而告终了。辽河流域北方外侧的吉林地区与松花江上流地区，接受中国政治支配力影响较迟或较弱，石棺墓的筑造得以维持较长时期。土著民的貊人国家夫余、高句丽勃兴期，大型而整然的石棺墓巍然存在，图们江流域于纪元一、二世纪前后，也以高句丽支配而多高句丽式坟墓屹立。

关于东北亚石棺墓文化以前栉目纹陶器文化的年代推测，以与日本绳纹陶器文化的时代相当，而后者依放射性碳定年法测定中期迄纪元前二五六三年，后期之末纪元前一一二二年，晚期之末纪元前六四〇年。中国东北与朝鲜方面的栉目纹陶器年代，推定即系其中期过渡到后期的时期。

东北地区北部的新石器时代，细石器文化圈的基调更明显，另一方面同样不能脱离接受黄河流域文化的影响。黑龙江省合江省等森林地带，细石器与磨制的石皿、石杵等同时都有发现。

兴安省以西、阿尔泰山以东的蒙古高原或政治区划上蒙古地方或外蒙古，沙巴拉克乌苏（Shabarakh-usu）河谷、土拉（Tola）河流域等砂丘地带遗迹的情况相似。蒙古高原随处弘布的砂丘遗迹，往往发现细石器、陶器，以及石皿、石杵、环石等磨制石器并在。陶器中，西伯利亚叶尼塞（Yenisei）河上流域与昂哥拉（Angara）河边、贝加尔（Baikal）湖附近等浓厚分布的栉目纹陶器，于蒙古高原仍是基本的，且依典型式样而存在，所以，与北方欧亚大陆文化的亲缘关系至为强烈。但已受黄河流域新石器文化侵蚀的痕迹也不能忽视，陪伴磨制石器出土的手捏制陶器，便与沙锅屯洞穴陶器的纹样相同，虽然数量不多。只是，关于蒙古高原史前考古，以细石器出土状态常系散布于沙上，不能从层位确知其年代的场合为多，依细石器自身形式变化而判定也有困难，所以细石器的年代，便惟有依赖伴出的陶器年代研究而间接得知。于此，指示蒙古地方细石器文化下限的多量汉朝形式或与之类似的陶器，说明蒙古高原细石器的使用，一直须延续至汉朝前后，尽管其时金属器同样已于此地域应用[①]。北亚细亚此一情况，正与东北亚步调次序相一致。

北亚细亚开始传入农牧技术与青铜冶金术后的文化一般，以苏联考古界的调查，从来印象模糊的，已能渐渐制定其编年，成立了对今后解明的更多可能性。大体上，系以三期区分其青铜器

---

① 平凡社版《世界历史大系》（二），驹井知爱、江上波夫、后藤守一《东洋考古学》，第 391—392 页。

时代[1]。

　　第一期或初期，乃叶尼塞河上流域的明奴辛斯克（Minusinsk）盆地与阿尔泰山地的最古青铜器文化阿发那希爱伏（Afanasievo）文化与推广至西及哈萨克斯坦方面的安特洛诺伏（Andronovo）文化。栉目纹陶器的传统于阿发那希爱伏文化中仍甚强烈。安特洛诺伏文化的农副牧主文化成立，东起南西伯利亚叶尼塞河上流域，西及哈萨克斯坦广泛弘布，类似的文化又于天山方面见到，才真正意味广范围北亚细亚的青铜器文化成立，而与中亚细亚、高加索方面的青铜器文化维持密切关系。此两相互接续的文化年代，约略自纪元前三千年代开始，纪元前二千年代的后半结束。

　　堪重视是北亚细亚青铜器时代中期的转换，南西伯利亚的卡拉斯克（Karask）文化，长城地带的绥远青铜器前期文化、热河的红陶文化等各个代表性的地方文化，波涛起伏，整体的分布范围南起热河长城地带，西经天山而及帕米尔，北则北蒙古、贝加尔湖方面、明奴辛斯克盆地与阿尔泰山地，北亚细亚的大半均被涵盖。此等连锁性文化圈的飞跃扩大与文化内容变化，最重要因素，现知在于文化的担当者已形交替。南西伯利亚于纪元前十二世纪左右，脱离设定自纪元前十八世纪左右开始展现的安特洛诺伏文化圈而独自发达为卡拉斯克文化，考古人类学上了解，此乃侵入南西伯利亚，驱逐先住白种系统种族的蒙古利亚系人种所成立。彼等由来虽不明了，但文化上蒙受中国殷文化影响则至为明显。弯曲而附着动物形柄头的小刀等，都说明便自殷式器形脱胎与存在密切关系，类似卡拉斯克文化的青铜器，于外蒙古各地也

---

[1] 江上波夫：《北亚史》，第 15—21 页。

不少见①。但卡拉斯克文化的非自殷文化直接由来，乃系通过长城地带与热河方面所传播，亦由地理位置可以明了。而沿长城地域范围内青铜器文化担当者，已知系与中国北部并长城地带新石器时代人同类的 Sinide，此一名词，江上波夫翻译之为"原中国人"，也说明，便以此类人立于中间活跃位置的结果，乃发生包括了子安贝等大量殷文化要素向西伯利亚流布与移植的事实。此类居间的原中国人，当时系以戎狄的称谓出现于中国历史，文化中核的形成，又便是与卡拉斯克文化并行的绥远青铜器前期文化。以绥远前期人为代表的戎狄移住大浪潮广泛向北蒙古、南西伯利亚、明奴辛斯克盆地、阿尔泰山地方面进出，北亚细亚全域乃有青铜器时代中期的转换完成。迨北亚细亚以骑马战术与游牧技能导入并急速推向高潮，而以武力征服活动为特征的游牧文化展开时，北亚细亚青铜器时代又已转移为后期，长城地带以戎狄中赋有了特定名词的匈奴人为主体的绥远青铜器后期文化，开始大放光芒。

　　苏联科学院版《世界通史》对卡拉斯克文化与中国间关系的强化，解说颇为详晰。指此一于纪元前二千年代之末设定于叶尼塞河中流域与阿尔泰山方面的特殊文化，考古学的遗物研究，青铜器固大部分仍沿袭安特洛诺伏文化，经济也仍然牧主农副，特别关于羊的饲育为重要，但短剑、刀（庖丁）、枪、斧等，却都与长城以北地域所发现相似。甚多卡拉斯克典型遗物的青铜制品外，其已变化了的陶器纹样与形态，直接原型都出自殷都安阳，而与安阳出土品可相对照。殷文化的鬲型三足陶器，远至贝加尔

---

① 八幡一郎：《东方文化的传播》，平凡社版《世界考古学大系》9. 北欧亚大陆·中亚，第 37 页。

湖沿岸也有发现。所以，可以证明，乃系类似当时中国北部居民特征的种族移住南西伯利亚所构成的特殊文化，此类与中国人具有近缘关系的种族，于中国记录中被称为丁零。惟其如此，是丁零人于殷朝时代自中国北部一带北来时挟带了古代中国的文化要素，特别是青铜铸造技术。卡拉斯克文化型遗物存在至纪元前八世纪，然后消灭于广布北方欧亚大陆的游牧文化中。其先行文化创缔者安特洛诺伏种族，则纪元前二千年代后半已移住南方的南哈萨克斯坦与吉尔吉斯。与之存在近缘关系的文化与种族，又出现于花剌子模（Khorasm，阿姆河下游地方），以及今日阿富汗斯坦与中亚细亚南部之地[①]。

关于中国西北地区，自安特生以河南与甘肃所发现的彩陶文化遗迹予以混合分期，以及以齐家期年代置于仰韶期之前的谬误被认知，新的学说建立，已以安特生分期全行限定于甘肃、青海域内，并以新资料的不断发现而大幅度修正了安特生理论的原型。

强烈包含仰韶文化要素的地方性甘肃仰韶文化，以其特色豪华彩色壶等，于仰韶—彩陶文化中以纹样最为美丽成立独自特征，而别名之为甘肃仰韶期。或者，以安特生所发现甘肃省宁定县（今东乡族自治县）所辖洮河河谷瓦罐咀边家寨，距洮河河床约四百公尺，海拔二千二百公尺半山丘陵上散在的墓地为代表性遗迹，而称半山期。又或依于半山墓地东南与洮河西岸，甘肃省临洮县马兰段丘麓，安特生的另一发现马家窑遗迹为代表，而称马家窑期。马家窑期与半山期相互间文化的相同关系，区别颇为不易，所以一般也以半山文化的名词概括，与甘肃仰韶文化的名

[①] 苏联科学院《世界通史》第一卷第二分册，东京图书日译本古代 2. 第 619—620 页。

词通用。分布地以黄河支流洮河与湟河（西宁河）流域为中心，以至青海河谷，一部分又及于渭河上流域，基准兼及安特生分期的仰韶期与马厂期。

新的甘肃史前文化编年 *

地域＼时代	新石器时代	金石并用时代	青铜器时代
河西走廊地域		（甘肃、山丹）四坝文化	沙井文化（青海、西宁）卡窑文化（甘肃、东乡）唐汪文化——
黄河上流域 湟河流域	（马家窑期—马厂期）甘肃仰韶文化（半山文化）	齐家文化	寺洼文化 辛店文化——
黄河上流域 黄河流域（永靖、刘家峡）			
黄河上流域 洮河流域			
黄河上流域 渭河上流域			
黄河中下流地域	仰韶文化	龙山文化	殷周文化

甘肃仰韶文化或半山文化遗址范围颇为广大，临洮县城以南十五公里处的马家窑村落遗址东西三百五十公尺，青海省西宁县西方十七公里，湟河北岸的朱家寨遗址尤至南北约九百公尺、东西约五百公尺。此等大村落居民均以经营农业为主业，从大量刈穗用石刀与数量同等丰富的陶器出土为可知。兰州近郊白道沟徐家坪同于仰韶文化构造的陶器窑址附近，且发现调理颜料用的石臼，以及赤铁矿的粉末赤色原料。然而，半山文化的绿石石斧，细石器式打制石刃附以骨柄所制成小刀等传统，以及因骨、角材料丰富而骨角器的制作发达，又堪注意，农耕定居生活中对于从事狩猎、畜牧，维持了相当程度的倾向，且愈向高地如青海省

---

* 平凡社版《世界考古学大系》（五），第78页。

贵德县罗汉堂村落遗址，比重愈大，以兽骨数量加多发现而得推察。一般住居址分方、圆两种，方形大体每边约四公尺，中央的中心柱以外，四隅又立角柱，圆形则直径约四公尺。住居入口方向不定，内置灶，以及掘有储藏用窑。

半山墓地以连续发现美丽而完整的陶器著名，陪伴出土有石斧、石刀、垂饰品玉、大理石的石环、绿色的玉璜等。发掘人骨与其随葬品的代表例：四十岁左右的男子，横卧屈葬，嵌绿石的磨石斧两件、砂岩的砥石两件、陶器共十二件，其中四件为黑褐色砂质素纹壶，其他八件均为堪为半山文化代表的淡红色精制彩纹壶。最大的一件褐色壶中，又置有鹿的头盖骨。兰州白道沟刘家坪墓地调查，遗体同系单身屈葬，头多东向，但西宁县朱家寨墓葬却是伸展葬。

以距马家窑约二十公里，甘肃省宁定县位于近洮河的半山丘陵之麓，齐家坪遗址为代表性遗迹的齐家文化或齐家期时期，系甘肃仰韶文化或半山期之后，与河南、陕西的龙山文化相当。龙山文化追随仰韶文化向西方分布至黄河上游时，便形成齐家文化，其文化性格的明朗，夏鼐卓有贡献。住居址内部的石灰面与发现卜骨的特征，指示文化内容与陕西龙山文化相共通，饲养猪、羊、犬，主食料为粟，石器、陶器之外，各种骨制品中又发现存在针孔的缝针。半山丘陵的魏家咀阳洼湾齐家期墓地，土坑中曾发现混入半山期彩陶的事实，已堪推定两文化期相互间关系，一九五七年马家窑南麻峪北岸第二台地下层甘肃仰韶期而上层齐家期的层位关系被判明以来，相同例子的遗迹屡有发现。一九五六年以黄河右岸永靖县刘家峡为中心的黄河、洮河、大夏河一带调查，齐家期遗迹发现至五十六处之多，一九五八年又于渭源、陇西、武山各县发现三十九处遗迹，渭源县寺坪同系下层甘肃仰韶期，相隔黄土的间层，上层再系齐家期层。

墓地遗体多伸展葬，但如临夏县秦魏家墓地墓葬分配两群，西群六列头向西北，东群三列头向西的整然配置，则其具体意义不明，只知此类整然的墓葬配列情况，于山东宁阳堡头亦曾发现。齐家期墓坑原则固为一坑一体，秦魏家墓地却也发现男女合葬，男子仰身直肢，女子侧身屈肢的状态。武威县皇娘娘台且见一男二女合葬之例，男子仰身直肢在中央，女子侧身屈肢分在左右。

齐家期遗迹分布至甘肃西部河西走廊的武威县皇娘娘台时，其灰坑（住居址）与墓葬遗物发掘的堪注目处，系与临夏县大何庄遗址等地同为凿有圆形小孔与火灼痕，但尚无文字的卜骨主要发现地，且有铜刀、铜锥等伴出。其铜器成分分析的结果，乃纯铜制而非青铜，又为值得注意。于黄河中原的龙山文化遗迹确切发现铜制品尚无定论之际，而惟明白存在于甘肃齐家期，系何原因，现尚不能理解。

河西走廊山丹县西五公里石沟河东岸的四坝滩遗迹，黑陶技术堪与龙山文化对比，又发现泥质黑、赤彩纹壶，以及与陶器属于同时期的青铜刀，同一文化也见于酒泉、民乐、永昌一带，而安志敏报告别名之为四坝文化。乃洮河、湟河流域所无，仅以河西走廊为分布范围的地方性文化，判定系甘肃仰韶文化、齐家文化于河西走廊域内向沙井文化移行的过渡型。

辛店文化（住居址、墓葬）以降，分别都已带有强烈地域色彩，系甘肃、青海各地的地方文化。辛店文化已出现青铜饰金具与青铜制小刀，特征似于殷墓出土品，卡窑文化青铜刀、戈、锥等的出土报告，指示所属年代与中原殷周时代并行。葬法则普遍多伸展葬。大致情况为：

——以洮河东岸甘肃省洮沙县所属辛店遗迹得名的辛店文化，于安特生初发现时，原以洮河流域为中心，现知亦存在于永靖县方面，刘家峡调查发现的辛店文化遗址至七十九处之多。所以，地理分布的区别，今日考古界予前者称辛店文化甲组，后者则乙组。从乙组永靖县张家咀与吴家辛店文化层的立于齐家文化层之上的发掘成果，又确切了解了辛店文化继续齐家文化的关系。于洮河流域与辛店文化同时期并存，安志敏另发现以洮河西岸唐汪川山神遗迹（今属东乡族自治县）为名的唐汪文化，分布地到达湟河流域青海省乐都县以西。

——寺洼文化依洮河西岸甘肃省临洮县寺洼遗迹之名而得，主要分布于洮河上流，东及渭水上流。与之同时期于湟河流域以至永靖县为中心的黄河流域所展开，乃是卡窑文化，由于安特生自青海西宁湟河河谷发掘卡窑遗址而名。

——沙井文化又是安特生于河西走廊长城地带发现，今日所称甘肃仰韶—齐家文化而已渗透了秦汉文化的后期文化，也如同四坝文化的限定于河西走廊，分布于民勤、永昌、古浪一带，而为洮河、湟河流域所无。根据对代表性遗迹甘肃省民勤县沙井墓葬地带调查，青铜制的小刀、斧、镞等普遍被发现。其青铜饰金具与青铜镜，都与绥远地带出土品相一致，但尚无铁器捡出的报告。民勤县六府屯遗址与永昌县三角城遗址，且都残留土城遗构。黄文弼于新疆吐鲁番盆地雅尔和屯沟北墓地的发掘，其彩陶、骨器、青铜器年代推定自晚周以迄汉初，与沙井文化存在密切关系，年代也相并行（黄文弼雅尔和屯遗址发掘报告分沟北、沟西两期，沟西墓葬推定年代已须迟至纪元五百至六百年的南北朝时代）。

自墓地人骨发掘研究而了解的中国西北地域新石器时代所居住人种，依据步达生报告，极似于中原的仰韶人，而与中国东北域内的沙锅屯人相异。步达生对甘肃、河南晚期新石器时代文化（仰韶、马厂）人的头骨计测，说明类似于今日甘孜西藏人（康巴，指居住于今西康省境内的藏族同系统人）的程度较今日北京人为甚。甘孜·西藏人身材，今日仍较西藏境内的一般西藏人为高。此类人的原型，新石器时代共通分布于中国北部，便是今日中国人的祖先或原中国人。然而，步达生又发现，西北地区至金石并用时代（辛店、寺洼、沙井）的人骨，较前者已有异，倾向于今日藏人，何以发生变化？于人类学的研究方面尚不能提出解说，而期待今后继续求取答案。而于历史时代，黄河上流的此一广大地域，从文献记载知悉已系今日西藏人前身氐、羌族的本据。一九四五年夏鼐的寺洼遗迹调查，曾发现火葬之例，推测便是氐、羌种族的原始文化所反映的风习。

新疆方面，天山以北准噶尔盆地便是历史上"蒙古"范畴，天山以南塔里木盆地发现的史前遗迹，也与内蒙古、东北地区同一性格。哈密至吐鲁番大道旁的三道岭子、八角井遗迹，吐鲁番至迪化途中的柴窝堡遗迹等，相当东北新石器时代初期的龙江期，罗布诺尔一带与库鲁克达克山山中的辛格尔等遗迹，又似于热河赤峰遗迹，属于新石器时代末期细石器—彩陶混合文化。新疆或塔里木盆地的考古资料，迄如上述，颇为有限，学术研究呈现未开拓状态。仅有的塔里木盆地远古史系图解析，只由白格曼（F. Bergman）提出，谓受 Orient 文化传播影响而须分A、B两文化，A文化乃遗迹散在盆地周围，特别是低平而肥沃的吐鲁番地方为中心，采用农耕、牧畜技术以及彩纹陶器的初期农耕文化；B 文化则各种打制石器，以及磨制石斧、打制石镞与少量素纹陶器所代表的文化，居民生业主要仍是狩猎，遗迹布于罗布沙漠周围，由白格曼自身所发现的柴窝堡、辛格尔、且末东南山谷中遗迹等都是。依此推论，指 A 文化向蒙古方面推展，B 文化传入甘肃时便成立半山文化，再由甘肃继续向河南、四川、山西、内蒙古、热河方面传播，而改变东亚历史[①]。但上项意见，仅系立于西洋人立场的想象，缺乏支持证据，向未为中国学术界接受。

中原以外，东、北、西三个方向，以细石器文化为基调的广大地域，已普遍由于黄河中、下游仰韶文化与龙山文化的伸展而蒙受深切影响，另一个方向，于新石器时代末期，中原农耕文化也正向南波及长江中、下游地方，以及于此地域引起广大波涛，随时、地的不同而于诸地区分别成立特异的陶器文化。

长江中下流域视黄河中下流域为气候温暖，雨量也丰沛，农业文明发生的条件原较黄河流域更有利，然而，此等气候与湿度，却又适宜于林木的丛密生长。长江中下游于新石器时代，因此均由密林所覆布，砍伐密林单靠石斧殊不容易，所以长江流域的开发必然较黄河流域为迟。必须待到金属利器被利用的时代，才跃入正式开发的阶段，新石器时代的末期只是开端。抑且，长江中下游的考古学调查，向来几乎等于空白，近来才有四川资阳、湖北长阳等旧石器时代的化石人骨收获，新石器时代遗迹同样发现渐渐增多，但也仍只片断的发掘报告。

[①] 角田文卫:《欧亚内陆文化的展望》，平凡社版《世界考古学大系》9. 北欧亚大陆·中亚，第 2 页。

中原农村文化向汉水与长江中游波及，而形成江汉地区的屈家岭文化。湖北省京山县屈家岭遗址，龙山文化与薄如黑陶的彩陶同见出土，其复杂因素所铸定特殊化文化形态，可能须以仰韶文化末期受龙山文化影响，乃有此变态现象的出现为解释。三峡大溪墓地密集的人骨埋葬，头部向北，葬法为仰卧伸展，或者仰卧屈肢葬。随葬品多寡不等，最多至五十八件，包括了土耳其石耳饰，玉的璜、玦、环，骨贝的手镯，以及象牙制品等。

自江汉地区推展至江淮地区，所出现乃青莲岗文化。以长江下游江苏省淮河流域淮安县青莲岗为标准遗址，以及宿迁县新安镇（今新沂）花厅村、连云港二涧水库、无锡县仙蠡墩、南京北阴阳营、庙山等，以其地理位置而与山东龙山文化具有浓厚的共通点。山东龙山文化传播到长江流域的年代现虽不能正确测定，但自青莲岗未采集得青铜器，当知此地域系立于殷周青铜器文化波及以前，其他颇多地区有青铜器与陶器伴出，则下限及于殷—周时代又非不可知。墓葬以北阴阳营下层与花厅村为例，多仰卧伸展葬，头向东。随葬品普及，北阴阳营二百二十五具遗体存在随葬品的有二百零六具，自石刀、石斧、石凿、石锄、纺锤车等实用品，以至玉璜、玉玦、垂饰、骨珠等装饰品等均见。

淮河上游河南省南境信阳县南三里店的北丘下层遗迹为较特殊，陶器器形与彩色明白倾向于仰韶式，乃系龙山文化压倒性影响的地区中，突出表现仰韶文化性格之例。

长江下游的钱塘江一带，最早于浙江省杭县良渚镇发现黑陶遗迹。以后，杭县老和山、水田畈、吴兴县钱山漾、丘城、余姚县茅湖、嘉兴县双桥马家滨等陆续发掘得同一形态的文化遗迹，而总名之为良渚文化。良渚文化的特堪注目处，与山东龙山文化系统的关系殊为深切，甚至便是追随龙山文化黑陶制作最近似的中心地。南方农作普遍以水田稻作为主，此由屈家岭、江苏省无锡县、安徽省合肥市东（今肥东县）等遗址水稻米粒的发现可为实证，良渚文化发现粳稻、糯米，尤系江汉、江淮地区稻作所缺的江浙地区特征，家畜也除犬、猪、羊等以外，负担稻作水田重要劳役的水牛骨骸大量发现，与长江三角洲土地卑湿，水量特丰的风土都相适应。同样的理由，鱼骨、贝壳、龟等遗骸残存，以及杵、网锤、浮子、擢等用具多被发现，堪以察知，渔捞生活与对水上航行技术的重视，又系良渚文化特色的一面。墓地以马家浜为例，三十副人骨，几乎都是俯卧伸展葬，与北方黄河流域葬法迥异，反映了新石器时代当地居民特有的风俗习惯。此一地区居民，文献中便是历史时代周朝吴、越立国基本的蛮夷。

追随良渚文化，则长江下游自江苏地方以至安徽、浙江等地所广泛分布，已系以拍纹陶为指标的青铜器文化，因最初于江苏省江宁县湖熟镇发现遗迹而命名为湖熟文化。南京市北阴阳营上层、安怀村、锁金村等，同系有名遗址。

长江中下游、淮河、钱塘江流域的史前文化，以系各种复杂因素的结合，今日欠明了处尚多，已具资料也不能完全正确了解，所知只是个大概而无系统的编年与分类。暂时的结论，便如上述，属于新石器时代的，分别系（1）屈家岭文化，（2）青莲岗文化与良渚文化所代表；属于金石并用期，则（3）湖熟文化。迄于现在的阶段，长江流域史前文化的全文化期剖析，均是此三类型区分的错杂。如下所列长江中下游流域新石器文化编年略表[①]，

---

① 依平凡社《世界考古学大系》5.，第108页，而修正其龙山文化年代下限。

也仅只初步制成，有待未来周密调查后修正。

长江中下游流域新石器文化编年略表

黄河流域	仰韶文化	龙山文化 Ca. B. C. 1600	殷时代 Ca. B. C. 1050	
长江中流域		京山县屈家岭 天门县石家河 蕲春县易家山一层	蕲春县易家山二层	
长江下流域		南京市北阴阳营下层	南京市北阴阳营上层 南京市安怀村 南京市锁金村	
淮河流域		新沂县花厅村 淮安县青莲岗 寿县一层	寿县二层	
	信阳县北 丘下层	信阳县鲍 家山下层	信阳县北 丘上层	信阳县鲍 家山上层
钱塘江流域		杭县老和山 杭县良渚镇		

　　湖熟文化诸遗址中，表面呈现用拍子拍打而成几何学纹的陶器被发现特多，考古历史学界所称的拍纹陶，为堪注目。抑且，同系统拍纹陶的分布于东南沿海诸省，北自安徽、江苏，经过浙江、江西，南及福建、台湾、广东，以及中南半岛越南，均见发掘报告。简赅而言，植物繁茂而以稻作为中心的地区，愈到南方愈系暑热瘴疠之地，开发较长江流域尤迟的东南沿海广大地域范围，都见拍纹陶文化显著存在。此方面的新石器文化，也须至与北方黄河流域青铜器时代相当，于中原已系历史时代的殷朝才起步。

拍纹陶已知的分布地域——

安徽　自淮河以南至长江两岸（肥东、当涂）。

江苏　长江下流域（南京、镇江）、秦淮河两岸（江宁）、太湖周围（宜兴、溧阳、无锡、苏州、吴江）。

浙江　北部地区（嘉兴、吴兴、武康、余杭、杭州、萧山、绍兴、上虞、余姚、宁波）、南部地区（温州）。

江西　赣江平原（清江），沈香溪流域。

福建　闽江上流域（光泽）、闽江下流域（福州）、南部地区（华安、武平、南安、惠安、厦门、龙岩、连江）。

广东海丰、台湾、香港、湖北、湖南。

拍纹陶文化与仰韶、龙山文化间，以已间隔中原的文化演进阶梯距离，而不存在直接关系。但拍纹陶非遗址出土陶器的全体，同时也发现无拍纹的砂质粗陶或泥质细陶，而了解较拍纹陶于年代上为先行，代表了东南沿海地区最古文化的，尚存在当地原始陶器。江西省清江县营盘里遗址的上、中、下三层位，便系上层拍纹硬陶、中层拍纹软陶、下层无纹砂质陶器。福建省东部与浙江省南部拍纹陶遗址颇多彩纹陶器同在，则推测系青莲岗文化所传播；浙江省杭县良渚镇与老和山的黑陶立于拍纹陶下层，又是拍纹陶文化与良渚文化间前后关系，与仰韶或龙山文化间关系都已间接。

拍纹陶区分拍纹软陶与拍纹硬陶，而相互间存在层序关系，乃调查研究的一大成果。此等下层拍纹软陶，上层拍纹硬陶的层位状态，江苏省南部地区南京、江宁、镇江、无锡等，以及江西省清江附近诸遗址，累有得见，可推定两者间年代乃相连续，拍纹硬陶便是拍纹软陶的继续发展。关于拍纹陶文化年代，大体已可估定，安徽、江苏、浙江方面，约当殷末、周初以迄春秋时代，福建、台湾、广东方面，尚须延后至汉朝，于福建省所发现拍纹陶，非只数量丰富，且其遗址几乎绝大部分不论上、下层位，所存在都已系拍纹硬陶。其实例，光泽遗址拍纹硬陶占出土陶器总数60%的比例，较之南京北阴阳营的仅2%，拍纹硬陶如何密集于年代偏后的福建一带，年代较早地区的长江下游尚少，而呈现初自拍纹软陶脱出的状态，均得可察知。但待稳定发展，拍纹硬陶便铸定为如今日所发现拍纹陶的主体，拍纹硬陶于全体出土品中占了多数的事实。也惟其如此，今日考古学上所称的拍纹陶，系以拍纹硬陶为具有代表性。

拍纹陶年代推定的依凭，南京北阴阳营、锁金村、安怀村，以及江宁县湖熟镇等遗址，以发现拍纹软陶的同一层位伴出青铜制镞、小刀、斧、钓针等遗物，推测须属殷朝以至西周初年的阶段，同地拍纹硬陶则自春秋、战国以及汉朝坟墓发掘而得，年代容易明了。江苏省南部与浙江省北部拍纹硬陶出土状况也相同，绍兴县漓渚尤其自战国末年与汉初、汉朝中期以迄末期的坟墓中，均有拍纹硬陶被采集。此等年代推定属于汉朝的拍纹硬陶，自长江下游一系列推展到广东与交阯设郡后的越南，都曾于坟墓发掘得见。文化主体从文献记录也可得知，系以浙江方面为代表，"越"或转化了的同音异字"粤"为名，分布地区迤长至越南，以及便是今日越南人祖先的广泛住居中国南方辽阔地域的越族（粤族）或百越（百粤）。

拍纹陶制法，依于模制或辘轳轮制均有，但表面则既非如彩陶的彩绘，亦非似黑陶的划纹，而系以被称为陶拍或陶印模，铸有纹样的拍子，拍打成各种纹饰，然后用八百至一千一百度的高温煅烧而成。此等拍子，江苏南京北阴阳营、锁金村、安怀村、徐州、镇江、浙江省杭州老和山、福建省长汀、漳浦等遗址，都已发现。关于器形，拍纹软陶都成碎片，原状无从知晓，惟拍纹硬陶多自墓中采集，颇能保持完整，了解大体均壶、钵之类，甚少变化。纹样全系直线或曲线构成的几何学纹，勘定有条篮纹、方格纹、绳席纹等五六十种，并且各地区全体纹样呈现共通要素，拍纹软陶与拍纹硬陶间也无甚区别，仅后者倾向于精巧而已。此一现象，又堪作为拍纹硬陶与拍纹软陶间延续关系的佐证。

拍纹陶的拍纹技法起源现尚无可明了，但纹样中最原始的条篮纹与方格纹，龙山文化的陶器已甚多刻划。河南省陕县庙底沟龙山文化的早期遗址所出土三九四一片陶片中，条篮纹便占有二一八三片之多，方格纹六十六片。到殷朝而此等纹样愈向本格化发达，郑州、安阳遗址出土陶器上所发现，愈已与东南沿海拍纹陶纹样原型相似。即使为殷文化特征之一似于铜器纹样的雷纹，自江苏以至广东全地域的拍纹陶纹样中也都发现，饕餮纹亦于南京安怀村的拍纹陶见出。所以，考古学术界推测，系殷朝陶器刻纹技术向南波及的影响，对安徽与江苏方面固有的无纹陶器发生刺激作用，乃有拍纹软陶成立，再发展为拍纹硬陶，并且向泛南方扩大分布。

拍纹陶文化石器部分的要素有孔石斧，又系黄河流域特征。然而，另外的有肩石斧与有段石斧，却又与印度、缅甸、中南半岛、马来半岛、菲律宾等相一致，残存其与东南亚一带史前文化的渊源关系。

另一方面，古代长江流域在接受高度发达的黄河物质文化渗透过程中，反过来同样对黄河文化提供了甚大贡献。夏鼐的说明[①]：第一，农业方面，南方起源的水稻栽培，以江汉平原屈家岭、安徽省大陈墩等遗址的稻粒发掘为桥梁，推测自新石器时代已渐渐向北方传播，至殷周时代，黄河流域部分地区同见实行水稻耕作的现象。第二，郑州、安阳出土的殷朝釉陶，依于器形、纹样与陶质，推定其烧制亦系新石器时代长江流域为先行，而逆方向传播北方。浙江省萧山县三处汉朝窑址发掘调查，青黄色釉陶与拍纹硬陶、灰陶同在的事实，又可知此等表面上釉的陶器便与拍纹陶为同一窑中烧制，尤系重要发现。抑且，立于江南独特制陶土质的条件，而发达为代表江南特殊制陶技术的越州窑的胚胎。

传说与历史

世界各地域文明先进的国家与民族，多先流传神话与传说，然后具备历史，古代印度且全无历史记录而仅有神话与传说。神话、传说较之历史，信凭性自不能等观，以历史的观念，毋宁且多荒诞不经，但其价值，却仍系民族文化遗产的珍贵部分。惟独中国，特以历史学发达著誉世界，历史记载的详备、准确，以及年代的无间断，任何古代国家无可相匹，而留存迄今的神话与传说，却较多彩多姿的希腊神话大为逊色，光芒黯淡而又内涵贫乏。此一异质，突出形成了中国文化的特性，指示了中华民族乃是超脱于古代世界传统，独特地偏重历史，而神话不发达的民族。

中国此一特质，非谓历史上代表中国人的汉族，于此前身阶

[①] 贝塚茂树：《黄河文明》，学生社版《古代史讲座》3. 古代文明的形成，第 166 页。

段，自始便乏神话、传说之谓。神话意识乃人类最初精神生活所必然共同萌有，中国不能例外，抑且，以中国文明的先进性格，中国文字历史展开期以前，必曾积聚丰富的神话与传说资料，也可想定。依此已非"可能"，直接便可"断言"的理念，所以对中国最古究竟存在何等神话与传说，颇引起中外学术界共通的浓厚兴趣，也尝试自文献残存痕迹中努力发掘加以复原，成果却殊非理想①。生硬地割取传说历史中人物与事迹而予艺术化架空，结果发现都只是自我编制，无系统的、不连贯的、片断的，出诸自己空想与幻觉的另一形态"考据学"，神游幻想的大圈子兜转回来，立脚点仍跳不出"历史"所划定的范畴，索然无味而又徒劳无功。然则，追求中国固有神话原貌既如此困难，是什么阻止了早期中国神话的发扬与流传？原因值得重视。

于此，可能的解答，推测须归纳到如下两项意识自历史展开期之初便已支配了中国人思想：第一，以周公为代表的周朝初年统治者强力礼治精神，切离了"人"的世界与"神"之间关系，以及"子不语怪、力、乱、神"（《论语》述而篇），"未能事人，焉能事鬼"（《论语》先进篇），过早发达的人本主义与合理主义，抹煞了神话与传说的价值，也拒斥之于正统文化以外，以致神话的保存与遗传力薄弱。第二，合理主义精神的另一表现，

---

① 从《山海经》、《穆天子传》、诸子百家言、长沙出土楚帛书与楚辞等诸文学作品的零星记载，透过其表面深入发掘潜在的中国神话原型，日本学者的兴趣，显得尤高过于中国自身学者。自从闻一多"黄帝为龙"的推定，激起日本学者对中国神话新奇与刺激的强烈反应后，日本学术界研究中国神话蔚为风尚，引发了更多新意见与拟想的提出。以此而著名的，有出石诚彦、贝塚茂树、森三树三郎、森安太郎等。但推论所得，如谓伯夷、叔齐的本体为两头狐狸，汤是太阳神而桀是夏日的暴雷，大禹是条鱼，鱼与水有关，所以予鱼类的禹人格化，乃成为治水与大兴水利工事的历史上圣王之类，其太过玄虚，都不过各说各话而已。

对已流传的神话与传说加以整理，加工定型为可以接受的合乎文化演进轨迹的人类事迹，给予历史化而编定为历史展开的序幕。简言之，对于神话与传说，一部分扬弃，一部分又是组织化转移入"历史"范畴，尤其儒家思想的政治与伦理合一，学问符合道德律的原则之下，传说"历史"又都被敷涂了政治的、道德的色彩，而所潜在神话因素愈益隐晦。

中国神话传说被系列性历史化编定，层层向上堆积，时代愈往后移，叙述事迹与人物年代愈超前的不断追加现象，今日已系共同认识。①《论语》记述孔子之言，上限止于尧、舜。惟其如此，自后世奉为政治、经济、教育、文化指导原则的周公—孔子儒家思想建立，尧、舜乃是超脱了现实历史（殷朝与其所继承的夏朝）最早被承认的传说人物。而此时期此类架空人物提出，目的端在塑造之为理想中的圣人范式，如孔子累加赞美："大哉！尧之为君也。巍巍乎，唯天为大，唯尧则之"，"巍巍乎！舜、禹之有天下也，而不与焉"（均《论语》泰伯篇），"舜其大知也与"，"舜其大孝也与"（均《中庸》），以展现儒家理想中道德为纽带的至治至美政治境界。

战国时代，中国学术、思想史登入黄金时期，思想奔放运动且持续至汉朝初年。传说中的伏（庖、包、宓）羲氏、女娲氏、

---

① 怀疑上古帝王所附着传说，民国以来的学术界，以顾颉刚为始。其所主编《古史辨》诸学者论文集，第一册民国十五年（1926年）出版，至第七册刊行已系民国三十年，都曾风靡历史界。虽然所推论多未堪信凭，如谓尧舜禅让之说，系战国时代墨家学派"尚贤"主张的求诸正当化，才假托古圣人事迹等理论。然而，代表疑古派给予古传说与传统偶像以有力打击，最早断然判定古传说乃后世创作，而且时代愈迟，愈向前方追加的认识，以及鼓励历史界勇敢反抗传统，推翻权威的精神，却是顾颉刚对学术的莫大贡献。

神农（炎帝）氏、黄帝，以及有巢氏、燧人氏等太古圣人，自《庄子》《韩非子》《吕氏春秋》诸书记事，以及《易经》对本体卦辞、爻辞加添解说性十翼，汉朝特为流行而今日已仅存残简，意谓传六经真义，而与经书或六经相对的纬书或"七纬"中，都分别以创造文明的文化英雄姿态登场。所叙述，时间上已大幅跨越尧、舜、禹所代表的时代，空间上又突破了尧、舜、禹的道德政治模式，而专行指向合理的人类文化发展层序试图安排。汉朝戴德辑定后世所称的《大戴礼记》时，《五帝德》《帝系姓》等篇名所示的黄帝以下帝系图谱且全行被制定。

所以，以战国时代为中心的中国历史最大转折期，百花齐放思想洪流汹涌的后期，神话意识才蒙受刺激而解放。然而，却已与最早的传说全然无涉，中国神话的原型痕迹，其时一概荡然无流传而系创新，创新又摆脱不了长期束缚的严肃的、合理主义的人本文化规范。一项推想，猜测可能由于战国各国完成东亚世界统一的最早蓝图，中国人住居区域加大向外扩展，学者们连续自周围低文化与未开化社会间直接或间接有所见闻，参证模拟，透过丰富的想象力，乃有中国神话最早的断续文献记录，而所形成，便已有对自身原始社会如何渐次进步的阶梯意味。《山海经》《穆天子传》虽浪漫的神话色调较浓厚，却仍系"历史"的衍生与外延，且属知识性，而非纯性的神话世界，此其一。其二，纪元前五世纪以来，堪注意也是汉族起源的时期，因而汉族中国统一运动完成期的汉朝，太古圣人的事迹润饰与综合也随之告一段落，人类始源理念设定，于汉朝，伏羲、女娲开天辟地与创造人类，乃成为广泛信仰。另一方面，又以关心自身民族发生"历史"意识的展露，黄帝的历史位置开始突出，一切文明展开都指向了黄帝，黄帝被认系汉族共同始祖而受尊敬。

"皇""帝"两个系统的上古圣人配列，以及"三皇""五帝"通称，也都是自战国以至汉朝的期间成立，虽然"皇""帝"间区别，解释上于汉朝仍为模糊。

春秋纬运斗枢："皇者，合元履中，开阴布纲，指天画地，神化潜通。"

易纬："帝者，天号也。德配天地，不私公位。"

白虎通："帝者，王者号也，德合天者称帝。""皇者，君也，天人之揔，美大之称也。"

而且，三皇、五帝所指对象的配当，也存在如下不同的异说：

三皇	《尚书大传》《礼纬含文嘉》} 燧人、伏羲、神农。 《春秋纬元命苞》伏羲、女娲、神农。 孔安国《尚书序》伏羲、神农、黄帝。 《白虎通》伏羲、神农、燧人（或祝融）。 《风俗通》燧皇、戏皇、农皇。
五帝	《世本》《大戴礼·五帝德》} 黄帝、颛顼、帝喾、尧、舜。 《礼记·月令》太皞（伏羲）、炎帝（神农）、黄帝、少皞、颛顼。 孔安国《尚书序》少昊（皞）、颛顼、高辛（帝喾）、尧、舜。

从上表可以了解，汉朝文献对三皇、五帝的叙述，两系统非只人物相混，多数场合且有此无彼，不相并列。今日被誉为中国历史学之父的司马迁于纪元前一世纪初完成其不朽著作《史记》时，所引用资料便是《世本》与《大戴礼记》，摒弃"三皇"系统而以五帝本纪为全书卷首，篇后"太史公曰"并言："学者多称五帝，尚矣。然《尚书》独载尧以来，而百家言黄帝，其文不

雅驯，荐绅先生难言之。……择其言尤雅者，故著为本纪书首。"汉朝人意识中"五帝"系统被偏重，毋宁也视《史记》可获致印象。立于此等思想的基点，原先共同代表文治教化，所谓"文化"，以及人物都是文化圣人意味的三皇与五帝颇为含混的分际，才渐次向明朗化发展，而有以圣人之治专指"五帝"，"三皇"象征"天""地""人"，泛指愈为遥远的太古的意识修正。

以三皇向"天皇""地皇""人皇"转变，汉朝纬书中固已有所附会，《史记》秦始皇本纪也有大臣博士们引用"天皇、地皇、泰皇"以上尊号的记载。但性质如参照另一汉朝作品而久已残缺的《尚书大传》所述："遂人以火纪、阳尊，故托遂皇于天；伏羲以人纪，故托羲皇于人；神农悉地力，种谷蔬，故托农皇于地"，得知天、地、人三皇原型，直接便与五帝人物相对应，二而一的别称。三世纪晋朝的著作，今日原书虽已全书散佚，部分内容幸以失传前被引用而得保留至今的皇甫谧《帝王世纪》，仍是踏袭孔安国《尚书序》三皇、五帝主张。而八世纪初唐朝司马贞补增《史记》三皇本纪以成今日《史记》的通行本时，其三皇本纪虽也仍以太皞庖牺氏、女娲氏、炎帝神农氏列三皇，但后段另附载说明："一说三皇，谓天皇、地皇、人皇为三皇。既是开辟之初，君臣之始，图辑所载，不可全弃，故兼序之"，堪加注意，已系"三皇"内涵终将被决定性修改的信号。

于此，与《帝王世纪》同属三世纪而尚属稍早的著作，同样原书今日已失传，赖部分文字曾被转载才流传为今日所知的《三五历记》，乃是给予中国传说"历史"再编定的划期性枢纽，著者徐整为三国时代吴国人。"三皇"如今日所示的天皇、地皇、人皇，予纬书旧说兄弟九人，分为九州长天下的简单人格化叙述以铺张，分别浮现了活泼化的人物写照，全行排除天、地、人与既已出现太古圣人相结的暧昧意识而独立，最早便自《三五历记》，而为司马贞补充说明所自。《三五历记》愈关重要的全新介绍，迥非固有传承与旧传说可以想象的，又是三皇所上承盘古氏开天辟地故事的收录。

天、地、人三皇资料，于十世纪后半宋朝初年官方编纂篇幅浩大至千卷的巨型百科全书型《太平御览》，已被正式采纳，排列为"皇王部"细载历朝历代帝王世系之首，承认为天地初开最古的君主，从来分歧的"三皇"主张至此获得统一。追随于《太平御览》编集之后，宋朝胡宏《皇王大纪》撰定，盘古氏终也昂然登入了"历史"范畴（改以伏羲、神农、黄帝、唐尧、虞舜列"五帝"），前后十多个世纪间，神话传说向历史合流的努力经历此最后阶段，完成篇于焉写定。

天、地、人三皇与盘古氏参加中国"历史"序列，乃具有重大意义的意识形态表露。基本的理解，一是假借所得而非汉族自创，二是此等被吸收的神话传说要素，都自南方起源，而与汉族形成期的北方无关。南方受严肃的人本思想与礼治、德治主义约束力为较北方松弛，原系中国神话与空想的怪异传说较易保存的地域。虽然上层社会生活习俗与意识已向北方认同，所以不朽的文学作品如屈原诸篇所带神话成分，仍至微弱，其著名的代表作《离骚》，冒头第一句"帝高阳之裔兮"，毋宁还是强烈的北方色调。然而，民间的口头流传为可想定，纪元三世纪以来汉族一波接一波大量南移，乃被采集，而著录为文字。

盘古氏乃非汉族系统的中国南方先住民间所流传神话，于今日学术界已系定说，且颇有人主张便是载入南朝作品《后汉书》

南蛮传的"盘瓠"传说转化①。此一考证固未必可信,盘古氏神话于汉朝以前的中国从无迹象则显知。天、地、人三皇对南、北传说分野非如盘古氏的明晰,但最早便与盘古氏同时出现于住居南方的汉人同一著作《三五历记》,所受同系南方传说影响,也可推定。中国太古"历史"已经编组完成而续有纯以南方传说为基石的后一阶段增补,其背景,当系汉朝南方开拓与南方移住运动下,汉族注入了南方先住民族血统后的意识反映。也随南方奋起,雄厚潜力与北方先进地域平衡,抑且超前之势已在形成阶段的宋朝,南方系神话传说要素终为包括了北方的全体汉族共通接纳,承认追加为"历史"最前端,取代原北方系伏羲、女娲的天地开辟传说位置,以及人类社会关系发生之源,原北方系五帝(以及旧三皇)退居纯粹的圣人位置,代表了文化、文明演进的阶梯。

于是,今日所见中国的传说"历史"系谱,确定符合合理的、教育的、启发的要求而制定:

盘古氏 天地混沌如鸡子,盘古生其中,万八千岁,天地开辟,阳清为天,阴浊为地。天日高一丈,地日厚一丈,故天极高,地极深。盘古临死化身:气为风云,声为雷霆,眼为日月,四肢为四极,血液为江河,肌肉为土,皮毛为草木,骨为金石,精髓为珠玉,汗为雨泽,身之诸虫化为黎甿。

---

① 以盘古氏与南蛮始祖,传说中高辛氏时立有大功的犬婿"盘瓠"相结合,此说自夏曾佑《中国古代史》首创,赞同者颇多。吕思勉《先秦史》又指《帝王世纪》《王运历年纪》《述异记》的盘古氏描述,便由古印度传说中的阿德摩(Atman),以及佛教外道小乘涅槃论的"大安荼"、摩登伽经的"自在"所传承。前说的立论基盘不过在"盘古""盘瓠"音调相近,后说于魏晋开始进入佛教兴盛期的时间虽可衔接,却无移殖证据,仍不过是猜测。

天皇 十三头。澹泊化俗。
地皇 十二头。定三辰，分昼夜，制日月。 〉三皇
人皇 九头。相山河，分九区（州），定君臣，兴政教。

有巢氏 构木为巢，避虫豸，免风雨。

燧人氏 钻燧取火，炮生为熟。

太昊伏羲氏 风姓，蛇身人首。画八卦，造书契，始制嫁娶之礼。结网罟以畋以猎，取牺牲以充庖厨。

〔旧三皇期的记录，《太平御览》皇王部引《帝王世纪》："首德于木，为百王先，帝出于震，未有所因，故位在东方，主春，象日之明。"

皇王部又引《春秋内事》："天地开辟，五纬各在其方，至伏羲乃合，故以为之。"〕

女娲氏 亦风姓，蛇身人首。炼五色石以补苍天，断鳌足以立四极，积芦灰以止淫水。

〔旧三皇期的记录，《太平御览》皇王部引《风俗通》："俗说天地开辟，未有人民，女娲抟黄土作人，剧务力不暇供，乃引绳絙于泥中，举以为人。故富贵者，黄土人也；贫贱凡庸者，絙人也。"

皇王部又引《山海经》："女娲之肠化为神，处栗广之野。"

皇王部又引《帝王世纪》："女娲氏……是为女皇，未有诸侯，有共工氏，任智刑以强，伯而不王，以水承木，非行次，故易不载。"

皇王部又引《遁甲开山图》："女娲氏没，大庭氏王有天下。次有栢皇氏、中央氏、栗陆氏、骊连氏、赫胥氏、尊卢氏、祝融氏、混沌氏、昊英氏、有巢氏、葛天氏、阴康氏、朱襄氏、无怀氏，凡十五代，皆袭庖牺之号。"〕

炎帝神农氏 姜姓，人身牛首。始作耒耜，教民播种五谷。尝百草，兴医药，日中为市。又其时夙沙氏煮海为盐。

〔《太平御览》皇王部引《帝王世纪》："神农氏……以火承木，位在南方，主夏。凡八世，帝承、帝临、帝明、帝直、帝来、帝哀、帝揄冈。"〕

五帝 黄帝轩辕氏或有熊氏、（少昊金天氏）、颛顼高阳氏、帝喾高辛氏、（帝挚）、帝尧陶唐氏、帝舜有虞氏。

〔司马贞补《史记》三皇本纪："故《春秋纬》称：自开辟至于获麟，凡三百二十七万六千岁，分为十纪，凡世七万六百年。一曰九头（九皇）纪，二曰五龙纪，三曰摄提纪，四曰合雒纪，五曰连通纪，六曰序命纪，七曰脩飞（循蜚）纪、八曰回提（因提）纪，九曰禅通纪，十曰流讫（疏仡）纪。盖流讫当黄帝时，制九纪之间。"〕

从如上序列，汉族由对文明发生的憧憬，而于理性与进步的历史观推动下所制定自身起源，以及文化发展历程表，可发现已惊人地近似于符合今日科学观念。自其编排事迹的次序与发生时间，又明显分为三个层次：

第一，最后附加的"历史"最早阶段，内容以开天辟地与抽象化三皇，示以为人类世界成立的表征。

第二，全人类进化的共通法则：选筑居所（有巢氏）—用火（燧人氏）—社会组织、婚姻关系与意识形态成立（伏羲氏、女娲氏）—农耕（神农氏）全过程，编定的统一指标系以"事"记"氏"，氏的称谓便是进化阶梯中各项代表性事征。分别而言，有巢氏与燧人氏意味前氏族社会"群"的时代，与旧三皇划期（伏羲、女娲、神农）成立的氏族社会间，又存在社会学上的实质区别。氏与"氏族"（Clan）相对应，概括"群"时代的原因是古代人究竟不能全行具备如今日的学术上理解。"蛇身人首"或"牛首人身"，毋宁又是"图腾"（Totem）的意味，认定某一动物、植物或自然现象与自身氏族血统具有密切关系而神圣化予以崇拜。至古代中国人意识高度发达时，图腾符号便由"姓""氏"所替代，精神上也进步为敬"天"与祖先崇拜，从而铸定夏、殷、周三代的意识形态。

第三，"五帝"另行划期，系以政治性格开始突出，也自其时才展开汉族独立的文明发达方向。汉族文明的一切起源与发明都须求诸"五帝"，所代表的时代，特别又是黄帝。其已家喻户晓的，便是嫘祖饲蚕丝织，仓颉创造文字，以及中国历法的发明（大挠制甲子，容成定调历）。虽然所谓五"帝"仍只是氏族活动的人格化夸张，以及仍然如同伏羲、女娲、神农时代共通立于氏族社会前期的母系制。

氏族社会的土地占有形态为氏族所共有，劳动耕作也系氏族成员共同作业，母系制时代，尤以女子社会中心为特征，血统系谱依于女子。婚姻关系实行族外婚，同氏族之人禁止通婚，女子固定于自族而男子如后世的入赘入族，所生子女幼年时均居母方氏族内，成长后女如其母继续"娶"入族外男子，男则"嫁"出族外的另一氏族。所谓"民知其母，不知其父"（《庄子》盗跖）、"知母不知父"（《吕氏春秋》恃君览），便是际此初期农耕社会的写照。《太平御览》引《诗纬含神雾》："大迹出雷泽，华胥履之出伏羲"，引《帝王世纪》："炎帝母女登游华阳，感神而生炎帝于姜水"，以及《竹书纪年》所载："黄帝母附宝，见电绕北斗枢，星光照野，感而孕"，"帝颛顼高阳，母见遥光之星，如虹贯月，感己于幽房之宫，生颛顼于若水"，"尧母庆都，与赤龙合婚，生伊耆，尧也"，"舜母见大虹，感而生舜"，"禹母见流星贯昂，梦接意感，既吞神珠而生禹"都可引为注脚。只是，氏族间劳动生产力的主体都是男子，所以氏族首长定必自外来的男子间产生，也惟其如此，传说"历史"的记载中心仍是男性。于此，便存在了"氏"与"姓"的区别。

宋朝郑樵《通志》氏族略序："三代之前，姓氏分而为二，氏同姓不同者，婚姻可通；姓同氏不同者，婚姻不可通，三代之后，姓氏合而为一"，明示了夏、殷、周三代以前，亦即迄于五帝时代姓、氏间婚姻关系，但为何"可通""不可通"却未有解说。实则姓、氏区分以及所以必须区分，便系母系制氏族社会婚姻法则的反映。传说记事所谓伏羲风姓，神农姜姓，以及五帝的黄帝、颛顼、帝喾均姬姓，帝尧祁姓，帝舜姚姓，"姓"所代表便是出身氏族，而伏羲氏、神农氏、有熊氏或轩辕氏等"氏"，又已代表了所参加而创造事迹的氏族。父系制社会确定，"姓""氏"之分成为无意义，所以周朝文物制度灿然大备时期的记录，便是另一解释："天子建德，因生而赐姓，胙之土而命氏"（《左传》隐公八年），姓为本家，氏为分家，一姓衍化若干氏，"氏"以示"姓"所分化子孙的意味。抑且，又如《通志》氏族略序的另一段"贵者有氏，贱者有名无氏"的说明，姓或氏均封建制度下贵族阶级专有。春秋—战国时代以来，封建架构倒塌的《通志》氏族略序所谓"三代之后"，才姓—氏划一为"姓"，以及平民普遍都冠有了姓，"氏"再变化为归于女子专用，如后世习惯所称的"某门（夫家之姓）某氏（自身原姓）"或"某（夫姓）某（父姓）氏"。而五帝时代与其以前或母系制氏族社会的

"姓""氏"称谓，又系文字记录详备时代袭用现成名词所追加，也为容易了解。

中国史前母系制氏族社会阶段，黄帝所代表时代乃一大划期，自流传黄帝的故事得以明知。《太平御览》皇王部引《帝王世纪》描绘其出身："黄帝有熊氏，少典之子，姬姓也。母曰附宝，其先即炎帝母家有蟜氏之女，世与少典氏婚。及神农氏之末，少典氏又娶附宝，见大雷光绕北斗，枢星照郊野，感附宝，孕二十五月生黄帝于寿丘，长于姬水。龙颜有圣德，受国于有熊，居轩辕之丘，故因以为名，又以为号。"《史记》五帝本纪叙述的事迹："轩辕之时，神农氏世衰，诸侯相侵伐，暴虐百姓，而神农氏弗能征。于是轩辕乃……修德振兵，治五气，艺五种，抚万民，度四方，教熊罴貔貅䝙虎，以与炎帝战于阪泉之野。三战然后得其志。蚩尤作乱，不用帝命，于是黄帝乃征师诸侯，与蚩尤战于涿鹿之野，遂禽杀蚩尤。而诸侯咸尊轩辕为天子，代神农氏，是为黄帝。天下有不顺者，黄帝从而征之，……东至于海，登丸山，及岱宗。西至于空桐，登鸡头。南至于江，登熊湘。北逐荤粥，合符釜山，而邑于涿鹿之阿。迁徙往来无常处，以师兵为营卫。官名皆以云命为云师，置左右大监，监于万国。……有土德之瑞，故号黄帝。"

记录的堪注意处，在于少典氏、有蟜氏、神农氏等同时并存的态势，与神农氏之末"诸侯相征伐"的现象，所说明乃氏族社会早期氏族各各分立，而届至神农氏所代表时代的终末，以强大化氏族出现，正立于推向部族组合的准备期形态。黄帝事迹与有关战争记事被强调，代表了中国最早政治组织的部族成立。以此参证战国时代作品，往往以黄帝为分界，愈可明了于社会发展法则下,中国原始社会质的变化。《庄子》盗跖篇:"神农之世,卧则居居,起则于于。民知其母,不知其父,与麋鹿共处,耕而食,织而衣,无有相害之心,此至德之隆也。然而黄帝不能致德,与蚩尤战于涿鹿之野,流血百里。"《商君书》画策篇:"神农之世,男耕而食,妇织而衣,刑政不用而治,甲兵不起而王。神农既殁,以强胜弱,以众暴寡,故黄帝内行刀锯,外用甲兵。"以血缘纽带连系的氏族,由各各分立而向高层发展组成联合体时,其组合力量,一是立脚于同一需要的意志,乃是和平的,一则武力征服,战争的重要性由是勃发,不论何一方式,此等介入了政治力的统合体,史前史的说明,便称之部族,领导部族的中核氏族,因此又必以最大武力保有者与征服者姿态而屹立。黄帝所属氏族于连续战争中建立优势,对原也附从了众多氏族(《河图》称"蚩尤兄弟八十一人",应为八十一个氏族的团结)的强大竞争对手蚩尤族压制成功,而中国原始的政治统一体团结成立。惟其如此,部族性格已迥异其构成分子氏族,非单纯血缘关系,也最初注有地缘关系,由同血统与非同一血统的全体加盟氏族首长会议,推举产生如黄帝般的大首长与共同领袖。

春秋—战国时代,中国域内不同血统(包括原神农族与蚩尤族)却同一文化的前汉族诸集团,由汉族共同胚胎而昂然携手同入汉族形成期,中国最早的部族大首长黄帝,便以黄帝族—诸夏—汉族范畴的扩大成型与成熟,而被尊奉为汉族始祖。至汉朝初年,乃有记自黄帝以迄春秋时代帝王—贵族世系的中国最早系谱专集《世本》成立,著者已不详,原本至宋朝也已不存在,今本系搜集诸古书引用文而尚保留缩影的辑本。《史记》五帝本纪、夏本纪、殷本纪、周本纪,都曾利用《世本》资料,所记黄帝子孙分化繁衍的系图因之得以流传，而为今日学术界讨论时的依凭。

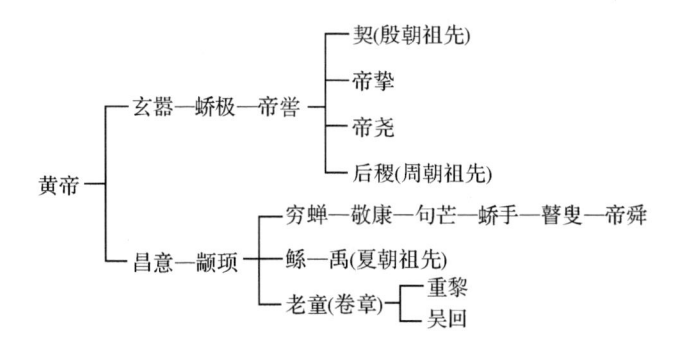

```
         ┌ 玄嚣—蟜极—帝喾 ┬ 契(殷朝祖先)
         │                ├ 帝挚
         │                ├ 帝尧
黄帝 ─┤                └ 后稷(周朝祖先)
         │                ┌ 穷蝉—敬康—句芒—蟜牛—瞽叟—帝舜
         └ 昌意—颛顼 ─┼ 鲧—禹(夏朝祖先)
                          └ 老童(卷章) ┬ 重黎
                                        └ 吴回
```

《史记》记载缺少昊资料，而据《帝王世纪》记载，少昊便是玄嚣，名挚；《左传》昭公十七年郯子曰，又说明春秋时代山东郯国自称乃少昊后裔。依于后一解说，则原黄帝族的一支，已远播东方而与太昊伏羲氏诸族同在，南方楚国，屈原《离骚》中也自承颛顼（帝高阳）之后。类此原黄帝族四方迁移分散所构成便是以后的"诸夏"诸种族而终又共同回归为汉族。抑且，另一著名的战国时代作品《山海经》，诸篇资料的综合指示，黄帝族分化且概括了非同一血统：

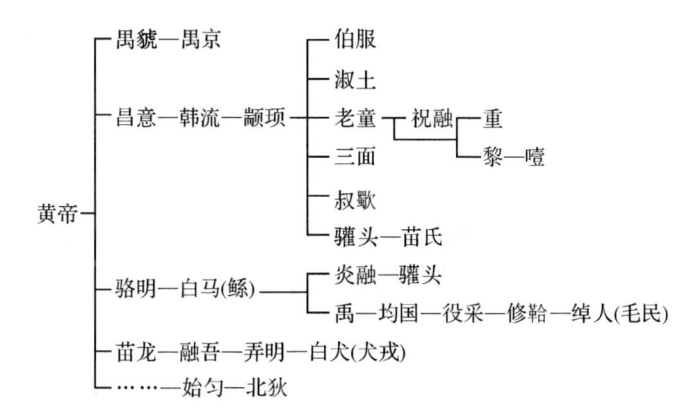

```
         ┌ 禺䝞—禺京
         │                  ┌ 伯服
         │                  ├ 淑士
         ├ 昌意—韩流—颛顼 ┼ 老童 ┬ 祝融 ┬ 重
         │                  │        └      └ 黎—噎
黄帝 ┤                  ├ 三面
         │                  ├ 叔歜
         │                  └ 骊头—苗氏
         ├ 骆明—白马(鲧) ┬ 炎融—骊头
         │                  └ 禹—均国—役采—修鞈—绰人(毛民)
         ├ 苗龙—融吾—弄明—白犬(犬戎)
         └ ……—始匀—北狄
```

《山海经》系图所代表的学说，非可谓全不足信凭。历史时代以前便以北亚细亚为活动天地的黄色人种，与原中国人为同一系统，已为今日考古人类学上所知。至少，原黄帝族衍化四裔的理论背面，亦可解释从黄帝族到汉族，过程间包含与混合了非同一血统，如《山海经》所示如许不同的种族，不能概谓之无稽。

　　《史记》五帝本纪于接续黄帝的颛顼、帝喾均只虚词赞美，至再以下的帝尧与帝舜，才又是重点记录部分。尧、舜乃中国传说"历史"基盘，也是儒家理想中圣人的典范，政治的至高境界。顺随了《论语》方向的儒家基本经典《尚书》，起端第一篇便是对尧、舜教化天下颂德之词的尧典。尧、舜的伟大，系以帝德与"天"相感应，关系天地自然秩序、阴与阳的循环、谷物草木的适时播种。日、月、星辰、土、石、金，凡宇宙、地上、地下、水中种种自然现象与物体，均依帝德的原理而正常运行与生长，所以《史记》颂尧"其仁如天，其知如神，就之如山，望之如云"，于舜又盛誉其治世"父义、母慈、兄友、弟恭、子孝"，以及"凤皇来翔，天下明德，皆自虞帝始"。

　　帝尧、帝舜以及后续同性格圣人天子大禹在位期，所谓尧、舜、禹时代，传说中大事可归纳为三：

　　一是平苗。苗族于上古乃是中原的强大势力，记录中又往往与黎族成为同义词而合称"黎苗"。九黎三苗，正形容其种族分布范围的广泛，黄帝与蚩尤之争，蚩尤族往往被后世史学家推定便是苗族或九黎。黄帝对蚩尤征伐，推测仅一时予以压制，以后恢复了与已系中原主导势力黄帝族对抗的态势。舜与禹的时代，才给予有力打击，于黄河流域苗族的逐出战争中，获得决定性大胜利，传说指曾推进到西起洞庭湖，东至鄱阳湖的地域，而苗族向南方退却。

二是禅让。尧年迈时委托四岳物色民间贤者而舜被推举，通过试验了解其人品与才能后命摄政，尧崩，正式登位。舜以同样方式选择治水有大功的禹为帝位继承人，便是"禅让"制度。一种贤者与贤者嬗代的理想的帝位继承法，特为后世儒家所推崇。此一制度，实即母系氏族社会首领相承习惯的反映，四岳推荐，即大首长经由选举方式而产生，尧时四岳群后，舜时四岳十二后，都是氏族联合体的部族中，对共同领袖或部族长继承获有绝大发言权与决议权的氏族长。而"禅让"制特于尧、舜、禹时代被强调，原因系"禅让"至其时已为最后存在时代的缘故。传说中禹在位期间，也曾选举皋陶为帝位继承人，皋陶先禹而死，又选益（伯益）递补。但待禹死而其子启夺伯益之位为帝，部族长"禅让"传统终被打破，首长"世袭"制成立。大势力氏族与大首长的地位、权力世代传承，政治体的部族也再升高一层扩大为部族联合。其推动力，乃在男、女的家族地位已自尧、舜、禹时代确定转换，而氏族社会由前期母系制向后期父系制推移完成。中国最早的朝代夏朝由是建立。

三是治水。天地形成之始兴起大洪水，原系世界各地共通的传说，又以圣经《旧约》创世记的叙述为众所周知。在中国，便是《尚书》禹贡篇所指禹奉舜命，整治尧以来久久治理无效的洪水成功，于是分天下为冀、兖、青、徐、扬、荆、豫、梁、雍九州，而实行贡纳制，于已相当于几乎黄河流域全体与长江中、下流域的广大地域内推行统一政治。此一传说地域的范围，正与战国时代中国地理知识限界相一致，因此现知禹贡乃是战国时代人的拟古作品，对以四海、九州所代表其时"天下"的山川、土壤、物产、贡赋的完整性调查记事。但即使记录的非是实际大禹时代之事，禹贡其文，仍是珍贵的中国最早地理书，地志与地理学的基本。所记洪水泛滥，从荒废了的土地上重建人间生活场所，又足见大禹功业的伟大。禹贡篇中九州的中国最古行政区划出现为堪注意，所谓"州"，与"洲"字相通，古代铜器铭文书写作刕形，原意指河流中的小洲。中国北方河川自山岳地带倾斜缓缓而流，出平原地带时，往往挟运砂砾小石沉淀形成三角形扇状冲积地，此等河川分流中的小陆地，便是"洲"或原始所称的"州"。想象中，古代中国北方农民便是居住生活于此等"州"上，群聚为村落与经营农耕，而农耕的实行，又以整治分歧的河道为先决条件。所以，禹治洪水以区划九州的传说，所代表真实的史实，可能系灌溉工事的起源，"治水"便是中国原始灌溉水利发生的解释。孔子对禹的赞美词，也是"尽力乎沟洫"（《论语》泰伯），而由后世夸大之为治理天下滔滔的洪水。

　　详列贵族世系的《世本》中专门记录古代发明与文物制度的一篇《作篇》，谓与禹同时代的伯益发明了井。井的出现与掘井原理技术被掌握，距离河川两岸较远地区的农业生产与居民生活，因而获得实惠。《世本》又记禹父鲧作城郭，禹作宫室，以及禹时奚仲造车、仪狄造酒，对生活水准提高与交通运输劳力节约，都指示禹与稍前时代于中国技术发明史的重要地位。另外的文献中，《左传》宣公三年条说明禹铸九鼎，后汉袁康著作，记述春秋战国时代南方越国兴亡与颇多关于南方地方性传说的《越绝书》，其外传记宝剑引风胡子之说，也称神农氏时代以石为武器，黄帝时代以玉（特为坚硬的石）为武器，而"禹、益之时已"以铜为兵"。

但传说中更多有关人间食、衣、住、行器物与技术的创造与发明，以及关于自然现象知识的发现，还须层层上溯其传承至黄帝与其臣下。《世本》作篇于此又是记载最详备与层次最分明的系统性文献：

——禹以及随后建立的夏朝，除前所引述之外，驾车由牛而马、作襦袴、作土垒、作犁、牛耕、作砖、作瓦，至夏朝第七代王杼又作战斗防卫用的"甲"。

——禹以前的舜时代，始陶、作规矩准绳、作耒耜耨、作乐、造箫、作钟、作磬。

——舜以前的尧时代，初作医、作筮、作磨、作井（即前述伯益功业）。

——再以前的黄帝时代，便是：造火食、作舂杵臼、作旃冕、作衣裳、作履、占日月岁、占星气、作甲子、作算数、造历、造律吕、造文字、作图、作扉、服牛、乘马、作驾、作舟、作笙、簧竽、作鼓、作弓矢。

惟其诸文献的重复记录，同一项目的发明或发现，时代上便往往出现分歧与矛盾，关于宫室、驾车等，自黄帝以迄于禹，都曾有所主张。冶金技术与铸铜的开始又是例子，考定属于战国以至前汉时代作品的《管子》地教篇之言："而葛芦之山，发而出水，金从之，蚩尤受而制之，以为剑铠矛戟；雍狐之山，发而出水，金从之，蚩尤受而制之，以为雍狐戟、芮戈"，则又已推前至黄帝时代，指系与黄帝敌对氏族蚩尤最早发明金属武器。

所以，太古物质文明与精神文明进步表征的发明与发现，确切而言，绝对的时代提出为不可能，也无必要。因无发明与发现时代的细分，《易经》系辞传便只通列五帝时代而合称"黄帝尧舜"，也泛指"后世圣人"的功绩而无特定人物提出，原文是："黄帝尧舜，垂衣裳而天下治，盖取诸乾坤。刳木为舟，剡木为楫，舟楫之利，以济不通，致远以利天下，盖取诸涣。服牛乘马，引重致远，以利天下，盖取诸随。重门击柝，以待暴客，盖取诸豫。断木为杵，掘地为臼；臼杵之利，万民以济，盖取诸小过。弦木为弧，剡木为矢，弧矢之利，以威天下，盖取诸睽。上古穴居而野处，后世圣人易之以宫室，上栋下宇，以待风雨，盖取诸大壮。古之葬者，厚衣之以薪，葬之中野，不封不树，丧期无数，后世圣人易之以棺椁，盖取诸大过。上古结绳而治，后世圣人易之以书契，百官以治，万民以察，盖取诸夬。"

相对而言，五帝时代生产力发达与人民生活水准向上，无论从文献中的概括还是从黄帝—尧—舜—禹的分期说明，都已印象鲜明，得以认定为史前文化的一大升跃期。农耕具与其技术的改良，灌溉网的整备，依于收获物加工的生活物资种类不断充裕（如谷物的酿造为酒），交通工具的利用，人际关系推广，社会分业的要求开始存在，土地所有虽仍持共有形态，却以土地利用共同作业的劳动力需要，而村落功能加大，城郭原型也已出现，父系制氏族社会基石与其成立条件正在累积成熟。此一传说中属于"五帝"的时代，于考古学上，可以比定便是中国后期新石器文化，已经高度发展了的仰韶文化与更高级的龙山文化所代表的时代。仰韶文化中心分布地域与龙山文化起源地区，以视文献记录的通说，大致为：黄帝都有熊＝河南省新郑县、尧都平阳＝山西省临汾县、舜都蒲阪＝山西省永济县、禹都阳城＝河南省登封县，位置都立于黄河中流域的所谓中原，山西省南部与河南省西部，为两相配当。①

闻名世界的战国时代作品《礼记》中有一篇《礼运》有言："大道之行也，天下为公。选贤与能，讲信修睦。故人不独亲其亲，不独子其子，使老有所终，壮有所用，幼有所长，矜寡孤独废疾者，皆有所养。男有分，女有归。货恶其弃于地也，不必藏于己，力恶其不出于身也，不必为己。是故谋闭而不兴，盗窃乱贼而不作，故外户而不闭，是谓大同。""大同"是儒家向往的和平祥宁理想世界的举证，却便是禹以前氏族社会前期形态母系制最后存在时代的社会状态总结写照。接续，已是氏族社会进入后期而父权确立后，国家发生，也即《礼运》篇中夏、殷、周三代"小康"世界的移行。

---

① 吕振羽《史前期中国社会研究》，于1930年代与郭沫若《中国古代社会研究》同系唯物史观历史著作的代表作。两书奉莫尔根《古代社会》与恩格斯《家族、私有财产及国家的起源》为经典，探究中国古代社会进化法则，以及说明中国社会形态发展的阶段，关于尧舜禹禅让传说以两头首长制解说，便是一例。但吕著说明传说中尧舜禹时代的主要根据地在山西南部与其西南，连结甘肃、陕西、河南的各一部分，自庞杂的古籍中整理与引用资料至七十余条之数，可能于同类的文字辑录中已最为丰富完备，则须承认具有参考价值（引用资料见改造社吕著日译本第224—232页）。

古代中国的成立

中国历史之曙光——夏朝

"文明"此一名词,十八世纪后半自欧洲滋生之际,系与未开化、野蛮、原始相对立或有"开化"的意味。至于今日,则推广到了概括政治、社会、经济、技术、思想、艺术等状态与其评价,然而,却因此容易与另一名词"文化"混淆,所以辨别此两名词的含义已颇重要。"文化"于英语中为culture,语源乃是拉丁语的cultura(耕种,转化为英语便是cultivation),英语"农业"又即由拉丁语"土地"(ager)加"耕种"而构成的agriculture。"文明"则法语civilisation,英语civilization,语源又自拉丁语civis(市民)与civitas(都市国家)由来。所以,对"文化"与"文明"区别的简明解释须是:人类一切物质与精神的活动,都是"文化",文化向高度发展阶段,便是"文明"。野蛮与文明指示了对立的意境,但野蛮人只能称之非文明而不能谓为无文化,其生活方式与意识的表现便是他们的文化。文明则必须文化向上,具备相当条件时才见出。

然则"文明"成立又持何等条件为指标?此一问题,向来议论颇多,归纳的意见,则设定于政治构造、社会构造、精神构造的立脚点上,依冶金术已发现、文字已发明、国家已形成三者齐备而认定。冶金术乃生产技术飞跃的前提，文字创造乃思想与社会生活的阶段性开展，国家成立又系经济、政治组织的划期成果。也惟其如此，"文明"语义，含有政治有机体意味。

依于上项指标，考古历史界主张文明成立的先进诸地域，最初系西亚细亚美索不达米亚都市国家支配（纪元前 3000 年左右）的幼发拉底—底格里斯两河文明，接续又是同质的埃及古王国时代（纪元前 3000—前 2500 年间）的尼罗河文明，以及东方以古印度两大都市（Mohenjo-Daro、Harappa，纪元前 2500 年左右）代表的印度河文明与殷时代（纪元前 1500 年左右）的黄河文明，相续独自成立与发达。旧大陆最古四大文明，因均系适应文明发生地域独自的地理风土、历史条件、独自的性格、独自的过程而自己起源，以后又自己发展、自己扩散，人类文化学上谓之"一次文明"，而分别存在其地域性。文明的地域性，并非完全孤立之谓，发展进行中也易与其他文明区的文化—经济接触。与"一次文明"相对照，又是一次文明圈周围的"二次文明"成立形态[①]。一次文明自己的投影有其地域限度，此一范围周围地域的未开化土著民原始社会，蒙受其先进政治、经济、社会的强烈刺激与指导，站在自身风土—历史的一定条件上，以模仿为主而成立文明，由原始社会跳跃式向古代社会移行的，都是二次文明。以冶金术为例，非如一次文明的以自己发明为必要，而系与先进国政治、经济交涉的原因下授与，抑且，多数的场合，往往铜、青铜、铁的冶金技术，同时被介绍引进。二次文明可以东部地中海文明（欧洲文明）说明，纪元五〇〇年前后东方朝鲜与日本的

---

① 参阅三上次男《古代文明发生的诸问题》，学生社版《古代史讲座》（三）《古代文明的形成》序说，第 8—12 页。

文明也是。

旧大陆一次文明，美索不达米亚——幼发拉底—底格里斯两河、埃及——尼罗河、古印度——印度河、中国——黄河，均以农耕为基盘，而于大河发生为共同现象，但东方黄河文明较其余最古文明西方、南方三地域，地理与气候的条件却不相同。西、南亚细亚或今日习惯所称近东的最古文明所发生河谷，都在北纬二十五度至三十五度，纬度约略相等的位置，惟独产生黄河文明的"中原"，偏北在北纬三十五度至四十度之间。近东诸文明于今日地球上正当炎热干燥的气候地带，至少也是亚热带，"中原"气候却以位于温带而仅夏季较为干燥，而且黄河支流特多，支流又各分布诸小河川，全流域面积展开特广，文明发生条件因之异趣[①]：

第一，大面积的"中原"，单独保持自然地理优越性。黄河延长约四一五〇公里，固较尼罗河的五九二〇公里为短，而与幼发拉底—底格里斯两河合计的四三二〇公里约略相当，然而，美索不达米亚与尼罗河谷均在极度干燥的沙漠边缘，可耕地局限于下游的小范围。长约一千五百公里而宽度二十公里以下的狭长尼罗河谷，可资农业利用的土地不满三万平方公里；美索不达米亚两河长共三十公里，宽约一千公里范围内适宜农耕的领域更小，推定在三万平方公里以下。黄河中下游与相关连的淮水等水系大小河川，所构成以中原为心脏地区的冲积大平野，耕地面积广阔到二十万平方公里，如果连接同性格的长江中下游平野，总面积可再扩充一倍而达四十万平方公里。如此广大的人类居住空间，

[①] 黄河文明特征，取材自贝塚茂树《黄河文明》，学生社版《古代史讲座》（三）《古代文明的形成》，第147—148页、第153—155页。

为地理学界叹为旧大陆所罕见。

第二，美索不达米亚的巴格达（Baghdad），七月平均温度三四·四度，年平均二二·七度，埃及苏伊士运河口的塞得港（Port Said）以临地中海而较温和，也仍只七月二七·三度而年平均温度二一·一度。而黄河流域的中国两大古都，西安温度最高时期夏季七月三十度，年平均一六·六度，纬度较北的北京七月二六·一度而年平均一一·八度。关于雨量，巴格达一百四十公厘；塞得港七十八公厘，夏季六、七、八等三个月且等于零，几乎全无雨降。中国则西安年雨量五〇五公厘（七月122公厘、八月170公厘）、北京四八九公厘（七月212公厘、八月173公厘），黄河流域气候全非近东诸文明地方的燥热可比，得以概见。黄河流域雨泽获得充分提供，较之近东诸文明的纯灌溉农业，必须仰赖大河定期泛滥，才对作物生长适当给水而有丰富收获，又非相似。

所以，黄河文明与尼罗河、两河诸文明对照，耕地面积之广与雨量之丰，都是得天独厚，再适度实施治水灌溉时，较之经年暴露在烈日炎阳之下，耕地狭窄且又干燥的尼罗河、两河流域同单位面积农作物的收获量，黄河水系沃土确保其优势为必然。

然而，黄河文明不能如近东诸文明的受惠于大河本流，黄河泛滥无尼罗、幼发拉底等河的规律性，又非如尼罗河水的纯是天然肥料富有养分，洪水沉淀的乃是固体成分泥质，都属特异。尼罗河每年定期自八月十五至十月初期的洪水，始终缓缓平稳泛滥，灌溉平野，所以治水所重视仅在排水。美索不达米亚幼发拉底河洪水自山地急流而下，通过的又是蛇行河道，对于河道的整治与健全，因之乃较排水为迫切，也较困难。关于黄河，由平原出海行程的河南省以迄河口一带，河床因平均倾斜度自三千分之一至七千分之一，河口附近且达万分之一，流速较尼罗河与两河均特湍急。通过黄土地带时挟带沉淀的泥质更为严重，据统计黄河一年间运泥量六万二千七百吨，为尼罗河每年五千二百吨的十三倍，如此巨大数量泥沙堆积河床，往往造成洪水泛滥决堤的大灾害。由此铸定黄河文明与近东诸文明最大的不同：其一，黄河文明的治水问题，较尼罗河水利的埃及文明，或美索不达米亚文明的洪水防治，至少在难易程度上，非可同日而语。黄河急流，古代几乎不可能利用以通舟运，且以泥质洪水的淤塞河床而致河道变迁无常，所以黄河本流的治水，乃是难事中的难事，非届人类治水技术发达到高阶段时，决不可能成为事实。其二，也惟其如此，黄河文明系由黄河支流，以及黄河水系中小河川的治水开始，进而再开发黄河流域的平野。易言之，黄河文明的发生，非似埃及文明的便自尼罗河本流，黄河文明与黄河本流的关系，已系次一阶段意义的展开。

中国黄河文明的发生，如上乃是基本理解。

殷朝，向被历史界设定为黄河文明之始，而考古学上所明了的殷朝，其活动区域已系黄河平原，以及明显已立于进步的、精深的灌溉农业背景，堤防、运河等治水与水利工事普遍发达，适应农作物播种、生长、收获季节的精确农事历法系统已成立，而其基础，建立于已能正确测知河川洪水、减水的每年周期。所以，考古学的现有资料，固只能以殷朝兴起为黄河文明的起点，但以殷文明脱离雨水农业的粗放范畴，且非局部性的灌溉农业，广大的黄河平野可耕地已十分开拓，开发如此广大面积耕地所需的劳动指导力，又必须待到具备高度组织化国家机能阶段。众所周知，殷朝甲骨文字与高水准青铜器艺术与其制作技术，运用均已到达熟练顶点。文明成立三要素于殷朝，均非发轫而系已经到达高度成长的阶段。也由是而今日虽乏考古资料支持，却仍得以判定，必然存在较殷朝更早的中国最古文明或真正的黄河文明起源。此一时代，须便是文献中所熟知，而在要求科学凭证下曾被否定的殷朝先行朝代——夏朝。

中国历史上，向以秦朝统一"中国"地域以前的夏、商（殷）、周三个朝代合称"三代"，而上承"五帝"。迄于今日，惟独夏朝事迹仍仅凭文献记录得知，非如殷、周已获有考古学上遗迹、遗物实证。然而，"夏"乃历史上实在的朝代，于今日的中国学者间则已成为定论，也必须承认夏朝的实质存在，才能对耀目光辉的殷文明与中国新石器文化间的衔接，有其正确了解。

六经皆史，孔子删定的六经，内中已多涉及被殷朝替代的夏朝记事。《尚书》周书召诰："有夏服天命，有殷受天命"，《诗经》大雅荡："殷鉴不远，在夏后之世"，考定都属西周期作品。《论语》记述孔子之言："夏礼，吾能言之，杞不足征也；殷礼，吾能言之，宋不足征也。文献不足故也。足，则吾能征之矣"，"周监于二代（夏、殷），郁郁乎文哉，吾从周"，"（哀公问社），宰我对曰：夏后氏以松，殷人以柏，周人以栗"（八佾篇），"行夏之时、乘殷之辂、服周之冕"（卫灵公篇），此等夏—殷或夏—殷—周对比之词，尤非少见。《礼记》礼运系战国时代之作，接续"大同"世界而描述"小康"时代，又是"三代"意识萌生的最早文献之一：

　　　　今大道既隐，天下为家。各亲其亲，各子其子，货力为己,大人世及以为礼,城郭沟池以为固,礼义以为纪,以正君臣,以笃父子,以睦兄弟,以和夫妇,以设制度,以立田里,以贤勇知,以功为己。故谋用是作,而兵由此起,禹、汤、文、武、成王、周公由此其选也。此六君子者,未有不谨于礼者也,以著其义,以考其信,著有过,刑仁讲让,示民有常,如有不由此者,在执者去,众以为殃,是谓小康。

对与"大同"迥异的"小康"世界内容介绍,正说明已全非同一社会形态。原先小规模村落,结合强固的氏族关系而从事自给自足生活,政治上又发展为部族统治的时代,以生产量不断扩大,人口繁滋,部族因之分裂而单位数增多。另一方面,生产水平却非任何部族单位均相一致,彼此间生产部门的分业、交换关系也不相平衡,地方性贫富的差距乃告发生。富裕且人口众多的氏族便是占有优势的强大氏族,非只独占了部族的权力继承地位,部族首长世袭制由是实现,"禅让"影踪自历史退隐,母系制氏族社会终以内在渐变因素的积聚到饱和,完成向父系制氏族社会的推移,抑且,特为强大的氏族——部族,又以政治、军事力的压倒周围部族,结合多数部族,自动或被动服从其领导,地缘关系愈见加大,而部族联合原始国家形态成立,领导部族首长的世袭制随之也再升高为部族联合大首长的世袭。到达此一境界的时代,便是《礼记》礼运记录小康时代之始的夏朝。

夏朝创始世袭制,乃是社会发展进程的一大进步。传说中自禹与其子启以至最末一代桀,相续十四世与十七代王的世系被详明记录,而构成中国历史上最初的朝代。但堪注意,战国与其以前,文献对禹的称谓都是禹、大禹、伯禹或帝禹,于启则夏启、夏后启，意味了两者间时代性格相异的区别。汉朝以来的记载，才列禹入统一的夏朝王系，正式奉为夏朝始祖，而有"夏禹"的名词出现。

夏朝十七王系图，今日通常所引用，系资料来源出自《大戴礼记》帝系的《史记》夏本纪所开列。其余文献记录王名间有不同（见下表括弧），世代则相一致（唯《世本》与《帝王世纪》载末两代王发与履癸的关系为兄弟而非父子）：

①禹—②启(开)—③大康(太康)
　　　　　　　　④中康(仲康)—⑤相—⑥少康—⑦予(杼、宁)—
—⑧槐(芬)—⑨芒(荒)—⑩泄—⑪不降(降)—⑭孔甲—⑮皋(昊)
　　　　　　　　　　　　　　⑫扃—⑬厪(胤甲)
—⑯发—⑰履癸，是为桀

留供今日了解的夏朝事迹，传统历史所记载都颇简单，统治中心所谓国都的所在也多异说。《史记》夏本纪说明禹居阳城（原文："禹辞辟舜之子商均于阳城。天下诸侯皆去商均而朝禹。禹于是遂即天子位"），《世本》《竹书纪年》也都明言禹都阳城，但安邑之说也非与前说冲突，只系"夏都安邑"（《史记》吴太伯世家索隐）而已，便是说，安邑非禹都而系"夏"都，启建夏朝后的都城。尧、舜、禹"都城"互异，此系领导氏族非为同一的当然后果，传说中人名、地名不能完全信凭，因之产生了记录中说明"立国"所在不相一致的现象。禹之与其子启也"国都"有别，其事的解说，尤须与禅让—世袭制度的交替有关，大转变形成，则由启与禹时预已选出的继承人"益"之间斗争所引发。臆测的事实经过，乃是启于"王"位转易时，先固定其同族间领导权，再发动联合势力向益挑战，《史记》夏本纪太史公曰："禹为姒姓，其后分封，用国为姓，故有夏后氏、有扈氏、有男（南）氏、斟寻（鄩）氏、彤城氏、褒氏、费氏、杞氏、缯氏、辛氏、冥氏、斟戈氏"，禹—启族的力量不可谓不大，自组部族与益对抗的凭借，便是根据地建立到安邑。斗争结局，益族被迫承认启的领导，而最早的部族联合成立。接续的大事有：

其一，《史记》夏本纪载："有扈氏不服，启伐之，大战于甘，……遂灭有扈氏，天下咸朝"的用兵事例。以有扈氏与启族（夏后氏）系同姓，与《史记》同时期而稍早的著作《淮南子》又大书"有扈氏为义而已"，所以一般均指为拥护"禅让"力量的最终瓦解。然而，更合理的解释，毋宁应是敌对部族胜利集团内讧与部族联合制成立期大首长权位的最初争夺。

其二，惟其如此，接续又有"太康失国"事件演出。部族联合大首长于启的次代太康时便告易位，转入以善射著名的有穷氏族为领导的另一部族首长后羿之手，后羿再被同族寒浞替代，然后是传说中太康后第三世与第四代的"少康复国"。《左传》襄公四年条魏绛说明其经过："昔有夏之方衰也，后羿自且钼迁于穷石，因夏民以代夏政。恃其射也，不修民事，而淫于原兽。弃武罗、伯因、熊髡、龙圉，而用寒浞。寒浞，伯明氏之谗子弟也，伯明后寒弃之，夷羿收之，信而使之，以为己相。……使（子）浇用师，灭斟灌及斟寻氏。……靡自有鬲氏，收二国之烬，以灭浞而立少康。少康灭浇于过，后杼灭豷（浞另一子）于戈，有穷由是遂亡。"《左传》哀公元年条伍员之言而被引入《史记》吴太伯世家的又是："昔有过氏杀斟灌以伐斟寻，灭夏后帝相。帝相之妃后缗方娠，逃于有仍，而生少康，少康为有仍牧正。有过又欲杀少康,少康奔有虞。有虞思夏德,于是妻之以二女而邑之于纶,有田一成,有众一旅。后遂收夏众。……遂灭有过氏,复禹之绩,祀夏配天,不失旧物。"部族联合的组成法则,大首长失位,与自身部族的首长资格丧失与否,更非存在必然的连带关系,自太康历其弟仲康以至仲康子相之初,依前引记录,便仍都维持其部族的最高地位。却自相而遭到毁灭性大挫败,夏后(有夏)氏族追随其忠诚同族斟灌氏族与斟寻氏族濒临覆亡边缘,夏朝世系一度中断,部族支配权改归大首长寒浞同族的有过氏族。相之妻逃归母族有仍氏,幸免于难,迨所产遗腹子少康成长,以夏后氏同族、姻族,以及有穷氏集团中的寒浞反对势力,共同协力,终再推翻寒浞统治,恢复夏朝。此一有名故事记录于后世历史家笔下,便是中国历史上第一次兴灭继绝的"少康中兴"。

其三,实质而言,夏朝的"朝代"意义,便须至少康才堪称建立,其统治也才堪称稳固,所以谓之"复禹之绩"而非复"启",支配圈由是扩大。《史记》越王勾践世家:"其先禹之苗裔,而夏后帝少康之庶子也。封于会稽",其事迹虽非可尽信,却也得以解释之为夏族与其文化的最早溢出黄河流域范围而向南发展。"复禹之绩"的另一意义,似乎夏朝统治中心,也自少康而回复到今日河南省境禹的旧都阳城。少康之子杼的时代系当夏朝隆盛巅峰,势力积极向东方发展,据《竹书纪年》,其时便随事业开展两度迁都(原自、老丘)。再以后的夏朝衰微期,又频频迁都,至最末一代履癸(桀),都城系建立在洛阳的平原地区,如《史记》周本纪周幽王时伯阳父之言:"昔河洛竭而夏亡",以及《史记》吴起列传吴起所说明:"夏桀之居,左河济、右太华、伊阙在其南、羊肠在其北"所示伊水、洛水之北的地理位置,可以推定。

其四，夏朝最终的结局，履癸被放逐而朝代变易。《史记》夏本纪："帝孔甲立，好方鬼神，事淫乱。夏后氏德衰。……帝桀之时，自孔甲以来，而诸侯多半畔夏，桀不务德而武伤百姓，百姓弗堪。……汤修德，诸侯皆归汤。汤遂率兵以伐夏桀。桀走鸣条，遂放而死。……汤乃践天子位，代夏朝天下。"太康以失德而失国，少康以修德而复国，孔甲以失德而国势衰退，履癸以愈失德而亡国，夏朝历史，以后终于构成儒家道德—政治合一思想的标准实验举证。履癸与后继朝代殷朝的末代君主帝辛，也被并列为亡国暴君的典型，而履癸又名为桀，帝辛又名为纣，分别如《史记》夏本纪与殷本纪所述："帝履癸立，是为桀"（注："谥法，贼人多杀曰桀"）；"帝乙崩，子辛立，天下谓之纣"（注："谥法，残义损善曰纣"），非无后世人为加重其恶性而追附恶名的成分。

传说中夏朝故地位置，其与今日地名配当的考证是[①]：

阳城　河南省颍河上流域登封县东南一百二十公里处的告成镇。另一有力的比定是《汉书》地理志："颍川郡阳翟，夏禹国"，阳翟县即今日禹县，位于登封县东南，同在河南省中部并同处颍河河谷。

安邑　山西省西南部邻近河南省，今日安邑县西。附近东北方，又系因传说与夏发生关系的另一地点：夏县禹王城。

斟鄩　当河南省巩县以南约二百三十公里之地。

[①] 前三个见人物往来社版《东洋的历史》（一）中国文化的成立，第138—140页；后二个见范文澜《中国通史简编》，岩波版日译本第一编上，138页。

原自 河南省黄河北岸今日济源县。

老丘 河南省开封之南，今日的陈留县附近。

夏朝存在年代，《史记》夏本纪无记载，其三代世表的制成，文首且明言："五帝三代之记，尚矣。自殷以前诸侯不可得而谱，周以来乃颇可著。"所以《史记》三代世表仅列历代王名、世系，而均无在位年数，须接续的十二诸侯年表，始自共和元年，记录西周后期与春秋时代之事，才开始系年。西周第十代厉王被放逐的空位期之始共和元年即纪元前八四一年，便是中国无间断的历史记录起点。中国历史纪年如此之早，以及自此年年无缺，记录各朝代、各帝王在位每一年所发生政治、经济、社会、文化各方面大事，完整保留迄今，已为世界任何其他文明国家所不可能，而著名于世界历史界。

抑且，也非谓共和元年以前，关于中国朝代与所有帝王全无年代记录，《史记》三代世表前言称："余读谍记，黄帝以来皆有年数。稽其历谱谍终始五德之传，古文咸不同，乖异"，所以司马迁未予采信引用，而仅录其世系，所谓："于是以《五帝系谍》《尚书》，集世纪黄帝以来，讫共和为《世表》"。于夏朝，便是自禹至履癸的十四世十七代王。此一系谱，虽无直接证据支持其无误，但《史记》殷本纪所载殷朝列王与其先世世系，甲骨文已证明为正确，而殷自朝代的建立者汤上推至始祖契共十四世，契与禹同时，也与禹同系传说中舜时大臣，汤又与履癸同时而灭夏，则夏朝十四世的序列，依理性估测，可得以承认。

中国古代史年代推算，《汉书》律历志以来，历史界通用的资料系凭纪元前一世纪后半，前汉末著名学者刘歆所考案的历法

"三统历"，关于夏朝，推算存在年代共四三二年。另一名著宋朝邵雍的《皇极经世书》也常被引用，测得夏朝的年代为四三九年。今日则晋武帝太康二年（纪元280年）汲郡魏襄王墓出土书于竹简的大量杂乱诸书中，经整理而得的纪年十三篇，所以称之《竹书纪年》者，特被重视。但《竹书纪年》原本于宋朝散佚，现时所见"古本"已系依引用文辑录而成，所记夏朝自禹至履癸总年数，又系四七一年。

惟其关于夏朝年代数字诸说不同，起讫的考订也因之颇相纷歧，即使同据《竹书纪年》，今日学术界对夏朝年代的意见也不统一。原因在于计算方式，通常共同以周武王克殷变更朝代之年为基准，上加殷朝存在年代，而推定夏朝年代计算的起点，但是克殷大事发生的年份，学者间便各有主张。瑞典籍汉学家高本汉（B. Karlgren）依《竹书纪年》记录"自武王灭殷以至幽王，凡二百五十七年"（周幽王时代已系共和以后，其末年当纪元前771年于历史界为无疑义），于七七一年之上加二五七年，而列"灭殷"之年为纪元前一〇二七年（Some Weapons and Tools of the Y'in Dynasty, BMFEA. No. 17）。美国哈佛大学《中国历史年表》所依据便是高本汉的推论。日本方面，中国古代史学者通常采用陈梦家之说，也仍是高本汉的意见。而另一日本学者新城新藏的研究，以王国维的成就为基础，考定克殷年代为纪元前一〇六六年（《东洋天文学史研究》论文集的《周初的年代》），又系一大卓见，而为范文澜《中国通史简编》所本。再依《竹书纪年》殷朝总年数四九六年予以加算时，如以纪元前一〇二七年说为起点，则《竹书纪年》所开列夏朝的四七一年，当系纪元前一九九四—前一五二三年；如据纪元前一〇六六年说，又便是纪元前二〇三三至前一五六二年。

董作宾《中国年历总谱》（香港大学出版）以"历"立为测定古代年代的基石，开中国古代年代学新境界。关于夏朝，其以今日天文界推求所得纪元前二一三七年的日食比定便是"中康日食"，而定为中康元年作基点，上加晋朝著作《帝王世纪》所载太康在位二十九年、启在位十年、禹在位七年，而推定纪元前二一八三年为夏朝年代的上限；下限又以周武王克殷元年设定于纪元前一一一一年，上加同依"历"而推定的殷朝总年数六四〇年，再上一年的纪元前一七五二年，便是夏朝结束之年，前后四三二年的夏朝总年数，与《三统历》相同。董作宾的新说仍然存有缺陷，比定"中康日食"之年仅凭自信，以及中康之前太康、启、禹三代年数仍沿用未获定论的四十六年旧资料，已足影响其全部立论的正确性。

所以，中国古代年代的推算，于无论何种方法均不能完全排除积年法，而积年自身便已存疑的情况之下，确切的结论无从成立。记录时惟有应用约数为较妥当。即是说，以周武王克殷之年与共和以前无间断的鲁国世系年代累积对照，约为纪元前十一世纪之半，为可推定，夏、殷两朝代存续的估测为约五百年与五百五十年，依诸说也无多出入，则夏朝的年代经加算后，须在纪元前二一〇〇至前一六〇〇年左右，乃是合理的估定。

夏朝文化遗迹，考古学上迄无确定证明。惟自仰韶—龙山—殷等三文化层序堆积的状态，以河南省为中心分布地域而相续发现，范文澜比定龙山文化便是夏文化，说明龙山文化以黑陶为特征，正与"夏后氏尚黑"（《礼记》檀弓篇）、"夏后氏（牺）牲尚黑"（《礼记》明堂位篇）等有关夏朝记录符合，《韩非子》十过篇谓禹使用外黑内红祭器，又与城子崖下层遗址所发现磨光陶器表面漆黑色而内面红色，描绘一致。但范文澜自身的结论，仍只以龙山文化称为"假定的夏朝遗迹"，指明是否与事实相合，现尚无新的发掘结果可以支持。①

最新的考古学认识，系河南省偃师县二里头遗址的调查。其文化层累积，最下位属河南龙山文化，第三层又是殷朝早期的二里头（洛达庙）文化典型，两者的中间层位则以龙山文化要素与殷文化要素兼而有之为特色，于考古学的认识上最为近似夏朝文化。②因之今日颇存二里头期（洛达庙期）所代表，非共通承认的殷朝早期文化，而应系夏朝文化的主张。此说最早由徐旭生提出，二里头遗址发现，也便是一九五九年徐旭生为求"夏墟"之地，而于河南、山西踏查传说中有关夏朝之地的结果。③只是正确的判定，现在仍非其时。

殷朝国家与其都市文明

纪元前二千年代的时代，自西亚细亚以至东方的中国黄河流域，都是个历史转捩点，氏族制度崩坏，社会新秩序成立，为相共通。在黄河流域，以极度发达的青铜器艺术与中国最古传承的象形文字或一般所称甲骨文为代表，高文明的殷朝国家屹立，系

---

① 范文澜：《中国通史简编》，岩波版日译本第一编上，第142—147页。
② 人物往来社版《东洋的历史》1.中国文化的成立，第141页。
③ 参阅贝塚茂树《黄河文明》，学生社版《古代史讲座》3.古代文明的形成，第168页；贝塚茂树编《古代殷帝国》，第309页。

今日世界所共知。

"殷"的朝代名词也被称为"商"，其由来，系传说中建国者的始祖，与禹同时代的帝喾之子契，如同禹被封于"夏"而最早被封于"商"（通说，比定其地为今日河南省商丘县）。此一代表氏族领地或原居地之名，氏族扩大为部族时便代表部族，成立国家时再代表了朝代，启之于"夏"如此，甲骨文中的太乙或文献中的汤领导殷族与其同盟部族推翻夏朝，成立替代的后继朝代，同样以"商"的名词概括了国家全体。"殷"与"商"于古代文献中为互见，也往往连用以称"殷商"。但两项称谓相互间具有何等关系？向来众说纷纭，汤或太乙以后第十九代王盘庚迁殷而以"商"改称"殷"；或"殷"为都邑名，"商"则国名，乃系传统通说。然而，从殷墟甲骨文的了解，当地为殷朝国都，都邑名却是"天邑商"或"大邑商"，甲骨文资料"中商"又与"北土""南土""东土""西土"同格。所以，合理的判断，当系"商"原所蹈袭夏的部族联合制变貌，而有新的国家机能与体制整备，领土随雄厚国力大幅拓展，政治新姿态成立时的象征，便是"商"的称谓为"殷"替换。换言之，早期称"商"而后期称"殷"，继承夏朝社会、政治形态的时代称"商"，而转变都市国家联合的政治新形态时称"殷"。称"殷"的时期，基盘地区仍是"商"（中商），新开拓的附加地域分别是北土、南土、东土、西土，国家的整体则是新名词的"殷"。都市国家乃殷朝后期普遍的政治形态，"中商"等则为以方位别的地理意识，此情况视满清统治下的蒙古，盟旗系政治区划，喀尔喀、准噶尔等则为地理意识，可相比拟。而"商"转变为"殷"，又与历史上的日本国家形成颇为近似，五世纪以来大和朝廷时代的日本仍是"倭国"，七世纪成立集权国家时正名"日本"，"倭"（和、わ）的称谓转变以地方化了的统制心脏京畿地区为对象。苏联（U. S. S. R）系先产生苏俄（Russia S. F. S. R）原型，再以苏俄为支柱而扩大组成，同样与"殷""商"间关系存有相似处，可资对照。所以殷朝固然至瓦解期尚可以"商"代表，如同今日的得以"苏俄"代表苏联，但究竟有其区别。历史著作叙述殷朝全历史时，朝代名词因而以"殷"为宜，如《史记》殷本纪之例。

《史记》殷本纪的记述，自契至汤（太乙）共历十四世，其间曾八度迁移住居地，至汤而部族转移至亳（亳都的今日所在地考证，异说颇多，紧邻河南省的山东省曹县系主张中的有力者）。汤以前第六代王微（甲骨文中的上甲）的时代，依甲骨文殷王祖神祭祀资料的印象，已发达到足以威胁夏朝领导的地步（推测约当夏朝巅峰期杼以后第三代王前后）。至汤，连续对夏的东方三大强力同盟国（部族）韦、顾、昆吾的征服战争胜利，确立与夏的对抗地位时，顺应《尚书》汤誓篇"时日曷丧，予及汝皆亡"的民众普遍仇恨夏朝统治巨大浪潮，结成以汤为领导的各部族反夏联合势力，于纪元前一六〇〇年左右向洛阳方面发动讨伐履癸大攻击，一举成功，履癸被放逐，夏朝改建为殷朝。其全程便是《诗经》商颂长发篇描述："韦顾既伐，昆吾夏桀"，以及殷本纪："诸侯皆归汤，汤遂甲兵以伐夏桀，桀走鸣条，遂放而死。"

所以，殷部族勃兴根据地，大体可推定在于今日河南、河北与山东三省的连接地带。历史界以《诗经》商颂玄鸟篇："天命玄鸟，降而生商，宅殷土芒芒"，《史记》殷本纪："殷契母曰简狄……三人行浴，见玄鸟坠其卵，简狄取吞之，因孕生契"，而卵生的鸟传说系东夷诸种族如后世高句丽等源由的共同传说，因之多设定殷族代表东夷文化，提出殷族于中国历史黎明期便与夏族成立对立抗争态势的假说，傅斯年"夷夏东西说"即此学说的代表者。今日的研究对此类立论已无兴趣，重视的乃其文化的地理分布，与殷文化所站立中国文明发扬的阶梯位置。于此，堪注目系殷朝接替夏朝统治时，黄河两岸的河南省北半部全域已具共同发达为黄河文明中核的态势。以后的政治、文化发展方向，东则山东省，西则由山西省伸入陕西省，南则出河南省向湖北省，以及东南方的安徽省。黄河文明之光自殷朝兴起向广幅的四方照射。

中国历史空间加大，背景正与部族联合制的"商"向"殷"国家建设完成期移行的过程合一，雄厚的国力与文化力培育又向外扩散的结果。"殷"国家强力的政治有机体缔造，已迥非"商"时代旧貌，"夏""商"相续累累"迁都"现象的中止堪资说明，《史记》殷本纪记自汤至盘庚，曾经五度徙移其领导枢纽地，自盘庚才固定都城址于今日河南省北部的安阳县，此一现象，可设定为"商""殷"两个阶段的区划标帜。王位继承法则也自此变换，"兄终弟及"向来被历史界指为殷朝独有的王位继承法，然而，殷朝十七世三十代王，由兄弟相续方式产生的十三王中，九王均盘庚以前，换言之，"兄终弟及"转换王位法则的存在，须以第十世第十九代王盘庚为断限。便以盘庚此世的兄弟四人前后相续为转捩，次世第廿二代王，殷朝著名英王武丁开始的七世，王位继承明显已改"父死子承"法为准则，与国都永久化共同形成国家构造异质的表征。武丁治世，便是推动殷朝国运到达隆盛顶尖，以及对外开拓领域飞跃姿态最受后世历史界注目的时代。续再间隔七代王统治而至与夏朝履癸（桀）同背历史"暴君"恶名的帝辛（纣），殷朝被新兴的周朝所推翻。

《史记》殷本纪著述，如同夏本纪的仅叙世系而年数不予记录。此外文献也如同对于夏朝年数的颇有异说，《竹书纪年》载列四九六年，《三统历》六二九年，差距超过一百年。两书传承，前者系依《孟子》尽心上："由汤至于（周）文王五百有余岁"，后者又据《左传》襄公三年条王孙满之言："桀有昏德，鼎迁于商，载祀六百。商纣昏暴，鼎迁于周。"关于周武王克殷的关键性年代，《竹书纪年》考定为周武王十一年或换算后纪元前一一一一年，而《三统历》又是周武王十三年或换算后纪元前一一二二年，今日历史界意见更多，所以影响殷朝上下限年代的考订，各有异见。唐兰主张纪元前一五七九至前一〇七六年（总年数五百零四年）；陈梦家等同依《竹书纪年》的殷朝总年数，推算结果又有纪元前一五二三至前一〇二七年、纪元前一五六二至前一〇六六年等不同；董作宾的推定系纪元前一七五一至前一一一二年，总年数六百四十年，则已非依《孟子》《竹书纪年》的五百年说，而改据《左传》《三统历》六百年之说。①苏联科学院版《世界通史》以纪元前三千年代之半的约数定殷朝年代的上限，盘庚即位迄殷朝亡国则列其年代为纪元前一四〇一至前一一二二年，又系另一统计类型。②殷朝承先启后的大事——盘庚迁都的年代，以及诸王在位年数，推算也颇有出入，以苏联科学院版《世界通史》与董作宾《中国年历总谱》比较，前者列盘庚迁都于纪元前一三八八年，最末两代王帝乙在位期纪元前一一九一至前一一五四年（三十七年）、帝辛（纣）在位期

---

① 董作宾：《关于古史年代学的问题》，《大陆杂志》第十三卷第六期；董作宾：《中国年历总谱年卅类说明》，《大陆杂志》第十九卷第二期。
② 东京图书版日译本第一卷第二分册，《古代》（二），第591—601页。

纪元前一一五四至前一一二二年（三十年）；后者又推定纪元前一三八四年盘庚迁都（在位二十八年，第十五年迁都），而帝乙、帝辛分别在位三十五年与六十三年。依约数，殷朝存在年代当纪元前一六〇〇至前一〇五〇年左右，总年数约五百五十年。

考古学方面有关殷朝历史基本资料的丰富与充实，为世界所共知，而最早闻名于国际学术界的，便是盘庚所迁建，以迄殷朝覆亡，经历十二代王与存续约二百五十年（《竹书纪年》：自盘庚迄殷灭亡共二百七十三年）的全殷朝后期国都大邑商，而后世称之"殷墟"的发掘成果（但文献记录，帝辛最后阶段的都城在朝歌，比定今河南省淇县）。考定约当纪元前十四世纪以至前十二世纪，世界有数的恢宏大都市与伟大文明国都，其崩毁后，早自纪元前三至前二世纪已以"殷墟"其名出现，而有《史记》项羽本纪"项羽乃与（章邯）期洹水南殷虚上"，《史记》宋微子世家"箕子朝周，过故殷虚"之语。"虚"或"墟"，与"丘"或"邱"同一意义，选择地势较高地带居住，延续了中国新石器时代以来习惯。《史记》吴太伯世家曾述："武王克殷，封周章之弟虞仲于周之北，故夏虚"，"夏虚"（指安邑）现无残存的夏朝遗迹被发现，殷墟遗迹壮观重现于今日，考古历史界莫不惊叹留存遗构、遗物的丰硕。此非只证明了中国古代文字资料对殷朝记事的真实性，而且加深对高水准殷文化的认识，以及予殷族强力的组织力与活动力、国家制度、社会与产业结构、意识与思想等以确切的了解。堪珍视的颇多壮大陵墓遗址，面积有广及四百六十平方公尺的（侯家庄西北冈第1001号大墓），足堪与埃及Luxor王墓相匹敌。

二十世纪世界最大的考古收获之一殷墟发掘调查现场，在距黄河以北约一百一十公里，河南省北部平汉铁路经由的安阳县城西北近郊。"殷墟"系洹水弯曲东流地域四周的总称，河以南的后冈、小屯村、五道沟、四盘磨村等，河以北的大司空村、武官村、侯家庄、高井台子等，均在含义之内，但一般也以殷墟狭义仅指最初发现与最著名的发掘地，抑且又是遗址中心的小屯村。小屯村正当出自纵列河南—山西省境太行山脉的洹水脱离黄土地带，移向中原大平原时所经由高原中的小台地，海拔约九十二公尺，位于洹水南岸。由向东转为向南时的屈曲点，村址外的洹河河岸矗立有高度数公尺的断崖，形势上特具军事价值。

广地域殷墟科学的与有计划的发掘，自一九二八年秋，中央研究所历史语言研究所于小屯村开始着手，至一九三七年六月止，前后计十五次。成果的巨大，从惊人数量的甲骨片、十数座大墓与数以千计的小墓，五十多处版筑基址（每一基址即代表一座地上建筑物）与众多住居址，以及墓中大量青铜器等随葬品的采集，可以显见。不幸以卢沟桥事变，日本侵华战争爆发而发掘中断。其后一九五〇年、一九五三年、一九五四年、一九五五年、一九五七年、一九五八年、一九六四年等，再持续发掘调查工作，调查范围广延于小屯周围地域，包括四盘磨村、武官村、小屯西地、苗圃北、张家坟、白家坟、梅园庄、孝民屯、北辛庄、范家庄、后关、大司空村、武官村北等地。①

---

① 安阳发掘经过与殷文化圈的设定，主要取材自藤田国雄《殷帝国》第10—11页、贝塚茂树编《古代殷帝国》第268—269页、贝塚茂树《中国的历史》（上）第62—64页。
　近年外电关于中国继续对安阳"殷墟"范围进行发掘的片断报导有：1967年4月27日香港消息：王陵东部发现大约二百五十个坟坑，内有约一千具尸体，多数被斩了首，且大半属于二三十岁的青年。以及同年6月18日东京消息：小屯村又发现未经盗掘的完整殷墓，判断建于纪元前十二世纪前半，出土有青铜制彝器二百件左右、玉器约四百件，以及骨制品、象牙雕刻与大量贝类装饰品。

综合整理一九二八年以来对殷墟长期学术发掘的成果，可归纳如下七个项目：

1. 殷王都城址调查——小屯村宫室与推定为宗庙基址的发现，以及圆形、椭圆形、方形、长方形等大小不等的形形色色灰坑（竖穴住居址）、水沟、青铜器与陶器制作场所。

2. 殷王陵墓调查——侯家庄大墓。

3. 都城址近郊的殷朝遗址调查——大司空村与侯家庄南地。

4. 都城址近郊的殷朝墓地调查——范家庄与武官村大墓、中墓、小墓。

5. 殷都附近周围的殷朝遗址与墓地调查——四盘磨村、王裕口、霍家小庄。

6. 仰韶（彩陶）—龙山（黑陶）—殷朝小屯（灰陶）三层文化堆积遗址调查——后冈、侯家庄、高井台子、秋口同乐寨。

7. 龙山与殷朝小屯两层文化堆积遗址调查——武官南霸台。[1]

安阳殷墟学术发掘揭开殷朝后期历史文化真实面，导引同性质考古事业于中国域内全面展开调查，可见于相当安阳期的时代，殷文化圈为何等广阔的向周围辐射展开。含有精铸的殷式优美青铜制品的遗址分布，以河南省北半部为中心，北方到达河北省南部曲阳县与山西省中部的太原市，黄土台地的西方限界至于渭水流域周朝发祥地陕西省武功县与岐山县，东方广布山东省境内，南方包含了淮河流域与长江中流域平原的江苏、安徽、湖北、湖南各省北部，都有殷文化遗迹、遗物发现。约略推定殷文化圈的弘布范围，东西一千公里，南北且及一千二百公里，此一

---

[1] 藤田国雄：《殷帝国》，第 11 页。

考古领域展开，带动殷文化研究愈向新的阶段发展。

发展之一，直接上接安阳期殷朝后期文化的郑州期遗迹被发现。郑州当河南平野中心位置而居黄河南岸，自安阳循平汉铁路而下一百八十七公里处，乃平汉铁路与陇海铁路交会点。一九五〇年以来其附近白沙等仰韶遗址、林口砦、齐礼阎、二里冈、牛砦等龙山系遗址发掘，以及殷朝遗迹于凤凰台、二里冈、三官庙、紫荆山等四郊地域，尤其邻近今日郑州市街周围密集发现，已说明郑州对于研究龙山文化与殷文化间层位关系的重要性。一九五二年开始东南郊外二里冈有计划的发掘调查，发现堆积于龙山文化层之上的殷文化层又分上下两层，遗物年代均非与安阳期立于平行的同时代，须较之为古。二里冈上层与二里冈下层因之被设定为考古编年的郑州期，灿然代表了推定的殷朝中期文化，经由附近与安阳同期的文化层而与安阳期文化连接的系统判明。郑州以外其他各地所发现殷朝中期文化的准则，也因此立定。

发展之二，郑州殷文化考古探究的又一突破，较二里冈上、下层年代更往上推，代表更早期殷文化的文化遗迹续于郑州郊外发现。一九五五年于城南，地名南关外之处，首次发现较殷中期文化尤早的文化层，只是遗物资料不够周全。次年的一九五六年，郑州城以西约十五公里丘陵地带的洛达庙遗址发掘调查，终再发现了最古殷文化遗迹。洛达庙遗址上下两层堆积，上层已较二里冈下层文化的年代为早，下层出土陶器，被认识且较南关外更接近龙山文化，洛达庙期因而被判定代表了早期的以及最古的殷文化。龙山文化→洛达庙下层—上层→南关外→郑州期（二里冈期）→安阳期（小屯期）的发展层次，均于郑州调查得知[①]。但于今日，洛达庙的殷朝早期文化代表性，已被偃师县所发现同性格而说明资料更齐备的二里头期所替代。抑且，相同类型的殷朝早期遗址，向西自洛阳往黄河三门峡方面，也陆续发现。

考古界对于殷文化分期的早（前）、中、晚（后）三期编年，从而全行成立（见下表）[②]。

殷文化编年表					
Ca.B.C. 2100	龙山文化				
Ca.B.C. 1600	殷文化期	早期	二里头期(洛达庙期)		
			南关外期		
Ca.B.C. 1400		中期	（郑州期）	二里冈下层期	
				二里冈上层期	
Ca.B.C. 1300		晚期	小屯前期（安阳期）	第一期	盘庚 小辛 小乙 武丁
				第二期	祖庚 祖甲
			小屯后期	第三期	廪辛 康丁
				第四期	武乙 文丁
Ca.B.C. 1050				第五期	帝乙 帝辛

（甲骨文分期）

---

① 郑州发掘经过，取材自贝塚茂树编《古代殷帝国》，第287—292页。

② 附表据藤田国雄《殷帝国》第23页附表，而修正原依陈梦家之说所列的年代，以及"早期"栏以"二里头期"替代。

二里头期的名词，系依继承龙山文化最典型的文化遗迹发现地，河南省郑州向西连接洛阳的陇海铁路沿线中间位置，洛水与伊水合流点附近，西距洛阳二十九公里处的偃师县二里头地名而得。二里头当偃师县城以西九公里的洛水南岸，一九五九年以在当地采集得与殷朝早期洛达庙文化类似的陶器，开始被注意。经过以后迄于一九六四年八次于偃师县周围的广泛调查，发现自仰韶、龙山期以至殷、周时代遗迹甚丰，而又特多殷朝遗迹，包括早期遗址十处，中期（二里冈期）五处，晚期一处，偃师县因此被确认殷早期文化代表性遗迹所在地的考古学地位，并依其中特具重要性的二里头遗址，而定名二里头期。

二里头遗址层序乃四层重叠，汉朝文化层之下为洛达庙同型的殷早期文化层，也是二里头期所代表的对象，其下又是含有殷文化与龙山文化两要素的过渡期文化层，再以下则河南龙山晚期文化层。考古界以二里头文化的发现所引起莫大兴趣，又是文献记录的比定。学术界部分人士曾以之与汤（太乙）相结合，认为古籍中称汤居"亳"，偃师县便是亳地，而非向来所考定的任何一处。二里头遗址于约略中央部所发现广及一万平方公尺的广大凸字形夯土坛基址，其上有相同间隔的一系列柱洞，东边又残留四十公尺左右墙壁基础的痕迹，推定乃宫殿址，以及附近小型建物址十余处，灰坑二百六十处，墓四十八处，以及井、陶窑等，都被引为亳都之说的支持。亳都说学者并且指出，汤于纪元前一六〇〇年左右创建殷朝的年代，与考古学上新石器时代终结恰值相当，立于此一立场，所以二里头期文化便是殷朝成立期文化的意见，得以成立，也相与合一。然而，尽管如此，此一意见被共通接受的可能性仍存有疑问。①而且，二里头期的已知范围，系以郑州为东端，于黄河南岸向西展开，荥阳、巩县、登封、偃师、临汝、洛阳、伊川、宜阳、嵩县、洛宁、陕县，都有遗址发现，而均集中于河南省西部，最西端且越过黄河，山西省西南隅永济县又与郑州、偃师、洛阳同系殷朝早、中、晚期遗迹均有发现的四地点之一。此与依文字资料所考定殷朝创建期种族分布地系河南省东部，毋宁恰相倒反。而文献中，洛水、伊水流域的河南省西部与山西省南部，正是被殷朝灭亡的夏朝故地。②

　　二里头期共通的文化内容，城郭都市与大规模王陵的构筑都尚未形成，一般住居址均为长方形或圆形的半地下式竖穴，所谓灰坑，墓葬也仅挖掘浅土坑埋入，而无棺椁等葬具，随葬品也只少量陶器为主。而诸遗址出土陶器中，泥质黑陶虽有，多数均为泥质或粗质灰陶，甗、深腹罐、斝等器形与绳纹、方格纹的纹饰，都是河南龙山文化特色，但鼎鬲与三足盘等形式又自山东龙山文化脱胎。所以二里头期文化以河南龙山文化传统为祖型，受山东方面的龙山文化影响而发达的传承系谱，颇为明晰。另一方面，二里头期陶器纹样，又予二里冈文化成立以影响，其三角形三足陶器，又以近似二里冈期原始型青铜制彝器脚部，而推测便系原型所由。青铜器制作，彝器类于二里头期尚未开始，所发现仅止于铜小刀、铜锥、铜镞、铜针之类小件，可知系立于青铜器时代的开始期。石器、骨器、贝器、玉器、卜骨等一应俱有存

---

① 二里头期考古资料，主要取材自伊藤道治《古代殷王朝之谜》第223—227页；贝塚茂树编《古代殷帝国》，第309—311页。

② 也惟其如此而考古历史界有以二里头期假定与夏朝相当的意见提出，参照本章上一节结尾部分。

在，但卜骨上尚无文字。

殷朝中期文化二里冈期的开始，推定当纪元前一四〇〇年前后。遗物中青铜器的出土，二里冈下层期仍只镞、小刀等小型物品，上层期堪重视已发掘出现众多青铜制彝器，包括鼎、斝、罍、觚、爵等，以及武器类的戈、钺等。安阳期陶器形式于二里冈上层期也已经开始。龙山文化与二里头期，占卜通用牛、羊、豚等肩胛骨为材料，二里冈下层期便专以牛骨为最多，又发现了少数龟甲，上层期龟甲数量且逐渐增多。占卜利用龟甲的风习，最早系自山东省滕县与永城县的山东龙山文化而兴起，所以，二里冈期乃二里头期文化加大注入山东龙山文化因素而产生，考古界颇具印象。于典型的二里冈期遗址郑州，中型墓开始出现，巨大城壁与城内外建筑遗址近乎齐整地被发现，明晰指示都市文明于此阶段已确定。郑州期二里冈文化分布，踏袭二里头文化的郑州、洛阳、陕县、永济东西向一线为基准，而西进延长到陕西省华县、铜川县，又增加南北向的一线，自郑州北上，及于新乡、辉县、安阳、河北省邢台县，向南推展至湖北省黄陂县。东西走线与南北走线，大体分别依循黄河与太行山脉为轴，文化面波及中原大平野的西部整体。抑且，自二里冈殷中期上层文化，其影响力还移向长江下流域，而成为中国南部广泛弘布的特殊化拍纹陶文化发生源泉。二里冈期文化的特受注目处：

其一，青铜器铸造扬弃最早的小件范畴，而昂然登入正式的青铜器时代。青铜器硬度与石器无甚差别，而人类自新石器时代转换至青铜器时代，代表了向文明社会跃进意义的原因，系基于青铜器铸造已能得予自由定型，赋有了无限制变化的可能性，并以此可塑性而发挥了石器所不能具备的效率。中国古代青铜器铸造知识，过去曾被怀疑是否自西亚细亚输入，由学习而得，只以考古学上提不出证据而也仅止于猜测。以后，渐渐充实的考古成果所获致结论，终于廓清外来说，证明中国青铜器制作为独立发明，如今，二里冈上层与下层期出土遗物，又具体说明了中国青铜器独自发明的发展阶梯。二里冈下层期尚持续二里头期小型性格，上层期青铜制品的代表便已转移到彝器类的容器与酒具。只是，所有二里冈或辉县琉璃阁等殷朝中期遗址所发现此类青铜器，都还立于质地非常单薄，制作粗糙，纹样也朴素简单的阶段，残留了初期铸造时代的面影，须自二里冈原始型薄质的青铜器粗制品再迈进一步，安阳期的彝器与武器，才发达至全世界青铜器铸造技术的优秀极峰，以及艺术化创造到达任何其他文明地域都无与伦比的最高境地，此发展层次，至为明晰。而二里冈期青铜器三足器形与饕餮纹、龙形纹、雷纹等纹样，又上承二里头期陶器源流，下开安阳期特殊发达的先声，同样系谱分明。

其二，文字乃文明衡量的重要基准，郑州期卜骨上已有文字初见为堪特笔大书。虽然于全体所发现甲骨中仅占绝小比例，最大多数仍无文字附着。抑且，卜骨之一所刻划文字之例，其文："又中土羊二贞从受十月"，诚然不成文章，不明其义，所以曾被想象可能供作练习书刻之用。但中国文字如后世所称的"甲骨文"，殷朝中期已被使用则可确知。铜制钻刀出土，又对卜法的钻刻用具获得了最古实物证据。

其三，古代文明的发生，适应农村社会职业分化需要与人口积聚趋向的都市成立，又系识别基准之一。而人类经营都市生活，食料、用水与建筑材料等三项来源的确保为必要。其中建筑材料，古代四大都市文明中的埃及为石灰与砖，美索不达米亚与印度河流域主要也系砖，惟有中国，使用砖为建筑材料须迟至战国时代，在此以前，系以木材或木板层层夹积黄土以使牢固的夯土体版筑。版筑依于黄土的特殊成分，于世界建筑史上为惟有适合中国风土的独特建筑方法。早自山东城子崖的龙山期遗址中，围以版筑土垒，似于今日北方小镇市规模的原始型都市已被发现，于殷朝中期文化，壮观而规模广大的版筑城壁终也在郑州城东北方，距今城壁约三百公尺处，今地名为白家庄的所在发现。白家庄北临金水河，南面便是二里冈，一九五四年以来于村西发现殷朝版筑城壁后的调查报告：宽四至十七公尺，残存高度约七公尺，夯土版筑每层各盛以七至十公分厚的黄土，由于各层面均残留圆形夯窝，可知填土后，又用直径约五公分的棒杵捣固。夯土墙之上，以另存有属于二里冈上层期的灰坑与墓葬，而证明城壁犹是更早期的二里冈下层期遗构。调查资料又说明：此一中国现知最古的城郭都市，北壁自白家庄西向杜岭，自此南折与现在的郑州城西壁相连，金水河包含其内，横贯穿越东、西壁，东壁自白家庄延长与今郑州城东壁连接，南壁位置便与今日郑州城南壁相合，也以今日郑州城南壁下发现其遗构而可确认。殷朝城壁系战国时代所废弃，而利用其南半部另筑城壁，所以发掘时呈现殷朝中期下层期城壁→殷朝中期上层期墓地与灰坑→战国时代版筑城壁的重叠堆积，此战国时代城壁，便形成郑州今城的基础。也惟其如此，了解殷朝城址较今城范围为大，大体呈四方形，南壁一七五〇公尺，东壁一七二五公尺，北壁一七二〇公尺，西壁二千公尺，周围七一九五公尺左右，全面积约三三二五〇〇平方公尺。殷朝此都城址，历史界曾有比定太乙（汤）以后五度迁都的第一次迁建地意见提出，主张系王系表中第五世与第十代继位王中丁，自最初殷朝国都亳所迁抵的嚻（或"隞"），但是并无证据支持。

废城北门西北隅，曾发现遭破坏大型建筑物的版筑基坛，残存部分的规格是长二五·五公尺，宽八·八公尺，判定与城壁同属二里冈下层期，可能系政治上高位者的宫殿。其他二十余住居址，可分两类：一类，地上建筑物而小型，发现于城北紫荆山北部与白家庄，其标准型呈长方形，长约十公尺，宽约四·四公尺，内部依界壁区分为二室，四壁与界壁均系版筑的夯土壁，室内卧处以四五层夯土筑为床面，每层又各敷白灰面。另一类，仍然踏袭新石器时代的半地下式灰坑竖穴住居，城西纵列的铭功路西侧、白家庄、紫荆山均有分布，长自二公尺至三·五公尺左右，宽自一·五公尺至二·四公尺左右，深自五十公分至一·二公尺左右不等，平面呈方形或长方形，内涂白灰面，壁加版筑，或自中央分隔二室。后一类竖穴住居址的时代，资料调查判定系贯通二里冈下层期与上层期，前一类地上房屋乃二里冈下层期抑上层期所遗留，则归属尚不能明了。附属于住居址而相与存在密切关系的，又是颇多供贮藏用的地下窖穴，独立发现。

已能代表殷朝中期工业生产主体的青铜器冶铸工场，调查发现分别存在于郑州殷朝北边城壁外的紫荆山以北，以及城南的南关外。紫荆山遗址，版筑室内残留穿了十六个圆孔的坚固工床，其上铜锈厚约一公分程度，刀、戈等铸型的陶质范块碎片采集共得一八四块，户外土中残留铜锈厚度尤至十到十五公分。南关外炼铜工场面积广一四五〇平方公尺，灰层内除铜锈外，多混有用为燃料的木炭层，出土范块数多至一千件以上，制品包含鬲、爵、斝、觚、刀、斧、镞等，最多为镞。

生活必需品的陶器制作工场，位于郑州城的铭功路西侧一千三百平方公尺的范围内，十四个窑址，与住居的灰坑混在，因之推测此间所居住便都是制陶业者，附近灰层中尚能检出多量的陶片与陶块。拍纹陶制作用具方格纹、饕餮纹、雷纹等印模与陶拍子，以及现知最早的拍纹陶片，也于此间发现，盛行于中国南部的拍纹陶导源，从而得以考定其脉络。

小刀、镞与日常用具簪等，殷朝通用骨角制品，紫荆山殷朝住居地域，一处宽一公尺，长十九公尺的长方形坑穴中，大量骨角制成品、半成品、原料、废品，偕十一块磨研用砥石同出，判定系骨角器制造所。

城壁东南隅外方，相距约半华里的二里冈，又发现大规模的酿酒工场。

白家庄、二里冈、南关外、铭功路西侧等灰坑与窖穴分布范围内，均曾发现上方广而下底狭的水沟存在。沟道小者宽约七十公分，深约五十公分，大者宽约一·一公尺，深约一公尺左右，白家庄且见长五·五公尺之例。废城址内大型版筑基坛之下，也发现宽三十至七十公分，深二十五至七十公分，十字形交叉的水沟。此等水沟的用途迄无解说上的定论，但多数意见均相信系灌溉用水路。

考古学上依于安阳期基准，对殷朝墓制所区分的大型墓、中型墓、小型墓，比定为王陵的大型墓仅存在于殷朝后期的安阳期，中型墓的开始发生便自中期郑州期。中型墓与小型墓的构造，同系自地面挖掘长方形竖穴，其中筑有木椁，郑州的白家庄、南关外等城壁周围部分，分布密集，数量发现非少。中型墓坑大体长自二·七公尺至二·九公尺，宽自一公尺至一·一公尺，深约一或二公尺，墓底挖有例行埋犬的腰坑，腰坑何以必埋犬？

可能犬为现世人类最忠实的家畜，也因此最有资格于死后世界陪伴主人之灵。椁的周围，亦即土坑与木椁外侧间空隙，又积土捣固而筑为所谓二层台，此等构造，至安阳期不变，西周时代仍然相同为必备。人身牺牲的殉葬例，同自殷期中期中型墓发端。例子之一，白家庄M3墓（M乃"墓"字罗马字拼音的第一个字母，H之代表"灰坑"亦同）的发掘报告是：长二·九公尺，宽一·一七公尺（东半部遭破坏），深二·一公尺。二层台上一具殉葬骨，椁中央安置主人骸骨的木棺已腐朽，棺底敷厚三·四公分的朱砂土，随葬品有铜器类的斝、爵、觚、罍、壶、鼎、盉、盘等彝器与刀、戈、镞、钺等兵器，陶器类有鼎、鬲、豆、斝、爵、盆、大耳杯等器形，以及玉制品璜玦璧环簪等装饰品，象牙制的桶状容器与枛，以及石制品、贝制品等各种品目。另一方面，小型墓平均长约二公尺，宽约六十公分，深约一公尺，无二层台，也无腰坑，随葬品以陶器为主。

中型墓如何发生？一九六五年郑州铭功路西侧M2墓中型墓的发掘资料，可提供答案。墓长一·九公尺，宽一·三五公尺，墓底存厚约一·五公分的朱砂土，以及有似乎系棺木残片的木漆片发现，青铜制品斝、爵、觚、鼎、戈与玉器等随葬品丰富，均与白家庄中型墓同一性格，遗体作俯身伸展葬，自头至腰且由数至千余枚的贝品环绕，但无椁室、无二层台、无殉葬者，所以，又含有小型墓的性格。由此得以明了，中型墓原即立于小型墓的基盘而发达，性格也互通。接续才发生白家庄，抑或安阳期所发现典型中型墓的类型。①

---

① 郑州期（二里冈期）考古资料，主要取材自贝塚茂树编《古代殷帝国》第292—306页；伊藤道治《古代殷王朝之谜》第170—177页；林已奈夫《殷周都市国家》，平凡社版《考古学大系》6.东亚Ⅱ，殷周时代，第15—21页。

纪元前一四〇〇年左右以来殷朝中期的国家与社会状况，均以考古发掘成果而得重现于今日。郑州期城壁，以及房基、水沟、坟墓等与城壁关系的解明，共同浮绘了殷朝都市的复原图。而各种生产场所散在城外一公里内外，生产工具、生活用具、工艺品等大量堪珍视的遗物出土，又足指示殷朝中期生产力的水准。

生产力发展，注定交通发达。郑州期虽无舟、车资料发掘，但从所发现种类繁多的器物原料，天然的子安贝、象牙、铜、锡、玉、玛瑙等部分系运自远方。以及相对方面，成品的运往远方，交互运输与商业行为的可能性为非可否定。专门的手工业发生，从事手工业与商业的专门职业人出现，推测便是古代都市成立的基础。

生产的开始分业，工艺技术向上，装饰品与奢侈品已经使用广泛所显示，庞大富力积聚下的绝对权力也已形成，而贵族自一般氏族成员间区别，社会阶级分化，奴隶发生，自殉葬例可见出。所以殷期中期，得以推察，已系立于奴隶制社会的初期。也惟其强力的权力者产生，集结社会力量，组织与动员力的扩大成为可能。城郭附近灌溉沟或灌溉用水路挖掘，便以劳动力集中为必要，郑州遗址的宏大城壁构筑，尤对王权确立，以及强力王者支配的惊人实力，具有认识。有关估测筑此城动员人力的一项统计：夯土体城壁的全体积一四三万九千立方公尺，版筑用土量须两倍的二八七万八千立方公尺。挖掘土料时，用铜锹每人每小时可掘〇·〇三立方公尺，用石锄则〇·〇二立方公尺，依此用土数字与工作效率作基准，如果动员铜锹班千人，石锄班二千人，每日可掘土五百立方公尺，一年的实际劳动日数以三百二十天计算，当得十六万立方公尺。此外，运土人夫亦需三千名，杵土又需四千名。须全体一万人劳动，才能于十八年内完成。① 工程的浩大不难想见，也不难体会如此大事件的计划、指挥、管理与有秩序展开，前提必须置于强力的领导。

郑州巨大方形版筑城壁建设的另一意义，又在殷朝中期已确知都市构造与城郭机能，以方形周壁为特色的中国城郭都市起源也便自殷朝。殷朝称城壁圈定的都市为"邑"，"邑"于甲骨文中作 🐘，全形表明了人所居住方形城壁的意味，或者说，城郭都市象形化。甲骨文的"国"字作 🐘，又系执武器守卫城壁之形。代表城壁或城垣、城墙意义的"墉"字，甲骨文作 ⊲▱⊳ 或 ⊲▱⊳，又指示了都市设有城门望楼之备的防御功能②，中国最早的国家形成，此乃凭证。

所以，城壁于殷朝中期成立，于历史意义是划期的，是社会经济力与政治力的跃进标帜，向来自然形成的村落或都市原型，以强大权力者的出现，基于建立防卫据点的要求，乃于其指挥下产生了人工建设的、新型的，也是真正的城郭都市或"邑"，"邑"的同义字又便是"国"。部族联合各个组成分子的地域性加强时，各个以族为中心的"国"或"邑"产生，也便是一个个都市国家成立，部族联合历史终点，乃仍以氏族制贯通，而已向都市国家联合的政治形态转换完成。部族联合时代，部族首长称"后"，部族联合大首长称"元后"，发展为都市国家联合时，加盟的各个都市国家首长仍称"侯"（后），有力者改称"伯"，而

---

① 人物往来社版《东洋的历史》1. 中国文化的成立，第 180—181 页。
② 人物往来社版《东洋的历史》1. 中国文化的成立，第 177 页；藤田国雄：《殷帝国》，第 61 页。

联合体大首长已堂堂另称为"王"。惟其都市国家联合仍然踏袭氏族制社会基盘，因此"王"的统制机能为双重的，其一，联合体内都市国家的支配者，立于此意义，王与诸都市国家地位相互平等，各各具有其地域性的独立主权；其二，以联合体内最强大的权力者与最有力的都市国家统治者身份而为全联盟的领导者，立于此意义，联盟中其余都市国家都有服从的义务，但仍非"王"的命令可以直达其余都市国家内人民，而必须通过各该都市国家统治者。换言之，"王"的命令对象，只是都市国家支配者的"诸侯"而非诸侯所隶属的人民。相对方面，诸侯对王的服从也非绝对，其直接领导的都市国家实力乃是后盾，这些，与部族联合的国家机能，基本上并无二致。殷朝从服属诸都市国家而建立强大统合国家，以至覆亡，所站立便是此一历史阶段。考古学上郑州期所代表的殷朝中期，推定正是辉煌历史的起点，政治上国家构成形态的转型过渡期。

部族联合的国家组织向都市国家联合转换，反映了社会力、政治力、生产力的突破，国家领袖独尊为"王"，权威也较部族联合"元后"之与加盟首长同格为升高。经过约一百年的殷朝中期而届纪元前一三〇〇年左右进入殷朝后期，数量特殊丰富的安阳小屯遗物发掘，所代表支配者奢华与权势的发展方向，又正是中国封建制度的原型。

自郑州期向安阳期移行，已系最高艺术造诣的古代中国青铜器黄金时代，小屯为中心的世纪性考古调查大事业展开，学术研究价值震动了世界学术界。主持现场发掘与资料整理的李济、董作宾、梁思永、石璋如、郭宝钧等可敬的中国学者们，对考古历史界提供了最大贡献。以他们对青铜器形态的研究，而有安阳期须再区分前后期，以及甲骨文发达为世界性专门学问的细分五期编年成立。

殷朝优秀的高级文明指标，或者说，安阳遗迹一般性的显著特征，中央研究院发掘调查团领导人之一李济说明，有如下六项：

1. 陶瓷器的新展开；
2. 铸铜的铸型使用青铜制铜范；
3. 高度发达的文字；
4. 墓室的设施与殉葬；
5. 战车的使用；
6. 进步的石雕刻。①

安阳期陶器主流的灰陶系统，踏袭新石器时代传统以粗质灰陶与砂质灰陶占发现的绝大多数，可知均为日常实用品。纹样以绳纹最多，器形分鼎、鬲等三足器，鬲—甑混合体的甗，以至壶、瓮、钵、碗、皿等，与酒具爵、斝、尊、觚等，种类繁多而与青铜制品形式相对应，估定便是青铜器形源流所自。此外又存在黑陶、白陶、红陶、硬陶、灰釉陶。灰釉陶为硬陶的一种，黑陶、白陶仍系灰陶系统。所以，实际乃灰陶、硬陶以及为数甚少的红陶三种归类。

表面几何学纹的拍纹陶，以陪出遗物推定其自郑州期已存在，安阳期的黑陶纹样，也便分别以刻划纹与拍纹的方法施加。殷朝拍纹技术波及安徽、江苏，再向中国东南沿海扩大分布，先是拍纹软陶，至战国时代与汉朝，又接续有拍纹硬陶的发生。

---

① 薮内清：《中国古代的科学》，第 25 页。

灰釉陶于郑州期也已见到最早年代的幼稚品，郑州二里冈，辉县琉璃阁等，都有出土，但以发现时间最早而论，则系安阳小屯于一九二九年所发现灰釉陶。殷朝当时釉状如何形成？迄今尚不能十分明了，推测可能胎土中混以灰而融合成釉药，烧制过程中，限制空气，置于非太强烈火度的窑中，以还原焰烧成。含有少量铁分的，发色为绿釉而带褐色，铁分多时又成黑色。后世著名的青瓷釉，推定即由此萌芽，亦即中国瓷器发明的最初基础。器形以似于青铜器尊、罍等薄形的壶类为主。而其传承，却与拍纹陶恰得其反，考定新石器时代最早自长江流域烧造，才传向北方，与水稻培植同系南方文化向黄河流域逆输入的农业、工业上大贡献。

安阳期独特的代表性陶器，乃罕见珍品优良硬质白陶，特色在于质薄坚致而色白。选择不含铁分的白色纯良粘土，硅土（SiO_2）与矾土（Al_2O_3）为主成分，以水洗除砂质与不纯物，制成器形，至半干时，于表面磨研滑润，刻划纹样入窑，以一千度以上的高温烧坚。器形以豆为主，罍、壶、尊、卣、钵、盘等也均被发现，纹样的饕餮纹、夔龙纹、雷纹、蝉纹以及体躯纹等，与青铜器纹样相共通，也与青铜彝器同用于宗庙祭祀，以及专由贵族阶级独享的奢侈容器。出土地原仅安阳小屯，现于甘肃、山西、河南、山东等省境已都有发现。特堪注目，白陶质地已近似后世以高岭土（瓷土）为瓷胎的瓷器，只未敷釉而已。

相同于青铜器簋、方罍、觚、杯等形式的大理石材质所制作容器，与青铜彝器、白陶同系宗庙祭器，象牙加工礼器也同一意味，均系安阳期贵重遗物。石与玉的琢磨技术，安阳期发达至绝精阶段。安阳县侯家庄西北冈大墓出土的双兽、鸱鸮、虎、方座等四件白大理石雕像的艺术意境与圆熟的玉工琢划功力世界闻名，安阳县四盘店与小屯发现的细工石制人物坐像、石兽等，也都是学术调查中，世界第一级作品的代表例。"玉""石"自尚不能明辨其材质在新石器时代开始，已都被利用制为垂饰、耳饰、服饰等装饰品，殷朝郑州期的鱼佩、鸟佩、蟾蜍形制品与玉柄等专由玉制，当知玉的材质已被判明。安阳期玦、琮等各类雕玉、佩玉，禽兽人物玉像或器形玉资料，种类与数量方面都愈增大，玉质均软玉，硬度约六至六·五。

贝于安阳期为贵重的珍品，遗物鉴定，以灰白色而背顶部呈柑色或紫色的南海沿岸、太平洋诸岛暖海产占压倒多数，即所谓子安贝。此类天然贝，以均须输入，且系远地产而专由贵族用为装饰品，代表财富与供为价值尺度的计量基准，交换的媒介功能，推测也由此形成。所以，安阳期的"贝"，兼具了奢侈品与货币的双重性格。此等高级贝均于表面磨研光滑，中央剖雕纵沟，沟的两侧横刻纹目，凿穴穿纽为"朋"。王者赐贝便以"朋"为单位，依殷朝金文资料，赏赐最高额也只十朋。但系每两枚贝为一朋？抑五贝为系，两系为朋？考证尚不统一。迨贝之为币，交换流通空间扩大，贝的数量既不足，获得又不易时，铜与骨质的贝形人造仿制品乃被制造以补充，而货币原型成立。

安阳期所有陶质与骨、角、牙、石、玉、贝制用具、装饰品，以及包括黄金块、小片金叶、锡块等原料与已制成器物的合金类青铜器等金属品中，青铜器为众所周知，特享世界盛誉。郑州期范块，所发现均粘土制，安阳期利器类（武器与工具）已系青铜铸型，乃显著进步，大量的成品制造得有可能，所以李济密切注意而指明其为安阳期特征之一。但以"美"的意识及其纹饰为前提的精巧物与彝器类，依然必须使用粘土铸型的陶范，更有蜜蜡铸型青铜器制作技法的应用。安阳小屯与洛阳东郊泰山庙附近的铸铜工场遗址中，均发现此等不同材质的范块同时存在，此其一。其二，即使已届确知精深冶金技术与具备高度原理探索能力的安阳期，民间一般所利用的青铜制品，仍仅日常生活必要的小刀、锥、针等小件家庭用品，以及斧、凿等土木、建筑用工具。关于农具，大部分还是石器、木器或者骨器，青铜制农具于安阳期所发现，只是少量的锼、铲、镰之类。农具的完全金属化，必须待到以后的铁器时代，此一现象，固于世界乃共通的现象与齐一的进步阶梯，却也因而明晰觉察于世界艺术史上大放光芒的安阳期青铜器，基盘筑自支配者宗庙祭祀用祭器与宫廷飨宴用礼器意味的彝器，以及军事为目的的精锐武器，所象征的端在王者的权力、威严与强大的征伐力量。

　　殷朝灿然的青铜器制作，自郑州期至安阳期，而到达了发达的绝顶。郑州二里冈、白家庄、辉县琉璃阁墓葬出土，代表殷朝中期的青铜器，于安阳小屯、侯家庄等同有出土，器形区分彝器与利器，彝器所包括烹熟用器（煮炊具）、酒器、食器与水器等种类，也已齐备。发展阶段到达安阳期时，又从各类用器内涵品目方面加以充实，对器形变化，纹样与其组合，器物各部门间自由结合的制作技术，都愈向高度复杂化发展。安阳后期青铜彝器器形分类品目，烹熟器有鼎、鬲、甗等，食器有簋、簠、盨、敦、醢、豆等，盛酒器有鸱鸮、象、羊、水牛、犀等形态的禽兽尊，兽形的兕觥、方彝、尊、卣、罍、瓿、壶等，饮酒器有爵、觚、觯、角、斝等五爵，和酒器有盉，盛水器有盘、鉴、盆、盂、匜。质地均较郑州期厚而豪壮，器形多巨大。著名的三鼎，侯家庄西北冈大墓出土鹿头方鼎高六十二公分，牛头方鼎高七十四公分，武官村出土的司母戊方鼎高度尤至一百三十七公分。侯家庄西北冈大墓高七三·五公分的饕餮纹斝与高七十三公分的饕餮纹盉，也常引以为例。外形的曲线，各部位的均衡，铸造技法的精湛，都授人强烈的美的感受。纹样以饕餮纹为最大特色，青铜器饕餮纹自郑州期发轫，安阳期极盛，通过西周，至东周期才衰退。此类古铜器典型的动物纹，以大口怒目，巨大的双角与肩，表现有力的动物意匠，重视灵性表达而非以胴体的具备为必要。其余主要纹样乃由饕餮纹意境衍化的夔凤纹、虺龙纹以及蝉纹、雷纹等，与各式几何学纹，多种多样，自由复合，且非限于带状而可扩及器物表面全体，包括足部。凹部又往往嵌入松绿石，平面的、线的表现也充分具有立体感。此等豪华的艺术品精华，内底、内侧壁、銎下方等部位所镌刻文字，便是金石学上所谓"金文"。

乐器于古代传统与彝器同等被尊重，但殷朝乐器，郑州期无发现，安阳期铜钟于安阳县大司空村、蟒皮鼓与磬于安阳县侯家庄等分别发现。侯家庄西北冈小墓出土三个一组的编钟，侯家庄大墓出土高七九·四公分，鼓面直径五二·四公分，大型的青铜器模型而胴体覆皮的双禽饰人面饕餮纹鼍鼓，以及自安阳县武官村大墓采集的大石磬（石制的打乐器），长八十四公分，高四十二公分，表面呈虎形雕纹，非已具备发达的音阶、音乐知识与精密的乐器制造技巧，不可能制造成功。因此，安阳期乐器遗例，所发现主要虽仅上列数件，对其音乐水准却已足堪认定。

小屯出土青铜利器，丰富的发掘资料，李济曾加以精密分类，说明其多种多样性。弓矢威力发挥基点，由青铜制造的弣（弓背中央部把手)、形式上带有逆刺的二翼有柄青铜镞,都被大量采集。刀与小刀刃呈弯曲状,背部隆起,尖端上翻,此等殷朝起源,具有明显特色与连铸环头或兽头柄部的短兵器,传播力远及南西伯利亚、蒙古而形成卡拉斯克文化与绥远青铜器文化要素之一。钺又是殷朝特有的武器,刃面厚大,后部成直角装柄使用,特殊用途为供斩首。矛系木叶状刃身而后端垂直装柄的刺兵器长兵,只是柄的长度缺乏资料考定。戈于短兵中应用最广泛,似镰状而后部如钺呈直角装柄,柄长推定约一·一二公尺。戈的本体各部位名称,刃部称"援",双刃面间的棱线称"脊",插入柄的部分称"内",援、内连接处的下方突出称"胡",内、胡向柄缚紧用小孔称"穿"。矛、戈等刺杀类兵器于殷朝盛用的原因,可能以青铜制砍杀类兵器缺乏锐利的锋面,接战时非如刺兵器的易于取得克敌制胜效果。饕餮等纹样的饰于兵器,爱好习惯也不例外,且颇附见文字与纹样中嵌入松绿石。

殷朝攻击武器发达,防御武器同样普及。侯家庄大墓出土青铜胄,用以保护头部而通称"兜"的武具,顶端中央有中空突起,顶部呈半圆形,略似今日钢盔而尚须往下覆盖至颜面,前方至鼻部,仅留嘴部在外,高约二三·五公分,眼、耳部均开空隙,左、右、后方延长至颈部,高约四十公分。纹样前面饕餮纹,左右圆涡纹。盾的实物,也自小屯坟墓与戈同见,木质外缘张以皮革而成型,呈长方形。战士右手执戈,左手持盾的姿态,安阳期金文拓本也有表达。[①]

[①] 安阳期器物解析,主要取材自水野清一《礼乐的世界》、冈崎敬《战争技术的发展》、藤田国雄《殷周文化的普及》,均平凡社版《世界考古学大系》6.东亚Ⅱ,殷周时代,第63—134页。

青铜器系以铜与锡为主成分的合金。合金的硬度一般均高，虽以硬度高为特质，但也须适应器物用途而硬度有参差，便是说，铜、锡熔融比例的适当变化为必要。国际间多次根据安阳期青铜器的化学分析与实验报告，都指出殷朝系依器物应用性质，而作硬度的区别，殷朝铜冶金知识的进步，于此又获深一层认识。"中央研究院"化学研究所王琎的化学分析结果是：

（镞）纯铜　　　　59.21%
　　　锡　　　　　10.71%
　　　铁　　　　　1.14%
　　　矽酸　　　　7.37%
　　　其余为水分、泥质及二氧化碳

（刀）显微镜下的估测：
　　　纯铜　　　　85.00%
　　　锡　　　　　15.00%

（戈）显微镜下的估测：
　　　纯铜　　　　80.00%
　　　锡　　　　　20.00%[1]

英国皇家科学研究院卡本特（Sir H. C. H. Carpender）的四类安阳出土青铜器化学分析结果：[2]

---

[1] 周谷城：《中国通史》第64—65页引刘屿霞《殷代冶铸术之研究》。
[2] 吕振羽：《史前期中国社会研究》，改造社日译本第52页注；原注：参照《庆祝蔡元培先生六十五岁论文集》，李济《殷虚铜器五种及其相关之问题》。

标本	纯铜	锡
刀剑	85.00%	15.00%
矢镞	83.00%	17.00%
勾兵（戈、戟等刺兵器）	80.00%	20.00%
礼器（彝器）		10.20%

与青铜武器相关连，战争技术的突破性升进，乃攻击力强大的驾马战车，可知殷朝后期兵制已以战车为主力，安阳期墓葬对此提供了明晰资料。小屯村、大司空村等殉葬的车马坑（墓）中，青铜的轭、軎等与青铜车饰金具，三千年前旧物仍然保存。车的本体木质部分，绝大多数发掘场合都已朽毁，但于一九五〇年大司空村车马坑（M175 墓）完形保留的发现，依土中车轮压痕计测，仍得据以绘制殷朝战车的复原图，所了解是：车系两轮，两轮间隔二·一五公尺，轮径一·四六公尺，轮辐十八支，所谓"舆"的车身纵〇·九四公尺，横〇·七五公尺。其构造，分轮、舆、辀（辕）三部分，轮由弓（轮的圆形外廓）、辐、毂（中央的轴，车轴头称軎）；辀的前端驾马部为衡，勒住马头者称轭。系驾马匹，以遗骸分布状态，知有二马制（大司空村）与四马制（小屯）的区别。青铜的马面，衔（辔）、镳、革金具、马铎（铃）等马具，都与车具同在。青铜板状而表面线纹的马面，功用在保护马的额部；马的利用，勒住马匹口部的衔发明，又是控制技术一大飞跃。[①] 驰了马的战车非只以坚固为必备条件，结构也复杂，乃各种知识与技术、各种不同性质工人，应用木、皮、青铜等多种不同材料的综合性制作，在当时已具有最高度技术的

[①] 平凡社版《世界考古学大系》6.《东亚》Ⅱ，第 96 页。

必要，于今日也类似汽车工业于制造业的地位。战车出现，李济郑重举以为安阳期殷文化特征之一，非为无由，也由此足以解释盘庚迁都以来，殷朝后期强大军事力形成的原因。

安阳青铜武器与武具的调查成果，引起学术界对殷朝兵制的探索兴趣，石璋如是此方面研究的佼佼者，其重大发现：第一，依小屯宫庙址乙七基址南方附属的墓葬群发掘存在状况，而有成套武器，且视持有者（1）车首长（2）射手（3）射手（4）步兵首长（5）步兵（6）御车者身份而有区别的推论，并制为小屯六套兵器的分析表（表一）。① 第二，也以同一墓葬群为基准，推定殷朝后期军队编组分车部、步部两大部门，而其后被踏袭为周朝兵制的渊源。小屯的发掘，车部以战车为中心，又同配备步兵为随从。五车一队，排列阵势为中央纵列三辆，左、右各一辆；每车三人，以发掘现场策（马鞭）中、弓右、戈左的配列位置，而知御者居中，射手在右方，主击者在左方。② 步兵战斗部队又以五组编制组成，每一单位部队成员六万余人（表二）。

表一

墓号	类别	弓（弣）	矢（镞）	戈	刀	砺石
M20	车墓	1	20	1	1	1
M20	车墓	1	20	1	1	1
M20	车墓			1	1	1
M40	车墓	1	20		1	1
M164	人马犬墓	1	5	1	1	1
M238	人墓	1	12	1	1	1

---

① 平凡社版《世界考古学大系》6.《东亚》Ⅱ，第97页。
② 石璋如:《周代兵制探原》，《大陆杂志》第九卷第九期。

表二

（小屯乙七基址南方墓葬群发掘现象）	车部	五车1队（侯家庄西北冈25辆车的车坑，亦为每5车一小组） 每车3人，各一套兵器 随车步兵126人（内一人为首长） 车前排列25人 又：炊夫2人、童子15人（衣装等杂役）、马夫2人、后勤12人 全队战车5辆、198人、14匹马
	步部	残存者378人（复原推定626人）内： 第一级1人（马一匹） 第二级残存3人 第三级残存20人 第四级残存约100人 第五级残存254人

从壮大而装备立于时代尖端的殷朝国家武装部队军事力的认识，礼乐器发达与其豪华化，装饰品、奢侈品与"美"的意识追求，大量地下实物资料，都指向贵族为中心的安阳期都市生活实况，以及阶级社会中，上层统治阶级权力与财富的雄厚。社会阶级的分化、对立，于今日固不符合民主原则，然而，却是文明发生的必经过程，亦即《左传》所谓："君子劳心，小人劳力"，"君子尚能以护其下，小人力农以事其上"（均襄公九年条）；《孟子》所谓："或劳心，或劳力。劳心者治人，劳力者治于人；治于人者食人，治人者食于人"（滕文公上）的阶级责任划分。以王者为中心的上层贵族，基于其统治阶级自身的阶级利益，也基于支配下层被统治阶级的必要，同样负有阶级义务，更重要的，以"劳心"而"食于人"，始得专业化于组织、指导与管理，以及扩大知识领域。文字发明，便出自阶级分工的上层统治需要，也以文字原仅应用于全社会较狭构成分子的上层阶级，而应用规律

容易固定。灌溉水利与一切公共事业的发动与完成，又必赖统治阶级统合，因而土地生产力得以提高；手工业发达的条件，尤系于专门性高度知识与技术的获得；平均富力向上时相互交换剩余积蓄的商业活动展开也是如此。村落由经历小镇形态而发展为都市，附从贵族阶级的工商业力量更大。所以，人类从缓慢的文化演进向文明跃升，统治阶级虽然向被历史界评为代表了压迫与罪恶，但也不能抹杀其对人类历史的正面意义。于此，世界最大青铜器殷朝司母戊鼎的存在，可提供为最佳说明，此一表面周饰夔龙纹与饕餮纹，一九三九年发现时，以器内铭有"司母戊"三字而命名，高一百三十七公分的大方鼎，口缘长一百一十公分，口径宽七十七公分，重七百七十公斤，如此巨大器物的铸成，非得仅叹为罕见珍品而已，也须正视殷朝后期，中国最早都市与都市国家时代，贵族层对多数人力多方面组织化运用、管理与强力指导力下行政效率的表现，以及手工业集团在都市国家统治架构中地位。关于后一层关系，学术界推论殷氏族已区分两种类，一类仍沿传统以"国"名为氏，条氏、绘氏等属之；另一类便改以职业为氏，如索氏为绳工、拖氏为旗工、锜氏为釜工、繁氏为缨工、樊氏为篱笆工等[①]之说，可以参考。

殷朝最隆重都市计划设定与最大的土木工程事业展开，便是遗留至今日，于世纪性大发掘下复原，以小屯为中心的安阳遗址或殷墟所在地，即甲骨文中的"天邑商"或"大邑商"（"天"与"大"于甲骨文中为同义字）。"天邑商"的名词，《尚书》各篇中考定属于最古的西周作品之一多士篇，便有"肆予敢求尔于

---

① 大岛利一：《中国古代的手工业》，学生社版《古代史讲座》9.古代的商业和工业，第136—137页引李亚农《殷代社会生活》。

天邑商"之语，而得相互参证。数量庞大的殷朝后期遗物，几乎集中于广范围殷墟，亦即安阳遗址的雄伟宫庙址与庄严宏大的陵墓中发现。雄视东亚的古代中国伟大都市安阳遗址，广及二十四平方公里的发掘调查范围内，从无城壁痕迹发现为堪注目。以郑州期城郭为基准，殷朝后期都市构造须愈完备，小屯又系建都之地，为何发掘资料独缺城壁？学术界都对之产生不可思议之感。一九五八至一九五九年，小屯村西方约二百公尺的地点，发现宽度七至二十一公尺，深五至十公尺的濠沟遗构，残存部分自西南向东北延长七百五十公尺左右，现状虽已被泥土埋没，发掘后沟迹仍然明显，规模较一般所发现水沟为特大，功能推定系引入洹河之水，作宫殿防护之用。因此发现，学者才恍然于小屯无城壁筑造的原因，依其地形，尤其宫殿址的方面，北边与东边均面临洹河，大规模濠沟又掩护了西、南面，四周均已为大流量水道环绕。城郭的功能在于防御，小屯于地理形势先已占有天然的优势位置，人工的城壁自无建筑必要。所以现今历史著作中，有最初的疑问已获冰释的说明。① 然而，此一解说固非无理由，却仍只假定，更非结论。

殷墟地区，新石器时代已系人类所选择最适宜的生活场所与住居地之一，由龙山期，抑或仰韶期遗迹，连续都自此地区被发现可了解。中央部小屯有洹水蜿蜒蛇行流过，地势却较周围为高，取水容易又可无惧于洪水泛滥。邻近低地则适宜于耕作，西方高地山中又盛产大理石与陶土，地形之利与物产之丰的条件，应便是殷朝后期建立为国都的原因。以小屯建筑址为枢纽，东南

---

① 贝塚茂树：《黄河文明》，学生社版《古代史讲座》8.古代文明的形成，第151页。

方的孝民屯、高楼庄一带，系以青铜器制造所为中心的工场区，西北方隔洹河以北的侯家庄、武官村一带，又作为无数坟墓存在的墓地，整体结合为广范围殷墟与殷朝国都的恢宏面貌。[1]

殷墟建筑址调查，及于小屯、高井台子、后冈、侯家庄南北、武官村等六处地点，东西四公里，南北六公里的广大地域。分地下建筑密集地带与地上建筑密集地带。巨量带有文字或未带文字的甲骨，便于宫庙基址发现时出土。

小屯村以北，洹河水流方向自西转南屈折处内侧的五十三处土材以人工压固，其上整然配列了础石的版筑宫庙基址，依方位别分三个区域，偏北十五基址为甲区，偏南二十一基址为乙区，乙区西南方十七基址为丙区。三个区域代表三个不同组别，三组建筑的不同性质，均已能正确判定：

（甲组）基址方向，主要的大型建筑十处均东西向，其余三处南北向，另二处不能辨明方向。形式多长方形，考定均系宫殿，王者生活所居的王宫。其一的甲四基址，版筑基坛高出地面约一公尺，基面立础石三十二个，地上建筑物依础石间隔，推定南北二十七公尺，东西六公尺。

（乙组）方向以南向为多，计十五处，础石分布甚密，规模甚大；东向而规模较小者五处，另不明方向的一处。形式多正方形。考定非居住场所而为祭祀祖先的神圣宗庙。其一的乙七基址，南北约二十五公尺，东西更超过此长度而以其上被乙八基址

---

[1] 安阳期建筑、墓葬解析，主要取材自伊藤道治《古代殷王朝之谜》第167—217页，藤田国雄《殷帝国》第53—57页，贝塚茂树编《古代殷帝国》第268—279页。董作宾《甲骨学五十年》中，"中央研究院"十五次殷墟开发亦系主要部分，详列十五次大规模发掘调查成果，对殷朝建筑宫庙的隆重仪式、殷朝的宫室与陵墓规模等，皆有系统性说明，但资料断限于二次世界大战以前的十五次发掘。

压筑不明确数。

（丙组）基址规模均小，亦无础石。但组织却至严密，计南向者九、东向者四、西向者四。形式则长方形与正方形兼有，考定亦非居住所而系对神祇的祭坛。

三组建筑群中，乙组系考古发掘最重要地区，地区特广，构筑体系也最隆重，乙七基址的调查例，建筑进行过程须经历（1）奠基、（2）置础、（3）安门、（4）落成等四个阶段。奠基即稳固建筑基础，乙七基址从地面往下挖掘范围，南北约二十五公尺而东西更长，夯土法版筑层层填土加固约二公尺厚，内筑埋入孩童与犬的牺牲坑。次一步骤置础，安置础石时又挖埋主要为三牲（牛、羊、犬）的牺牲坑九处，内人身一具。然后安门，门口与门内左右侧各筑跪葬而执戈、盾、刀的人身牺牲坑，门内且带犬，均系守护门禁的意味。最后建筑物完成时的落成仪式，大量人身牺牲于其时出现，而且，前此过程的人身牺牲均全身葬，其时已以斩首葬为主，便是调查者石璋如所称的落成墓，以及据以推定殷朝兵制已分车部与步部的一百处以上墓坑群大发现。此项一九三六年殷墟等十三次发掘大轰动成果的发现地域，在乙七基址南，墓坑呈一系列有秩序的整然排列，得以区分北、中、南三组墓葬群：

北组便是车部，又分四群，自最西端计列的第一"群"仅单独一坑（M51），属小型墓性格；第二群二十七个墓坑，均斩首葬，头骨与体骨埋入同一坑，总数一百二十五人，内十人仅为白骨，二十人上半身染红色色素，等级须较高，另五人系二枚贝饰的额带，须尤高级，推定都是配属于车部的步兵部队成员，最西端的M51墓人物，则为此部队的队长。第三群系此组主体，以五个战车墓坑（M20、M40、M45、M202、M204）为主体而构成，且以 M40 墓为中心，呈前、后、左、右形势的配置，每一战车坑各埋战车一、系驾的马四匹、完全武装的战士三人。车前又配列五人一坑的墓坑五，考定系战车队的前卫。战车队战士与其前卫均全身葬，战车队战士系额带，前卫上半身均染红色色素。第四群位置已系最东侧，墓坑种类繁杂，埋葬者包括了孩童，葬式包括了跪葬与俯身葬，墓式包括了带有腰坑的小型墓，墓中人埋入时附随松绿石装饰品或口中含贝，颇多青铜器也陪伴于此墓群出土，所以此墓葬群所埋，推察均属后勤补给性质，均系全身葬。整体北组，计四十四个墓坑，一百九十八人，构成为战车部队每一单位的全员。

中组又即石璋如考定的步部，区分东、西二群。西"群"即全体中组最西端单独的一个墓坑，所谓骑马坑（M164），埋葬一马二犬，以及完全武装的全身俯身葬一人。东群自西向东十一列，每列十或十一墓坑，发掘时残存计七十八个墓坑，埋人三百七十七人，均斩首俯身（十一人仰身），如同北组步兵，也如其存在身份等级，最上级即 M164 墓的人物，全部队的指挥，第二级额带系小铜铃的三人，第三级额带具二枚贝饰的二十一人，第四级约一百人，即染有红色色素者，其余二百余人乃最下级士兵。惟中组东半部以上面乙十二基坛建筑时，破坏甚多，所以，如按残存部分的配列复原，墓坑与埋葬者的全数，估计尚须增补四十一墓与二百四十八人。

南组又仅编号 M222 的一墓，相当于中型墓。筑上、中、下三层，上层三犬（西二东一，北向）；中层中央为主人埋棺所在，头北向，头部有玉笄，胸部有玉器等装饰品，全身染红色色素。

随葬品种类与数量，采集得爵、觚、鼎、盘等青铜容器，戈、铲等青铜利器，以及玉器、骨、贝制品等五十件左右。抑且，殉葬者西侧二人、东侧六人，共八人之多；下层腰坑，置一犬。如此隆重的葬式，可想象墓主人地位之高，因而发掘者也推测，其身份可能是统率北、中两组，亦即予车部、步部统一领导的总指挥。

数量如此众多的墓葬群，依于一定计划、一定秩序，编成军队配置而予埋葬，其系与宗庙祭祀有关的牺牲坑为无疑问，目的与王陵殉葬同已着眼于灵的世界。但其守护对象，向来认定单独系为乙七基址建筑的落成，今日已另有基于乙组全体建筑群防卫目的的修正意见提出。不论如何，殷朝祖先宗庙的特具庄严意味，以及殷朝帝王权威的神圣，从整团兵力被供为人身牺牲，为可概见。

建筑址乙组宗庙区人身牺牲，与西北冈大墓的殉葬，性质非常近似，甲组宫殿区所无，丙组神坛区也多与动物牺牲同在的此等墓坑。只是军队组织的大规模人身牺牲，则以惟对祖宗的灵魂世界有此防卫需要，而仅见于乙组。

乙组建筑址下部排水道或配水用水路性质的水沟系统发现，又堪注目。此等地下遗构，经调查分两种类：一为干沟，上口宽四十至七十公分，深一·二公尺左右；一为支沟，上口宽二十五至五十公分，深约八十公分，底部均敷约五公分厚的细砂，若干场合且铺小石。水沟上部密接于基坛下，可能建筑系与基坛同时，或者便是基坛工程的一部分。水沟相互间系循一定规则的方向，虽然其系统的全貌资料现尚不能完备。同性质地下遗构且于广范围小屯区域纵横贯通，灰坑周围多有个别的水沟发现，均呈上宽下狭形式而深浅不一，宽深均约〇·五至一公尺程度。

竖穴式灰坑仍系一般的平民住居址。但从下列比较：

——郑州铭功路西侧之例，深〇·五至〇·七公尺，面积自二·七×一·七至三·二×二平方公尺；

——安阳小屯以东，大体深〇·九五公尺，面积七·四五平方公尺。

可了解安阳期住居处所，平均都已较郑州期为宽广，但是面积仍多在于十平方公尺以下，最大面积限度也在三十平方公尺以下。适合居住的人口，小者二人，大者不过五人，此一家庭形态，说明系以夫妇与其子女所构成的单家族，也明显指示历史性的氏族社会正处于解体过程中。氏族社会原以集合单家族为组成基盘，但当郑州与安阳有力的都市形成阶段，单家族脱离原来的族集团，已系具有相当独立性的生活体。此一事实从灰坑群的自都市遗迹周围发掘，也得到支持。

地上建筑址于大司空村为与灰坑互见。所发现的三处地上建筑址与七处灰坑，前者大体相似，残留均约长六·四公尺，宽五·八公尺，深三·七公尺，厚一·三公尺的版筑土台，其上残存柱础用卵石；后者为圆形，径四·二公尺至〇·九一公尺，深三·五公尺至二公尺程度。

考古学上殷朝后期遗迹，与建筑址同等有名的是墓葬。殷朝墓葬，全系无坟丘与墓碑等地上标识的暗墓，大别之为两类，一即普通的死者，一则埋葬被杀之人的殉葬坑，后者别有意义，一般所指墓葬系指前者形式。前者此类，再须区分小型墓、中型墓，以及已考定系王陵与高级贵族坟墓赫然巨构而为世界考古界侧目的大型墓。

小型墓便是简单的土坑墓，非只殷朝，至西周期尚分布普遍，发现也最多，安阳以小屯为中心的各个墓葬地域，经调查发掘的已以千数。墓底中央挖掘埋犬小坑的腰坑，腰坑上才置遗体，遗体均作伸展葬，仰身与俯身两形式并见。腰坑于殷朝中期或郑州期小型墓绝少其例，安阳期已颇为普及，大司空村一九五三年的调查，一百六十六处小型墓计一百零四处都带有腰坑。墓的面积大司空村一般均长二至二·六公尺，宽〇·八至一·四公尺，最大者长四·八公尺而宽四·四公尺，深自三公尺至五公尺不等。随葬品已不限于陶器与石器，也发掘得少数青铜器与玉器，较之郑州期的现象，富裕颇多。

中型墓区别于小型墓的，非谓墓坑面积大小的相异，而系已具备棺椁，以及已有殉葬者与随葬众多青铜器等高级品。中型墓自郑州期已经发生，其系权力者的墓所，从同一地域内与小型墓的发现比例可以推察。安阳期的安阳大司空村一百六十六处墓葬中，便仅五处被认知附有殉葬者。其例，M312墓乃大司空村中型墓的最大者，长三·三公尺，宽一·八公尺，深四·六公尺，椁室二层台上殉葬者二人（推定可能须为三人，但不能确认），以及随葬品青铜制乐器执钟、武器矛等。此墓曾被盗掘，推测应尚有另外青铜器随葬，墓底有无腰坑亦因盗掘而无从明了。小屯乙十二基址南方推定系总指挥之墓，殉葬者至八人的M222墓又是一例，长三·四公尺，宽二·四公尺，深一·一五公尺。

大型墓气象万千，墓室外南、北或东、西、南、北均筑有墓道，墓室与椁室构造也愈较中型墓宏大而复杂。再依规模大小区分两类：侯家庄与武官村等西北冈一带所发现大墓为一类；安阳后冈与辉县琉璃阁发现的大墓又是另一类，考定前者系殷朝王陵，后者则殷朝当时地方上最高级贵族之墓。

殷朝雄伟壮大王陵，其所在地侯家庄西北冈与武官村西北冈，实际便指同一小丘，以丘顶为分歧点而分东、西两区。西区发现七处大墓与一处兴建未完成的大墓；东区发现三处大墓。总共十一处的王陵，规模概至巨大，各式各样精巧而具优美纹样的大型青铜制彝器、武器、乐器，以及大理石雕刻、玉质装饰品等高级遗物，殷朝艺术瑰宝的代表品，多自此出土，堪誉为考古发掘的宝库。王陵各别所葬何王？不能明了，可能王以外，尚及于王后或有力王子，亦未可知。但大墓相互间的年代关系，则部分可由筑墓状况推察：第1001号大墓的北墓道与西墓道分别被1004号大墓的东墓道与南墓道破坏，第1004号大墓的南墓道又被第1002号大墓的北墓道破坏，可了解成立时代，第1001号大墓为最早，第1004号大墓次之，第1002号大墓又次之。十一处大墓中的第1001号大墓、第1002号大墓，以及武官村大墓等三个部分，发掘报告都已完备。

殷朝后期大型墓调查[①]（单位：公尺）

地区	墓号	墓口南北长	墓口东西长	深度
西北冈西区	1001（亚形）	18.9	13.75（耳室除外）	10.5
	1002	19.0	18.0	12.5
	1003	18.0	19.0	12.0
	1004	18.2	14.5	13.0
	1217（亚形）	18.0	19.0（耳室除外）	13.5
	1500	18.0	18.0	?
	1550	16.5	14.5	10.9
	1567（无墓道）		未完成调查	

---

① 伊藤道治：《古代殷帝国之谜》，第191页。

地区	墓号	墓口南北长	墓口东西长	深度
西北冈东区	1400（亚形） 1443 武官村（二道）	约 260 平方 约 56 平方 14.0	12.0	12.0 8.4 7.2
辉县琉璃阁	150（二道）	7.4	5.2	8.2
安阳后冈	（二道）	7.0	6.2	8.5
浚县辛村	21（二道） 42（二道） 1（二道） 6（二道）	6.3 6.67 10.6 7.6	5.1 5.71 9.0 5.6	11.6 10.35 8.6 6.6

（亚形）墓室呈亚字形，其他均方形或长方形；（二道）南北墓道，其他均四个方向墓道。

第1001号大墓以早年曾遭盗掘，流出高及七十公分的巨大方形盉于市面而被注意，也于西北冈所有大墓中最早于民国廿三年（1934年）为中央研究所调查团发现。面积四百六十平方公尺，墓室上口呈亚字形，椁室呈长方形，高一·一公尺，南北九·七公尺，东西六公尺，内中安置王者之棺，椁室东西侧另各辟有耳室。椁室除底面外，周围木板内面均施红色夔龙纹与饕餮纹，椁底掘九处腰坑，中央深坑埋执石戈武士一人与犬一头，其他各坑均埋持青铜制戈武士与犬各一。椁室周围二层台上，北面木棺中纳殉葬者五人，棺外又有一人，东耳室又置殉葬者有棺一人，无棺四人。椁室上部、南面与西耳室有无殉葬者？以墓室中央部甚早便出现了大盗掘坑，而情况不明，原置二层台上的青铜制武器与以双兽等四件名贵白大理石雕像代表的石器、雕骨、白陶等，也被散乱投埋入盗掘坑土中而经学术发掘发现。墓室东南隅又明显残存战车与盾的痕迹。

第 1001 号大墓墓道，依方位别各具入口通达墓底，北、西、东三面均作台阶形，惟南道特宽而成倾斜式，直通墓室。北道与西道上各发现墓一处，以及殉葬者人骨。北道墓中并有腰坑，以曾受盗掘，内部仅残余绿色铜锈而遗留品均无；西道则青铜制的觚、爵、鼎、鬲等尚存。东道也发现殉葬者一人。南道顺次排列埋葬八组五十九人，均作斩首俯身葬，年龄推定四十六人未成年，内中四人且在十五岁以下，成年者也仅约廿岁，为何特以未成年者供人身牺牲？颇具研究兴味。所斩首集中埋入南墓道另一坑，被发现时统计人头骨共七十三具，则尚另有斩首葬为可推定，但相对应埋葬体骨之墓为未发现。

第 1001 号大墓东侧，以东墓道为间隔而傍依南、北墓道，又附属正规则南北向平行排列的两行墓坑，依其位置关系，推定原筑数字须为北二十坑而南十七坑，实际所发现，则共埋人坑二十二处（南、北各 11）与马坑六处（北 2、南 4），另外内容不明之坑二处。埋人坑遗体均全身葬，并携武器或带装饰品，多数头部向北，埋葬人数最多的一处计七人，内仰身一人，穿着革甲；俯身六人中的五人持戟，一人持铜管。规模最大与此附属大量墓坑群中最主要的一处系第 1885 号墓，具二层台与腰坑，相当于中型墓。虽然此墓最早也被盗掘，但仍发现墓的主人骸骨存置中央，东侧二层台上殉葬者一人，以及青铜彝器与车马饰具，推测未被盗掘前原有遗物当为更多。一系列墓坑群埋葬人物的身份，推定均系王者生前畋猎歌舞的侍从而殉死，自身也是殉葬者的第 1885 号墓中央埋葬者，身份又较其余诸墓坑的全体六十六人均高，可能系此等王者殉葬人物首领。只是，大墓主体内部二层台上殉葬者的身份，迄未判明，推测或系王者亲族，或者职务上与王具有亲近关系者。

然则，第1001号大墓本体、墓道，与墓道外侧的殉葬群，就已发现的人数，也已超过一百六十人的状态观察，原有数目必定更多。以王者一人之死，而从死者如此之众，所以安阳发掘主持人之一，著名的考古学者李济须以"殉葬"列为安阳考古所获致特征之一。

第1002号大墓早期也遭大盗掘破坏甚烈，报告中未见特色。但与第1002号大墓、第1001号大墓均相邻近的第1004号大墓，却以特多青铜器出土而著名，尤其于其中采集得大量武器与武具。此一方形墓的面积约三百二十平方公尺，椁室呈长方形，墓道东、西、北均约十公尺，台阶式；南三十公尺，特宽而倾斜入墓底，如同第1001号大墓的情况。七十余件青铜胄，与十件一组，数至百组以上的矛、戈，皆自南墓道近墓室口出土，闻名的牛头方鼎与鹿头方鼎，发现处亦即第1004号大墓椁室南部二层台。

武官村大墓于一九五〇年发现，与司母戊鼎出土地距离甚近。椁室南北六·三公尺，东西五·二公尺，高二·五公尺，中央底部腰坑中埋执铜戈武士一人。椁室周围二层台上的殉葬者，西侧二十四人，东侧十七人，内中西侧六人与东侧七人具有护棺意味，各持青铜制爵、觚、卣、簋、鼎，以及戈、弣等武器。墓室上部用夯土法一层一层填土以锤杵捣固。土层中各层又发现殉葬者人头骨三十四具，以及犬、猿、鹿与众多不明科类的动物遗骸，可能是珍奇名贵兽类的牺牲。椁室内部以盗掘者的搅乱，置于棺椁之间的随葬品损坏颇多，但自碎片仍得知铜器有鼎、爵、斝、簋、方彝、罍、刀、戈、镞等，陶器有白陶的卣、皿、盘、罍、尊等与方格纹硬陶的缶，以及雕刻甲骨文用的玉刀与骨制品、贝制饰、松绿石制饰、皮革等残片。完形品中，具有生动之美的当代第一等珍品乐器，大理石制虎形大磬，便自此出土。

第1001号大墓的殉葬者，墓室外较墓室内为多，武官村大墓与此相异，墓道仅南、北两道，两墓道也只发现二十二匹马（北墓道三坑16匹，南墓道二坑6匹），以及两墓道近墓室部分，北墓道埋相对蹲踞的执铜戈武士二人，南墓道跪坐一人，与犬北四南一，均守卫姿态。统计武官村大墓的殉葬人，内外共达到七十九人之数。

类似小屯建筑址乙七墓址宗庙祭祀人身牺牲性格的殉葬墓群，也于武官村发现，距离武官村大墓南方约五十公尺，调查时设定南北间隔约十公尺的A、B两个各约十公尺四方范围。A区两列，每列五个小墓；B区两列，分别为四个与三个小墓，均作同一的南北向整齐配列，墓型也均是约略长二公尺，宽一公尺，深二公尺的一定规格。每一小墓内部大体各埋十具无头人骨，均作俯身葬，A、B两区合计共埋一百五十二人。此等无头人体与大墓填土中的人头骨有无关联？固不易明了，但与王陵必定存在关系，则可想定。以其埋葬形式成计划性排列，而名此一小墓群为排葬坑。

排葬坑以南，另又发现一群与排葬规则化现象全然异趣的墓葬，八个墓坑大小不一，配列也无秩序，墓坑内部的埋葬情况又至为杂乱。其一，出土无头人骨三十具，分三层堆叠，或南北向，或东西向，虽均俯身葬，安置方式不定。另一墓内又同时发现无头人骨四具与头骨十五具。此等小墓，发掘报告名之散葬坑，推测系对祖先祭祀临时供为人身牺牲斩首，才作此无计划的埋葬。

与殷朝特殊炽盛的殉葬风习密切有关，也与殷朝奴隶制相关联，如下两个问题，迄今仍是热门的研究课题：

其一，主张斩首葬被杀之人，都是殷族军队直接捕虏，或由殷朝附属国家捕获而向殷朝王者所贡纳的众多异族，平时以奴隶身份供劳役，祭祀时由王者杀戮供为人身牺牲，斩首便是异族与奴隶的标帜，因之小屯宫庙址乙七墓址大量埋葬的现象，都是奴隶化了的异族被斩。此一解说提不出反证，却也乏直接证据支持。

其二，关于俯身葬问题，自殷墟发掘初期便注意到，多数系中型墓、大型墓殉死者的葬法，所以又有俯身葬用以埋葬奴隶之说。然而，俯身葬原自阶级尚未分化的仰韶期已有遗留，即使阶级已分化的殷朝，小屯宫庙址乙七墓址牺牲坑，多数斩首俯身葬者固可解释为奴隶，却也发现全身俯身葬，骑马坑所埋葬人物便是，大司空村 M233、M239 号墓也是。所以此一问题，已不能如斩首葬的得以简单的阶级差别解答，也惟其如此而俯身葬的意义，迄今未明。

如上问题为目前所难解明，但如小屯宫殿址与西北冈陵墓大量殉葬，每处动辄百人，甚或总数可达三百人、五百人，以至乙七墓址超过八百人的现象，终是世界史上无有比拟的罕见异例。当时对外征伐动员兵力估计约在三千至五千人程度，而一次殉葬，人数可以相当于一次征伐兵士数的十分之一甚或以上，殷朝如此轻易损耗国家重要兵力与劳动力（无论是否奴隶）的习惯，现代人的理性当决不可能出现，也于现代人为无从理解。惟一解释，系与雄伟的宫庙、巨大的陵墓共同代表了殷朝强大王权的实体存在，以与陵墓大量出土珍贵艺术品，包括乐器与各式各样、各种材质的装饰品，以及殉葬由四方贡纳而得的珍禽异兽，所反映宫廷奢侈豪华的物质生活，相互衬托殷朝王者之为"王"，其于人间世界的崇高地位，如是而已。西北冈铭有"寝小室盂"金文的寝宫盥洗小室所用盂（贮水）与勺（挹水），以及考定为去垢之用，如今日肥皂功用的井字纹陶饼，浓眉大眼、高颧阔耳，高约二十二公分的娱乐用人面具等，都是这方面说明的注脚。

威福自为，殷朝后期的安阳期非限王者，上级地方贵族的各个都市国家支配者，所谓诸侯，也属相同，乃考古学的又一重大发现，以及自考定非王陵的大型墓发掘调查而获证明。安阳地区后冈与辉县琉璃阁黄家坟南区，各有发现如同王陵具有长方形墓室与南、北两方向墓道，规模与复杂的构造形式也均近似王陵的大型墓。后冈之例，椁室呈亚字形，南北四·四公尺，东西二·五公尺，东西耳室南北长二·三公尺，东西〇·五公尺，木椁高约一·五公尺，构造与武官村大墓相同。倾斜式南墓道长约二十公尺，宽二·五尺；台阶式北墓道长一〇一六公尺，宽二·二五公尺。此墓甚早时期已遭大规模盗掘，内部包括殉葬者骸骨，几乎都已无残留，南墓道中央发现埋车的车坑，以及被盗掘搅乱了的土层中检获破碎人骨共一百四十八片（内无头骨，推定系斩首葬），墓室内壁深处也发现二十八具人头骨。辉县最早系以存在战国时代遗迹而闻名，接续才也发现殷朝遗迹，并以代表殷朝中期二里冈期文化为特色，但依现已判明的资料，其大型墓则须殷文化的最后阶段始行成立。此墓亦曾遭盗掘破坏，所以内部椁室大小与北墓道情况已不明了，只知倾斜式的南墓道长一四·八公尺，宽三公尺。腰坑与椁室南端各有俯身葬人骨一具，二层台俯身殉葬者东侧一人，西侧二人，以及南侧发现头骨四具，墓室填土中另发现头骨一具。大型墓于安阳期非仅王都，也自各地陆续出现的意义，正是陪伴地方性的都市发生，各个都市国家成立，地方势力于王权之外，也正立于膨胀与集中的过程。此类大型墓，未来愈会在各地陆续发现，可能性至大，而且，大型墓非只存在于殷朝，西周时代仍行存续。河南省浚县辛村发现的大型墓，原亦认系殷朝所遗留，现在便已修正属于周朝。辛村大型墓包含已发掘与尚未发掘，存在数量达到十处，时代自西周初期至春秋初期均有，而其地自西周以迄春秋，乃卫国国都，所以墓的主人，推测乃是卫侯或其地位相近之人。

后冈调查又一大收获，系一九五九至一九六〇年圆坑葬的发现。圆形墓坑呈现上口径一·九公尺，底径二·一五公尺，深三·七公尺的袋状穴。袋状穴自新石器时代迄于殷朝，均系容纳物品，作为仓库性质的用途，使用之为墓葬，安阳与郑州二里冈，抑或河南陕县七里铺等殷朝遗迹中，固也有所见，但后冈圆坑葬的引人注目，在于与一般袋状墓葬法迥异，内分两层，共埋人骨至五十四具之多。上层全身骨十七、头骨五、无头躯体骨三，计二十五具，间隔了一层陶器碎片的下层，又有全身骨十八、头骨十、无头躯体骨一，计二十九具，葬法则仰身、侧身、俯身以及直肢、屈肢，各种均见，年龄鉴定又是大多数为十四五至十八九岁的少年，下层且有三岁至六岁的儿童。随葬品特别丰富，青铜制的鼎、卣、爵、戈、刀、锥等陶器，以及青铜制、玉制、贝制、骨制的各种饰物俱见，上下层且各有麻制品盛贝至数百枚之多。因此，此墓性质便发生了疑问，解释之一，简单的推论系祭祖时供为牺牲所杀而埋葬，附属于大墓或何种建筑物的牺牲坑，而非独立的墓葬，所以又名之为杀殉坑。且以随葬品之一的铜鼎铭文有"戍嗣子"人名，认此坑所埋葬，即由戍嗣子所统率的一队少年兵。但三至六岁的儿童决不适宜于编组军队已为显然，抑且，从墓内大量陶器与青铜器随葬的情况，特别是玉、贝之饰，且又以三十枚以上的贝串为腰饰等，豪华程度，即使王墓的高级殉葬者也不可得见，所以此说当不成立，而有另一解释，从"戍嗣子"的含义猜测当系高地位贵族，也便是此墓主人与上层中央侧身屈葬的人物，只因得罪王者未获葬以正式陵墓的待遇，但仍允准拥有如许众多的殉葬者与随葬品。但为何所有殉葬者具各种不同葬法，以及为何几乎所有殉葬者都择青年以下？理由也无从解说。所以，各种判断，可谓困难均尚多。同时，其出土陶器固属殷朝式样，以视伴出的青铜器如铜戈，却已类似西周作品，"戍嗣子"铭文铜鼎也与西周初期大盂鼎的形式接近，此一墓坑究系殷朝末期抑西周初期，因此又须存疑。

考古学的时代区分，往往如圆坑葬的不易明辨。安阳期分划前、后期，安阳王陵意味的大型墓，其安阳前期抑安阳后期的归属问题，受到同一困惑，暂定的解说是概行列入安阳前期，但无属于安阳前期的确凿证据也须承认。小屯宫庙址相同。理论上由于建筑物附近与遗迹所附属仓库型竖穴众多甲骨出土，依据甲骨文编年，当可判定建筑物成立时代。但是，同一建筑址甲骨尚有出土地点不同与层位关系存在，所凭甲骨文资料的本体分期固可判定，分期的上下限差距如何与建筑物使用期配合仍留有问题，也因而影响甲、乙、丙三组建筑址现皆归属安阳前期的认知正确度。大司空村小型墓，墓的形式、葬俗，通安阳前、后期无甚区别，判明时代的资料，又须依伴出青铜觚、爵式样区分。

后冈与辉县琉璃阁大型墓的安阳后期编年位置，则系定论。考定属于安阳后期的另一主要遗迹是：河南省焦作西南十五公里处，北边二百九十五公尺，东、西、南三边二百七十七公尺的小规模城壁，依城壁最下层的版筑技法与城壁土中遗物而予推定。

殷朝遗迹发掘，虽然残留不容易解说的问题尚多，但已无损于殷文化圈设定，以及对殷朝全历史展开的理解。以安阳遗迹调查资料与甲骨文印证现存文字史料的记事，尤予殷朝隆盛期的事迹轮廓以确切明了。

殷朝政治支配圈扩大，迁都殷墟第三代的英明雄主武丁在位，是个转捩点。由这甲骨文出现众多"鬼方""苦方""井方""吕方""土方""孟方""夷方""林方""人方"等名词不下数十，复数又是"多方"。基于补充奴隶需要而掠夺，卜辞征伐地域最接近又人口分布最稠密的"羌方"，记录尤累累而见得知。所以，所谓"方"，不仅代表非殷族同族的异种族，也有与殷朝国家为敌的"国"与"邦"意味，乃为合理解释。殷朝领域，便以不断与异族的"多方"冲突、交涉，以及战争与和平的交互而频频外延。"商"已是"中商"，新附加地或附属国家又系"东土""南土""西土""北土"，全殷朝国家东、南、西、北"四方"与另加"中商"为"五方"的地域区分成立。也惟其如此，"四方"或"五方"为与"多方"含义互殊，却又无一定范围而仅只笼统概念，个别与特定的"方"（外国）于主动或被动力量推动下服从殷族领导参加联盟，便入"四方"或"五方"之一"土"的范畴（如"东土"即意谓"国家内东方之地"），背叛联盟时则恢复独立的"方"的身份，殷朝再一次惩罚性的外征便又酝酿。殷文化圈也随政治支配力与影响力，而不断向四周延伸。

殷朝雄厚的武力与政治势力强力向外扩张，至最末一代君主帝辛（纣）时仍然持续。《左传》昭公十一年条"纣克东夷而陨其身"的记录，很容易被读史者忽略，却是殷朝一大事件。帝辛对东南淮水地方的人方东夷大远征，青铜器铸出铭文有："丁巳，王省夔祖，王锡小臣艅夔贝，佳王来征人方，佳王十祀有五，肜日"（小臣艅牺尊，或以尊作犀牛状而称犀尊），参与此役立功者蒙帝辛赏赐的记录。甲骨文卜辞记录，尤其可贵的几乎完整保存了关于此次大远征的全部日程与行程。甲骨学大学者董作宾搜集分属于经拼排缀合众多残破甲骨而复原三十三版的卜辞一百五十九则，制为《殷历谱》下编卷九日谱的三大部门（另两为"武丁日谱"与"文武丁〔文丁〕日谱"）之一"帝辛日谱"。自"甲午、王卜、余步从侯喜征人方，告于大邑商，在九月，惟十祀"开始，以行程分七段：（1）由攸都至于商（2）由商至于攸（3）"从侯喜征人方"（4）在攸（5）由殷至齐（6）由齐再至于商（7）由商返回殷都。归抵大邑商祭告宗庙胜利成果时为十一祀（年）七月癸卯，加入闰月，大远征全程历时一整年。到达殷朝版图中东南方重镇，前敌总指挥攸侯喜的都市国家攸，出发前阵，战斗展开，以至追击敌军，班师归殷的实际行动时间，则自十祀十二月辛巳至十一祀正月乙巳，共二十五天。虽然董作宾以大邑商比定为殷族始源地"商"或今日河南省商丘，不符合今日一般意见，但征伐进程的全盘设定，已无愧学问上一大贡献。董作宾也自称"这是殷历谱中最严密的一环"[①]。

---

① 董作宾：《卜辞中的亳与商》，《大陆杂志》第六卷第一期。

"纣克东夷"为何与"陨其身"相关联？这是个解明殷朝历史闭幕的重大关键之一。考古资料印证文献时，答案已非不可以提出，正是殷朝帝王满足豪华生活，过度的财富欲望与权力膨胀，所遭遇的反弹作用。殷朝帝王财富获得的方式，不外加强加盟国家朝贡义务，或者，出诸外征掠夺（对非加盟国或不服从过度压迫的加盟国）。而炫耀武力的战争，以及雄伟壮观的宫庙、陵墓土木工事，都以征发众多人夫为必要，来源却须出自服属的加盟国相比。所以受害程度，加盟国和与殷不存在服属关系的非加盟国相比，反而更直接，非殷朝同族诸加盟国支配阶级的反感自愈强烈。而殷末政治力注意东南方面的经营时，对西方国家与种族此类情绪，自易疏于警觉，此其一。其二，殷墟出土遗物中酒具为特多，嗜酒而成殷朝贵族习性，非仅代表豪侈放浪生活的腐化一面而已，也容易迷失理性，刺激帝王滥用权力，以及增大加盟国不安情绪。而相对方面，考古学的大发现，便于安阳后期的殷朝末年，非陵墓意味的大型墓同已出现，代表的意义，正是加盟国诸侯地方性势力，同在急速抬头。

纪元前一〇五〇年左右，背叛殷朝的大纛由西北方面服属国周族公开竖起，原受殷族压迫最烈的羌族，新受殷族侵略的南方长江流域诸种族，群起响应。联合军北渡黄河，向殷都进发，牧野（安阳以南的河南省汲县）大会战帝辛兵溃，退回都城引火自焚身亡，殷朝转换为反抗阵线盟主周族开创的周朝，中国古代史跨入另一新的伟大时代。

变更朝代的戏剧化一幕演出，后世文献的记事，帝辛或纣王被形容为暴君典型，但是，如《史记》殷本纪的帝辛个人记录："帝纣资辨捷疾，闻见甚敏，材力过人，手格猛兽；知足以距谏，言足以饰非；矜人臣以能，高天下以声，以为皆出己之下。好酒淫乐，嬖于妇人，爱妲己……北里之舞，靡靡之乐。厚赋税以实鹿台之钱，而盈巨桥之粟。益收狗马奇物，充仞宫室。益广沙丘苑台，多取野兽蜚鸟置其中。慢于鬼神。大冣乐戏于沙丘，以酒为池，县肉为林，使男女倮，相逐其间，为长夜之饮。百姓怨望，而诸侯有畔者，于是纣乃重刑辟，有炮格之法。"自殷墟发掘资料，原系东亚世界古代大统治者殷朝后期帝王的共通说明，只以标明了妲己等人名，酒池肉林等等乃构成专属帝辛故事的内容。帝辛不幸乃是亡国之君，才以"予一人"承担了全部罪名与恶名。

卜辞的世界——信仰·历法·产业·社会

今日殷朝史研究，特别对于殷朝后期历史的正确把握，现知中国最早文字的甲骨文资料已系信凭所依。

十九世纪时的清朝，从事殷—周青铜器上铭文金文或钟鼎文，以及汉朝石碑文字的专门性学问，所谓"金石学"的研究风气盛行。金石学学者中，王懿荣与刘鹗（字铁云）自光绪廿五年（1899年）以来，最早发现被北京药材铺称为"龟版""龙骨"的动物骨甲上刻有文字，大量搜藏后经与金文缜密比较鉴定的结果，断定此类文字均系殷朝遗文，刻文材料也有龟甲与牛胛骨的区别，此为甲骨文的开始被认识。光绪廿九年（1903年），刘鹗予此数年中积极收集的成果选择整理，以这些刻于脆薄易碎的甲骨上的起源文字，拓印出版了中国第一部甲骨文的字集《铁云藏龟》共一〇五八片。翌年便有大学者孙诒让依据《铁云藏龟》集字撰定的《契文举例》刊行。埃及象形文字与中国甲骨文相仿，其所以解读困难，系以连接古代象形文字的传统于后世已完全断绝，中国却自殷朝甲骨文通过周朝金文、《说文解字》的小篆、汉朝的隶书，以至现用的楷书，汉字源流与系统三千多年相续继承，孙诒让的最大业绩，便在于予此嬗变序列以直接结合与介绍性的解读，确认了一百八十多个甲骨文字，而迈出具备现代学问水准与正轨化研究甲骨文的第一步。继起的贡献者另一金文与碑文研究家罗振玉，已明了甲骨出土地系在安阳小屯，自宣统元年至三年（1909—1911年）三次采集，除甲骨外，铜器、玉瑄、经过雕刻的象牙制品等，都是收获。抑且，自甲骨之中确切发现了殷朝王名，而对安阳（殷墟）便是盘庚以来的都城，刻有文字的甲骨均系殷朝后期遗物，文字又都出自帝王侧近的贞人（卜师）之手，性质则为贞卜（贞训卜问）用辞的"卜辞"，全行肯定与由此认识，建立了以后大规模科学调查殷墟的信心。罗振玉出版于民国四年（1915年）的《殷虚书契考释》与次年的《待问篇》，收录共一四八八字，内中得以辨明字义的有四八五字，民国十六年（1927年）《考释》增订版再增至五七一字（二十余王名与其他人名、地名等在外），具此基础，卜辞的文意研究，坦途已被开拓。其所示卜问内容的卜祭、卜告、卜享、卜出入、卜田渔（"田"指狩猎）、卜征伐、卜年（是否丰年之问）、卜风雨与杂卜的分类方法，原则也为以后同类著作所踏袭。

　　罗振玉的弟子王国维立于其师研究基盘，加大光芒照射。《殷卜辞中所见先公先王考》（以及《续考》）与《殷周制度论》

（均刊《观堂集林》，1927年），被誉以甲骨文为历史学出发点的划期性论文，为甲骨文脱离文字学研究领域而跃入新的历史学范畴的第一人。其所提出以帝喾（甲骨文中的夒）至主癸（甲骨文中的示癸）十四世十四代称"先公"，天乙（汤，甲骨文中的唐、大乙）至帝辛（纣）十七世三十代称"先王"的主张，今日成为通说。先公中的十人，先王中的廿一人，也最早由王国维从甲骨文资料配列至《史记·殷本记》中的位置成功，其后学者继续努力，《史记》追记殷朝帝王系图，今日全已获得甲骨文资料的科学立场证明（见下页）。

一九〇〇年前后甲骨文字发现，震惊了世界学术界，共同带给各国学者莫大的冲击。一九〇六年美籍的方法敛（Frank H. Chalfant）《中国原始文字考》（Early Chinese Writing），系欧美对甲骨文的研究家第一次成果发表；一九〇九年日本林泰辅的《关于清国河南省汤阴县发现的龟骨牛骨》论文，又带动了日本学者的此方面研究的急起直追。惟其如此，"甲骨学"如同"敦煌学"，已超越中国国界，发达为世界性的学问。一九四九年甲骨文发现届满五十周年，三年后（1952年），胡厚宣《五十年甲骨学论著目》的统计，全球有关甲骨学的论著已有八七六种，研究学者共二八九人。甲骨文字，欧美学术界的名词是Oracle bone Scripts。

董作宾《甲骨学五十年》（1950年起在《大陆杂志》分篇陆续刊出，1955年刊单行本）乃是国际间共通依凭的半个世纪来甲骨学研究总结报告书、甲骨学史与甲骨学概论的综合巨著。其以研究历史区分前后两期与四个阶段：

殷朝帝王世系图

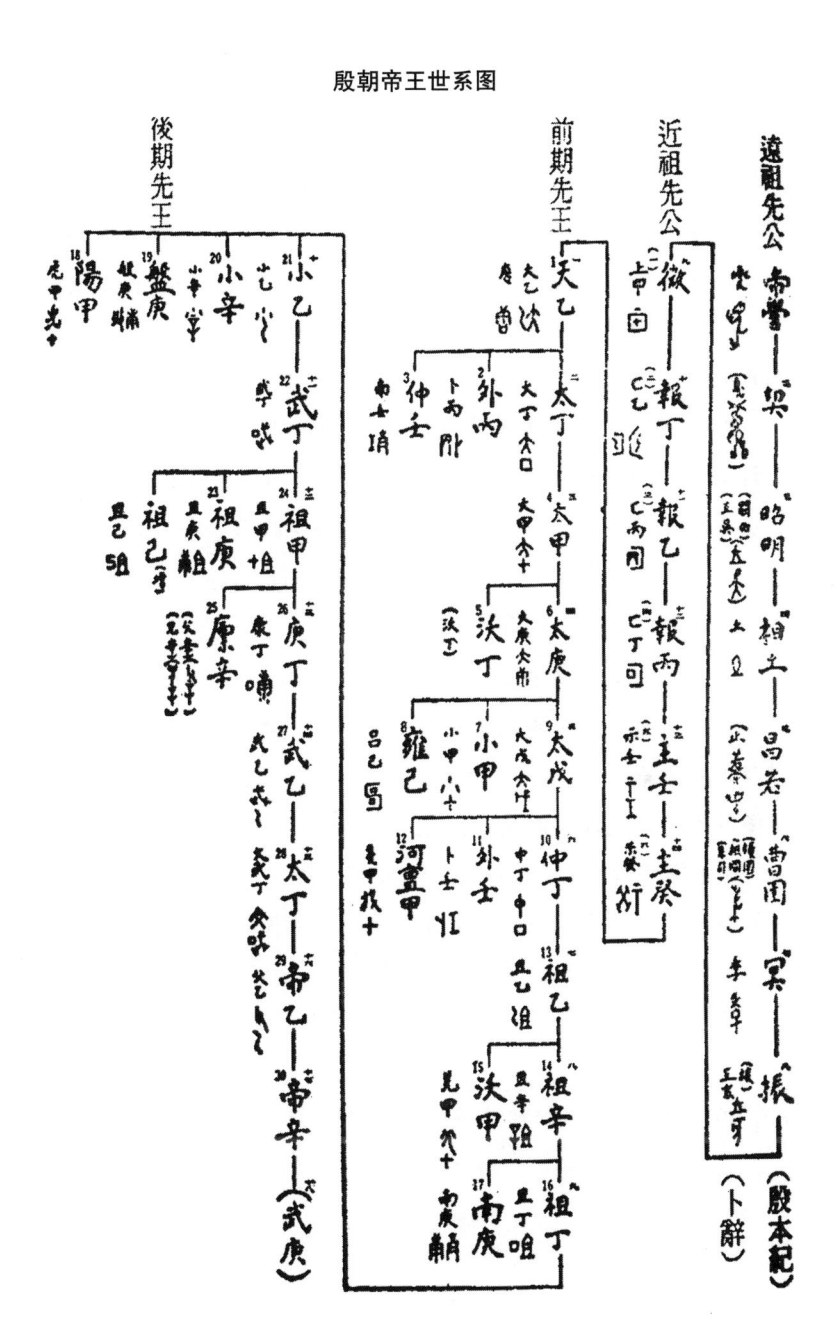

前期——（1）字句考察，（2）篇章通读；

后期——（3）分期整理，（4）分派研究。

前期自光绪廿五年（1899年）至民国十六年，共廿八年；后期自民国十七年至民国三十八年，共廿二年。前后期区分基准，为安阳科学调查开始以前与以后。并说明，前期出版的论著数量恰为一百种，余均后期著作，甲骨学研究如何伴随安阳小屯的学术调查而蓬勃展开可知。①

关于五十年来出土刻有文字的甲骨总数，《甲骨学五十年》估计共一〇九六一七片（残破抑整版完整龟甲，同以"片"为计量单位），内中已著录者，包括已出版与已编未印者，推定约三一一三九片，余均公家采集与私人收藏的未著录者。但上述数字经提示并非准确，也有若干重复。②

关于甲骨文的字数，同书介绍孙海波的《甲骨文编》一九三四年所列已可辨识的单字一〇〇六（另"合文"一五六），以及附录未识文字一一一二个，共二一一八字，为现今汇集甲骨文字的不完整统计中最充分数量。③

甲骨学前后期区分，特享盛誉的"四堂"（四位大号均带"堂"字的学者）恰相平均归属，前期为雪堂（罗振玉）与观堂（王国

---

① 《甲骨学五十年》对后期论著的估计约数为450种，合前期共550种左右。执笔者187人，除中国学者外，包括日、英、美、德、法、俄等国籍。

② 董作宾另一《甲骨文材料的总估计》论文，推定已著录的（拓本、照片、摹写）总数约四二〇〇五片，未著录的（已编未印者6630片，余均机关采集，私人与国外收藏者）总数约五四一一三片，两共约九六一一八片，约数才是近十万片（《大陆杂志》第六卷第十二期）。

③ 董作宾也指出，李孝定的《甲骨文字集释》，可识文字已增至一三七七字，但《大陆杂志》第二十一卷第一期董作宾《最近十年之甲骨学》说明，此书原稿于一九二九年完成后不幸已散失。

维）；后期便是董作宾（彦堂）与郭沫若（鼎堂）。董作宾非只实际参与中央研究院殷墟发掘大事业，也于"四堂"中为研究最勤与对甲骨学发扬光大最具贡献的大学者。安阳殷墟十五次科学调查出土甲骨文资料二四九一八片，全数经其亲手整理，辑成《殷虚文字》甲编（1948年）、《殷虚文字》乙编上辑（同系1948年）、中辑（1949年）、下辑（1957年）刊行，收录甲骨至一三〇四七片之数（余均残破太甚不能入选），堪夸空前巨构。《殷历谱》（1945年）利用甲骨文资料，根据今日天文学知识（历），求证史料（谱），以期殷朝历法全貌复原，又系对古代年代学新的尝试，一九五八年再以《殷历谱》为基础增补，而有《中国年历总谱》的出版。民国二十一年（1932年）著十万字《甲骨学断代研究例》（1934年收入《庆祝蔡元培先生六十五岁论文集》上册），《甲骨学五十年》亦以此为重要构成部分。单篇《甲骨文断代研究的十个标准》先分上、中、下篇，刊毕于《大陆杂志》第四卷，尤系安阳学术发掘以来所展开后期甲骨学研究成果的划期性著作，今日甲骨学研究均以此学说为基本知识，以及研究方法的指南针。

《甲骨文断代研究例》的学术上权威性，乃在于对甲骨文编年大纲的分期基准加以设定：

第一期——盘庚、小辛、小乙、武丁（二世四王）。
第二期——祖庚、祖甲（一世二王）。
第三期——廪辛、康丁（一世二王）。
第四期——武乙、文武丁（二世二王）。
第五期——帝乙、帝辛（二世二王）。

董作宾五期分期伟业的成立，基本资料得自民国十八年（1929年）殷墟第三次发掘，小屯村以北大连坑出土著名的大龟四版。前此所有甲骨发现时均已破残，整版满刻卜辞的完整龟甲，且是四大版，其出土乃系第一次，因此非只发掘时成为轰动大事，也带给甲骨学界莫大兴奋。董作宾便于大龟四版上，注意到同一龟版布刻连续数个月内的卜辞中，属于同时期的不同贞人（卜师）之名，再调查既刊资料整理编排，而有分属各个时代的贞人集团编组成功。又便以断代的决定性基准贞人集团成立为前提，推展为五期区分的十项准则：（1）世系（先公、先王世代）；（2）称谓（祭祀时卜辞中对祖妣父母兄的"父甲""兄丁"等称呼，如祖甲，同世次继位王称"兄甲"，子的一世称"父甲"，须孙的一世才称"祖甲"）；（3）贞人，以上为三位一体，断代最主要的依凭；（4）坑位（出土甲骨地点）；（5）方国；（6）人物；（7）事类；（8）文法；（9）字形；（10）书体。书体形态的各期变化不同，又系董作宾另一重大发现：第一期雄伟、第二期谨饬、第三期颓废、第四期劲峭、第五期严整，依时代前后各有特征。至此，决定正确时代的甲骨研究基本方法设定，也继一九三一年《大龟四版考释》论文发表，而翌年有学术界大震动的《断代研究例》完全制定。① 仅第一期中，盘庚、小辛、小乙兄弟三人时代的卜辞尚不

---

① 对于董作宾的分期说，虽然也有修正意见提出，如胡厚宣认为第三、四期可以合一，而全体仅分四期；陈梦家又主张武丁以后七世九王，每一世为一期，或武丁—廪辛为前期，康丁—文武丁为中期，帝乙、帝辛为后期的三期区分，再或专依贞人断代，分武丁、武丁晚期、祖庚、祖甲、廪辛、武乙、帝乙、帝辛共七期，而武丁以前一世三王均不列入（贝塚茂树编《古代殷帝国》，第217页），但立场可知仍然全以董作宾的断代研究通说为基础。贝塚茂树也有自五期中的第三、四期，于王朝（公的）卜辞外，再区分与补订"王族"（私的）卜辞与"多子族"（王子集团）卜辞两类的意见，尤只是五朝分期法的补充而非更张。

易分辨，武丁时代已为明晰。

自断代研究例出发，也继断代研究法而董作宾又一学说成立，于"殷历谱"研订与著作期间，判明了殷朝制度并非垂久不变，却也非单纯的新制度取代旧制度，而是新旧两派随时代而相互交替。其间关系，"殷历谱"有详细解明，《甲骨学五十年》于《大陆杂志》连载时，其中《殷代礼制的新旧两派》（刊第六卷第三期）予祀典、历法、文字、卜事的差异以系列性介绍。此一学说，乃于原五期分期基准上，作另一类型的编定，区分四个阶段：

第一阶段：旧派（遵循古法）	第二阶段：新派（改革新制）	第三阶段：旧派（恢复古法）	第四阶段：新派（恢复新制）
盘庚 小辛 小乙 武丁 祖庚	祖甲 廪辛 康丁	武乙 文武丁	帝乙 帝辛
第一期	第二期	第三期	第四期	第五期

分期、分派一体两面，相互为用，正是董作宾甲骨学研究的方法论整体，无论是文字的本体，抑或对殷朝文化的研究，都开创了甲骨学的新纪元。

殷朝文字非仅见于甲骨，陶器、玉器、石器、骨角器等各种器物，均有少数留存文字。中央研究院殷墟发掘，对带有文字的各种器物举例：

——白陶残片上黑墨字的"祀"字，推定系"惟王□祀"的残字。

——玉雕器上朱书"大示类"三个红字。

——鹿头骨刻辞，记帝王（推定系帝辛）外征时田猎之事："戊戌王蒿田□文武丁祊□来征□□"，共有字三行，下端残缺。

——著录于《双剑誃藏甲骨文字》二一二、二一三，残存约三分之一原件的骨简,原长度推定须三十公分,宽五公分。正面是"小臣名牖"随从大征伐的武功记事,现存刻辞共五行五十六字,全文应在一百六十字以上,背面刻干支表(全长度即依干支表残字推定),其时代,依字体属第五期。[①]

殷朝青铜器铭文,独立发达的所谓金文,已颇丰富,学术研究地位也与甲骨文相并,但就全体所发现的青铜器而言,镌刻的文字于比例上仍属少数。而且,殷朝末期的青铜器往往不容易与西周初期作品区别,原因系殷朝覆亡后青铜器制作的技术者转移为周朝服务,所以殷末—周初青铜器存在共通点,金文式样也以殷周相续,出现容易辨认错误的现象,特别关于铭刻短文的场合。[②]而短文正是殷朝金文的特征,最短一字或二三字,长文也不过五十字以内,最多"某作父某宝尊彝"等简短的纪念性文字。刻有文字的殷朝青铜器经著录者,罗振玉《殷文存》与王辰《续殷文存》所收,两共二三九五器,两者除重复外,也颇有周器混入。现知字数,容庚《金文篇》通殷—周统计共三〇〇五字,其中得以解读的一八〇四字。殷朝金文,字形与甲骨文相共通,而书体则有异,甲骨文多呈现简洁的直线,金文比较显得流动与多曲线,此固与甲骨文用刀契刻,金文则以铸款成字方法有关,更主要原因,可能便如董作宾所说明,甲骨文特别至第五期已日常化,书体一定,铜器制作多带纪念意味,非为常用,所以铭文也可有变化,以符合美观原则。而金文较甲骨文变化特大,非仅书体,字形也颇有脱离通行文字规范而复杂化了的,是已

[①] 四例均见董作宾《中国文字的起源》演讲词(《大陆杂志》第五卷第十期)。
[②] 伊藤道治:《中国古代社会的记录》,平凡社版《世界考古学大系》6.东亚Ⅱ,第59页。

接近图画，却占殷朝青铜器铭文大部分的图像文字。如子蝠尊的"蝠"字便是蝙蝠象形，爵父癸卣的"爵"字系右手执爵之形，象祖辛鼎的"象"字又便是长鼻象，人形、动物、兵器、家室舟车、器具与其他，种类甚多。此等图像共通代表的是何意味？学术界迄无定说，郭沫若提出系氏族图腾徽号的解释，一时颇受注目，但殷朝氏族已无图腾体系存在，以之为前提的推论显然不成立。日本著作虽也非持此直觉式推断，仍多立于郭沫若的创意，而修正称之为铜器制作者所属的氏族标识或所谓"氏记号"。然而，一两字独立出现时可谓标识或记号，贯连成句，其非"标识"而系"文字"为可知。然则，董作宾以殷朝铜器上图像文字解释之为艺术体的"古文"，甲骨文则实用体的"今文"以示区别[①]，似近乎实际，但还是不能证明。

综合而言——

其一，文字于殷朝应用已普遍，形式且超脱纯图像范畴而向符号化进步，此决非始萌期的现象。

其二，如果董作宾对金文图像文字的"古体字"意见能够实证，则较甲骨文为原始的文字，以于殷朝仍有遗留而留存追溯其发展源流的线索。也惟此等前甲骨文，才如同埃及的图画式象形文字。虽然如董作宾所推定，汉字发明系在殷墟时代以前约一千五百年的意见[②]，不必也不能连带附从。

殷朝文字的主流甲骨文，包括可识与不可识的二千多字数量，

---

① 殷朝金文解说，主要取材自贝塚茂树编《古代殷帝国》第245—248页；内藤戊申《先秦的文字》，角川版《世界美术全集》12.中国（一）殷、周、战国，第209—210页；董作宾《中国文字的起源》(《大陆杂志》第五卷第十期)。

② 董作宾:《中国文字的起源》(《大陆杂志》第五卷第十期)。

较之中国第一部字典与最早的文字解说工具书，后汉许慎《说文解字》所收录的九三五三字，固然瞠乎其后，却比今日常用字数已经超过。甲骨文于纪元前一千年前便有如此之数应用，当已足令现代人惊佩，以及证明殷朝文化水平指标之高。《说文解字》序文说明中国文字构造的六种形成方式"六书"，第一阶段最早成立的，是予物体以写实的绘文字"象形"，以及广义象形文字而以符号象征化了的"指事"，第二阶段发展乃组合两种以上象形文字以示含义的"会意"，第三阶段流用已成立文字表现抽象概念而成"假借"，第四阶段以一字形与另一字音合制而谐声，是为"形声"，最后一类"转注"即互训，可以相互解释的同义字。而六书于甲骨文中一应齐全，全已完备为堪注目，可指示甲骨文在中国文字或汉字的发达进程中所站立位置，为已到达构造的最终阶段[①]，也对甲骨文虽系现知最早的中国文字，但甲骨文以前定必有更早"文字"存在，此类前甲骨文字或最原始中国文字并已经过相当时期发展而成甲骨文的制定，愈增强了信念。虽然甲骨文中形声字尚少，须周朝金文中才逐渐增多，至战国时代再急激加添，而今日中国文字或汉字的应用方法全行固定。

甲骨文的词类分析，名词、代名词、数字、单位词、动词、形容词、连接词与介词，过去—现在—未来式、助动词与否定词，也尽行具备而丰富已如今日。文法的主词＋动词＋宾词，否定词附加于动词之前，也均似今日用法。其与今日所迥异，惟在"合字"的普遍[②]，甲骨文的名词、数字与连接的单位词等，

---

① 内藤戊申：《先秦的文字》，角川版《世界美术全集》12. 中国（一）第 208 页；藤堂明保：《汉字的起源》，第 114—118 页。

② 参照孙海波《甲骨文编》合文卷。

往往两字甚或三字相互连用，数字如五千、三百、十五，以及六人、十朋、四牛、三羌；人名与称谓如上甲、康且丁、父乙、兄庚、母癸；月份如一月、二月；名词如上帝、小臣、小王；形容词如大吉；时日如今夕、翌日，以及上下、风雨、牡牝等，为非后世习惯。

甲骨文用小刀如今日线刻似契刻而成为众所周知，契刻以前尚须先经书写手续，以中央研究院十五次殷墟发掘多发现已书未刻的甲骨，而今日也已了解。其余器物同样颇有残存的书写字迹，尤堪证明殷朝书写的事实。书写工具，又被推定已是如同今日所使用的毛笔①，其理由：一是所发现书迹笔划的起讫与收放十分清晰，非用"毛"笔为不可能；二是沾润朱或墨的流质颜料又非"毛"笔莫办；三则笔的本字为"聿"，"聿"字于甲骨文中为 ⟁ 或 ⟁，以手执笔之意，也惟毛笔才必须垂直书写，不能偏斜，笔端"小"所象征又一望而知系"毛"形。

甲骨文因契刻于卜用甲骨上文字而得名，此类文字所构成辞句以均有关"卜"而便谓之"卜辞"，所有卜辞，概于卜问后契刻在甲骨的卜兆旁。甲骨意谓龟甲与兽骨，龟甲系腹甲（或背甲），兽骨则动物（特别是牛）的肩胛骨。卜以前，所使用的甲骨都须整治成平面，背面钻、凿甚多圆形或椭圆形小孔。占卜方法，系以火烧灼钻凿小孔部，所谓灼钻，正面因此而出现裂纹（小孔的功用即是容易出现裂纹），便是卜兆，据此卜兆判断吉凶。卜辞刻辞因之有命辞、占辞、兆序、兆记、验辞的一系列程序，最后并于契刻处加涂朱红或黑墨，以期明显。抑且，以龟

---

① 参照苏莹辉《中国文字书写工具探原》，《大陆杂志》第十五卷第六期。

腹甲依中缝分左右（背甲则锯成左右两半），牛胛骨原即左右两块成对，所以甲骨上烧灼卜兆，通常都左右对施，卜兆旁的卜辞也往往同一事情左右对刻，谓之对卜。文字陪伴分正写、反写，行文又除概为下行外，左行、右行于同版上互见，理由全在求其"对称"，但此等现象惟施于甲骨的卜辞如此。甲骨以外其余书契材料的记事文字，则无例外单字均正写，行文下行而又左行，较之今日全无差别。卜问之事，帝王所问颇有习惯上范围广狭的不同，亦即分派学说揭示新、旧两派四大类差异之一，大抵新派单纯，旧派繁杂至包括了卜娩、卜梦、卜疾病等多方面。

龟甲与牛骨两者使用的关系，与其上卜辞刻文内容无关，只是在位帝王的爱好或习惯差异，第二期祖庚、祖甲时代与第五期帝乙、帝辛时代，比较上多用龟甲，第四期武乙、文武丁则几乎全用龟甲，使用牛骨仅系例外。出土关系随同颇有区别，殷墟调查史上最大数量的储藏甲骨发现，民国二十三年（1934年）中央研究院第十三次发掘，C 区宫庙址 H127 坑出土龟甲至一万七千多片，包括特为珍贵的完整的龟甲二百多版，而内中伴出骨版仅八件，同区 H251 坑出土情况也都龟甲。相对方面，C 区 344 坑与 B 区 001 坑出土便系骨版。

卜具材料为何利用甲骨？即使至考古学飞跃的今日，此一问题仍无确定解答。猜测与牺牲—祭祀—神意的连锁意识有关（牛），或者，便以象征灵性而最具资格沟通天上—人间的意味（龟）。习惯的源流又非常悠久，骨卜且早过龟卜。但最早的骨卜非专用牛骨，龙山期遗址中所发现便及于牛、鹿、羊等多种多样，二里头期代表的最古殷文化用羊骨，二里冈下层的殷朝中期文化又兼用牛、羊、猪骨，中期后半的二里冈上层期已大半用牛骨，猪、羊骨均退为少数，同时开始发现了若干龟甲。到殷朝后期安阳期，小屯村以南与大司空村等殷文化层中，龟甲便急速发展至与牛骨同等程度的使用量。其后的西周时代遗址中，洛阳泰山庙、江苏省新沂县三里墩，以及确切时代虽不明，推定系战国以前的四川省成都市青羊宫遗址等，仍残有卜用龟甲出土的报告。

关于殷朝大量使用龟甲、牛骨的来源，推断牛原系祭祀时主要的牺牲，龟甲被推定原产地均在南方，而由贡纳获得。某国所贡与每次贡龟甲记录，又均契刻于甲骨，亦即甲骨上卜辞以外少数的记事刻辞。一次贡入数量，特多者可自"省入二百五十"，"□来三百"，"我≡一千，妇井示四十"等而见。此类特定贡物中，且发现考定属第一期武丁时代，产自马来的大龟甲（腹甲）一版（乙四三三〇），长四十四公分，宽三十五公分，卜用至二〇四次。一般龟版，大者一尺二三寸，中龟七八寸，小龟约五六寸程度，普通均可卜用二十次至六十次。每次卜后的卜辞，同一版上因此往往刻有数十段，虽然所有卜辞大体均短，最长亦不满百字。龟甲出土时绝大多数场合都已破碎，耐心与细心的缀合复原以见原貌，重视所刻卜辞内容，正是甲骨学者们的业绩之一。①

依于卜辞资料研究殷朝史，关于历史、地理、文化、制度、社会、经济、宗教、历法等，均有学者从各个角度加以探索，发表论著。出版于民国十九年（1930年）的郭沫若《中国古代社

---

① 卜用材料与使用方法解说，主要取材自伊藤道治《中国古代社会的记录》，平凡社版《世界考古学大系》6.东亚Ⅱ，第49—53页；贝塚茂树编《古代殷帝国》第198—203页；董作宾《中国古代文化的认识》演讲词，《大陆杂志》第三卷第十二期。

会研究》（1947年有新订本），乃早期颇为轰动的著作，而其移用马克思主义历史理论于中国古代史研究，公式化以中国社会的历史发展全阶段套入（1）西周以前为原始共产制（殷周之际第一次社会革命奴隶制革命）、（2）西周时代为奴隶制（周秦之际第二次社会革命封建制革命）、（3）春秋以后为封建制（清朝末年第三次社会革命资本制革命）、（4）最近百年为资本制的唯物史观历史时代区分，解明殷朝社会构造，谓自社会史而言，殷朝乃原始生产社会；经济史方面则牧畜最盛期；考古学的立场又是金石并用期，立于新石器时代与青铜器时代中间的过渡期，而断言殷朝为中国历史的开始期。其预拟模式且系考古资料尚嫌贫乏，当时的立论所犯大错误自可想象。至中央研究院历期《安阳发掘报告》《历史语言研究所集刊》出版，充实的殷墟考古成果陆续公开，郭沫若所谓殷朝系原始共产制社会之类论调，终不得不在浩然兴起的新的研究活力前，黯然粉碎。[1]今日以甲骨学为基础研究殷朝史的著名学者，胡厚宣早年协助董作宾整理甲骨，《甲骨学商史论丛》初、二集（1944年）出版，蔚然已系殷朝知识的集成，而建立其甲骨学界的研究地位。另一人陈梦家，其《卜辞综述》（1956年）又系有名的甲骨学概说书。

甲骨学研究对象的卜辞，其所以得概括殷期政治、经济、社

---

[1] 取材自贝塚茂树编《古代殷帝国》第123—128页（内藤戊申《殷人的日日》章）。其余二十世纪二十年代前后的重要著作，同书又列举：熊得山《中国社会史之研究》（1928年），陶希圣《中国社会之史的分析》（1929年），马乘风《中国经济史》（1935年）。抗战以来又有范文澜、翦伯赞、吴泽、侯外庐等作品，其中吕振羽同立于唯物史观立场而批判郭沫若最力。吕振羽的《殷周时代的中国社会》（《中国社会史纲》第二册，1936年）的中国史时代区分说，以殷朝为奴隶社会，系今日中国学者历史分期主流的有力先驱（《古代殷帝国》第166—167页）。郭沫若此期间另一被重视的著作乃《十批判书》（1945年，1950年有改订版），修正其本人意见处颇多。

会与精神生活的全貌（虽然今日的研究成果，正确而言，仍只在起步阶段），系以"卜"对当时信仰的权威，以及卜的信仰支配面广泛。此一风习虽于以后的历史发展过程中渐渐冲淡，但即使至汉朝司马迁《史记》的著作，仍然列有龟策列传专篇，其痕迹的强烈残存可见。龟策列传又记："太史公曰：自古圣王将建国受命，兴动事业，何尝不宝卜筮以助善？唐虞以上，不可记已。自三代之兴，各据祯祥。涂山之兆从而夏启世，飞燕之卜顺故殷兴，百谷之筮吉故周王。王者决定诸疑，参以卜筮，断以蓍龟，不易之道也。……灼龟观兆，变化无穷，是以择贤而用占焉，可谓圣人重事者乎？……君子谓夫轻卜筮，无神明者，悖；背人道，信祯祥者，鬼神不得其正。故书建稽疑，五谋而卜筮居其二，五占从其多，明有而不专之道也。""龟策列传"的"策"字同于"蓍"字，"五谋"见于《尚书》中战国之末作品《洪范》篇，其追叙周初史官所记录殷朝遗臣箕子之言，大体可以信赖："立时人作卜筮，三人占，则从二人之言。汝则有大疑，谋及乃心，谋及卿士，谋及庶人，谋及卜、筮。汝则从，龟从，筮从，卿士从、庶民从，是谓之大同。身其康强，子孙其逢吉。汝则从，龟从，筮从，卿士逆，庶民逆，吉。卿士从，龟从，筮从，汝则逆，庶民逆，吉。庶民从，龟从，筮从，汝则逆，卿士逆，吉。汝则从，龟从，筮逆，卿士逆，庶民逆，作内吉，作外凶。龟、筮共违于人，用静吉，用作凶。"——虽然以蓍草占吉凶的筮法，已系龟卜风习退潮后替代的方法，自《尚书》周朝初年作品金縢、洛诰等篇，尚显见盛行卜法，以后由大事龟卜，小事筮占的卜、筮分途形式过渡到专用筮法。战国末期已全不行龟卜，《洪范》篇的卜筮兼用替代殷朝专用卜法的说明，另一意义，也明示了卜筮相互间的推移。

殷朝卜辞的主体记载，多系关于祭祀以卜可否的记录，所谓"卜祭"，占全体卜辞的最大多数。从宗教民族学的立场解释，因此可指殷朝立于强力的灵力支配时代，灵力来源则是神。所信仰类别有三[①]：

第一是"帝""上帝"（甲骨文为合文），代表上天，系具有至高无上权威的宇宙支配象征。殷朝通称"帝"的机能，概括了所有自然现象如雨、旱等变化与左右收获量丰歉的力量，以及征伐、作邑（建设都市）等人为之事的自然、人事两大范畴。崇拜的神圣意义，端在祈求天帝保佑风调雨顺，或者请示可否，战争是否降祸，作邑是否可成等。关于此类贞卜记录，如：

丁卯卜，献贞，翌戊辰，帝其命丙？（乙一一五七）
庚戌，贞，帝其降堇（馑、旱害）？（前三·二四·四）
己卯卜，争贞，王乍（作）邑，帝若（诺）？（乙五七〇）
贞、我伐呂方，帝受（授）我又（佑）？（前六·五八·四）

（"乙"系《殷虚文字乙编》简称，数字为编号，"前"为《殷虚书契前编》，数字为卷、页、号。其余下引诸例同。）堪注意，卜辞中从未发现直接对"天"或"帝"的祭祀记录，可证代表了天的"帝"，于殷朝纯粹象征了意识上与心灵上敬畏的绝对神，是信仰的最高境界。

第二为殷朝直系所出，自夒（《史记》殷本纪的帝喾）以至王亥（《史记》殷本纪的振）的先公远祖，以及河、岳诸神，以此为对象实体所举行祭典，意义上较抽象化了的单一神"帝"已

---

① 殷朝信仰，主要取材自伊藤道治《古代殷王朝之谜》第31—74页。

为迥异。特有兴味的是，先公夒等名，于甲骨文中文象形要素特形强烈，与自然神的河川、山岳之神，如前者的河、洹、滴，以及后者的嶽、兕等性格相近，而似于金文中的图像文字，较之"先公"上甲（微）以下与"先王"之名，呈现简单的线条符号均有异（参阅前文殷朝帝王世系图）。先公远祖名词为何与自然神同等是象形性而非抽象化的原因已困惑学术界，而又注意到，先公远祖二自然神，两者系谱从实质上合一的现象，于第四期武乙、文武丁时代已颇明晰。原与殷世系全无关系的自然神信仰发展至与王系连结，自然神编入了祖先系列而人格神化，第四期起的卜辞中往往发现，自然神与先公远祖"高祖夒""高祖王亥"等同被冠以"高祖"称谓，如"辛未贞，桒禾高且（祖）河、于辛子酌夒"（宁一·一一九）现象的发生。据推测，可能系王权强化的结果，乃有追溯神圣的强大力量源泉，而先世与自然现象结合，自然神人格神化的事实成立。

上项解释的推断证据，又与王权继续发达时，先王人格神的最高神化相互参证。"帝"原系宇宙间最高权威专有的尊称，人间最高权威者的"王"，即使后世"天子"意识，也以卜辞中从未发现而知未曾构成。但是，第五期帝乙、帝辛时代的卜辞，最高神"帝"的称谓也已加诸先王，"帝甲"（指第二期后半的祖甲）、"帝丁"（指第三期后半的康丁或第一期的武丁）都是。对人格神先王冠用"帝"字的风习出现而最高神化，尤系殷朝王权发达已届巅峰的征象。

自然神非限河与岳，日、月、星、辰、风、云均是，东、南、西、北四方之神与各地方的土地神，也与自然神同格。此等诸神，猜测早先系各特定土地上，各个特定的族集团的信仰，而此等地方与氏族，终局为殷期所一应统辖，所以出现于卜辞中，也一应已予统一的与复合的祭祀。然而，如上推测，今日的资料尚嫌不足，并无有力证据。

第三类神则上甲（《史记》殷本纪的微）以下的先公近祖与"先王"并其配偶"先妣"，以系祖先而奉为神，民俗学上所谓的祖先神，炽烈的祖先崇拜意识表现出来。先公近祖与先王较之先公远祖性格上的区别，自其称谓可明显见出，便是概已系似于后世帝王的谥号，而非先公远祖夒等之为名。此等谥号原型，概以日干（纪日干支的十干）为号，详言之，王的原名，去世后子孙为表崇敬而避免使用，祭祖时另加追尊之号，追尊时划一以日干为准。如殷朝创造者先王一世大乙（《史记》殷本纪的天乙），于第二期前半祖庚以前尚用本名"唐"（转音为《史记》殷本纪中的"汤"或"成汤"），第二期后半祖甲革新传统，甲骨学界称之新派时代开始，乃敢称大乙；最末一代帝辛名"受"（转音为《史记》殷本纪中的"纣"），也是。新派改革尤堪注意的，系传统旧派对自夒至王亥概称"高祖"的先公远祖系谱与自然神祭祀，全行被划出，先公近祖上甲以下才是祭祀对象。至第四期由新派仍恢复旧制，先公远祖与自然神便已合一系谱如前述，但大乙称谓已踏袭不变，却又跨越先公近祖系统而与先公远祖同等追尊于"高祖"之列。至帝乙、帝辛时代的第五期，再恢复新派制度。与祖先神祭祀相关联的事有——

其一，上甲以下的六世先公近祖，可以认定为实在人物，但名号则可能系先王子孙以日干题名先王时一体追加，所以出现甲、乙、丙、丁、壬、癸的顺序排列，非如大乙为始先王系谱日干的无顺位定则（第五期帝乙、帝辛已系殷朝末期，帝辛期卜辞尚见"父乙"之名，帝辛系亡国之君，自身于卜辞中无由见其名，"辛"字推测乃其子武庚于西周初期所追加，《史记》殷本纪所记帝乙、帝辛的"帝"字尤系后人叙述之词，非当时称谓）。只是，王号为何以及如何使用日干的理由，学者间尚提不出理由。

其二，殷朝血族，于上一辈同称"父"，如王系表中的武丁，其父小乙，小乙继其相续嗣位的阳甲、盘庚、小辛三兄登位，武丁期卜辞所见，便系对生父与三位伯父同称"父"（父甲、父庚、父辛、父乙），同世代则均称"兄"，如祖庚，其于祖甲时代便称"兄庚"，祖甲之子第四期廪辛、庚丁时代对祖庚、祖甲同称"父庚""父甲"，至庚丁之子第四期武乙以后再定称祖庚为"祖庚"。而祭祀中，家族制度"大示"（大宗）与"小示"（小宗）也已发生。大宗以上甲为第一人，父一子相续，每一世一人，均必直系。继位王生母的先王配偶"先妣"（卜辞中的"妣庚""妣甲"……），以系与先王相对应的配偶神性格而同受崇拜，但与先王系分别祭祖。无子嗣位的先王如上述祖庚，以及预定为王位继承人而早死的"小王"（"太子"之意），祭祀中均成旁支意味的小宗，且不祭其妣。所以殷朝祖先神信仰，内含（1）大宗祖先神、（2）大宗配偶神、（3）小宗祖先神的三类独立神格。王系以外的王族，则以血族亲疏区分如殷朝卜辞中所称的"王族""子族"与"多子族"。殷朝家族制度的已臻完备可见，立于此一基础，乃续有周朝严密的宗法制度成立。

后世批判殷人尚鬼或敬事鬼神，印象便由殷朝敬畏上帝（天）与祖先崇拜，强固铸定其精神生活的基盘而得，特别是与王系直接相连的祖先神。西周"礼"的世界成立，信仰中心仍系继承殷朝的"敬天法祖"思想，祭祀仪礼也设定于殷朝祖先崇拜的宗庙制度立脚点，以及予殷朝诸自然神以划一的"社"（土）"稷"（谷物）之神，而有《周礼》考工记"左宗庙、右社稷"的祭坛建筑规准说明。宗庙（代表朝代）、社稷（代表国土）自此固定为各朝代君临天下的表征。宗庙规范的庙号，"高祖"与"太宗"（＝大宗，上甲）、"中宗"（祖乙）、"高宗"（武丁）的三"宗"，也最早都自殷朝而始。

惟其如此，殷朝提供了古代中国文明的模式，却以起源便极端的重视祖先神，傲然形成古代世界四大文明中独有的特色，而与古代埃及或美索不达米亚，都相异质。古代中国绝对性的重视宗庙祭祀，乃是届至统一期的秦汉，宗教思想仍然无力抬头的基本原因之一。特有兴味者，又系殷朝甚或其后的西周，无论何等的神，雕刻或塑成的神像迄今概无发现。神的信仰，惟依于文字而表现，也惟依于文字的记录而得知，此又与埃及特多兽面人身诸神像的现象均相倒反。美索不达米亚初期王朝时代无神像成立固似于中国殷朝，却另以印章与纪念碑强烈表现神的力量，仍与以神像为崇拜对象同一意味，而惟独殷朝迥异。

也惟其如此，殷朝帝王非如古代埃及统治者的神格化而具备"法老"（Pharaoh）的宗教身份，埃及超过贵族地位的最崇高社会阶级是僧侣，美索不达米亚也相仿，而又独以古代中国为僧侣阶级无缘成立。如果必以政教一体与祭政合一引为古代世界共通征象的话，则殷朝帝王的宗教形迹，惟显现于祖先神后裔才与神相结合。此一理论，又回复到了古代中国文明自始便铸定了的祖先崇拜特质。

只是，祖先崇拜固系全殷朝一致的特征，但因新派与旧派的区别，对于祭祀典礼，态度却非全同。新派非只摒弃自然神与系谱太过遥远的先公远祖不予祭祖，原先旧派繁杂无秩序，对每一祖先与所有各各不同的祭祀都必随时、随事贞卜，请示可否而举行的习惯，也断行革除，预予祖、妣祭祀的名目、对象与旬次以固定化配列，主体统一为彡、翌、祭、壹、肜"五祀"，规律化整然行事，排定的祭典日期又例均附记入每旬一次的卜旬卜辞。规律化的周而复始，每祭祀一周，合为三十六旬，正与一年三百六十日相符。所以周祭"一祀"，意义代表了一年，而"祀"的名词于新派转用之以指"年"。新派的改革，立意全基于崇敬祖先须以虔诚为第一义，非在形式的繁文缛节与过度浪费。祭祀用五十牛，甚或数百牛、羊的惊人牺牲记录，也全行绝迹。而此破除传统的伟业，特别当祭祀仪礼已至彻底制度化了的第五期后半帝辛（纣）时代，却倒反被新兴野心勃勃的周族领导阶层指为帝辛最大罪状之一，如《史记》殷本纪所谓"慢于鬼神"，以及《史记》周本纪武王牧野之誓"自弃其先祖，肆祀不答"之语。文献记录追记革新创始人祖甲，也如《史记》殷本纪批判的"帝甲淫乱"，"乱"字便是"坏法"之意。但公允评语也非不存在，《尚书》无逸篇便记周公列举祖甲与中宗祖乙、高宗武丁（祖甲之父）共同代表殷朝贤明之君，大书："其在祖甲，不义惟王，旧为小人（庶人之意），作其即位，爰知小人之依。"

　　卜辞记录，最大多数都是向祖先祈愿，但所贞卜事项，董作宾的统计，新派范围已缩小到只限卜祭祀、卜征伐、卜田狩、卜游观、卜享、卜行止、卜旬、卜夕等固定的八类，才与旧派共有，其余一概废除。①相对方面，旧派却庞杂到几乎对祖先无所

---

① 董作宾：《殷朝礼制的新旧两派》，《甲骨学五十年》之十二，《大陆杂志》第六卷第三期。

不问，包括被认有祟的日月食，累累而见的求雨或"不雨"，在在请示兄某或父某，如：

疾齿不唯父乙类？（乙四六〇〇）

贞，告疾于祖丁。（前一·一二·五）

乙亥卜，自贞，王曰"方孕嘉？"头曰"嘉。"（佚五八六）

妇□娩嘉？（铁三六·四）

因之新派留存迄今的卜辞，较旧派少得甚多。双方诸王在位年数总计相仿，董作宾的概约估计，今日已发现约十万片甲骨中，卜辞属于旧派的须占三分之二，而新派仅得三分之一。[①]

重要的是新派留存迄今卜辞数量尽管远逊旧派，但旧派各类卜辞紊乱无秩序的混杂于同一版甲骨，分类、整理殊不方便，新派则同性质贞卜事项于同一版灼兆刻文，整然预予归类[②]，显然乃是技术与效率的一大进步。殷末大事件帝辛征人方，其全貌容易被了解，便因资料集中于卜旬甲三骨九、卜夕甲四、卜行甲一骨九、卜田游骨七的三十三版甲骨。[③]

卜辞类别中，无论新派或旧派，同等比重的是卜旬，自第一期至第五期，无例外每旬之末都卜来旬是否无灾祸（"卜夕"性

---

① 董作宾：《殷朝礼制的新旧两派》，《甲骨学五十年》之十二，《大陆杂志》第六卷第三期。

② 董作宾：《殷朝礼制的新旧两派》，《甲骨学五十年》之十二，《大陆杂志》第六卷第三期。

③ 董作宾：《卜辞中的亳与商》，《大陆杂志》第六卷第一期。

质相似，而仅出行期间卜问）。却也往往附记其他之事，此等附记事项，研究价值反而超过了例行之事的卜旬本体。帝辛人方征伐行程与时间颇多自卜旬卜辞而知是其例，如：

癸丑、王卜贞："旬无祸？"在十月有一。王征人方，在亳。（金五八四）

癸亥卜，黄贞："王旬无祸"，在九月。征人方，在雇彝。（前二·六·六）

惟新派得见的附记下旬祀典又是。第五期帝辛之父帝乙时代卜旬卜辞之例：

癸巳，王卜贞："旬无祸？"王乩曰："吉。"在六月，甲午肜羌甲（沃甲），惟王三祀。（续一·二三·五）

新派"王乩曰"的"乩"字于旧派作"占"字，而且"王占曰"之后追记验词为卜旬卜辞中旧派的常见附记文字。例第一期：

癸未卜，谷贞："旬无祸？"王占曰："往！乃兹有祟！"六月戊子，子弹死，一月。（菁一）

旧派又或附记下旬气象预测。第四期文武丁时卜旬卜辞：

癸亥卜、鼎（即贞）："旬？"二月。乙丑夕雨、丁卯明

雨、戊小采日雨风、巳明启、壬申大风自北。(乙一·六三)[1]

上引诸则卜辞的"王卜贞"为尤堪注目，新派中也惟第五期帝乙、帝辛时代独有，明记非仅王亲自贞问，且亲自灼卜。前此殷朝帝王（包括旧派）"王贞"的事例有之，贞而且卜为绝无，贞卜系贞卜专门知识者的专责集团担当，亦即前引卜辞"自贞""黄贞""谷贞"的"自""黄""谷"等人，甲骨学界所称的"贞人"。贞人卜旬于"旬无祸"惯用语上加重语气冠以"王"字，又是仅第五期出现的特例，王权高涨的又一明示。原先，对于卜辞文例冒头卜问日干支与贞字间的某一字，学术界颇感迷惘，猜测不一，自董作宾断言乃是贞人署名而彻底澄清谜团，从而董作宾又有各时期固定化贞人群发现的大突破，而断代研究基准得以此为础石而成立。

"历"的记录，于全时期卜辞的制作均为必备。历法是殷朝科学知识根源，也自卜辞获得明晰印象，殷朝历法已符合科学的精密计测要求，推想非为创始而系立于再进步的阶段。从文献中了解，夏朝已能熟练应用干支，胤甲、孔甲、履癸（纣）等，都是日干为王号的习惯，孔子也曾有"用夏之时"之言。所以夏朝历法猜测便是殷朝历法的母体，但是有关资料全无遗留，了解的依凭仍只在殷历。以太阴太阳历为骨干的殷朝历法，并一直沿用到二十世纪中华民国成立前夕，本质都无变异。

殷朝历法，以月球绕地球（太阴）一周 $29\frac{499}{940}$ 日为一"月"，

---

[1] 卜旬卜辞所记事项举例与解说，取材自董作宾《甲骨文断代研究的十个标准》（下），《甲骨学五十年》之十一，《大陆杂志》第四卷第八期。

而设定大月三十日与小月二十九日。同时又依地球绕日（太阳）一周365.25日为一"年"，较十二个"月"的合计约三百五十四日，相差十一日。为了调和"月"与"年"两方面，所以又有置闰的方法，于十九年间置七次闰月，每二年或三年一次，逢闰之年称闰年，非十二个月而为十三个月。惟其如此，殷历非纯粹的太阴历（如回历太阴年），也非纯粹的太阳历（如古代埃及历法与今日世界通用的阳历回归年），而乃太阴—太阳历。此一类型，古代希腊与之相似，亦系十九年七闰，但是希腊发明如此置闰须至纪元前第五世纪，迟过殷历至少一千年以上，殷朝历法的进步可见。

殷朝制度的新旧派，历法运用，也是董作宾所提出区分标准之一[①]：

纪时　白昼称"日"，黑夜称"夕"。白昼再行分段：

旧派七段：明、大采、大食、中日、昃、小食、小采。

新派十段：妹（昧）、兮（曦）、明、朝、大食、中日、昃、小食、暮、昏。

纪日　中国以干支纪年须自纪元第一世纪后汉建国，其前干支惟以纪日，殷朝亦同。以六十甲子为日名，六十日一周，每十日又依殷朝数字采十进法的习惯称"旬"：

旧派纪日，可以不与年月发生联系，自成独立记录系统。附于月内时，于日名下注明"某月"。

新派已概以干支纪日系属于月，称"在某月"。

---

① 卜旬卜辞所记事项举例与解说，取材自董作宾《甲骨文断代研究的十个标准》（下），《甲骨学五十年》之十一，《大陆杂志》第四卷第八期，但对董作宾之说的若干部分，学者间也颇有异议提出，如谓岁末闰（十三月）非旧派专属，西周初期金文中尚有"十三月"字样见出。每个月的日数殷朝也非固定为大月三十日与小月廿九日，可自二十七日至三十二日不等，见内藤戊申《殷人的日日》，贝塚茂树编《古代殷帝国》第170页。

纪月 旧派的一月，于新派称正月。

置闰 旧派采岁末置闰法，闰月例行安排于十二月之后，所以称"十三月"，却已与季节不合。新派以闰月改置于当年无节气的某月之后，重复某月一次，以符合季节，十三月之名因之被取消。

纪年 新派立于五祀周祭一巡为一年的意义，于"今年""来年""今岁""来岁"的使用法以外，固定以"祀"纪年，非只卜辞，殷朝的金文亦然。金文学上"祀"字的纪年形式，便是殷朝青铜器自周朝初年青铜器中区别的重要凭识。

殷朝对地球与月球公转的科学知识，以及卜辞中"春""夏""秋""冬"与"岁""季"等字样表达的季节观念，均为今日世界历法史家所确认，令人特为惊佩的，尤其在于近似现代天文学的太阳系全秩序探索精神，中国早自殷朝的卜辞中便已成立。明记"月有食"等语的月食记录，卜辞中见五十四次，日食见四十四次。星的观测，出现于卜辞中的名词有"大星""大岁""鸟星"等，"鸟星"便是后世"南宫朱雀"，学术界大体已无异议；关于"岁星"，胡厚宣有即木星之说。特堪重视是"日又（有）戠"（后上二九·六）的记事，原先郭沫若主张"戠""食"同音，仍然解释之为日食，晚近陈梦家的惊人新考证，指出乃太阳的异变，其以"戠"—"识"—"志"—"痣"字义连环相通的论法，考定系对太阳黑子的记录。关于太阳黑子，从来共同承认的世界最古记录为《汉书》五行志所记载纪元前二十八年（朱文鑫《天文考古录》第 81 页），陈梦家的理论如果成立，显然已打破纪录。[1]

---

[1] 殷朝天文学知识，取材自内藤戊申《殷人的日日》，贝塚茂树编《古代殷帝国》，第 171—173 页。

卜辞分类中"卜年"类"求年""受年"等，都是关系殷朝基干产业农业的卜问。甲骨文中的"年"字，代表的是谷物丰熟的意义而非用以纪年，指示春、夏、秋、冬四季周期循环的文字亦非"年"而是"岁"。但以谷物一年一熟，所以"年"仍具年岁运行的意识，循此至周朝以后才固定用以纪年，"成熟"则转变使用"稔"字，而"稔""年"仍为同音。

卜辞甲骨文中有关农业的文字，主要有——

农业土地方面：田、亩、畴、疆、周、囿、圃。

耕稼方面：农、啬（穑）、畯（田地管理人）。

农产物方面：禾、来、黍、麦、𪎭=稻、米、糠、秕。

植物方面：果、树、桑、栗。

农产物加工品方面：丝、帛、蚕，以及酒、鬯、醴。

工具方面：耤、㠯、耒、物。

"田"字以及与之相关文字，字形都被区分齐整，限界分明，可以证明，殷朝对主要生活资源依凭的土地已予秩序化。如此于土地国有的原则之下，以土地分配与民众，民众对土地无所有权而有使用权的形态，便是标准的周朝井田制度原型。抑且，国有化土地制度，国家最高权力者王以之分封诸侯，又无论于理论或实际，都成立了封建制度的基盘。胡厚宣的意见，获得分土的诸侯对王所负义务，因之重心须置于三方面，除了军事、进贡纳税，尚得提供民众耕作王的直辖领耕地。[①] 甲骨文"力""田"为"男"的字形，说明农业劳动由男性从事。殷朝农业之为灌溉农业虽无直接证据，但由宫庙址复杂而大规模的沟渠土木工事，一

---

① 贝塚茂树编《古代殷帝国》，第169页。

般住居址间普遍筑造水沟的遗迹发现，以及甲骨文"井"字的旁证，仍都足以推知田地挖沟与引水溉田的事实存在。"田"字成格子状，便象征田间开凿了沟渠。于殷朝已系主要作物之一的水稻栽培，用水已不能单仗雨水而必须依赖灌溉。牛耕于殷朝也已应用，"犁"字于甲骨文中便是"物"字，其字形正说明了以牛拖犁翻土的意味。"畴"字（）的牛蹄与犁痕同系表明利用家畜翻耕土地的造字。另外有关农业技术的解说：胡厚宣认为殷朝非只牛耕，并用犬耕，抑且人工施肥的方法也已知晓；吕振羽的意见，"方"字依甲骨文字形，又是由耒进步，古代文献中所称"偶耕"（两人并耕）时的农业用具。

作物主要为禾、黍、稻、麦四种。禾即新石器时代以来已系黄河流域最普遍作物的粟；黍至周朝与稷为同义字，"社""稷"分别代表土地与谷物，而"社稷"合称，概括了国土之意；麦则指小麦而非大麦。此三类富于抗旱能力的旱作物，与水田的稻作相异。种植季节与收成期，又各自卜问记录可以推知：

> 癸未卜、争贞，受黍年？
>
> 贞、弗其受黍年？二月。
>
> 癸未卜、争贞，受稻年？
>
> 贞，弗其受稻年？二月。（契四九一与后上三一·一一合）
>
> 癸丑卜，贞，今岁受禾？
>
> 弘吉。在八月，惟王八祀。（粹八九六）
>
> 庚子卜，宾，翌辛丑有告麦？（明二三三二）
>
> 贞□麦？八月。（前四·四○·五）

罗振玉《殷虚书契考释》（民国十六年增订版）收录卜辞则数与项目分类：（1）卜祭538（2）卜告32（3）卜享6（4）卜出入177（5）卜田渔196（6）卜征伐61（7）卜年34（8）卜风雨112（9）杂卜47。全统计中，特多为祭祀，其次则狩猎，"田"字于卜辞中的用法，非专指耕地，同时也是狩猎地之谓，所以"田"便是猎的意义。甲骨文又是"狩"＝"兽"，其他有关文字有"获"＝"只"，以及"射""弹""穽""逐"等。一次狩猎，捕获量常见一百头以上的数字，最高纪录至于：

丙戌卜、丁亥、王穽毕？见毕，三百又四十八。（后下四一·一二）

戊午卜，谷贞，我狩龟，禽？之日狩，见禽。只：虎一、鹿四十、犯（＝狐）一百六十、麂一百五十九。（乙二九〇七）

殷朝王室与贵族阶级如此爱好大规模狩猎的理由，通常推测非单纯的娱乐性质，也寓鼓舞士气，视兽群为假想敌的军事演习功能在内。

"牧""刍"等都是甲骨文中的畜牧用字。后世通称家畜的六畜，所指马、牛、羊、鸡、犬、豕，殷朝都已齐全，其中除鸡与马之外，且均祭祀时的牺牲。殷朝畜牧业的兴盛，卜辞祭祀用牺牲数字直接提供了说明：

贞，㘡，御牛三百。（前四·八四）

丁亥卜，囗贞，昔日乙酉箴武御（于）大丁、大甲、祖乙，百㘡、百羊，卯三百囗。（后上二八·三）

牛羊于殷朝为主要食料，役使的程度可知。甲骨文存在"裘""革"等字，又是衣着方面，毛皮制品技术显已掌握的凭证。

殷朝大量殉葬者的事实，被唯物史观学者提出为古代奴隶制的证据之一，将所有殉葬者以两种区分，第一种是比较少量的墓室内所发现，自愿殉身帝王以博荣誉的重臣与近侍；第二种排列整齐，埋葬于墓室外的斩首葬、俯身葬者，便都是生杀予夺之权被操于主人手中的奴隶群。又指谓，被大规模杀戮的，非直接的生产奴隶或为统治者服劳役的室内奴隶，乃系脱离生产关系，平时供驱使战斗的专门化奴隶兵士。唯物史观学者由"丧众"（奴隶逃亡），"丧人"（氏族成员逃亡）而推演卜辞贞卜"丧自"与否（粹一二五三）为问奴隶兵士是否逃亡之词，以及甲骨文"自"（师）字即指奴隶兵团，而奴隶用以组成军队的现象，又即典型奴隶制的表征，与西方希腊、罗马相一致，区别只在东方的殷朝，奴隶兵士于葬祭仪式时又大量供为牺牲，为与希腊、罗马不同而已。

中国学者之说，以为卜辞中的"臣""仆""童""奚"等字都是家内奴隶，"妾""妃"等都是床上奴隶。"众""众人"又是主体的农业生产奴隶的称谓，"牧""工""民"等也是劳动奴隶。"囚""杀""执"（象征戴手铐）等字都以对付奴隶而有。尤其关于"众"字，郭沫若解释之为日下三人，最早创为奴隶之说，谓象征了暴露在酷烈阳光下，大汗淋漓的苦役劳动者意象，已成为中国学界奴隶制论者的通说。陈梦家提出的补充意见，区分甲骨文"人""众人""众"三名词，以"众人"为帝王直属，"人"则其他氏族之人，两者均为自由的农耕民，只有"众"的此一身份，为从事农耕生产的奴隶。

其结论，乃有殷朝覆亡是由于奴隶制矛盾激化所导致的推断,谓殷朝内部尖锐的阶级战斗发展,奴隶所有者自身生活极度奢侈与腐败,对奴隶则加以残酷的榨取与阶级压迫。至周武王讨伐纣王的大事件展开,纣王终以所拥有奴隶军团的全面叛变,倒戈相向,而殷朝倾覆。[1]

如上的夸张论调,最具中国学界意见代表性的"众"字被解释为奴隶同义词,也最可议,今日各国研究殷朝史的学者的态度,包括苏联[2],多已加以否定。说明以"众(眾)"字的"皿"与"多数人"代表劳动生产之义,尚不能如合"田""力"为"男"字的明显,"男"字不附带奴隶意味,"众"字更然。抑且,甲骨文直接便已有"奴"字,固毋须以"众"字替代,谓"臣"字象征俯伏在地,"民"字意味挖成独眼,均系奴隶名目的意见,尤其不能成立。前者倒反还是权力集团一分子,俯伏仅是对于帝王而已;单眼为"民"更是纯属臆测,"囚""执""杀"的非专用以对待奴隶,也可想象。"工"(卜辞中语)或"百工"(金文与经籍中名词)的手工业者至周朝仍具社会中较高地位,殷朝时代绝非生产奴隶得当其事为可知。所以,殷朝产业结构中利用奴隶劳力的比重非小的事实不容抹杀,但是,主体乃系自由民,亦即氏族成员,为必须辨明。

---

[1] 中国殷朝奴隶制说明,取材自贝塚茂树编《古代殷帝国》第249—250页;河出版《世界的历史》3.中国的黎明,第101—108页;范文澜《中国通史简编》,岩波版日译本第一编上,第164—170页、第181—184页、第187页。

[2] 苏联科学院亚洲诸民族研究所 M. B. 柯留可夫1964年的论文,日译《论卜辞中所见的众和众人》(刊《甲骨学》第十号),以甲骨文卜辞资料中所使用"众"字予以整理分类,并与金文及古典的"众"字比较结果,结论谓甲骨文中的"众"字与社会身份无关,而系构成殷朝国家有力部族之一的名词。此固其个人独有的见解,但认为过分强调"众"字与农业劳动间关系为其危险性,以及断然否定"众"即奴隶之说的态度则一。取材自伊藤道治《古代殷王朝》第130—131页。

与之相配当，以被征服而奴隶化了的异族编入部队作战的事实，于殷朝同样非不存在，但专门化的奴隶军团，卜辞中却毫无迹象。相反，卜辞所见，征发对象都是自身氏族与加盟国诸侯隶下的氏族构成员。征兵数字，卜辞的记录，自"千"人、"三千"人、"五千"人，最多至"三万"人，征发动员的名词则是"登人"或"登众人"。如："辛巳卜，贞，登妇好三千，登旅万，呼伐囗。"（库三一〇）

自"丁酉贞，王作三㠯，右中左"（粹五九七）；"卜，牵贞，王立中"（续五·一五·八）。大规模出征时王师编成右、中、左三"㠯"，而中军元帅由王亲任的情况，"㠯"决非奴隶军团，也决不可能轻率至王师全由奴隶编组而成，为不辩自明。

卜辞说明殷朝大小征伐频频，"征"字又多与"俘"字并见，以及捕获多量或少量的俘虏主要都系"羌""南"或""，中国史学家据以推测羌人等即奴隶军团兵源由来，不断征伐的理由也便基于补充奴隶需要，所以支配阶级葬、祭时俯身葬、斩首葬的殉葬者与人身牺牲，都无虞匮乏云云。殷朝颇多场合系为俘敌而战事，可以认定，大量人身牺牲，却堪注意，非普遍见诸殷朝全支配阶级的所有大型墓，而惟帝王陵墓与宫庙址的单独现象，而俯身葬现又已明了非埋葬奴隶意味。

总结殷朝覆亡的原因，所谓面对周族与庸、蜀、羌等联合军，纣王直接指挥，系敌人同种族羌人等组成的奴隶军团倒戈相向，于是在架空的"奴隶军团"前提下，形成电视剧情似的安排。文献资料对这一幕的权威记述是古文《尚书》武成"前徒倒戈"一语，《尚书》古文增补诸篇均汉朝人仿作，今日已所共知，甲骨文"徒"字于汉朝时代的解释又毫无奴隶含义，武成系通指前锋部队。殷朝倾覆真正的致命缘由，一是以周族崛起为征象，诸侯所代表的地方势力抬头；二则关系到殷朝支配阶级自身的内讧，此由《论语》"微子去之，箕子为之奴，比干谏而死。孔子曰：'殷有三仁焉'"之言可以明知，"三仁"都是与纣王（帝辛）血统最接近的王子。王室内讧鼓励了诸侯背叛，诸侯的反殷逆流相对也加大引发殷朝的政治矛盾，而有牧野大会战殷师（自）哗变的结局。所以，哗变对推翻殷朝发生决定性作用是直接的，却非绝对的惟一的原因，更没有证据谓之为奴隶军团倒戈。

惟其如此，庞大的奴隶群于殷朝被利用，以及此类现象乃人类社会发展历史所必经与必曾有阶段，都不容忽视，但此异于周朝以后诸朝代而惟殷朝独有特征的奴隶社会中，奴隶如何运用之于劳役、战斗，与其管理，概无有力资料提供证明，不能夸大，不能如中国学者的以之与古代希腊、罗马"奴隶制"社会合为一谈，自亦当然。古代希腊、罗马典型奴隶制的奴隶由来与奴隶所以构成社会基盘原因，原以氏族社会崩坏前夕，氏族内部阶级急剧分化时大量的不自由民发生而起，也因之氏族制社会——奴隶制社会相续，系氏族社会的时代终结，才有奴隶制社会的转换成立。中国殷朝全不符合此一法则，阶级分化结果惟罪人才奴隶化，此例之小与力量之微都不足推动社会结构发生基本变化，社会的根底依旧不变，质言之，仍是氏族制。奴隶数量于殷朝急速增加的来源，系征服异族时的俘虏，性质上代表的是支配阶级财富。此种附加的，附属于支配阶级而存在的奴隶群，单独也无由构成为阶级，殷朝时代的社会基本，因之毋宁是贵族（支配阶级）——自由民（被支配阶级）间对立，自由民又便与氏族成员身份合一，比较希腊、罗马的场合，明显有其本质的区别，不能以外貌相似便牵强附会，此其一。其二，中国历史的氏族社会改变时代，乃是接续殷朝的周朝而非殷朝，终结氏族制社会而予以接替的，也非奴隶制社会而是封建制社会。相反，具有希腊、罗马奴隶制表相的殷朝奴隶社会微弱痕迹，在以质朴变易豪华的周朝封建制社会中愈形淡化，封建制度的基盘便是自由民而与奴隶无涉。

殷朝作为氏族社会发展至最后阶段的形态，"王"的权威强化系一大表征。甲骨文"王"字制定，以简单线条，象征帝王正面端坐的威仪，授人以人间最高权势的强烈感受，晚期于帝王顶端加冠，定型如今日字形，愈显庄严。王自称"余""余一人"，诰命用"王若曰"为起首语的习惯，也自卜辞资料得知自殷朝开端，而为其后周朝所踏袭，如金文与经籍所见。

周朝王者"立后、三夫人、九嫔、二十七世妇、八十一御女"（《礼记》昏义）的传承同自殷朝。殷朝族外婚原则下，婚姻关系原即政治联合体的纽带。但所有嫁入的王妻，尚未如周朝的付以等级与不同称谓，卜辞一概名"帚"（妇）。胡厚宣调查，武丁一代，"妇"某之名前后出现至六十四人[①]，所以卜辞也以"多妇"通称王妻。"多妇"地位的重要，超出于后世想象，往往分担政治、军事责任，战争时是统帅，平时领有封地[②]，对王提供与王子、诸侯同等的义务，武丁时的"妇好""妇井""妇庞""妇楚"等都甚有名，妇好、妇井受命征伐与自封地贡献龟甲的记录，累见

[①] 董作宾《甲骨文断代研究的十个标准》（下）引胡厚宣《殷代婚姻家族宗法生育制度考》，《大陆杂志》第四卷第八期。

[②] 董作宾《中国古代文化的认识》演讲词说明，武丁时王妻有封地的三，将领五，《大陆杂志》第三卷第十二期。

于其时卜辞。多妇中一人之子继任为王时，祭祀时称"妣"，妣祭与先王相对应，而奉为王的配偶神。所以，殷朝家族制度，理论上系一夫一妻，于王则一王一妣。到周朝，便是一王一后，族外婚制于周朝也发展为同姓不婚制度。王之子，其中一人被预定为备继承王位，即后世"太子"意味的"小王"，其余一律称"子"，卜辞中"子郑""子高""子雀"等，都是活跃于武丁期，王子领导的有力氏族，后一字可能代表其封地。胡厚宣统计，武丁时称"子"的有五十三人[1]，殷末著名的微子（帝辛庶兄），箕子（帝辛之叔），也同一意味。此等与王室密切的氏族领导人，卜辞中"王族""子族""多子族"名词的不同，推测存有世代递降的近支、远支亲疏区别，但其同系王子、王孙出身，构成殷朝统治网团结最强固、最有力而又力量最可恃的环节，特别是"多子"的分布面广泛。然而，向心力一旦转变发生离心作用时，后果的严重又相对等，正于如此情况下演出了殷朝覆亡的大悲剧。

国家机能集中于王的一身，王个人总揽政治权力，自卜辞以"王事"的名词代表政事可以明了，所以，受王命担当任何职位均称"协王事"，王发布任命又自称"协朕事"。官名见于卜辞与殷朝金文的，有"三事""御事""御事寮（僚）""宰""太史寮""士""史""御史""尹""多尹""卜""多卜"等，周朝初年尚踏袭此等官名，自《尚书》诸篇可以见出。甲骨文的"事"字也与"使"字相通，王事即王使，受王命派遣外出办事之谓。而"事""使"源由又同出自"史"字，"史"便是卜辞中的贞人，职司记录与管理册籍，通称使用文字的官吏。殷朝官制种种因之又

---

[1] 董作宾《甲骨文断代研究的十个标准》（下）引胡厚宣《殷代婚姻家族宗法生育制度考》，《大陆杂志》第四卷第八期。

几乎可概括为"史"的系统，文献记录的汤时名相伊尹，武丁时名相傅说，都是此中人。征伐之事展开，一方面命令行动地域的诸氏族参加战斗，一方面又征发同族或异族诸氏族编组王师，所谓"㠯"的军团出发，指挥官于其名之上加"师"字，"师般""师毋""师好""师贮"等都是，但其官名系为权宜计也可知，非似"史"系为平时的、固定的。

另一类常时之位"小臣"，地位也甚重要。小臣某的称谓，卜辞与殷朝金文中均非罕见，即使西周金文仍有出现。卜辞资料，且发现小臣有数例与子某同名，可推测小臣与多子间的关系，可能必须王子的子孙，亦即王室系谱中人始有资格担当。"臣"或"小臣"乃奴隶之说，由此可断言全非恰切。此类系统的官名，有"臣""小臣""小王臣""马小臣""藉臣""小藉臣""口正"等，性格似均王宫内侍从之臣，王出行（狩猎，行幸与出征）时的扈从，与"史"之附着特定职司有别。但"史"系与"臣"系，共同构成了殷朝官制的中心。

殷朝氏族间的政治秩序，特堪重视，卜辞中已存在如后世所知的五等爵名。崇侯虎、攸侯喜、侯光、侯唐、侯来甲、尤侯、周侯、杞侯、亚侯等都是"侯"；兒（=郳）伯、牧伯、易伯、伯𢍰、伯弘等都是"伯"（爵名上为封地名，下为人名）。武丁期与帝辛期卜辞中发现，称"方"的二十六，称"伯"的十五，称"侯"的二十七，称"子"的四，称"男"的二，称"田"的一，帝辛时卜征伐辞且常见王率"多田"与"多伯"征某方的记录。[①]"侯"与"伯"之称最普遍，当知便是称谓原型，"侯"自

---

① 董作宾《中国古代文化的认识》演讲词，《大陆杂志》第三卷第十二期。

夏朝起源统治者最早尊称的"后"同音转化，所有贵族通称的"诸侯"，也由是而得；"伯"即殷朝对支配圈外敌国首长"方伯"（如卜辞"惟王来征孟方伯炎"〔后上一·八·六〕、"□祖乙伐□人方伯"〔明义士藏人头骨〕）的借用，而称诸侯中的有力者；"子"系王子，"男""田"又似"子"的同一系统。所有同族与异族贵族，以原已有领地而具称号，或者相反的情况，以获称号而领有封地者，建基于地方贵族诸侯与王室间强化政治关系的需要，同时也是帝王权势增大的实质说明。同时，也可了解，殷朝此等称谓，外貌已似后世五等爵，实质尚不符"爵"的意味，更未附着地方政治势力的等级区分，单纯只是称谓，称谓虽异，地位平等，须周朝循以为封建制度架构的起源，爵制才成立。

惟其如此，以灿然整备著名于历史的周朝井田制度、宗法制度、封建制度，均自殷朝脱胎，也都立于原殷文化基盘，但凭周族自身迥异殷族浪漫的重视现实特质，加以制度化而向更进步的周文化发展，却是周朝伟大业绩。孔子明言："殷因于夏礼，所损益可知也；周因于殷礼，所损益可知也"（《论语·为政》），殷文化如何踏袭夏文化，今日已不可知，周文化踏袭殷文化，以及殷—周社会结构质变的轨迹，则卜辞记录与考古学的成果，为全得稽考。

周革殷命与封建制

《论语》之言："子曰：周监于二代（夏、殷），郁郁乎文哉！吾从周。"（八佾篇）。意义有二：其一，周文化与周朝制度的基盘便是殷朝；其二，也便自周朝而总结古代中国历史，封建制自氏族社会孕育又扬弃氏族制社会形态，规律化、制度化"礼"的整备与其范式化，社会、经济、政治均被带动升高登入新境界而光辉的周文化成立。

划期性历史责任为何落在周朝之身？以及为何必须周朝替代殷朝才实现？答案都得从周朝创立者周族的发达进程与其背景中求取。

殷朝后期之初的武丁时代卜辞，已存在周侯来朝与命令多子族率同犬侯、周侯征伐某方的记录[1]，可知"周"与"犬（戎）"，其时已系殷朝国家西境尽头并立两大有力又得力的附属国。然而，此非周族成熟甚早的意味，相反，考古学的说明，周族至武丁时代的殷朝后期之初尚非殷朝文明圈一员，换言之，其与殷朝的关系，先是政治的，然后才紧密相互间的文化联系。当殷朝于黄河下游大平原以郑州—安阳为南北轴开启高度都市文明绚烂之花，其文明圈西边范围，曾长时期停留在与河南省相接的黄河北侧山西省南部丘陵地带，以及黄河以南进入陕西省时东端一角洛水上流的山地，限界以外系羌、戎等为主体的北方、西方诸异民族活动本据地。殷朝后期迁都安阳时代，殷文化才突破原西边限界而向渭水与泾水流域的黄土高原稳定弘布，文明之光照耀当地住居诸民族。渭水流域所发现殷朝遗迹年代均属安阳期而无郑州期或再以前，明示了此一事实。[2] 而殷文化西进的同时，政治势力愈溢出前方，广泛波及周围地域，征服或压迫此外缘范畴内民

---

[1] 贝塚茂树：《中国的历史》（上），第83页。
[2] 伊藤道治：《古代殷王朝之谜》，第225—226页。

族一体包容入殷朝国家，周族便于其时开始参加联盟。所以，殷朝后期西方开拓，政治伸展力强过文化渗透力，文明圈扩大于内层，政治支配圈又是文明圈的外延，周族发达，便基于自外延范围移入内层的原因。于此，周族自身固有的特质为堪注意，周族虽然掺杂于诸戎间，其源由，却是早先被殷族推翻了的夏朝统治者同族一分支，简言之，夏族系统，于诸戎间也始终维持了农耕生产经济的形态，甲骨文"周"（囲）字，象征的便是田地与农产物栽培意味。惟其基本上与殷族同一的农业生活性格，因此进入殷文化强烈冲击的范围内时，吸收先进经验的能力与适应力都符合迎头赶上条件，而于周围狩猎与牧主农副民族的文明竞赛中遥遥领先，占尽优势。只是，周族无论民族移动与文化跃进，时间表上都已在武丁时代以后。

文献中周族勃兴的事迹也相对应——

《史记》说周朝始祖弃，姬姓，帝喾后裔，五帝时代之末被举为农师，教导民众耕种技术。其子孙于夏朝末年受政治动乱影响，自中原向西进入陕西省境，所谓"（不窋）失其官而奔戎狄之间"，"（公刘）虽在戎狄间，复修后稷之业，务耕种，行地宜"。"后稷"即"弃"，系周族发达后追加的美称，"稷"又即"黍"的同义词，以纪念周族自身的农业起源。所以"周"的种族血统，与夏族（最后始行分隔与迁离黄河平原）存在同源关系，系以退回黄土地带形成孤立而文化发展停滞，比较大平原上殷族继续猛进的高水准文化，已呈落后民族状态。迨传说中第十二世部族领导者古公亶父，以抗拒戎人侵略失败，率领族人放弃较远方的原住地，东返移居渭水上流岐山山麓（周朝建立后其地追称周原，今日陕西省岐山县）。移动的动机是消极的退却，结果以方向却自外而内,实质上圈入了殷文化直接支配之下,意义一变而为积极的进取。周族克殷的关键人物文王便是古公亶父之孙,古公亶父迁岐的时代,因此约当殷朝最末一代帝辛上溯,或自武丁下推,均约三世的武乙前后,殷文化移植渭水流域已立厚固基础的时期,周族于此际移动到达,其快速承受高文明洗礼的一幕,《史记》周本纪曾特笔大书:"(古公亶父)踰梁山,止于岐下。……贬戎狄之俗,而营筑城郭室屋,而邑别居之,作五官有司。民皆歌乐之,颂其德。"

周族终以移住渭水流域的机缘,把握到转变历史命运的枢纽,领导周族登上勃兴大道的英雄人物古公亶父,因之于周朝建立时被追尊"大(太)王"。《史记》周本纪"盖王瑞自大(太)王始"之语,正是伟大事业开启序幕的意味。太王或古公亶父如何以对殷朝统治者的忠诚期得提携,不能明了,武乙、文武丁时第四期卜辞"命周侯"(新二七六)系指太王抑其子季历或后所追尊的王季,也未可判定,但王季努力与殷朝建立亲密关系,以求自身文化、政治的快速向上,则从如下两事件已甚明显:其一,以周侯于文丁(即文武丁,武乙之子,《史记》中的太丁)时代,任朝廷的牧师官职(《竹书纪年》);其二,其妻大任,乃殷朝传统的权力者畿内同盟国,汤王时左相仲虺(殷朝尚右,右相伊尹)后裔,生子便是文王(《史记》周本纪正义引《国语》)。关于后者,《诗经》也举为大事,而有"挚仲氏任,自彼殷商,来嫁于周"(《诗经》大雅大明)的记载。《史记》周本纪说王季"笃于行义,诸侯顺之",《竹书纪年》又载武乙、文丁时代王季连续征服西洛鬼戎与余无、始呼、翳徒等族,反映的事实当即盘据于陕西、山西域内诸戎族向周族统合的态势渐已形成。但殷朝统治者对周族的落后印象却终不能拭抹,对其领袖也终持呼之即来叱之即去的不为礼态度,而结局乃有王季被文丁所杀的悲剧(《竹书纪年》),种下周—殷间不共戴天的仇恨因素。

王季的殷裔母系之子昌或其后追尊的文王嗣位周侯,周族如日中天的时代来临。《史记》周本纪介绍文王"笃仁、敬老、慈少。礼下贤者,日中不暇食以待士"与"诸侯皆向之"的德业,与其父如出一辙。长期保持勤勉状态,相对也被殷朝视为西北落后诸民族之一的周族,便因太王—王季—文王接续三世英明领袖的指导,以及蒙受精神、物质文明均高度发达的殷文化浸润,地理位置又立于文明圈边缘诸戎间的时间、空间双重保障下,而已茁壮为虽生活质朴,却意志力强固与进取心旺盛的可敬民族,确立了独霸西方的最强大势力和基础。

文王与殷朝的关系,际遇如同其父,于帝辛(纣王)时曾任职朝廷,后又被囚七年。但待获释,立即代表了周族飞黄腾达的正面化,周文王的赫赫武功也自此大事展开,《史记》周本纪的记录:"明年伐犬戎,明年伐密须,明年败耆国('阢'或'黎'国),明年伐邗,明年伐崇侯虎而作丰邑,自岐下而徙都丰。"西边犬戎被压制,周族后方防卫完全稳固,紧随便是连连向东进逼,消灭邗国与崇国,尤系军事上连续的大胜利。"崇"位于"周"的东方附近,今日西安市附近,"周"的向来假定中最大敌人,以及最坚定服从殷朝领导的强力诸侯;邗国所在,且已越过河南省洛阳,位于黄河重要渡口孟津的南面对岸(今河南省沁阳县),至其时先后灭亡,周族或周国支配势力昂然切入河南省,自黄土高原居高临下而到达了黄河平原的西部。国都陪伴向东移动,自岐下迁建的新都城丰邑(或"酆"),便是被灭亡了的崇国都城（今日陕西省鄠县）。另一方向，势力又向东南方长江、汉水流域伸展，所谓"文王……受命后，兼梁、荆二州，化被于江、汉之域，于是诸侯归附之者六州"（《太平御览》皇王部周文王引《帝王世纪》）。文王时周族势力已如何庞大可知，也因而对殷从西、南两方面大包围圈形成，布下正准备向殷朝首都挺进的态势，殷—周政治矛盾由潜伏突形激化。

《帝王世纪》中"六州"应系附会传统所称禹贡九州之说，以引申"三分天下有其二，以服事殷"（《论语》泰伯篇孔子对周文王圣德的赞美），所以也谓"文王合六州之诸侯以朝纣"，"受命后……于是诸侯归附之者六州，而文王不失臣节"。谓周文王晚年尽管殷—周关系已经紧张，自身势力已足够强大，却对帝辛（纣）仍维系从属名分，史料均然。而尤堪重视，系特被强调的"受命"一词，于记录中累累而见——

记录周朝事迹，《诗经》与《尚书》是著名的最早文字资料，《诗经》风、雅、颂三类共三百多篇诗歌，性质广泛及于对政治、军事、经济、社会的赞美与讽刺，以及抒情、恋歌等多方面。"风"（各国民间歌谣）的全部、"雅"（宫廷祭祀时的神乐歌）中小雅的一部分与"颂"（官式社交场合典礼、宴会时的赞颂词与乐章）中的鲁颂、商颂，均须于春秋时代始行成立，但大雅全部、小雅一部分，以及周颂，则考定确系西周时代所遗留，虽然部分作成年代也已在西周晚期。而大雅诸篇便已多文王"受命"的讴歌，且系受命于"天"、于"帝"，如：

文王在上，于昭于天，周虽旧邦，其命维新。（《诗经》文王篇）

文王受命，有此武功，既伐于崇，作邑于丰。(《诗经》文王有声篇)

有命自天，命此文王。(《诗经》大明篇)

帝谓文王……万邦之方，下民之王。(《诗经》皇矣篇)

《尚书》中周书诸篇大部分与殷书的盘庚一篇，也都被考定属于西周时代作品，周书小部分，殷书其余部分，以及包括今日熟知尧典、禹贡等篇的虞夏书才是孔子以后成立的文献。而周书中"大命""天命""文王受命"之句尤多，多士篇的"敕殷命，终于帝"，"殷革夏命"，今日惯用"革命"一词也自此始见。

承天应命，直觉上有新"王"产生的联想，《史记》周本纪且直接大书"诗人道西伯，盖受命之年称王"，此与不失臣节已显然矛盾，而留予解释上颇多疑问，包括"天无二日，世无二王"之义下，为何殷—周间尚未正面决裂？于此，《史记》殷本纪"赐弓矢斧钺，使得征伐，为西(方)伯"(周本纪记事内容同)，可得解答。便是说，西(方)伯便是周族的自我独立意识的成立，受天命非以高姿态称"王"方式表达为必要，形式上未脱离殷朝国家联盟，只是隐隐地一个反殷大同盟正酝酿成熟。所以如《史记》周本纪称文王受命七年而崩的期间，出现的反而是暴风雨前的平宁局面。"受天命"是古代重大的思想突破，是周革殷命的朝代变易运动理论根本。周朝利用天意，彻底瓦解殷朝精神面"天"的信仰，殷朝敬畏天帝，如今天帝意志便是周朝替代殷朝，所以无论对动摇敌人阵线，还是鼓舞自身友好国家的团结，都是周族最有力的政治号召，至周朝建立而天命加大神圣化，乃有《诗》《书》追记其事。金文记录中也是，如：

大盂鼎："隹九月，王在宗周命盂。王若曰：盂！丕显玟（文）王，受天有大命。"

毛公鼎："王若曰：父厝！丕显文武，皇天弘厌厥德，配我有周，膺受大命。"

有天下者受天命的意识，自此铸定。以后所有朝代革命，都立于同一思想传承，所以皇帝玺文，从著名的秦始皇玺"受命于天，既寿永昌"，以迄清朝《大清会典》所登录由二十五御宝，其最重要的第一、二颗，仍便是"大清受命之宝"与"皇帝奉天之宝"，都是如此。

风云际会的殷——周交替历史舞台大轴演出，一位今日民间传说中家喻户晓的神化人物担当了主角，其人便是"太公八十遇文王"年迈得志典范，"姜太公在此，百无禁忌"的通俗信仰与向系神话小说而今日又被视为科学预言小说闻名世界的《封神榜》中心人物——姜太公。姜太公现实的历史身份，则是中国最古的伟大兵略家，以及周文王与其嗣位之子武王的智囊团最高主脑，倾覆殷朝政略、战略设计人，伐殷幕帷正式掀开时战场上八百诸侯联军的最高统帅。姜太公此一民间名号的历史由来，《史记》齐太公世家说："本姓姜氏，从其封姓，故曰吕尚。""太公"的名词系依文王之言："我太公（太王）望子久矣"，所以义王号之曰"太公望"，立为师。武王嗣位，再尊为"师尚父"。然而，上述结合，非仅个人间的亲密与信托关系，可能还关联到长期的氏族婚姻背景，传说中"姜"系中国最早的农耕象征"神农氏"姓氏，又于传说中，周族始祖弃或后稷之母（帝喾之妻）姜嫄，以及古公亶父或太王之妻（王季之母与文王祖母）太姜，都出身于以"姜"为姓的氏族与部族。武王之后邑姜，且便是太公望之女。另一解说的可能性亦非不能成立，"姜"与"羌"字形相似而系同一血统，羌便是今日西藏族系或古代诸戎集团的有力一支。羌族于殷朝受压迫最剧，其同种族诸戎得周族鼓励结成的反殷大同盟中，血缘最接近的姜姓部族因之也特为积极，与周族立于几乎同等的主导地位。

推动周族到达强盛巅峰的文王不幸于自岐下迁丰的次年去世，其子发即周朝建立后的武王嗣位，终以完成"受天命"结局，轰轰烈烈的伐殷大纛正式蠢起。序幕为黄河北岸孟津之会，似系武王试探自身号召力意味，所以《史记》周本纪载仍奉文王木主而自称太子发，待"不期而会孟津者八百诸侯"的局面出现，正本乃断然上演。声势惊人浩大的同盟军编组成立，向北推进，《尚书》牧誓篇所列举庸、蜀、羌、髳（苗）、微、卢、彭、濮等长江中、上流域，而"惟妇言是用，昏弃厥肆祀弗答，昏弃厥遗王父母弟不迪，乃惟四方之多罪逋逃，是崇是长，是信是使，是以为大夫卿士，俾暴虐于百姓，以奸宄于商邑"列帝辛罪状。"牧誓"的意义便是牧野誓师之文，结集逼近殷都南方牧野（今河南省汲县）战场的西、南方反殷联军兵力共"车四千乘"，单独由周族动员的主力又是"戎车三百乘，虎贲三千人，甲士四万五千人"（均《史记》周本纪）。军容之盛，《诗经》大明篇有生动描述："牧野洋洋，檀车煌煌，驷騵彭彭，维师尚父，时维鹰扬。"面对排山倒海而来的同盟军，帝辛（纣）方面也发兵七十万人投入战斗（《史记》周本纪的记录。《帝王世纪》谓"与同恶诸侯五十国凡十七万人距周"）。大会战登场与落幕，便如汉朝时代发现仿作《尚书》古文诸篇之一《武成》"甲子昧爽，受（纣）率其旅若林，会于牧野，罔有敌于我师，前徒倒戈，攻于后以北，血流漂杵，一戎衣天下大定"；以及《史记》周本纪"纣师皆倒兵以战，以开武王。武王驰之，纣兵皆崩畔纣。纣走，反入登于鹿台之上，蒙衣其殊玉，自燔于火而死"所记述。朝代因而完成变易，胜利者同盟诸侯的盟主武王被推戴登位为王，周朝于焉建立。其年代，约当文王受命的第十年，国都也自"丰"向东迁定于"镐"（今日西安市）。《诗经》文王有声篇记载："考卜维王，宅是镐京，维龟正之，武王成之。"

历史界对殷—周交替历史所重视的，系周武王伐殷年代的设定。因为，此乃中国古代史时代解明的关键，古代年代学的基准之一，一系列的年代推算都须以此立脚。而中外学者对此努力的结果，迄今仍是众说互殊，具有代表性的是：纪元前一二〇七年（雷海宗），纪元前一一一一年（董作宾），纪元前一〇七五年（唐兰），纪元前一〇六六年（新城新藏），纪元前一〇三〇年（丁山），纪元前一〇二七年（高本汉、陈梦家）。[①]所以，于未获定说以前，武王伐殷的绝对年代毋宁还须采用约数，折衷如上诸说而暂定之于纪元前一〇五〇年左右。

相关联的第二个年代问题，又是关于周朝的总年数。《史记》十二诸侯年表纪年，起自周朝共和元年即纪元前八四一年，此一年代，乃是连续至今日二千八百年中国历史无间断的正确纪年开始。也惟其如此，自共和元年迄于纪元前七七一年犬戎攻陷镐京而幽王被杀，西周转换为东周，抑或继续届至纪元前二五六年

[①] 董作宾：《中国年历总谱年代类说明》，《大陆杂志》第十九卷第二期、郑清茂译山田统《周初的绝对年代》，《大陆杂志》第十五卷第四期。

周朝王系最后终止，世代年数与累积年数都可肯定，共和以前则否。《史记》于共和以前的周朝历史，系与夏、殷同列三代世系，而"有世无年"。所以，周朝年代确数，学者间如同对夏、殷的各有主张，从未统一。统一的惟有传统通西周、东周大体八百年之说。其中东周五百一十四年（纪元前770—前256年）无异议，则西周年数可推定约略二百八十年左右，西周后期自共和至幽王之末七十年（纪元前841—前771年）也可考定，残存便是最前段约二百年的问题。二百年此一约数，幸有《史记》鲁世家所明列鲁国世代国君在位年数相对照，而得承认无大出入。鲁世家除周武王次代成王大封建展开时受封的第一世伯禽无记录外，自第二世考纪元年的纪元前九九七年起，迄于共和前一年，共一百五十七年，加伯禽在位[①]与周朝建立的最初期，二百年之数大体相当。

只是，周朝西周、东周的区分，非单纯首都迁移的意义，尤其代表了国家机能强烈变化，性格已全然异趣。所以，依西周的实质基准"周朝"毋宁也仅能单指西周，虽然西周—东周的王系一脉相承。

记录入《史记》的周朝世系如次页表。

周革殷命，虽然以牧野决战而一举成功，但"三分天下有其二"的相对意义，至少尚有全体诸侯的三分之一拥护殷朝。而且，反殷同盟参与者，又属西方与南方国家，这些国家，均系盘庚迁都后的殷朝后期才被殷朝武力征服与胁从，历史关系较浅，反殷宣传容易制造离心力。殷朝发达过程中已长久而深远连结亲

---

① 伯禽在位年代下限须及于周康王时代，可参证《左传》昭公十二年条楚子之言"昔我先王熊绎，与吕伋、王孙年、燮父、禽父，并事康王。"

密感情的黄河平原东方地域便不同，诸侯或国家都是殷朝统治的强力支持者。所以，牧野之战殷朝尽管挫败，仍然保持了东方的强固势力，联军行动以压迫帝辛自杀与一度占领殷都结束，帝辛之子武庚（禄父）继承殷国统治权，仍不得不被新朝代周朝所承认，而由周武王派出管叔、蔡叔、霍叔三弟驻在其地监视，所谓"三监"，周朝当时的领土，还是"三分天下有其二"时代的范围。以殷—周代表的东—西对立态势，俨然继续存在。

于是，乃有从实质上确立周朝历史的周公东方征伐与东方经营伟业展开。东方得以并入周朝全领土成功，也才是周—殷兴亡的真正基准。

武王伐殷，西返镐京后未几即行去世，东方果然爆发了几乎动摇周朝立国基础的大动乱。三监、武庚，联合依然效忠殷朝，以奄（今山东曲阜）带头的各国，以及徐戎、淮夷等，从河南、山东半岛，南及淮河沿岸，广泛吹响反周的号角。大反抗中三监扮演何等角色，是被武庚挟持？抑或是他们主动煽动武庚组织反周联合阵线？无从断言。从来历史界的多数意见，相信的是后一情况，而且牵连到王位继承问题，即：具有丰富政治经验与组织能力的武王同母弟周公旦，与武王所遗幼子成王间嗣位斗争的猜测，至少，周公于武王病危时已负起代行王权的实责为无疑问。蔡叔于兄弟排行间，对武王为弟，于周公为兄，因此最起反感，而有《尚书》金縢篇"武王既丧，管叔及其群弟流言于国曰：公（指周公）将不利于孺子（指成王）"的记述。在周朝支配圈谣言满布的同时，东方发动了三监与殷族合流的大反乱运动。

古代中国的成立　　　231

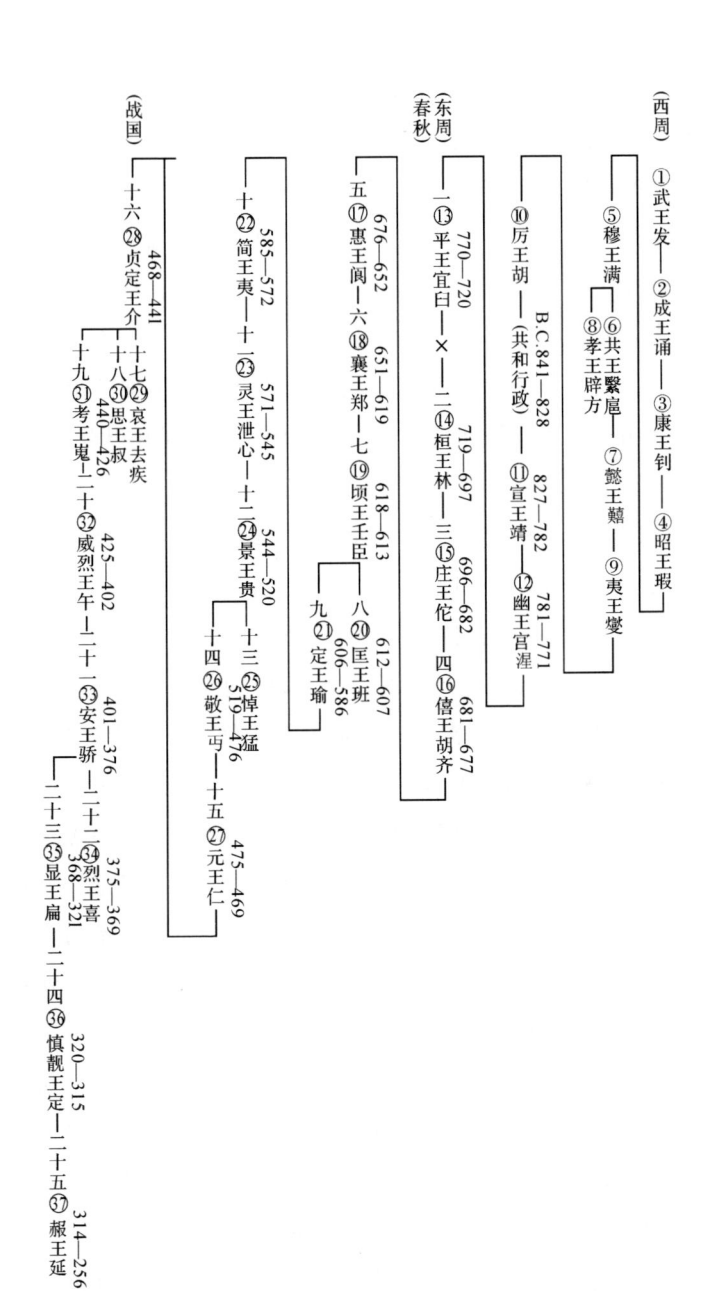

(西周)
① 武王发 —— ② 成王诵 —— ③ 康王钊 —— ④ 昭王瑕
⑤ 穆王满 —— ⑥ 共王繄扈 —— ⑦ 懿王囏 —— ⑨ 夷王燮
　　　　　　⑧ 孝王辟方
⑩ 厉王胡 —— B.C.841—828 —— ⑪ 宣王靖 —— ⑫ 幽王宫涅
　　　　　　（共和行政）　　827—782　　781—771

(东周)
(春秋)
⑬ 平王宜臼 — × — 二 ⑭ 桓王林 — 三 ⑮ 庄王佗 — 四 ⑯ 僖王胡齐
770—720　　　　　　 719—697　　　　 696—682　　　 681—677
五 ⑰ 惠王阆 — 六 ⑱ 襄王郑 — 七 ⑲ 顷王壬臣 — 八 ⑳ 匡王班
676—652　　　651—619　　　　618—613　　　　　612—607
　　　　　　　　　　　　　　　　　　　　　　　　九 ㉑ 定王瑜
　　　　　　　　　　　　　　　　　　　　　　　　606—586
十 ㉒ 简王夷 — 十一 ㉓ 灵王泄心 — 十二 ㉔ 景王贵
585—572　　　　571—545　　　　　　544—520
十三 ㉕ 悼王猛
519—476
十四 ㉖ 敬王丐 — 十五 ㉗ 元王仁
475—469

(战国)
十六 ㉘ 贞定王介
468—441
十七 ㉙ 哀王去疾
十八 ㉚ 思王叔 —— 440—426
十九 ㉛ 考王嵬 —— 二十 ㉜ 威烈王午 —— 二十一 ㉝ 安王骄 —— 二十二 ㉞ 烈王喜
　　　　　　　　　425—402　　　　　401—376　　　　　375—369
二十三 ㉟ 显王扁 —— 二十四 ㊱ 慎靓王定 —— 二十五 ㊲ 赧王延
368—321　　　　　　320—315　　　　　　　314—256

周公的果断处置，第一步是平息谣言，得周族同族而非王族的有力部族领袖召公奭协力，立即宣布成王登位，而自己以成王年幼的理由摄政。继再推请其时最负重望的太公望，依周文王于殷末担当"专征伐"的西伯之例，为东伯，专征伐，所以《史记》齐太公世家说："及周成王少时，管蔡作乱，淮夷畔周，乃使召康公命太公曰：东至海，西至河，南至穆陵，北至无棣，五侯九伯，实得征之"（《左传》僖公九年条管仲追叙之语同，其言谓："五侯九伯，汝实征之，以夹辅周室"），付托以今日陕西、山西两省分界，自北向南流的黄河以东至于海此一广大地域，亦即整体东方的经略全权。但太公望以年迈去世，东方经略责任，便以成王亲征名义改由周公自行担当，召公辅助。

东方征伐乃毫无把握的大冒险，而且在受敌方心理攻势，群情猜疑的不利情况下进行，所以惟有以"天命不易""迪知上帝命""曷其极卜，卜并吉"鼓励远征军士气，要求诸"友邦君"支持（《尚书》大诰篇），其艰苦可以想象。而且，战争全过程究竟如何？周朝究竟付出何等重大的代价？文献记载都很暧昧，仅知此一旋转乾坤的大战事，持续至七年之久，幸以坚定、沉着与毅力，才彻底赢得此场以周朝命运为注的大赌博。周都与殷都地理上中间位置的洛邑（今河南洛阳）建设，乃是纪念巨大胜利成果的象征，但作邑在周公归政成王之前抑以后？同系《史记》的记录，鲁周公世家与周本纪仍然矛盾。《尚书》周书二十篇中，金縢、大诰、康诰、酒诰、梓材、召诰、洛诰、多方、多士、君奭等十篇或半数，均关系此一大事，较之武王伐殷的直接记录仅牧誓一篇，另加有关的洪范一篇也只两篇，记录分量的区别，正代表了现实历史的比重。东方战事结束，才是殷族被真正征服的意义，武庚与管叔俱死，蔡叔被放逐，霍叔废为庶人，以徐戎、淮夷为主要分子的东夷系种族，以及奄国与其余参与抗周运动的国家，均被镇压与消灭（《孟子》滕文公下指此役"灭国五十"）。召公奭领导的大远征军一支追击敌军，压迫至山东半岛海岸受降的一幕："丕冒海隅出日，罔不率俾"，以《尚书》君奭周公的赞美词而流传千古。

周朝东方事业完成，周朝支配权才得向黄河流域中央部以至东海岸，以及远征部队的趁势长驱长江流域，而大幅开展，全盘接收殷朝统治圈与其统治权，铸定周朝的历史地位。周朝伐殷—克朝—灭殷（《史记》周本纪所称的"绌殷命"），一贯秉承的"天命"，系文王受命，而历文—武—成三世乃得大功毕定，收其成果的乃是成王（周公），成王谥号之为"成"，显示乃是周朝真正成立的意味。所以《尚书·召诰》之语："呜呼！皇天上帝，改厥元子兹上国殷之命，惟王受命"，《史记》三代世表也以成王列周朝之始，以符合"改殷命""绌殷命"的实质进程。由伐殷而灭殷，"中国"全域地与人的周朝支配昂然步上了坦途，"皇天既付中国民，越厥疆土于先王"（《尚书》梓材），以及"普天之下，莫非王土；率土之滨，莫非王臣"（《诗经》北山）之语，乃得于其时侃侃而言。古代史划期的大封建，也陪伴处置失败了的殷族与其同盟者，解体了的原殷朝东方旧领土上国家重建，因周朝东方新领土上新的政治秩序设定而实现——

其一，被灭亡的效忠殷朝诸国家以及东夷领域的极东之地，亦即殷族背后强大支持势力，予以粉碎，新秩序的三大据点，分封太公子嗣为齐国（营邱，今山东临淄），周公子嗣即伯禽为鲁国（奄，今山东曲阜），召公子嗣为燕国（"燕""奄"同音，始封地可能也是原奄国之地，殷族始源地今河南濮阳附近的山东省境，以后徙易，今河北易县，再徙蓟，今北京），以及次要的曹国（武王之弟受封，今山东定陶）等众多小国。南方未封大国，但封国中已包括了其后春秋时代先后发达的汉水流域芈姓楚国，与传说中谦让君位的贤人典范，王季之兄泰伯、仲雍后裔的长江三角洲吴国，封建对象，均系王子、王族、周朝同族或异族功臣或其后裔。

其二，支解原殷朝直辖领地外缘部分，所分封国家，传说中舜的后裔为陈国（宛丘，今河南淮阳）、禹的后裔为杞国（雍丘，今河南杞县）等所谓"先代"之后为主体，无大国。

其三，殷朝直辖心脏地区则割裂两个国家，一封殷朝王子与帝辛庶长兄微子启于殷的旧都商丘，建宋国；一封武王与周公幼弟康叔于原殷都之旁，今河南浚县，建卫国（东周时代继续移建）。

其四，殷族人民被疏散分割统治，允许留归宋国部分以外，迁移改隶周族国家领导，《左传》定公四年条指出：

> 分鲁公以……殷民六族：条氏、徐氏、萧氏、索氏、长勺氏、尾勺氏……而封于少皞之虚。
>
> 分康叔以……殷民七族：陶氏、施氏、繁氏、锜氏、樊氏、饥氏、终葵氏……而封于殷虚。

其五，殷都居民，原为殷族中最优秀分子，已全被向西转移至大平原西部与黄河南边，于周朝统治者直接控制下，另筑新都邑安置，便是洛邑。镐京距离新征服黄河平原领土中心点约五百公里，路程遥远，选择适当的交通中心新建东方经略大本营，有其必要，所以东方征伐成功，便由周公决策，召公执行，于河南洛阳兴建周朝第二首都或副首都性质的洛邑。镐京以宗庙所在而称"宗周"，洛邑则为政治意义强烈的"成周"。东西两首都雄峙并立，往东通过卫、宋再连接齐、鲁，于是周朝的整体"中国"统制轴心稳固建立。而洛邑建设工事，动员的均系殷朝，居住民也都是原殷都移民，易言之，即原殷都的废弃与整体迁移。惟于城西另筑王城，供王行巡，以及配备周族自族的重兵防卫监视。

东方封建与东方经略本据地洛邑建设完成，西方封建踏袭其轨迹展开。代表性大国唐国，受封者成王同母弟唐叔虞（《左传》定公四年条称"封于夏虚"，成王时始封似在山西省南部，其后改名晋国时移山西省中部今太原）。接续，"三监"叛变被放逐的蔡叔子嗣也受封于东方建蔡国（今河南上蔡，战国时代的最后建国地则已移至今安徽省蔡县）。

《史记》概括春秋时代事迹的十二诸侯年表（实数为十三），所指便是鲁、齐、晋、楚、宋、卫、陈、蔡、曹、燕、吴以及西周后期宣王分封其弟以畿内之地的郑国（今陕西省华县，纪元前八世纪西周转换为东周期间，转移入河南省原殷族活动的本据范围，介乎洛邑与卫、宋两国间的今日新郑县，建立新的郑国），与最后兴起的秦国。其中绝大多数，均自周朝初年的成王时代成立封建。

惟其如此，传统历史界以周初大封建推前至朝代建立的同时，而谓武王封建，成王更封，解释上便须加以澄清。与其采信《史记》等已经润饰了的记事，毋宁注意较早记录，战国时代作品《左传》定公四年条的"昔武王克商，成王定之，选建明德，以蕃屏周"；《左传》僖公二十四年条的"周公吊二叔之不咸，故封建亲戚，以蕃屏周"。对照更早期文献《尚书》牧誓篇："我友邦冢君"；大诰篇："大诰尔多邦""告我友邦君""尔庶邦君"，同篇又自称"小邦周""我周邦"，个人则"予小子"等封建前周朝朝廷对诸侯的称谓，尤可显见相互间关系。一系列的"封"（分封）与"建"（建国），以及分封爵位付以等次而与国家大小或重要性配当的制度实现，周朝王室的权威建立，全系《尚书》周书早期诸篇中"西土""东土"合一的结果，并且便以此为条件而封建实现，为可认定。自此，以周朝王族与通过亲缘、友好关系受封的国家一个个连锁携手，向宗周效忠，结合为周朝国家整体的政治、军事支配网。

"封建"的国家创立意义，陪伴又是氏族集团随封建而分散的大移民潮展开，殷族分徙四方乃是显例，周族自身亦然。《左传》说：

> 武王克商，光有天下。其兄弟之国者十有五人，姬姓之国者四十人。（昭公二十八年）
>
> 周公……故封建亲戚以蕃屏周。管、蔡、郕、霍、鲁、卫、毛、聃、郜、雍、曹、滕、毕、原、酆、郇，文之昭也。邘、晋、应、韩，武之穆也。凡、蒋、邢、茅、胙、祭，周公之胤也。（僖公二十四年）

便是说，大封建以周朝自族为主，波涛广阔的移民浪潮随同新国家一个个成立的统制需要而四向播布。所以，封建也含有周朝殖民运动的意识，建立的国家多数系以周朝殖民国家态势而实现。

封建国家概系谓之"邑"的都市为中核所形成都市国家，以及周朝自身同系都市国家而领有"畿内之地"直辖领的形态，全立于殷朝基盘。然而，殷朝政治、社会构造，却也由于周初大封建遂行的动力，而发生质变。"封建"非单独的立法与单纯的分封者建国，诸侯与王室间关系，已于原始政治组织的单纯从属关系与分地制度基调上，与"宗法""井田"三位一体，相与密切。殷朝奴隶多数于井田制下解放为自由民，诸侯之国内部的土地与人民关系，又是王室分封的再现，如此自上而下层层相隶，社会秩序维系力量转移到宗法的本家、分家关系。氏族集团于政治规范下的移动分散与殖民国家一处处建立，氏族制原始色调大幅注入了地域因素，鲁国之例，组成分子至少已包含移民的周族与殷族，以及原奄国东夷系民族。封建底层小单元隶属民固然是血缘集团，井田经营也必然仍须依氏族制纽带，但"国"的血缘关系团结已被打破，中国历史的氏族制社会随着殷朝都市国家联合时代结束，终变貌为封建制社会，代表血缘关系的"姓""氏"需要开始升高，正是社会发展新境界的转移指标。

封建制社会建设过程中，奴隶问题是古代史学者间争论焦点之一，唯物史观学者指殷族失败后受周朝高压统治而大量被奴隶化[1]，

---

[1] 侯外庐《中国古代社会史论》指《左传》鲁、卫分殷民之意，系以"殷民二十余族作为族奴"，而"民"即解释之为"集团奴隶"，郭沫若以及苏联史学界，也强调西周奴隶制度，指西周为奴隶制社会。惟其如此，关于中国的历史分期，时代区分上封建制度的开始期究系何时？大陆史学界间意见迄颇混乱，春秋、战国之交之说乃郭沫若（见《奴隶制时代》）的见解，其余设定于战国、三国、东晋、宋等各朝代的，均有，但多数还是不得不依通说承认为西周。吕振羽《殷周时代的中国社会》《简明中国通史》、范文澜《中国通史简编》修订本第一册、翦伯赞《中国史纲》第一卷、吴泽《中国历史大系·古代史》等，均持中国封建制社会开始于西周的意见。却又均予封建制时代以再分期，西周至秦统一，便是此类唯物史观学者所谓的"初期封建社会"。抑且，封建制社会的成立，也被认为仍自奴隶制社会演变，便因奴隶来源涸竭，自由民多被沦为"半农奴"时，才有社会结构的变化，云云。

此尤须加以辨正。周革殷命，分解殷朝直属领地便是封建由来，分散殷族也与周族自身的移植分散无实质区别，余外觉察不到任何对殷族的高压。而且，封建制社会中，尽管附属于封建贵族的劳动奴隶仍然存在，家内服役奴隶且甚普遍，但使用量已自殷朝比例大幅下降，愈到后期的文献中印象愈明晰。殷族于周朝受奴隶待遇的理论，因之全不符事实，相反，殷族还是受尊重。周朝史官记录箕子之言为《尚书》洪范篇时，纪年系殷朝的"祖"而非周朝的"年"；东方征伐灭殷与东方新秩序建立后的《尚书》诸篇，印象同样明晰：

——康诰、酒诰、梓材的"三诰"，乃康叔封卫时周公连续三次传命告诫的文件，一则谆谆嘱咐"明德慎罚"，"敷（普）求予殷先哲王，用保乂民"；二则警告勿染晚期殷人嗜酒风习，而须效法早期"自成汤咸至于帝乙"的"经德秉哲"；三又再次昭示"勤用明德"，这是治理殷族的基本方针。

——召诰、洛诰分别记录洛邑经营期召公、周公之言。召公累次表达其"大国殷""大邦殷"，以及对"兹殷多先哲王在天"的敬意；周公又一再强调迁建洛邑系累经卜问为"吉"，以符合殷族习惯。

——多士篇系新邑洛筑竣，周公莅洛慰勉已定居殷族的文告，要求团结携手，协力创造共同的新时代，谦词解释："肆尔多士，非我小国敢弋殷命。"

——无逸篇乃天下大定时周公勖勉成王之言，叮咛"勤劳稼穑"，所列举"则其无淫于观、于逸、于游、于田"的模仿对象，又是"自殷王中宗，及高宗，及祖甲，及我周文王，兹四人迪哲"。

——即使至成王继周公去世而康王嗣位的时代，顾命篇制作，追叙周革殷命，仍是加冠敬词的"王改大国殷之命"。

抑且，封建展开，殷族子姓之国，除了微子宋国与传说待以不臣之礼的箕子朝鲜，留存至春秋灭国运动兴起的时代，文献也尚另有戴、谭、萧、权等四国的记录[①]，尤非政治歧视可以解释，此其一。

其二，周族蒙殷文化提携而苗壮，周朝成立，先进殷文化仍然立于支配位置，强烈的殷文化指导力自《尚书》周书诰命沿续"王若曰""余一人"用语，以及出现于周书诸篇的周朝初期官名尹士、庶士、御事等全同殷朝，都可指示。或者，直接便是殷裔贵族多自周初被引进宗周，为新朝效力，于文书、祭祀等方面，为周朝王室提供其丰富经验，似亦非猜测中事。《诗经》文王篇有显然对此的说明："穆穆文王，于缉熙敬止，假哉天命，有商孙子。商之孙子，其丽不亿，上帝既命，侯于周服。侯服于周，天命靡常，殷士肤敏，祼将于京。厥作祼将，常服黼冔，王之荩臣，无念尔祖。"则毋宁又只表现政治上的协和，而无由指为周朝对殷族的迫害。

其三，周初青铜器、陶器式样与殷朝相通的考古学发现，原因以全出殷裔百工，换言之，原殷朝百工转移周朝服务之故，乃为学术界定说。百工地位，又由西周金文成王时代之器令方彝明示，与诸侯相等系支配阶层，殷裔百工于周朝持续其高身份的今日共同认识，显对殷族遭高压的假说给予了事实的粉碎。

其四，商业经营权同在殷族人民掌握，《尚书》酒诰篇"肇牵车牛，远服贾"明记其事。今日考订，有"商人"的职业别名

[①] 周谷城《中国政治史》第 26 页整理顾栋高《春秋大事表》中春秋列国爵姓及存灭表。

词，便以殷（商）人擅于经商而得之说。[1]此说虽系望文生义，但手工业、商业均与贵族直接相关的阶级社会时代，殷裔得以垄断商业，须是周初殷族巨大影响力的再一角度认知。

所以，总而言之，周朝英雄周公伟大舵手的指导，周文化固以殷朝制度为磐石，而以发扬礼（＝制度）的特色，礼的文化为里面，又与表面德的政治一体两面，万邦协和，人际亲睦的精神，原是和平的、协和的，而非战斗的、冲突的。周公无愧千古圣人，后世儒家景仰为圣德政治范式。周族对殷族的宽容、尊重，以及所换取对方的相互间合作携手，正是圣德政治理想的实现，也因而推动历史，稳定、顺利地完成封建制转换。

此一过程中，国家组合原型的周人、殷人、奄人之名都以血缘—地缘关系的调整，自记录中退隐，出现的已一概是统合的鲁人、宋人、卫人、齐人。殷族—周族间相互认同的显例，周初残留今日青铜器中，甚多殷裔以纪念自身祖先而制作，父、祖去世后用日干为名的习惯惟殷族有之，周族所无，所以往往得见铭文中记先人以父丁、父癸、祖丁等称谓，此等显知都是殷裔子孙所铸铭文的例子，发现至少百件以上。但所记周朝年代，多数止于周朝第七世代懿王，以后便颇少见[2]，证明殷裔独特的习俗至此渐已放弃，向周族统一。殷朝嗜酒而浪漫奢靡的风习，也在"礼"的严肃规制力下变易。周文化由是大放独自的光芒，自孔子礼赞"郁郁乎文哉，吾从周"而知，而孔子自身，却便是殷系鲁国人。完美的周文化，原系以人际关系的和谐团结为境界。

---

[1]　日本著作中往往持此见解。

[2]　西周金文说明，主要取材自角川版《世界美术全集》12.中国（一）所辑诸图版解说；人物往来社版《东洋的历史》1.中国文化的成立，第297—299页。

周文化骨干的"礼",非仅政治约束力的法则与制度,也是社会全秩序的规范,顶端统制的"天子"意识自中国史最早成立,其重大意义,系已予"天"与"人"的关系再调整,也奠立中国自此三千年君主支配的精神基石。《诗经》《尚书》诸篇代表殷朝信仰的"皇天上帝",以周朝一大发明"受命"思想为中介而延伸,乃有《诗经》大雅、小雅诸篇"天子"、《尚书》周书诸篇"天子"之词的不断出现。《尚书》立政篇"嗣天子王矣"的大书,至洪范篇著作时愈明言"天子作民父母为天下"。所以,《礼记》曲礼的"天子"定义,便是"君天下曰天子",疏:"是上天之子,又为天所命子养下民",殷朝信仰的天帝权威,以天之"子"的身份受天之命,过渡到人间的"王"的程序完成。"天"(帝)与"民"之间,以王系"天子",代表天的意念与行为,也以王受"天命"为代理人而统治万民。阐明这层意义,《史记》写作体例,夏、殷本纪均仿黄帝、帝尧、帝舜称"帝",而惟周本纪称"王",以及"于是周武王为天子,其后世贬帝号,予号王"(殷本纪)的说明可为注脚,指示了天"帝"意识原被流用于传说中半神化的人物与神格化了的实在的统治者,以周朝建立而澄清"帝"(天上的,精神的)与"王"(人间世界的,现实的)之别,以及予两者间关系以明确解说,便是:正如同今日所了解基督教信仰中耶稣与上帝间的关系,耶稣虽系上帝之子而仍为现世的"人",周朝天子亦然。因此周朝"礼"的文化,一方面王权以得天赋的理论依据而强化,一方面又强化了现世人间的因素,是中国文化的人本主义发轫,也铸定必然是现实中周族领导期的产物。

相关联的情况有:

——以殷朝日干为号为原型的礼制中谥法发生。封建之君立谥，较西洋君主加号，初非止于身后与生前的不同而已，主要的含义，更是批判其人治世功过。所以谥号非必美名。而且，引用秦始皇之语还是"以臣议君"，是强烈的现世人本主义表现。

——周初之作的《尚书》大诰、洛诰诸篇，通篇尚强调卜的效验，礼制确立，"天"与"人"的关系再设定，炽烈的卜事乃渐成历史陈迹。也惟其贞卜风习衰退，周初历史，已不能如殷期的留存大量书刻于甲骨的文字供今日研究。周初之事，已转变为以青铜器铭文或文字学上所称的西周金文，为一大资料来源。遗留今日的西周有铭铜器，文字内容均出自器物制作者个人或家族的纪念意义，然而，仍表现了其时现实，性质如同文献资料《尚书》《诗经》，前者多系诰命，后者又系诗篇乐章，却都不失为反映时代的珍贵史料。抑且，《尚书》《诗经》可以经过后世润色，青铜器铭文则似于甲骨文，除非伪作，否则，都是最直接表达当时事态的真实文字资料。此类西周朝古文与古文章的解说，较殷朝甲骨文发展为专门学问的时间且特早，宋朝时代（约纪元十二世纪）已开始正式研究，一度中断后，清朝以至今日，又兴起进步的研究热潮。最初将周朝金文建立编年体系的，乃郭沫若《西周金文辞大系》（收录器物162件），容庚《金文篇》又系金文字数（包括殷、周）统计的代表作，共三〇〇五字，其中得以解读的一八〇四字。只是，部分西周朝铭文的年代设定与人物关系，学者间意见尚非一致。

西周金文，最近三四十年来，以陕西省渭水流域各地与河南省洛阳附近、浚县等地颇多青铜器出土，而考古研究领域扩大。其中，洛阳北邙遗址出土大量刻有殷朝国家古体"土"字象形图记青铜器，而年代已知系属西周初期，推定便是徙居洛阳的殷族移民所遗存。洛阳出土令方彝铭"王命周公子明保尹三事四方"长文，记述周公奉天命于成周（洛阳）大会诸侯百官之事。内容、文体、用语全似《尚书》洛诰篇，参与朝会者"众卿事寮、众诸尹、众里君、众百工、众诸侯，侯、甸、男、含四方命"的官名，也与洛诰篇符合，两文堪相互参证。

封建诸国中，燕国甚早迁离奄地到达北方，从热河省凌源县海岛营子出土青铜器群中，匽侯盂的发现而了解。匽—燕—奄字形互通，匽侯即燕侯得予认定，铭文中的"匽侯旨"，又被解释即始封者召公奭长子。

一九五四年江苏省镇江镇（今丹徒县）龙泉乡烟墩山南麓新发现古墓出土的十二件青铜器中，宜侯矢簋又系重大考古收获，其铭文虽遭部分损坏，仍能解读。记录大意指周公、召公东方经略，对淮夷的军事行动，曾空前推进到长江对岸镇江之地，其地与所居住人民被分封予著有战绩者宜侯。宜侯之国建立的重要意义，在于说明陪伴周朝灭殷与征服东海岸诸种族的结果，长江下游已建设了殖民都市，虽然此一都市与侯国的存在时间久暂乃是疑问。《尚书》泰誓篇所记系山东鲁国再度征伐淮夷、徐戎之举，则可能其后淮夷、徐方复叛时，宜侯之国以与母体周朝隔离而仍被倾覆，回归到当地土著种族之手。但追随传说中太王长、次两子泰伯、仲雍以让位其弟王季而避往江南，周族势力从最早向东南方推进以至正式开发长江三角洲的趋向，仍可确知。

山东半岛西海岸寿张县梁山出土太保簋铭文，乃召公奭受命东方大远征任前敌总指挥时光辉的战功记录。渤海湾黄县也发现记有召公赏赐部下锡文的卣形铜器，都是支持《尚书》君奭记事的实证。

东方征伐时动员的战斗部队中，便有殷朝投降将领受命统领原部队参加，以及立功受赏赐的事实，小臣謎簋铭文说明的伯懋父率殷八师，堪资证明。黄县铜器纪念"父辛"背景也相同。

成王次代康王时代制作，陕西省郿县出土的大盂鼎，学术界誉为西周全期最具代表性之器与全金文的最高境界杰作。所记又系殷裔贵族之一盂，受任司戎之位与获王赏赐的记录，所以纪年称"祀"。原文全词：

维九月王在宗周命盂。王若曰："盂，丕显玟王受天有大命，在珷王嗣玟作邦。辟厥慝，匍有四方，畯正厥民。在雩御事，䖍酒无敢酖，有柴蒸祀无敢扰，故天翼临子，法保先王，□有四方。我闻殷坠命，维殷边侯甸雩殷正百辟，率肆于酒，故丧师。已汝妹辰有大服，余维即朕小学。汝勿克余乃辟一人。今我维即刑廩于玟王正德，若玟王命二三正。今余维命汝盂绍荣敬雍德经，敏朝夕入谏，宭奔走，畏天畏。王曰：盂，命汝盂，刑乃嗣祖南公。王曰：盂，迺绍夹死司戎，敏谏罚讼，凤夕召我一人，烝四方。雩我其遹省先王受民受疆土。锡汝鬯一卣，冕衣巿舄车马，锡乃祖南公旂，用狩。锡汝邦司四伯，人鬲自驭至于庶人六百有五十有九夫。锡夷司王臣，十有三伯，人鬲千有五十夫。寖遝自厥土。王曰：盂，若敬乃正，勿废朕命。"盂用对王休，用作祖南公宝鼎。维王廿又三祀。

小盂鼎又系盂前后两次奉命鬼方征伐，第一次捕获敌人且至一万三千零八十一人之数，凯旋归朝，献俘周朝宗庙的报告。[1]

周初青铜器，以均殷裔百工制作而类别、器形、纹样，都与殷朝器物相共通，除非铭文明记，或者遗物出土的住居、坟墓遗址能正确判定其时代，否则，遗物究竟属于殷末抑周初，不容易分晓。而赖以识别的铭文本体，大抵西周金文的日时记载方法用"唯何年""唯某月"，以及依月象用"初吉""既生霸""既死霸"等词以示初一或十五日。习惯上文字长短之分也是区别标准，殷朝青铜器铭文，多只简单数字，周朝则已向长文发展，令方彝一八七字，大盂鼎二九一字。陕西省岐山县出土著名于世界学术界的毛公鼎，铭文述毛公厝受王恩，全长尤至四九七字，只是年代应属西周前期抑后期？异议尚未统一。

被确认西周后期制作的有名青铜器有：大史学家王国维考证即名相尹吉甫的伯吉父（甫）于定王时，以北方征伐大军功而受恩赏，又受命征讨南方淮夷，赋予向诸国征发军队粮食大权，记其事的兮甲盘铭文一三三字；实物已失，仅残留铭文拓本，内容为有关诉讼事件的召鼎四〇三字。其为表正散邑疆域而作的"散氏盘"五五七字，又以金文中铭字最多而著名。

西周系全金文的黄金时代，有铭铜器之数，通西周与东周出土三千件以上，其中半数便集中在年数约仅东周之半的西周。然而，即便于西周期作品中，技术尽管前后相贯，器形与装饰纹样较之殷朝抑或周初，却都倒反向退步的方向演变，已系无生气而呈现了僵硬化，质地也薄弱。殷朝多彩多姿酒器种类确定减少，簋、鼎、盘、钟发展为所有铜器制作中核；饕餮纹退化，云纹、

---

[1] 西周金文说明，主要取材自角川版《世界美术全集》12.中国一所辑诸图版解说；人物往来社版《东洋的历史》1.中国文化的成立，第297—299页。

鳞纹、蟠螭纹等新式样出现。此从相对的意义而言，周朝青铜器形式与纹样，必须至西周后期才脱离殷朝影响，固定化成立周文化自身的式样。关于铭文内容，同样完成了显著转变，西周前期所记多与祭祀、征伐有关的特色，后期已着重于作器者纪念接受官位任命，所谓"策命"的详细仪式，以及王命恩赐记录，文字拖长，每行字数匀当，非似前期的不规则。最堪表现西周后期金文特征而被考古界叹为杰作的，乃陕西省岐山县出土的有格阳文克鼎，明划整齐方格，每格一字，字体又自传统的阴文发展为阳文，似系以文字原型同入铸型，与铜器器形同时形成。①

惟其如此，衔接殷文化的周文化编年，考古学术界便依青铜器文化演变为基准，区分西周为前、中、后三期：以武、成、康、昭四个世代列前期，洛阳出土的臣辰铜器群为代表；穆、共、懿、孝、夷等五王时代，乃向单调发展的过渡期或中期，西安普渡村长田墓为代表；厉、宣、幽三个世代则铜器定型以单调为特征的后期，无适当的遗迹、遗物举证，现依金文性格，以趞曹鼎群与师兑簋的一群暂列代表。②

但西周青铜器发现地域之广为特堪注目，也得以由此推知概略的周朝政治支配范围。便是，以陕西省南部渭水平野周族强大的发祥地岐山与周朝都城镐京或宗周（西安）为文化圈本据，西端止于宝鸡县，东方以原殷朝都城安阳、浚县、辉县与成周洛阳

---

① 西周青铜器文化演变，主要取材自伊藤道治《中国古代社会的纪录》；水野清一《礼乐的世界》，平凡社版《世界考古学大系》6. 东亚Ⅱ，第59—60页、63页、82—83页；林已奈夫《殷周青铜器的纹样》；内藤戊申《先秦的文字》，角川版《世界美术全集》12. 中国一，第172页、209—212页。

② 水野清一：《殷周青铜器文化的进展》，平凡社版《世界考古学大系》6. 东亚Ⅱ，第3—4页。

为中心，自河南省广大地域所展开的扇形扩散形势，包有了山东省、河北省全部与山西省中部以南（中部近黄河的石楼遗址为限界）向北进展到热河省凌源县，向东北推广到辽宁省辽源县，都有周朝青铜器发现。南方到达湖北省的汉水流域孝感县、蕲春县、钟祥县。东南方长江下流域奄有江苏、安徽两省全部与浙江省北端（但江南江宁县、太湖附近浙江省境长兴与安徽省南部屯溪的发掘报告，系受土著拍纹陶文化影响的特殊形式青铜器）。周初文化圈自殷朝固有范围，如此广大发展弘布到东北地方内蒙古与江南地带，乃出乎向来古代史学者与考古学者想象之外。[1] 由洛阳起算八百至一千公里，由西安起算一千至一千二百公里的远距离间，都已自周朝随政治势力的进出，一个个殖民都市与国家建设，而着力向该地域先住民提供文明先进指导力，其事实也因而得以判明。

自武王至成王、康王的周朝初期黄金时代，支配圈外缘的统制效力尚未稳定。所以待接续的昭王、穆王治世，原所服从的西北草原地带戎狄、东南淮水流域徐国与淮夷、汉水流域荆蛮等异民族诸国，纷纷出现背叛倾向，而有周朝连续的大远征展开。昭王南征不归，溺死于汉水的传说，以及中国第一部游记著作，以中国最早大旅行家姿态记述穆王西游的《穆天子传》，均以此时期的频频外征为背景而产生，但是，强力军事压制下的周围诸叛乱部族，迨大军凯旋撤离现地，仍都是不稳定的附属与背信，周朝自周公以来树立的"德的政治"原则与对一切民族和平的同化政策，开始被破坏。

---

[1] 贝塚茂树：《中国的历史》（上），第87页；人物往来社版《东洋的历史》1. 中国文化的成立，第362页。

昭王、穆王的政治，对外恃武力对待反抗者所获仅为暂时的成功，对内尤系危险的信号，政治与社会的矛盾以外征而激发，"王道衰微""诸侯不朝"是《史记》周本纪明记的封建秩序受创现象。原持周族固有朴实特质的王室，也正上追殷朝帝王式生活享受，而维持王室高生活水准，直接受害者，便是人民，此其一。其二，王室财富意识抬头与其满足欲望的手段，也从最早通过勾结都市工商业者聚财的方式，而发展到影响政治。《尚书》吕刑篇记录穆王时代发布的刑罚纳赎令，乃是中国法判史上最早的赎罪立法，五刑均得以财货换赎自由，即使死刑大辟，也可因纳入千锾而免除其刑，无视失却国法尊严与公平性。此一反动倾向于第九世与第十代厉王时代到达高潮，《史记》周本纪大书"王行暴虐侈傲"，"好利"。因此引发的一系列事态，便以"民不堪命"，"国人谤之，王怒，使监谤者以告则杀之"，"王益严，国人莫敢言，道路以目"的记录见于《史记》周本纪中。予不平之鸣者一律捕杀的大弹压下，民众怒火愈燃愈盛，终于爆发大反乱，厉王被宗周的广大市民所放逐。

放逐厉王此一中国最初的民权运动与市民革命大事件发生，也获得对王权侵蚀其权力而大起反感的贵族们支援与协力，革命行动之前，召公（周初召公奭后裔）当厉王沾沾自喜高压的"弭谤"收效时，曾警告洪水且不可蛮恃堵壅，必须顺应其势疏导，民众批评政治亦然，而有"防民之口甚于防川"的名言提出，所代表意义，非只确认统治者权力有其限界，必须对被统治者的利益加以尊重，符合人民意志。高洁的理论延续至战国百家争鸣的思想潮流大奔放时代，以周公德治原理——人文本位为思想基盘的儒家学说展开，便被引申与神圣的"天命"意识相结合，而以

"天"的意志由"民"的意志表达作解释，民心即天命，中国文化精髓的民本主义与民意政治的政治哲学成立。

封建贵族仍在推倒厉王事件中扮演了主要角色，缄默与袖手已是反抗运动莫大的助力，平民革命成功，便由贵族中的权力者登场代行王权。戏剧化演出的这一年，便是中国无间断历史纪年的开端，共和元年与纪元前八四一年。自此迄于纪元前八二八年，前后十四年"王"的空位期间，历史界称之"共和行政"。"共和行政"，系由最孚人望的封建贵族之家周公与召公后裔共同领导，实行贵族共和式政治（《史记》周本纪之说）？抑或由平民阶层推举共伯和行使政权（《竹书纪年》之说）？再抑或第三说"诸侯释位以间王政"（《左传》昭公二十六年条，诸侯交替摄政之意）？学术界意见不能一致，但共和行政系以民意为基本，则全无异议。中国最早都市国家政治便已出现民主主义思想，由此也得肯定。而中国持续二千八百年完整纪年之始，系由平民力量一时中断王位的民权运动与平民革命为标志，又特具了纪念意义。

厉王亡命去世，宗周才结束共和政治而续奉厉王之子宣王衔接王位。宣王在位四十六年之久，长期治世中，得名臣尹吉甫等老练的政治家与有能力的军人协力，国力充实，对内重建政治秩序，对外先后平定北方异民族与东南淮夷的背叛，周朝王室失坠了的权威，天子于诸侯间的信望，均行回复。所以，宣王传统被誉为西周中兴英雄，《诗经》中歌颂此英明名王功绩的诗篇累累而见。但是，记录其晚年事迹的《诗经》诗篇便已转褒为贬。年迈失政，而早年强力助手又先后死去，无以匡助时最大的缺失，仍在过度的无谓外征，招致人力损耗与财政穷乏。追对姜戎军事行动失败，不顾大臣反对，违背封建原则对诸侯强行"料民"，广范围侵害封建领主权益调查户口，作加重租税与新的资源准备，于是周朝政治矛盾再形明朗，缓和了半个世纪的危机，回复到俟机爆发的时刻。

次代幽王已系西周王统的最末一代，也于《诗经》诸诗篇为较厉王讽刺尤烈的一代君王。周初以来从未稳定附从，分布地理位置却邻近宗周的西北方戎狄系诸种族，以幽王废元配王后与所生太子，而另立爱妃褒姒为后并其子为太子，获得了大举入侵借口，纪元前七七〇年，愤怒的废后申侯之国，联合强大的犬戎等异民族急攻宗周，而宗周却儿戏式演出"狼来了"大悲剧，《史记》周本纪记载其事："褒姒不好笑，幽王欲其笑万方，故不笑。幽王为烽燧大鼓，有寇至则举烽火。诸侯悉至，至而无寇，褒姒乃大笑。幽王悦之，为数举烽火。其后不信，诸侯益亦不至。……又废申后，去太子也。申侯怒，与缯、西夷、犬戎攻幽王。幽王举烽火征兵，兵莫至。遂杀幽王骊山下。"扮演大攻击主角的犬戎陷镐京，大掠夺而去，宗周于战火中完全坠毁。废太子得诸侯援助，于纪元前七七〇年当年，另在成周洛邑即位为平王，周朝王室却已确定步上没落之途，西周变为东周。周朝封建制度国家架构开始倾斜，另一方面，历史轨迹上的都市国家规制，却正大步向领土国家行进。

都市国家系人类社会生活自血缘团体发展到地缘团体的过渡阶段，世界古代诸文明地域并无例外，美索不达米亚、印度，尤其以希腊、罗马代表的地中海地带为著名。在中国，城郭都市于古代被称为"邑"，以"邑"连结外缘农耕地而构成国家，所以"邑"便与"国"是同义字，也惟其如此，古代中国的都市国家可赋予邑制国家或邑制都市国家的名词。其于古代世界相同形态中的独有特色，则系殷朝以来，居民活动范围主要已自黄土高原转移到黄河平原，地势较低而黄河又容易泛滥，因之往往选择高地，所谓"丘"（或"阜"）的自然地势经营城郭住居址或"邑"。周初大封建展开，此一特色不变，由宋国的商丘、陈国的宛丘、曹国的陶丘、卫国的帝丘、鲁国的曲阜等地名可知。抑且，国名如陈、郑等的左阝＝阜，右阝＝邑，也同一意味。较周密的统计，位于今日山东省境内的诸国，齐、鲁两大国以外小国，郯、郜、阳、鄪、鄟、郏、邾等[①]，国名仍都带"阝"偏旁，以"邑"为中心的邑制都市国家性格仍保留。但待人口渐渐繁滋，土地愈益开发，筑邑增加，而《左传》庄公二十八年条"凡邑有宗庙先君之主曰'都'"的国都或首邑制度出现，都市国家形态与丘、阜地形限制乃被打破，东周时代领土国家成立的条件酝酿成熟。遗憾是今日考古界所发现周朝遗迹，年代便多属东周时代而西周殊少，周朝典型的邑制都市国家实况，因之了解颇为困难。

西周期城邑遗迹，仅一九五四年河南洛阳城西郊，汉朝河南城遗址展开调查时，西边城壁外侧殷朝文化层上，曾发现筑有宽三至六公尺的城壁基部，内中遗物殷式占大部分，依周公在涧水之东建设洛邑的文献资料地理位置，推定乃是成周—洛邑，为西周的遗构。一九五七年续在汉朝河南城址以北金谷园附近发掘得东西一九五〇公尺，而宽五至七公尺的城壁，疑又系洛邑的王城。

一般住居址，依西安市张家坡的调查，已知西周时代仍系竖穴式，但是资料未够充分。

[①] 山东省境"阝"旁诸国名，取材自周谷城《中国政治史》第19—30页统计表。

西周坟墓，为有关西周考古资料比较充实部分，考定属于西周前期之末的大型·中型墓河南省浚县辛村第一墓，系一东西约九公尺，南北约一〇·六公尺，深约八公尺的长方形竖穴墓，南北均有墓道，南北端相距五十五公尺，墓室中央筑东西约六公尺，南北约三公尺的木椁，环围二层台，与殷朝规格相同。此墓曾被盗掘，发现时残存的出土物有刻饕餮纹的玉匕与其他玉器、车马具等；同地同时代的第 61 号大型·中型墓则多青铜器出土。西周前期小型墓，一九五三年洛阳停车场西南附近所发掘的〇一墓穴之例，系南北二·三公尺，东西约一公尺的长方形墓，墓室深约三公尺，棺后筑二层台，棺下中央部挖腰坑，埋犬一，二层台上置陶器壶、尊、鬲、甑、簋、爵、青绿色釉的豆，以及鱼形、鸟形纹饰的有孔圆形贝制饰物、骨匕等。

西周中期，西安市普渡村一九五〇年发现中型墓的代表例，墓室南北四·二公尺，东西二·三公尺，深三·六公尺，为长方形的竖穴墓，无墓道，二层台配列于墓室东、西、南侧，而随葬品均置南侧，有大量青铜器、陶器与贝饰。腰坑埋犬一，椁室南部人头骨口中含碎玉，近侧也散在若干玉器，北部二具屈折了的人骨，似乎均殉葬者。小型墓如一九五五年发掘的普渡村第二墓，南北二·八公尺，东西约一公尺，深一·三公尺，有腰坑，无二层台，随葬品种类与安置方向均与中型墓略同。

西周后期，一九五二年洛阳东部第一五一墓发掘，可供了解其时中型墓的结构。墓室东西三·六公尺，南北五·一公尺，作伏斗形，椁内因遭盗掘而破坏，仅少数青铜器与贝制品发现，二层台上存有车轮、舆、衡等痕迹，以及附属的青铜制金具若干，附近又发现同时代的车马坑。后期小型墓，一九五四年于洛阳西郊曾有发现，但发掘情况不明。①

礼乐文化

周文化耀目光辉所由，系对中国域内人类活动秩序的最早设定统一规则与制度化成功，即所谓"礼"，与其附着的"乐"。"礼"乃政治制度，也是社会规范，内涵的封建—宗法—井田三方面要素，相互结合为周文化基干。井田与封建制度虽终不得不在时代进步的轮轨上淘汰，封建社会也伴随中国"人"与"地"的统一与中央集权政治成立而过渡到平民社会，宗法制度却已于平民社会中修正为民族大团结强力的胶合力，影响是深远的，此其一。其二，礼乐制度以现实世界与"人"为基本要件，封建、宗法、井田制度莫不设定于人际关系，此一精神续由儒家发扬，而铸定中国文化精髓。中国文化正统便以周文化为深厚基盘。

周朝，正确而言应系西周，制度的详情今日概无直接资料遗留。能得引用的主要文献《周礼》(《周官》)《仪礼》《礼记》等三"礼"诸篇，仅《仪礼》尚存若干春秋时代影子之外，一概为后作，最早也须成立于战国时代，迟则汉朝，换言之，均系追记，润色与加以理想化自亦不可避免。但三"礼"参证《尚书》《诗经》与金文的片断记录，以及《孟子》《左传》等战国时代著作，对西周文化的真实面貌，仍可予以相当程度的复原，而大体获致结论。

---

① 西周遗迹解说，取材自林巳奈夫《殷周都市国家》，平凡社版《世界考古学大系》6.东亚Ⅱ，第28—31页。

周文化基调的封建制度，殷朝"邑"为社会单位的都市国家构造，以及赋予诸都市国家构成部族的领导部族首长以爵式的形制，乃其原型。于此基础上层次的、全面的"封建"成立，则是周朝的划期性创制。战国以来文献记载——

> 乃辨九服（大司马条称"九畿"，以下括弧内亦均大司马条说明）之邦国，方千里曰王畿（国畿），其外方五百里曰侯服（侯畿），又其外方五百里曰甸服（甸畿），又其外方五百里曰男服（男畿），又其外方五百里曰采服（采畿），又其外方五百里曰卫服（卫畿），又其外方五百里曰蛮服（蛮畿），又其外方五百里曰夷服（夷畿），又其外方五百里曰镇服（镇畿），又其外方五百里曰藩服（蕃畿）。凡邦国千里封公，以方五百里，则四公；方四百里，则六侯；方三百里，则七伯；方二百里，则二十五子，方百里，则百男。（《周礼》夏官职方氏）

> 诸公之地，封疆方五百里，其食者半；诸侯之地，封疆方四百里，其食者三之一；诸伯之地，封疆方三百里，其食者三之一；诸子之地，封疆方二百里，其食者四之一；诸男之地，封疆方百里，其食者四之一。（《周礼》地官大司徒）

> 侯服岁一见，其贡祀物。……甸服二岁一见，其贡嫔物。……男服三岁一见，其贡器物。……采服四岁一见，其贡服物。……卫服五岁一见，其贡材物。……蛮服六岁一见，其贡货物。……蕃国世一见，各以其所贵宝为挚。（《周礼》秋官大行人）

> 天子一位，公一位，侯一位，伯一位，子、男同一位，

凡五等也。君一位，卿一位，大夫一位，上士一位，中士一位，下士一位，凡六等。天子之制，地方千里，公、侯皆方百里。伯七十里，子、男五十里，凡四等。不能五十里，不达于天子，附于诸侯，曰附庸。天子之卿受地视侯，大夫受地视伯，元士受地视子、男。……大国地方百里，……次国地方七十里，……小国地方五十里。(《孟子》万章下)

天子适诸侯曰巡狩，诸侯朝于天子曰述职。……一不朝，则贬其爵；再不朝，则削其地；三不朝，则六师移之。(《孟子》告子下)

王者之制禄爵，公、侯、伯、子、男，凡五等。诸侯之上大夫卿、下大夫、上士、中士、下士，凡五等。天子之田方千里，公、侯田方百里，伯七十里，子、男五十里。不能五十里者，不合于天子，附于诸侯，曰附庸。天子三公之田视公、侯，天子之卿视伯，天子之大夫视子、男，天子之元士视附庸。……天子之县内（王畿），方百里之国九，七十里之国二十有一，五十里之国六十有三，凡九十三国。……凡九州，千七百七十三国。……诸侯之于天子也，比年一小聘，三年一大聘，五年一朝；天子五年一巡狩。……天子三公（指太师、太傅、太保）、九卿（以总理政务的天官大冢宰、主管民政与教育的地官大司徒、主管祭祀并典礼与国际关系的春官大宗伯、主管军事征伐的夏官大司马、主管刑法的秋官大司寇、主管工程事务的冬官大司空等"六官"为主体）、二十七大夫、八十一元士。大国三卿，皆命于天子。……次国三卿，二卿命于天子，一卿命于其君。……小国二卿，皆命于其君。(《礼记》王制)

> 殷以前，尚矣。周封五等：公、侯、伯、子、男。然封伯禽、康叔于鲁、卫，地各四百里，亲亲之义，褒有德也；太公于齐，兼五侯地，尊勤劳也。武王、成、康所封数百，而同姓五十五，地上不过百里，下三十里，以辅卫王室。（《史记》汉兴以来诸侯王年表序）

如上记录，内容的参差为容易发觉，而且各项数字于现实中不可能如所记载的规律与齐整，也可理解。遗留主要的存疑处：

其一，"王畿"（国畿）与"九服"解释上的意义，似与殷朝区划的"内服"与"外服"相当，而于天子直辖领地内服＝王畿以外的外服，再依地域远近区分为九数。但"服"名见诸《尚书》的，仅只侯、甸、男、采、卫（酒诰篇、顾命篇）；侯、甸、男（召诰篇）；或侯、甸、男、采（邦）、卫（洛诰篇）。所以，"九服"应系"五服"的夸大，仅前五类（以及王畿）乃诸侯封国分布地，后四类顾名思义可知非周朝支配力所及。

其二，相同的"爵"称与"服"名，固非定须合一，如晋国爵"侯"而"甸"服，谓"侯甸"（《左传》桓公二年条），曹、郑同爵"伯"而依地域别一称"伯男"，一称"伯甸"（《左传》定公四年条）。但西周时代郑国封地系在今日陕西"王畿"的范围内，《史记》郑世家等记录均有明言，则对侯、甸、男、采、卫"五服"或"九服"以距离远近标准区分的解说，又存有了矛盾。

其三，"爵"于殷朝，并未附着等次差别，甲骨文中"公"字且非相同意味，西周才对承自殷朝的侯、伯、子、男爵位化并区别等差，加列"公"爵为最高位，成立"五等爵"。"公"仅次于"王"自身，《史记》列举又只宋国微子等少数前朝王系后裔为受封者，则此爵号的富有尊崇之意，似可推定。但是通五"等"爵之说，今日存疑颇多，学术界注意到传统说明鲁、卫均封侯，而《左传》定公四年条称"鲁公"，隐公三年条称"卫公"，襄公三十一年条前称卫"侯"，后称卫"公"。金文资料中，同一"铸"（文献中作同音异字的"祝"）国，铸公簋、铸侯求钟、铸子簋、铸子叔黑臣鼎，有公、侯、子三种不同的爵号异称；鲁国方面，鲁伯禽鬲、鲁伯愈父盘、鲁伯厚父盘、鲁伯大父敦等，均称"伯"，可谓紊乱[1]，王国维且有诸侯多于本国内称"王"的大发现[2]。所以学术界颇认为，周朝各别的爵位名号，仍不代表等级意味而一律平等。

疑问虽多残存，已无损于西周封建制度的大体了解：

（1）诸侯之国与宗主国间的关系，高度自治、接受宗主国保护、有力诸侯又同时担当宗主国官位服从宗周，接受王的恩赐，是其权利。涉外关系也独立，诸侯之间相互自由交聘，除非破坏国际间和平秩序，宗主国不加干预。相对方面，尊重宗主国的宗主权，朝觐效忠，定期或不定期的贡纳自国特产物，服从王命，平时为宗主国防卫国土，提供土木工事人夫，宗主国军队通过国

---

[1] 陈槃：《春秋齐、鲁、邾、小邾别记》《春秋韩、州、铸、邱四国别记》，《大陆杂志》第十一卷第十二期、第十二卷第十二期。

[2] 王国维《观堂别集》古诸侯称王说之语："古诸侯于境内称王与称君、称公无异。观古彝器铭识，则诸侯称王者颇不止一二。观徐、楚之器无论已，矢王鼎云：矢王作宝尊；散氏盘云：乃为图矢王于豆新宫东廷；而矢伯彝则称矢伯是矢以伯而称王者也。泉伯戌敦盖云：王若曰泉伯戌□，自乃祖考有劳于周邦；又云：戌拜手稽首对扬天子丕显，休用作朕皇考厘王宝尊。敦此厘王者，泉伯之父，泉伯祖考有劳于周邦，则其父厘王非周之僖王可知，是亦以伯而称王者也……而泉伯戌伯二器皆记天子锡命，以为宗器，则非不臣之国。盖古时天泽之分未严，诸侯在其国自有称王之俗。即徐楚、吴楚之称王者，亦沿周初旧习，不得尽以僭窃目之。"

境时供给食宿；战时受命装备与征发编组自国军队参与征伐或独立作战，以及担负补给、劳役，都是义务。此等对等的权利义务设定，固非始自西周而承袭殷朝，但制度的正规展开，诸侯于受封领土内的绝对权与世袭权法制化，对天子称"臣"，临自国又称"君"，取得予自国贵族以领内土地再分封的权力，以及权利义务又层层相同的封建金字塔构成，则必须待至西周。也惟其金字塔层次化全面架构成立，而"封建"乃得成为制度。

（2）封建关系以土地为纽带，授与土地便谓之分封，对诸侯的场合，分封又附着接受爵位建"国"，但是，依前述可知，分封诸侯非封建的全结构，更广大的分封面乃在"采邑"。"采邑"与"国"并无本质上差异，区别端在非附着授与爵位的形态。赐爵而命建国，唯一的为天子权力，象征封建金字塔顶端的天子独有神圣权力，采邑分封则层层而下，无天子自领之国与诸侯之国的差别。虽然位于王畿的采邑，如《孟子》所载，可以大过诸侯受封建国的土地面积，又是王畿与王的权力特征。分封制度下，以每一层次土地都是有"授""受"意义，所以土地授与者对土地受领者，同时保有收回土地的权力。天子又维持较任何最大诸侯之国为雄厚的兵力，《周礼》夏官大司马载："凡制军，万有二千五百人为军。王六军，大国三军，次国二军，小国一军"，以及其名见于《尚书》吕刑篇的墨、劓、剕、宫、大辟五刑处罚制定，都是土地国有化，亦即"普天之下，莫非王土"思想下全土地所有权者天子对土地收回权行使的保障。

（3）大国三卿受天子策命，实行可能非如记录所示的具体，其现象也非周初大封建展开便已成立，而须西周中期以后才出现，换言之，正是其时王权膨胀产生的结果之一，不惟违背，抑且损害到高度自治的封建原则。然而，诸侯之国政治制度与官位称谓一应模仿宗周的封建义务约束，为可想象。《左传》记载春秋时代鲁、郑、晋等国"卿"级官位如司徒、司马、司空，便与金文中"嗣土""嗣马""嗣工"之名相符合。则王权干预自亦在预料之中，虽然王权如何侵蚀诸侯权力的进程，已不能自文献中明了。

（4）封建制社会的阶级支配，随封建层次设定，而统治阶级的贵族内部，自天子以下等次再分化，封建社会秩序严密而又严格的建设完成。其构筑，于封建社会崩溃与封建制度解体时的战国时代作品中有所追记：

> 故天子建国，诸侯立家，卿置侧室，大夫有贰宗，士有隶子弟，庶人工商（工商专业化的战国时代，阶级架构已倒塌[①]），各有分亲，皆有等衰。是以民服事其上，而下无觊觎。（《左传》桓公二年）
>
> 在礼，家施不及国，民不迁，农不移，工贾不变。（《左传》昭公二十六年）
>
> 其卿让于善，其大夫不失守，其士竞于教，其庶人力于农穑，商工皂隶不知迁业。（《左传》襄公九年）

如上的阶级全结构中，非只被统治与统治阶级隔绝，世代无机会

---

① 童书业《春秋史》第37页注74，引《左传》定公八年："卫侯欲叛晋而患诸大夫……公曰：又有患焉，谓寡人必以而子与大夫之子为质……将行，王孙贾曰：苟卫国有难，工商未尝不可患，使皆行而后可。公以告大夫，乃皆持行之。"也说明："据此，工商之地位仅次于国君及大夫之子，此虽春秋末年之情形，然工商地位本来较高，亦可想见也。"

上升，统治阶级君（天子、诸侯）、大夫（"卿"自大夫选任，非独立的阶级）、士的阶级身份同样绝对化，各个世代固定于同一阶级，藩篱严密，上下间不能逾越。

奴隶始终是个研究上发生歧见的问题，尽管西周奴隶仍然如同物品与财产而存在，名词也似乎颇为复杂，《左传》昭公七年申无宇之言，谓人有十等级：王臣公，公臣大夫，大夫臣士，士臣皂，皂臣舆，舆臣隶，隶臣僚，僚臣仆，仆臣台，"皂"于此处似指平民，"舆""隶""僚""仆""台"，或者都可以奴隶解释（但也不尽然，"僚"即"寮"，毋宁还是官称）。但是，封建骨架系以自由农民的庶人为底层，社会结构中，奴隶无论需要度或使用量，比重都远从殷朝基准跌落，自文字记录或金文资料中都无授人庞大之感，所以西周奴隶问题不容被夸大。

《诗经》小雅北山，"普天之下，莫非王土；率土之滨，莫非王臣"，从国土均王所有的意义，王系最高的分封者，诸侯以下各等级贵族的臣下依次层层受封，而固定阶级的形式，西周封建制度与欧洲中世 Feudalism 可谓相似。西洋中世 Feudalism 领主与臣下间所实行授爵封土仪式，以及臣下以领土恩赏而保证忠诚的誓约关系，外貌也颇与周朝天子策命及臣下朝贡仪礼非常相似，所以今日著作中翻译 Feudalism 一词，便沿用习知的"封建制度"，实则两者仍是异质的制度。欧洲中古臣下对领主单纯系保证忠诚义务的履行，双方对等立场，而且便是依于个人契约关系的、公事的、法律的从属；周朝封建却包容了亲爱感、协和感与信赖感，非仅契约与政治关系，也立于社会关系。申言之，周朝封建制自氏族制脱胎，氏族制痕迹因此仍于周朝封建制中残留，分封以同姓（＝同氏族、宗族）为主体，结合同姓不婚原则下的缔姻异族而展开，已不限于公事的与个人的臣随关系，同姓之国也与王室维系本家与分家的血缘关系，因而结合为强有力。本家与分家的结合，便是周朝"礼"的文化轴心宗法制度。惟其如此，周朝封建制度与欧洲中古 Feudalism 最大的不同，系其本质之为宗法的封建制度，修正与变换氏族制社会末期殷朝制度的一面。

如同周朝封建制度，周朝宗法制度于早期文献中残存的仅是零星资料，而且非赖后世追记与加以补充不能读通。具体而言，《尚书》多方的"宗周"、《诗经》公刘篇"君之宗之"、《诗经》板篇"大宗维翰……宗子维城"等，都有待三"礼"，尤其主要是内含诸篇自战国以至前汉时代陆续成立的《礼记》解释。《礼记》中有关"宗法"的法则，如下两则说明，于今日多被引用——

> 别子为祖，继别为宗，继祢者为小宗。有百世不迁之宗，有五世则迁之宗。百世不迁者，别子之后也。宗其继别子者，百世不迁者也，宗其继高祖之后者，五世则迁者也。尊祖故敬宗，敬宗，尊祖之义也。（大传篇）
>
> 别子为祖，继别为宗，继祢者为小宗。有五世而迁之宗，其继高祖者也，是故祖迁于上，宗易于下。尊祖故敬宗，敬宗所以尊祖祢也。（郑玄注"别子"：诸侯之庶子，别于后世为始祖者也。谓之别子者，公子不得祢先君也。）（丧服小记篇）

便是说，以血缘集团的宗族区分大宗与小宗，大宗为本家，踏袭殷朝宗族规准：（1）父死子继，（2）子必以嫡，（3）嫡必以长等三项不可缺一的条件（但以周朝已预立王后，所以较殷朝嗣王生母为嫡"妣"，以及有嗣位之王才为大宗，也已修正），世世相传为大宗。大宗余子，包括嫡次子以下与庶子分家称"祢"，又世世同依上项三条件自为小宗。小宗的再分支"祢"，繁衍至距第五世祖（高祖），则迁移其神主于共通祖先的宗庙。以五世为基准，区别宗族亲疏，此一宗法系谱，也谓之"宗统"。只是，"宗统"内涵限于大夫以下，天子与诸侯以"君"的尊贵地位，立于同一原理而另列"君统"。天子嫡长子世世为天子，余子分封诸侯；诸侯嫡长子世世保有爵位为诸侯，余子已系大夫阶级便称"别子"，而衔接"宗统"系谱为大宗之祖，所谓"别子为祖，继别为宗"。所以，天子、诸侯与"别子"间，仍系大宗—小宗的本家—分家的关系，却惟此身份得称"宗子"，以别于余子的"支子"。如此本家—分家—再分家，以及共通的、连锁的尊亲敬宗意识，构成强力团结的宗法纽带。

　　只是，宗法—封建的实现也可得知概略。天子乃普天之下，整族的大宗与总本家，所有分封的同姓诸侯均奉天子为大宗子；诸侯之国又以国君为大宗，接受采邑分封的大夫级（包括卿）"别子"尊奉之为宗子；依次又是"祢"的士再分封。封建金字塔循此构筑，也便以同一根源衍生的干—枝系谱，层层约束，维系统御关系而却具有亲密感。封建制固以邑制都市国家超越单纯的血缘单位构成组合方式，渐向地域团体结构推移，但其基调仍重于血缘关系，也由此甚为明白。

　　姓氏制度，伴随宗法—封建关系的展开而再确立。氏族制社会中，"姓"与"氏"以婚姻关系的需要而区别，宗法的封建制度建立时，"姓"与"氏"的关系便转变如《左传》隐公八年条："天子建德，因生以赐姓，胙之土而命之氏"，以及疏："氏、族一也，所从言之异耳。释例曰：别而称之谓之氏，合而言之则曰族"的解明。便是说，同姓分封，附着命氏，氏即姓的展布，氏的总和，代表了分布天下同血统的宗族全体。

殷朝于理论上已实行的一夫一妻婚姻制，周朝封建制度中愈被严格适用，与王为天子的"元子"意识相配当，王的正妻同等享有"元后"或"后"的尊称。"后"原系崇敬统治者之称，由此转移专指王的法律上配偶，王子嫡、庶之别凭以判定。自氏族制社会同族不婚一脉相承的"同姓不婚"绝对性法则，铸定封建制度的又一主要履行环节，由此与异姓诸侯紧密结合。换言之，一方面统治者周族依于宗族的共通祖先而层次分家，一方面由各层次的婚姻关系，连锁结合以共同实行宗法原则为同盟义务的其他宗族，纵横携手，支持封建全架构而发挥巨大的封建团结力，遂行周朝国家统合的原理。所以，其约束力非全是政治的，也是道德的、伦理的。

所有的约束力量主要以祭祖为表征，《左传》献公十三年条所谓"国之大事，在祀与戎"。祭祀原系殷朝第一等大事，周朝的政治社会仍然，也踏袭殷朝传统，特重宗庙之祭，却又统一殷朝诸自然神祭祀为社稷之祭。另一周朝始有而具重大意义的祭天大典，所谓"郊祀"，殷朝敬畏天帝而无特定对天的祭典，周朝统治者立于受有天命的"天子"意义，神圣的祭天礼节不可缺，也惟其天子受天命，所以宗庙与社稷之祭，诸侯与天子相共通，而祭天之礼惟天子独有。周族始祖后稷因之也配天伴祭上帝，《诗经》大雅生民篇"后稷肇祀"的内容，便是后稷与天帝连合的意义说明。"社稷"分指土地（社）与谷物（稷），只以谷物种植仍赖土地，所以转变统合解释之为领有国土，社稷之祭便是象征建国与享国之意。于此，日本学术界又共通相信，"稷"，也具有后稷化身的含意，异姓诸侯同须崇拜与祭祀周族始祖，毋宁又系周朝王室对异姓国家统制权力，以及异姓国家输诚服从周朝王室的表现之一。此说现尚缺乏证据证明其"是"抑"否"，但共同的祭祀制度便是周朝国家统合的强力精神纽带，则可认定。祭祀与相关联的服丧制度为中核而展开一切维系宗法——封建体系与其秩序的力量，传统的名词，便谓之"礼"。但是，也堪注意，于"庶人"的平民，此为无缘，礼的生活律系上层贵族阶级专有。《礼记》曲礼篇"礼不下庶人，刑不上大夫"已有明言。

所谓"礼"，《论语》对其本质的认识颇多阐述——

> 道之以政，齐之以刑，民免而无耻；道之以德，齐之以礼，有耻且格。（为政）
>
> 人而不仁，如礼何？人而不仁，如乐何？（八佾）
>
> 君使臣以礼，臣事君以忠。（八佾）
>
> 能以礼让为国乎？何有？不能以礼让为国，如礼何！（里仁）
>
> 恭而无礼则劳，慎而无礼则葸，勇而无礼则乱，直而无礼则绞。（泰伯）
>
> 兴于诗，立于礼，成于乐。（泰伯）
>
> 克己复礼为仁。一日克己复礼，天下归仁焉。……非礼勿视，非礼勿听，非礼勿言，非礼勿动。（颜渊）

所以，"礼"的内涵，是制度，是礼俗，也是道德律与习惯法，《周礼》(《周官》)《仪礼》《礼记》的并称三"礼"，正明示周朝礼制实质。惟其如此,"礼"固与今日西洋系统的成文法有异,却也非与"法"相对立。此一独特的中国"礼"的理念,西洋翻译时因之颇有困难,ritual一词只能表示祭祀或礼仪的意义,无从表达其全部内含。

"乐"与"礼"相合一,本质也便是"礼"的要素之一。《诗经》小雅宾之初筵:"籥舞笙鼓,乐既和奏,烝衎烈祖,以洽百礼",正是说明。

只是,周"礼"详情,遗憾将永不可能十分明了,三"礼"究竟已系理想化了的作品,所记周朝发明的吉、凶、宾、军、嘉五礼,内容非可全行信凭。举一个例子,礼制,嫡长子世袭原理乃宗法根底,于周朝王室的权威性可以确认,但诸侯之国推行的效力便存在疑问。《史记》鲁周公世家记纪元前七世纪中叔牙之言:"一继一及,鲁之常也",已明言鲁国君位继承的传统,"兄终弟及"制系与"父死子继"制相交替。今日学术界详查鲁周公世家君主世次制订其继承系图,发现西周时代鲁国易位,自始封伯禽之子以后,均以兄弟相续为原则,然后弟之子继承,春秋时代前期仍存近似的倾向,即:嫡长子制与兄弟间少子继承制混见,须春秋晚期与战国时代,才是整然的一世一代制。[①]鲁国与王室关系最为亲密,且是周朝礼乐制度创始人周公后裔的国家,尚非严谨遵循"礼"制,于远方吴、楚等国自更不能多所希冀。相对方面,吴、楚等国至春秋晚期与战国时代,嫡长子继承却都已是共通现象。所以,可以解释为嫡长子制的封建君位继承法则,宗周自身以外,各国须至春秋—战国之交始告稳定。或者,系战国

[①] 宇都木章:《宗族制和邑制》,学生社版《古代史讲座》6.古代社会的构造(上),第221页。

时代学者依于当时各国已成立的共通现象，而作嫡长子制乃宗法初建时已是天子之国与诸侯之国一体遵行的推想。

关于周朝制度，最令学术界兴起疑窦的是井田制度。封建—宗法—井田制度构成周朝整体的封建制社会，但封建与宗法得有殷朝原型探究，井田制的前身痕迹极微弱。"礼"制所涵盖也以迄"士"为止，上层贵族阶级为对象的封建制度与宗法制度，于社会底部构筑，以所谓"庶人"的平民为主体的井田制度，资料特为贫乏。早期记录，仅《诗经》大田篇"雨我公田，遂及我私"记事涉及周朝土地制度，却无"井田"意义的了解，《周礼》的追述也只于大司徒、小司徒条存有片断记载。赋予周朝封建制社会土地制度以"井田"的名词，以及系统性介绍井田制度，最早乃自土地私有形态已渐形成的战国时代著作《孟子》，以后才陆续出现同性质的记载。① 《孟子》滕文公篇追记西周土地国有制井田其事：

> 夏后氏五十而贡，殷人七十而助，周人百亩而彻，其实皆什一也。彻者，彻也；助者，藉也。……惟助为有公田，由此观之，虽周亦助也。
>
> 夫仁政必自经界始，经界不正，井地不均，谷禄不平。是故暴君污吏必慢其经界。经界既正，分田制禄可坐而定

---

① 罗元鲲编《高中本国史》教科书（开明版）第一册第四十一页"按"：井田制度，（一）见于《孟子·滕文公》，（二）见于《穀梁·宣十五年》初税亩传，（三）见于《韩诗外传》卷四"中田有庐，疆场有瓜"条，（四）见于《周礼》大司徒、小司徒、遂人、匠人各条，（五）见于《汉书》食货志，（六）见于何休《公羊》初税亩解诂条，（七）见于《后汉书》循吏传注所引"春秋井田记"条文。征之事实皆扞格难通，或者井田之制，原属儒家理想，古代本未实行欤？

也。……请野九一而助，国中什一使自赋。卿以下必有圭田，圭田五十亩；余夫二十五亩。死徙无出乡，乡田同井，出入相友，守望相助，疾病相扶持，则百姓亲睦。方里而井，井九百亩，其中为公田；八家皆私百亩，同养公田，公事毕，然后敢治私事。

从如上内容，可知便系《诗经》所述"公田"与"私"地（有使用权而无所有权），以及"彻田为粮"（《诗经》大雅公刘）有关租税记事的推论。公田乃封建贵族直接领有，其义显然，分得土地耕作的自耕农须对公田提供力役义务，以共同耕作公田方式担负劳动租税，此于《诗经》文字有其表达，而"私"地包围公田与每九百亩地，"井"字状整然划定"公一私八"的分配比例等申述部分，出诸假定与想象的成分便极大。尤其"井田"其词的使用，"井"的字形全似"田"字，重复"田"字的土地疆界划分之义，架空愈难脱嫌。

然而，记录中的井田制度内容虽值得怀疑，庶人的小农民生活状况，却自留存于《诗经》中的颇多农事诗，印象已颇深刻，甫田篇被解释系公田经营写照，堪为代表例之一，原文是：

倬彼甫田，岁取十千，我取其陈，食我农人。自古有年，今适南亩，或耘或耔，黍稷薿薿。攸介攸止，烝我髦士。

以我齐明，与我牺羊，以社以方，我田既臧。农夫之庆，琴瑟击鼓，以御田祖，以祈甘雨，以介我稷黍，以谷我士女。

曾孙来止，以其妇子，馌彼南亩，田畯至喜。攘其左右，尝其旨否。禾易长亩,终善且有,曾孙不怒,农夫克敏。

曾孙之稼,如茨如梁,曾孙之庾,如坻如京。乃求千斯仓,乃求万斯箱。黍稷稻粱,农夫之庆,报以介福,万寿无疆。

相对方面,勤礼、劳心、治人而食于人的上层贵族阶级生活,《诗经》中同多描写,熟知的小雅鹿鸣篇可供举例对照:"呦呦鹿鸣,食野之芩;我有嘉宾,鼓瑟鼓琴。鼓瑟鼓琴,和乐且湛,我有旨酒,以燕乐嘉宾之心。"

时代的跃动：纪元前八至前三世纪

从都市国家到领土国家（春秋）

纪元前第八至前第三世纪，约略五个半世纪的东周时代，于中国史上是个具有绝对意义的伟大转变时代。黄河提携其南方的长江，相偕铸定如今日所见内陆河流的性格，中国"国际"已立于大统合的准备期，封建解纽，私有田制经营方式成立，阶级旧社会崩坏而平民化、自由化新秩序萌芽，都市国家政治形态向强力中央集权的领土国家转换。也以此时代为枢纽，黄河文明开始育成东亚广域文化的共同源泉，于全人类文明竞赛中遥遥领先。辉煌的历史时代东周，历史界又区分之为两个时期，前期乃春秋时代，后期为战国时代；考古学上的编年，则是春秋期与战国期。

东周前期的春秋时代，名称系依孔子改编其祖国鲁国官修历史记录所成《春秋》编年史的书名而得。《春秋》记事与纪年始自纪元前七二二年（周平王四十九年、鲁隐公元年），终于纪元前四八一年（周敬王三十九年、鲁哀公十四年），但上距周都移建洛邑，周平王元年或纪元前七七〇年东周之始，存在四十九年空白，下限视司马迁《史记》十二诸侯年表的迄于纪元前四七七年（十二诸侯年表纪年起自共和元年或纪元前841年），亦不相

东周分期表与考古编年*

年代	文献记载	考古墓葬	分期
前770年		浚县后期墓	前期
前722年	《史记》十二诸侯年表 / 《春秋》孔子	陕县太仆寺墓 / 新郑墓	春秋 中期
前481年		蔡侯墓	后期
前477年／前476年		浑源李峪墓	前期
前453年	知伯赵魏氏亡		
前403年	《史记》六国年表 / 韩赵魏戚诸侯 / 司马光《资治通鉴》战国期	唐山贾各庄墓	战国 中期
前256年		洛阳金村墓	后期
前222年			
前221年	秦统一中国		

*参考平凡社出版《世界考古学大系》6. 东亚 II，第4页附表与第10页附表。

一致。《史记》自纪元前四七六年起，接续十二诸侯年表的是六国年表，由此以迄纪元前二二一年秦朝统一中国止，便为战国时代（但六国年表下限须延伸至秦朝灭亡的纪元前206年）。"战国"名词的由来，又系依据另一部不明时代的不明作者，编集秦、楚、燕、齐、三晋、宋、卫、中山与东西周等十二国年代记《战国策》的书名。只是，此一东周后期时代区分的开始，历史界意见向来颇不一致，较六国年表更具代表性的传统通说，系宋朝司马光《资治通鉴》所主张纪元前四〇三年（周威烈王二十三年），理由为春秋强国晋国分裂韩、赵、魏三国，所谓"三晋"，于是年得东周王室正式承认为诸侯。但于今日，韩、赵、魏三家联合共灭晋国另一实力家族知氏，三晋从事实上已成立的纪元前四五三年（周贞定王十六年）新说，也甚有力[1]。考古学上的春秋期，便以周平王东迁之年的纪元前七七〇年开始，而再区分前、中、后三期。由春秋期转入战国期的指标，考古调查则依蔡侯墓遗物群的豪放样相，向泽源（山西省）铜器镇静、洗炼的特征变化而设定，但此转变的绝对年代，究竟系纪元前四八〇年左右抑纪元前四五〇年左右的问题，现有资料同样尚不可能获得结论。[2]

有关周朝的遗迹，属于西周时代的数量为少，所发现多数均属东周时代，春秋期或战国期坟墓被集中发现，内容丰富的遗物大量出土。只是调查报告能判定确系春秋期的遗迹仍非太多，所

---

[1] 此说代表者杨宽《战国史》，其理由：当时非只晋国三分局面铸定，齐、秦、燕、楚均起大变革，而与春秋时代国家迥异，战国式国家出现。参阅水野清一《殷周青铜器文化的进展》，平凡社版《世界考古学大系》6. 东亚Ⅱ，第6页。

[2] 春秋期考古解说，主要取材自水野清一《殷周青铜器文化的进展》、西谷真治《都市国家的崩坏》，平凡社版《世界考古学大系》6.，东亚Ⅱ，第4—5页、第6页、第37—39页、第105页。

以，战国墓乃是主流。

春秋期墓的构造，追随殷朝—西周传统的竖穴式木椁墓形式。一九三二至一九三三年调查河南省浚县辛村八十余处古墓群，多数固属于西周期，但也存在推定的春秋前期的竖穴墓。

区别自西周向春秋时代推移，青铜器铭文含义为易觉察，周平王于纪元前七七〇年放弃已化为灰烬的西方宗周之都，以周朝王室最早分家之一的晋国与西周后期新分家的郑国等有力诸侯协力，而得完成东方洛邑新都迁移与恢复王统，自身却也已转向弱小都市国家化，《左传》隐公六年条"我周之东迁，晋、郑是依"之言，可以明示。相对方面，地方诸侯势力便以王室弱化而抬头，翼护王室东迁，新的建国地与王室直辖领东边相邻，俨然以王室保护者自居的王室近支郑国，最早壮大，也最早公开向王权挑战，接着强割王室领地、抗拒王命等事件演出，纪元前八世纪末东周第二代桓王时代，又开创郑国与王亲率的陈、蔡、虢、卫四国联军对阵，敌对形势下悍然射伤桓王的犯上恶例，天子威权由而坠地。所以西周时代金文，内容以王事为中心，东周时代的青铜器铭文全无言及天子，王的祝福之语也告消失，所见都已替代以各自私家的"眉寿万年""子孙永用"等辞句。"维王某年"的青铜器铭文纪年，也变化为"佳正月初吉丁亥"等句式，此自春秋中期河南省陕县太仆寺墓与新郑县南大墓发掘成果，可以辨知。

太仆寺墓以出土推定属于江国的鼎、甗、盘、鉴、甑、壶、簋、豆等铜器群而受注目。江国于纪元前六二三年被楚国灭亡，所以青铜器群遗留于此年代以前为可知，约当春秋中期前半，器形、纹样均与西周末期相似。与之同期的河南省陕县上村岭墓，一九五九年调查报告，尤以随葬品丰富著名，二百三十四处墓穴内的三十八处（最大者长五·四二公尺，宽三·三七公尺）有铜器出土，包括鼎、簠、壶、甗、盉、豆等彝器类，编钟、铎等乐器类，矛、戈等武器类，以及车马具等，出土数至近二百件，且几于1052号墓与1810号墓呈集中发现状况。墓地发掘，另发现车马坑三处与马坑一处，1051号车马坑所附属的主墓便是1052号墓，长二十九公尺，宽、深各四公尺左右，埋有战车十辆与马二十头。1811号车马坑的主墓也便是1810号墓，坑内同样埋车十、马二十。第1727号的主墓不能判定，规模亦较小，仅车五、马十，但二马驾一车的制度仍同，发掘调查条件也以此为最佳，而考古界引以为春秋时代战车的实证举例。第1727号车马坑内，车呈南北纵排一列，辕北向，马骸各别在每辆车的辕左右发现，马首亦北向。车以木质涂漆而避免腐朽，保存尚颇良好，得供测知车辆直径平均一·二六公尺，二十五支辐，轴长约一·八四公尺，辕长二·五公尺左右，与（车厢）前后八十六公分，左右一·三公尺，后面中央开缺口供乘者升降。陕县墓地出土全部铜器随葬品中，镌有铭文的十四件，1052号墓戈的两支铭文"虢大子元徒戈"，1631号墓出土品之一铜鬲也铭"虢季氏子段作宝鬲子孙永宝用享"字样，而春秋时代虢国位置，因之得到证明确在陕县[①]。虢国如同郑国，立国地原在王畿内陕西省宝鸡县，追随周平王向东移动，而国家改建到河南省陕县，与郑国分别从东、西两个方向形成翼卫王室的态势。纪元前六五五年覆亡于晋国。

一九二三年发现东迁后郑国所在地的新郑墓，又系考古界一

---

① 上原淳道：《被遗忘的大国》，筑摩版《世界的历史》3.东亚文明的形成，第198—199页，第203页。

大丰硕收获。编钟、鼎、簋、盆、盘、甗等与戈、矛武器类,都有大量出土。值得重视的是此类青铜器形式与纹样开始表现了活泼生气,迥异传统式样,新器形的敦、鉴等变化成立。因之考古学的解说,关于春秋期,太仆寺墓代表中期,安徽省寿县蔡侯墓代表后期,新郑墓便立于中后期之交的中间位置,年代推定约略纪元前五八〇年,郑国已系衰微期。

蔡侯墓考定乃与郑国同列十二诸侯年表的蔡国君主之墓,发现地已系后期立国所在的安徽省北部淮河南岸寿县,其与最早建国地河南省东部上蔡县的距离间隔颇为遥远,则是蒙受南方楚国压迫而步步退移的结果(但最后仍被楚国灭亡,寿县也成为战国末期的楚国都城)。墓穴位于寿县城内,系自平地营造的竖穴墓,坑底南北八·四五公尺,东西七·一公尺,深三·三五公尺,中央偏南残存长二·四公尺,宽〇·八公尺的漆棺残迹,棺内置玉制品、铜剑等,棺底敷朱砂。墓坑东南隅有与棺并行的殉葬者遗体,南半部棺的两侧散布车马具与铜武器随葬品,北半部随葬的铜器群,东侧是整然配件的编钟等三十件乐器,西侧则敦、鼎、鬲、尊、鉴等二十一种约九十件彝器。铜器群的多数铭有"蔡侯"字样为堪注目。筑墓与其铜器年代,考古界判定当纪元前五世纪前半春秋时代末期,考古学上的春秋后期后半。

与遗存丰富遗物的大墓相对,构造简单的小型竖穴墓,随葬品仍以陶器为主。墓穴往往密集于低丘陵上,墓坑大体约长二·三公尺,宽一·五公尺左右,深则平均二或三公尺,河南省禹县白沙镇、郑州碧沙岗、洛阳涧西等处,各有发现,年代比定均属春秋末年。陕县上村岭墓地的年代较之为早,墓穴规模亦较小,最小者仅长一·九二公尺,宽〇·八五公尺。郑州碧沙岗总数一百四十五处的小型墓中，少数墓底中央尚挖埋犬腰坑，但此类殷—周时代的风习，嗣后便已不再得见。东北地方，同时期并有瓮棺墓与石棺墓的分布，却只是地方色彩的墓形。

中国历史上最伟大人物孔子，其七十四岁逝世的纪元前四七九年（周敬王四十一年、鲁哀公十六年），便约略与蔡侯墓的成立同时；诞生的纪元前五五二年（周吴王二十年、鲁襄公二十一年），又约当新郑墓营建后三十年。[1] 此一时代，正立于孔子自身所编纂《春秋》二百四十二年的后期。

《春秋》记载的二百多年，一言以蔽之，是个阶级秩序动摇，封建"国际"脱轴，一系列下克上事态发生的时代。于国际间，天子权威坠落，国与国之间的战争与并灭频频，星罗棋布的都市国家登上并合为领土国家的轨迹；另一方面，各国内部又不断动乱，先是诸侯权力被实力家族的大夫（卿）侵夺，然后执政家族的实权又转移至其家臣即所谓"陪臣"之手。诸侯遭遇弑（乱臣杀害其君）、逆（贼子杀害其父）的大不祥事件迭起，而固有的政治秩序破坏后新秩序尚未能建设完成，政府呈现虚脱的空白期。孔子忿懑如此无道德、无秩序，几乎陷入无政府状态的世事

---

[1] 关于孔子生卒年，其薨，《左传》哀公十六年"夏四月己巳，孔丘卒"的记载，学者对之无异议，生年则有异说，所谓"春秋三传"，三类"春秋"注释书中《左传》以外的另两家，《公羊传》与《穀梁传》，均记载为鲁襄公二十一年，只是，《公羊传》的"十有一月庚子，孔子生"，与《穀梁传》的"冬十月庚子，孔子生"，相差一个月。此说的启人疑窦处，在于《春秋》原系依鲁国官方编年史而辖定，所以对任何高位臣下都仅记其薨，而无详记出生年月日之例，《左传》经文便无孔子生年记事，《公羊》《穀梁》两传文字，颇有人断言乃后世儒家所掺入。因此，《左传》派学者，也另支持原载《世本》，而由《史记·十二诸侯年表》与《孔子世家》所引用，孔子生年系鲁襄公二十二年之说。对立的两说之外，孔子的传记学者们以整理其时历法为基准，又提出种种推定意见，愈增纷歧。但今日通说，采纳的仍以鲁襄公二十一年为孔子生年。

现象，尤其愈到纪元前六至前五世纪的春秋时代末期，"世衰道微"混乱愈剧烈，为孔子所亲身经历与目睹，深恶痛绝，乃借《春秋》的著作严加批判，后世所称"春秋之笔""春秋笔法"，其渊源由此。

尚系都市国家时代的春秋时代前期列国，依《左传》与其他相关著作追记，总数约二百国之数[1]。近两个半世纪的春秋全时代最触目征象，便是国家数字急剧减少，向来历史界引以为春秋历史代表性事迹的霸权事业，又正予并合运动发生巨大的吸盘作用。

春秋五霸系中国脍炙人口的故事，标示了五位创缔霸业的强力国君接续嬗代。由《左传》成公二年条"五伯之霸也，勤而抚之，以役王命"可知：其一，"霸"系诸侯之长的意味，踏袭古代"方伯"之意而与"伯"成为同义词；其二，"霸"或"伯"以"五"为数，其说自战国时代已甚流行。五霸称谓自战国时代成立的背景，可能与其时结合了《尚书》洪范篇五行之说的澎湃学术思潮，木、火、土、金、水五元素运行而万物形成的流行五行思想有关。从实质意义而言，五霸事迹被历史界重视，又在于其特具历史转捩的意味。但对象所指，却从来颇多异说，战国末期的儒家主要著作，《荀子》王霸数列为齐桓、晋文、楚庄、吴王阖闾，以及不在《史记》十二诸侯年表中的越王勾践，以后的各种主张又有：夏朝昆吾、殷商大彭、豕韦、周朝齐桓、晋文（晋朝杜预注《左传》）；齐桓、宋襄、晋文、秦穆、吴王夫差（唐

---

[1] 出现于春秋时代国家的可以查证者，周谷城《中国政治史》（第30页，第115页）统计，苏轼《列国图说》载124国、顾祖禹《读史方舆纪要》载128国、顾栋高《春秋大事表》中春秋列国爵姓及存灭表载208国、陈祖华《中国上古史》补十二诸侯表及六国表载180余国。

朝颜师古注《汉书》诸侯王表）；齐桓、晋文、晋哀、晋景、晋悼（清朝全祖望）。一般则以后汉赵岐注《孟子》所列举的齐桓、晋文、秦穆、宋襄、楚庄为通说。

东方大国，山东半岛齐国的煊赫名君桓公（纪元前685—前643年在位），历史界震动于其"九合诸侯，一匡天下"的伟业，以及景仰其"尊周王，攘夷狄"的精神，最早开启春秋时代霸者主导时代之门，且是霸权最隆盛与最标准的时代。号召并领导各国以共同行动制裁侵略，兴灭继绝，回复被破坏国际秩序的平衡，以会合诸侯联盟缔约的方式，约束中国世界内各国和平共存，都是齐桓公出色霸业的要素。霸权表征的九合诸侯，实际于齐桓公在位四十多年中，如此的会盟至少二十次以上。抑且，个人声望足以压迫南方之强的楚国参加会盟签约，盟地又进入楚国之境，制约力实际普及中国全域的，也只齐桓公，其后为不可能，也已脱离"尊王"的标的。所以，霸业的基准意义惟齐桓公符合，但挟天子以令诸侯的局面也已形成，周朝封建制度倾斜开始显著。

宋襄公继承齐桓公成立霸权的愿望未能达成。得以追随齐桓公获有天子正式赐命的有名霸主，是立国于山西省的晋文公（纪元前636—前628年在位）。纪元前六三二年城濮之战，晋文公领导北方同盟诸国击退北进的楚国阵线庞大联军，解除严重的北方共同威胁与保卫北方成功，系春秋时代关键性的战役之一。却也自此而南北对立的态势不可解消，晋国虽以长期抗拒对北方虎视眈眈的楚国势力，百年间保持北方集团的盟主地位，但无论南北阵营，会盟意义都已转变为纯粹盟主（霸者）中心的攻守同盟。纪元前五六二年亳之会约文，系《左传》引录最详的一次，载书曰:"凡我同盟,毋蕴年,毋壅利,毋保奸,毋留慝,救灾患,恤祸乱,同好恶,奖王室。或间兹命,司慎、司盟,名山名川,群神群祀,先王先公,七姓十二国(指与盟者)之祖,明神殛之,俾失其民,坠命亡氏,蹐其国家。"(《左传》襄公十一年)以视七十年前城濮之战后,同由《左传》录入的践土之会约文:"皆奖王室,无相害也。有渝此盟,明神殛之。俾队其师,无克祚国,及而玄孙,无有老幼。"(《左传》僖公二十八年)两相对照,精神差距之大可见。

春秋政治发展为力的强权政治,弱肉强食,小国纷纷被大国并灭现象的出现,乃铸定了时代的代表性征象,并合详情固不能确知,也各说互歧,但仅仅文献资料均已指示列强兼并趋向的惊人,两份统计数字可资参考:其一,"鲁兼九国之地,齐兼十国之地,晋兼二十二国之地,楚兼四十二国之地,宋兼六国之地,郑兼三国之地,卫兼二国之地,秦有周地,东界至河,吴灭五国,北境及淮,越又从而有之"①;其二,《荀子》仲尼篇:"齐桓公并国三十五",《韩非子》难二篇:"晋献公并国十七,服国三十八",有度篇:"荆(楚)庄王并国二十六",《吕氏春秋》贞谏篇:"楚文王兼国三十九",《史记》李斯传:"秦穆公并国二十",是此四国五君灭国已百数十,而晋霸以后所兼并者尚不在内。②晋国称霸自晋文公而始,但自晋文公时代的晋国,已确立了山西省大部分与周围河北省、河南省、陕西省部分地区的国家大并合态势。

所以国家集中的震荡力,主要便源自《史记》十二诸侯年表

---

① 柳诒徵:《中国文化史》(上),第271页。
② 周谷城:《中国政治史》,第115页。

所指"四国迭兴,更为伯主"的晋、齐、楚、秦四国,尤其晋、楚南北双雄,更尤其是独霸南方的楚国。《史记》楚世家叙说楚国立国者系颛顼后裔,殷末"鬻熊子事(周)文王",然后"当周成王时,举文武勤劳之后嗣,而封熊绎于楚蛮"。芈姓的楚国支配阶层,文化水准可知颇高,于其指导下,以开拓长江中流域与汉水、淮水流域的大片未开发地域为实力后盾,文化上渐渐向北方先进国家迎头赶上,政治上尤自本据的湖北省,春秋中期时已完成东方江西省北部、安徽省北中部与北方河南省南部、陕西省南部国家群的大并合,成为春秋列强间领土最广阔的第一大国。此一席卷形势中,非只弱小国家连锁倾覆,中原郑、蔡大都市国家也被胁服于楚国中轴的南方同盟。纪元前五九七年,与城濮之战同被史学界推为春秋时代最著名两大战役之一的邲之战,楚国大败晋国的意义,正是后进而咄咄逼人的南方势力,至楚庄王(前613—前591年在位)领导的时代,已自挑战发展到具有可以压倒北方先进国的力量,以及确定春秋中期楚—晋南北两集团抗争相互消长的局面。"楚材晋用"之谚起源于此际,又指示春秋中期楚国文化已足以与中原先进国抗衡。灭"国"巨潮便于抗争态势中,南、北同时加紧推展,中国世界的国家数字急速减少,中国历史都市国家时代落幕,而领土国家机能成熟的走向渐渐明朗。

东方齐国、北方晋国、南方楚国之外,西方秦国于四强中系最后起。秦国源由,《史记》秦本纪指与楚国同出颛顼系,且系被推举继承大禹之位的伯益(益、伯翳)后裔。祖先乃殷末嬴姓宠臣,于周朝封建中颇为显赫,受封数至八国[1],势力可谓非小,

---

[1] 周谷城《中国政治史》第24页整理顾栋高《春秋大事表》中春秋列国爵姓及存灭表。

而惟秦国最晚发达。秦国的嬴姓一支，殷朝转换后，以世任西周大夫而离开中原同族，移住陕西，西周第九代孝王赐命为宗周附庸。纪元前第八世纪，周平王东迁，再以掩护撤退的功绩，受王命留守，于驱逐西戎势力后，便在周朝放弃了的宗周王畿渭水流域之地建国，正式跻身诸侯，接收原西周政治、经济指导力而俨然其继承人。秦国立国幸运得此深厚潜力，所以，虽以国家周围被一时强盛的戎狄包围，而社会生活不能不作某种调整，以适应环境，或者说，自宗周原基准上部分戎狄化，然而仅仅一个多世纪后的穆公（前659—前621年在位）时代，秦国势力已向西膨胀到完成陕西、甘肃辽阔地域的控制，以及外缘诸落后异民族的统一领导。相反方面，通春秋时代，秦国势力也终限制于黄河以西从未参与黄河以东的国际事务，霸权意义正如天子所承认秦穆公的"霸西戎"。

春秋四强中，只晋国姬姓为与周朝王室同姓，齐国姜姓、楚国芈姓、秦国嬴姓，均非周族同族而系异姓，乃春秋时代特堪注目的政治现象。封建制度原以同姓为骨干，便以西周同姓国家分封最多，似乎春秋时代消灭姬姓之国也特多，实则以消灭的比例而言，异姓国家毋宁更大。东方与秦国同一嬴姓的江、黄诸国，春秋时代且至全行倾覆。相对方面，《史记》十二诸侯年表列举的代表性十三国，仍以姬姓属多，以及姬姓国家分布以河南省为心脏地区而展开的形势不变。但是，国际间主导权与秩序平衡力量已非姬姓独占，则须重视已系封建制度发生动摇的危险征兆。

立于封建金字塔顶端的天子权威跌落，与同姓的国际杠杆功能减弱而异姓势力抬头，自有关联。但予封建解纽更严重、更直接的破坏力，却是天子与同姓诸侯间，亦即本家与分家间，血缘意识至春秋时代的显然冷漠。宗法团结本家与分家的规制力宗庙祭祀，已因普遍的朝觐懒散而天子主祭权徒存虚名。频繁国际战争又以外力对宗法神圣加以无情打击。同姓相并，被灭亡者连带被剥夺祭祀权，丧失其宗法中的地位。与封建制血肉相连的宗法制遭强力损毁，封建制摇摇欲坠便不可避免。抑且，宗法—封建制的内溃因素，也随时间而注定潜在，分家世代呈现几何级数增加，分封受土地的限制，增加却只能依算术级数，是其根本上矛盾，矛盾终随从本家提纲能力衰败而爆发。解决之道，惟有被迫中止分封。中止分封的结果，以宗法—封建秩序大乱为问题的总解决，鼓励愈朝同姓分封的逆方向，无视血缘关系而惟依适者生存自然定律的兼并之途演进，国家"同姓""异姓"的意识，反而渐渐模糊。

大变化同时发生于列国内部，贵族侵权，君主势力衰退，宗法的支系分家愈分愈多。《史记》秦本纪已列举"嬴"一姓分化十四氏之例："有徐氏、郯氏、莒氏、终离氏、运奄氏、菟裘氏、将梁氏、黄氏、江氏、修鱼氏、白冥氏、蜚廉氏、秦氏。然秦以其先造父封赵越为赵氏。"周谷城对周朝最大姓所分之氏的统计特为周详，说明之一：见诸顾栋高《春秋大事表》中春秋姓氏表的，在周国内有周氏、召氏、祭氏等十三氏，在鲁、蔡、卫、齐、郑等同姓之国内有众氏、屈氏、柳氏等五十八氏，在异姓齐国内有管氏，在异姓楚国有堂溪氏，总共七十三氏。说明之二：七十三氏中，祭氏有二，一在周，一在郑；游氏亦有二，一在晋，一在郑，足以指示春秋时代"氏"的散居倾向。说明之三：顾栋高姬姓七十三氏仅代表春秋时代的分化情况，中央研究院历史语言研究所专刊之十二吴其昌的《金文氏族谱》，又从金文整理发现七十八氏，而指出"两者合计，凡一百五十一氏。除去重见的毛、原、祭、召等氏，仍有一百四十七氏"之数。说明之四："姬姓分掌之国，据《春秋大事表》中所列有五十一国，每分掌一国的，也是一氏；五十一国，又得五十一氏。加在一百四十七氏上，共得一百九十八氏。"① 一姓近两百"氏"的数字，繁衍可谓惊人，愈分化愈疏远也可想象，共同祭祀从现实上不可能而被迫写下休止符。同姓向心力既已式微，重视的已是"氏"而非"姓"，"氏"便渐渐向取代"姓"的路线行进。姬姓如此，其他诸姓莫不如此。一氏分散两国以上的现象，又增大了繁复化。于此基点发展，乃有一系列的剧变——

一方面是上层贵族觊觎君位，犯上与骨肉相残的事件迭起，国家内乱频频。齐桓、晋文是并称的两位最有名霸主，两人君位却都自斗争而得。齐桓公系齐国两度演出臣弑君的大悲剧后，以前一被弑君主庶弟身份，斗倒另一得鲁国助力的兄弟夺位成功；晋文公又是恃外援（五霸的另一名君秦穆公）杀其在位之侄而自立。此两著名例证，无一符合宗法继承程序，本家—分家规则严重受损。

另一方面，变局中产物的新兴贵族势力抬头，现象为值得重视。新贵族兴起，包括了公室（诸侯）新分家的公族；也包括了对协力谋夺君位立有大功，原已丧失分家、分地权利而仅保留身份的各级没落贵族；也包括了异质而层面颇广来自别国的异姓贵族。第三类为春秋时代新发生的大变貌，没落贵族在自国无法立足，抑或国家灭亡时，往往转移他国图生存，形成国际间各国贵

---

① 周谷城：《中国政治史》，第 36—37 页。

族的相互交流，也往往有机会便在他国得志，此其一。其二，也因新兴贵族以不同于旧传统的姿态崛起，与旧贵族性格、思想、行为基准两相迥异，而政治上尖锐对立，斗争不可避免，国内局势愈形紊乱与复杂化。

贵族已非必定与土地相结合，无土地的贵族实质与平民无异而脱离封建法则，先便动摇了封建支架。到下克上事态频起，新贵族兴起时又突破原"大夫"或"士"的阶级等次由君主自由擢用，"姓"与国别意识又都已淡薄，全是上层社会大革命，而阶级秩序形成脱轨，特别是新贵族，均恃个人才华能力而挺拔，尤其自异国而来，政治理想因之也迥非旧传统轨迹，管仲便是代表性人物。管仲系流落齐国的管国姬姓贵族后裔，《史记》管晏列传说他"少时贫困"，以及原先追随齐桓公君位争夺对手公子纠，失败被俘，投降齐桓公后发达至"富拟于公室"。管仲的经历可以概括新贵族如何发生的全貌，以及新贵族对政治的影响力。管仲协助齐桓公建立伟业基盘，平野农业、沿海渔业与制盐业、山地蚕桑业等产业资源开发，奖励工商业，均系一变旧传统的新经济政策。也因之刺激列国，促成其后战国式经济与政治的富国强兵新路线萌生。纪元前三世纪战国末期，追记流传于三个世纪间管仲思想而成书的《管子》中名言："仓廪实而知礼节，衣食足而知荣辱"，"礼义廉耻，国之四维。四维不张，国乃灭亡"，坚决主张必须人民生活安定，始得维持法纪与道德，其经济与道德相关，道德又正维系国家命脉的思想，堪谓不朽。纪元前七世纪管仲之为新政治家模式，初非仅指导齐国富强与雄飞的功业而已，春秋时代新贵族勃兴对历史的意义，也由管仲事迹全可了然。

春秋中期，列国内部由旧贵族代表的旧势力、旧秩序，几乎同一步调先后被倾倒，新贵族获得决定性支配。封建制倾斜所激发矛盾，却愈在扩大，一方面，土地不敷分封而又加剧向实力贵族集中，同时，国际间国家并灭倾向，造成丧失土地的贵族也愈增多；另一方面，君权愈轻，贵族野心家企图染指的愈多，压倒了旧贵族的新贵族间，自身也开始了激烈互斗。中期之末以后，列强中除楚国仍由公族强固领导以外，晋国的权力家族韩、赵、魏、范、知、中行"六卿"，已无一是公族；齐国高、国、崔、庆、鲍、陈等氏，也仅前四氏公族，鲍氏姒姓，后来居上的最强大势力陈氏，则为妫姓的原陈国公族。所以，异姓贵族于各国普遍得势，又是政治演变到春秋后期的一大征象。以"氏"为"姓"倾向发达，姓氏关系复杂，政治上血统意识与其系谱，其时已确定不再重要。

纪元前五四六年弭兵之会，历史界设定之为结束春秋中期的标志。此一春秋国际间著名的大规模和平会议召开，乃是晋、楚为中核的南北对立阵线，百年间频繁交战至彼此都已精疲力尽时的产物，发动者却非任何强国，则颇堪玩味，也说明了春秋时代列国人才济济，非大国四强特有现象。中国外交事务自春秋时代开始被重视，武力不足自保的国家赖此以在强大势力夹缝中求生存，所以春秋时代一流的外交家，反而往往出诸弱小国家，会盟与聘问强国，都是弱国使臣滔滔雄辩，表现个人才华的场合，国家荣辱也系于此。弭兵之会的召开，更是外交艺术发挥至极峰的表征，空前地说服晋、楚带头，南北联盟各主要加盟国代表者鲁、蔡、卫、陈、郑、许、曹大夫聚首宋国，缔结互不侵犯协定，缓和国际战争威胁得以成功，自此四十年间晋—楚无战争，国际间南北势力消长中止而均衡局面一时展现。主办史无前例弭兵盛会的，便是已弱国化了的地主国宋国，以及导演者宋国的大夫向戌。

孔子的时代，与此已直接衔接。孔子诞生后第六年，弭兵和平之盟成功，自此其大半生所处为国际间惊风骇浪后的宁静无波时期，列国贤相并起，一时蔚为古代中国政治史伟观，孔子语录意味的《论语》中，对这些前辈由衷倾慕的是：郑国子产、齐国晏婴、晋国叔向。其诞生前于齐国已系著名学者大臣的晏婴，且以寿登耄耋，孔子得在壮年赴齐时亲识。此等贤相中，子产、叔向原均弱体公族，晏婴又系东方沿海的东夷人，代表的正全系新兴贵族。

郑国介乎晋—楚两大国之间，春秋中期以来也与宋国同样弱国化，但纪元前六世纪后半春秋后期之初，在博学驰名的大政治家子产治理下，郑国政绩的斐然可观，堪誉国际楷模，而博今日史学界特高评价。子产对外秉持中立化小国独立外交原则，对内实施新政以开放公地，奖励耕作，整理农地区划等土地改革的立法，以加大农业生产力，适应国际租税改革潮流，支持国家税收的增加，而达财政充裕目的。同时节约人民消费生活，鼓励积储剩余财富，以培育民间财富。《左传》昭公六年（纪元前536年）条"三月，郑人铸刑书"的特笔大书，又是子产开创的历史性先例，于青铜器铸刻刑法公布国内，乃是中国最早的成文法制订与发布，在中国法律史上具里程碑意义。向来的习惯法时代因而一变，领导列国否定临事制刑的封建贵族传统，开拓了国家化法治主义的新境界。

子产扬弃贵族旧传统，与于同时期列国间率先迈出进步的政治建设第一步相对应,也自意识上表现出勇于批判传统的合理主义萌芽。纪元前五二五年,子产拒绝卜筮预测郑国将遭大火灾祸,必须祈禳才得解消灾害的劝告,次年果蒙火灾,卜筮续请祈禳,否则上天震怒,将再降大火,全国上下人心惶恐,纷请子产照办,子产坚定续加峻拒,而有"天道远,人道迩"的名言(《左传》昭公十七年、十八年),结果郑国终未再遭火灾。此一故事发生于距今二千五百年前,意义非同寻常,"天道"的"超人间世界"与"人道"的"人间世界"已判然区分,可知的领域与不可知的领域加以合理辨别,都是合理主义立场的理性判断,也惟有如此合理主义精神的潜在,才得成立大政治家子产合理的革新运动根柢。所以,子产须被认定为中国最初的启蒙思想家,代表中国思想史启蒙主义的勃兴。

《论语》对子产的尊敬是罕见的,视其为"君子"典范,赞美"子产有君子之道四焉,其行己也恭,其事上也敬,其养民也惠,其使民也义"。(公冶长篇)孔子诞生前二年,子产以大夫任卿,开始参与郑国最高政治核心,孔子诞生后第九年起为正卿,相郑国,孔子自述"吾十有五而志于学,三十而立"(为政篇),渐渐学问成一家之言的修养成熟期与思想形成期开始,正与此名相在位期相一致,迄孔子三十一岁而子产去世。所以,孔子思想受其心折的前辈子产巨大影响为显然。虽然孔子反对子产法治精神,但孔子合理的"人道"主义渊源,便自子产所开展的启蒙时代继承,则已系今日学术界定说。学术界评估子产的文章指子产非自然的、以现世人间为立脚点的道德哲学与政治哲学,较之西洋与子产约略同时期,最早的泰利斯(Thales)以来希腊哲学,以认识自然的宇宙论开始,才导引苏格拉底的讨论人间问题,恰成逆方向发展。[1]

孔子身值春秋时代后期，亲历贵族秩序变貌以及动摇的封建制加速分解阶段，足具时代变化见证者的资格。孔子籍贯所系的鲁国，尽管由礼乐主义与周朝制度的创始人周公直系后裔建立，且以春秋时代朝廷东迁时文物蒙受重大损失，反而鲁国独能完整保存周朝礼乐而著名国际，但际遇于春秋列国共通的历史发展路线上，仍然不能例外。惟其如此，孔子个人与孔子时代鲁国之事，堪为春秋后期列国间共同现象的代表性说明，仅尚非异姓专政为异。孔子出生于鲁国自伯禽以来第二十一代君的襄公治世，祖先原系宋国公族，纪元前第八世纪春秋前期（周桓王与鲁桓公之世）宋国内乱中，孔子第六世祖被杀害，子孙逃离祖国移住鲁国，经历五世而孔子诞生。孔之父叔梁纥，纪元前六世纪中以勇士闻名鲁国，依附鲁国实力家族三桓之一的孟孙氏而受赏识，却不幸早死。所以孔子正是春秋时代普遍出现的脱离土地且已流落异国的没落贵族后裔，《史记》孔子世家记述孔子幼时"贫且贱"，"及长，尝为季氏吏"，季氏系季孙氏简称，三桓中势力特强的一支。所谓"三桓"，在鲁国的地位，正如同晋国六卿，同系新贵族，身份均公族，系春秋时代之初鲁隐公之弟与建国第十四代桓公直系新分家的孟孙氏、叔孙氏、季孙氏总称。

三桓兴起，正是春秋列国君权无力化的封建制变态反映，卿自大夫中选任原依君主意志，也系君主君临其国的权力，却已由实力大夫家族垄断。伴随发生的现象，当政大夫（卿）名下，封建一阶级社会中原无地位的所谓陪臣或家臣的私臣抬头，家臣便

---

[1] 平凡社版《思想的历史》2.春秋战国与古代印度，第40页。

如叔梁纥与孔子青年时代之例，为贵族大量没落下的产物，依自身保有的贵族身份而为高阶层贵族执役以维持生活，所以与主家间完全脱离宗法与土地关系，而单纯系个人主从关系。但是，经过春秋中期大夫专政黄金时代，继权力家族无君无法程度到达极限，列国内部终又普遍向封建制愈益恶化的"陪臣执国命"末期症状演变，下克上事态也转由嚣张的陪臣主导。在鲁国，一系列演变都环绕于桓公之子与第十五代君庄公诸弟为始祖的三桓氏而演出。桓公原已系弑兄而登位，三桓也随庄公之死立即展开阋墙事端。孟氏之祖杀季氏之祖所支持的储君，改立庄公的另一子湣（闵）公，继又杀湣公企图自立时，季氏之祖自逃亡的国外返回，续立湣公之弟僖（厘）公，杀孟氏之祖，而政潮暂告段落。待纪元前七世纪末，三桓再以君位继承联合扳倒另一支强大公族集团第十八代宣公嗣位后，三桓氏势力已在国内压倒性建立。经过约一个世纪，三桓中最具实力也最专横的季氏获得叔氏、孟氏共同承诺，上演鲁国史无前例的在位第十九代君主昭公被放逐大事件（纪元前519年，昭公二十五年）。昭公亡命齐国七年期间，鲁国形成"无君"的空位时代，政事由季氏独裁，权势到达了极峰，季氏的摄政至昭公死于流亡生活的次年，定公继位才结束。而此期间，跋扈的三桓氏所分别维持的家臣势力，也渐次抬头，主家无制约的榜样被家臣模仿，因而无视且威胁到主家的地位，个别的家臣叛乱频起。叛乱特具严重性的一次是定公五年即纪元前五〇五年，季氏家臣之一的阳虎，劫持季氏家长桓子，大捕季氏一族，或杀或逐，胁迫三桓氏与之结盟订约承认其权力，鲁国国政乃由炙手可热的阳虎掌握，而且持续三年之久。须定公八年，阳虎又图一举尽行覆灭三桓氏，三桓联手反抗，生死搏斗中阳虎失败，次年亡命齐国，鲁国乃结束阳虎的独裁，回复季氏为主体的三桓僭上政治。

对于如此犯上现象发展到顶点，孔子都曾亲睹。昭公失位之年，孔子三十六岁；阳虎事件发生，孔子尤在四十八岁至五十一岁的盛年。《论语》中且留有季氏与阳货篇名，各列为全书第十六篇与第十七篇。只是，"虎""货"发音虽近似，"阳货"究竟是否便是"阳虎"？古来《论语》的注释家间主张颇不一致[①]。但不论如何，纪元前五百年前后孔子处身的时代，封建君臣道德束缚的脱却已属明朗，迨到家臣—主家间所结忠诚关系也告毁灭之际，时代道德的冲突与封建制变貌都已到达了极致，而如《论语》季氏篇记录的孔子慨叹之言："天下有道，则礼乐征伐自天子出。天下无道，则礼乐征伐自诸侯出。自诸侯出，盖十世希不失矣；自大夫出，五世希不失矣；陪臣执国命，三世希不失矣。天下有道，则政不在大夫；天下有道，则庶人不议。"孔子自身也曾有陪臣（家臣）经验，《史记》孔子世家未隐讳"尝为季氏吏"，以及鲁昭公遭三桓氏放逐而亡命齐国之际，"鲁乱，孔子适齐，为高（氏）昭子家臣"其事。

鲁定公即位，年已四十余岁的孔子自齐国归来，开始以教育弟子为职志。阳虎倒台，孔子终获得机缘登上现实政治舞台，五十二岁至五十五岁（定公九至十二年）期间，由中都宰而司空，而大司寇，行摄相事。《史记》孔子世家大书其时孔子雄心万丈，诛乱臣少正卯、隳三桓氏城墙，试图着手他忠诚道德规范的政治改革理想，期待回复君主权威本位的封建轶序正常运行。此一大

---

① 参阅贝塚茂树《孔子》，第158—159页。

胆压抑贵族气焰的抱负，季氏固以与之具有长期渊源关系，而勉可容忍，孟氏则特起反感，其迅速遭遇阻力为可想象，孔子改革运动失败被迫退回与实际政治绝缘的位置。定公十三年起，开始率领弟子团外游，前后在外十三年期间，周访列国。待确知于任何一国实践理想的希望都已幻灭，于鲁哀公十一年孔子自身已届六十九岁高龄时，乃黯然结束旅程返回鲁国，从事《诗》《书》《礼》《乐》《易》《春秋》六经的整理与编纂。三年后，周敬王三十九年与鲁哀公十四年春狩获麟，孔子喟然叹曰："吾道穷矣"，《春秋》因此于是年绝笔。又两年，孔子七十四岁，泰山其颓，哲人其萎。

中国历史至孔子时代，以孔子与其同时期人以前所未见的教育家姿态出现为枢纽，而一类与其后二千多年历史发展密切接合的社会身份"士"，已自大破坏逆流中产生，担当了破坏后新社会建设的前锋，以及自身便成为新建设最早一环节。"士"的原型，系封建阶级等次中贵族的最低位与人数最多的阶层，封建金字塔从倾斜到倒塌，裂痕自分地—分家正比发展受阻而起，最早与最大的影响者便是"士"，也以贵族阶级广大底层失地事态愈随时间愈严重，而封建制裂痕加剧，发生根本动摇。另一方面，阶级社会中"礼不下庶人"，礼的根源为知识与教育，"士"于实质已下沉期间，其权利仍依名分而同在，知识也已系唯一生存凭借。以此投靠权势为家臣，所以成为"士"的没落者最大出路（在本国或转移他国），否则只有以传授知识替代土地收益，突破传统，向包括非贵族的庶人作私人讲学的新方向发展。《论语》卫灵公篇"有教无类"之语，乃是最早突破阶级藩篱的文献凭证。所以，约略纪元前六百至前五百年之交，学术与教育明显获得解放,"天子失官,学在四夷"(《左传》昭公十七年)现象形成,无论于中国政治史、文化史、教育史的意义,都是划期性大事。《庄子》德充符篇语:"鲁有兀者王骀,从之游者与仲尼相若",当知春秋时代私人讲学非仅孔子,相信也非自孔子始,但孔子系其范式则不言而喻。

阶级称谓"士"的名词由来,原已代表了知识人、教养人意味,《尚书》早期作品多士篇以"士"为篇名,以及《诗经》早期诗篇中"有依其士"(周颂载芟)、"偕偕士子"(小雅北山)等句所示都是,阶级等次设定时便转借称呼贵族阶级的广大基层。待春秋时代贵族大量下沉,最底层的"士"领先冲破阶级线,以知识向下传授为中介,而向庶人或"民"合流,阶级构筑以上层基部瓦解而整体倒塌时,士的称谓依然,也仍是知识人、教养人意味,实质却已转移为一类扬弃了阶级意识的非阶级性社会身份。《左传》成公元年"古者有四民,有士民,有商民,有农民,有工民"所说明,便已是转换了面貌时期的"士"。此类新发生的社会身份,发生期著作《论语》中颇多有关诠释:

> 士志于道,而耻恶衣恶食者,未足与议也。(里仁篇)
> 士不可以不弘毅,任重而道远。(泰伯篇)
> 子贡问曰:"何如斯可谓之士矣?"子曰:"行己有耻,使于四方,不辱君命,可谓士矣。"曰:"敢问其次!"曰:"宗族称孝焉,乡党称弟焉。"曰:"敢问其次!"曰:"言必信,行必果,硁硁然小人哉!抑亦可以为次矣。"(子路篇)

然而,"士"系所育成的教养人与知识人,"教养"与"知识"的水准却非必齐一。所以,《论语》的记述,总括的"士"又分化出两类名词,偏重教养时称"君子",偏重知识谓之"儒",相互间关系,"君子怀德"和"汝为君子儒,无为小人儒"(均里仁篇)可为区列。

孔子的教导,非只三千弟子"有教无类",《史记》仲尼弟子列传选择孔子重要弟子七十七人中的尤为著名者分别介绍,其籍贯地的国际化同堪注目,及于鲁、卫、宋、陈、齐、晋、楚、秦,以及春秋末期以飞跃姿态勃兴的吴国。孔子学说的发扬与儒家成立,如此众多的博学弟子于如此广泛的国别间热心传道,乃是最大因素。以孔门弟子为模式,经过士的大活跃期战国时代,士终于傲然向历史完成了建设平民社会的前导使命。

作为身份的"士"发生,乃是春秋时代最大变貌之一,带动了平民社会的转移。与之相对应的春秋时代另一大变貌,是作为集权—领土国家奠基表征的"县"的成立。

"县"是"悬"的本字,寓有"从属"意味,是灭国运动的直接产物,形式上踏袭了邑,却无世有其土的贵族中介而直隶国君,前身最早都是被征服的都市国家,脱离了封建法则,由征服国君派出自身代理人意味的贵族所统治,以所派遣均大夫级而仍习称"县大夫"且冠地名(楚国名"县令"或"县尹"),去留受命于君主,领地分封的原则为之一变。此等土地与此等支配方式,便谓之"县"。于时间上,原型自春秋前期便已出现,最初的文献记录,《左传》哀公十七年:"(楚)子谷曰:彭仲爽,申俘也,文王以为令尹,实县申、息";《史记》秦本纪:"(武公)十年,伐邦冀戎,初县之","十一年,初县杜郑",楚文王与秦武公在位为同时代,均在纪元前七世纪前半。也因而可以推定,县的统治形态非起源自中原国家，稍后才被中原国家模仿，而有《左传》僖公二十五年（前635年，晋文公时代）条："晋使赵衰为原大夫，狐溱为温大夫"的记事。楚国方面，则《左传》宣公十一年（前598年）条记载"楚子（庄王）……伐陈，……因县陈"的同时，又有"楚子曰：诸侯县公皆庆寡人"之语，显示春秋中期楚国置"县"已相当普遍。《左传》昭公二十八年（前514年）条："（晋）分祁氏之田以为七县，分羊舌氏之田以为三县"，系县的历史发展至春秋后期代表性记录之一，显示"县"的由来已多元化，非限于国际战争的结果，也因国内统治阶级内斗，没收被打倒贵族的邑采而改置。以后到战国时代，《史记》商君列传"（秦）集小都、乡、邑、聚为县，置令、丞"，县终率先在秦国正式设立，中央集权制国家的地方制度实现，从来的大夫、尹、县公等首长称谓，也自其时秦国开始，由原受命、受令、宰（如孔子的"中都宰"）等动词起源，变换为正式官位名词的"令""丞"。秦朝统一中国的伟业建立，"县"乃固定为迄今二千年来地方制度的基层行政单位。

"县"萌芽后追随出现类似性质的"郡"，其原义与历史无多资料可供了解，仅从《左传》哀公二年（前493年）条记录赵简子誓言："上大夫受县，下大夫受郡"，得知春秋后期，"郡"与"县"正平等发展，以及相互间有所区分。如何区分？仍只能由战国时代设"郡"位置均在"中国"周边国家的外缘新开拓地区，以及西河"守"、汉中"守"等长官称谓所代表的意义，而猜知郡的辖区一般多均辽阔，相对方面人口却比较疏少，以及军事色调浓厚。通说"郡"者，"群"也，解释上也便由移民实边的想象所延伸。《史记》春申君列传记春申君告楚王曰："'淮北地边齐，其事急，请以为郡便'。并因献淮北十二县，请封于江东"，又可依凭推定，纪元前三世纪中战国末年，"郡"向内地人口稠密的"县"的设置范围推展，迹象已经初现，这也是郡—县关系连结的先兆。不到半个世纪，秦朝统一中国，新的、强力的中央集权制政治架构创造成功，被灭东方六"国"一概改"郡"，"郡"便确定布列中国全域，且以原有"国"的优势，而立于先已成立的"县"之上，大领土国家的二级制地方政治系统确定。

春秋末期的中国国际，历史主轴已自向来的中原与长江中流域移至长江下游，为一大变局。位于长江三角洲太湖右岸的吴国如日之升，光芒尽行掩盖了先进列强。吴国努力洗濯落后色彩，记录中，自春秋中期之末至纪元前第六世纪前半的吴王寿梦在位期，同一世纪后半并灭淮河下流域的徐戎，追发达至带动国际间波涛汹涌，则正当孔子时代的后期。

纪元前五〇六年，寿梦之孙吴王阖闾的强大军团，长驱直入楚国腹地，陷掠其郢都而返。楚国经此大打击，虽求得秦国援助保持国家命脉，国势一时顿陷低潮（鲁国阳虎独裁的前一年）。

纪元前四九四年，阖闾之子次代吴王夫差，又南向征服与吴国同时勃兴以浙江北部杭州湾与会稽山间之地为本据的越国。俘虏越王勾践为臣僚，妻为婢（鲁哀公元年，孔子外游期间）。

吴国西、南两个方向攻略成功，接续便是强力进击北方。纪元前四八四年，对齐国山东省境的艾陵之战大胜，吴国雄心勃勃，与中原争长之势形成（孔子周游列国返鲁之年）。

相隔两年，纪元前四八二年河南省境黄池之会，吴国新锐势力压倒从来的霸者晋国，其中原盟主之愿获遂（孔子《春秋》绝笔前一年）。

吴国霸业建立，前后仅历时二十年，速度可谓惊人。不幸，在夫差倾全国之力北上争霸之际，忍辱负重已十多年的越国，突从空虚的吴国后方掩袭其国都得手，彗星似兴起的吴国又急速衰落。再约十年后的纪元前四七三年，夫差自杀，原先臣服的越王勾践倒反并灭了吴国（孔子去世第六年）。

吴、越之兴，是春秋历史压轴的高潮，也以其时代过渡的性格而事迹多彩多姿，富有罗曼蒂克的魅惑力，后世历史故事取材于此期间的特别丰富。例如：

——阖闾君位系以暗杀手段夺自在位吴王——其叔伯兄弟僚而得，开启战国时代炽盛的暗杀风气。以阖闾如何收买刺客专诸，专诸又如何"鱼藏剑（匕首）"行刺成功为内容，春秋末年的"专诸刺王僚"故事与战国末年"荆轲刺秦王"，同系《史记》刺客列传描述最生动的部分。

——吴国霸业最大功臣之一伍员（伍子胥），原系楚国贵族，父、兄均被其君枉杀，伍员个人幸得脱逃至吴国，得吴王阖闾重用为智囊团领袖，伐楚、服越方案均其策划。攻陷楚都时，杀戮其全家的楚平王已死，悲愤的复仇者伍员无法抑制积郁怒火，惟有发掘坟墓，起出平王尸体猛力鞭打以泄恨，这便是"鞭尸"一词的由来。

——民间家喻户晓的"西施"传说，又便附着于吴越之争而流传。越王勾践与其谋士们如何瓦解吴国旺盛的战斗意志，制造其统治阶级间矛盾战斗，而压迫为吴国强大付出毕生心力的伍员自尽，以及如何导引夫差落入奢靡腐化陷阱，系古来罕见刺激的政治性艳情舞台剧。浣纱女出身的女主角西施因之也被引为中国最早的成功女间谍，吴亡后西施随其恋人亡吴主要献策人范蠡，双双隐去，又是令人神往的剧情结局。由此通俗故事引申，脍炙人口的中国古代四大美人之说，西施带头，其余依时代序为汉朝王昭君、汉末貂蝉、唐朝杨贵妃。形容美人的辞句"沉鱼""落雁""闭月""羞花"，又分别指此四大美人，以及代表所附加的传说。

——勾践复国亡吴的精神"卧薪尝胆"，于后世成为最能惕厉知耻的格言，其可敬事迹另一面"十年生聚，十年教训"，同样流传千古而成形容奋发图强的名言。知耻才能雪耻，乃是中国坚忍意志力与不屈不挠精神的有力外烁。

春秋时代历史以南方吴越两国的兴替作总结，意义至堪重视，这正是黄河文明之光向远方照射所获又一次强力反应，以及长江下游吴越文化向中原认同迈上康庄大道的回响。吴国自"中国"历史登场，传说中甚早，周朝成立以前，泰伯、仲雍已以让位于其弟王季，而身逃未开化的长江以南蛮夷之地，因而立国，周初大封建展开，据以对其子孙封"吴"。此一历史美谈的真实性如何？学术界持保留态度，怀疑系后世立足于儒家政治道德，对有德者即帝位"禅让"理想的架空故事。[1] 但尽管传说的内容欠缺信凭证据，吴国乃周族建立于长江以南的殖民国家此一事实，则无可否定。建国的时代，相信便在周朝成立初年势力向东南膨胀之际，约略与江苏镇江发现宜侯夨簋所代表的时代与其背景，均行相当，而且，吴国所封系周族的有力贵族也可推测，惟其如此才附着了泰伯、仲雍的传说。只是，西周中期淮水附近的淮夷、徐夷反乱迭起，周族长江下游诸殖民国家同陷孤立，吴国动向因而自历史消失。迨吴国一词再出现时，便已是迟至纪元前六世纪

---

[1] 贝塚茂树：《中国的历史》（上），第114页。

初的雄飞起步时代。所以,《史记》吴太伯世家虽详列太伯以来完整世系,其间君统曾否变换?却颇存疑问。很可能以历史真实面相见时的后期吴国,已非姬姓而系中原化了的土著民族所建立国家。[①] 不论如何,以今日苏州为中核而发达的吴国,其成员系北方先进民族与南方土著的融合,以及因接受黄河文明影响而渐次中原化,其事为得以认定。此与长江中游楚国的情形,正相一致。越国的传说中建国者,《史记》越王勾践世家记其乃夏朝少康后裔,与越地开化的背景正相仿佛。《史记》追述勾践的先世,只能及于其父,再以前已全行空白,较之楚、吴世系记录无缺的状况迥异,则其文化的后进性格也堪反映,其急起直追的惊人冲刺力,便表现于勾践时代,亦即吴王阖闾在位的同一期间。

长江流域向被称"蛮夷"之地,广泛分布的土著人民均以受惠于黄河文明而脱却其蒙昧色彩,各地域土著文化均因而刺激向上,历史轨迹固属相同,时间上却存有先后顺序。最接近中原心脏地区河南省的长江中流域湖北省,接受中原文化最为直接与便利,沿汉水以至沮水一带,西周时代早已稳定走向中原化,立国于此的楚国便因地理优势,春秋时代昂然领先发达。距黄河下流间隔了淮水流域的长江下游必须落后一步,所以春秋末期才有吴、越新兴势力发生。而吴、越兴起,光源固发自与楚国同一的北方,文化上同时又受在南方已具先进性的楚国提携,文献说明纪元前六至前五世纪之交吴、越霸业代兴时代诸关键人物的出身,阖闾早期的最高军事顾问与伐楚时统帅孙武乃齐国人,伍员与其政治主张对立者、因受勾践重贿而影响吴国存亡的另一实力

[①] 童书业:《春秋史》,第127页,则怀疑吴、越均楚国支族所建立的国家。

人物伯嚭，以及越国大事业创立功劳者范蠡与文种，便全来自楚国，明示了楚文化对江南文化的影响力。稍前，吴王寿梦少子季札周聘中原列国，被中原列国誉为贤人，系江南文化水准已堪比拟中原而获得先进国家共同承认意味。

以长江下流域为范围的江南文化中原化进程，考古学成果已渐展开。江苏省青莲岗文化、浙江省良渚文化等新石器后期文化，都了然与殷周文化存在密切关系，湖熟文化尤系西周中期历史时代，分明是由中原与土著两文化融合的南方型地方文化。①

江南文化或吴越文化所展现活力，春秋后期已显见超越中原的部分，军事理论的最早体系化系代表例之一。吴国军事优势建立者孙武乃世界性的著名兵法家，以其名成立的十三篇五千九百字名著《孙子兵法》，被公认为世界最初的军事学权威著作，虽然此书非纪元前六世纪时孙武自著也堪认定。于此，学术界向来存有不同的主张，孙武弟子整理其师思想体系而成；或者出自孙武后裔，战国时代大军事家孙膑之手，而假托其祖之名；再或者"孙武"云云实系架空人物，书为战国时代百家争鸣中作品，怀疑无此人的理由，系《左传》中从未出现如此一位左右世局人物的名字。诸说中，第三说仅以孙武其名未见于《左传》而予否定，立论最为脆弱，第二说孙膑才是《孙子兵法》作者的意见，现也以一九七二年山东临沂银雀山发掘前汉前期坟墓所得大批古籍中，发现分别书写于四八七片竹简，上下两卷合三十篇一万一千字的《孙膑兵法》，而获得澄清。便是说，《孙子（武）兵法》之外，另有《孙子（膑）兵法》。因而孙武实有其人可以认知，《史记》

---

① 参阅本书"黄河文明的广域性"节。

孙子吴起列传且有其事迹的明晰介绍。以《史记》孙子吴起列传为准，有一则故事于后世流传颇广：孔武为阖闾挑选一百八十名宫女，于宫中示范操练与演习对阵，受军事训练的女兵尽管未实际编入战斗行列，却已是中国甚或世界第一支女兵队伍。孙武自身虽系齐国人，移至南方环境而得志，仍是南方之光。

《左传》哀公九年（前486年）条："吴城邗，沟通江、淮"，"邗"即今日长江要津，江苏镇江对岸的大都市扬州，邗江或邗沟便是今日大运河扬州至淮安的一段，中国长距离人工运河最早纪录的开创者乃是南方吴国。两年之后，吴国以此运输大动脉整备而陆上与循黄海沿岸航海并行伐齐，而有艾陵之役大捷，海上事业于中国历史发轫，又始自吴国。

勾践灭吴，踏袭与吴国相同的北进路线，与复兴了的楚国势力竞相伸入山东，而于纪元前四六八年迁移越国国都至政治支配圈北方最前端的山东半岛东南岸，今日青岛市以南诸城县附近（记录中的"琅邪台"），南方势力第一次随军事推展而在北方植根成功，也是中国历史发展方向的第一次倒反现象出现。

史书中南方向系剑的名产地，吴、越名剑的制作技术特享盛誉，《周礼》考工记对"吴、粤（越）之剑"曾特笔大书。汉朝作品《吴越春秋》的春秋时代记录："干将，吴人；莫邪，干将之妻也。干将作剑，莫邪断发剪爪，投于炉中，金铁乃濡，遂以成剑，阳曰干将，阴曰莫邪。"同时期另一名著《越绝书》宝剑篇："欧冶因天之精神，悉其技巧，造为大剑三，小剑二：一曰湛卢、二曰纯钧、三曰胜邪，四曰鱼肠，五曰巨阙。""楚王令周胡子之吴，见欧冶子、干将，使人作铁剑。欧冶子、干将凿茨山泄其溪，取铁英，作为铁剑三枚：一曰龙渊，二曰泰阿，三曰工布。"此类传说,附着了神话色彩。中国考古学资料的武器类出现剑,须战国时代遗迹中才存在渐多,而南方早以剑闻名于文献,则中国"剑"非发生于黄河流域中原,而系南方吴越始源,亦可猜测。

从如上事件可以发现,吴越文化飞跃成长的特色都指向军事。势力后来居上一时压倒包括楚国在内所有先进国家,而成为古代中国历史发展一大异例,凭借也端在军事。然而,太过单独扩张表面的政治、军事力,产业根柢与楚国相较,战国时代作品《尚书》禹贡篇的九州调查记录,吴、越所在地扬州"厥田惟下下,厥赋下上上错",而楚国所在地荆州"厥田惟下中,厥赋上下",脱离社会财富支持的不平衡军事发展,吴国毕竟不能持久,越国结局同样仍是衰退,春秋时代转为战国时代后的纪元前三三四年,还是被楚国并灭。

总结春秋时代的南北形势而言,黄河文明导航下的南方开始欣欣向荣,长江中流域的历史位置,比重已堪与中原抗衡,今日中国最现代化地区的长江下流文化,其跃进也正开始。虽然如此,经历战国时代以届中国统一阶段,江南吴越仍不代表南方,南方的代表者仍是楚,以及统一中国的力量也非出自楚,而仍恃中国文明母体的北方。

光与热的大奔放期

纪元前八至前三世纪,约略五个半世纪的春秋—战国大转捩时代,其历史原是贯通的、连续的,社会、经济、政治转变进程也不可分割，中间并无绝对的区划界线。但是，以"始"视"终"，推陈出新又至为分明。所以，传统以政治上韩、赵、魏三新兴国上升诸侯为标识，而区分"春秋"、"战国"前后两个阶段，还是有其意义。大体可以"春秋"代表破坏的阶段，而"战国"代表建设的阶段，也须春秋时代下移战国时代，大活跃转折期的新生机与新活力为愈明晰，"动"的频率愈益加剧。战国，便是如此一个自由、奔放、强烈散发光与热的伟大时代。

中国历史最初的大变革期展开，作为文明一大跃进的铁制农具普及，为堪注目。

古代中国特负盛名的青铜器制作技术，向不用为生产手段，而用来制作彝器与武器，象征与权力相结合。殷朝青铜器成分分析固已发现含有少量铁的证据[①]，以知中国知晓铁的历史甚早，但是铁从未被大量利用。中国制铁技术进步，推定须当纪元前六、七世纪左右，但仍名之"恶金"，青铜才是"美金"，所以使用铁器初期，武器类材料仍系青铜，铁仅供制作农具。正因如此，由传统的石器、木器耕作方式过渡到金属器，铁制农具自其时被大量生产与容易普及，便是铁系恶金而价值为低之故。考定乃纪元前六世纪左右器物的齐国青铜制"叔夷钟"铭文有"造铁徒四千"之句，[②] 年代尚属春秋后期，仅齐国一例已出现如此大规模的制铁事业。至战国时代，各国制铁工业如何普遍发达，以及成品在民间的普及率，都已可以想见。

对应中国黄土地带的土质，利用石制或木制工具耕作原已胜

---

① 参阅本书"殷朝国家与其都市文明"节。
② 人物往来社版《东洋的历史》2.《春秋战国》，第187页。

任，而且可能也是农具长久在石器与木器阶段停留的缘故。但是，进步到深耕便必待铁制农具出现，铁制的犁、锹，才得于降雨后轻便地耕起黄土表面，而使水分保存土中不致立即蒸发，而古代中国著名的高级农业经营法旱地农法乃得成立。全黄土地带也因之广范围实现耕作，并赖此等铁制农工具克服周围湿地、密林等自然障碍。惟其如此，铁器登场，包括农具与一般工具，可誉为中国产业史的一大革命，足堪比拟近代西洋产业革命的机械发明。

推定铁自中国春秋—战国时代渐渐普及使用，依凭的原系文字资料，考古学上[1]，早先以铁在土中容易酸化腐蚀，而发掘时多未加注意，仅辽宁省貔子窝、南山里、朝鲜半岛平安北道渭原、河北省滦平等战国燕齐文化波及的地方，发现若干早期铁器遗物，但确属春秋—战国时代抑已系秦—汉时代之物？仍未能断定。后来才有突破性成果。辽宁、河北、河南、山东、山西、陕西、湖南、四川等八省迄今至少已见二十二处遗址，遗物中河南省陕县后川出土的铁剑、信阳长台关出土的带钩，推定属春秋晚期，大部分所发现均战国时代铁器或其铸型，且多数自墓中出土。以发现金银象嵌豪华马头形金具闻名考古界的河南省辉县固围村战国墓，伴出多种多样铁制品如锹、锄、犁、铲、凿、镰、斧等，特受注目，考定均系掘墓所使用，墓成时捐弃而一概埋入坑内，其他遗址的状态颇与之相似。为何内中多兼含农、工具？答案应系农具或工具实质上不能明确区别性质与用途，同一形式

---

[1] 铁的考古解说，主要取材自关野雄《铁器的出现及生产的扩大》，平凡社版《世界考古学大系》6.东亚Ⅱ，第142—148页；大岛利一《中国古代的手工业》，学生社版《古代大讲座》9.古代的商业与工业，第147页。

的铁器，也往往此人用之为农具，另一人使用便是工具。所以，以犁等归类为农具，斧、凿等则工具，依中国初期铁器文化基准，仅属暂定的分类。此等铁器都已能确切证明由战国时代遗留，河北兴隆（长城外，毗邻热河）所发现铸造铁器所用的八十七个铁质铸型中，刻有明示年代的文字说明者，便有十余个。

如战国遗址出土铁制遗物均由铸型而铸造的事实所说明，中国最初掌握铁的利用，乃以铸铁与其技术为历史第一页，与同时期世界其余文明不同，惟于中国单独发达，乃中国铁器文化的最大特色。"铁"的类别系依炭素含有量而分，一是锻铁（炼铁、顿铁、熟铁），含炭素最少，熔点高而硬度较低，于固体呈现半熔解状时，捣击而各别自由锻造成形；二即铸铁（铣铁、生铁），正与锻铁相反，吸收多量炭素而熔点低，以原矿与焦炭同置熔铁炉（所谓"鼓风炉"），送入空气加以燃烧，还原成流动状时，便是铸铁，所以铸铁必须铸型才能成形；第三类便是今日习知强韧而具弹性的钢铁，炭素含有量与熔点均介于锻铁与铸铁中间。世界冶铁历史，中国与欧洲的技术发展方向相逆，欧洲先锻铁而后铸铁，中国却先铸铁而后锻铁，系颇有兴味之事。欧洲须十四世纪德国开始才能大量生产价廉的铸铁，中国早自纪元前七世纪左右已因改良送风方法，控制炉内温度成功，而其技术遥遥领先欧洲至一千年以上，乃是中国对世界的一大发明，中国独特发达的铸铁工业系高度的青铜技术移行，也是学界一致的见解。但出诸铸造的铁器，硬度过高是其缺点，所以多利用为生产工具。推测约略纪元前四至前三世纪战国中期，仍由中国固有陶器与青铜器高温炉的技术探索，而获得锻铁知识，抑且，予铸铁以适当脱炭锻炼的制钢法也已成立，这便是所谓的"千炼钢"，至此阶段，适合于以锐利为必要的武器制造，考古资料虽仍嫌贫乏，理论上已能成立。再以后到汉朝，更进步的炼钢技术渗炭法又接续发明，钢铁武器生产量急剧增大，而中国历史全面转入铁器时代。

近年学术界，也有中国制铁技术发展阶梯并未异于西洋，春秋时代以前便已立于锻铁阶段的意见提出①。但确实资料皆无，证据为不充分，考古学术界的定说，仍都以中国铜铁并用期或铜、铁过渡期，于历史区分上，与春秋—战国时代相配当，战国期的利器类，才有武器性格浓烈的工具锯、锥、小刀等由锻铁制造，铁器也从而得以渐渐替代青铜器的历史地位，春秋期的铸铁时代与其以前，不存在已先成立锻铁时代的可信痕迹。但是，惟其春秋期以来，金属品中后起的铁与生产界结合，须便是创造光耀夺目活泼的战国文化原动力，则学者间已无异论。

青铜器时代手工业附属贵族阶级，所谓"工商食官"的传统，战国时代伴随阶级崩坏而自由解放。抑且，生产用具材料革命性转变与用具需要量激增，其制造也必须与基干产业的农业分离，成立独立的手工业而且快速成长。战国时代编纂的《周礼》考工记篇，系统性介绍"凡攻木之工七、攻金之工六、攻皮之工五、攻色之工五、刮磨之工五、抟埴之工二"，说明的正是其时

---

① 郭沫若《中国古代社会研究》论及周初已有铁器存在，杨宽修正此说，其《中国古代冶铁技术的发明与发展》（1956年刊），调整与解释若干暧昧的古文献记事，推定中国自西周而有出诸原始制铁法（块炼法）的铁器，原料系软绵状态的炼铁，制造即用锻打的方法，春秋时代乃续向铸铁发达。但杨宽锻铁立论考古学的支持资料皆无，证据为不充分。1956年孙延烈《辉县出土的几件铁器考原》论文（刊《考古学报》），调查辉县出土春秋期铁器，所作其中六件出自锻造的结论，也未获学者共通接受。参阅薮内清《中国古代的科学》第48、50页。大岛利一《中国古代的手工业》，学生社版《古代史讲座》9.古代的商业及工业，第146页。

手工业区分木工业、冶金业、皮革业、漆工业、制陶业等部门与各部门的再分业状况。特别关于制盐与制铁，已系新兴资本家间最大规模的产业。《史记》货殖列传分析战国时代地域区别代表性大产业经营，又是南方的制铁业，沿海地方与山西省的制盐业，齐、鲁与河南省的纺织业，西北地方的畜牧业。

"商"与"工"于同一时期以同一理由自由化。"商"原系国与国之间特产品交换的意味，代表贵族阶级利益，也因而与政治密接，解放过程中，流传有春秋时代纪元前六二七年郑国著名的弦高犒秦师故事。弦高商队出发途中巧遇秦穆公入侵部队，弦高伪称代表郑国国君迎接，献上所贩卖牛只与牛皮，秦国大将误信郑国对此次突袭已预有情报也预有准备而退军，郑国免于一场残酷的侵略战争，当是商业关联政治的具体说明，郑国又便是其时中原列国的商业中心。战国时代，民间资本家承袭封建贵族衣钵，从事远地交易，转手农、牧、手工制造业产品与奢侈品，随产业发达而愈大活跃，而且，资本愈雄厚，利润愈丰裕，财富积聚愈庞大。

大工商业者形成的新兴社会势力，自社会地位的"富"已与"贵"相互并论为可见出。此一态势，春秋后期已渐铸定，所以《论语》有"富与贵，是人之所欲也"（里仁篇），以及孔子高足子贡与孔子间"富而无骄"、"富而好礼"对话（学而篇），而子贡又便是春秋末期著名的政治家与理财家，自身已堪引为富与贵的范式。春秋时代下移战国，大产业拥有者与商业资本家"与王者埒富"，"畜至用谷量牛、马"，"僮千人"，"富至千万"等景况，《史记》货殖列传尤有明晰记载，因而提出了一个新名词"素封"，并加解释，其一："无秩禄之奉、爵邑之入，而乐与之比者，命曰'素封'",其二:"巨万者乃与王者同乐,岂所谓'素封'者邪?"传记所列举二十余工,均为商业资本家的代表人物,除子贡与其同时期越国名臣,退隐后改名陶朱公经商的范蠡两人之外,白圭(魏,商)、猗顿(河东,制盐)、郭纵(邯郸,铁冶)、乌氏倮(秦,畜牧)、寡妇清(秦,矿冶)、卓氏(蜀,铁冶)、程郑(蜀,冶铸)、孔氏(宛,商)等,都是战国时代人物,其余部分须归属秦朝与汉初。

《史记》货殖列传系统性介绍战国以至汉朝初年汉族中国全域各地区的风土、民俗、物产、交通以及诸大都市,以经司马迁亲身考察而乃古代中国自然地理、人文地理与产业地理的第一手资料,与《尚书》禹贡篇同等具有教科书价值,且货殖列传又是禹贡篇的补充。而战国时代作品禹贡九州又是公认战国当时地域富力与其产业的权威记录。两篇概要如下页表。

战国时代,便立于工商产业如此之盛的背景,以及货殖列传中累见"东通某地、西通某地","南贾某地、北贾某地"的交通条件,所谓"都会"的大都市乃于中国全域普遍兴起。都市中纺织工、冶金工、木工、车工等"百工"小手工业者或"工"民,各各成立作场,生产食、衣、住、行实用品,供应都市、农村生活所需。另一类人站立到生产者与都市消费者中间,以货物中介为业,则是"商"民。同系"工""商",较货殖列传所列举"素封",成分却已不相同。此等都市社会的构成分子,来源都是脱离土地,抑或丧失土地,在农村中已乏生活凭借,当工、商业解放自由经济大浪潮形成之际,转移到都市另图生计者。也唯其此等小工民、小商民发生,"四民"社会身份与职业分类的"工""商"分业内容得以充实,《尚书》酒诰篇"肇牵车牛,远服贾"记事,

	《尚书》禹贡篇	《史记》货殖列传
冀州	厥田惟中中，厥赋惟上上错，岛夷皮服。	燕，上谷至辽东，有鱼盐枣栗之饶。种、代，中国委输，时有奇羡。 中山，仰机利而食，多美物。 赵，设智巧，仰机利。
济河惟兖州	厥田惟中下，厥赋贞，作十有三载乃同。厥贡漆丝，厥篚织文。	齐带山海，膏壤千里，宜桑麻，人民多文彩、布帛、鱼盐。
海岱惟青州	厥田惟上下，厥赋中上。厥贡盐绨，海物惟错，岱畎丝、枲、铅、松怪石，莱夷作牧，厥篚檿丝。	
海岱及淮惟徐州	厥田惟上中，厥赋中中。厥贡惟土五色，羽畎夏翟，峄阳孤桐，泗滨浮磬，淮夷蠙珠暨鱼，厥篚玄纤缟。	东楚、吴，有海盐之饶，章山之铜，三江五湖之利。 南楚、合肥，皮革鲍木输会也，豫章出黄金，长沙出连锡，南阳，多贾。 西楚、陈，多贾。
淮海惟扬州	厥田惟下下，厥赋下上上错。厥贡惟金三品，瑶琨筱簜，齿革羽毛惟木。岛夷卉服，厥篚织贝，厥包橘柚，锡贡。	
荆及衡阳惟荆州	厥田惟下中，厥赋上下。厥贡羽毛齿革，惟金三品，杶干栝柏，砺砥砮丹，惟箘簵楛，三邦厎贡厥名，包匦菁茅，厥篚玄纁玑组，九江纳锡大龟。	
荆河惟豫州	厥田惟中上，厥赋错上中。厥贡漆枲绨纻，厥篚纤纩，锡贡磬错。	夏、梁，好农。 三河（河东、河南、河内），加以商贾。
华阳黑水惟梁州	厥田惟下上，厥赋下中三错。厥贡璆铁银镂砮磬，熊罴狐狸织皮。	关中，膏壤沃野千里，多贾。 天水、陇西、北地、上郡，畜牧为天下饶。
黑水西河惟雍州	厥田惟上上，厥赋中下。厥贡惟球琳琅玕。	巴蜀，亦沃野，地饶巵、姜、丹砂、石、铜、铁、竹木之器。

至《周礼》王官篇太宰条已转变为"六曰商贾，阜通货贿"，注："行曰商，止曰贾"，巨富货畅其流称"商"，都市中的商贩才是"贾"，包括"以子之矛，陷子之楯（盾）"（《韩非子》难势）所传今日习用"矛盾"一词由来的武器、武具类买卖，然后再统一称谓为"商"，此其一。其二，又必须待到都市工商化的战国时代，中国都市才得脱却邑制时代单纯人口聚居意义，开始近似于今日都市的形态。

原型仅似堡垒的"邑"，集合户数可以小至百户之下，《论语》中且有"十室之邑"（公冶长篇）之语，诸侯都城的"国"同样幅员非为太大，亦可想象。经济都市发生而邑的本色渐渐褪脱，自由经济又刺激社会富力增强，都市人口数终以农村人口移住愈多与自然增长率升高，不断增长，规模也陆续推展。汉朝作品的《吴越春秋》与《越绝书》，均载春秋后期吴王阖闾已以其国都（今日苏州），造筑为周围四十七里的大城，此说或未可信。但《孟子》公孙丑篇"三里之城，五里之郭"；《周礼》考工记"匠人营国，方九里，旁三门"等记事，则显然已堪认定系战国时代一般都市建设的准则。大都市如《史记》苏秦列传中苏秦对临淄的说明："临淄之中七万户，……不下户三男子，三七二十一万"，仅壮丁已二十一万人，连同妇女、老弱、孺子，人口全数当知至少五十万。苏秦所描述临淄印象又是："临淄甚富而实，其民无不吹竽鼓瑟，弹琴击筑，斗鸡走狗，六博蹹鞠者。临淄之涂，车毂击，人肩摩，连衽成帷，举袂成幕，挥汗成雨，家殷人足，志高气扬。"纪元前四世纪后半，孟子与苏秦的时代，齐国国都临淄已系如此繁华的五十万人口大都市，即使置诸今日世界也毫不逊色。

战国大都市物质生活水准，以《史记》货殖列传详录商人供应日常生活消费所需的统计，而得估测："通邑大都，酤一岁千酿、醯酱千瓨、浆千甔、屠牛羊彘千皮、贩谷粜千钟、薪槁千车、船长千丈、木千章、竹竿万个、其轺车百乘、牛车千两、木器髹者千枚、铜器千钧、素木铁器若卮茜千石、马蹄躈千、牛千足、羊彘千双、僮手指千、筋角丹沙千斤、其帛絮细布千钧、文采千匹、榻布皮革千石、漆千斗、蘖曲盐豉千荅、鲐鮆千斤、鲰千石、鲍千钧、枣栗千石者三之，狐貂裘千皮、羔羊裘千石、旃席千具、佗果菜千钟"，以及高利贷资本的"子贷金钱千贯"。

考古学的调查，对战国都市提供了实态的了解，虽然都只停留在遗址外貌观察的阶段，尚无任何有组织的内部调查[①]：

燕下都，燕国的别都，当今河北易县县城东南约两公里半处，在中易水与北易水分叉道之间，遗址东西约八公里，南北约六公里，分内、外城两层，内城在东面，西边连接外城，规模于现知战国诸大都市中为最巨大。周围残存的版筑城壁遗构，部分保存状态颇佳，高约十公尺，基部宽六至七公尺。沿内城外侧，残留南北贯通北、中易水的运河遗迹。城内外存在版筑夯土台至五十处以上，其最大的两处，距城北约八百公尺处，今日所称老姥台一处，呈每边约九十五公尺的正方形，面积近八百平方公尺，台分四层，全高近十公尺，离地基一·五至二公尺的层位中，曾发掘得甚多明刀钱、铁器、陶器，以及大量半瓦当与瓦

---

① 都市与住居遗址调查，主要取材自西谷真治《都市国家的崩坏》，平凡社版《世界考古学大系》6. 东亚Ⅱ，第35—38页；伊藤道治《住居的变迁》，角川版《世界美术全集》12. 中国Ⅰ，第202页。

1958年，大陆考古学界宣布，又在河北省平山县发现考定系战国时代中山国国都的古城址，遗址中残留遗物一万件以上，内含豪华的金银象嵌四鹿、四龙、四凤青铜盘。

片，足资为建筑址的确证。另一处系内城沿北壁内侧的武阳台，基址尤至东西一百四十公尺、南北一百三十公尺之广。内城西北角又发现考定系燕侯家族的陵墓，以及内城西半，今日高阳村附近分布的冶铁、冶铜、铸钱等金属手工业工场遗址。

邯郸赵王城，《史记》货殖列传所称"北通燕、涿，南有郑、卫"的"漳、河之间一都会"，系今河北邯郸，为赵国的国都所在地。由每边约一·四公里，近乎正方形的主郭与面积约略其半的东郭相邻接，从主郭北壁续有城壁向北延伸，因得推测城的原先规模须较现知为大。城壁残存部分最高十公尺，原形经复原后的基部宽二十公尺，高须十五公尺以上，城壁每边各有一至三个门址。城外整然配列大小一六处高台建筑的土台遗迹，地面瓦、砖之类散乱发现。所有土台以主郭中央部偏南的龙台为最大，基部东西二百一十公尺，南北二百八十八公尺，高十三公尺余。龙台附近两列共二十三个础石以及砖类，推定原系长廊建筑，圆瓦当、明刀钱、铜镞、灰陶等颇多于此出土。

临淄齐城，此一《史记》特笔大书，通春秋战国时代以富强夸耀的山东齐国国都，最早建国时名营丘，今日仍是山东省临淄县。城郭临北流的淄河左岸而筑，南北约四公里，东西约三公里，略成长方形，临淄城壁最高八公尺，每边各具一或二个门址，城壁基底最大部分宽二十公尺，高二至三公尺，部分版筑层尚可辨认。城东南隅尚存东西约一·三公里的营丘城小郭残址，临淄城中另存在径七十公尺余，高约十公尺，以营丘为名的土台。于城内外，瓦砖、灰陶、刀钱、铜镞等遗物，多经采集。

曲阜鲁城，鲁国国都，今山东曲阜。城依残存的土垒推定系东西三·五公里、南北二·五公里左右的长方形，版筑城壁基底宽五十公尺，高十公尺。

滕县滕城与薛城，分别比定为滕国与薛国的遗址而相邻，均在今山东省滕县境，前者以《孟子》中累见孟子与滕文公对语而闻名，后者灭亡于齐国后，以战国末年四君子之首孟尝君食邑薛邑著称。滕城遗址可辨认分内外两城，外城几已消灭，内城东西约八百公尺，南北约五百公尺，规模甚小，残存城壁高三公尺余。薛城遗址东西三·六公里，南北二·八公里，范围犹大过赵王城与鲁城，城壁平均五公尺高，十公尺左右宽。两城城内，均有瓦砖、灰陶破片等散布。

近年，有同一都市而分两部分的遗例，在山西省侯马镇发现，遗址的东南部称为牛村古城，东西约一千七百公尺，南北约一千四百公尺，其东南部便与被另称为平望古城的部分相接。牛村古城南壁外侧挖有宽六公尺，深三至四公尺的壕沟，南壁内侧辟车道，依车轮痕迹，可测定当时车的左右间隔乃一·二公尺。南壁靠西的城门，足容三辆车并行通过。与其他都市遗址相同，城内中央偏北残存每边五十二公尺，呈正方形而高近六·五公尺的夯土台，顶部留约一公尺建筑物的堆积。城外南部，又分布冶铜、骨器、陶器等制作工场遗址残迹；自南部延向东部一带，且颇发现竖穴式的一般小型住居址。平望古城无较详调查报告得知，仅城内高三层而第一层为每边七十五公尺的夯土台，以及其南宽六公尺的南向道路遗构，为受注目。此两合一遗址的留存年代，被推定非战国期而系较早时代的晋国都市，但早到何时？以及究系何地名抑国名？现尚无考定。

湘阴罗城，则已比定春秋时代洞庭湖南岸的小国罗，位于今日湖南湘阴。遗址东西四百九十公尺，南北四百公尺左右，基部宽十四公尺，高约三公尺。

洛阳城，一九五四年调查今河南洛阳西郊的汉朝河南县遗址时，于其西壁城垣下，另又发现高二公尺余，宽三至六公尺的城壁基部，筑于殷文化层上。依其层位与城壁版筑技法，疑即文献资料中的成周王城，但内中出土物却大部分属殷文化系统，仅少量周朝遗物，周朝遗物又含战国期才流行的半瓦当。至一九五七年，续于汉朝河南城之北，发掘得东西一九五〇公尺，宽七至五公尺的城壁遗构，再有此可能是成周王城之说。所以，两遗迹究系何城？以及属何年代？迄仍未能判知。

然而，汉朝河南城遗址附近，附属于都市的遗迹而判定战国期的，则发现已非少。一类是工场，烧制灰陶的窑址发现便达六处；曾在制作址一次出土半制品石片至八百件以上，而推测石制品也已由专门工人从事，石材则分岩石、石英、大理石三种。石制的服饰品，于战国墓的随葬中颇多发现。另一类遗迹是灰坑住居址，大体直径一·二公尺而深约一公尺，多呈圆形，方形也有。灰坑往往数十个密集发现，洛阳西郊系其例，只是非均战国期遗迹，上超殷—周下及汉初均见。

战国期工场址与灰坑的著名遗例，前者即河北兴隆铁制铸型集中出土；后者是河南省郑州碧沙冈密集的四五个灰坑，其中八个且系约五平方公尺范围内呈现新坑破坏旧坑而存在的状态，内部灰、炭以及陶器、骨角器、石器、贝器与铜利器、铁制农具等，都有发现。

住居址另一例，河北省石家庄市遗迹，厚五十至一百五十公分的包含层中，出土战国时代的各类陶器、铁制锹、小刀、铜镞、布钱等之外，且散布大量瓦片，推测当时当地曾是木造住屋的建筑址。

惟其如此，已以都市为人类生活中心的战国时代，非只上层阶级，一般的住居方式，也发生变化。城外农村固仍多保留灰坑习惯，却也渐渐增多地上建筑物，推测城内都已移住地上。而住居生活向上，地上筑物建材的应用"瓦"，乃一大进步征象。

瓦于殷朝遗迹中从无发现，建筑物顶部自传统的茅草改用瓦片，最古曾有自陕西西周期遗址发现的报告，但实际了解不够。考古学上，中国瓦的制造与使用历史，须自春秋时代开始，战国时代发达与普及，区分了平瓦与圆瓦，并变化为"黼纹""黻纹"等复杂纹样。抑且，瓦于西方希腊、罗马等国同见其例，中国却又以屋檐前瓦列最前端突出部分"瓦当"的独特发达，与其纹样的多种多样化，而著名于世界。东亚诸国便以中国为中心追随了同一形式。战国时代流行半圆形的"半瓦当"，占出土数量的大部分，易县燕下都与临淄齐都的调查，前者纹样分饕餮纹、双兽纹、双鸟纹、凸字纹等，与铜器纹样相通；后者多饰以特具艺术性的押型纹，纹样大多为写实的树木、骑马持戟武士、鸟、兽等和象征性的树木配列三角纹等两类。圆瓦当则以邯郸赵王城遗址出土为有名。①

与瓦相关联，建筑方面使用砖的风习，也自战国时代而勃兴。四川成都羊子山发现战国期工事，周围砖筑而内部以夯土填固，每一砖均长六十五公分，宽六十三公分，厚十公分，砖与砖之间以白灰土黏接。曲阜鲁城遗址出土三砖残片，纹样都是如同战国式镜与漆器所见的龙形图案。临淄齐城、邯郸赵王城土台遗

---

① 瓦、砖调查，取材自关野雄《土的艺术》，角川版《世界美术全集》12. 中国 I，第 196—197 页。

址等，又都发现平面方块、多角形的空砖残片或完整物，纹样以十字形或四个圆点为中心而配列复杂的各式几何学纹为主，用途大体系供铺设室内地面与户外走廊。易县燕下都凸字纹与动物纹砖残片，则被推测系用于栏杆装饰。只是，砖的使用技术，战国时代尽管也可进步到河南省郑州兰杜与洛阳烧沟等地发掘调查所示，墓室以空砖构筑，已见替代向来木椁墓的倾向，但如汉朝以后居家房屋墙壁而用砖筑之例，战国期遗迹尚无所见。

《史记》货殖列传形容"天下熙熙，皆为利来；天下攘攘，皆为利往"，在与农业分离的基础上，盐铁等大产业兴盛，商业活动繁剧，而都市已系社会生活中心的战国时代，租税制度必然也必须适应新潮流调整。独立于田租之外，新建立以新兴工商业经营者为对象的"关""市"之税，《周礼》太府条载："关、市之赋，以待王之膳服"，可知此类营业税与货物通行税（关税）意味的新税源开辟，均系支付王室私用，与田租的国用性格，判然有异，最早立定中国统一时代租、税分划的原则。一九五七年安徽省寿县县城东门外出土，考定系纪元前三二三年楚怀王赐予鄂（湖北省武昌）的封君启，准许通行于鄂与郢之间的，青铜制金象嵌节"鄂君启金节"四枚，可资了解通过关所手续的一般。四枚金节之一持以通行水路，余三枚通行陆路，铭文于通行的舟车数、通行期间、载运货物种类等，均有严格限定以备检查。[①]

通过关所纳税，非似田租的征收实物而用现金，大都市中呼之"市"的商业区交易又需用现金媒介，货币功能与其流通需要

---

① 人物往来社版《东洋的历史》2.春秋战国，第214—215页。

量因之增大，古代中国依存物物交换的自然经济形态，战国时代已行脱却，昂然进入货币经济范畴，也由最早交换手段"贝"，完成向金属货币的转换。"贝"的本质原系贵重品，所以与经济有关的汉字"宝""财""买""卖""贪"等，原都带有"贝"字，也惟其为贵重品才兼具了货币的中介功能。但是殷—周"贝"的原产地，现知多系中南半岛与马来半岛，得来非易，数量有限，中介需要扩大时不敷应用。所以，来源普遍又已习用，耐于磨损的青铜制货币负起了替代使命，但何时开始以青铜器铸造原料制作流通货币？由于《左传》中从无有关货币的记事见出，因而推测至少春秋后期以前，使用尚非广泛，战国时代生产力猛进，商业都市形成，流通经济发达，金属货币乃普及于社会。

金属货币流通，其初铸造、发行的主体便是各大都市，于今日已系通说。但又是都市内部何人铸造的问题，则不能解明，文献又无记载帮助了解。不脱想像范围的猜测，乃由货币与商人的需要相结合而推定，可能出自大都市中商人的联合协议，或者当地经济上具有实力的大商人所铸。不论由来如何，货币系各大都市自发发行，乃中国展开流通经济史页的初期特征，所以铸造时货币（钱）表面铸有各自的都市之名。战国魏国域内，有国都大梁（今河南开封）、旧都安邑（今山西夏县）、柴（不详）、蒲阪（今山西蒲州）、晋阳（今山西虞乡）、共（今河南辉县）、山阳（今河南修武）、虞（今山西平陆）、垂（今山东曹县）、垣（今山西垣曲）、平周（今山西介休）、皮氏（今山西河津）、幾（今河北大名）、高都（今山西晋城）、宅阳（今河南荥阳）等地名供辨认①，甘丹（邯郸）、白人（柏人）等又是赵国的都市名。然后，再经由国家统制，而向法定通货变化，如"节（即）邮（墨）之法化（货）"、"齐法化"等钱文所示。其过程已与货币分类相关联②。

春秋战国青铜制货币，大分类系以锄形农具镈（似今日的铲）为祖型的"布"（"镈"字同音简化）币，以及模仿工具用小刀形式的"刀"币为主体，推知原由交换对象农具或工具而转化。都市名多见于布钱币面，因而学界有两类货币发生时间非相一致的意见提出，谓布钱自春秋中期左右已出现，接续才是刀钱于春秋后期左右登场，共同通战国时代为全盛。战国时代，布钱分布于黄河中流域的魏、赵两国与西方秦国，一九五六年山西省芮城县的四六〇枚，一九五七年北京朝阳门外的九九二枚，都是大量发现之例。布钱币面多标明"斩"为单位的重量，最低为"半斩"或"半"，安邑布便分"二斩""一斩"大小、轻重不同两种，大梁母子钱又分四种，惟秦国领土内流通的布钱独以"两"（大型钱），"铢"（小型钱）为单位。刀货的弘布以山东半岛齐国为中心，波及北方燕、赵两国时，则刀货与布钱并行铸造。刀货的发行，已有国家权力介入，以出土最多最著名的燕国明刀钱，钱文统一铸出不明意义"明"字，考定已全归国家直接发行，河北省与北京市、东北地区南部、朝鲜半岛北部，均有多量发掘出土。齐钱文字繁简不一，自"齐造邦䣄法化"至"齐化"的刀货，也由国家

---

① 人物往来社版《东洋的历史》2.春秋战国，第219—220页。
② 战国货币解说，主要取材自关野雄《中国的古代货币》，学生社版《古代史讲座》9.古代商业及工业，第355—364页；金关恕《流通经济的发达》，平凡社版《世界考古学大系》6.东亚Ⅱ，第150—158页。

掌握货币铸造权，但地方有力都市如即墨也仍保留此权利。赵国刀货的国家统制力薄弱，如同布钱以都市为单位而发行。但无论布钱或刀货，本质都是素材价值与流通价值相等的实体货币，所以铜质良佳且往往厚重大型，考定春秋时代遗物的布钱，曾发现长度达一四·四公分，齐古刀尤及一九·五公分。中国统一以后的铸货，才渐渐向轻小化演变。

圆钱系战国后期黄河流域币形革命性的变革，铸造以圆形而中央穿孔（或方或圆）为基本形式，列国蜂起发行，与布、刀同时流通。特堪注目乃"重一两（十二、十二一、十四、十四一）铢（珠）""重十二朱""两锱""半两"等秦钱，全无地名，其系强力中央集权下的产物为了然。《史记》秦本纪接续卫鞅变法，秦国国内统一度量衡制度，又有"惠文王二年（纪元前336年），初行钱"记事，所指可能便是秦国币制改革，列国货币最初彻底官铸。秦圆钱原系圆孔，而战国之末，国际间如临淄齐城遗址所出土四方孔圆钱形制流行，秦国也才铸造方孔钱。所以以后秦朝统一中国，秦国钱货淘汰所有旧时代通货时，普及全国的便是最后出而中孔已是方形的半两圆钱。

南方楚国的货币，战国时代独立于黄河流域之外自成系统。起初受考古界注意的，是分布于江苏省、安徽省、河南省南部等地楚国领域内，模仿贝货的铜贝，称蚁鼻钱，卵形而小，背面平坦，正面凸起，铸出文字奇怪，判读困难，有如鬼脸，所以俗谓鬼脸钱。然而，以数量发现太多，曾有一次出土至数千枚的纪录，所以判定蚁鼻钱只是辅助货币，而流通主体系另被发现的黄金货币"爰"，虽然与蚁鼻钱之间的交换率始终不能判明。"爰"通称"楚金版"，俗名金饼或印子金，以状如扁平的黄金小方块又面加印刻，一方块一印，也发现连格二印以至二十印大型方块，可供切割使用，厚三公厘至六公厘，黄金成色最低 80.7%，最高 98%。印刻文字铸出地名，以代表楚国前期国都的"郢爰"（或"郢爰货""郢"）出土最多，也有"陈爰""邓爰"等。郢爰出土地非郢（江陵）而多在后期国都所在的安徽省寿县，原因未明，但爰广泛出土于安徽省、江苏省各地、山东省的一部分，与蚁鼻钱同在楚领域的东部，均为战国末年楚国势力中心已向东移的时代所遗留，则可推定。

爰与黄河流域各国货币的差别是每一印的大小与金块厚薄轻重的实物测定均非一定，而知单纯系货币单位，非如黄河流域各国货币单位与其单位重量相一致。所以，斳、两（铢）是货币单位，同时也是重量单位，楚国的"爰"则否。楚国重量计准单位同于秦国，长沙战国后期墓的天秤与铜权发现非只一例，铜权均成环状，所分单位重量至一斤、半斤（八两）、四两、二两、一两、半两（十二铢）、六铢、三铢、二铢、一铢等大小十种之多。而同系斤或两，秦楚重量又异于中原。所以战国重量基准与今日公制的换算，学术界颇受注目的一项意见[①]，认为其时斤（十六两）、两（二十四铢），尚有大斤、小斤之分。大斤普及于中原诸国，小斤仅及大斤标准的五分之三，适用地区便只是秦与楚，而小斤系统测定结果，乃是一斤为一五三·六公克，一两为九·六公克，一铢为〇·四公克，秦朝统一后始改以大斤为基准。"尺"于战国时代也有大尺、小尺之分，却非依地域别或国别，而依用途区别，大尺二二·五公分，用于土木事业、建筑、木工等

---

① 关野雄：《中国古代货币》，学生版《古代史讲座》9. 古代的商业及工业，第 365 页。

方面；小尺十八公分（大尺的八寸），用于金工、玉工等细工方面。然而，仍以重量为例，依长沙战国墓权环实测，一两须等于一五·五三公克，中原各国重量单位"斩"也非秦国同一系统，一斩依货币测定为约一四·五公克左右[①]。所以，对战国度量衡制系统的了解，今日尚待继续探究。

楚国黄金货币的意识，也已为战国时代北方国家共通接受。《孟子》公孙丑篇"于齐，王馈兼金一百而不受；于宋，馈七十镒而受；于薛，馈五十镒而受"，以及《史记》苏秦列传"黄金千镒"之语，可知其时黄金的价值观念，已取代了春秋时代以前的珠宝贝玉。所以秦朝并合天下，货币制度统一，明载于《史记》平准书的已是："黄金以镒名，为上币；铜钱识曰半两，重如其文，为下币"等。黄金以镒为单位，一镒即一金，但其重量如何？虽有二十两或二十四两之说，均以今日无实证供了解而须存疑。

战国时代社会货币经济发达，而并发的高利贷资本也已产生。富贵之家以现金贷放民间坐收利息，纪元前三世纪前半，歌"长铗归来"的齐国孟尝君食客冯谖，在孟尝君食邑薛地全焚债券为之市"义"的著名故事，乃是代表性说明。《史记》孟尝君列传叙述孟尝君"封万户于薛"，"债人出钱于薛"，"得息钱十万"，读来印象至为深刻。富者因钱滚钱而愈富，富贵中人以都市为作息中心，宫室台榭、园囿禽兽的悠游生活，河南省辉县赵固村、山西省长治分水岭等战国后期墓出土铜鉴、铜匜残片所保留图像，都可印证文献中纪元前三世纪以前上层社会的写照，而予现实形象以复原。

---

① 人物往来社版《东洋的历史》2.春秋战国，第220页。

坟墓调查的丰硕成果，于解明战国时代社会生活提供了珍贵资料。[1] 较之春秋期发现特多的战国期坟墓，考古学上前、中、后三期编年，山西大同东南的浑源县为峪墓、河北唐山贾各庄诸墓均代表前期，河南省洛阳金村墓代表后期，惟有中期，不能确认适当的代表例，而仅表现为前、后推移的中间过程，因之，三期区分也可以前半期与后半期概括。

战国期坟墓，发现数量正陆续增加，分布地域也不断扩大。春秋期坟墓的发现范围，仅以河南省为中心而波及其周围各省的一部分，全属中原墓制，战国期已南及湖南省，西迄四川省，广范围都获调查报告，相对方面，中原文化的基调上也多加入了地方性色彩，尤特别以后半期为明显。殉葬风习的湮灭且是战国墓一大特征，除了河南省汲县山彪镇等少数例外，已属罕见。

战国前半期的坟墓，主要发现地有河南省辉县琉璃阁、河北省唐山贾各庄、陕西省宝鸡斗鸡台、山西省长治分水岭等处。大型、中型以及构造简单的小型墓资料均为丰富，但以遗物为基准的参考编年上，多已属战国中期。唐山贾各庄密集的南北方向，竖穴式中小型墓遗址调查结论，最大五公尺×四·二公尺，最小一·五公尺×〇·五公尺，深度一般一公尺左右，棺椁具备与有棺无椁的场合互见。遗体多数伸展葬，也有一部分屈葬。战国中期墓葬习惯，随葬品以利器（武器与工具）、装身具纳入棺内，铜容器、车马具、陶器配置棺外为通例。构造简单的无椁墓，于坑壁掘龛纳置遗物的设施，便于此时代开始采用，仍以贾各庄为例，龛长约五十至一百公分，宽与高约二三十公分。辉县琉璃阁

---

[1] 战国期坟墓发掘调查，主要取材自西谷真治《都市国家的崩坏》，平凡社版《世界考古学大系》6. 东亚Ⅱ，第39—48页。

中小型墓群，构造与唐山墓群相似，但几乎都有二层台的坟筑，棺椁残存木板有涂漆痕迹，漆色以黑为主，而辅以红、白。

辉县琉璃阁战国中期坟墓遗迹，特受考古界重视的是附属于编号131大墓的车马坑，大墓本体已遭盗掘毁损，车马坑系东西二十一公尺，南北七·八公尺，深四·四公尺的土坑，西侧车场内车辆分南北两列，一列十一辆，一列八辆，各各东向紧密排列，其旁残存马骨的马圈，以受盗掘破坏，仅测知每六平方公尺左右置四匹马。而也以埋葬状态，得知殷—周时代车马坑系车、马同坑合埋的古传承，届春秋时代为下限（河南省陕县上村岭墓之例），战国期车马坑的车与马分别掘坑而埋，乃一大变化。抑且，权势家族以车辆随葬的习俗，于战国后半期实物随葬减少而由模型人、物、明器象征替代的社会风习转换下，也渐渐消失。所以，辉县琉璃阁车马坑遗迹，已系了解古代战车形制与构造的最后的完善资料，弥足珍贵。其复原调查，十九辆车的车轮直径平均一·三〇公尺，轴长二·三六公尺，辐（轮内放射形的轮条）也增至二十六支，大型且及三十支。而且，车轮辐部向内弯曲成皿形，俾重量负荷的承受能力更大发挥，被历史界惊叹为世界技术史的一大发明，西方人所指 Orient 范畴内从未出现，欧洲须迟至十六世纪才开始得能制造同类的皿型车轮[①]。此等考定纪元前四世纪时的中国车轮特殊知识，也经记载入《周礼》考工记，得与琉璃阁遗物相参照，考工记所称"轮人"，又便是制作车轮的卓越专门性技术工人。

推定属于战国后半期的坟墓数量，今日增加为最多，河南省

---

① 薮内清：《中国古代的科学》，第22页。

固围村、褚邱、赵固、洛阳烧沟、郑州冈杜、二里冈、西安市半坡等，以及楚国领域内的湖南省长沙一带古墓群、河南省信阳长台关大墓、江苏省无锡小型墓，均为此时期遗迹，且多已系战国后期。楚国后期国都所在地安徽省寿县朱家集古墓，原被考定为中期大墓，现亦修正属于后期。

辉县县城以东约二公里固围村，以第一、第二、第三墓为名的三处大墓，堪资代表战国后期墓制，三墓于一九三〇年代均遭盗掘，但以后的调查，仍以提供了战国大墓遗构贵重资料，而为学术界注目。三墓各以方形墓坑（圹室）为中心，筑有特长的南北墓道，第一墓并附有车马坑。内部构造可以最有规模的第二墓为例。竖穴墓坑上口南北二十公尺，东西十八公尺，深亦十八公尺，所附属似同殷朝大墓的南北相对倾斜墓道，全长至二百公尺以上，接通墓正面的南墓道尤其宽而长。墓坑底部垫置八层巨大石板至一·六公尺厚度，其上便是椁室。椁室铺木材地板一层，四壁木板厚约一公尺，椁盖系双层。椁室面积，南北九公尺，东西八·四公尺，高度推定四·一五公尺，中央底部再套木质内椁，外面涂黑漆而内面朱漆，内中棺具已完全破坏，随葬品也已不能明了。椁室内部的外椁与内椁之间，满储积炭，椁室外部，南、北各以粗石筑成厚〇·五公尺，高一一·六公尺的石壁，椁室东、西两侧与坑壁间，也各筑与椁等高的三列矮石壁，而便以南、北石壁为界与依其高度，内中填满细砂，包含椁室两侧矮壁在内。大型墓使用积炭、积砂的方法，正又是战国后期特色。墓室设施完毕后，其上再造建版筑层坑壁与墓道，版筑层每层均厚一二十公分，最深部分叠至八十层。填土至与地面相平时，墓坑部位之上，如调查所续再发现，残存有每边约二五·六公尺而高〇·五公尺的方形土台遗构，土台附近排列的积石与带状石敷，以及大量瓦片散在，可知墓上曾建有木造建筑物，推测似是庙堂之类。此类墓上设施，固围村三墓均相共通，值得重视是此类设施于殷周遗迹中从无所见，其与秦汉墓式大变革下，坟丘的一般化出现是否存有关联？当是今后尚待研究的课题之一。

以豪华遗物出土著名的洛阳金村古墓，其出土品一部分年代固比定须前推至战国中期，但其余遗物与墓的成立时代，考定系属战国后期。南面迤长的墓道前并列八处墓穴中的三处，又推定都是车马坑。

战国后期小型墓的构造与前时期无大变化，随葬品仍入龛，墓的形式固也继续以传统的土坑竖穴墓为多，但堪注意，自竖穴式向横口式变形的洞室墓，以及用砖替代木椁的砖椁墓，都已发生，堪指示为秦—汉统一时代新墓式的萌芽。也得以理解，墓式变革正反映了自战国末以至汉初中国社会构造的变动，只是坟丘迄于战国后期，尚未发生。

洞室墓系自长方形竖穴内壁的一面另掘横穴作墓室，因而名之"洞室"，洞室大体以长一·六公尺，宽〇·八公尺为多，洞室棺侧壁面又挖龛安置随葬品。此类战国式新墓式，西安市半坡调查发现至约一百处之数，河南省洛阳烧沟、泰山庙、郑州冈杜、山西省长治分水岭、陕西省宝鸡斗鸡台等中原地方，多见分布。

砖椁墓集中发现于河南省境，如洛阳烧沟、郑州二里冈以及上蔡等地。以椁的材料已由木材改为空砖而得名，所以也称空砖墓。砖的表面刻划四叶纹、树木、兽形几何学纹等图案，其余与一般竖穴墓与洞室墓无大差异。

另一方面，葬法的变化同系此一时期的特征，殷周时代并无遗体作屈肢葬习惯，自春秋末以至战国初才开始发生，发展到汉朝几乎形成统一的葬法。而此类屈肢葬，于战国后半期已经盛行，洛阳烧沟五十一处坟墓的遗体中，百分之九十便都是屈肢葬，陕西省半坡尤其存在一一二处中的一〇四处全呈屈肢葬的状态。但南方长沙方面的战国后期墓，却全无屈肢葬发现，可见此一葬法，战国时代尚具地方性的差别。

随葬品[①]中青铜器权威减退，与封建制"礼"的束缚破除，自由化社会成形，两相对应，其走向至战国后期而愈明晰。尊、卣等特异器形消减，实用的壶、盘等数量增加，显然已非礼、乐之器而向常用器物转变。供富贵家族奢侈用具的铜器制作，于此时代充分发挥了创造力。圆形的敦与镜，无脚的匜，无台的豆等，都系由传统谨严规制解放过程中的新产物；烹熟器的鼎、鬲类开始盛行加盖，盖又有鸟、兽形式环状等多所变化。殷朝特别重视的爵、角、觯、觚、斝所谓"五爵"饮器已经绝踪，替代的酒具有椭圆形耳杯，而且战国后期已呈现以洗练曲线构成的秦—汉时代基本式样。盛水器盆系春秋时代始见，春秋后期变化为鉴，战国后期再出现为大流行的镜。青铜彝器依其祭器性质所表现饕餮纹、雷纹等庄严纹样衰退的基盘上，春秋中期已渐渐变貌，战国时代愈产生种种新意匠。一方面，春秋后半期特征疾风怒涛的时代过去，全转换为宁静的云纹、菱形纹、三角纹、连弧纹、几何学纹等图案，而且是复杂的地纹与主纹并用，至战国后

---

① 战国期遗物解说，取材自水野清一《礼乐的世界》、冈崎敬《战争的技术》、藤田国雄《殷周文化的普及》，平凡社版《世界考古学大系》6. 东亚Ⅱ，第83—95页、第101—110页、第120—134页；水野清一《玉器的变迁》、藤田国雄《青铜器的形态》、长广敏雄《青铜器的文样》，长广敏雄《带钩与镜》，角川版《世界美术全集》12. 中国Ⅰ，第148—151页、第153—164页、第173—174页、第178—181页。

期再向无纹化发展，又已开秦汉式素纹鼎、壶的先声；另一方面，组织写实与抽象化了的禽兽纹，以及充满自由新奇创意，描绘狩猎、战斗、宴乐之图的图像纹，铸定为战国式青铜器纹样最堪注目的特色，新开辟其独立制作路线。

"玉"自殷朝已以其特具令人迷惑的魅力，而发达为与青铜彝器相同意味的礼器。周朝惟天子、诸侯以象征权威始得执用的圭与璋（半"圭"），考定原型即殷朝安阳期甚或郑州期的斧形玉与戈形玉，变形的笏也自西周期已出现。《周礼》春官大宗伯条"以苍璧祀天（注：璧圆象天），以黄琮祀地（注：琮方象地）"，祭祀天、地持用的璧、琮，前者平圆形而中有圆孔，后者外八角形立体而中有空圆柱状。璧于西周时代已发展为装饰品系列的主体，璧的自身孔小而边（所谓"肉"）大，孔与边相等另谓之环，边小孔大又另称瑗，以及半璧为璜，环缺为玦。战国时代，玉器追随青铜器而脱却"礼"的意识后，受用热度未减，却由殷朝与西周盛用的圭（璋）、琮、雕玉，转变为以璧为中心的玉佩制品，龙形的珑又是战国时尚下产物。抑且，殷周的素纹，至战国时代向盛行藻纹移行，特别是一颗颗小粒隆起状的谷粒纹，几乎于所有玉器类全面施行。西周玉器质地一般原较殷朝白玉（白色与淡绿色）为欠佳，多呈不透明的浓绿或暗黑色，战国时代玉质又恢复殷朝水准，专用褐色、葱青色以及乳白色半透明的精美白玉。白玉产地，又知全远自新疆的和阗而来。其外，嵌入其他器物如刀、剑柄部与带钩、奁等作装饰之用的各类装玉，埋葬时含于死者口中的含玉，纳入死者两眼、鼻孔、耳孔等处的填玉，握入两手的各种葬玉，都是始自战国时代的风习。前代所无，真正的玉制容器玉杯，同须战国时代开始流行。

前代至为贫弱的金、银器资料，考古发掘的了解，也系到战国时代而突然激增。技术方面，一般多属镶嵌，纯金、纯银制品尚较少见，相对而言，战国镶嵌技术在考古学与艺术史上大放光彩。镶嵌乃是于铜器的纹样间，以金丝、银丝或金、银薄片加以嵌饰的精巧细工，系随铁器使用普遍，青铜器转向精细工艺品方向演进，因而有此等特殊的装饰技术发达。金、银也与玉、松绿石等并用为镶嵌材料，非仅华丽，且代表了古代中国最初的多彩主义艺术。辉县固围村一号大墓发掘品金银镶嵌青铜制马头形饰，常被举为战国时代青铜细工工艺品的代表作品。

洛阳金村战国墓曾因位置在韩国域内而被假定为韩王墓，尤以众多贵重工艺品的出土震惊学术界，金银玻璃镶嵌兽镮大壶、金银镶嵌虺龙纹鼎、金银镶嵌狩猎纹镜、金银镶嵌虺龙纹镜、着彩透雕蟠龙纹镜、着彩细纹地四禽镜、玻璃玉镶嵌金铜装镜等，都是著名的豪华遗品。同时出土的玉镶嵌动物纹黄金带钩、玻璃玉镶嵌虺龙纹黄金带钩、银质胡人立像、银耳环、银环、金银装玉奁、谷粒纹与龙纹的白玉耳杯、弓字虺龙形珑、虺龙饰谷粒纹璧等，莫不弥足珍贵而为战国期的杰作。

但战国后期，随葬品的大部分还是陶器，洛阳烧沟五十一处墓葬中，陶器出土便占绝大比例，而且，大多数墓葬都发现豆，豆的使用盛行于战国时代，为可显知，而与鼎、壶共同形成春秋战国期陶器器形的三大中心。特有兴味的是，烧沟有豆的墓中无盒，少数有盒的墓中无豆，豆至战国末期由新器形盒替代的趋向又堪反映，推移到汉朝，终出现盒的大流行现象。豆而加盖系春秋期开始的时尚，同在战国时代盛行，风习消失时期也在战国末至汉初。长江流域江苏无锡周围坟墓以拍纹陶随葬，安徽省寿县楚墓出土自然灰釉的瓿类与饰以多彩玻璃质的有盖小壶，长沙墓群又以敦取代豆，并由敦、鼎、壶相组合为普遍，则均系中原风习的地方性差别。

洛阳烧沟坟墓出土陶器中已多明器的事实，为堪重视。春秋时代实用的陶器与专供随葬用的陶器之间，尚无明显区别可资辨认，届至战国时代，实用品陶器固仍用以随葬，而明器也已发生，非只烧沟，郑州二里冈的墓葬明器同系著例。此类出自磨研技术的磨光纹陶与施加彩纹的彩画陶，质地与坚实的实用品有别，形式与纹样又全然与战国式铜器相似而为其模仿。彩画陶异于史前标准的彩陶处，乃系烧成后始着色，所以如经过洗濯，颜色容易剥落，这也须至汉朝而以之随葬蔚成风气。

明器中的陶俑，安阳小屯殷朝后期小墓虽有数例发现，但以甚为粗糙而被猜测非正常作品，战国中期以来，陶俑盛行的倾向才分明。辉县出土的一群精巧黑色明器乃珍贵资料，其形分俑、马、器物三类，器物有豆、杯、镜、钟、带钩等，马则着铠与裸露并见，俑可区别武士俑与舞女俑。似黑漆般光泽，伸展双臂轻巧曼舞的舞女俑群，线条简单而充满跃动活力，其结发方式与衣裳式样，又堪作为了解战国时代风俗的绝好凭证。而俑的应用开始发达，猜测可能与殉葬风习革除有关，换言之，存在其替代意义。

长江流域长沙，墓群虽有陶俑出土，却以中原文化所无的木俑占压倒多数。长沙木俑多作柱状立像，一块木材雕成一像，且止雕头部与胴部整体，脸作倒三角形而平面，仅鼻部三角隆起，眼、眉、发、须等脸部轮廓与襟袖等衣纹，均以彩色或墨色描绘，高度约自三十公分至五十公分。长沙杨家湾第六号墓出土五十个以上木俑中奏乐坐像一组，持笛、瑟等各种各样乐器作演奏状的神态，已与汉朝同类陶俑同一意趣。河南信阳楚墓木俑，系与长沙楚墓木俑异趣的代表例，木俑硬直而较具圆浑感。木兽同样多于楚墓发现，信阳出土相背而连尾的双伏虎与双长颈鸟（发掘报告称"凤凰"），涂漆木制品，与木雕漆绘双鹤双蛇像，乃其优品。尤堪注目系南方墓葬的镇墓兽习惯，均木质，长沙与信阳各发现两例，头上均带鹿角，通高均二公尺左右甚或更高，强调眼、口、牙，以及伸出口外向下的舌头特征，漆绘鳞纹，其一且非兽状而系怪人像，以调查报告说明为镇墓与辟邪意味，而谓之"墓镇"或"镇墓兽"，北方所无，乃南方独特的鬼怪信仰风习，也正具体标示了南方文化的独自发展路线。[1]

南方长江流域雨量充沛，森林茂盛，木材足资大量利用而质材又较黄河流域为佳，漆、桐之为南方特产尤负盛名，漆器与木质实用器物供用于随葬因之特为丰富。漆器的最早遗例，殷墟小屯北方第三一八号墓中已有与白陶伴出的报告，时代后移，湖北圻春毛家嘴西周期的木造建筑址曾出土漆杯，河南省陕县虢国墓也发现豆与盘形漆器[2]，余外资料便颇欠缺，今日发掘获得的早期遗物，多数属战国期，而且，洛阳金村金银口饰木芯奁、木胎金铜彩纹黑漆壶、瓦胎漆壶，与辉县固围村第一墓兽环漆棺等以外，几乎集中长沙、信阳、寿县与江苏泰县等楚国文化圈内发现。漆器器形且多保存良好维持完整，敷设于棺底所谓苓木的雕

---

[1] 楚国领域的考古资料，主要取材自西谷真治《都市国家的崩坏》、水野清一《礼乐的世界》、冈崎敬《战争的技术》、藤田国雄《殷周文化的普及》，平凡社版《世界考古学大系》6.东亚Ⅱ；人物往来社版《东洋的历史》2.春秋战国，第375—378页；冈崎敬《漆器及木工》，角川版《世界美术全集》12.中国Ⅰ，第186—190页。

[2] 樋口隆康：《官营工艺》，角川版《世界美术全集》13.中国Ⅱ，第165页。

板木棺、木榻、木几、木案、木箱、布芯（夹绉）或木胎生活用具的耳杯、奁、盒、匜、豆、俎，以及箭杆、矢箙、竹弓、剑鞘（丝质材料）、皮盾、革甲等洋洋大观，均有出土。长沙杨家湾第六号墓且发现径长二十四公分的大耳杯（一般耳杯规格多自10公分至18公分），以及置镜容器的奁内，铜镜与木栉同时被采集（奁呈圆筒形，分三层，上为盖，中置镜，下层分隔数格各藏栉等梳妆用具），漆色分朱、黑、黄、金四种，以黑地朱绘、朱地黑绘为普遍，多彩化彩绘的场合也非少。纹样有龙纹、凤纹、鸟纹、几何学纹、狩猎纹等，而前两种最常见。

　　竹简与帛书的发现，与木工、漆器同系植物生长特为有利的南方环境中，代表所育成南方文化的一大异彩，相关联的，又是文字书写体例。以铸刻于青铜器著名的西周金文，前、中、后期书体原已相续变化，自春秋时代推移到战国时代，非只青铜制有铭器数量伴随青铜器神圣感堕落与其发达曲线下落而相对减少，同时，也随列国独立走向加大，书体发生地域性差异。学术调查的比较发现，其差异，中原诸地域并非强烈，明显形成另一系统的，便是南方楚国文化圈，而且分向两个方向同时变貌：其一，极度图案化了的装饰式变形，文字由越人发端而楚人承继，形之于细工制造的剑、矛等青铜制武器，如湖北省江陵望山楚墓战国前期青铜剑"越王鸠浅自作用剑"铭文字体独特，如鸟之形的所谓"鸟书"；其二，不注重文字的造形艺术，仅立脚于实用需要的实用字体，此类字体，年代属于战国以前的一无所见，战国后期遗品却于近年愈多发现，寿县出土战国后期铜器楚王盦忎鼎、盘铭文足堪举证，字体杂碎随便，已无庄严感，而纯粹出诸书写省时与简便的原则。于书写体例的系谱上，学术界相信，便是秦朝兴起而其后汉朝专用的隶书起源。特堪注意，楚国实用字体于金文衰退期兴起，所见因此也非限青铜器铭，不同的书写场合同时都已出现，漆器系其一，竹与帛更是专用材料，如长沙近郊战国后期墓群出土资料所示。竹简于长沙发现非少，多系记录随墓随葬器物品目的文件，系于竹片内面用毛笔墨书，毛笔实物与笔筒，长沙左家公山第十五号墓且有完整品经采集。殷朝甲骨文已有用毛笔先书后契的推定，此一实证发现，传统秦朝蒙恬发明毛笔之说，便必须修正。帛书又是一大发现，一九三〇年出土纵三十八公分，横四十六公分的绢质《时占神物图卷》珍品，乃有名的"长沙帛书"。实用体文字墨书，十二幅有关鬼神巫祝的图画使用三色，其地缘关系上所蒙受人本思想浸润，终不能尽掩南方固有发达的鬼神信仰，似镇墓兽为同一意味，均与正统中原文化两相异趣。

然而，长江流域诸省战国期楚墓的青铜器与陶器，形式与纹样，研究资料无特色强调，与中原为一体。则南方文化至战国时代已全行向中原文化认同，也强烈表现其地方性格的事实，自上述遗物调查为可判明。南方文化此等与母体间共通而又存在差异的现象，出土各式各样遗物的坟墓本身也堪见出——

安徽省寿县朱家集木椁大墓，系早期著名的南方大发掘之一。此一考定系战国后期楚王之墓，以出土青铜器数量多达八百件而震惊考古学术界。随葬青铜器乃战国各国的共通习俗，一次出土数目如此之多，则考古学上从无相近的他例。

南方坟墓大发现之一，河南信阳长台关西北约四公里处的六处大墓，以被认定为战国后期楚国竖穴式大墓的标准而受学术界注目。第一墓上口长十五公尺，宽十二公尺，深约十公尺左右；

坑底长十公尺，宽八·三公尺，下掘腰坑。木椁东西八·四四公尺，南北七·五八公尺，高一·五公尺。第二墓自地面至椁顶深七·五公尺，木椁长一〇·二公尺，宽七·四四公尺。而无论第一墓或第二墓，视中原为特点处，系木椁构造均分前室、主室、后室等七室，中央主室置棺又分内、外两重。丰富的随葬品，分自各室发现。

"长沙"于战国时代文献中未见其名，秦朝始置郡，但今日湖南省长沙附近，却以古墓被大量密集发现而受考古界重视，已发现古墓至八百处以上之多。其中，调查报告考定系战国墓的，约二百处，均竖穴式，大墓为少，中、小型墓占绝大多数。遗体一概作伸展葬，中原地方至战国后期已向屈肢葬转变的现象，此间全无所见。长沙大墓式样兼似信阳长台关与辉县固围村遗构，五里牌第四〇六墓之例，墓坑长四·八公尺，宽三·七五公尺，深七·五五公尺，一边有宽二·一公尺而约呈四十度倾斜的墓道，木质棺椁分外椁、内椁、外棺、内棺四层。椁架于两支枕木之上，椁顶铺覆竹片编织的网形物，外棺两面均敷黑漆，内棺内面涂朱漆而外面褐漆，内棺中且用布纵横垫衬，随葬品以玉璧置棺内，其余容纳于外棺与内椁间的空隙。

战国文化特为发达的新发明、新事物代表——铜镜，夺目光辉照耀中国南北全域，非只于寿县、洛阳金村、长沙、衡阳、成都羊子山、朝鲜北部等"汉族"形成期的汉族中国域内，普遍发现，自河套以至南西伯利亚，也都有出土记录。镜于中国，最早自何时发明？一九五九年河南省陕县三门峡上村岭虢国墓群发掘调查报告，曾有三面小型铜镜被采集，直径都仅六公分左右，其一以幼稚手法铸刻虎、鹿、鸟形，另二均无纹样，推定系西周晚期或东周初期遗物，因而一度以战国镜的渊源上溯到纪元前八至前七世纪。但进一步研究时，又以此等最古形式的铜镜，与遗存迄今的所有战国式铜镜，差异均大，学术界判明相互间并不存在演变与发展的关系。所以，日常用品，也是工艺品的中国铜镜制造，今日编年的一般意见，仍予设定自战国前期开始，而盛行于战国后期，或者说，中国"镜"的历史，最早登场者乃是战国式铜镜自身，与三门峡铜镜无涉。

战国式铜镜虽也发现方镜，但大多数系圆形镜，均由镜面与镜背，表里相配而组成。纽为中心的平面内浅铸镜背纹，自纪元前四百年前后战国初期的素纹镜，愈到后来愈向精致发达，纹样种类也愈分化，除纯地纹镜以外，多于全面地纹之上加列主纹，呈现二重组合，主纹分类有饕餮纹、蟠螭纹、兽纹、连弧纹、花菱纹、丁字纹、四叶纹、人物纹等，地纹则雷纹、羽状纹、涡纹为基调。其中兽纹镜主纹的各种各样变形，构成不可解的抽象图案，以及动物斗争浮雕的自由形态化，尤表现了制作者丰富的想象力与其灵活的技巧运用。洛阳金村豪华出土品之一金银镶嵌狩猎纹镜之例，径一七·五公分，青铜质镜背与白铜质镜面相组合，镜背外缘与纽座涂金，其三叶形部分涂银，主体的内区，以三个双龙式涡形饰间隔，分别配列骑马人物狩虎图、怪兽斗争图与凤凰图，全部金银细线镶嵌。此类与战国式铜器技法暨爱好风尚一致的战国式铜镜，自纪元前四世纪左右延续至前二世纪末，保持镜背纹样的主纹与地纹重叠设施的特色，乃是与定型了的汉式镜区别所在，汉镜纹样构成概系统一的，重叠手法于汉朝盛期以后为无所见。虽然战国式镜也有一部分已近似前汉镜背纹，特别是具有吉祥语铭带的前汉初期蟠螭纹镜，但战国式镜全无铭文，前汉镜才盛行铭文。战国式镜的另一项特征是，纽小而镜背厚度较薄，铜质的精练度也不足，汉镜则授人以纯凝厚重之感。

战国时代流行的铜镜，至汉朝而更显良质，以及制造手法洗练，其后历魏晋南北朝以迄隋唐，始终保持隆盛。与之相异的另一新事物，虽同自战国时代出现，却便以战国时代为最流行期，特别于纪元前三百至前二百年期间为到达巅峰，汉朝已进入衰落期的，乃是带钩。[①] 带钩系服饰用的腰带钩具，所以呈弯曲形，而由内面扣状突起，固定于腰带上。带钩材质，以青铜为主，也发现相当产量的铁钩，此外，现存遗品中，金制、银制、骨制、玉制之例，虽有而不多。战国式带钩，最初形式系长五公分左右的小型钩，出土地不限于中原而及于安徽省寿县，豪华的大型带钩都出现于带钩盛期，社会上下已共通流行佩用的战国后期，地域分布北自河北省，南及长沙，均有发现，河南省尤其是发掘密度最高的中心地，郑州地区坟墓内，中型、大型各种规格的带钩调查，数至一百件以上，形式千变万化。洛阳金村古墓珍品玻璃玉镶嵌虺龙纹黄金带钩长一五·七公分，嵌玉黄金带钩长十七公分。信阳大墓发现的五个金镶嵌玉铁质带钩，其一长度达二二·四公分。带钩的盛行镶嵌法乃战国后期一般性潮流，也系战国式带钩特征，而至汉朝，此类图案所表现自由形式与华丽的多彩主义，已渐渐减退与消失，向朴实转变，终至带钩的使用退潮。

带钩与镜，中国以外的地域制作与使用为早，铜镜于西亚细亚且早自史前时代便有发现，古代埃及、希腊对镜的制作都至为发达，南俄与高加索地区也出土属于纪元前七至前六世纪时代的

---

① 镜与带钩解说，主要取材自长广敏雄《带钩与镜》，角川版《世界美术全集》11. 中国Ⅰ，第178—183页。

铜镜，所以，镜与带钩于中国境内出现，其与外间的影响关系，曾引起世界学术界热烈讨论与关注。而至今日，中国镜尽管与带钩同于战国时代兴起爱用热潮，发展却无连带关系，为已明了，一度怀疑中国镜创始受西方传播影响的见解，也以中国与西亚细亚间毫无积极性中间作品发现而被澄清，认定中国镜系中国战国文化的独自发明。只是关于带钩，弘布南俄—东俄—西伯利亚的西徐亚文化与绥远青铜器文化中，同类品的带钩或带钩类似品，多有见出，虽然此等外地带钩与中国带钩编年的相对关系解说迄今不能成立，但相互间存在系谱关联，或者说，中国战国时代流行的带钩应用习惯乃自席卷欧亚大陆北部大草原全域的骑马、游牧民族间输入，以及便是骑马文化产物，则学者间意见颇具一致倾向，有力支持了赵武灵王胡服骑射的著名历史事迹，中国传统马仅仅载物与驾车的利用方式，以引进新技术"骑"而战争技术剧变，骑兵出现。黄河文明基盘上从来独立发展与成长，最早展现其与世界其他地域文化相互刺激的可循线索。

与战争密切相关的武器类[1]，中国式"剑"，考古发掘发现，乃与文献中有关剑的记录始自春秋—战国之交相符合。但战国期各地广泛出土的还都是铜剑，考古资料中铁制品几乎无证据，秦国领域内的四川乃铁产地，而无论四川省或陕西省，出土的同系铜戈、铜矛、铜剑等。甘肃省庆阳县西峰镇与马具、带钩并其他铜武器伴出，曾有一支只存青铜把手而刃的部分已不存在了的剑，考古界怀疑其刃可能是铁质，所以腐蚀，但仍不过是猜测而已。

所以，届至战国时代，包括中原与南方，铁制农、工具尽管

---

[1] 战国新武器解说，主要取材自冈崎敬《战争技术的发展》，平凡社版《世界考古学大系》6.东亚，第100—102页。

发达，作战用武器，至少绝大部分还是青铜制，但形式与效能都大为改良，最常用的镞是显例。西周铜镞继承殷制，带有逆刺，战国式铜镞则黄河、长江流域各地域广泛发现，已有所区别，以断面呈三角形而柄长为特征。镞（矢）的发射工具，也自传统的弓以外，另又从战国时代新发明便利于"骑射"，以及效率特强的弩。而弩的组成，如四川省成都市羊子山战国后期墓出土的两例，其金属材料部分同系青铜而非铁。

中国铁质武器开始被大规模制造与利用，以替代青铜制品的时代，须至钢铁技术已高度发达的汉朝。

中央集权制萌芽与中国"国际"统合的准备期（战国）

战国二百年间，中国正当一个澎湃奔流的伟大转型过渡时代，是中国史上最初的大变革完成期。以古代都市国家为基点，向领土国家范畴发展的历史层面堆积终程，便与战国时间表相一致，统合古代史中国国际的大领土国家建成，又正是战国史落幕的庄严宣告。一个包容了历史上所曾出现的中国人与其所居住地域，单一的、强力中央集权的"中国"巨人，自此二千年来，在东亚屹立如山，雄视世界。

战国接续春秋时代演出的大史剧中，灭国运动或国家并合运动仍系政治上最堪注目的现象，历史演进主轴也仍是东方齐国、北方晋国、南方楚国与西方秦国。但合并潮流中，却反而出现了一次大分化，此一现象，便被历史界视为春秋—战国的时代交替标志。春秋历史主导之一的晋国,其握有实力者六卿经过激烈内斗而淘汰为四家,吴越冲突落幕后廿年的纪元前四五三年,四家中最强大的知氏又被韩、魏、赵三家携手斗倒;再五十年后的纪元前四〇三年,韩、魏、赵三家得名义上天子周威烈王承认为诸侯,连同晋侯,晋国被四分;又二十七年即纪元前三七六年,韩、魏、赵正式共灭晋侯而分割其领地。如上著名的"三家分晋"或"三晋"成立事迹诸年代,究以何者指示战国时代开始,学术界固尚有争议,但以下克上事态到达极峰引为春秋—战国历史时代分期点,则古今解说上均无二致。类似事件也于齐国发生,权力家族田氏(春秋时代陈氏改称)于纪元前三八六年,由天子承认其接替为齐国诸侯。晋、齐乃春秋时代中原政治的代表性领导国家,下克上现象演进至三国分晋与齐国篡夺,正是都市国家转向领土国家过程中,君主与臣下已非传统的宗族关系,而完全向君臣间个人主从关系变化的总结说明,以及明示了残存于春秋时代国际间的道义精神全已消灭,依凭端须恃政治力、经济力与富力,实力第一形成各国政治竞相追求的标的。三晋、田齐、秦、楚,又加上立国甚早,只以位置偏远,春秋时代尚未卷入竞争漩涡的北方燕国,便是纪元前四至前三世纪赫赫有名的"战国七雄",为《史记》六国年表(加"周"与"秦"共八国)所记录。春秋时代之末残余的三四十个国家,于此时代,全在七雄强力磁性吸引作用下被吞噬。纪元前二二一年前的十年间,秦国以外六大合并运动中心势力,其历史名词也相继一个个消失,"七合一"空前伟业由秦国创造。

| 时代的跃动：纪元前八至前三世纪 |

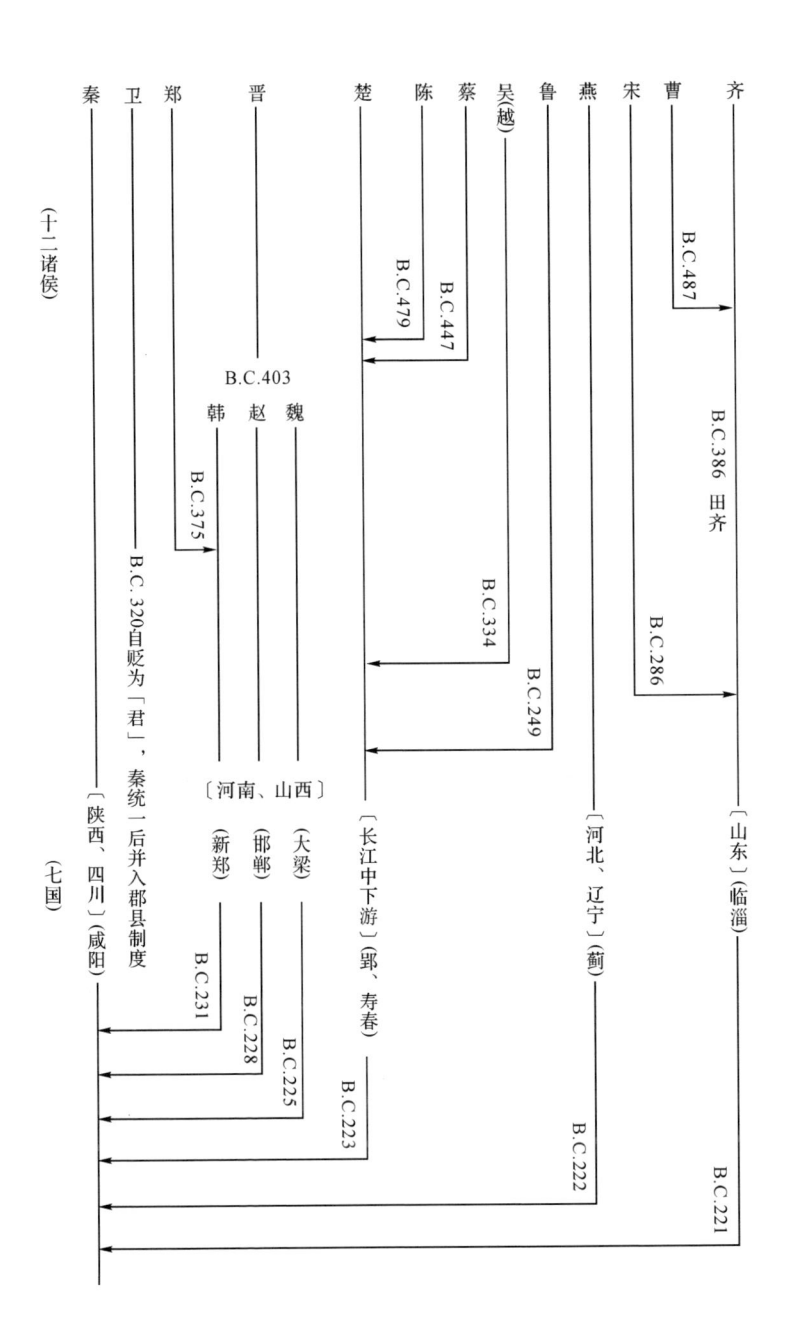

```
齐 ─────────────┐
               │ B.C.487
曹 ────────────→│
宋             │
               └─→ B.C.386 田齐 ─────────────────┐
燕                                                │
鲁 ──────────────┐                                │
                 │                                │
吴(越) ──── B.C.479                              │
蔡 ──── B.C.447 ←┘                               │
陈                                                │
楚 ←───────────────── B.C.249                    │
                                                  │
晋  B.C.403                                       │
    ┌── 韩 赵 魏                                  │
    │                                             │
郑 ── B.C.375 →┘                                 │
                                                  │
卫                                                │
    B.C.320 自贬为「君」，秦统一后并入郡县制度    │
秦                                                │
                                                  │
(十二诸侯)                                        │
                ← B.C.334                        │
         〔河南、山西〕                           │
         (新郑) (邯郸) (大梁)                    │
         〔长江中下游〕(郢、寿春)                │
                                                 ← B.C.286
                                    〔河北、辽宁〕(蓟)
                                    〔山东〕(临淄)
         B.C.231 →
         B.C.228 →
         B.C.225 →
         B.C.223 →
                    B.C.222 →
                              B.C.221 →
(陕西、四川)(咸阳)
(七国)
```

周朝天子地位，当蒸蒸日上的秦国势力向东方强力进取之际，愈形沦落，局促于洛阳与其周围小地域，已系秦国控制的傀儡。待最后一代赧王于纪元前二五六年崩，"天子"空名，终以无利用价值，而被秦断然废止，中国历史上维持时间最长久的周朝王统绝灭，连同其所分出附庸东周君、西周君领地，相继并归秦国直接支配。惟其如此，自周赧王之崩，以至秦朝统一天下的三十五年中间期，如依正统意识，应系"天下无主"，天子空位的时代；反过来说，才是真正的七国分立抗争时代。

如果以"王"的尊号公开化于国际而言，则列国又早已与周朝天子平等。传统的记录：南方之强的楚国固自西周时代便僭称，其余以纪元前四世纪中魏、齐两国带头，韩、赵、秦、燕、宋，以及另一中山国尽行追随。也须周朝命脉绝灭，称王的九国中，宋国与中山国相继倾覆，而符合并立的"七国"之数。

中国历史大变革期，由春秋时代下移战国时代的标志，政治上如果设定于韩、赵、魏三新兴国上升为诸侯的大事件，则社会、经济方面，便须以社会基盘农村组合变貌，以及基干产业农业经济结构的调整划期。纪元前五世纪后半以来，出于重建战争、内斗中被摧毁的农村秩序，刺激生产的目的，列国于同一轨迹上竞相推动新的农业政策，春秋时代极力颠簸的封建制社会，终因此全面冲刺力的震荡完成农村社会传统的转移，公有田制解放，以家族为单位的土地所有获得承认，而私有田制萌芽，独立农家基准开始形成，孕育出以后中国统一时代汉朝乡里组织农村社会的胚胎。

扬弃传统主义的最早农业改革，纪元前六世纪春秋时代郑国子产已见其端倪，历史巨轮转进，列国共同出于"富国强兵"要求的农村大变貌展现，至前五世纪，由三分晋国之一的魏国带动。魏国的开明君主魏文侯（纪元前445—前396年在位），拜孔子大弟子之一，社会改革主张者卫人子夏为师。其延聘各国学者贤士，努力于国力充实，魏都安邑（山西省夏县）发达为战国初期的国际文化中心，系得力于同系子夏门弟子的名相李悝（李克）之助。李悝的不朽历史贡献，在于继春秋时代郑、晋金属器刑法，于纪元前五世纪后半，为魏国制定了中国史上第一部真正的成文法典《法经》，法律改革运动因而由魏国向各国波及，中国正式步入扬弃习惯法传统的时代。《法经》也是中国统一后各朝代刑法体例的共同起源，原文虽已散失，内容以被后世踏袭，而仍知系分盗法、贼法、囚法、捕法、具法等独立的六篇，具法为近似今日的刑事诉讼法。半个多世纪后，由秦国卫鞅再加三篇为九篇，成为汉朝法律的蓝本。

李悝在战国史上的地位，又建立于其是战国精神基调"变法"运动的前驱，著名的"尽地力之教"富国强兵政策，在魏国示范成功，领导战国列国登上经济整备、社会改造的康庄大道。《汉书》食货志记载：

> 李悝为魏文侯作尽地力之教，以为地方百里，提封九万顷，除山泽邑居，（参）分去一，为田六百万晦（古"亩"字）。治田勤谨则晦益三升，不勤则损亦如之。地方百里之增减，辄为粟百八十万石矣。又曰：籴甚贵伤民，甚贱则伤农；民伤则离散，农伤则国贫。故甚贵与甚贱，其伤一也。善为国者，使民毋伤而农益劝。今一夫挟五口，治田百晦，岁收晦一石半，为粟百五十石，除十一之税十五石，余百三十五

石。食,人月一石半,五人终岁为粟九十石,余有四十五石。石三十,为钱千三百五十,除社闾尝新春秋之祠用,钱三百,余千五十。衣人率用钱三百,五人终岁用千五百,不足四百五十。不幸疾病死丧之费,及上赋敛,又未与此。此农夫所以常困,有不劝耕之心,而令籴至于甚贵者也。是故善平籴者,必谨观岁有上、中、下孰(熟)。上孰其收自四,余四百石;中孰自三,余三百石。下孰自倍,余百石;小饥则收百石,中饥七十石,大饥三十石。故大孰则上籴三而舍一,中孰则籴二,下孰则籴一,使民适足,贾平则止。小饥则发小孰之所敛,中饥则发中孰之所敛,大饥则发大孰之所敛,而粜之。故虽遇饥馑水旱,籴不贵而民不散,取有余以补不足也。行之魏国,国以富强。

此重要文献系分两部分,第一,李悝的时代,商品经济与货币经济已如何浸透农村,农家支出概以现金计准,男耕女织、自给自足的传统生活被打破,消费项目至列有"衣料费",五人家庭与百亩土地的标准农家且出现赤字预算。农家经济摇摇欲坠的现象,可以概见。第二,李悝主张的内涵,一方面"尽地力之教",提高土地的单位生产力,奖励农业技术与劳动力的十足发挥,而以平年作每亩增加收获量百分之三十为目标,另一方面,又制定平籴法,依农作的丰收、平年及歉收,由国家买入或卖出谷物,调节当年谷价不致暴涨暴跌,以之为基准而平衡所有物价,稳定人民生活,此乃汉朝以后常年仓的滥觞。

《汉书》食货志所记录李悝农业新政策发布的背景,至少魏国当地,至迟纪元前五世纪后半的当时,土地被承认私有的"一夫挟五口"独立农家已出现。新政策施行，其重大意义，乃在适应推移过程中新的土地经营方式，而对新社会的稳固奠基，提供决定性助力。新法律《法经》的发布，又立足于保障农村变革中取得土地与财产私有权的新时代需要，而又增大对国家纳税义务的强制力，遂行培育民富以求国富的理想。

农村的社会形态转换，生产力发展与共同劳动、共同耕作的意愿相背而公田破坏，租税制度必须相应变化，于此，春秋时代旧社会解体期间已酝酿，而由鲁国创始。《左传》宣公十五年（纪元前594年）条"初税亩"与《左传》哀公十二年（纪元前482年）"用田赋"，都是最古的文献记录。《汉书》食货志也有"公田不治，故鲁宣公初税亩"的补充说明，具体的内容虽不详，其系劳动租税向实物租税转化，每年依耕地单位面积收获量而提供若干现成物的后世田租制度原型，则可想象。此原则为列国踏袭，战国之初，魏国的准则则如李悝之言乃"十一之税"。

战国农村大变革展开以来，列国间的连锁反应，已只有速度与程度的差别。同一期间，列国防洪用堤防与灌溉给水所需土木事业，以及多功能运河的开发，《史记》河渠书又有如下综合记载：

> 荥阳下引河东南为鸿沟，以通宋、郑、陈、蔡、曹、卫，与济、汝、淮、泗会。于楚，西方则通汉水、云梦之野，东方则通鸿沟江淮之间。于吴，则通渠三江、五湖。于齐，则通渠菑济之间。于蜀，蜀守（李）冰凿离碓，辟沫水之害，穿二江成都之中，此渠皆可行舟，有余则用溉浸，百姓飨其利。至于所过，往往引其水益用溉田畴之渠，以万亿计，然

莫足数也。(魏)西门豹引漳水溉邺，以富魏之河内。而韩……乃使水工郑国间说秦，令凿泾水自中山西邸瓠口为渠，并北山东注洛三百余里。……渠就，用注填阏之水，溉泽卤之地四万余顷，收皆亩一钟。于是关中为沃野，无凶年，秦以富强，卒并诸侯，因命曰郑国渠。

这些伟大水利专家中郑国渠的时代已当战国末期，其被推定自陕西省泾阳，经过三原、富平、蒲县等地的运河遗构，今日虽然湮没，但其创造历史力量之巨大，则长存于后人印象。西门豹与李悝同时代，于魏国邺（今河南临漳）任内，破除"河伯娶妇"迷信恶习。李冰当纪元前三世纪前半秦昭王治世建设的灌溉工事，二千数百年来，仍以都江堰之名而被利用，也以受惠的庞大成都平原令人民感恩，而后世加以神化，对其次子附着了二郎神的民间传统，沫水便是今日成都市西北方的岷江。

耕地私有化，经营改立于独立、自由的方式，又获政府大规模水利事业开发的扶掖，农家勤劳志愿被激发，农业科学技术也受鼓励进步与改良，施肥方法可能也已于当时施用，更重要的关键因素，革命性的铁制农业已经普及，农业生产力飞跃向上，春秋时代未垦原野，便都在战国时代加大开拓。以农业发达为基盘，以及金属器革命原动力的刺激，工商业分化，货币流通，大都市兴起，中国历史发展全面推陈出新。而大转变的进行，与光明面对应，春秋时代拥有领地的原封建领主们，战国时代身身份渐次由大土地所有者的大地主替代，土地以私有而得自由买卖，又便利于土地兼并与集中的病态因子，也都已预伏。

战国胎动始自魏国，但魏文侯卒后的魏国于国际间举足轻重地位，以大臣间倾轧而发生动摇，一举为魏国攻陷秦国五城而威名四闻的吴起投奔楚国，更是一大损失。与孙武被并列中国史上最伟大兵法家，现存《吴子》六篇的卫人吴起，初仕鲁国，改移魏国再转楚国而获重用。《史记》记述其在楚国施展政治、军事抱负的情况："楚悼王素闻起贤，至则相楚。明法审令，捐不急之官，废公族疏远者，以抚养战斗之士。要在强兵，破驰说之言纵横者。于是南平百越，北并陈蔡，却三晋，西伐秦。诸侯患楚之强"(《史记》孙子吴起列传)，春秋十二诸侯中的陈、蔡都于其时倾覆，楚悼王（纪元前400—前381年在位）后半期以来楚国势力的扩张可知，魏国已初现颓势。但通战国前期而言，乃是魏楚并大，维持的仍是春秋后期晋、楚南北对立形势。

魏国衰落的直接因素，关系到再约隔半个世纪，纪元前三五三年桂陵之战与纪元前三四一年马陵之战两大战役，两次都以魏国侵略同系三晋之一的赵国，而与齐国的救援军正面冲突，两度溃败，损失严重至从此一蹶不振。两次大决战流传"围魏救赵"与迄今民间津津乐道的孙、庞斗智故事。昔日同窗共读，出自同一师门的两位兵略家，分别担当了敌对的战场决胜者，魏方统帅庞涓战死于马陵，魏国太子被俘，胜利的齐方幕后指导人物（军师）孙膑，《史记》记载他是春秋后期大军事家孙武后裔，也与孙武是两部《孙子兵法》的代表者。脍炙人口以下驷对上驷，上驷对中驷，中驷对下驷的三赛决胜策，相传便由孙膑发明。国际局势已如《史记》田敬仲完世家所记"于是齐最强于诸侯"的当时，齐国乃威王（纪元前356—前320年在位）时代，魏国则文侯间隔了武侯的第三代惠王（纪元前369—前319年在位）。

东方齐国自战国中期之初确立中原国家的领导地位，齐威王英明统治下厉行行政革新的效率主义，厚植国力，物丰民富，而最堪引为强盛表征的，乃国际学术文化中心自战国初期魏国移建至齐国，而且发达到鼎盛。齐威王以来，学问受国家保护与奖励，繁荣的国都临淄城稷门一带设定文化专门区域，广邀各国学者，授以优位厚俸而专注于学术思想上自由研究，美称"稷下学士""稷下先生"，学问异同任相辩驳讨论，新学说因而一时蜂起，推动中国学术思想史的"百花齐放、百家争鸣"黄金时代到达高潮，便是稷下长期形成中国学问中心的伟大业绩。后世被儒家尊为"亚圣"的孟子，也是其时加入临淄盛大学者集团，并且居留时间相当长久，次代宣王（纪元前319—前301年在位）时始离齐国。齐宣王治世，稷下之会的盛况，《史记》田敬仲完世家有"宣王喜文学游记之士，自如邹衍、淳于髡、田骈、接予、慎到、环渊之徒七十六人，皆赐列第，为上大夫，不治而议论。是以齐稷下学士复盛，且数百千人"的说明。再次代湣王（纪元前300—前284年在位）是齐国第三代名君，齐国超过半个世纪站立在强盛巅峰，引发湣王更大的野心，自纪元前二八六年灭亡宋国开端，"南割楚之淮北，西侵三晋，欲以并周室，为天子。泗上诸侯邹鲁之君皆称臣，诸侯恐惧"（《史记》田敬仲完世家），国际局势急转直下，惴惴不安的各国终于被迫携手奋起，而骄妄的齐国大灾祸降临。纪元前二八四年，燕、秦、楚、三晋六国大同盟组成，由受齐国压迫最直接的燕国大将乐毅担当联军统帅，六国合力攻破齐国，五年间几乎占领齐国全领土，包括临淄的七十余城尽行陷落，湣王于逃亡途中被臣下杀害，齐国残存仅湣王之子襄王保有的莒与将军田单固守的即墨两城。纪元前二七九年，乐毅以其强力支持者燕昭王（纪元前311—前279年在位）

去世被解职。田单指挥"火牛阵"的大反攻成功，恢复丧失了的所有国土，却也自此而齐国势力衰退。

齐国隆盛之际，西方秦国势力也正升起。《史记》秦本纪记录纪元前四世纪之半战国前期魏国强大期，秦孝公引为奇耻大辱"三晋攻夺我先君河西地，诸侯卑秦，丑莫大焉"的局面，战国中期秦非只已经平反，国势而且蒸蒸日上。转变秦国历史的关键人物，其一便是与魏惠王抑齐威王同时代的不世出明君秦孝公（纪元前361—前338年在位），另一则战国史上最著名改革家卫鞅（卫国没落贵族，又以系"公孙"为姓而名公孙鞅，或以其后被封于"商"而称商君鞅、商鞅）。卫鞅际遇与吴起颇相似，同系卫国人，同先仕于魏（卫鞅已系魏惠王之时）而后分别在楚、秦得志（吴起死后二十年，卫鞅显达），结局又同样自身成为锐进反弹力的牺牲者，随强力支持的在位君主去世，立即倾覆于原已压制的反动守旧势力，吴起死在乱箭乱刀之下，卫鞅被车裂。但是，卫鞅的秦国大改革运动，直接导引秦国以不足一个半世纪的时间统一中国全域，独具中国史上的不朽地位。

卫鞅获秦孝公充分信任而推行的国家改革方案，纪元前三五九年、前三五〇年先后两次变法令，《史记》商君列传记录其大纲：

> 令民为什伍，而相牧司连坐。不告奸者腰斩，告奸者与斩敌首同赏，匿奸者与降敌同罚。民有二男以上不分异者倍其赋。有军功者，各以率受上爵；为私斗者，各以轻重被刑大小。戮力本业，耕织致粟帛多者复其身。事末利及怠而贫者，举以为收孥。宗室非有军功论，不得为属籍。明尊卑爵

秩等级，各以差次名田宅，臣妾衣服以家次。有功者显荣，无功者虽富无所芬华。（第一次令）

筑冀阙宫庭于咸阳，秦自雍徙都之。而令民父子兄弟同室而息者为禁，而集小都乡邑聚为县，置令、丞，凡三十一县（秦本纪作"四十一县"）。为田开阡陌封疆，而赋税平。平斗桶权衡丈尺。（第二次令）

令出必行，全国上下对革命性新法一体彻底遵行的精神，又如《史记》商君列传所载：

令既具，未布，恐民之不信，已乃立三丈之木于国都市南门，募民有能徙置北门者予十金。民怪之，莫敢徙。复曰：能徙者予五十金。有一人徙之，辄予五十金，以明不欺。卒下令。令行于民期年，秦民之国都言初令之不便者以千数。于是太子犯法。卫鞅曰：法之不行，自上犯之。将法太子。太子，君嗣也，不可施刑，刑其傅公子虔，黥其师公孙贾。明日，秦人皆趋令。行之十年，秦民大悦，道不拾遗，山无盗贼，家给人足，民勇于公战，怯于私斗，乡邑大治。秦民初言令不便者有来言令便者，卫鞅曰：此皆乱化之民也，尽迁之于边城。其后民莫敢议令……公子虔复犯约，劓之。

所以，富国强兵的讲求，于战国列国间固系怒潮追逐，秦国变法同系波涛之一，如《史记》秦本纪所说明："变法修刑，内务耕稼，外劝战死之赏罚。"推定战国末期人辑录卫鞅之言而传授其思想之书，现存书名为《商子》或《商君书》，于《史记》商君列传中则直称商君开塞耕战书，耕所以富国，战所以强兵，与列国奖励生产开拓广大原野充实国力的方法，并无区别，只是，以秦国地处偏远而可能已系李悝主义国际化的最后一浪潮，却也是兴起最巨大与效率最彻底的一波。开阡陌封境，解放公田转化家族单位私有田制，抑且强制分家，是对井田制残构的最后摧毁。无情打击太子尊严，破除"刑不上大夫"约束，以及相对的齐一贵族、平民权利与义务，重编以军功为单一标准，"士""大夫"旧贵族称谓压低至第十级以下的二十等爵位系统，又是以政治力清扫阶级残余意识。而全国展开统一规划的行政区域"县"，尤使秦国领先东方列国全行超脱封建制遗轨的表征，具有中央集权与本格化郡县制实验样本的意义。

然而，其过犹不及，怠惰者为奴，"什伍"组织相互监视防逃亡，犯罪连坐，鼓励战死，依斩敌人首级计准受爵，对法令与国家政策，无论批评或阿谀一律禁止，惟有服从。不仅极端法治，且已军国体制色调鲜明。《史记》商君列传集解评论："夫商君极身无二虑，尽公不顾私，使民内急耕织之业以富国，外重战伐之赏以劝戎士，法令必行，内不阿贵宠，外不偏疏远，是以令行而禁止，法出而奸息"，正强调了战国富国强兵共同潮流中秦国全体主义变法断行，为独自的通往偏激之途，而铸定军国主义强化的特质。却也因而秦国富国强兵从根本的破坏上重建特为成功，激发战斗力超越了春秋后期以来最以强勇善战闻名的吴、越，以及概括吴、越的楚国南方统一势力。"东并河西，北收上郡"（《史记》秦本纪集解语），便是秦国向外扩张响起的第一声号角，齐魏马陵之战次年（纪元前 340 年），秦国自魏国夺回前被侵占的黄河西岸"河西"地，逼迫魏国同一年自安邑迁都大梁

（今河南省开封），且系卫鞅亲自所指挥。稍早，纪元前三五〇年（秦孝公十二年）国都自雍向东移建至原宗周隔渭水对岸的咸阳，又是秦国东方发展雄心的公开展现。

战国中期，卫鞅对秦国革新的贡献是绝对的，秦国雄飞由此起步，卫鞅个人下场虽是悲剧，但旧贵族的报复为己只能限于其个人，卫鞅政策毕竟已确立为非可轻易动摇的国家指导原则。秦国气势如虹，频频进出东方，从孝公次代惠文王（纪元前337—前311年在位），纪元前三一八年楚、韩、赵、魏、燕五国大军联合攻秦不胜，历武王（纪元前310—前307年在位），到昭襄王（纪元前306—前251年在位）时代，卫鞅死后约半个世纪的纪元前二八八年（齐国灭宋前二年），秦国与东方齐国一度对称东帝、西帝，两分天下之势被制造，从来中原与楚的南北消长态势，向东西对立完成转变。再四年后六国联军破齐，秦国傲视中国的独尊态势终已铸定，以后便是战国后期，大史剧幕帷的徐徐降落了。

战国中后期乃是历史内容特为丰富的伟大时代——春秋会盟外交转变为纯粹基于利害关系的实力外交，也于纪元前四至前三世纪间，写下中国史外交艺术上淋漓尽致的一页，左右国际政治的中心人物，往往是具备各国国情广博知识，滔滔雄辩，以犀利口才与诡谲权术翻云覆雨，当时所谓"纵横家"的卓越外交家。"纵横术"的国际外交理论发达，"合纵""连横"（连衡）极端化外交代表了时代特色，存留至今日的现代化名词便是"权术外交"。活跃在纵横大时代的风云人物，最著名是《史记》所特别介绍，秦国变法成功，开始对东方虎视眈眈，而东西对抗变局渐渐形成期间，"合纵"策、"连横"策各自的偶像，相传同出齐国鬼谷先生之门的洛阳（东周）人苏秦与卫人张仪。《史记》记述战国之事，颇多采用《战国策》资料，经整理转录诸雄辩家铿锵有力、令人心折的说辞，毋宁等于游说之士的教科书。

只是，传统历史界依据《史记》记载，认定先有苏秦结合东方六国联合抗秦的"合纵"策，接续才是张仪效力秦国，说服六国与秦同盟的"连横"策登场，今日解说上已须加以修正。学术界发觉，《史记》介绍战国诸纵横家，对苏秦特以大篇幅着力宣扬而成独立传记在前，再是张仪、陈轸、犀首（公孙衍）的合一列传在后，但是苏秦列传几乎系以其历次议论为编集中心，个人事迹反而未见充实。同系《史记》记事，六国年表仅于燕文公二十八年（纪元前 334 年）栏见"苏秦说燕"一语，诸国世家也只燕世家载有苏秦之事，其他部分概所未见。孟子以"稷下之士"身份居齐，已系传说中苏秦始创"合纵"策而于国际间大活跃的时代，而《孟子》记景春之言，仅称"公孙衍张仪……一怒而诸侯惧，安居而天下熄"（《孟子》滕文公），独不见苏秦其名。所以，颇怀疑苏秦是否实在人物？或者，虽不否定苏秦为实在人物，但事迹却属架空，又或者如钱穆所主张，苏秦只是为燕国舒减强大齐国所施加压力的策士，实际并无率动国际大势的力量而被《史记》所夸大[①]。怀疑论的最堪重视修正意见，是杨宽《战国史》的依诸国年代再编成，考定苏秦的事业须转易到张仪死后十年以上，系纪元前二九〇年左右，与齐国孟尝君煊赫为同时代[②]。后一推断是合理的，显而易见，纪元前四世纪后半的

---

① 钱穆：《国史大纲》（上），第 52 页注释。
② 人物往来社版《东洋的历史》2. 春秋战国，第 345 页。

秦国刚在发迹，东方国家不可能对之已共同产生恐惧心理，自亦无结成六国攻守同盟，以共同力量抗拒秦国的必要，其时宋、卫诸国且均存在，东方果须合纵携手，也不应只是六国。反之，秦国立于突破战国初期以前历史旧范畴，主动排除东方通路阻碍的要求，张仪"连横"策才有必要首先推动，然后于纪元前三一八年，激起另一纵横家魏国公孙衍指导下，觉醒的东方五国联合阵线共伐秦国，苏秦"合纵"策再接续而大行其道。此一立论，近年以马王堆汉墓的发掘成果而获得支持，认定为符合事实。湖南省长沙郊外马王堆一九七二至一九七四年三处汉朝初年轪侯（丞相利苍）家族坟墓的发掘，特别是第三号墓的丰富帛书（绢本墨书成卷），系考古界一大收获，轰动中外的《老子》（《道德经》）写本即自其间出土。同墓其余最有价值的帛书之一，便是《战国策》。"狐假虎威""渔翁得利"等成语由来的《战国策》自古系中国知识界必读名著，但向来所知系十一篇，马王堆出土的帛书《战国策》经整理后，却令人吃惊地发现竟是二十七篇，共一万七千多字，今日史学界因而名之《别本战国策》。"别本"中的十一篇与现今通行本相同，另十六篇显然甚早便已散失，因而恍然《史记》所以令学者遗憾，记述战国事迹颇不周全，原因可能是在司马迁成书前，此十六篇已不易得见，以致取材不充分。《别本战国策》重见天日，补正《史记》重大疏漏与矛盾之一，便是证实叙述苏秦雄辩的时代错误，苏秦在"别本"中，当燕昭王时代尚系锋芒期，而非《史记》所记的死于燕昭王即位前二十年。

　　秦国自战国中期以来，代代均英明之主，以及杰出的股肱之臣辈出。惠文王时张仪的锐利外交攻势，针对东方齐国领导给以强力破坏，纪元前三二三年离间楚国与齐的亲密友好关系成功，齐国陷入孤立。稍前的纪元前三二八年，大将司马错攻灭南方长江上流域的巴、蜀国家，合并四川省肥沃地域置郡。武王继位，东方的大规模军事攻势追随外交胜利，开始展现，纪元前三〇八年强行占领韩国定阳（今河南省定阳），打开通往东方的门户，直接将相邻的洛阳周朝王室置之控制之下，而有次代其弟昭襄王纪元前二八八年与齐湣王一度东西并立称帝的一幕演出，虽然立即又彼此取消。昭襄王时代的秦国，开始向东方发动紧迫侵略，楚人魏冉（穰侯）执政期"蚕食"政策的成功，《史记》穰侯列传有"秦所以东益地，弱诸侯，尝称帝于天下，天下皆西向稽首者，穰侯之功也"的评语，后继人魏人范雎又于此原则上建立有名的"远交近攻"政略，而终统合天下。

从秦国创造历史伟业前后诸代表性人物"相"的籍贯，可以发现，概非秦国自国所产，都是所谓"客卿"。重用客卿非独秦国，已系列国共通现象，春秋时代知识、学问解放，铸定国际间人才交流的走向至战国时代加大，明君选择贤臣，只求才能不问国籍的需要也愈强烈，"客卿"的名词于是形成时代特色而出现于叙述战国中后期之事的《史记》苏秦列传、范雎列传等。与此现象相对应，君择臣，臣也择君，人才周游列国，选择理想的效力明君，风气早自春秋后期孔子的时代已育成，卫鞅等又是现成之例。君臣间结合关系，孟子设定的标准是："君之视臣如手足，则臣视君如腹心；君之视臣如犬马，则臣视君如国人；君之视臣如土芥，则臣视君如寇仇"（《孟子》离娄下）。而孟子自身，便曾以客卿代表齐国出使滕国（《孟子》公孙丑下）。

孟子于纪元前三三六年左右，于魏国已移都大梁，以及如梁

（魏）惠王告孟子所言："晋国，天下莫强焉，叟之所知也，及寡人之身，东败于齐，长子死焉，西丧地于秦七百里，南辱于楚"（《孟子》梁惠王上）的魏国没落之际访魏，谒见惠王，留下大篇对谈记录与"望之不似人君"的批评收入《孟子》，翌年（纪元前335年）或三十五岁左右，开始长住齐国临淄近二十年，然后一度去宋、去薛，纪元前三〇七年左右，又一度应滕文公召担当政治顾问，晚年返回故乡邹（原邾国，改名邹国，纪元前四世纪中灭于楚）讲学授徒。生卒年代约纪元前三七〇至前三〇五年左右，约略与战国中期的大半时间相当。

《孟子》记滕文公询问："滕，小国也，间于齐、楚，事齐乎？事楚乎？"（梁惠王下）系纪元前三〇七年左右，孟子应聘在滕期间之语，也是南方楚国长期强盛下小国恐惧感的表现。而现实方面，楚国当战国中期孟子居齐之初，悼王之孙威王（纪元前339—前329年在位）于纪元前三三四年灭亡越国为顶点，隆盛弧线于次代怀王（纪元前328—前299年在位）治世已在下降。楚国与秦国，原具相异而又相似处，最初同系封建于蛮夷之地的殖民卫星国家，虽然立国有迟早，以及南方楚国所在地原系蛮夷为先住民，西方秦国之地却是中国文化最成熟地域的原周朝直辖地，以纪元前八世纪外围戎狄入侵与周朝向东方退却而放弃，才形成戎狄盘踞现象，秦国也开始立国其间，但不论历史背景如何，秦、楚于分别扶掖周围落后民族开化的进程中，自身也必须部分野蛮化，以适应环境，则又相似。秦、楚此等异于中原其他国家的特质，转化为中原国家欠缺的突破传统的冲击力，也属相同，楚国自春秋时代以来强大到几乎与秦南北对立，便立脚于其创新与进步的前导地位。然而，战国时代如秦国大魄力改革运动的竞赛中，楚国倒反迟缓了前进脚步，代表的毋宁已是国际间保守的一面，于客卿打破国界的时代潮流外独持贵族主导，便与秦国恰成强烈对比，不幸又值愚暗君主楚怀王在位。张仪相秦布下的陷阱，纪元前三二三年，佯许割地引诱怀王轻率与齐断交，而事后承诺的土地终未交付。待怀王发觉受骗，贪欲未遂，齐国支持丧失，忿怒之余楚国大举发兵向秦报复，却使自身蒙受重大损失，次年，北方战略要害陕西省南部汉中地丧失，秦置汉中郡。纪元前三一八年韩、魏、赵、燕、楚五国合纵，楚为纵长，攻秦又失败，滕文公与孟子对谈，便已立于此背景。纪元前二九九年，楚怀王又蹈下严重错误的一步，落入秦国嗣位的昭襄王结盟圈套被扣留，幸太子及时继位为顷襄王，杜绝了秦国大勒索、大恫吓阴谋，但怀王终因此未能归国，以至去世。楚怀王的愚昧，衬托了一位王族的忠贞、热爱国家与强烈正义感，这便是名烁古今的大诗人屈原。屈原一再劝谏怀王勿受秦国愚弄，下场是被放逐，流浪期间完成忧国忧时、透彻反映社会矛盾真实面的不朽名作《离骚》，乃文学史上最高价值的瑰宝之一，开创南方文学"楚辞"文体。战国后期，顷襄王时代的纪元前二七八年楚国更大悲剧上演，秦国大将白起攻陷郢都，楚国西半部领土几乎全在秦国大攻击下被并，国都向东北大撤退至陈（原被楚并灭的陈国所在地，今河南淮阳），续在流亡途中的屈原闻讯，悲痛心情无以抑制，自沉于湖南省的汨罗江。中国民间每年三大节（端午、中秋、春节）中的端午节由来，便是后世对这位以爱国诗人、民族诗人受敬重人物的悼念。流传农历五月五日系屈原投江之日，是日有例行的竞渡与食粽习俗，前者的意义在拯救，后者则投食。顷襄王之子考烈王时代，纪元前二五三年国都再度东移巨阳

（今安徽省太和县），纪元前二四九年灭亡鲁国，纪元前二四一年国都第三度续向东转移到淮河南岸的寿春（今安徽省寿县），国势虽图振作，已不过是落日余晖。

楚国从对齐国或秦国竞争地位中开始退却的怀王时代，三晋中位于最北方的赵国却正异峰突起。天才型英雄人物赵武灵王（纪元前325—前299年在位，禅位其子惠文王而自号"主父"续迄前295年）"胡服骑射"，系战国史最著名故事之一，已直接骑上了马背的骑兵，中国最早自纪元前四世纪末在赵国出现。直接效果立即见诸纪元前三〇〇年的大远征林胡、楼烦成功，赵国开拓北方领土方略实现，被收并的黄河弯曲部东北与北部大片土地开置云中、雁门、代郡。次年楚怀王被诱扣往秦国之年，战斗英雄的赵武灵王退位称主父，但仍系国家事实上的主宰，纪元前二九六年，接续灭亡春秋时代称"鲜虞"，国都在今河北省正定附近狄族所建中山国，赵国北方经略伟业推向极峰。不幸次年主父便于王室内乱中丧命，更不幸的是相隔三十多年，战国后期的纪元前二六〇年，战国史上最惨烈的大会战长平之役，又便发生于赵—秦两国，秦国攻击军统帅乃是令敌闻其名而战栗的大将白起，赵国守备军指挥官原系有名的老将军廉颇，坚守城池作持久战，前此三年间，两军对峙未决胜负。而在秦国擅长的离间计下，赵国于是年免廉颇职，另易兵法理论家赵括接替，轻率应秦挑战出兵被包围，大败，主帅赵括战死，白起一举歼灭赵国军团至四十多万人，守军四十五万人中脱逃生还的仅二百四十人，其余的投降后被活埋，创下战败国牺牲从未曾有的记录，"赵括谈兵"因而被后世用为能知不能行的讥讽之词。长平之役的结果非只于战国史为空前，也是中国历史上最大决战之一，拥有强大军事攻击力的赵国遭此致命打击，前途可谓注定。

"胡服骑射"意义的重大是绝对的，正表示"中国"北方域外一类异质文化兴起，特征便是马上生活，非定居而移动，非农耕而游牧，势力强大到赵国学习其"骑"才能与之对抗，中国历史上的一个新名词"胡人"成立。到汉族统一"中国"，胡人也已统一"中国"北方之地，中国历史叙述范围自此必须扩大，也自此铸定历史的双轨发展法则，传统的农业—城市居民与新兴的骑马—游牧民族，两大类型文化不断冲突与调和，概括了秦汉以迄近代的中国历史全貌。① 欠缺了北方游牧历史演进的部分，不但不易解明中国历史，也只是"汉族中国"史，而非适合今日"中国"范畴的中国史。

马被利用到"骑"，堪誉为人类文明空前的升进，人类文化史划期性大事，意义足可与开创动力时代的机器发明相比拟。抑且，骑术发明，旧大陆全域几乎同一时期被感应，约略都在纪元前一千年代之半。② 其时，北方欧亚大陆狂飙似兴起骑马旋风所代表全新的游牧文化，迅速分东、西两个方向弘布，以及骑马—游牧民族开始向南方压迫欧亚大陆文明地带传统的农耕—定居民族，中国的历史际遇与世界相共通。"胡服骑射"的衔接，中国史与世界史间的不可分关系已揭开序幕。战国赵国以位当中国最北方而最先引进"骑"术时，附着又学习适合马上行动的游牧民族筒袖紧身衣着，便利于跨骑马背的裤，以及全革材的鞾（靴）。"骑射"时必先"胡服"，"中国"人不得不被迫部分替代了传统

---

① 参阅拙著《古代北西中国》。
② 参阅拙著《古代北西中国》。

的衣裳与履。

战国以"战"为时代名，原已意味此时代战争的激烈与频繁，而战争技术的连续变化，又是特征。殷周以来战争传统被引为贵族的权利与职责，战争方式则为车战，每一辆由马驾以疾驰的战车，车上贵族三人同乘为原则，中央站立者为主御（包括战场指挥官甚或君主自身），其左为射手，其右为持矛戈主刺的武士，一车两马驾御的称"骊"，一车三马称"骖"，一车四马称"驷"。战斗力便以此等御马战车为单位计准，另于主力战斗体战车之外，配列步兵辅助，步兵已非贵族而系征发的农民。随从之数，以武王伐纣，牧野之战的出征军"革车三百辆，虎贲三千人"推算，约系每车十人。春秋四大会战，城濮、邲、鄢陵（纪元前575年）三役均晋楚之战，其中最著名的城濮之战，晋方动员战车七百辆；鞌之战（纪元前589年）发生于晋齐间，晋方战车八百辆。使用战车不断增加，附属步兵数字也相对增大。循此方向，步兵数量与其重要性不断加剧，渐渐脱离战车附属地位而独立。战国时代，战斗主力终完成向步兵部队的转变而集团战开始，战国期颇多刻划两军各以短兵刀戈、长兵矛戟搏杀，以及弓矢支援的青铜器纹样，明晰表明了战国时代步兵战的实态。军制也至此一变，车战时代仅依赖"士"以上贵族组织的情况已不可能，兵员的编成既广泛动员农民，农民于意识上与实质上都具备了兵"士"身份，此于阶级制崩坏又形成一大助力。接续，杀伤力特强的骑兵与骑马战争新技术传播，战争方式再起巨变，机动部队发达为战斗体的中心。此一阶段，各国兵力的雄厚与兵科分配比重，依《史记》苏秦、张仪的说词是：秦、楚步兵各百万，齐、赵各数十万，车均千乘，骑均万匹；魏、韩、燕步兵各数十万，车均六百乘，骑三千至六千匹光景。相与对应，战场上伤亡数字激增为必然，记录中秦国白起指挥下历次大规模战役的结局，长平之役坑赵国降卒四十万人乃最残酷之例，稍前，纪元前二九三年伊阙之役破韩、魏联军，斩首二十四万级，纪元前二七五年攻拔魏国华阳，斩首十三万级，其余诸战役、诸将领，斩首或坑降卒也莫不以数万计。此等数字可能都有夸大，但战国后半，每一次战争中战败国都必损失惨重，也为可以想象。

政治、经济、军事等合成战国文化各层面，其令人瞠目的丰富内涵的蓄积与膨胀，乃有战国后期缘边各国齐头并进国土开拓的大事业展开，奠立中国世界统合期更广大的中国文化圈再弘布基点。秦国开发陕西省北部、甘肃省南部与成都所代表的四川省，楚国建设长沙为中心的湖南省以及周围贵州、江西一带，都是最堪举证的中国文化惊人效率的模式，以此为跳板而中国势力继续伸入包含了东南沿海地区与再南方粤江流域山岳地带的百越（粤）之地，以及今日地理上大西南地区的西南夷分布地。赵国领域，同样以北方经营成功，而推展到内蒙古的沿黄河北岸。列强热心拓展疆土的共同浪潮中，燕国的活泼化尤受瞩目，已横扫察哈尔、热河南部农耕地，沿渤海湾向今日"东北"地理范畴内广大的未开发地进出，以及越过鸭绿江，支配圈扩大到朝鲜半岛大同江流域。"郡"的出现，多数便在此时期与以此原因。

广域的领土国家建设过程中，出现一项引起历史界特殊兴趣的触目现象，是列强间共通的长城兴筑运动，后世依于今日所见位置退缩了的万里长城，解释战国长城作用在于抵御北方新出现又赋予新名词"胡人"的敌人。然而如果注意到长城工事形成中国"国际"热潮，非限北方外缘，也普及于内侧诸国，而且还是后者自纪元前四百年左右领先兴筑,才于纪元前三世纪波及西方秦国,以及原已在国境南面兴建了长城的赵、燕又开始北方长城建设。那么,可以了然战国长城兴筑序列,发生原因便与纪元前五世纪以来列强抗争激化,大领土国家形成的事态有关。申言之,列强立于抗争中设定主权统治范围的需要,脱胎于先行邑制国家"城"的思想,乃有长城国界构想实现,然后,延展于列强相互间的筑城运动,而施行于西方与北方新开拓国土的尽头。所以,长城的原始意义,不可能涉及北方胡人,代表的毋宁是列国彼此间国界标志或国境线意味,虽然国境线不排除防御效能,却迥非单纯防御所系的国防线意味,尤与防御北方游牧民族无涉。以后迨国际局势变化,内地各国长城线或以领域扩大而缩入了腹里(如齐长城),或随其地丧失转移他国(如魏西长城入秦),而均废弃。赵北长城与燕北长城,则被中国统一时代秦(汉)踏袭为雄峙北方国境的大长城基础,国境线意味愈益鲜明。[①]一九七五至一九七七年内蒙古发现考定便是燕国北长城遗构的一段,系继马王堆发掘之后,近年考古界又一瞩目大收获,燕北长城此段基部宽四至六公尺,高二至三公尺,蜿蜒一百二十五公里以上,西起今日长城线的最突出处察哈尔独石口,东向进入热河省境,经过围场县与赤峰县,由敖汉族东北伸展至奈曼旗与库伦旗,然后向南折回热河省东境已邻近辽宁省的阜新县[②],其位置脱离大部分系十四世纪以后明朝所筑、全然作为防御的今长城一线,而遥

---

① 参阅拙著《古代北西中国》。
② 据1978年11月1日,北京外电转录新华社燕长城调查报告。报导并说明:此段燕长城遗址内外,存在颇多燕国(以及秦汉)时代城堡、亭燧(烽火台)、村落、坟墓遗迹,以及大量古钱与武器、陶器、铁器、铜器,仅奈曼旗境内,遗物出土数量已至二千件以上。

遥超前，相互间的区别足可了然。

与北长城代表"中国"范畴外延具有对等意义，战国列强国都反倒呈现向腹地集中的现象，又反映了"中国"内部政治统一机缘渐渐成熟的趋向。战国七雄，惟齐国临淄与燕国蓟都维持春秋时代原址，迁都运动以三晋中赵国带头，成为诸侯（纪元前403年）未及二十年，纪元前三八六年已自原国都晋阳（山西省太原）迁邯郸（河北省邯郸），韩国受国际形势中内缩心脏部位的地理限制，仅由三家分晋之初的平阳（山西省临汾）定都阳翟（河南省禹县）后，纪元前三七五年灭亡郑国，国都因而也于是年再移郑国所在地，春秋战国时代商业中心之一的繁华大都市新郑（河南省新郑），自此韩国也以"郑"为国名见称，正如同三十五年后魏国以迁都大梁亦称为"梁"，如《孟子》中记"梁惠王"而非"魏惠王"（三晋的韩、魏、赵原国名，均以国君之姓借用）。魏国迁梁前十年，又是秦国新都咸阳建设完成。半个世纪间一系列国际迁都运动的共通特色，系方向一应向东，三晋邯郸—大梁—新郑且密集于河北省南部与河南省东半部，东经一一四度左右的几乎一直线上。到战国后期，南方楚国国都循相同轨迹连续内向移动，而以寿春为终点，南方文化也已向中原文化母体归宗，"中国"范畴内分散的政治中心整然归纳，正象征中国登上全域统一最后历程。析言之，铁器带动的产业革命先已实质上打破社会、经济上"国"的界限，现轮到政治的或有形的国界藩篱准备撤除了。

新时代出现新的政治形态，"相"的名词由地方制度郡"守"、县"令"延长，而自春秋后期开始出现于中央制度。"相"字原意味赞导，转用于政治，来称呼卿、大夫中的国政担当者。世袭卿、大夫权力的替代倾向渐渐推展，以及客卿任用风气炽盛，战国中期以来，"相"终于切断传统卿、大夫层的关系，列国相续正名"丞相"或"相国"（惟楚国既继续贵族执政旧传统，"令尹"与"相国"并称也系特例），确立其新的国家行政体制第一人地位。"丞"字向来的解释是辅助，谓助王总理政治，但"丞"也与"承"字义相通，则又是承王命总理政治的意味。通称例外的楚国，多数场合虽名"令尹"，性质则一。丞相领导制成立，新时代中央集权制支配架构的骨干宣告筑成。

同一时期，对应中央集权政治与领土国家建设，封建制残余被利用的最后痕迹，系以变貌的"封君"姿态回光返照。"君"于封建制下乃封地领有者的通称，也适用于未付爵等的附庸，春秋战国之交周朝王室先后分家"西周（今河南省洛阳城之西）君""东周（今河南省巩义）君"两附庸便是。卫国至战国中期，在诸大国夹缝中求中立自保，所选择也是放弃爵位，自贬为"君"，仅领帝丘（今河南濮阳）一邑。同系战国中期，大国诸侯一律上升为王，"封建"复活固与新时代精神背悖，"封"而不"建"，却是新旧时代过渡期间，王酬庸臣下大功业最可行的方法，领有食邑，附以名号或食邑名的所谓"封君"，因之大流行于各国间。惟有秦国，卫鞅变法所制定军功二十等爵中最高位第二十等的彻侯，性质与之重复，所以独呈现"君"（国际共通）、"侯"（秦国独有）双轨并行。前者之例，卫鞅"商君"、张仪"武信君"、白起"武安君"；后者之例，魏冉"穰侯"、范雎"应侯"。双轨合一而"侯"的系统淘汰"君"，须待秦汉统一中国，以及经由改为妇人封君食邑的过渡。

战国的关键百年[1]

B.C. 350	齐	楚	燕	韩	魏	赵	秦	B.C. 350
	威王	宣王 339 威王 328	文公 332 易王 320 王哙 311	昭侯 330 宣惠王 311 襄王 296 厘王 273 桓惠王	惠王 318 襄王 295 昭王 276 安厘王	成侯 349 肃侯 325 武灵王 298 惠文王 262 孝成王	孝公 337 惠文王 310 武王 306 昭襄王	
B.C. 300	319 宣王 300 湣王 283 襄王 264 齐王建	怀王 298 顷襄王 262 考烈王	昭王 278 惠王 271 孝王					B.C. 300
B.C. 250								B.C. 250

---

[1] 本表与本书所引诸王年代，主要参照杨宽《战国史》附录《战国大事年表》。

战国中期代表强国利益的雄辩家或"纵横家"，到东西对立倾斜面判明时，光芒已渐黯淡。代兴的战国后期世局中心人物，乃是齐国孟尝君、赵国平原君、魏国信陵君、楚国春申君等四"君"。出发于反抗强权精神的任侠之风，也替代了滔滔雄辩的言词风尚。四"君"的各各任"相"、封"君"，于战国政治中均非异例，孟尝、平原、信陵三君各具自国王族成员的"公子"身份而特显，春申君于楚国反而独非，却都是战国后期反常现象。孟尝君开始发迹的年代，于四"君"中须推前至纪元前四世纪末也为独特。但大体而言，四君或后世美称的"四君子""四公子"活跃期，多系纪元前三百年以后的约六十年间，大部分时间相当于秦国昭襄王在位，除孟尝君外都曾经历秦国毁灭六国最后抗拒的长平之役。四君盛名，依于各自权倾国内外的政治、社会势力而得，势力的造成又均基于惊人"食客"数目的拥有，即所谓"养士"。养士风气，自"士"于春秋之末脱离阶级束缚大量产生后，顺随战国初期以来诸侯礼遇天下士的方向，于各国实力人物间形成共通时潮，特别至四"君"时代发展到高峰。《史记》四君列传记述"食客数千人"，"食客三千人"，以及"士无贤不肖皆谦而礼交之"，"无贵贱一如文（孟尝君名田文）等"的待客态度与"诸侯、宾客及世人有罪者"的食客身份，可想见漪欤盛哉的景况。孟尝君附着了两则著名故事，其一是"冯谖市义"，另一即家喻户晓的"鸡鸣狗盗"。如此庞大的人才集团结合，一方面俨然以学术与文化保护者姿态而天下闻名，另一方面，才能之士所指范围扩大，较之战国中期文化中心稷下之学素质固不能如此齐整，但与现实政治、军事、社会已为密切，天下各类异能之士，即使鸡鸣狗盗也获出头机会，社会平等色调愈益鲜明，正符合奔放时代的迫切要求。"鸡鸣狗盗"故事的特殊意义，明显反映战国时代社会的实力主义是其一；其二，代表了另一项时代风气——任侠。任侠之风，封建解纽期的春秋后期刺客已系同一形态，战国时代为特盛行，《史记》称之"游侠"，其游侠列传虽缺乏秦以前人物资料而仅及汉朝当时人，所记又均市井之徒，然而，列传叙言概括任侠或游侠的行为标准"其言必信，其行必果，已诺必诚，不爱其躯，赴士之阨困，既已存亡死生矣，而不矜其能，羞伐其德"，书末太史公自序又重复其意，"救人于厄，振人不赡，仁者有乎；不既信，不倍言，义者有取焉。作游侠列传第六十四。"游侠列传的著作动机由于此，也可知侠气所钟，非局限草莽英雄，同样涵容了庙堂中人。赵国平原君时代，今日熟知廉颇与蔺相如间"负荆请罪""刎颈之交"历史美谈，即此表现。到纪元前二二七年，荆轲慷慨悲歌"风萧萧兮易水寒，壮士一去兮不复还"，受燕太子丹之托行刺秦王，是大势已去，明知不可为而为的奋力一击典型，也是侠义志节的最高意境，而时间已是战国史闭幕前夕，距离燕亡仅隔短短五年，燕亡再一年，秦国完成"一并六"。

总结四君时代的最后崛起人物，乃东方六国之外的西方秦国丞相吕不韦，其发达过程足资引为新社会中新人物产生如何迥异于旧时代的最佳说明，且与中国史上兼具最大暴君与最伟大统治者双重评价的秦始皇出生相关联。秦国雄才大略的昭襄王继其兄武王，在位时间接近半个世纪，系确立秦国优势的关键期。绝灭有名无实的周朝王统便在此期间。昭襄王晚年，其太子之子也多长大成人，内中之一子楚，依战国国际习俗，被派遣赵国为人质。秦赵君主最早原属同血统，而战国时代已成两虎相搏之势，伤者便是赵国。因此，子楚质赵系因在秦失爱，驻赵又不得赵国君主与大臣礼遇，内外窘迫，被赵国国都邯郸的豪富巨商吕不韦利用，喻之"奇货可居"，吕不韦挟亿万资财，从事空前的政治投机。一方面以邯郸为据点，使子楚结交各国显要，制造国际声誉；一方面又在咸阳贿赂宫廷上下，博得太子正妻华阳夫人欢心，以自身无子而收认子楚为嫡嗣。迨老迈的昭襄王去世，年已五十余岁的太子继位为孝文王，子楚因华阳夫人进位王后得立为太子，次年孝文王即去世，原先几可确定无望登入王系的子楚，此际顺利以太子身份嗣位为庄襄王，赵国时期受吕不韦赠为妻的吕不韦爱妾与其所生子，随同进位王后与太子。庄襄王不幸又仅在位两年去世，幼年太子嗣位，便是中外有名的秦王政即未来的秦始皇。大投机家吕不韦的谋略完全成功，自身也以庄襄王登位而跃上秦国的丞相最高位，封文信侯，迄于秦王政年事已长，即位十年时免相，两年后吕不韦自尽。十多年间始终是秦国炙手可热的第一号政治领导人，家僮万人，食客三千，集合各国学者共同著作的《吕氏春秋》，今日仍以战国之末学问的综合体系享盛名。吕不韦的事迹，全然浮现了新旧时代交替最终期的缩影，也非至社会转型完成，七国政治、经济、文化层面统合时机成熟，发达的产业界与活泼的文化人又从实质上突破了国际间国界形式，而不可能产生如此人物与如此之事。而新时代前锋系以商业资本家的国际人面貌大活跃，又堪加以重视。

中国历史上最大变革期终于收场，百年以上的辛勤耕耘终于开花结果，秦国是幸运的收获者，拆除已徒具形式的中国国内七国国界，一匡天下的战国史完结篇归秦国书写。风云变色自秦王政纪元前二三七年亲政开始，纪元前二三〇年最早灭亡工商业发达而武力最弱也最毗近秦国的韩国,纪元前二二八年灭赵,次年便是可歌可泣的荆轲悲壮一幕上演,纪元前二二五年灭魏,再两年(纪元前223年)灭楚,次年(纪元前222年)灭燕,次年(纪元前221年)灭齐,几乎都是在对手毫无抵抗力的情况下,十一年间尽灭六国,而秦国蜕化成强力中央集权的秦朝统一大帝国。

汉族的诞生

纪元前八世纪前半以来的春秋战国约五个世纪间,中国国家、社会自渐变而突变,积量变为质变。此期间生产关系巨幅调整,政治体制集中化,都市中自由市民成长,交通四通八达,货币并行流通各国,大商贾的对象已非一地而系"中国"全体,工业者也着眼"中国"共通的市场而生产,学者、游说者、侠客活动的社会超越了国界,南与北仅有方言之别而文字均相互通,此皆指向统一的大道。同堪注目,"事"与"人"相结合,今日中国主要部的习称所谓"中国本部",历史上汉族"中国"组合者的汉族,其成形与诞生,正与"中国"地域的统一进程相当。

汉族自非从天而降,如何而"来"的答案,又正与春秋战国五百年间社会、经济大变革,以及国家并合、国土开拓、民族播迁诸因素,息息相关。

基础性的了解,系届至春秋时代"中国"域内民族分布状况。于此,留存迄今的史料记录颇多,如下都可举证——

> 及(周)平王之末,周遂陵迟,戎逼诸夏,自陇山以

东，及乎伊、洛，往往有戎。于是渭首有狄、獂、邦、冀之戎，泾北有义渠之戎，洛川有大荔之戎，渭南有骊戎，伊、洛间有杨拒、泉皋之戎，颍首以西有蛮氏之戎。(《后汉书》西羌传)

当春秋时，义渠、大荔，居秦晋之域；陆浑、阴戎处伊洛之间；鄋瞒之属害及济东，侵入齐宋，陵虐邢卫，南夷与北狄交侵中国不绝若线。(《晋书》江统传录《徙戎论》)

印象尤其明晰的说明文献，可以十二世纪宋朝学者洪迈《容斋随笔》（卷五）周世中国地的记事代表：

"成周（东周）之世，中国之地最狭，以今（宋朝）地理考之：

"吴、越、楚、蜀、闽，皆为蛮；

"淮南为群舒；

"秦为戎。

"河北真定、中山之境，乃鲜虞、肥、鼓国；

"河东之境，有赤狄、甲氏、留吁、铎辰、潞国；

"洛阳为王城，而有杨拒、泉皋、蛮氏、陆浑、伊雒之戎；

"京东有莱、牟、介、莒，皆夷也；

"杞都、雍丘，今汴之属邑，亦用夷礼；

"邾近于鲁，亦曰夷；

"其称中国者，独晋、卫、齐、鲁、宋、郑、陈、许而已，通不过数十州，盖于天下特五分之一耳。"

便是说，届至春秋史剧上演，周朝领域内，包括周初所封建诸殖民国家的各"国"住民，原始的、进步的各种经济方式与生活习惯，差异仍大。虽然其中标准"中国"，亦即以城郭定居为标志，代表精深灌溉农业集团的"五分之一"比例，估计为嫌保守，此其一。其二，"蛮""夷""戎""狄"称谓，其时为立于"中国"文化、经济基准而互相区别的不同生活类型集团，"中国"自身，又至春秋时代仍是依于地域而别的晋人、卫人、齐人之称，反倒无统一称谓，而为单纯的政治区分。

区别人类集团乃政治意识，区别基准最早原系惟一依凭政治，从历史时代之始的殷朝文字资料可发现，都超脱血缘氏族意识而依地域性的部族别，名之为羌人、周人或鬼方、人方。农业生产力不断向上，技术进步的农耕集团与周围不同经济类型人类间，社会生活形态歧异明显发生，文化差别的感觉敏锐化，固有政治区分之外，文化、经济基准的"戎""狄"意识乃因而强烈萌生。其时，历史区划已系周朝封建国家的时代。

大变化自洪迈所记述的时代展开，天子权威失坠，封建秩序约束力解纽，封建制国际和平均衡局面崩坏期的纪元前八世纪以后，也是经济上大发展的时代，农业愈进步，土地需求愈炽热，国家兼并现象加大乃为不可避免。春秋政治中轴五霸与十二诸侯全以由进步农业为基盘的高文明支持，而形成春秋时代国家数字急剧减少的磁心。激化了的灭国形态，一方面系农耕国家自身间基于更有利的共同利益，而铸定其最高发展与最终结局必须合并的方向，结合彼此的土地与人口；另一方面，向原在"中国"域内和平共存，却非"中国"式生活诸集团的国家，展开无情战争。纪元前七世纪前半齐桓公"尊王攘夷"乃万古流芳的一大历史盛事。攘夷，非常明显便是驱逐夷狄，自此堂皇大纛蠢起，轰轰烈烈的列强霸业，等于向夷狄发出了总攻击令，攘夷运动蔚为灭国运动主流而相与合一。以迄春秋之末的两个世纪间，"中国"

地理范畴完成农业经济齐一标准的净化，战国时代，放眼七雄便已系清一色相同文化、经济的地与人。

进步农耕诸集团以"攘夷"共同行动，而与夷狄尖锐两分对立期间，彼—我自觉的激发，而有由最早典型农耕部族"夏"引申的"诸夏"意识突破。《论语》中孔子名言："夷狄之有君，不如诸夏之亡也"（八佾篇），可指示两个对比名词被广泛应用，"诸"明示了复数，正是生活方式共通立于孔子所慨叹"微管仲，吾其被发左衽矣"（宪问篇）的境界，而生活场所（国家）又相分割的时代状态反映。

"诸夏"构成，纯粹依循"农耕"基准为特堪重视的特质，质言之，是文化的而非血统的。夏（周）人、殷人同系高文明农业民族，而于文字资料中非同一血统，考古人类学的史前人骨计测，各时代、各地域出土记录也颇歧异，但却于历史推移历程中均相认同，其开朗性便是农耕诸集团汇成广大"诸夏"的强大合力。相对而言，清朝姚彦渠《春秋会要》世系卷除周朝王室外，录有一百七十六国，其中四裔类"犬戎""骊戎""鲜虞"均明记姬姓，与周族为同血统，文化形态却互殊。"鲜虞"又记其系"白狄别种"，则白狄可能也与周族存在血缘关系。而类此，于攘夷运动中都已是战争对象。"诸夏"农耕环境统一运动值得注意的另一面是，农业知识与技术愈向上，人口愈多，结合的需求愈大，防洪设施、人工运河以及灌溉工事网兴筑，在在依赖大量劳动力，所以，斗争动机原非定须排斥夷狄不可，增加土地的同时，也希望增加人口，逼迫被征服者合作，转变其固有经济与生活方式，毋宁更为有利，除非夷狄拒绝放弃传统，才断然加以消灭或驱逐。惟其如此，"诸夏"攘夷运动下的夷狄，并非全数向"中国"域外大退却，被吸收入"诸夏"圈的亦绝非少。战国七雄以外诸国之一，鲜虞后身的中山国便于其时以"诸夏"化著名，"诸夏"坚持文化准则，而非以血统为要件以区别夷狄，此又系例证。

于此，已可明晰获得如下结论——

春秋后期，中国全域一致的惟一民族，实质已渐形成，只是依于列国分立的形势而以"诸夏"通称。待攘夷成功，四夷的蛮、夷、戎、狄于"中国"已全不存在，"诸夏"名词随之退隐，战国时代反而未被强调。相对来说，四夷意识也自其时修正，由"中国"域内移向"中国"域外而赋予方位之别，但是区别于"中国人"的基准，所重视仍是生活风习而非血统，如"东方曰夷，被发文身，有不火食者矣；南方曰蛮，雕题交趾，有不火食者矣；西方曰戎，被发衣皮，有不火食者矣；北方曰狄，衣羽皮穴居，有不火食者矣"。《礼记》王制篇）

间隔两个多世纪，秦朝统合中国又过渡到汉朝，伟大的单一民族与伟大的单一中国合一时，正值北亚细亚游牧大风暴威力最猛烈之际，农耕—游牧抗争推向前所未有的高峰，前此诸夏—夷狄局面，却已转变为"中国"内—外对立态势，"中国"民族自觉再度高扬，一个骄傲的民族名词"汉族"，终随"汉"的朝代名正式成立，而于历史散发其恒久的光辉。

所以，二千年中国历史主宰的汉族之名，系纪元前三世纪末而得，汉族实体的诞生则须早过至少二百年，在约略纪元前第六或第五世纪。于构成汉族的意义上，前此存在的诸组合成员，或者说，前汉族诸集团，例是"诸夏"，此其一。其二，前汉族诸集团均具扬弃狭隘血统观念的明朗开放性，汉族诞生便秉此特质，汉族形成之后，恢宏豁达的开放性继续未变。"中国"以外异民族，自汉朝以来一波又一波被鼓励、欢迎与吸引加入汉族范畴，汉族自身也以不断新陈代谢而得新血统、新成分的补充，而保持充沛的活力、旺盛的生命力，以及日新又新的创造力。以汉、唐雄伟的世界性大帝国建立为顶点，近代世界成立以前，汉族几乎已系世界文明进步史上最高智慧与最大贡献的渊薮。历史上的汉族向以"民族大熔炉"闻名，其中国史与世界史的荣誉，正基于前汉族时代便已赋有的开朗与开放特性。

百家争鸣——中国思想史的黄金时代

春秋、战国的中国历史最大创造与变动期，展现了人间现实社会的多方面自由化，包括物质的与精神的。自由思想、学术的活泼化，特别于战国时代，以内容丰富的诸子百家思想怒潮澎湃、百花齐放、百家争鸣为最佳的形容，开启了中国思想的黄金时代。纪元前六世纪后半至前一世纪后半的此段约略五百年期间，思想洪流汪洋奔放，汇为汉族中国文明源流之意义，等于同时期西方希腊之于欧洲文明。

纪元前一百年左右汉朝隆盛期完成的《史记》，太史公自序所说"乃论六家之要旨"，所列（1）阴阳家（2）儒家（3）墨家（4）名家（5）法家（6）道德家（与道家互称），是六"家"名称的最初出现。

纪元一世纪《汉书》编定，其艺文志整理政府藏书目录所作学问分类，依前汉末大文献家刘向意见为基础，确定今日习知的

"九流十家"：（1）儒家流（2）道家流（3）阴阳家流（4）法家流（5）名家流（6）墨家流（7）纵横家流（8）杂家流（9）农家流，加小说家为十家，所谓"诸子十家，其可观者九家而已"。而其外另列诗赋、兵、术数、方伎等四类专门学问。

儒家由孔子死后四百年的汉朝武帝承认为国家正统学问，自此二千年来，"正统"的儒家思想支配了"中国"或汉族中国全历史。而春秋后期孔子儒家学说的开展，也于澎湃的百家思潮中进行，儒家有别于诸子百家的一大特征在于，百家学说各以其阐述思想的著作或论文集为标志而成立，儒家独以百家思想萌生前六经为经典。从另一意义上说，今日六经（《乐经》散失）乃汉朝最后成形，并非孔子与孔子以前时代原型，而且六经经儒家不断增补、修正其内容，以迄百家之名成立的汉朝，才确定其儒家专有的性质。

中国历史大转换期中，纪元前五世纪孔子思想的成立，受子产影响殊深，其以子产合理的人道主义为基础，系理性的、现世人间的、人本主义的思想，自《论语》而显见。孔子"述而不作"，《论语》二十篇，内容均系孔子弟子们追忆与孔子间有关学问、修养的问答记录，编集时代却非一致，乃今日已所了解。前十篇"上论"成立较早，自文献学加以分析，且有除学而、乡党、子罕篇成立稍晚，其余七篇均最古作品之说；后十篇称"下论"，推定系孔子晚年弟子，甚至再传弟子时始编定[1]，且不能抹杀内中一部分可能由后世儒家学者再附加的怀疑[2]。

---

[1] 贝塚茂树：《孔子》，第106—107页、第120页。

[2] 贝塚茂树：《孔子》，第131—159页。

孔子思想的根本在"仁",《论语》全书便以之为中心思想。"仁"字是春秋时代新名词,《论语》各篇几乎每篇都有解说。据统计,《论语》全书约五百节的文字中,言及"仁"的达到六十节以上[①]。"泛爱众,而亲仁"(学而篇)、"克己复礼为仁"(颜渊篇)、"樊迟问'仁',子曰:'爱人'",都以最简洁用词解说"仁"的本质。里仁篇记曾子领悟孔子"吾道一以贯之"之理,而言:"夫子之道,忠、恕而已矣","忠"与"恕",又从实践论予"仁"的定义以分析。

孔子思想中具有强烈的人间性,便以"仁"与实践"忠""恕"之道的道德为第一义而表现,由个人完美人格的建立,以达到社会安和乐利目的为理想。惟其如此,《论语》各篇(尤其上论部分)展现了全面的理性主义,以及持合理主义的宗教排斥论,批判与否定未可知世界,如"未能事人,焉能事鬼?""不知生,焉知死?"(先进篇)"敬鬼神而远之。"(雍也篇)"祭神如神在。"(八佾篇)概见孔子的知识论基调。"知"即理性,也是以道德判断为主的理性实践,所以《论语》往往以"知"与"仁"并称(虽有时也扩为"知""仁""勇",但自宪问篇"仁者必有勇"之语,可知"仁"已包括了"勇"),"知者动,仁者静"(《雍也》)"仁者安仁,知者利仁"(里仁篇),说明的都是知识、学问与"仁"之间的关系。

践行"知"(学问)与"仁"(道德)的条件,孔子一概以教养为必备,教育的价值乃被极端注重,也因而确立大思想家孔子同时又系中国第一位大教育家的崇高地位。孔子门弟子三千人,

---

① 贝塚茂树:《孔子》,第9页。

最有名的七十二士，"士"便是孔子所培育教养人的标准。只是，孔子原意系育成向道德准则偏重的"君子"，似是以后才拓展涵义而称"士"，此由《论语》中"士"与"君子"同义的用例，多载诸比较晚出的"下论"诸篇可以推测。换言之，此已系孔子诸弟子的门徒即孔子再传弟子对孔子之言的解释[①]。

"周监于二代，郁郁乎文哉！吾从周"（八佾篇）、"行夏之时，乘殷之辂，服周之冕，乐则韶舞"（卫灵公篇）、"信而好古"（述而篇）、"礼之用，和为贵，先王之道斯为美"（学而篇）等《论语》记录，指示了孔子思想所含传统主义与尚古主义的要素。孔子自叹"久矣，吾不复梦见周公"（述而篇），其个人强烈崇拜周公，极端尊重周公制订周朝"礼"的规律，而发为"恭而无礼则劳，慎而无礼则葸，勇而无礼则乱，直而无礼则绞"（泰伯篇）之语，以及育成弟子的教养基准与教科书，也都是渊源自周公的周朝"礼"文化所传授文献，而孔子亲加整理的《诗》《书》《礼》《乐》《易》《春秋》，可了解孔子传统主义又与所上承周公的礼治主义同义。但是，其经验论与理性论建筑于"温故而知新"（《论语》颜渊篇）基盘，又非盲目服从传统权威，同可理解。而孔子所有受继的传统，犹豫无明朗态度的是天命思想，《论语》的"吾……五十而知天命"（为政篇）、"获罪于天，无所祷也"（八佾篇）词句，只是廓清"天"（自然）与鬼神含糊混淆的认识，于现世人间与自然界关系的理论方面仍是暧昧，也未留较多解说上补充，于其前辈人物子产"天道"、"人道"判然区分的基准，为嫌保守。所以，此一部分留给汉朝儒家在宇宙论方面

---

① 贝塚茂树：《孔子》，第113页。

再发展的较大余地。

关于政治概念，孔子立于相同的传统主义根源，确认不能无视历史现实而游离，惟有把握历史发展线索，才能预见未来动向。处身封建贵族制已坠落到最低潮，战国式新的政治统制方式尚未实质形成的中间迷茫时代，孔子导航的方向，乃指向重建礼治主义君主为顶点的社会、政治秩序，"君君、臣臣、父父、子子"（颜渊篇），"为政以德，譬如北辰"（为政篇）。道德理念为纽带的道德政治，又是孔子思想与子产相背的一面。孔子反对法治主义，批判人际关系如由法律强制规定，对社会必定造成非常大的弊害，《论语》的"道之以政，齐之以刑，民免而无耻；道之以德，齐之以礼，有耻且格"（为政篇），已予明言。今日历史界却也因而颇指摘孔子思想，谓为倒退，尤其如"民可使由之，不可使知之"（泰伯篇），全然立于支配阶级立场。如此一概抹杀时代因素，尽以二千多年以后今日尺度衡量当时的态度，并非公允。相反，今日民主世界向往的人际和谐理念，二次大战结束，中国对罪大恶极的帝国主义、军国主义、侵略主义者日本"不念旧恶"、"以德报怨"（公冶长、宪问篇语），都非孔子思想实践无以臻其成。"有教无类"（卫灵公篇）、"下学而上达"（宪问篇），说明的毋宁还是阶级破除。则"民可使由之，不可使知之"之语，原与"中人以上，可以语上也；中人以下，不可语上也"（雍也篇）、"唯上智与下愚不移"（阳货篇）等，同系智力层面问题。

孔子人间性思想的伟大，其学说的普遍性，以及个人人格的完美，令人无比尊敬。《论语》记录孔子之言，价值也不受时代变易影响而永恒，从二千五百多条流传迄今的箴言，可全知孔子博大、高远的理想。《史记》孔子世家，赞美"孔子布衣，传十余世，学者宗之。自天子王侯，中国言六艺者，折中于夫子，可谓至圣矣"，今日而言，仍是超越时代的圣人。

孔子思想的弘扬，得力于诸弟子与再传弟子们的传布与光大。《史记》儒林列传：

> 自孔子卒后，七十子之徒散游诸侯，大者为师傅卿相，小者友教士大夫，或隐而不见。故子路居卫，子张居陈，澹台、子羽居楚，子夏居西河，子贡终于齐。如田子方、段干木、吴起、禽滑厘之属，皆受业于子夏之伦，为王者师。是时独魏文侯好学。后陵迟以至于始皇，天下并争于战国，儒术既绌焉，然齐、鲁之间，学者独不废也。于威、宣之际，孟子、荀卿之列，咸遵夫子之业而润色之，以学显于当世。

乃是简明的春秋战国儒家传道史。"齐、鲁之门"系相对于与现实政治结合的子夏学派而极度重视个人修养的曾子学派。曾子说"吾日三省吾身"（《论语》学而篇），其严肃主义道德律，由弟子子思（孔子之孙）传承，再归纳为人间伦理根本的个人孝道，孟子又是子思弟子中最闻名的一人。此一系谱，在十二世纪南宋儒家成立道统之说，确定尊奉孟子时，学说的体系也整理完备，大儒朱熹辑定《大学》《中庸》《论语》《孟子》"四书"为知识人初学必读书。《大学》《中庸》各系《礼记》论文集中的一篇，前者传统谓为曾子演绎孔子正心、诚意与修身、齐家、治国、平天下思想，所谓"入德之门"的作品；后者向被认系子思著作，传达孔子"中庸"思想，排斥"过"与"不及"的极端而主调和。两书与另一经典之作，传说为孔子答曾子之辞的记录集《孝经》，现知均完成于战国之末至汉朝初年①。而孟子上承孔子与曾子学派成为儒家正统，须注意仅八百年历史，战国时代抑或汉朝甚至唐朝，都尚非正统。四书时代以前儒家系并尊周公与孔子，孟子于《史记》中，也只是与淳于髡、慎到、邹衍、荀子五人同传的地位。

道家在春秋战国是新文化、新思想，对后世中国人思想与生活具有莫大影响力。创始人老子，为今日国际学术界所熟知，与孔子共同代表了中国思想，《老子》之书或以系《道经》《德经》分上下两篇而合称《道德经》，已以引起世界广泛研究兴趣而扬名国际。今日习知哲学理论的矛盾对立观念，也最早自《老子》中"物极必反"之语创见。《道德经》开宗明义第一句"道可道，非常道"，又阐述为"道生之，德畜之，物形之，势成之。是以万物莫不尊道而贵德，道之尊，德之贵，夫莫之命而常自然"，所以《史记》有"道德家"之称，简称的"道家"也同此由来。老子的道家思想，反对文明，非难人为，主张绝圣绝学、无知无欲、复师自然的"无为"主义，与注重人伦道德由"礼"规范"为"或"有为"的孔子儒家思想，正呈思想上的对立，而铸定中国思想史上现实主义"为"与理想主义"无为"二元的恒久冲突与相互消长。

但是，老子身世从来是个谜。《史记》老子列传虽言其姓李，名耳，字聃，楚国人，原任周守藏室史，系孔子前辈，孔子曾向之问礼，后遁世不知所终。但同时也记载："或曰老莱子，亦楚人也，著书十五篇，言道家之用，与孔子同时云"；以及"孔子

---

① 平凡社版《思想的历史》2.春秋战国和古代印度，第206页。

死后百二十九年,而史记周太史儋见秦献公曰儋即老子,或曰非也"。简言之,纪元前一百年左右《史记》著作时已经存疑。而印证《论语》微子篇记录的孔子鲁国政治改革失败,在外十四年流浪之旅途中,偕弟子团抵达楚国时,楚狂接舆歌"凤兮凤兮";桀溺与仲由的对话;以杖荷蓧的丈人教训子路等三则故事,可知孔子之世,道家思想已自楚国萌芽,却与老子无涉,也尚未出现道家的思想体系。今日结论,老子道家思想的根本"无为",超越儒家"为"的思想界限,而予"为"以否定①,其必以儒家思想先已发生为前提,可知《道德经》成立须较晚,甚或非出一时代一人之手。所以,曾经几乎成为通说的老子系战国后期人意见,今日虽已不被采纳,但老子思想完成于孔子思想之后,以及《老子》或《道德经》至早系春秋战国之交著作②,则可推定。惟其如此,老子如果是实在人物,存在年代当晚于孔子,但也不能太晚。

墨家思想又系儒家思想影响下一股巨大思潮,墨子也代表了战国初期产生的思想家,只是五十三篇的《墨子》著作中,除墨子亲传弟子的记录与战国后期的后期墨家作品外,考定也已掺入少数伪作。墨子生平几乎全无所知,《史记》中也缺传记,其系宋国抑鲁国人,历史界从未一致。惟以中国从无"墨"姓,猜测乃曾受"墨刑"的新兴大都市中人,以《墨子》所显示卓越的筑城技术,推测可能还是手工业者出身。大约于孔子死后出生,孟子诞生前后去世,活跃期在孔子、孟子中间期的纪元前五世纪后半,则现渐已成定说。也以墨子早年曾受业孔门(从汉朝《淮南

---

① 平凡社版《思想的历史》2.春秋战国和古代印度,第221—222页。
② 人物往来社版《东洋的历史》2.春秋战国,第277页。

子》之说），而后叛离儒家自创学说，换言之，墨子具有儒家根底，所以批判儒家思想与所持反抗意识，乃站在与儒家同一的现实人间世立场，与道家相异。

墨子思想的根本，建立于《墨子》兼爱上、中、下三篇阐说的博爱主义。它称儒家家族中心主义立场的爱为"别爱"（差别的爱）而予否定，主张全人类不分贵贱、亲疏、国别，无差别、平等的"兼爱"。贵族与阶级制度也在"尚贤"原则之下必须彻底铲除，并拒斥矫饰的形式主义"礼""礼乐"，主张"强本"（勤勉）与"节用"（俭约），一律过简单的低水准生活。由"兼爱"引申出"非攻"的非战主义，乃绝对的和平主义者，但所反对系侵略战事，不排除反侵略的防卫战事的必要性。《墨子》用论理的方法推论，今日特受学者注目，而给予中国论理学创始的高评价[1]，自此论理学于战国中期被《孟子》与初期道家的著作普遍应用。而其急进社会改革论的思想与实践精神，今日也特被强调。[2]《墨子》公输篇指出：墨子曾亲赴楚国阻止攻宋，与侵略战核心人物、军事技术专家公输般激辩攻守城池模拟战，九次俱胜，同时派出大弟子禽滑厘率领三百人弟子团急驰援宋国。"钜子"（据《吕氏春秋》和《庄子》则称"巨子"）教主化与组织教团化的坚忍不拔传道，又系墨子学派迥异其他学派的特质。[3] 弟子成分，依墨子思想的适合性，可以想象便以都市市民包括小商业者与手工业者为主要。而其信徒轻死、敢死的精神，对于屈至

---

[1] 中央公论社版《世界的历史》2.古代文明的发生，第179页。
[2] 社会思想社版《东洋史》（上），第50—51页。
[3] 金兆丰："西汉而还，墨学渐熄。夫以墨当战国，疆宇呈恢，门徒甚盛，犹释氏之沙门，耶氏之教士"，见《中国通史》第816—817页。

汉朝尚流行的游侠风尚，也系莫大的鼓励。①

孔子去世约百年间，儒、道、墨论争，儒家思想无可讳言蒙受最初与最大的挫败，如《史记》儒林列传所说的"儒术既绌"。孟子身处其境，感受深刻而展开猛烈反击，《孟子》中"圣王不作，诸侯放恣，处士横议，杨朱、墨翟之言盈天下。天下之言不归杨，则归墨。杨氏为我，是无君也；墨氏兼爱，是无父也。无父无君，是禽兽也。……杨墨之道不息，孔子之道不著，是邪说诬民，充塞仁义也。仁义充塞，则率兽食人，人将相食。吾为此惧"（滕文公篇），以及"杨子取为我，拔一毛而利天下，不为也；墨子兼爱，摩顶放踵利天下，为之。……为其贼道也，举一而废百也"（尽心篇），都是说明。杨朱极度的欲望解放论，反社会的利己主义与本体论者，便是道家思想由无为自然原理向顺从自然的引申，孟子以其与墨子各趋极端，也正与墨子思想同等大流行，而相提并论。②

战国中期，知识人之间道家思想的弥漫为可观。孟子盛年曾长时期参与的齐国稷下之会，乃诸子百家思想的温床，而所聚合天下一流学者中，道家人物便居主流③。《史记》孟子荀卿列传记载："自驺衍与齐之稷下先生，……慎到赵人，田骈、接子，齐人，环渊，楚人，皆学黄老道德之术，因发明序其指意。故慎到

---

① 罗元鲲："古书言墨子之徒，多能蹈汤赴火，游侠比宗"，见《高中本国史》教科书（开明版）第一册，第68页。

② 惟其《孟子》杨、墨并列而非"老""墨"，因此曾被若干持老子为战国后期人意见的学者，引为支持其主张的理由，并认定老子创始的道家思想，便立于杨朱学说而展开，非杨朱乃道家思想的一支。冯友兰便谓："老子之学，盖就杨朱之学更近一层，庄子之学，则更进二层也"，见《中国哲学史》，第179页。

③ 人物往来社版《东洋的历史》2.春秋战国，第246页。

著十二论，环渊著上下篇，而田骈、接子皆有所论焉"，虽然文内所列举作品后世都已失传，或被后世人伪造，但凡此纪元前四世纪后半，初期道家诸思想家学说的概要，幸得纪元前四世纪末与前三世纪初的道家巨擘庄周与其思想的拥护者所遗留《庄子》著作的天下篇留有系统记述，仍可供今日参考。天下篇说关尹传承老子思想，而关尹考定与《史记》所介绍的环渊乃同一人[①]，其"静"的思想特征倾向于人生哲学；宋钘（与孟子辩论而记入《孟子》告子篇时作宋牼）、尹文"禁攻寝兵"的反战论为继承墨子非攻说，而"白心"的"情欲寡浅"主张则又与无为思想密切相关；田骈、慎到"齐万物"、万物无差别均一齐同的立场，予老子主体化的无为自然之"道"以客体化。特别是慎到，又以承认人人平等的境界，恃法的强制力规范，而向法理学路线倾斜的姿态，已立于由道家思想向法家转换期的中间位置，以后韩非子权力支配学说的基本，采纳的便是此一思想。《庄子》天下篇未曾接触，却另于其列御寇篇特加介绍的列御寇思想精华"虚"，与关尹的"静"相互辉映，同将无为自然思想推向了个人化与内在化。然而，无为主张的个人化到达极端，彻底的唯我主义成立，又为较上述诸人均早的杨朱。后出题名列御寇之书的《列子》有杨朱篇专文阐说，纪元前三世纪后半的著作《吕氏春秋》中，本性、重己、贵重、情欲等四篇所记也是杨朱思想。

"稷下先生"或"稷下学士"之一，博有道家无为思想继往开来之誉的庄周（庄子），对社会、文明、人生一系列新批评，主张万物生成化育，无大小、是非、贵贱等任何差别，也均超越

[①] 平凡社版《思想的历史》2.春秋战国和古代印度，第237页，引郭沫若考证，彼并主张环渊才是《道德经》的著者。

自身生灭的时间、空间限定，自由平等，悠久无限，所以"外生死，无终始"，万物与我为一而"独与天地精神往来"（均《庄子》天下篇语）。传其思想的《庄子》三十三篇，作者固知非单个某人，但其中考定时代为早的内篇七篇，相信都是庄子自身之作，而七篇中逍遥游、齐物论两篇最早，学术界也无异论。则庄子哲学，可推知系以逍遥游、齐物论两篇为中核而展开，但是，此两大支柱分别以杨朱放任主义与田骈万物齐一思想为基盘，所受影响又颇分明。宋国人的庄子，推定其生卒较孟子约略各延后十年左右。

孟子于战国中期力护儒家大纛，强力批判墨家与初期道家的同时，《孟子》中抨击"有为神农之言者许行"的"贤者与民并耕而食，饔飧而治"主张，指系自欺欺人，等于教人"相率为伪""乱天下"，以及直斥公孙衍、张仪之流"以顺为正者，妾妇之道也"（均滕文公篇）。前者农家，后者纵横家，又反映了孟子时代盛行的另两学派，尤其纵横家的滔滔雄辩与现实政治密切相关。然而，"辩"非纵横家独有性格，已系时代的共通特色。孟子自身，就《孟子》记录的印象，便是位出色的雄辩家，滕文公篇且明记孟子弟子"公都子曰：'外人皆称夫子好辩，敢问何也？'孟子曰：'予岂好辩哉！予不得已也'"。事实上，百家学说蜂起，争妍斗艳，辩才无碍便是制胜之道而各家均所具备。形诸文字时，《庄子》天下篇对战国时代重要思想家学说的评鉴，乃中国思想史上珍贵资料，文字尚非苛刻。同一性质，继孟子而起，战国后期儒家大学问家荀卿的《荀子》非十二子篇，视篇名断然使用"非难"字样，便已显示其系尖锐批判与内容之为激烈辩论。但无论天下篇或非十二子篇，各各以战国人推介战国当时思想家，价值须均相等，其以诸思想家归纳不同学派（"家"）排比，又系诸子百家的最早类别区分。"百家之学"一词也最早乃自天下篇提出。虽然两文列举的代表人物多属道家与墨家，以及"家"为类别称谓与诸家名目的确定，为须待至汉朝。两文对诸子百家的最早分类是：

——《庄子》天下篇（战国中期立场），六家十一人：（1）墨翟、禽滑厘；（2）宋钘、尹文；（3）彭蒙、田骈、慎到；（4）关尹、老聃；（5）庄周；（6）惠施。

——《荀子》非十二子篇（战国后期立场），六家十二人：（1）它嚣、魏牟；（2）陈仲、史鳅；（3）墨翟、宋钘；（4）慎到、田骈；（5）惠施、邓析；（6）子思、孟轲。①

《庄子》与《荀子》中均列名的惠施，在战国时代学术上特以"辩"闻名。他仕魏而系庄子的年长好友，天下篇中直接名其学派为"辩者"，汉朝"九流十家"中乃为"名家"。惠施乃纪元前四世纪的学术界熠熠明星，可惜其思想已仅自天下篇得见概要，较详细了解此等优秀学者如何"晓辩"，乃依凭稍后受赵国平原君尊敬的公孙龙，其记述白马非马"白马论"等思想的《公孙龙子》一书，却也迄今仅部分残存。战国诸学派论证均已应用论理学，但极端注重论理学方法的专门学者，便是名家。因以

---

① 《荀子》对各学派严词批判的非十二子篇，今日学术界甚为重视，评之为具有诸子学说结论的意味，长文提纲：它嚣、魏牟——纵欲；陈仲、史鳅——高蹈；墨翟、宋钘——兼爱；慎到、田骈——法度；惠施、邓析——诡辩；子思、孟轲——五行。同类批评又可见同书天论篇："慎子有见于后，无见于先；老子有见于诎，无见于信；墨子有见于齐，无见于畸；宋子有见于少，无见于多。"——解蔽篇："墨子蔽于用而不知文，宋子蔽于欲而不知得，慎子蔽于法而不知贤，申子蔽于势而不知智，惠子蔽于辞而不知实，庄子蔽于天而不知人。"

"名"相称，今日"论理学"的另一名词也便是"名学"。只是名家的论理学，纯系形式论理学，如所谓"坚白、同异"之论所代表的特征。

与公孙龙同时代，一类倾向于试探自然界与宇宙原理的特异学派阴阳家兴起，乃是中国最早的自然哲学，创始人为稷下学士之一齐人驺（邹）衍。稷下盛会持续齐威王—宣王—湣王三代之久，邹衍于孟子抑或庄子都已是后辈。其以广大宇宙"阴""阳"二元立论，主张宇宙间万物与万象，均与阴、阳两种自然力量及土、木、金、火、水五种自然元素相配当，五种元素又非静止而相循环运行，与两种自然力量为互动。木克土、金克木、火克金、水克火、土又克水。人事便与如此自然现象关联，所以历史上各朝代的性格与其命运，同样依而循环，所谓"五德终始"，当时的周朝乃火德（色尚赤），被替代的殷朝金德（色尚白），再以前夏朝木德（色尚青）。战国晚期，此一学派理论曾于思想界大流行。

战国之末，纪元前二四〇年左右，秦国宰相吕不韦门下客完成《吕氏春秋》的论集，于百家之学大放异彩，另开汉朝人所称的"杂家"学派。《吕氏春秋》又名《吕览》，内容呈多样性，思想立场复杂，形式上也不统一，由十二纪、八览、六论等三个部分构成，似于今日的百科全书。此一特色，向来是以"杂"相称的源由，但今日学术界也曾别有主张提出，认为其不主一家，汇集众说，所反映乃是稳健的调和主义，政治思想具有自由主义色彩，与天下统一已经在望时代的知识层利益相关，存在希望修正卫鞅以来秦国法治主义传统的意味[①]。不幸《吕氏春秋》完成十

---

① 平凡社版《思想的历史》2.春秋战国和古代印度，第369页。

多年后，吕不韦在秦国的权势盛极而衰，在其时尚系秦王的秦始皇逼迫下自尽，秦国或接续的秦朝反而推向了法治政治极峰。

法治主义思想早自纪元前七世纪春秋时代管仲已经萌芽，战国秦国，卫鞅变法成功的基盘立于彻底法治主义，尤为众所周知，然而，法治学说建一家之言而至体系化的"法家"成立，却得待战国时代集大成的韩非，于"九流"中成立时间为最晚。韩非系韩国公子，荀子弟子，以不得志于自国，接踵其同在荀子门下受业，先已得吕不韦提携而仕秦的同窗楚人李斯抵秦。未料最终受到李斯陷害，吕不韦死后两年的纪元前二三三年，在狱中服毒自杀，弟子们集其遗作而增补完成《韩非子》五十五篇，成为法家巨构。思想立场自慎子"势位之足恃，而贤智之不足慕"与"令则行，禁则止"（《韩非子》难势篇）立论出发，认定人"皆挟自为心"（《韩非子》外储说左上篇），矫正人间世的自私心理与行为，有必要予社会生活加以外力强制，而否定孔子"道之以德，齐之以礼"的可行性，朝孔子反对的"道之以政，齐之以刑"逆方向主张，以期达到至治无为的理想。所以，韩非一方面传承其师荀子"性恶"思想，一方面也与道家思想具有亲缘关系，如《史记》韩非传记所说"喜刑名法术之学，而归本于黄老"，为自然无为精神的入世化，以及直接受其出身国韩国法治思想前辈申不害影响。二柄篇是《韩非子》的中心思想部分，强调"人主自用其刑德，群臣畏其威而归其利矣"，而"赏"与"罚"便是君主刑德的二柄。严正赏罚，则有待"审合刑名（法）"，于一定的公平基准，公正审判，以及无例外铁面无私推行，包括言大功小与功大言小者，均罚其功不当名，完全站立于非情的立场，法的尊严筑自法的权威，上下遵守，是乃国家政治与社会秩序井然的大道。韩非的思想，法的制定是经验的、具体的、必具实质形式的，所以是进步的、客观的、实证性的，开启了中国法律思想的实证主义之门。同时，法的权威源泉乃现实的君主权，而"事在四方，要在中央"（《韩非子》扬权篇）的法家思想，又提供了中央集权制君主专制的强力理论根据。追韩非已死，李斯飞黄腾达至担当了统一天下时秦朝宰相大位，终以韩非思想付诸实行，建立秦朝法治体制，却也已偏向高压的严刑主义，出现的竟是极度君主专制的政治制度。

纪元前二二一年，秦朝一匡天下的雄图实现，统一后第八年的纪元前二一三年，学术上空前的反动巨棒扬起，以丞相李斯建议而大焚书令下达，自由学术蒙受严酷弹压。然而，诸子百家自由思想非与战国时代同时休止，李斯源于法家立场"明主之国，无书简之文，以法为教；无先王之语，以吏为师"（《韩非子》五蠹篇）的思想统一企图，迅速以纪元前二〇六年秦朝瓦解而粉碎，纪元前二〇二年汉朝建立，诸子百家学说回复欣欣向荣。纪元前一三六年汉武帝接纳董仲舒献言，立五经博士，抑黜百家，独尊儒术，百家之学光辉才渐渐黯淡，结束了四百年百家争鸣的时代。

接续"焚书"次年的"坑儒"被批判系秦始皇最大暴行之一，但所反映背后更重大的事实，即战国初期以来一度跌落低潮的儒家声势，已经回复隆盛至足以抗衡法家的地位，才被秦朝与法家选择为铲除的异己对象。而其间，将孔子学问发扬光大的最有力人物，战国中期便是孟子，战国后期又有荀子。

距孔子之后约一个世纪，时代约与战国中期相当的孟子，乃鲁国孟孙氏分家后裔，故姓孟，名轲，生于鲁国南邻的小国邹，家庭状况不详，二十岁左右抵鲁国受业于子思门下，承继了其注重道德内省的衣钵。其思想中核《孟子》告子篇本性论的性善说，自孔子"性相近也，习相远也"（《论语》阳货篇）思想推演，透视心的内在本质，引用"恻隐之心（同情心），仁也；羞恶之心（廉耻心），义也；恭敬之心（辞让之心、谦虚心），礼也；是非之心（判断力），智也"（《孟子》告子篇、公孙丑篇），以人皆有之的四"心"，论证人性本善学说。《论语》中"君子喻于义"（里仁篇）、"见义不为，无勇也"（为政篇）"义"的道德性，也经孟子强调，而与"仁"同等悬为现实人间生活的最高道德律。弟子集录其言行的《孟子》开宗明义，便是孟子告梁惠王："仁义而已矣。"告子篇又明示"仁，人心也；义，人路也"的相互关系。

孟子思想最高价值的政治哲学，基石便置于人间善的本性，主倡王道政治，以伦理学的立场，予孔子道德思想以新解说。文中多处用铿锵有力的"然而不王者，未之有也"语句结尾，"老吾老，以及人之老；幼吾幼，以及人之幼"（《孟子》梁惠王篇）等"仁政""保民"王道政治学说的解明，已系《孟子》记录所有与君主对话的重心。《孟子》尽心篇"诸侯之宝三：土地、人民、政事（主权）"理论，视二千多年后今日政治学原理已惊人符合。尤堪重视，系革命性"民为贵，社稷次之，君为轻。是故，得乎丘民而为天子，得乎天子为诸侯，得乎诸侯为大夫"（《孟子》尽心篇）、"桀、纣之失天下，失其民也"（《孟子》离娄上篇）等明晰的民本主义思想，由此立论而续成立"君有大过则谏，反复之而不听，则易位"（《孟子》万章篇）、"贼仁者谓之贼，贼义者谓之残，残贼之人，谓之一夫。闻诛一夫纣矣，未闻弑君也"(《孟子》梁惠王篇)等特富冲击力的暴君放伐论。肯定推翻违背仁政原则的无道君主,非只允许,且系臣、民的责任。孟子王道政治思想,所采取的便是朝向今日民主政治方向的前进态势,不能不令今人叹佩。

战国期作品《尚书》皋陶谟名言"天聪明自我民聪明,天明畏自我民明威",汉朝时代出现古文《尚书》泰誓"天视自我民视,天听自我民听"(此语《孟子》中曾见引用,相信系后世掺入),此儒家天命学说再解释,都依民本理论而展开,足以反映孟子思想拥护者之众,与其影响力之巨大。

孟子向被怀疑系阶级支配论赞成者,《孟子》的"劳心者治人,劳力者治于人;治于人者食人,治人者食于人"(滕文公篇)理论,以及往往出现于《孟子》的大人—小人、君子—野人等对比之词,都被引以支持此一意见。然而,从其高唱民本主义与放伐论,可了然此非为事实,所有《孟子》中对比之词,毋宁都是社会分工之意,其分工身份适时变易运转,君位且得上升下沉,尤非固定为要件的阶级论可以解说。

"人之性恶,其善者,伪也"(《荀子》性恶篇),本性论持与孟子全行倒反立场的荀子,享寿甚长,约当纪元前三三〇至前二三〇年之间,出生于赵国,名况,字卿,少年时期正与孟子晚年相衔接,《史记》荀子传记又说其以稷下学士仕齐时,田骈等已去世。后得春申君礼遇而仕楚,纪元前二三七年春申君死(同年,秦国吕不韦倒台,尚系秦王的秦始皇亲政),荀子离楚一度游秦,卒于秦朝统一前夕。荀子学说传承自子夏学派,而个人在古代儒学系谱的分量为莫大。孟子于百家蜂起的大冲击下力卫儒学,荀子则充实早期儒学内容,成为后学翕向的伟大宗师。传其学说之书，遗传汉朝初年有三二二篇，后由刘向整理辑定如今日所存的三十二篇，并改原书名《孙卿新书》为《荀子》。

《荀子》思想主体在天论、王制、正名、礼论、乐论、性恶、解蔽诸篇。自性恶说展开的荀子思想，特征在"天"与"人"的截然分离，孔子拒言鬼神，对宇宙支配力"天"仍虔敬，荀子则以科学的、客观的新眼光，直指"天"只是纯粹的自然界以及自然现象，与人间关系全行无涉，"天行有常，不为尧存，不为桀亡"，"天不为人之恶寒也辍冬，地不为人之恶辽远也辍广"（均天论篇语），是最透彻之言。所以"道者，非天之道，非地之道，乃人之道，君子之道"（儒效篇），"故明于天人之分，可谓圣人矣"（天论篇），一言以蔽之，人系独立经营其社会生活。惟其社会生活为群体生活，人的本性又恶，"然则从人之性，顺人之情，必出于争夺，合于犯分乱，理而归于暴，故必将有师法之化，礼义之道，然后出于辞让，合于文理，而归于治。用此观之，然则人之性恶明矣，其善者伪也"（性恶篇）。人与禽兽之别在此。使人区别于禽兽而具人格，则必恃修养之力，亦即所谓"伪善"，乃后天矫正的结果，也赖此外在规范以维系群体的社会生活秩序。而规范社会秩序的必需力量，惟为"礼"，也惟其如此，荀子学说已系向孔子礼治主义总结的意味，"礼"的光大，乃荀子对学问的大贡献。自战国至汉初陆续辑定，为儒者作品总汇的《礼记》，诸篇便多荀子思想，直抄《荀子》或出其学派[1]，而汉朝以来经学，又以学者多出其门而汲取于他[2]。所以，荀子非只具思

---

[1] 冯友兰：《中国哲学史》（上）第 369 页。
[2] 渡边秀方著，刘侃元译《中国哲学史概论》，第 100 页。

想的科学、客观性格，而且触及问题内容的丰富，亦系其伟大的证明[①]，又因其于战国末年兴起儒学巨波，对儒家经书的传授，贡献为莫大。

国际间研究中国诸子百家思想的新方向，颇注重自然哲学与自然科学的一面。[②]合理主义的自然哲学形成，乃导向科学思想，学术界注意到，纪元前四世纪战国时代阴、阳二元宇宙观，以及由土、木、金、火、水五种宇宙元素而生成自然万物的阴阳五行说，与欧洲近代科学诞生之源的纪元前五世纪希腊以及土、水、火、空气四元素的结合、分离而引起自然现象的学说（纪元前七世纪万物根元为水的一元宇宙论），颇为类似。后期墨子学派加入《墨子》中的墨经诸篇，尤被发现古代世界惟中国具有的科学知识，中国以外书籍从未见出相似议论。例如：墨经上篇"圆，一中同长也"，乃是世界最早几何学圆形定义，圆的轨迹上任何一点与其中心的距离均同。有关光学原理的记载，墨经下篇有八条，只是文章难解，注释家之说多数互异。惟其第六条"景到，在午有端"，"景"乃影像，"到"即"倒""午"系相交，"端"为一点小孔的意思，谓通过小孔，物体影像呈现倒立现象的光学原理。李约瑟（Joseph Needham）《中国之科学文明》（Science and Civilization in China）巨著，第二卷乃专门的科学思想史，特别赞扬道家思想中吸收的科学源流重要成分，肯定道家在中国科学史上的地位。只是，战国时代诸子百家在科学思想领域的探索，尚在起步阶段。学问价值的评估，惟有仍暂站在传统立场。

---

① 平凡社版《思想的历史》2.春秋战国与古代印度，第196页。
② 以下取材自薮内清《中国古代的科学》，第67—87页。

壮观的诸子百家学说蜂起，背景原属同一，均系社会大变革的产物，本质也同系社会改革论。现实的大变革以中国宣告统一结局，适应统一国家的指导原则，法家思想经秦朝试验失败，终由接替的汉朝选择了适合人间理性且稳健的儒家思想，儒家思想也仍在孔子学说基盘上，不断试验调整其路线。近代中国儒家基石系由南宋诸大儒奠下，孔子—孟子学统乃伴随近代中国的成立而确立儒家思想的正统。

汉族中国统一后的中国世界

秦汉大世纪

统一朝代的伟大继承

纪元前二二一年，于中国历史是个划时代的伟大年份，地理范畴的"中国"开始与政治名词"中国"合一，统一的汉族中国诞生。这一年，正是大业创始人秦王嬴政，自纪元前二四六年十三岁即位以来的第二十六年，成年亲政（纪元前237年）的第十七年。随秦国扩大为秦朝，《史记》秦始皇本纪记载，嬴政自以为功过三皇德兼五帝，而尊称"皇帝"，命为"制"，令为"诏"，自称曰"朕"，以及认为子议父、臣议君的谥法没有道理而"自今以来除谥法，朕为始皇帝，后世以计数，二世、三世至于万世，传之无穷"，中国第一位皇帝——三十六岁的秦朝始皇帝（统一后纪元前221—前210年在位）登场。

统一中国的气象万千，《史记》秦始皇本纪二十六年条特笔大书："分天下以为三十六郡[①]，郡置守、尉、监，更名民曰黔首。大酺。收天下兵，聚之咸阳，销以为钟鐻，金人十二，重各千石，置廷宫中。一法度衡石丈尺。车同轨，书同文字。地东至海暨朝鲜，西至临洮、羌中，南至北向户，北据河为塞，并阴山至辽东。徙天下豪富于咸阳十二万户。诸庙及章台、上林皆在渭

[①] 秦三十六郡郡名，以秦本国之地《史记》是否计列在内有歧见，而解释不一，附表郡名据《史记》秦始皇本纪集解通说。

南。"次年"治驰道"。单一的政治、经济（包括法律与货币的统一），于战国秦国以来独备的法令效力下施行，以及移住各国豪富，集中天下财力，建设大咸阳为统一国家名副其实的政治、经济中心首都，并自首都辐射展开全国交通网，二千年来汉族本位的大领土民族国家，于焉奠基。

统制力几及东亚全域的大领土国家，国家事务的复杂为可想象，与其强力中央集权制建立成功，决然是中国历史上最大的政治革命。丞相受皇帝之命，制度上总理国家事务，机能上行政、军事、监察三权分立，配列三公、九卿中央政治体系，以及以县承郡二级制地方制度确立，其后二千年原型不变。特别是关于监督国家机关与公职人员行为的监察权独立，御史大夫与丞相、太尉并列三公，于世界史上乃惟中国独具的政治制度特色。

三十六郡规划后的第六年纪元前二一五年，大将蒙恬北逐匈奴。绥远南部黄河转折内侧的鄂尔多斯或河套地区，战国时代所谓"河南地"，原自西边楔入赵（绥远黄河以北与阴山以南间）、秦领土中间，而仍系北亚细亚骑马、游牧民族活动天地，如今不得不在蒙恬大军压力下退出，秦朝完成对此一地区的完全占领而赋予新名称"新秦中"。翌年，新领土上实行大规模汉族人民的政策性移住，新设三十四县。同年，蒙恬渡黄河稳固阴山以南旧赵国领土的统治，并增设九原郡。又同年，修补连接战国燕、赵北长城，东起朝鲜境内大同江畔，西迄甘肃省岷县的临洮，世界人类最伟大工程之一的"万里长城"得以展现人们眼前，划定农耕汉族与北方游牧民族分明的境界线。①

---

① 参阅拙著《古代北西中国》"长城内外的对应"章节。

纪元前二一四年，与北方事业相对，逆方向的南方大远征发动，以春秋之末霸者浙江越国之"越"为名，及与之同血统的"百越"（百粤）诸种族，当强越五岭（南岭山脉）的秦朝庞大兵团压境，尽行丧失其独立性，南方沿海诸地方被征服，继统一之年先已平定浙江南部与福建百越中偏北一支居住地域而设的闽中郡（在三十六郡之数内），再开辟南海（广东）、桂林（广西）、象郡（越南与广东、广西一部）等三郡，以及大量移住内地汉族，三十六郡因而增至四十郡。这是汉族中国巨大凝结力量最早改造亚洲，"中国"一词内涵，也由最早所指的黄河流域与继续加入的长江流域，再包容了粤（珠）江流域。如今日所见三大流域南北并行的地理范畴与历史上永久的汉族中国领土轮廓，又自二千年前秦始皇时代便已铸定。

原属	今地		郡名
秦本国	陕西中部		内史
	新开地	陕西北部	上郡
		甘肃东部	北地
		甘肃南部	陇西
		四川西部	蜀郡
		四川东部	巴郡
原楚地	陕西南部		汉中
	湖北、河南交界		南阳
	湖北大部分		南郡
	湖南西部		黔中
原赵地	河南西部		三川
原魏地	山西西部		河东
原赵地	山西东部		上党
	山西中部		太原

续表

原属	今地	郡名
灭赵	绥远西部	九原
	绥远东部	云中
	山西北部	雁门
	察哈尔、山西交界	代郡
	河北中南部	巨鹿
	河北、河南交界	邯郸
灭燕	河北、察哈尔交界	上谷
	河北、热河交界（西）	渔阳
	河北、热河交界（东）	右北平
	热河、辽宁交界	辽西
	辽宁、安东、朝鲜北部	辽东
灭齐	山东北部	齐郡
	山东东部	琅邪
	山东、江苏交界	薛郡
灭韩	河南中南部	颍川
灭魏	河北、山东、河南交界	东郡
	山东、河南、江苏、安徽交界	砀郡
灭楚	江苏、山东、安徽交界	泗水
	安徽中部、江苏中部、江西	九江
	安徽、江苏、浙江交界	鄣郡
	江苏南部、浙江大部分	会稽
	湖南东部、广东北隅	长沙
南方四郡	浙江南部、福建、广东、广西、越南北部	闽中、南海、桂林、象郡

中国统一，魄力的恢宏，气势的滂沛，足堪傲视世界，统一的理想也属高瞻远瞩。秦始皇五次巡行天下，勒石纪功，《史记》秦始皇本纪曾记录统一第三年（纪元前219年）琅邪台刻石全文，以及同年稍前泰山与以后之罘、东观、碣石、会稽等四次刻石文字的节要，都是说明统一指标的主要文献。刻石主要部分分别为：

治道运行，诸产得宜，皆有法式。大义休明，垂于后世，顺承勿革。皇帝躬圣，既平天下，不懈于治。夙兴夜寐，建设长利，专隆教诲。训经宣达，远近毕理，咸承圣志。贵贱分明，男女礼顺，慎遵职事。昭隔内外，靡不清净，施于后嗣，化及无穷。（泰山刻石）

维二十八年，皇帝作始。端平法度，万物之纪。以明人事，合同父子。圣智仁义，显白道理。东抚东土，以省卒士。事已大毕，乃临于海。皇帝之功，勤劳本事。上农除末，黔首是富。普天之下，抟心揖志，器械一量，同书文字。日月所照，舟舆所载，皆终其命，莫不得意。应时动事，是维皇帝。……除疑定法，咸知所辟。……皇帝之明，临察四方。尊卑贵贱，不踰次行。奸邪不容，皆务贞良。细大尽力，莫敢怠荒。……端直敦忠，事业有常。皇帝之德，存定四极。诛乱除害，兴利致福。节事以时，诸产繁殖。黔首安宁，不用兵革。六亲相保，终无寇贼。欢欣奉教，尽知法式。六合之内，皇帝之土。西涉流沙，南尽北户。东有东海，北过大夏。人迹所至，无不臣者。（琅邪台刻石）

大圣作治，建定法度，显箸纲纪。（之罘刻石）

职臣遵分，各知所行，事无嫌疑。黔首改化，远迩同度。（东观刻石）

男乐其畴，女修其业，事各有序。惠被诸产，久并来田，莫不安所。（碣石刻石）

贵贱并通，善否陈前，靡有隐情。饰省宣义，有子而嫁，倍死不贞，防隔内外，禁止淫佚，男女絜诚，夫为寄猳，杀之无罪，男秉义程。妻为逃嫁，子不得母，咸化廉

清。大治濯俗，天下承风。（会稽刻石）

秦始皇是英雄？抑是暴君？历史裁判迄今未能定谳。实际，其人本质便是矛盾的综合，双重评判才称适切。从历史全程着眼，必须承认其为民族意识高昂的中国最伟大政治家之一；自当时被统治人民的立场而言，又是极权的大独裁者。抑且，"暴虐"与"压迫"的衡量，也须自传统基准，作评估的修正。批判"收天下兵"便是一例，其事固不排除极度警戒反抗绝对君主权威的可能，但并灭六国时解除敌军武装所遗兵器，原都已系无用之物，将其销毁以期出现琅邪台刻石所言"黔首安宁，不用兵革"的境界，并无不当。民间无武器，毋宁便近似今日民主国家的枪械登记、禁止私藏的法则。

正统历史界严厉抨击的焚书坑儒，《史记》秦始皇本纪记述其事：

（三十四年）丞相（李）斯曰……臣请史官非秦纪皆烧之。非博士官所职，天下敢有藏诗、书、百家语者，悉诣守、尉杂烧之。有敢偶语诗、书，弃市；以古非今者，族；吏见知不举者，与同罪。令下三十日不烧，黥为城旦。所不去者，医药卜筮种树之书。若欲有学法令，以吏为师。制曰可。……（三十五年）（始皇）大怒曰……吾前收天下书不中用者尽去之。悉召文学方术士甚众，欲以兴太平。……卢生等吾尊赐之甚厚，今乃诽谤我，以重吾不德也。……于是使御史悉案问诸生，诸生传相告引，乃自除。犯禁者四百六十余人，皆坑之咸阳，使天下知之，以惩后。

审其文而不断章割裂解释的话,当知本意系:(1)树立秦朝的历史正统;(2)否定传统,正视现实。方式则:一为命令尽毁的百家之言乃民间部分,官府(秦制,博士员额至七十人之数)则藏书保存完整;二为禁止私学,以吏为师。特须辩正,坑儒非焚书事件延续,而系独立发生,被坑也专系"儒"生,以及儒生中的自相告发,对法家思想主导怀有不满情绪者。综合言之,秦朝试图思想统一的事实,固与传统所非议相符,也诚然系对自由思想的恐怖弹压,以及箝制言论自由,然而,较传统所制造印象仍存有距离。不过,思想统一又正系政治、经济统一的延伸,而法家主义的强制力,从某种意义讲,基本上便是"高压"同义词。

秦朝的法家指导力,自秦国卫鞅以来原以单独发达为特色,战国末期高昂的法家思想发扬为有体系的法家主义,又由秦国强力继承而凭以成功统一天下,须是问题解明的根本。极端的法家主义,推动绝对的君主专制与君主权威到达极峰,执行人李斯又由主司刑狱司法的廷尉而任丞相,更重要的是,秦国自国人民自卫鞅时代的纪元前四世纪半以来,一百多年间已能适应严刑峻法。六国人民从未具备此等心理基础与经验,难以适应突然而来的法家秩序的大压力,东方与关中生活习俗与民情又非相同,意识冲突便无可避免。惟其如此,东方人民于统一后,第一感受已是心理不平衡的精神压迫,政府与民间矛盾从而激化。

法家思想的强力实践,其立竿见影的惊人效率,与所制造的秦始皇绝对君主独裁,优点便是缺点,成功便是失败。加诸人民肉体的痛苦,较精神痛苦愈为直接,暴虐的感受也以此最为强烈。大筑驰道、征伐北方匈奴、修筑长城、南方两广、越南开发以及扩建大首都咸阳,每次都是数十万农民在严罚重刑之下强服劳役。而连续的大规模征发，结局终与国家建设全然无关，而是皇帝个人穷奢极侈的大土木工事。废毁农事，斫伤民力，迥非东巡刻石所悬统一理想的实现了。

统一期咸阳人口之众，自十二万户豪富移入已为可知，每户豪富族人、宾客、奴婢通计至少五十人，总数已六十万，连同咸阳原住人口，以及因人口大量增加而吸引来住的工商业者，估计大咸阳常住人口须在百万上下。秦咸阳城原在今咸阳之东约八公里处，此际"咸阳"地名，已系通过横跨渭水的大桥，连结了渭水以南宗庙与苑园所在的广大地区。《史记》秦始皇本纪：

> 始皇以为咸阳人多，先王之宫廷小，……乃营作朝宫渭南上林苑中。先作前殿阿房，东西五百步（六尺为一步），南北五十丈，上可以坐万人，下可以建五丈旗。周驰为阁道，自殿下直抵南山。表南山之巅以为阙。为复道，自阿房渡渭，属之咸阳，……阿房宫未成；成，欲更择令名名之，作宫阿房，故天下谓之阿房宫。隐宫徒刑者七十余万人，乃分作阿房宫，或作骊山。发北山石椁，乃写蜀、荆地材皆至。关中计宫三百，关外四百余。……因徙三万家骊邑，五万家云阳……乃令咸阳之旁二百里内宫观二百七十，复道甬道相连，帷帐钟鼓美人充之。……始皇初即位，穿治骊山。及并天下，天下徒送诣七十余万人，穿三泉，下铜而致椁，宫观百官奇器珍怪徙臧满之。

此类离宫、别馆、预营陵墓记载，可见人间英雄的秦始皇，已全被享乐私欲所腐蚀，而其个人豪奢享受，都让人民付出血汗与生命的惨痛代价。

威慑天下的大独裁者秦始皇，统一后五次巡行天下。第一次统一次年的二十七年（纪元前220年），巡视西方边境；翌年第二次，自东方旧齐国境，沿海岸线转南方旧楚国境；二十九年（纪元前218年）第三次，续向东方；第四次三十二年（纪元前215年），巡视东北与北方边境长城地区；第五次三十七年（纪元前210年），自南方经吴、越之地逆向东方。第三次巡行途中，博浪沙大铁锥误中副车，幸逃过了刺客暗杀。第五次巡行时在平原津（今山东德州南黄河渡口）发病卧床不起[①]，兼程西返途中崩于沙丘（今河北平乡东北）。其年，秦始皇正值五十岁盛年，为统一的第十二年。

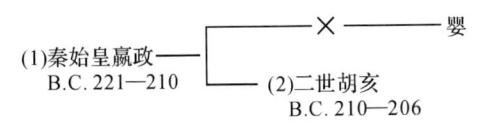

```
                        ┌─── X ────── 婴
(1)秦始皇嬴政 ──────────┤
B.C.221—210             └── (2)二世胡亥
                              B.C.210—206
```

极端强劲的统御力崩解，政治危机首先由帝位继承而爆发。秦始皇病危之际，下诏指定正与蒙恬驻屯北边的长子扶苏嗣位，诏书付掌理符玺的侧近宦官赵高，而尚未交使者驰递，皇帝已死。赵高趁机与李斯合谋，变造遗诏，改立曾从赵高读书的皇帝少子胡亥，另发伪诏，数扶苏不孝、不忠之罪，逼令就地自裁，将驻屯军总司令蒙恬逮往咸阳后，也命令在狱中自杀。二十一岁的胡亥在宫廷阴谋下继位为二世皇帝。

继承雄才大略人物的事业原非易事，何况居其位的乃是浮夸公子。胡亥继位后滥用权力，大杀同父诸弟兄与心怀不服的大

[①] 郭沫若谓秦始皇向患癫痫症，而死于持续性脑膜炎，但此仅系其《秦始皇的临终》（岩波新书日译本）小说中幻想的诊断。

臣，效法其父巡行天下，加强无谓且浪费的土木事业阿房宫等劳役征发，租税的暴征横敛又是人民不堪负荷的重担，"加月为更卒，已复为正一岁，屯戍一岁，力役三十倍于古。田租、口赋、盐铁之利，二十倍于古。"（《汉书》食货志上）所谓口赋即人头税便自秦朝创始。而租税苛重，徭役无休止，人民大众非只怨望而已，生存权且已受威胁，严酷的法律，又紧伺其后。所以，《史记》秦始皇本纪太史公曰转录汉初贾谊《过秦论》的批评："繁刑严诛，吏治刻深，赏罚不当，赋敛无度。天下多事，吏弗能纪；百姓困穷而主弗收恤。然后奸伪并起，而上下相遁，蒙罪者众，刑戮相望于道，而天下苦之。自君卿以下至于众庶，人怀自危之心，亲处穷苦之实，咸不安其位。"《史记》李斯列传之语也是："法令诛罚，日益刻深，群臣人人自危……刑者相半于道，而死人日成积于市，杀人者为忠臣。"结局是，怨愤的人民无可宣泄的情绪压抑到极致，终燃起大反抗的大火。

反极权、反奴役的怒火，便在二世元年（纪元前209年），自淮河流域楚国旧领内的农民中引发，此也正值二世皇帝大诛皇族与臣下，中央惶惶不安气氛向地方传染之际。首谋者"少佣耕"的佃农陈胜铤而走险，领导起义，《史记》陈涉世家详记：

二世元年七月，发闾左适戍渔阳，九百人屯大泽乡。陈胜、吴广皆次当行，为屯长。会天大雨，道不通，度已失期。失期，法皆斩，陈胜、吴广乃谋曰："今亡亦死，举大计亦死，等死，死国可乎？"……尉果笞广，尉剑挺，广起夺而杀尉。陈胜佐之，并杀两尉，召令徒属曰："公等遇雨，皆已失期，失期当斩。藉弟令毋斩，而戍死者固十六七。且壮士不死即已，死即举大名耳。王侯将相，宁有种乎？"徒属皆曰："敬受命。"……陈胜自立为将军，吴广为都尉。攻大泽乡，收而攻蕲。

可知乃征发农民服役，团体输送途中，死里求生仓卒举兵。陈胜、吴广以王侯将相人人可为的人类平等口号煽动群众，适切符合教育水准偏低的农民身份。反乱发端，九百人均系徒手，除劫夺当地官员"尉"等少数武器外，所持都是农民习用的锄、锹类，甚或削尖竹竿前端代矛，所以此次中国历史上轰轰烈烈的最初农民暴动，历史界特笔大书谓"揭竿而起"。自策源地大泽乡（今安徽省宿州以东）占领蕲（今安徽省宿州），西入河南省境攻陈（今河南省西部淮阳），发展到"车六七百乘、骑千余、卒数万人"的大部队，以及陷落战国楚国一度建都的陈，立以为反乱根据地，陈胜称王，国号"张楚"，鲜明政治意识的大规模农民武装革命态势，乃正式形成，而势力急激开展，各地纷纷杀郡县长官响应。同一期间，也已非只农民，六国旧贵族、知识分子、地主、资本家、下级官吏、盗贼、任侠者豪杰，相继蜂起，虽系分散，革命力量却已势成燎原，波及全国。

翌年即二世二年，陈胜先头部队车千乘、卒数十万已西向冲入秦朝首都大门函谷关（今河南省灵宝市西南，汉武帝以后于此置弘农郡），推进到咸阳外围的戏（今西安市以东临潼附近）。赵高一手遮天蒙蔽东方战事，此时终不能不被二世皇帝惊觉，而加急戒严。农民军究竟只是乌合之众，军械粗劣，缺乏优秀指导人，所以当秦朝派出大将章邯指挥的大军团堵截时，便败北溃散。章邯乘胜率军反击，长驱河南，吴广、陈胜先后败死，自首擎义旗至土崩瓦解，前后仅一年余。但农民军自身尽管失败，推翻秦朝极权专制主义的政治、社会革命运动，则已全面激起，而且向强化组织力的人才组合形态转移，六国旧名称都自此际出现，虽然称王者非全系旧六国君主后裔。这些复活了的新六国中，最强一支乃楚国素具名门声望旧贵族，国破后逃亡会稽郡治吴地（今江苏苏州），对秦朝仇恨特烈的名将项燕之子项梁，初举吴中江东八千子弟兵，北渡长江自山东进军河南，立楚怀王尚存人间正受雇牧羊的后裔为楚王，仍号怀王，响应者愈聚愈众。二世二年年底陈胜集团覆灭，三年（纪元前206年），章邯大军转战黄河南岸，连破魏、齐，项梁也在其凌厉攻势下战死，蒙受大打击的楚军退守彭城（今江苏徐州）都城外围的山东、河南、江苏交界一带防线。六国不屈不挠，蹈倒再站起时，幼年丧父，由叔父项梁抚之如子，也便是项梁起义得力助手的英雄典型项羽，开始以叱咤风云气概登场。此一年仅二十七岁的青年，继承项梁地位，受怀王命，部署以救援正遭章邯越黄河压倒优势兵力急攻的赵国为起点，而展开向西直指关中的大反攻。另一方面，怀王又命项梁甚得人缘的部将四十二岁的刘邦，与项羽同自彭城出发，分道由黄河以南向关中进攻，而历史高潮一幕由此揭开。

气势如虹的项羽，破釜沉舟，强行军赶抵战场。其余五国救赵军毕集，而均慑于章邯声威，久久不敢出战之际，项羽指挥楚军独力向秦朝大军正面攻击，解赵之围，巨鹿（今河北平乡）决战，成为秦汉过渡期秦军主力被一举歼灭的出色大战役，《史记》项羽本纪生动记录：

项羽乃悉引兵渡河，皆沉船，破釜甑，烧庐舍，持三日粮，以示士卒必死，无一还心。于是至则围王离。与秦军遇，九战，绝其甬道，大破之，杀苏角，虏王离，涉间不降楚，自烧杀。当是时，楚兵冠诸侯。诸侯军救巨鹿下者十余壁，莫敢纵兵。及楚击秦，诸将皆从壁上观。楚战士无不一以当十，楚兵呼声动天，诸侯军无不人人惴恐。于是已破秦军，项羽召见诸侯将，入辕门，无不膝行而前，莫敢仰视。项羽由是始为诸侯上将军，诸侯皆属焉。……军漳南，与秦战，再破之。项羽悉引兵击秦军汗水上，大破之。

秦军统帅章邯率败残秦军投降。二十多万投降秦军，又于项羽大军向关中大门函谷关进发途中，全数被活埋新安城南（今地名未详，河南渑池、铁门诸说均曾被提出）。项羽威名震天下，霸者地位确立。

未料，同时循黄河以南西进的项羽竞争对手刘邦，却抢先已进入关中。刘邦出身与项羽全然相异，生长于沛（今江苏邻接山东的沛县）自耕农家庭，《史记》汉高祖本纪记其青年时代，"仁而爱人，喜施，意豁如也。常有大度，不事家人生产作业。及壮，试为吏，为泗水亭长。廷中吏无所不狎侮。好酒及色"，活画出一位口没遮拦、动作粗野却大度爱交友、有任侠风的市井之徒形象。三十岁左右村里自治组织中的最基层公职亭长时，流寓其地的山东吕姓富豪，激赏其开朗性格，而妻以女。二世二年受县命，率引强制劳动人夫入关中，途中逃亡者多。刘邦畏罪，尽释其余人夫，弃职逃匿。适值陈胜、吴广反乱，乃潜回家乡约同好友县小吏萧何、曹参等，参与起义。又值声势浩大的项梁举兵，各路英雄纷纷响应汇合，刘邦一行也率部于其时投奔，接受领导。刘邦以广获人缘蒙项梁提拔，与项羽情意投合，也以能用人、容人，虽自身缺乏教养，却受知识人与政治军事人才拥护，得此等人衷心参谋，而发展为项梁麾下一支具有分量的力量，以后也便恃为汉朝建立的最大资本。二世三年与项羽分道，避免攻坚以争取时间，迂回南阳，迅速从侧面的武关（今陕西商县境）而入咸阳，便是顺从韩国旧贵族智谋家张良策略。

自前线战事起伏变幻以至急转直下，咸阳政变迭起。二世二年，赵高教唆二世杀李斯，三年，继任丞相赵高畏惧东方战事失利责任，又弑二世皇帝，另立二世兄子公子婴，公子婴再杀赵高。秦朝政府剧烈动摇之际，间道前进的刘邦部队，已由武关偷袭成功，到达咸阳，公子婴无力抵抗而投降，在位仅四十六天。秦朝由是覆亡，此年为纪元前二〇六年，上距秦始皇统一天下，仅十五年。

刘邦入关，实行令后世津津乐道的德政："召诸县父老豪杰曰：父老苦秦苛法久矣，诽谤者族，偶语者弃市。吾……与父老约，法三章耳：杀人者死，伤人及盗抵罪，余悉除去秦法。诸吏人皆案堵如故。"（《史记》汉高祖本纪）亡国之君公子婴非只不杀，且仍命组看守政府，刘邦的军司令部仅萧何接收秦朝政府律令图籍，其余概无占领态势与所取，反自咸阳撤退移屯咸阳东方前哨地霸上。此一最高级也是最成功的政治策略，赢得了秦朝人民大欢呼。却也是刘邦智囊团冷静思察，正视自身兵力仅十万，而正处极盛状态的项羽，拥有压倒军势四十万人，两相悬殊，于项羽态度未明朗以前，必须谨慎观察动静，而立于"忍"字的理智决定。项羽统率包括直属楚国兵团的新六国大军，自黄河以北折向南岸，从洛阳循西方大道正面猛扑，正是秦朝防卫最严密地带，连番的战斗、屠城、虐杀，至攻陷已由刘邦部队据守的函谷关，较刘邦入关终迟一个多月。愤怒的项羽，阵容布列戏西鸿门（今陕西临潼县境），准备攻击刘邦本据，经刘邦亲诣项羽大本营卑词谢罪，而有闻名的"鸿门宴"惊险剧目上演。项羽尊崇为亚父的年迈七旬谋臣范增坚持杀刘邦绝后患，张良急中生智求助于向系好友的项羽另一叔父项伯为之缓颊，又唤入勇将樊哙保护刘邦。项庄宴前舞剑，项羽正犹豫杀抑不杀之际，刘邦已获张良示意，假如厕之名脱走，范增怒骂项羽"竖子不可与谋"。此等精彩情节，《史记》项羽本纪中历历如绘。刘邦已服从，于是项羽挥军入咸阳，制造咸阳空前大灾难，杀公子婴与秦朝全皇族，发掘骊山陵墓，屠咸阳城，放兵大掠夺，尽烧包括阿房宫在内的秦朝宫室别观，大火三个月未熄。政府博士官所保存的众多图书文件若非萧何先已移走，宫廷藏书便全化灰烬，酿成较秦始皇焚书更大的中国文化厄运。咸阳大混乱中，劫房所得的珍宝、货物、美女，均由项羽与诸王、将视为战利品共分，历史名城咸阳顿成人间地狱。

秦朝倾覆，项羽以中国最高指导权的实际握有者身份，尊怀王为义帝，复活封建制，分封诸侯与灭秦诸功劳大将，共十八王。关中之地三分，以封章邯等秦朝三降将为王，称"三秦"，刘邦被移都南郑（今陕西南郑），领有陕西南部与四川，称"汉"国。项羽自号"西楚霸王"，都彭城，领地特广，独有淮水流域为中心的九郡。善后处置完毕，项羽与诸王离戏分别就国，原都彭城的义帝被徙今日湖南省南部的郴州，次年被暗杀，"天下"主导权名实均归项羽。

对项羽表示恭顺，已赴南郑的刘邦，待项羽东归，便在纪元前二〇六年当年，立即重用萧何推荐的原任项羽侍卫官（郎）韩信为总司令，历史上最早的大将军，北上攻灭章邯等三王，"三秦"或关中并入汉王领域。同时，东方国家内部不稳，国与国间相互并合，以及对项羽的跋扈与高压公然反抗之事，也都相继发生。第二年（纪元前205年）义帝遇弑，刘邦把握时机，正面与昔日的好友项羽决裂，为义帝发丧，倾全国兵力出函谷关东进，传檄诸侯，共讨项羽，趁其亲征齐国之隙，一度袭破防卫空虚的彭城。项羽还军，刘邦兵团大败，十余万人被歼灭，退却时惨被追兵赶入睢水中溺毙的，又是十多万人。逃亡中的刘邦几乎被杀，败残军幸遇刘邦妻族吕氏援兵及时接应，才得会合退守荥阳（今河南荥阳）。此一阶段，留守关中的萧何源源供应所征发补充兵员与粮秣军械，长期的激烈攻防战中，汉军不惜任何惨重牺牲的代价，刘邦自身也受重伤死里逃生，坚定固守被包围的战略要地荥阳与其西成犄角之势的成皋（今河南汜水），才扭转全局。楚汉军三年对峙期间，项羽方面仅有的年迈政略家范增，已因汉方累出奇计的智囊人物陈平离间生效，愤离项羽而发病去世，黄河以南诸侯渐渐全已倾向刘邦，对项羽反包围的形势明朗化，对刘邦有利时刻终已逼近。

纪元前二〇五年与刘邦分道，出函谷关而获全权经营黄河以北的汉军统帅韩信，破魏、收赵、降燕、下齐，纪元前二〇三年已完成北方的席卷之势，并以灭齐而被刘邦立为齐王，已还渡黄河与刘邦会合。在梁（今河南商丘）崛起的新中心势力彭越与原项羽大将十八王之一都九江（今安徽寿县）的英布，又已与汉结成统一战线，不断骚扰项羽后方，截断粮食输送交通线。陷入孤立状态的项羽腹背受敌，东战西讨疲于奔命，败象已经形成，被迫主动向汉提议，划荥阳以东贯通黄河与淮河的战国魏国所开凿鸿沟运河（今名汴河，在河阴与中牟）为界，二分天下，交战双方各自罢兵，约定楚军向东撤退。而刘邦大本营决策，以"楚兵疲食尽，此天亡楚之时也"（《史记》项羽本纪），断然毁约，韩信统率三十万人大兵团为主力，汉军与天下诸侯联合军排山倒海追击项羽，纪元前二〇三年岁暮，合围圈在垓下（今安徽灵璧）收拢。孤军奋斗的十万楚兵被困重重包围中，次年（纪元前202年）初严霜之夜，中国战争史上出名的心理战"四面楚歌"，成功瓦解楚军士气军心，"项王乃大惊曰：汉皆已得楚乎？是何楚人之多也？"（《史记》项羽本纪）接续便是项羽起饮帐中，面对爱姬虞美人与爱驹乌骓，慷慨悲歌"力拔山兮气盖世"，英雄末路，令闻者黯然。于是项羽与从者八百骑溃围夜奔，汉军发觉急追。南渡淮河已仅百余骑，汉军如影随形追杀下，部下残剩只二十八骑的项羽，自度不能脱，在长江西岸乌江亭（今安徽和县境内）渡口，喟然而叹"我何面目见江东父老！"拔剑自刎前，《史记》尚有如下项羽与二十八骑英雄的记录：

（项王）谓其骑曰：……今日固决死，愿为诸君快战，必三胜之，为诸君溃围，斩将刈旗，令诸君知天亡我，非战之罪也。乃分其骑以为四队，四向。汉军围之数重，项王……令四面骑驰下……于是项王大呼驰下，汉军皆披靡，遂斩汉一将。是时，赤泉侯为骑将，追项王，项王瞋目而叱之，赤泉侯人马俱惊，辟易数里。……项王乃驰，复斩汉一都尉，杀数十百人，复聚其骑，亡其两骑耳。乃谓其骑曰：何如！骑皆伏曰：如大王言。

项羽之死，年仅三十一岁；刘邦一战而统一天下，时年四十六岁。继承短命秦朝统一中国的第一个长期朝代，政权前后持续四百年的汉朝，于焉诞生。

《史记》项羽本纪与汉高祖本纪记述楚汉大规模战斗，乃全书最引人入胜的雄浑大史剧之一。项羽、刘邦两大英雄人物迥异的个性，也自两人传记与相关传记对照中明晰见出。秦始皇南巡会稽，欢迎人群中的项羽谓"彼可取而代也"；刘邦于亭长时代常因徭役任务赴咸阳，也有机会亲睹秦始皇外出丰采而叹"大丈夫当如是也"，感慨相同，所含语意全不相同，正代表了彼此事业出发点的基本差异。项羽本纪活现项羽的骄傲、剽悍而气量狭仄，以及被批评的"匹夫之勇，妇人之仁"（淮阴侯列传韩信语），与对敌残忍至"诸所过无不残灭"（项羽本纪怀王语）。所勾划汉高祖刘邦肖像，描写其人性美丑两面，长处与短处、可爱处与可憎处，又具自今日社会间便可印证的现实感。项羽虏刘邦家人，置其父太公于俎上，以活烹威胁被围中的刘邦出降，刘邦回答竟是："吾翁即若翁，必欲烹而翁，则幸分吾一杯羹"（项羽本纪），简直是耍流氓无赖口吻。"沛公（刘邦）不好儒，诸客冠儒冠来者，沛公辄解其冠，溲溺其中"（郦食其列传），以及已登帝位，骂人"竖儒"，对人自称"乃公"尚成口头禅，又斤斤计较其父当年责骂其不事生产，洋洋自得问父："始大人常以臣无赖，不能治产业，不如仲（其兄）力。今某之业所就，孰与仲多？"可谓都不脱庄稼汉本色。《史记》对纪元前二〇六至前二〇二年五年间，刘邦与项羽生死大搏斗着力记载的重大意义，正是个人英雄主义与群力之争，以及项羽所代表反动的战国以来残余贵族势力，终已不能抗拒庞大平民势力的时代大潮流，挣扎无效而最后溃灭。

　　天下大定，诸侯联合阵线盟主刘邦，被推为新朝代的皇帝，是为汉高祖（纪元前 202—前 195 年在位），新朝代延续项羽所封的"汉"为名，所以纪录中高祖纪年也上推四年，以纪元前二〇六年为元年。新朝代的平民色彩是鲜明的，高祖自身出身农民，环绕其周围的建国功臣，原有身份固也见五世相韩的张良与豪者王陵之例，但多数都属低微：萧何是掌文书的县小吏，曹参是管理牢狱的县小吏，陈平是民间帮办丧事者，周勃是丧事吹箫手，樊哙屠狗，夏侯婴是马夫，灌婴贩布，周昌为泗水亭工役，均跻身列侯。与高祖同里又同日出生，幼时友好的卢绾游手好闲，灭项羽的最主要人物无匹名将韩信早年"从人给食"，都是无业的无赖汉，韩信在乡尤具"无行"丑名而惹人厌恶。另两立大功的封王建国者彭越为盗，英布则系犯罪黥面的逃亡犯。

　　平民政治固已铸定历史法则，惟以高祖皇帝大位乃由诸侯推戴，一统国家的中央集权制一时因而受到了损害，前进的时代巨潮中出现逆流，退回到封建制与郡县制并行的态势。已封的英布等诸王一律加以正式承认，韩信由齐王改封被灭的最大势力楚王，又新封彭越，东方共楚、韩、燕、梁、赵、淮南、长沙等七王并峙。王国所领多者百余城，少者三四十县，准汉朝中央的政治组织而分别独自纪年，"皆令自置吏，得赋敛"（《汉书》高帝纪下），享有充分的自由权与独立权，包括征兵与拥有各自的军队。汉朝中央政府立于诸王国势力均衡之上，其直辖领地沿秦朝统治中心位置在西方，也约略等于秦朝并合六国以前秦国的旧领土范围。国都仍系原秦朝国都咸阳之地，但以咸阳已毁而限于渭水南岸的秦朝离宫建设区，而另定名此国都地域为"长安"，切离"咸阳"范畴独立，位置在今日西安市西北。

汉初政治，步步回复中央集权制的努力，乃系历史主线。高祖个人，视其传记容易觉察，于人生全持现实主义，所以积极性与消极性、阳刚性与阴柔性的矛盾性格兼具，于是与大度容人热情一面相对，解除异姓王国威胁的理智一面随封建制初缔立即展现。淡泊名利的最高政治顾问张良，于汉朝成立之初已经退隐，另一足智多谋人物陈平献策，以涉嫌"谋反"的罪名，处分了最大实力者楚王韩信。高祖伪装至东方巡游，招韩信陪伴而诱其脱离楚国封地时逮捕，先降封淮阴侯，再在长安执杀，而有韩信"狡兔死，走狗烹；高鸟尽，良弓藏"的自嘲，楚国领域也因之分割荆（再改吴）、楚两国，又重建韩信旧势力圈齐国。高祖在位八年，迄好友与新封燕王的卢绾闻其崩而逃亡入匈奴期间，诸王先后已尽被消灭（仅余的异姓小国长沙一国，至文帝末，也以无嗣而国除）。东方已分九国的齐、楚、吴、淮南、燕、赵、代、梁、淮阴诸王国，全经变换以帝系子弟为王，以及断然立下非刘氏不王的严格制度，所谓"诸侯王"。

知人又知己，对"人"具有天才直感力的四百年长期朝代创业君主汉高祖，纪元前一九五年崩逝，尚强烈显示豪迈的个性，战场上旧箭创复发，病重时吕后迎良医入见，《史记》高祖本纪的记载却是："高祖谩骂曰：吾以布衣提三尺剑取天下，此非天命乎？命乃在天，虽扁鹊何益？遂不使治病，赐金五十斤罢之。"与秦始皇型都市中人的狂热祈求长生不老延命术，全然异趣。十七岁病弱太子盈嗣位为惠帝（纪元前195—前188年在位），政治主体移于惠帝之母吕太后。惠帝英年而崩，虽两度立少帝（吕太后废杀惠帝后宫所生幼子恭，再立另一幼子弘），吕太后已正式临朝，中国最早的女主出现（纪元前187—前180年在位），所以《史记》非只不载两少帝，且无惠帝本纪，而直接代以吕太后本纪立于帝系，正可显示刘氏政权动摇危机的潜在。

秦末高祖举兵，妻族吕氏原即支持力量之一，吕太后个人又系女中丈夫，《史记》吕太后本纪曾大书"吕氏为人刚毅，佐高祖定天下，所诛大臣多吕后力"，韩信、英布最后被诛灭族，便出自此冷酷妇人之命，而非高祖。相反，也由其残害功臣手段的残狠与决断，可见识其才能胆识。吕太后摄政期，大事杀戮刘氏宗室诸王，破坏高祖"非刘氏不王"遗制，改封吕氏一族，中央政府权力与禁卫军（南、北军）指挥权，也移归吕氏家族，吕太后实行独裁，一时政局激荡。但吕太后之崩，效忠汉朝的大臣在陈平、周勃指导下，立即与刘氏诸侯王协力反击，夺回兵权，粉碎吕氏权力中心，尽灭其族。高祖庶子以仁爱敦厚得人望的代王恒，被迎立为文帝（前180—前157年在位），汉朝回复正常统治。

文帝由王入嗣帝位，中央与独立诸王国强大势力间，关系愈趋微妙。其时全国约四十二郡中，中央直辖十五郡。《汉书》诸侯王表所说："天子自有三河、东郡、颍川、南阳，自江陵以西至巴、蜀，北自云中至陇西，与京师内史凡十五郡"，含今日陕西全部，河南、湖北、四川大部分，甘肃、山西一部分。东方的诸王国所领有土地，大者也至四五郡、数十城（县），齐国领有七十二城，楚国分解为二后吴国五十三城、楚国四十余城。文帝既非高祖嫡出，又于兄弟辈非长兄，诸王中且存在其叔父辈者，显对文帝在位时的中央施加压力，诸王国与中央集权制的矛盾关系深刻化。约二十岁即任博士，转任长沙王太傅，才华四溢，可惜三十三岁早逝的青年政治学者与文学家贾谊，生前凭其敏锐政治感觉，深省危机意识的潜在，而有著名的《治安策》献言，主张分割大国为小国，发挥势力分散效果。其名言"众建诸侯而少其力，力少则易使以义，国小则无邪心"，引长沙国以系小国恭顺为例，主张诸王去世时，除嫡嗣承袭外，也借多封子孙为王的美名，划分原领地为多数小国。此一建议由文帝采用，以后便借淮南、齐国两大国之王去世，顺利分淮南为三国，分齐国为六国，与中央朝廷对立的诸侯王政治势力，初步削弱成功。

次代景帝启（纪元前157—前141年在位）时，又有贾谊第二——敢言的政论家晁错进谏"请诸侯之罪，削其地，收其支郡"，洋洋宏文警告："今削之亦反，不削亦反。削之，其反亟祸小；不削之，其反迟祸大。"（《史记》吴王濞列传）晁错先任太子舍人、门大夫，再由博士任太子家令，与皇太子时代的景帝关系至为亲密，此露骨政策便系其以景帝登位而升三公之一的御史大夫时所提出。景帝听从其劝，果然诸王大哗，激起吴、楚两大国带头，联合另一大国赵与齐国分割之后胶西、胶东、淄川、济南的七国之乱。晁错在朝廷内外压力下被杀，七国的叛乱也在汉朝大将周亚夫（周勃之子）兵锋前彻底失败，诸王或被诛或自杀（纪元前154年）。赵国与梁国，随之相继割裂为六国与五国。

七国内乱平定，乃汉朝结束中央与诸王国对立战争时代的一大标志，也以决定性胜利而使中央集权制彻底稳固。景帝在位期间连续立法，诸侯王于其领地已无支配权，中央对诸国行使直接政治，王国行政制度向郡划一，官员任命自朝廷，丞相贬低地位为"相"，与郡太守同级。王的权利，惟限征取领地租税收入，以维持生活。汉朝独自创始了郡国制，"国"之与郡，自此已无实质区别，汉朝继承秦朝统一事业，于秦朝覆亡约半个世纪后，中央集权制终于踏实重现。

秦—汉朝代转换，意义非变更统治体制，而系汉朝继承先行朝代秦朝的政治制度基盘，又不断修正秦朝政治舵向的偏差。纪元前二〇六年高祖入关，与秦民约法三章，政治意味居多，天下大定后不能如此简单统治，所以，依然大部分采用了秦朝苛酷的法律。只能因循秦朝的原因，与高祖个人未受教育，政治哲学仅系军事、政治的实用，存有关联，其厌恶知识分子抽象的学问，于无论儒家或道家、法家思想的理解，一概无缘，政治上指导原则自徒成空白。儒家于其时，企图争取高祖信任颇为积极，而高祖偏对儒家的儒冠、儒服最表轻蔑。"陆生时时前说称诗书，高帝骂之曰：乃公居马上而得之，安事诗书"（《史记》陆贾列传），秦朝遗留老博士叔孙通趁"群臣饮酒争功，醉或妄呼，拔剑击柱，高帝患之"的机会，奏订朝仪，也只博得高祖"吾乃今日知为皇帝之贵"的嘉许（《史记》叔孙通列传）而已，都是儒家努力争取高祖而失败的说明。然而，毕竟主权者高祖曾自身体验秦朝暴政，又大半生习惯过简单朴素的生活，因之建国以后，政治上全非像秦朝浪费民力，而专心从事大灾难废墟上的善后复原，军人复员，修复破坏的灌溉水利设备，协助人民大众回复生业，以期社会安定秩序重现。所以，踏袭的秦朝法律虽严，却从减少适用，收得了免于苛酷的效果。对外关系上，又放弃朝鲜半岛与秦朝开拓浙江省南部以南、粤江、红河流域的新领土，对北方大敌匈奴全立于防御态势，宁愿让步、屈辱以换取和平，避免大规模冲突发生。汉初政治如此的消极方向铸定，尽管还是高祖发自直觉的实用主义延续，以及个性柔软面的表现，但政策化秉持，却正符合政治家最高素质。

高祖在位时间非久，次代惠帝的贤相曹参，继承萧何而任宰相，为开国元勋之一，统一战争中身受七十余创伤，系汉朝政治理论与实际合一的第一人，奉黄老之学为支配思想，付高祖对外和平、对内休息的政策以坚实理论支柱。"黄、老"乃自道家思想中渗入了流行的黄帝之说，而有其名。张良隐退的原因系避盈满之祸，已系黄、老思想；曹参主政期，便明白扬弃秦朝政治偏激的法家路线，扭转极端干涉人民生活到完全相反的无为而治，最早确立政治、经济排除人为统制的最高原理，历史界所谓"萧规曹随"指的正是不多事之意。曹参去世而陈平继任丞相，同系黄老之术的实践家，所以吕太后专政期，汉朝大臣容忍诸吕势力抬头，理由亦即本于避免内战的不多事原则。文帝更是黄老理念下的理想皇帝范式，宽仁爱民，而个人生活以简素为信念，认奢侈无用。紧缩财政，限制国家支出，不增立官厅或建宫殿，改正法律，屏除罪人家族连坐与毁损身体一部分的黥（以墨刺面）、劓（削鼻）、刖（切断脚筋）肉刑，免除诽谤、妖言之罪，鼓励自由言论与建言，所以《史记》景帝本纪太史公曰有"文帝施大德，天下怀安"的赞美，文帝对民间无为自然的非干涉主义又于景帝时代持续一贯，两代四十年"文景之治"，除了诛诸吕与平定七国内乱短暂用兵，天下无事，都市繁荣，农村富足，人民安居乐业，努力增产的同时，田租自汉初已减轻至十五税一，文帝时又常减半征收或豁免，景帝时定制三十税一。此期间的全社会上下熙熙攘攘，国泰民安，久为后世讴歌与向往。上承开国，下迄景帝之子武帝初年，休养生息时间已长逾七十年，《史记》平准书比较秦汉之际社会景象，所出现两个极端的印象至为深刻：

> 汉兴（指汉王元年），接秦之弊，丈夫从军旅，老弱转粮饷，作业剧而财匮，自天子不能具钧驷，而将相或乘牛车，齐民无藏盖。
>
> 至今上即位数岁，汉兴七十余年之间，国家无事，非遇水旱之灾，民则人给家足，都鄙廪庾皆满，而府库余货财。京师之钱累巨万，贯朽而不可校。太仓之粟陈陈相因，充溢露积于外，至腐败不可食。众庶街巷有马，阡陌之间成群，而乘字牝者傧而不得聚会。守闾阎者食粱肉，为吏者长子孙，居官者以为姓号。故人人自爱，而重犯法，先行义而后绌耻辱焉。

长期的社会稳定与经济非常充裕，汉朝国势登入黄金时代，汉族人民的活力与奋进潜能也蓄储到饱和，传统消极的黄老思想政治指导力，注定已不能适应时代而衰退，也必须被代替，一个代表积极、进取，具有雄大世界观的新时代应运来临。新时代的转运者，激发全汉族非凡实行力的指导人，便是十七岁登位，雄才大略的武帝（纪元前141—前87年在位），汉族中国在此旷世英雄五十四年治世中，以气吞山河之概完成了世界大帝国的创缔。

大事业起点在中国北边领土蒙古高原。蒙古高原向西横断中亚细亚而连接南俄高加索，自中亚细亚又南通伊朗与阿拉伯高原，走向非洲沙漠，乃欧亚大陆整体草原沙漠地带的东端，历史上强大的游牧民族匈奴，正生活于此广大地域，逐水草移动。匈奴自战国之末，已有迹象形成部族联合制国家，当汉族民族国家成立，秦始皇建设长城，设定农业民族汉族的居住空间，以与游牧民族分划疆界时，匈奴系居劣势。但秦朝崩坏，楚汉内战期间，原被隔绝长城以外的匈奴，相对的国家急速成长，汉语天子意味的单于冒顿，完成北亚细亚、南西伯利亚游牧诸部族大团结，统一支配北欧亚大陆东部全域，便越过长城南下，奄有绥远省，频频侵入山西、陕西北部，掠夺汉族财物。正值初建汉朝的高祖，于登帝位第三年（纪元前200年）亲自北征，经过山西大同附近平城之围幸得脱逃，乃制定和亲政策，每年赠与匈奴大量丝帛、食粮等所需补充物资，以低姿势维持和平局面。武帝即位后八年（元光二年，纪元前133年），汉朝决策方面主动破坏六十年来和亲关系，纪元前一二九年（元光六年）至前一一九年（元狩四年）十年间，连续对匈奴发动猛烈战争。其中最著名的三次，第一次，纪元前一二七年（元朔二年），将军卫青驱逐占领河套的匈奴大军，收复秦朝长城内失地，回复秦原云中郡与九原郡改名的五原郡外，增置西河、朔方二郡；第二次，纪元前一二一年（元狩二年），将军霍去病自甘肃向秦朝长城外匈奴领土出击，夺得匈奴支配青海、西藏地方的重要据点河西走廊，改建河西四郡，切断匈奴取自居住大西南地区羌族诸种族的贡物财源，而令经济上蒙受大打击；第三次，纪元前一一九年，匈奴与汉朝间的最大会战爆发，汉军卫青、霍去病分道深入匈奴本据地，迫使原在内蒙古的单于庭，向北撤退到外蒙古，肃清戈壁大沙漠以南匈奴势力。汉族的军事科学、技术与组织力原具其优秀性，汉初半个多世纪休养生息，黄河流域一带牧场战马孳育数量又丰，军力足资对抗匈奴骑兵大部队的机动力，已得同等以骑兵为主发动强大攻势，以及有准备的作战训练，都是汉朝对匈战争空前大胜的原因。而汉族人民开拓新机运时，高昂的锐进精神，旺盛的战斗意志，大文学家司马相如其时奉派宣慰巴蜀民众时，檄文所言："夫边郡之士，闻逢举燧燔，皆摄弓而驰，荷兵而走，流汗相属，惟恐居后。触白刃，冒流矢，义不反顾，计不旋踵，人怀怒心，如报私雠"，正是绝好写照。

对外关系放弃和平主义，准备对匈奴用兵之初，汉族中国的西方事业也已展开，原衔命西行寻觅攻守同盟对象，期从侧面牵制匈奴为目的的汉朝大外交家张骞，滞留西方世界或所谓"西域"十三年，也于纪元前一二六年（元朔三年）返国，携回了广泛的、新的西方地理知识。汉朝的匈奴征伐告一段落，于是有纪元前一〇一年（太初四年），远征军接连征服中亚细亚的涉外关系又一高潮兴起，大军通路上新疆沙漠周围诸沃洲国家，从来服从匈奴支配的著名"西域三十六国"，全行追随转换服属汉朝，匈奴以西方势力削弱而丧失其最富庶的资源获得地，只有听任声势愈陷低潮。声威远播的汉朝建成西域支配圈，结果乃有闻名世界史的丝绸之路敞通，连接东方中国世界与西方罗马—地中海世界，贸易、文化交流推向兴盛期。也以保护丝路交通大动脉的需要与对西域的政治、军事控制，自河西四郡修筑原秦朝大长城，愈益向西延伸入新疆，沿线戍兵屯田警戒。①

同系注定匈奴命运的决战之后，汉朝于武帝治世，领土的拓展非只向北与向西，也向东与向南。秦朝统一国家内包含的战国时代燕国朝鲜半岛版图，秦亡，避乱逃入朝鲜的燕国亡命者卫满，以平壤为据点建立的独立国家，纪元前一〇九年（元封二年）在汉朝大军临境时灭亡，置朝鲜四郡。南方的秦朝南海三郡，同样以秦亡而由广东的汉人地方长官赵佗，自立南越国。纪

---

① 汉朝北方与西方事业，详见拙著《古代北西中国》。

元前一一一年（元鼎六年）倾覆于汉朝远征军，置南海九郡。原秦朝闽中郡，汉初于越人自治方针下受封的福建闽越王，浙江永嘉东越王，也便在纪元前一一一年前后，两地区越民集团均被强制向长江与淮河间空地移住，王国消灭。

今日中国西南的云南、贵州两省与四川省南部一带，总称西南夷诸种族的聚居地，武帝时陆续开通，新置诸郡，所谓"通西南夷"，唐蒙、司马相如都是最大功劳者。纪元前一○九年降伏滇国（云南省昆明），成立益州郡，乃此方面事业的代表性事例。

所以，纪元前二世纪后半未满三十年间，汉朝非仅全行回复秦朝领域，大陆内侧的西部领土且愈扩大。突出于东、西、南三方面领土前端诸郡，朝鲜乐浪郡乃中国文化东方灯塔，西域大门的敦煌郡控制通往西方世界交通大道，越南北部交趾郡又系面向南海的航海、贸易基地，自此分别展现其中国史抑且世界史的活泼机能。

汉朝于武帝时代，对内政治正与对外关系对应，登入灿然整备期——统一政治原理郡县制基盘的再筑。

纪元前一二七年（元朔二年）颁布推恩令，鼓励诸侯王自请细割景帝以来已系名义的领地，分封支庶子弟为侯国，所谓"王子侯"。汉初序爵"王""侯"，王以封皇子，侯以封功臣（以及外戚恩泽），自此"侯"的受封推展至王子身份。相对却加强文帝时创始的"酎金律"，每年八月宗庙祭祀，皇族、功臣受封王、侯者均有义务参加，也概应缴纳定额黄金补助祭祀费用，而所纳黄金成分不足一定标准时，依不敬罪削夺爵位。纪元前一一二年（元鼎五年）的一次，因此被剥夺爵位封国的王、侯至一百零六人之数，王、侯弱化的倾向显见。皇族、功臣受封时改郡、县为国，国除复为郡、县，"封建制"已徒存虚名而纯然装饰化，实质全符合了秦朝郡县制国家构造的基准。

汉朝蹈袭秦朝的政治组织骨干郡县制，外貌自毋须必其一致，"国"的名义续在是其一；郡长官名称由守、尉转变为"太守"、"都尉"而废"监"职是其二；大郡制析置又系其三。原秦朝四十郡，汉朝已增至一百零三郡国之数，而且多数均武帝时代以前成立（内高祖增二十六郡，文、景各增六郡，武帝增二十八郡，以后仅武帝次代昭帝续增一郡，见《汉书》郡国表）。武帝时地方行政一大革命性措置，系元封五年（纪元前106年）起，恢复实现常设地方监察制度，却已较秦制异趣，《汉书》地理志的资料：全国区分十三监察区，秦朝内史辖地所析置"三辅"（京兆尹、左冯翊、右扶风），以及"三河"（河东郡、河内郡、河南郡）与原函谷关改置的弘农郡，为司隶校尉部，此外豫、冀、兖、徐、青、荆、扬、益、凉、并、幽、交十二（州）刺史部。

（1）中央集权机能的强化。汉朝成立，功臣协力系其成功关键，吕氏失败便以未得功臣拥护，所以，汉朝国家政治主脑部的总理大臣丞相，传统以列侯（功臣封侯）或其嗣位者候补。而历七八十年至武帝治世，开国元老凋零已尽，列侯又与王子侯同一动辄褫爵夺国命运，递补已有困难，而且英明的年青皇帝武帝登位后，曾与列侯为相者发生人事权的不愉快争执（见《史记》魏其武安侯列传），因之武帝登位十余年，由公孙弘开始而丞相选任一变传统，身份直接便是平民，不必经由立功封侯的途径。另一方面，系统上属少府，职务系皇帝秘书处长官意味的尚书令实质地位抬高，皇帝意志可毋须必定通过丞相而直接下达，以后外戚专权，权力来源便在"领尚书事"君主独裁形态固由此深一层向秦始皇标准回复,而担当重任必为知识分子,平民知识分子因此多得机缘,加固与皇帝间的结合关系,又是另一重大意义。

人事行政,以权力世袭为母胎的"任子"遗制,已以附着广大的郎官集团而掩盖其残余痕迹。"郎"制系汉朝基部官职补充方式一大特色,来源颇广,任子、富赀(一定财产标准者)、通过"选举"者、献言蒙赏识者、低级官员考绩优等者,以及武帝时始置的太学优等毕业生,都具资格。此等资格毋须必为"郎",也尽多循以直接补官,任"郎"乃是荣誉,人数无定额,多至千人,分属诸中郎将而统辖于光禄勋(原名郎中令),担当皇帝侍卫,由而熟习宫廷、政府事务后,分派出任公职。所以,郎官制度非只单纯官职后补,也具人才培育与训练的意味,是汉朝踏袭秦朝又加以光大的优良制度。与之具有连带关系的,第一,"贤良方正""茂才异等"等各种名目下,命由地方推介的"选举"制度(相类似的又是所谓"公府辟举",长官直接推介部属),系汉朝最宽阔登用之途,武帝元光元年(纪元前134年)开始,又固定郡国每年举"孝""廉"各一人。第二,元朔五年(纪元前124年)"太学"制度整备,所谓博士弟子毕业时直接录用。第三,无论任何途径出身,也无论已任官或未任官,通过名为"对策"的国家考试,得依成绩再加超擢。所以,其用人原则的弹性适用,以及地方发掘人才参加国家公务,中央派遣长官指导地方政务,地方长官又回任中央级长官的列卿、九卿,上升三公。中央、地方以人事的螺旋式回转而政治相互沟通,乃是汉朝制度特受历史界赞美的理由,也表现为中国政治制度史上标准模式之一。平民从事政治,即使中央集权政治末端的郡县一名卒吏,也可出现五次升迁便到达最高位丞相之例(参阅《汉书》魏相传)。

名人的例证如，公孙弘最初系狱吏，元光五年（纪元前130年）第二度以贤良应选，对策第一，任博士，母死服丧三年归职，二岁中升至内史，元朔三年（纪元前126年）升御史大夫，元朔五年（纪元前124年）升丞相，通服丧三年计算，更是前后七年间由默默无闻而位极人臣（见《史记》平津侯主父列传）。

中央任命郡、县长官（太守、县令与尉、丞）的所谓"长吏"，而"少吏"或"掾史"等各种性质多数佐理官员，均由长官从土著平民间自由任用，是政治由国家全民一体参与精神更明白的设定。二十等爵又互为表里，鼓励人民国事参与感，调节政治秩序的意味。

政治权利的相对，平民经由缴纳租税与服役，而对国家尽其义务。后一场合，包括兵役年龄期每人一年的"卫士"役，番上京师长安。由此等郡国应征充员战士轮值，于京师成立的南军与北军，系国家正规的常备军。军事系统方面，军政官员乃"都尉"，"校尉"则部队长，出征时司令官加各类"将军"名号，事毕而罢。

（2）依于国库增收与保护国家、社会基本构成分子农民的双重目的的新经济政策强行，其主要内涵：

第一，原先民间自由经营，当时最大产业的铁器铸造、制盐、酒的酿造，与此等商品的贩卖，一律禁止，移归国营。

第二，以对商业经营者征收为主，营业税、船车通行税、财产税等新税目增立。

秦——汉政治组织中核表

	秦、汉初	汉	职务主要属官说明
三公	丞相	丞相	〔总理国政〕 （1）萧何、曹参时代称相国。 （2）置左、右丞相时，汉尚右，右为尊。 （3）前汉末王莽时代改大司徒，位次大司马。
	太尉	太尉	〔军事〕 （1）不常置，平时总括于丞相职务内，武帝省此官职。 （2）武帝以后置大司马，时或加将军之号（大将军，骠骑将军，车骑将军，卫将军，前、后、左、右将军），时或不加，非实官，无官属，而系皇帝宫廷行走，加"侍中""给事中"衔的大小官员，所谓"中朝"或"内朝"的领袖，性质与太尉似是而非。 （3）前汉末王莽时代大司马（不加将军号）改实官，位大司徒上，正式列三公之首。
	御史大夫	御史大夫	〔监察〕 （1）御史大夫副丞相，御史中丞为实际首长。 （2）前汉末王莽时代改大司空。
九卿	奉常	太常	〔礼仪、祭祀〕 （1）景帝时更名。 （2）武帝立太学，置五经博士，掌教育。 （3）博士，掌议论，通古今。
	郎中令	光禄勋	〔宫廷侍卫〕 （1）各级大夫，掌议论。 （2）武帝时更名。 （3）各类中郎将分率不同类别的"郎"。
	卫尉	卫尉	〔宫门禁卫〕
	太仆	太仆	〔舆、马〕
	廷尉	廷尉	〔司法〕
	典客	大鸿胪	〔归属蛮夷与外国事务〕 景帝更名大行令，武帝再改。
	宗正	宗正	〔皇族事务〕

大事廷议，参与者公、卿、列侯、大夫、博士。

续表

	秦、汉初	汉	职务主要属官说明
九卿	治粟内史	大司农	〔国家财政〕 景帝更名大农令,武帝再改。
	少府	少府	〔皇室财政、宫廷事务〕 尚书令(用宦者时称中书令)、尚书,掌诏制。
	中尉	执金吾	〔首都警察总监〕 武帝时更名。
(未入九卿之列而阶位同)			

第三,立均输平准法,以政府之力,平衡物资供需与调节物价,而国家也从中收取利润。

第四,币制改革,禁止民间地域性铸造货币的流通,一扫秦朝法定半两钱币制破坏后,铜钱重量与质地不一的驳杂现象。政府收回铸造发行权,五铢钱为统一的法定标准通货。

(3)中国帝王立名号纪元的所谓"年号"创始。战国君主已创改元(在位中途改换年次数字,回复以元年开始计算)之例,汉朝成立,景帝在位期也曾两度改元,而以中元、后元区别。武帝时六年一循环,五度改元,第五元的第四年,以洛阳得古代宝鼎的祥瑞改称是年为元鼎四年(纪元前113年),又是中国使用年号的开始,并追溯前四元各以建元、元光、元朔、元狩为年号,自此建立改元便是更改年号的原则。

武帝时代伟业,向被历史界特笔大书的,尤在于即位之初,征询经由全国性荐举的贤良方正、直言极谏的七百余人有关时事意见时,接纳原景帝时代博士董仲舒对策所建议的"罢黜百家,表章六经"(《汉书》武帝纪赞语)。所以四年后的建元五年(纪元前 136 年），有专门教授儒家经典"诗""书""礼""易""春秋"五经博士的特设，以及制定公费学习的博士弟子，接受五经课程，中国最早的"太学"成立，儒家思想由国家承认为正统学问（博士弟子名额最初五十人，以后连续增加到三千人，郡国也普遍设置公立学校），开始以儒家教育为准则，养成候补政府公职的新生力。续至元光元年（纪元前 134 年），同系依儒家教养基准，郡、国每年向中央推举"孝""廉"资格者的制度又接续设定。

此等大事件的发生，并非突然或偶然。汉初，秦朝高压的思想统制已解放，惠帝四年（纪元前 191 年）且正式废除秦朝的民间挟书禁令，虽然此期间黄老思潮汹涌，法家的强力余势又继续明显存在，秦朝复杂的律令条文，仍系汉朝行政、司法基准，道家与法家思想形成公开回复战国时代学派异论盛况中的两大主流，如《史记》儒林列传所说："孝惠、吕后时，公卿皆武力有功之臣。孝文时颇征用（文学之士居位），然孝文帝本好刑名之言。及至景帝，不任儒者，而窦太后又好黄老之术。"但儒家也正不屈不挠奋起，大胆回答汉高祖"居马上得天下，宁可以马上治之乎"（《史记》郦生陆贾列传）的陆贾，历惠帝、吕后，于文帝时代尚健在，其著作集《新语》，固亦大幅采用当时流行的道家无为思想，但其强调君主个人道德，与引仁义教化为全书主要论调的儒家政治思想，于当时流行思想包围中挺拔而起，无疑是对儒家有所作为的一大鼓励。儒林列传"颇征用"之语已堪说明。文、景之际著名人物中，贾谊"颇通百家之书"，尤近道家思想，却"以能诵诗书属文称于郡中"；晁错"学申、商刑名"，系法家人物，而出身也"以文学为太常掌故"（均见《史记》本传），换言之，都具有不安定的儒家思想。选举标准以"孝"始自文帝，以"廉"始自景帝，惠帝以来皇帝例以"孝"字为谥，更是明白的儒家意识影响。儒家抬头，从渐进而至武帝登位跃升压倒百家的位置，因之有其线索可循，非为意外，此其一。

其二，秦朝法家主义极端化强行、矛盾发生而自行崩坏的教训为汉朝所接受，新朝代中央集权体制轴心仍在君主的强力统御，如法家所主张的理论固甚分明，但其缺憾也必须避免。立国以来，渐渐向秦朝政治实体全面恢复的半个多世纪间审慎试验结果，已可发觉，具有类同法家符合统一君主利益的优点，而无其激进缺点的理论基础，当是儒家，正如《史记》太史公自序论六家之要指所说，儒者"以为人主天下之仪表也，主倡而臣和，主先而臣随"，以及"序君臣、父子之礼，列夫妇、长幼之别，虽百家不能易也"。抑且，汉初儒家已建立"中庸""时中"（《礼记》中庸）意识，内涵广泛的六艺经典因时制宜与弹性适应度增强，对百家学说的包容、调和或相与共存，缓和不同学说间尖锐对立的优点明朗化。

所以，当武帝时代，汉朝统一势力内外膨胀到达极峰，国家基本精神有其明显统一必要，与一个世纪以前秦始皇大统一时代，乃为相同，力争上游的儒家学理，其长处于汉朝已获再确认。秦朝大统一主义延长线上，儒家思想渐因适应时代而受欢迎，也终以学问上肯定支持汉朝政治而被承认为国学。视董仲舒历史文献贤良对策之言："春秋大一统者，天地之常经，古今之通谊也。今师异道，人异论，百家殊方，指意不同，是以上亡以持一统；法制数变，下不知所守。臣愚以为诸不在六艺之科孔子之术者，皆绝其道，勿使并进。邪辟之说灭息，然后统纪可一而法度可明，民知所从矣"(《汉书》董仲舒传),与昔年李斯建议:"古者天下散乱,莫能相一,是以诸侯并作,语皆道古以害今,饰虚言以乱实,人善其所私学,以非上之所建立。今陛下并有天下,别黑白而定一尊;而私学乃相与非法教之制,闻令下,即各以其私学议之,入则心非,出则巷议,非主以为名,异趣以为高,率群下以造谤。如此不禁,则主势降乎上,党与成乎下,禁之便。臣请诸有文学诗书百家语者,蠲除去之……"(《史记》秦始皇本纪、李斯列传),精神正相互通。特有兴味的,法家思想确立者韩非子与秦朝法治主义实行者李斯的共同师承,便是战国末期以迄汉朝儒家主潮流的代表人荀子,而思想统一的最初提案人,又便是荀子,《荀子》非十二子篇的议论至为明白:"一天下,财万物,长养人民,兼利天下,通达之属,莫不从服,六说者立息,十二子者迁化,则圣人之得执(势)者,舜禹也。今夫仁人也,将何务哉?上则法舜禹之制,下则法仲尼子弓之义,以务息十二子之说,如是则天下之害除,仁人之事毕,圣王之迹著矣。"

不论如何,秦朝法家的思想统一是失败了,汉朝以儒家原理建立国家理念成功,上溯孔子学说展开,时间经历四百年。

武帝治世,汉朝光芒四射,汉族对外积极交涉所形成民族大发展,以及对内政治、经济、文化、学术整备,国家代表者其人,无愧为伟大帝王。也惟其雄才大略逼似秦始皇,国家政策又直接便如秦朝政治翻版,可肯定秦汉相续,乃汉朝继承秦朝而又不断矫正秦朝政治缺失,才于武帝之世写下光辉的中国史篇。所以,秦汉大世纪,原是一体的,秦朝电闪而逝的历史意义,相当于雄大汉朝出现前的实验朝代。

四百年汉朝盛衰

汉初半个多世纪蓄储的雄大国力支应下，自纪元前二世纪中至前一世纪中，为汉朝黄金时代，前后持续约一个世纪。

国势强盛的前汉中期，非全时期一帆风顺，也曾在武帝晚年遭遇波折。武帝在位时间长久，皇太子刘据年事渐渐增长，有小人居间挑拨时，父子感情易生隔阂。果然，已蒙上的不祥阴影于征和元年（纪元前92年）引发了大事件，老衰的武帝患病又病状恶化，被指用咒术促其早死的宫中巫蛊大疑狱兴起，被捕牺牲者颇多，三十八岁的皇太子受牵连，次年以谋反罪自杀，续在长安城大搜捕下，已逃匿的皇太子一家，包括其两子均死，出生仅数月的长子之子，皇太子的唯一孙儿，得牢狱中女囚哺乳，幸仍生存，稍长时又养育于民家。年迈的皇太子之母卫皇后（匈奴征伐成功未几即去世的大将军卫青之姊，卫皇后四姊之子即霍去病），也以皇太子事件而赐死。宫廷大悲剧演出后武帝续立的太子，已系其反常心理下，舍弃所有年长诸子而选择其六十三岁所生幼子刘弗陵。

武帝七十一岁崩，年仅八岁的新皇太子继位为昭帝，遗诏由已故骠骑将军霍去病之弟霍光、匈奴降王之子金日䃅、霍光儿女亲家上官桀（其子上官安系霍光长婿）共同辅政。金日䃅翌年即去世，上官桀、安父子旋以导演株连极广，关系昭帝之姊鄂邑长公主、昭帝之兄燕王、御史大夫桑弘羊等的宫廷大政变失败，伏诛或自杀。历史上以谨严审慎定评的霍光，以大司马大将军录尚书事，其后十余年间集中大权在一身，努力于武帝政治的收拾整顿，与民休息。昭帝二十岁崩，无嗣，由名位上次于丞相而实质已系代行皇权的霍光带头，大臣们先是迎昭帝兄子嗣昌邑王刘贺继承帝位，又以其人精神异常，行动多逸出常轨，在位二十七日即废，不予列入汉朝帝系之数，续立武帝曾孙刘询，汉朝另一名君宣帝。

宣帝便是昔年巫蛊事件致死，事后冤狱获得平反的卫皇后太子之孙，父母同告屈死的孤儿，自幼受苦难，成长于民间，所以深体民情。十八岁登位，数年后，便随霍光之死彻底弹压权威过分庞大的霍氏一族，新立为皇后的霍光之女也被废，乃其处事魄力的最初表现。在位二十六年，乃是有守有为的堂堂圣天子典型，非只继承了武帝全遗产，更对武帝事业加以光大，愈增添其绚烂光辉，而同时又修正武帝损耗财用的弊病。政事亲自决断，相当于皇帝秘书处长官之职的尚书令权位再加重，拔擢有才能正直官员重用，政治清明。不断豁免田租与减轻算赋、口赋，中国最初具有调节谷价功能的常平仓创设，《汉书》食货志大书"岁数丰穰，谷至石五钱"，正可概括其时人民生活安定、国家经济丰裕的一般情况。对外关系同样气象万千，中国世界的周延再度广幅展开，名将赵充国平服羌族诸集团，西域都护开始实质统制了帕米尔东西诸国，对北亚细亚霸者匈奴的坚实包围圈形成，制造其内部大分裂，而有甘露三年（纪元前51年）呼韩邪单于亲朝长安，服从汉朝领导的历史划期大事件庄严演出，汉匈百多年抗争以汉朝全面性胜利，匈奴转变立场参加中国支配圈为恭顺一员而落幕。也惟其如此，余波延续至元帝时代，汉军兴起武帝以来第二次蒙古高原大远征，击杀与呼韩邪单于对立的郅支单于。逼迫匈奴拒绝投降的分子退出北亚细亚，向西移动，扶助接受汉朝保护、居住大戈壁以南的呼韩邪族人统一沙漠南北，中国北方边境真正的长期和平实现。所以，宣帝治世，通国内、国际两方面，同系立于汉朝黄金时代绝顶期，为堪认定。汉朝世界大帝国的气概，正如一望无涯的汪洋大海，博大、雄伟而又壮阔。

英明君主宣帝崩而其子元帝嗣位，于汉朝历史又系一大转捩。《汉书》元帝纪记载其尚系皇太子时与父宣帝的一段对话，为堪重视："（元帝）柔仁好儒。见宣帝所用多文法吏，以刑名绳下，……尝侍燕从容言：陛下持刑太深，宜用儒生。宣帝作色曰：汉家自有制度，本以霸王道杂之，奈何纯任德教，用周政乎？且俗儒不达时宜，好是古非今，使人眩于名实，不知所守，何足委任？乃叹曰：乱我家者，太子也。""用儒生"而"乱吾家"，正是初现时代转捩的胎动，但其诠释必须回溯到武帝时代。

武帝尊儒，《史记》儒林列传所说："黜黄老刑名百家之言，延文学儒者数百人"，最足表现其意。便是说，建立儒学国学权威的同时，对百家之言只是贬抑而非禁止。事实上，当年秦朝政治的法家思想独裁指导下，消灭对象也仅在私学与私人藏书，官方博士仍系百家思想俱在。汉初有名的儒者叔孙通便是秦朝博士，文帝至武帝间一代大儒伏胜也系自秦朝遗存的博士。武帝表章六经，仍然附着的是温和色调，保存学术自由风气，《汉书》艺文志已明言："（武帝）建藏书之策，置写书之官，下及诸子传说，皆充秘府"，并非便是遵循儒家理论支配政治之谓。新经济政策提案人与执行人桑弘羊等理财家，其非儒者为历史界共知。以"推恩令"建议获得实现而著名的主父偃是纵横学者，却都活跃于尊儒之后。即使尊儒提案人董仲舒自身，以及布衣宰相第一人公孙弘与另一学者大臣倪宽，《汉书》循吏传指出："三人皆儒者，通于世务，习文法，以经术润饰吏事"，董仲舒且在中大夫的职位上几乎犯死罪,并未以尊儒而得志。惟其如此,以儒家思想修饰法家,乃系武帝以来汉朝的独特政治原理,宣帝所明言的"霸王道杂之"。大转捩便是元帝继位,《汉书》元帝纪赞曰:"元帝多材艺,善史书,鼓琴瑟,吹洞箫,自度曲,被歌声。分刌节度,穷极幼眇。少而好儒,及即位,征用儒生,委之以政。贡、薛、韦、匡迭为宰相",正是宣帝"乱吾家"预言的应验。元帝次代成帝如同其父,也是位学问皇帝,《汉书》成帝纪称其"好经书","博览古今"。儒家思想发达为政治上支配实力,儒学自树立国学地位而向实际政治运用转折,都须待宣帝时代结束,而非便是武帝当时。换言之,儒学被承认为权威学问固系武帝时代,政治基本方针忠实追随儒学理论,则至元帝时代以后,前后经历约一个世纪时间,于汉朝编年表上,恰与前汉中期的全程相配当。

但是,也便自温厚好学的儒者君主元帝时代,《汉书》元帝纪赞另一段记载同堪注目:"而上牵制文义,优游不断,孝宣之业衰矣。然宽弘尽下,出于恭俭,号令温雅,有古之风烈。"成帝纪赞又言:"善修容仪,升车正立,不内顾,不疾言,不亲指。临朝渊嘿,尊严若神,可谓穆穆天子之容者矣。容受直辞,公卿称职,奏议可述。遭世承平,上下和睦。然湛于酒色,赵氏乱内,外家擅朝。"显见纪元前一世纪后半的元、成两帝时代,汉朝强盛中已现衰颓之兆,政治力渐渐转弱的时期开始,约略以公历纪元之始为界而对分汉朝四百年为前、后汉的前汉二百年,自此转入后期。汉朝宫廷原未重视的美人与君主故事也已出现,历史上艳称"环肥燕瘦",前者形容唐朝杨玉环,后者所指即汉成帝时的赵飞燕。《汉书》成帝纪对这位风流倜傥、风度气质绝佳的贵公子型天子的赞语，接续惋叹"建始以来，王氏始执国命，哀、平短祚，莽遂篡位"，"外家擅朝"终于种下中断汉朝命脉的祸因。

"外家"的习用名词是"外戚"，汉朝发源于天子皇后（妻）或皇太后（母）的外戚势力与政治相结合，原系其传统。立国之初，吕氏一族与相婚配的樊哙等姻亲，环绕吕后周围形成一大势力集团，为最堪举证。文帝窦皇后由皇太后而太皇太后，历景帝（其子）至武帝（其孙）之初始崩，前后四十多年间，对政策与政府人事影响力之巨，不难自《史记》《汉书》有关诸人传记见出。《汉书》外戚传大书"窦太后好黄帝、老子言，景帝及诸窦不得不读老子，尊其术"，"文景之治"相续的动力出诸窦太后，也可以想见。窦太后之侄窦婴，景帝时任大将军担当征伐吴、楚统帅，武帝之初位登丞相。后续丞相之一田蚡又是另一外戚，为景帝之后与武帝之母王太后的异父同母弟。王太后之母先配王氏再嫁田氏，王太后自身也是先嫁金氏，生一女后才入尚系皇太子的景帝之宫。武帝卫后姊弟更以均系私生子女，所以从母姓卫，而此一系统外戚卫青与其甥霍去病、霍光兄弟不朽事业又所共知。所以，女子再婚无歧视与具有家族（扩大而为国家）发言权的古代社会遗习，通汉朝均强烈表现，初非前汉后期特有现象。但是，随前汉中期的政治改革，前此外戚例以恩泽封侯，原已与功臣侯地位平等，武帝次代昭帝以来，外戚以大司马录（领）尚书事，领导出入宫廷的所谓内朝官制度化，权势的保障乃又加大稳固。以迄成帝四十六岁壮年崩逝，未遗留子嗣，预立为皇太子继位者乃其侄哀帝。哀帝亦无子，另立其叔伯兄弟平帝，帝位继承连续波动，成帝之母元帝王皇后，由皇太后而太皇太后，长期在位，乃有如《汉书》元后传赞："历汉四世，为天下母，飨国六十余载（按：实数五十四年，通算至王莽篡汉后八十一岁崩，才符合六十余载之数），群弟世权，更持国柄，五将十侯"所指示，半个世纪时间的培育下，不断抬头的王氏一族完全垄断汉朝国政，外戚势力发展到空前庞大的局面。外戚专利的大司马官位，便于哀帝时代一跃而居丞相制改立的新制三公（大司马、大司徒、大司空）首位。至此阶段，前汉气运已是阴霾密布。

王氏外戚得志，始自王太后之兄王凤于成帝即位时任大司马大将军领尚书事，兄弟相续，至成帝之崩前一年，制造前汉大悲剧的主角登场——虽仍是王氏一员，却非王太后兄弟而已系其侄辈，三十八岁的王莽接任此一高位。哀帝在位的六年是个外弛内张的时代，哀帝生母丁太后与妻傅后的丁氏、傅氏家族兴起，王莽辞任，与已进位太皇太后的王太后退居幕后。哀帝二十六岁暴死，太皇太后迅速自所居长乐宫驰向皇帝的未央宫，取回代表帝权的皇帝御玺在手，急召王莽协助，选立年仅九岁的平帝继位。又诏当时任大司马之职的反对势力代表人董贤自杀，王莽以大司徒孔光与大司空刘宣推荐而再任大司马，丁氏、傅氏自杀，不服从的大臣或死或免职（汉朝大臣，普通例不受审与服刑而命自杀，以示不辱），反对势力一扫而空。王莽确立独占汉朝政治的权力，局势乃急转直下，于幼弱平帝五年帝位期间，周公辅成王的历史重演。元始元年（纪元元年）初置三师，即成帝末便任丞相的三朝元老，儒学耆宿与孔子十四世孙孔光被推为太师，王莽自任太傅，族弟王舜为太保。同年，以益州塞外蛮夷献白雉，符合周公时南国越掌氏献白雉故事，王莽受汉朝前所未有的安汉公封号；四年（纪元4年），以王莽功勋非只合乎周公，也同殷朝伊尹，因周公任太宰，伊尹称阿衡，王莽兼二圣人事业而合两称谓加号"宰衡"。次年，王莽续又史无前例的受特别仪礼"九命之锡"（车马、衣服、乐器的天子之仪），对王莽的礼遇已与天子同。同年（元始五年，纪元5年），渐渐懂事的十四岁傀儡小皇帝平帝被王莽毒死，改立宣帝旁支庶出玄孙，年仅二岁的婴为皇帝后继人，模仿周公所辅成王《尚书》之语号"孺子"，而王莽"居摄践祚，服天子黻冕，南面朝群臣，车服出入如天子"（《汉书》王莽传），祭祀称"假皇帝"，平时称"摄皇帝"，年号也赫然便是"居摄"。相隔三年的居摄三年（纪元8年）末，王莽四十四岁，和平转移汉朝政权成功，正式登位皇帝，国号"新"，依周公封殷朝后裔故事，封婴为安定公（旋弑）。王莽姑母王太后，十八岁入元帝宫，十九岁生成帝，三十八岁为皇太后，四十余岁实际政治发言，私心庇护母家发展的结果，至王莽羽毛已丰以后，显然失却了控制，《汉书》元后传用以说明的是"不以为可，力不能禁"八个字。待篡位一幕上演，王莽派遣王舜向王太后索取汉朝传国玺时，《汉书》元后传的记录颇为详细，王太后先是怒骂，继涕泣而言："我汉家老寡妇，且暮且死，欲与此玺俱葬"，最后迫不得已，"出汉传国玺，投之地以授舜，曰：我老已死，知尔兄弟，今族灭也"。悲愤之语，令人恻然，却是后悔已无及。入新朝后第六年的始建国五年，这位前汉的未亡人以八十四岁高龄去世。

王莽篡汉的另一面，其乃元帝、成帝时政治顺应儒学原理后的巨大回响，儒家思想对政治的矫枉过正为不容漠视，政治家非只要熟通经典，个人立身处世也极端模仿古代圣人君子言行，才认定系真正有德者而受尊敬。王莽早丧父，事母至孝，勤勉好学、谦恭有礼，身为贵戚而家庭生活俭约朴素，对宾客、知友、朝士则不吝厚遇，青年时代便以儒家学者盛博声名，成为一位众口交赞、富有古代君子之风的受器重人物。所以，其自叔伯辈间脱颖，受太后提拔，自身便具备客观条件，得当世知识人支持，热心期待王莽树立儒家准则的现世圣人典型，予理想中圣人以现实化。王莽在如此情况下青云直上，努力适应政治社会与学术界的共同心理，而另一方面也是此一共同心理被王莽利用。完全支配朝政期间，礼贤下士，虚怀若谷，太学也于此际扩大规模至学生定员达万人。一度退隐时，王莽次子先以杀一奴隶命自尽，再执政期长子又因反对其整肃平帝母卫氏一族，而投狱令自杀，以示国法之前人人平等，不容许亲情徇私，符合周公诛管、蔡故事。从叹佩、敬慕发展，朝野对王莽已是狂热而盲目的偶像崇拜与拥戴，赞美声浪愈唱愈高，安汉公、宰衡、九锡加授，《汉书》王莽传记述，便都是群臣于感奋的冲动状态下提议，奏可太后而实现。元始五年是王莽大事业的决定性一年，上书歌颂其功德的人，前后至于四十八万七千五百七十二人之数。到披上了周公辅成王外衣再以孺子婴为过渡，上演扮皇帝舞台剧时，其弄"假"成"真"，已属必然之势。圣贤以禅让方式继承帝位的儒学理想，决定主权者地位非以武力，由异于放伐革命的和平革命达成目的，原都不过经典中远古传说，如今真已于王莽之身实现。此例之开，终对其后的后汉、魏、晋、南北朝、隋、唐各朝代转换，树立了"禅让"现实模式，包括其前奏曲"九锡"也同开先例。

汉初也曾埋伏吕氏外戚颠覆汉朝的危机，而由功臣与刘氏皇族联合平息，汉末朝士固倒向了外戚一边，间隔近二百年时的刘氏皇族存在态势，也已面目全非。《汉书》诸侯王表序说："诸侯惟得衣食租税，不与政事。至于哀、平之际，皆继体苗裔，亲属疏远，生于帷墙之中，不为士民所尊，势与富室亡异"，而《汉书》高五王传赞又称："诸侯惟得衣食租税，贫者或乘牛车"，总结到诸侯王表序下文所述："是故王莽知汉中外殚微，本末俱弱，亡所忌惮，生其奸心。因母后之权，假伊、周之称，颛作威福庙堂之上，不降阶序而运天下。诈谋既成，遂据南面之尊。"简言之，王、侯多已无力，甚或没落。非始封或非爵位继承者的绝大多数皇族，且只空具载在牒谱所谓"属籍"的宗室名，实质便都是平民。不惟此也，"诸侯、王公、列侯、宗室"字样，堪注意又累累出现于《汉书》王莽传中，与"公卿群臣"同系不断要求加赏王莽的一群。汉朝最著名学问家之一的宗室刘歆，其为王莽皇帝演出作舞台装置特为热心，又为历史界所共知。王莽舞台脚本是儒家经典《尚书》《周礼》，《周礼》原被考定乃纪元前四世纪战国时代之书《周官》，今日了解，便以刘歆的有意曲解原文意味而改名，原文伪作与篡改之处颇多，目的便在为王莽新朝代复古主义的制度大改革成立文献依据。依于同一理由，早自宋朝以来，部分学者甚且主张，今日残存所见《周礼》，直接便是这位前汉之末的大学者刘歆所编集。①

新朝代以"新"为名，意味与民更新当可了然。汉朝社会，以已经历二百年而滋生的问题，其时必须解决也属诚然。汉朝社会最大问题的土地集中与工商业资财累积过速，原自武帝治世便已警觉，却于实施商业资本家压抑政策的同时，对大土地所有事态终无善策。主要纳税者的小农民之数因之渐渐减少，而佃农

---

① 今日苏联科学院《世界通史》仍承袭此说，见东京图书版日译本古代5.，第706页。

增多，债务奴隶制增大。相对方面，吏民中强者伴随自耕农大量没落之势形成豪族，以及豪族不断抬头，又逼迫国家对土地兼并与集中现象愈无力干预，互为因果发展的结果，贫富差距愈拉愈大，社会、经济矛盾愈多，无可避免加大了黑暗面的扩散。所以黄金时代过去，社会不安已经显现，成帝时代以来，国内局部性频频骚动之势造成。王莽以篡夺变换朝代的方式进行改革，未始非着眼于此，以复古姿态，假托周公所制定《周礼》作改革蓝图，也无妨谓之非瑕疵。然而，理想制度通盘出诸幻想，政策全然脱离现实，以之轻率强行的结果便是——

政治上：中央政府制定三公、九卿、二十七大夫、八十一元士的机械化官制，四辅（位上公）与三公、四将，又合为十一公，以及公、侯、伯、子、男五等爵名。地方行政区划大事更张，分天下为九州，有六卿、六尉、六遂、六服之名，又分关中置左、右二伯仿周、召故事，郡长官改"大尹"，县长官改"宰"，首都长安之名改"常安"。郡名且五度变更，结果无所适从，颁发诏书非附记旧名无从到达，政务停滞，上下困扰，国内政治陷于大混乱。

经济上：收天下土地均为"王田"，奴隶改称"私属"，一律禁止买卖。恢复古代井田制度，男子不满八口家族而田超过一井的，所有余田分与亲戚邻里。"五均""六管"之令的详情，如同田制"井"一样无法明了，就"均""筦"（"管"的意味）字样，可知大约是物资、物价的国家统制。文献记载，国都长安与洛阳、邯郸、临淄、宛、成都等五大都市各又成立区域管制中心。废止汉朝五铢钱而改铸金（一种）、银（二种）、龟（四种）、贝（五种）、钱（六种）、布（十种）等六类二十八种货币发行。

一系列注重齐整数字的政策推行，王田制首遭大土地所有者猛烈抵抗，一般自耕农也对无实惠的空论不表欢迎，所以法令发布未几，便恢复准许庶民买卖王田。货币制度复杂的种类与换算率，使用太不方便，币信、币值均跌，民间不顾严罚禁令，仍然持用五铢钱。专卖种类扩大与其关联的间接税增重，已予民间产业打击，纯依理论而无弹性的政府统制市场物价，又阻害了工商业流通甚且农产品的交易，人民生活恶化，经济也陷于大混乱。

王莽理想的复古主义改造与理想国建设，终以立法基本出发自幻想，漠视社会客观情势，既已发布的法律又以不切实际，紊乱而朝令暮改，以及因之造成执行法令时地方官更多滥用职权机会，而完全失败。既失全社会上下阶层支持，更对社会大众无论贫富均加损伤，打击最严重又是最难熬折腾的贫农与一般低收入者。社会、经济矛盾，便因国家丧失信用而较前汉后期反形激化，已动荡的社会秩序愈益恶化。

对外关系又是新政权一大失败，立于传统"天无二日，地无二王"之义的名分论，王莽尽废国内原汉朝所建诸王国固为当然，也对中国世界或中国势力统制圈内附属的诸外国蛮夷君主如西域诸国、云南方面的钩町王国、东北夫余等一律贬低汉朝原所封赐"王"的地位为"侯"，分别派遣使者通告与换颁印信。毫无实际意义而仅供满足个人夸大意识的轻举妄动，反感特甚的是寓有"客臣"意味，"外臣"（诸属国）之首的匈奴单于，王莽改单于玺为"章"，匈奴感情大受刺激，单于抗议无效，乃愤然不承认新朝政权，拒绝接受领导，战乱随亲善关系破裂而挑起，中亚细亚方面属国也连锁性叛离，杀西域都护。王莽又因此改匈奴单于称谓为侮辱性的"降奴服于"，计划分派十二将，十道并出，

"行皇天之威"惩罚单于,《汉书》王莽传中记载为此而募天下囚徒、丁男甲卒三十万人时,"自负海江淮至北边,使者驰传督趣,以军兴法从事,天下骚动"。东北域内高句丽国且遭池鱼之殃,同在征发之列而所征兵出长城时多数逃散,王莽大怒之余,高句丽侯被斩,国名也被改"下句丽"。结果则此次匈奴征伐雷大雨小,以其传记未见下文而可知乃不了了之,但是所激起人心浮动,于其人不负责任的政治、经济盲动而呈现的不稳局势,起到火上加油作用。再加连年旱灾饥馑,人民大流亡潮形成,对新政权反感日甚一日,盗贼蜂起,自前汉末以来的农民武装暴动大规模发展。而当农民反乱火头处处点燃之际,王莽竟再度疯狂地全国性招募壮丁、编大部队,大举强征人民财产充军费,续图征伐匈奴。《汉书》王莽传中所记录"大募天下丁男及死罪囚、吏民奴",以及"一切税天下吏民訾三十取一"之后,又忽发奇想:"又博募有奇技术可以攻匈奴者,将待以不次之位。言便宜者以万数,或言能度水不用舟楫,连马接骑,济百万师;或言不持斗粮,服食药物,三军不饥;或言能飞一日千里,可窥匈奴。莽辄试之,取大鸟翮为两翼,头与身皆著毛,通引环纽,飞数百步堕。"以外征作儿戏,匈奴征伐未行,人民胸中积郁怨忿不可抑制,燎原之势的反叛运动之火光,已照遍中国。

王莽丧钟愈敲愈响,也愈敲愈近,地皇四年(纪元23年)已系新朝最后之年,其人终倾覆在全国民众怨恨与愤怒交织而成的火网中。长安被攻陷,大火焚烧宫廷时,《汉书》王莽传下的记录文字是:"莽绀袀服,带玺韨,持虞帝匕首。天文郎桉栻于前,日时加某,莽旋席,随斗柄而坐,曰:天生德于予,汉兵其如予何?"模仿孔子"天生德于予,桓魋其如予何"(《论语》述而篇）语调。待"犹抱持符命威斗"企图逃亡时，宫前重重包围的反抗军已冲入，王莽被杀，死时年六十八岁。短命的新朝维持仅十五年，与统一的秦朝寿命恰相巧合。

王莽今日已成政治史上有争议人物，唯物史观学者强调之为彻底改革政策断行者[1]，若干史家又以同意其系国家社会主义者为再评价[2]，将其失败的主要原因归结到执行政策官员的怠慢与偏差，不能忠实贯彻[3]。而历史界凭以认识王莽的大历史家班固所著前汉史《汉书》，在三倍于一般人物传记篇幅的王莽传中，却只见其政策的悬空而又僵硬与机械，与现实游离，以之便谓社会主义思想，偏激与有意夸大可以显知，充其量只是空想的国家社会主义而已。《汉书》系推翻新朝而汉朝复兴后的著作，以所站立场而影响后世，对王莽加以包藏于儒家衣裳内的大阴谋家与伪善者烙印，偏向于对其邪恶阴险性格的暴露，固似过当，过犹不及的赞美同系无来由。王莽时代的出现，虽可谓为中国史特异的一页，系汉朝政治、社会、经济、思想特别是关于流行的阴阳五行与谶纬学说各方面变化的交织，于研究上尚有再深入必要，而王莽其人的个人性格，则已颇明晰，持平而非过与不及的印象批评，须谓为受儒家经典激励过度，一个矫情的神经质者与幻想者，被尚古的儒家潮流烘托，愈走愈偏向夸大狂发展，注定自身悲剧下场，葬身于现实政治之前，更为国家、人民加重了灾祸。

对王莽的反抗运动，自始建国三年（纪元11年）黄河堤防溃决，下游河床变道而发生大泛滥以来，雪球似愈滚愈大。中

---

[1] 苏联科学院《世界通史》，东京图书版日译本古代5.，第706页。
[2] 贝塚茂树即持此意见，参阅《中国史》（上）第182页。
[3] 苏联科学院《世界通史》，东京图书版日译本古代5.，第708—709页。

国南北，同以连续的水旱饥馑与被迫流亡，大量民众非饿死、冻死，便转化作盗贼。一处处暴动人数往往容易聚合至数万，先头乃是贫农、奴隶、牧人、渔夫、小商人等，以及逃亡兵士，所过包围城市加以占领，夺取谷仓，杀戮地方官吏，掠劫富家，于汉朝尚系单纯的饥寒动机，其时已演变为具有强烈政治意味的反抗王莽新朝大运动。同一时期，北方国境守备队的军人，也以不获退伍与粮食匮乏的原因，卷入了"盗贼"漩涡。待准备征伐匈奴而强征人民财产三十分之一时，原已对王莽政府不满的大土地所有者即所谓豪族，大反感也已不可遏止，奋起率领私兵与地方自卫队，与人民大众携手参加了反叛运动，此外，地方官吏自也同样蹚下了浑水。惟其如此，王莽以"地皇"为年号的最后四年，暴动地域广泛波及安徽、江苏、山东、河北、山西、河南、湖北、四川、陕西、甘肃等几乎全中国，各地蜂起的反叛军成分，也已呈现社会上下各阶层的合流。

暴动的广域波及，最壮大两巨流，均自天凤年间便已蠢起反旗。北方乃山东地方为起源，染赤眉毛以与前往征讨政府军区别的赤眉军，指导者系贫农出身的樊崇，由莒县起兵，移动至泰山山中为根据地，一时山东与江苏北部，以荒歉而人心动摇，农民纷纷响应，又吸收逢安、徐宣等另数支庞大反乱军加入，而势力膨胀；南方农民军因以湖北绿林山（今日当阳东北）为据点而称绿林军，首领王匡、王凤、马武、王常等，与赤眉军相同，短短数年间势力快速发展。但因参加人口的急剧增加，过于集中，地皇三年（纪元22年）一次恶疫流行，病倒者至半数，势力被迫分散流动，各各以下江军、新市军、平林军等为名，而彼此仍相联系。汉朝的复兴者后汉光武帝刘秀，便于此王莽灭亡前一年的地皇三年，追随其兄刘縯举兵南阳郡，与新市、平林、下江军合流，统一行动。《后汉书》齐武王縯列传记载刘縯指挥起兵的一幕："于是分遣亲客，使邓晨（縯妹夫）起新野，光武与李通、李轶起于宛。伯升（縯字）自发舂陵子弟，合七八千人，部署宾客，自称柱天都部。使宗室刘嘉往诱新市、平林兵王匡、陈牧等，合军而进。"

叛乱之注入政治意识，以时间与朝代变换相隔甚近，对王莽起大反感，相对也存颇为自然的"人心思汉"。其延伸，又产生如刘縯与下江军合纵时，下江军首领王常"王莽篡弑，残虐天下，百姓思汉，故豪杰并起。今刘氏复兴，即真主也"（《后汉书》王常列传）的思想，此一思想在各处反乱军中连锁影响而发展为共同心理，推举原汉朝帝裔对外号召，乃形成王莽终末期的反乱特色。甚至与匈奴呼应的北方五边郡割据者卢芳，便伪称自己系汉武帝曾孙刘文伯；邯郸王郎联合河北豪族起兵，也冒用成帝之子刘子舆名义。地皇四年，旧绿林军诸集团与刘縯军联合阵线，自湖北北进河南宛（今南阳），已系总势十多万人的大兵团，有其统一领导必要之际，平林军所属更始将军，与刘縯兄弟同五世祖的族兄刘玄，得新市、平林全军与下江军一部的支持，压倒仅下江军王常一支与直属部队拥护的竞争对手刘縯，而登上帝位，恢复汉朝旗帜，以更始为年号，是年（即王莽地皇四年，纪元 23 年）为元年，史称"更始帝"。大司徒刘縯主力攻陷宛城定都之时，王莽动员天下兵力，已堪称有史以来破纪录庞大之数，百万兵员而内中甲士四十二万人，集中洛阳向南进讨。讨伐军推进至已被汉军占领的宛城东北前哨昆阳（今河南叶县），时任更始偏将军的刘秀自敌军先头部队十万人包围的城中脱走，调集附近诸城援兵返回，猛扑敌军中坚，城内守军开门接应，于总兵力仅万余的众寡悬殊形势下，内外合力死中求生奋战。王莽大军四散奔走，横尸遍野，全线总崩溃，又逢大雷雨，豪雨如注中大撤退的败军，自相践踏争渡河，溺死者又以万数，总司令三公两人，其一阵亡，另一率诸将自积满尸体的河上渡河逃归洛阳。是役，便是有名的昆阳之战，强迫征发而士无斗志的大打击，终决定了新朝命运。胜利的一方自此分兵进发，向北攻洛阳，向西长驱武关，目的地直指长安。不幸，其时刘縯在宛，已因名望太过隆盛，遭拥立更始帝的一派嫉妒而遇害，刘秀闻噩耗黯然归宛，强自抑制内心悲痛不令外显，枕边才时见哭泣长兄之难的泪迹，谨慎避免自身再遭毒手，以等待继承其兄遗志的机会。

同年，趁昆阳会战大胜进击的更始军，洛阳、长安俱下，王莽被斩杀皇宫的平台上，新朝被打倒，更始帝自宛先迁都洛阳，次年（更始二年、纪元24年）初再迁都长安。进入汉朝二百年帝都的农民军上下，其无教养、无秩序、人民大失望的景况，《后汉书》有关传记说："（更始）日夜与妇人饮谑后庭。群臣欲言事，辄醉不能见。……其所授官爵者皆群小贾竖，或有膳夫庖人，多著绣面衣、锦裤、襜褕、诸于，骂詈道中。长安为之语曰：灶下养，中郎将；烂羊胃，骑都尉；烂羊头，关内侯。……自是关中离心，四方怨叛"（刘玄传）；"天子之命，不出城门，所在牧守，辄自迁易，百姓不知所从，士人莫敢自安。虏掠财物，劫掠妇女，怀金玉者，至不生归"（耿弇列传）。所以，当更始帝都洛阳时，一度协力合作而又反目的另一大派农民军，东方赤眉军进出河南，攻入关中，更始三年（纪元25年）秋进军长安时，战意尽失的守方军队无力抵抗，城陷，更始帝投降后被绞杀。而赤眉军展开长安大攻击之前三个月，也已立汉初以平吕氏功封城阳王的高祖之孙后裔，其时在军中充杂役牧牛的十五岁少年刘盆子为皇帝，号建世元年。帝都易手的意义，等于变换另一"汉朝"。但接替的此辈新统治者行为，见诸《后汉书》刘盆子传："赤眉贪财物，复出大掠。城中粮食尽，遂收载珍宝。因大纵火烧宫室，引兵而西，……转掠城邑。……复还，发掘诸陵，取其宝货，遂污辱吕后尸。"非只暴露其无统制而仅知掠夺，视更始集团如出一辙，毁残长安，蹂躏三辅，无人性地辱及女尸，丧失人心较之更始集团尤甚，无可挽回地已堕入自灭之途。

刘玄的绿林系与刘盆子的赤眉系，于王莽死前非反乱军仅有的两支，于王莽死后亦然，割据地盘相互并合离析频频，而且诸独立势力中，地方豪族与地方官中投机的野心家所领导的集团，渐渐已凌驾以强力破坏、流动为特色的"盗贼"系统。以百忍得免整肃的刘秀，便于此时与此情况下脱颖，更始帝都洛阳期间，受命以破虏将军行大司马事，攻略河北，自此由雌伏樊笼脱走，掌握了命运转捩的契机。更始二年，从挫折中艰苦崛起，先消灭以邯郸为本据的河北最大割据者王郎，建立其事业起点。接续，河北铜马、青犊、铁胫等为数二十支以上独立军中最强大的铜马贼投降，数十万人大部队一举尽归刘秀麾下，又构成刘秀最大资本，赤眉、旧绿林以外的第三势力实质已经成立，已知刘秀异心的长安方面因而称之为"铜马帝"。而再编成的刘秀集团由豪族地主指导农民军，形态与性质，却都已与无论赤眉或绿林军迥异。刘秀无愧是中国史上最大组织家之一，河北经略自此得手应心，各战线顺利展开，河北混乱局面渐次廓清，赤眉军西进关中时，刘秀已西入山西，又南向洛阳正面攻击。赤眉军立刘盆子为帝的约略同时，二十八岁随兄起兵，相隔三年，其时三十一岁的刘秀，也在鄗（今河北高邑）登位皇帝，建元建武元年（更始帝的更始三年、刘盆子的建世元年、纪元 25 年），是即后汉第一代光武帝，以及汉朝又两百年历史的开始。但长安更始帝尚未被赤眉军攻灭以前的三个月间，中国三个汉朝年号同时并见，为堪注意。

尽毁了汉朝宫室与官衙的长安占领者赤眉军，最后不得不因"三辅大饥，人相食，城郭皆空，白骨蔽野，赤眉虏掠无所得"（《后汉书》刘盆子传），放弃关中东返。而出关便是以山西、河南平定，自河北定都洛阳的光武帝势力圈，赤眉军归途被预已部署的光武帝大军切断，决战下大溃，首领群与傀儡皇帝刘盆子均被捕虏，时为建武三年（纪元 27 年），自此两年间赤眉余势全行镇压。其后，便是前此所造成中国支离破碎局面的收拾，宗室、豪族、原地方官与农民军的各个地方性独立政权，一一和平或武力并灭。建武十二年（纪元 36 年），最后的西方四川公孙述割据势力倾覆，北方也以卢芳逃入匈奴而国境领土收复。中国恢复全领域统一成功。建武二十四年（纪元 48 年）匈奴南单于再降汉朝，光武帝次代明帝时恢复派出西域都护，对外关系复活。后汉新秩序已全向前汉规准回复。

汉朝以光武帝而再兴，历史界自此改称后汉，以与王莽短命新朝以前的前汉区别。但前后汉年代不相衔接，非仅间隔新朝的十五年而已，尚须续加名义上已系汉朝的更始二年一个年次（元年与王莽地皇四年重叠），中断年数因之乃是十六年（纪元 9—24 年）。同时，前汉首都长安，甚至三辅或关中全域，以赤眉军大破坏而昔日繁华烟消云散，化为满目疮痍之地，后汉转以光武帝事业基础的洛阳为首都，此乃前汉也称西汉，后汉也称东汉的历史由来，与周朝西周—东周之分，解说上同一基准。

后汉政治蹈袭前汉后期，但是政治性格已迥异前汉，从其创业经过为容易辨明。光武帝祖先乃前汉景帝之子长沙王发所分出的后裔，自高祖起算的第九世孙，却已久系无爵位的宗室。汉朝徒具皇族之名而实质便是平民的所谓"宗室"，下场非没落，即向官宦之家或前汉中期以来渐渐育成的地方豪族转化，光武帝家族出现于王莽时代的面貌，便是定居南阳郡蔡阳县（今湖北枣阳）的豪族大地主。母族樊氏、妻族阴氏、其姊夫族郭氏，无一非南阳有力豪族，最早鼓励光武帝起兵，又系世代大商人的南阳豪族李通。光武帝之子明帝图画父帝创业功臣"云台二十八将"，其中仅两人为旧绿林农民军出身，少数县吏，绝大部分也都是拥有强大私兵，具动员力的地方豪族，如光武帝事业起点的王郎攻略，从失利到挽回颓势，便因及时获得"刘植、耿纯各率宗族、宾客数千人以迎"（《后汉书》光武帝纪）；或者，响应革命军到达的当地现任郡、县长官。以贡献具特殊意义而与二十八将合图云台的另四人，除李通外，和平奉还统治权的原河西走廊割据者窦融，乃关中豪族；卓茂则前汉遗臣，以拒仕王莽节义而受尊敬；仅王常系光武帝早期绿林军中支持最坚定的忠实伙伴。再一因系明帝自身岳父而未登云台图谱的名将马援，同系关中名门豪族。所以，后汉创业，统治层结构较之前汉高祖开国的平民色调浓厚，显然异质，却也惟其如此而符合了朝代"中兴"的意味，抑且，农民军无似高祖时大量政治人才协力，不可能成大事。史学家间存在非难后汉复兴成功，系以推翻新朝政府的农民军为工

汉朝帝系图

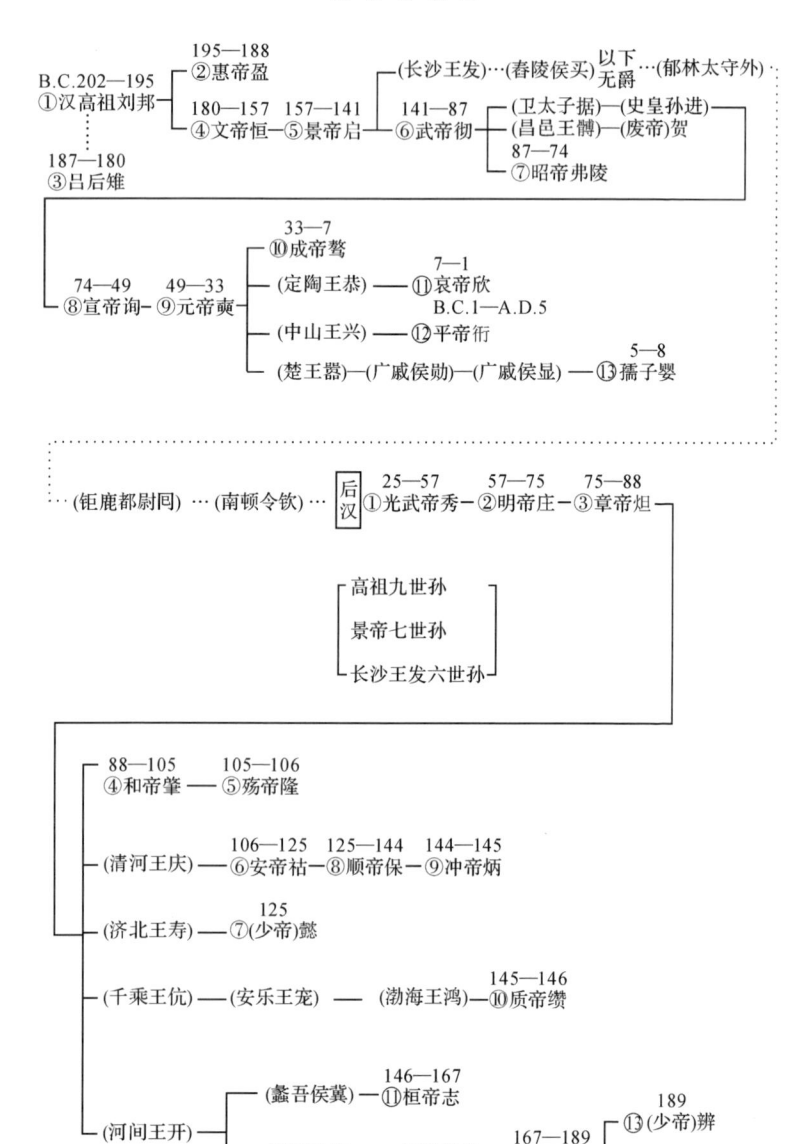

```
                    195—188              (长沙王发)…(春陵侯买)…以下无爵…(郁林太守外)
  B.C.202—195       ②惠帝盈
  ①汉高祖刘邦                              141—87      (卫太子据)—(史皇孙进)
                    180—157  157—141     ⑥武帝彻      (昌邑王髆)—(废帝)贺
     187—180        ④文帝恒—⑤景帝启                   87—74
     ③吕后雉                                           ⑦昭帝弗陵

                                33—7
                              ⑩成帝骜
                                              7—1
     74—49    49—33          (定陶王恭)—⑪哀帝欣
     ⑧宣帝询—⑨元帝奭                          B.C.1—A.D.5
                              (中山王兴)—⑫平帝衎
                                                              5—8
                              (楚王嚣)—(广戚侯勋)—(广戚侯显)—⑬孺子婴

                                       25—57      57—75    75—88
  (钜鹿都尉回)…(南顿令钦)… 后汉  ①光武帝秀—②明帝庄—③章帝炟

                                 ┌ 高祖九世孙
                                 ├ 景帝七世孙
                                 └ 长沙王发六世孙

        88—105    105—106
      ④和帝肇—⑤殇帝隆

              106—125  125—144  144—145
      (清河王庆)—⑥安帝祜—⑧顺帝保—⑨冲帝炳

                      125
      (济北王寿)—⑦(少帝)懿

                                      145—146
      (千乘王伉)—(安乐王宠)—(渤海王鸿)—⑩质帝缵

                             146—167
                    (蠡吾侯冀)—⑪桓帝志
                                               189
      (河间王开)                                ⑬(少帝)辨
                                       167—189
                    (解渎侯淑)—(解渎侯苌)—⑫灵帝宏
                                               189—220
                                               ⑭献帝协
```

具，掠夺农民革命果实的意见①，可知非为恰当，大混乱局面不能没有结束，也必须是积极性的结束，农民军丧失条件时，其必被替代乃一定的历史法则，不容扭曲。此一历史发展法则，早自"人心思汉"心理普遍展开时，已可预见。

前汉末以来社会矛盾引发王莽时代全国大波动，乃光武帝亲身经历，所以汉朝政权回复，对前汉人口增长过速与大土地所有遗留病态的农地、佃农、奴隶诸问题迫待解决，也有认识。但是，王莽失败政策的覆辙不可重蹈，后汉政治基盘便由豪族地主支持，与豪族妥协，承认豪族既得利益才是前提，又增加了新的矛盾。惟其如此，仅能因应大乱后人口显著损耗之势，努力复原，暂时疏解原已尖锐化的土地失耕状态。豪族层以身受战乱痛苦教训，也愿意稍作让步，忍受国家推行解放部分奴隶政策。但后汉政府能力所及不过如此，给予农民以人道主义立场的保护而已，建武十五年（纪元39年）以统一实现，诏令展开全国田地、人口实情调查时，便已遭受豪族抵抗，以及地方长官的勾结包庇（《后汉书》光武帝纪、刘隆传），从政策上防止土地兼并，平衡社会贫富，自都无能为力，则任何问题都只是缓和而非彻底的解决。

汉朝自光武帝而气运延续二百年非为侥幸，《后汉书》光武帝纪"人谋咸赞"的赞语，可想见其系实践的政治家。社会奢靡现象固以豪族倡导而不易纠正，由限制大土地所有者田地，以求平衡社会财富之途也已关闭，政府与宫廷自身的节约，却果断实行以期发生影响力，《后汉书》皇后纪记载："（前汉后期掖庭

---

① 贝塚茂树：《中国史》（上），第184页。

三千,增级十四,)及光武中兴,斫雕为朴,六宫称号惟皇后、贵人。贵人金印紫绶,奉不过粟数十斛。又置美人、宫人、采女三等,并无爵秩,岁时赏赐充给而已";《后汉书》百官志五又大书"世祖(光武帝)并省郡县四百余所,后世稍复增之",以及"建武六年,省诸郡都尉,并职太守,无都试之役。省关都尉,唯边郡往往置都尉及属国都尉,稍有分县,治民比郡"。兵役史后汉特征的罢郡国兵,变更前汉制度,地方平时不维持军队,乃是国家财政紧缩政策下节俭政治的最主要环节。原前汉时代边郡,职司监领入居郡县内投降蛮夷的属国都尉,为职务上方便,而自郡分割汉、夷混居诸县直接统辖,便是属国都尉的所谓"分县""比郡",又是后汉制度特色之一。

政治方面的另一改革,警惕中央政府首长权力太重,所以前汉末王莽时代,三公分立的变制续加继承,不立丞相,而三公又以太尉、司徒、司空为名而去"大"字。并继续前汉加重天子秘书处长官尚书令实权的方向,以尚书六人分掌其事,从宫廷直接传达命令,加大削弱三公的宰相之任。秘书政治的强化,自光武帝而成立决定性倾向。

同系前汉末世前车之鉴,天下学者非盲目附从王莽,便持旁观者态度,乃发生禅让一幕的演出,光武帝决意对此风气加以刷新。光武帝自身,青年时代游学长安主修《尚书》,于历代开国君主中系第一级的读书人,《后汉书》云台二十八将每人传记中,明言儒者的也至少有十人。所以儒学的浸透政治较前汉愈深,首都洛阳的太学,学生名额最后达到三万余人,名学者私人收录弟子数也往往至数千人。前汉时代学者专攻一经,严谨不渝,后汉加以变革,一经专攻已向广泛的五经通学者转换,儒者身通六艺

（缺《乐经》为五经）的古形复活。而于社会上下儒学普及之际，重视读书人个人的伦理实践又系后汉特色，奖励名节及在家族、乡里以道德实行家著名的人士，特受社会、国家尊敬。所谓乡举里选，以德行与节操为第一项标准的郡国"孝廉"选举，发达为最广阔的官吏登用之途，前汉时代儒家根本原理指导国家的政治理论，至是性质一变。简言之，前汉政治哲学的儒家，后汉已朝道德哲学转向。

光武帝之子明帝继承遗业，好学问、勤政务，宫廷生活简朴如同一般平民；明帝之子章帝仍然是位宽容大度又好学的君主。而且皇后代代均出名门，知书达礼，马援幼女为明帝马皇后，尤系女子接受高深教育的典范，亲撰其夫明帝起居注，自草皇太后诏书。前后三代明君贤后六十余年间，因之国家内外安定，政治清明，社会繁荣，乃后汉隆盛期。迨章帝三十三岁英年崩逝，和帝十岁即位（纪元 89 年）开始，连续的皇帝早逝而幼小太子继承，国家衰势显见。一时受约束的豪族地主侵并农地，农地以盛世人丁繁殖又感不足的现象，后汉之半以来渐次回复，农民痛苦重现前汉后期旧观。不幸连年旱蝗水灾又似前汉之末，时间且愈拖长，社会动荡全走向了前汉末的同一轨迹，后汉政治特色原所保持的优点，此际全化为负数。地方无军队，临事才征发，农民反乱初起已控制不易，便惟有听任蔓延。而秘书政治于幼弱皇帝在位而皇太后摄政时，又便利外戚、宦官势力站到政治顶点，愈斗愈烈的外戚、宦官间内争，腐败、罪恶政治向全国波及，对各地叛乱与人民痛苦并非仅漠视而已，且发生了煽火作用。奖励儒者道德修养的副作用也急遽增大，注重节气向极端化的偏激倾斜，名士学者与太学生同已卷入政治势力斗争中。紊乱的政治局势广范围恶化,经济崩溃,农民陷于水深火热之中,社会秩序大脱轴终于在纪元二世纪初形成。不受也不能再受中央政府节制的地方长官,自大混乱中纷纷独立,而中国四百年大分裂期开始。

纪元前二〇〇至纪元二〇〇年间的科学与技术

汉族中国历史,自汉(纪元前 207 年高祖即位)至唐(909 年昭宗殁)一千一百年间,兴起两次文化高潮,唐朝是中国文化夺目光彩可向世界夸耀的时代,汉朝便是此一文化育成的扎根期,予中国前代文化完成总结而加大发扬的时代。

中国科学诸分野,十五世纪以前,几乎较欧洲水准都须超越数世纪甚或十数世纪[1],以及从而提携欧洲近代文明再创造,今日世界科学史学者已有共同认识。特有兴味者,战国时代《墨子》已有圆的明确定义与几何学萌芽倾向,其后几何学发展道路却已加关闭;《墨子》形式论理学展开后,诸子百家一度盛开的论理学花朵,秦汉时代也已枯萎,而欧洲文艺复兴以来直线向上的科学领域中,论理学、几何学的急起直追,独须延后到产业革命的十八世纪才起步,且已是资本主义形成期成果,时间上迟搁现象所以造成,以中国方面发展中断而未能接棒的理由,非不能成立。

历史上中国惊人的科学成就,特色系与实用相结合,由累积的宝贵经验,以及丰富而高度的技术支持,汉朝便于中国科学史集古代大成。最大业绩之一的天文学确立为国家科学(太史令),

---

[1] 薮内清、山田庆儿:《中国固有的科学技术》,人文书院版《世界历史》4. 东亚世界第二部,第 326 页。

于迥非今日似重视科学的昔日时代，世界史上尚无相同之例，今日天文学分野的内涵，汉朝几乎已全行成立。中国早自殷朝甲骨文字中已见月蚀记事，汉朝科学的、进步的天文学，又对天体与恒星位置、新星（中国记录称"客星"）、彗星（《汉书》天文志说春秋时代彗星三见，秦始皇十五年间彗星四见，汉兴以来彗星初见系景帝元年的"彗星出西南"，而西洋的最早记录则系纪元451年）发现，日、月蚀预报等，基于精确的计算方法与观测技术下，建立无间断的完整记录。自此通二千年历史，此等资料的制作踏袭为国家事业，整理后大体保存于各朝代的正史中为天文志与五行志。如此长时间的正确记录，又系全世界所独有，遗留今日引为天文学研究瑰宝。纪元前二八年（汉成帝河平元年三月）观测得的太阳黑子，今日尤被学界珍视乃世界最古的记录[1]（更早的元帝永光元年七月，纪元前四三年，也有相似记录，均见《汉书》五行志下之下，较西洋最早记录之系纪元八〇七年，早约八百五十年）。关于日、月蚀记录，且已成为今日月球运动研究的重要依凭[2]。

观测仪器，自殷朝开始已有"表"与"髀"[3]，汉朝更具备了天球仪，二世纪初后汉张衡依此原理发明浑天仪，乃中国天文学飞跃发展一大标志，为观测天体运动现知世界最早的精密天球仪[4]（《晋书》天文志上：张衡又制浑象，具内外规、南北极、黄赤道，列二十四气、二十八宿、中外星官及日月五纬，以漏水转

---

[1] 苏联科学院《世界通史》，东京图书版日译本古代 5., 第 720 页。
[2] 薮内清：《中国古代的科学》，第 104 页。
[3] 薮内清：《中国古代的科学》，第 103 页。
[4] 苏联科学院《世界通史》，东京图书版日译本古代 5., 第 720 页。

之于殿上，室内星中出没，与天相应）。其系统观测发现的恒星，数字已至二千五百个。①

科学的宇宙观，也以天文学发达而建立。今日天文学宇宙观有宇宙构造论与宇宙进化论的区分，汉《淮南子》所述："道始生虚霩，虚霩生宇宙，宇宙生气。气有涯垠，清阳者薄，靡而为天；重浊者凝，滞而为地"，乃中国惟一有关宇宙进化之说。所以宇宙构造论才是中国宇宙观的理论主体，自汉至晋，提出的学说至少有六种：（1）浑仪（浑天），（2）宣夜，（3）盖天（周髀，以此说出自《周髀算经》而另有此名），（以上均汉朝成立）（4）方天，（5）轩天，（6）穹天（《太平御览》卷二天部引贺道养《浑天记》），（《晋书》天文志上，前三说同，另列安天、穹天、昕天等三说，）而其中代表性的浑天说与盖天说，汉朝时代都已流行，盖天家与浑天家间争议且颇激烈。主张天圆地方，天如伞状覆盖于平行位置的地面之上的盖天说，长时期均居劣势，胜利所属的浑天说认为"天如鸡子，地如中黄，居其天内。天大地小，表里有水，天地各乘气而立，载水而浮，日月星辰绕地下，故二十八宿半见隐，天转如车毂之运"（《太平御览》卷二天部引《浑天仪》）。此说初具大地如球形的认识，系理论的飞跃，今日学界因之有地球说乃中国古代便已倡说的意见②。只是浑天说比喻"天"如鸡卵之壳而系实体，以及名词由来所示，天不断浑浑然回转与运动的天动说主张，尚无地"动"思想，学者间也认为系浑天说破绽。尽管如此，天空说与地动说，于浑天说以外汉朝同已成立的学说

---

① 苏联科学院《世界通史》，东京图书版日译本古代 5.，第 720 页。
② 薮内清：《中国古代的科学》，第 100 页。

中,也已提出。关于前者,曾明言"天了无质,……日月众星,自然浮生虚空"(《晋书》天文志上引郗萌《宣夜说》);关于后者,也有"地右转"之语(《太平御览》引《春秋元命苞》)。

由天文观测而把握天的规律,历的计算与列表即所谓造历,乃关系社会与国家机构主要产业农业的常年大事。殷朝适应农业季节,月的朔望周期(约29.5日)与太阳年合组的太阴太阳历骨干,迄二十世纪初民国成立以前,本质都无重大变化,以立春、立夏、立秋、立冬等四"立",春分、秋分等二"分",夏至、冬至等二"至"为中心的二十四节气,以及闰月加置规则,殷朝也已完备而至纪元前四、前五世纪时确立[1]。汉武帝太初元年(纪元前104年)又是个划期性年代,改正历法,制定与颁行以推算极为准确又周密著名的新的太初历,用夏正(《史记》历书:"夏正以正月,殷正以十二月,周正以十一月",秦朝又以夏历十月为岁首,现恢复以正月为岁首),自此各朝代历法,虽有变貌,基准一贯仍系太初历。

张衡在科学史上的不朽地位,不单以系古代最大天文学者之一,也以其多方面的发现与发明。候风地动仪科学器械发明(《后汉书》张衡传:仪用精铜铸成,圆径八尺,中有一柱,旁有八处可拖机关。外有八龙,口含铜丸,下有蟾蜍,张口来接。若地震时,龙吐铜丸,蟾蜍接之,发出声响,寻某龙所指方向,可知地震所在),又令今日学术界惊叹为世界最初的地震计,以及最早测知天灾发生的方法[2]。

---

[1] 薮内清:《中国古代的科学》,第102页。
[2] 薮内清:《中国古代的科学》,第102页。

张衡浑天仪系利用水的动力追踪天体运动。同样依流水力学原理，调节高低水位与水量以测定时间，即所谓"漏刻"，与利用日光计时，同系记录时刻的方法。加拿大国立安大略（Ontario）博物馆，现藏有盘面刻有时度的汉朝石质日光计时盘[1]。

汉朝天文学大事节要：

时间	事件
前二世纪后半	武帝时造太初历。二十余天文学者中的唐都、落下闳（民间）、邓平（官方），算定一个月的日数为二十九日又八十一分之四十三日。 落下闳、鲜于妄人、耿寿昌等制天球仪。
前一世纪后半	前汉末刘歆著《三统历》及谱，为中国第一部文字记载而内容丰富的历法。
一世纪后半	和帝时，贾逵改良天球仪，加列黄道。
二世纪前半	张衡的精密天球仪（浑天仪）制成。
二世纪后半	灵帝时刘洪发现岁差运动原理。

注：资料来源：《汉书》律历志、《后汉书》律历志中、《晋志》天文志上、《晋书》律历志中。

天文测定，基础立于高超的数学能力，而强力的国家机能、租税征收等业务以及复杂的经济生活，也莫不与数学有关。所以古代中国的数学，与天文学同系特殊发达的国家科学，计算问题受到最大注意。特别关于代数学，其性质乃与技术相关联的实用数学，于科学史上中国代数学又长久领先西洋。相对而言理论的几何学便自战国以后的中国数学领域为欠缺，与希腊几何学发达而代数学几乎全无的特征，恰相倒反[2]。古代中国著名的数学书

---

[1] 薮内清：《中国古代的科学》，第 142 页。
[2] 薮内清：《中国古代的科学》，第 91 页。

籍，《周髀算经》传说系周朝所遗，而内中有后汉材料;《孙子算经》传说乃兵法家孙子著作，现知于六朝时代完成[1]；汉朝成立年代最早的数学文献，系纪元前二世纪前半张苍的《九章算术》，予汉以前中国进步的算法成果以总括，承先也启后，强烈显现中国数学特色，又指示其后中国数学的发展方向，内容均为实际应用的算术、代数诸问题的解答，几何形的平面与立体图形虽被使用，仍以长度、面积、体积等数值计算为主题。

以全书分九章而命名的《九章算术》，经今日世界学术界证明其数学史权威地位，系负数的最早出现与负数计算方法成立，正数与负数于算木分别以赤色、黑色表示，而负数于欧洲须十七世纪以后始知。二次方程式与一次联立方程式也已使用算木予有效算定。零字于算木以空位代表，学者又注意到其数学史上的重大意义，欧洲至十三世纪才有"0"的记号。《九章算术》另一贡献，在于提供了圆与球相关的计算法，由圆周之长与内接正六边形周长的关系，求得圆周率为三[2]。此一古代中国的数学代表作，其后于三世纪三国时代，由魏国刘徽加以注释而《九章注》辑定时，圆周率知识再进步到三·一四。

计算器算盘的盛用须至十四世纪以来明朝，以后通用东亚—中国文化圈内，形成迥异西洋文化，代表圈内各国人民的共通生活特征之一。算盘起源虽不明，但其发明乃计算技术一大革命，自其于东亚的应用普遍性可确认。二世纪末至三世纪初后汉徐岳著述《数术记遗》，乃现存记载计算器构造类似今日算盘的最古

---

[1] 薮内清：《中国古代的科学》，第91页。
[2] 零、负数、圆周计算，取材自薮内清《中国古代的科学》，第90、92—93页。

之书，可指示其时已有原始的算盘存在。①

古代中国的数字计算法，基本上已系今日世界公认最合理的十进法，特殊场合，也使用十二进法与同于古代巴比伦的六十进法。殷朝甲骨文中存有一、十、百、千的文字，万以上数字是否知晓，以无确实证据而不能断言，但周朝已应用万、亿的数字则可确知，汉朝又发展至兆。《数术记遗》分小、中、大三种计数法，"小数"依十进法递进至十万为亿、十亿为兆；"中数"则万万为亿，万万亿为兆，一变以"万万"为单位；"大数"又变为万万为亿，亿亿为兆。②

关于化学，汉朝已知水银烧之成丹砂，再烧又还元为水银的物质变化原理③。此项化学的基本知识，自战国燕、齐的方士长老不死丹药发源，加大为汉朝"丹砂可化为黄金"（《史记》封禅书）的炼金术要素，乃有后汉末至三国初，三世纪时吴人魏伯阳《周易参同契》的中国最古炼金著述。《周易参同契》书名，意即参同契合"周易"理论、黄老之道，以及变普通金属为贵金属的炼金术，三道同源与三位一体论。而于西洋，埃及约略与《参同契》同于三世纪时出现的初期炼金术文献，系出发于"谷粒生谷粒、人生人、金生金"思想，以少变多的黄金增量术（仍以使用纯金为必要而加入混合物，增大其体积与重量），与《参同契》或汉朝人炼金性质有异。西洋人得知金属本质的可变性，炼金术转变如中国的变化金属种类，以及炼金术实用到延长人的寿命，

---

① 算盘解说，取材自薮内清《中国古代的科学》，第90页。
② 数字计算，取材自薮内清《中国古代的科学》，第88—89页。
③ 薮内清、山田庆儿：《中国固有的科学技术》，人文书院版《世界历史》（四）东亚历史第二部，第328页。

与中国炼丹的长生不老思想相通，则均须中古欧洲的十三世纪时始成立。①

古代中国医学经验的长时间积蓄与整理，汉朝也是个划期性大进步时代。《史记》对中国历史上尊之为医圣的扁鹊传记中，曾载其神乎其技医术的同时，"病有六不治"的发言特堪重视："骄恣不论于理，一不治也；轻身重财，二不治也；衣食不能适，三不治也；阴阳并，藏气不定，四不治也；形羸不能服药，五不治也；信巫不信医，六不治也。"脉搏理论，诊脉判断病状的诊断法也始自《史记》扁鹊仓公列传而大书"由扁鹊也"。可以显知，扁鹊的时代，正立于扬弃巫术治病阶段的中国医学发展期，所以外国史学家以扁鹊与西洋医圣，纪元前四百年左右希腊最伟大的临床医家希波革拉第（Hippcrates）相比拟，谓东、西两医圣出现，乃东、西洋经验医学分别成立的表征。②只是，《史记》无扁鹊的明确年代记述，与之相交往的人物，却自春秋五霸时代以迄战国秦国定都咸阳时代均见，学术界因之又相信，如同古代印度的耆婆（Jivaka），"扁鹊"非专有人名，而系纪元前七世纪以后约三百年间，中国名医的综合代名词③。但《史记》中与扁鹊同一列传的仓公（淳于意），则已明记系纪元前二世纪前半汉初实在人物，传记以引载的二十五例治验录为主体，内中包括妇人六例与小儿二例，依此可以衡量，早自春秋时代已展开的经验医学，到汉朝时代发达的水准。惟其如此，两部纯医疗的方法论与诊治技术专门著作《黄帝内经》与《伤寒论》自汉朝先后

---

① 西洋炼金术历史，取材自吉田先邦《炼金术》，第 111、137、141 页。
② 薮内清：《中国古代的科学》，第 118 页。
③ 小川鼎三：《医学的历史》，第 9—10 页。

辑定。《黄帝内经》也往往省略所假托的古人名而单以《内经》为书名，著者与著作年代均不明，推定原稿乃战国遗留，再经秦、汉学者增补，于前汉末期的纪元前后编集完成。① 书分《素问》与《灵枢》两部分，前者系论人体生理、病因、病理等的基础医学，以及养生、摄生的高深理论，后者则为实用的解剖学与针灸等物理疗法，所以后世又称《灵枢》为《针经》。中国医学理论根源，重视人身为完整的有机体系，得病系内脏器官"气"的不调和，喜、怒、哀、乐内因与饮食、环境、风寒温湿气候条件等外因结合而起，所以治疗也非解决局部器官问题，须回复全身机能的调和，理念即由《内经》建立。针灸乃从经验明了身体特定部位的刺激点，即所谓"经穴"（经络之穴），用细长金属针加热刺入，以起特异反应而收治疗上的效能，为中国医学的独特发明。关于解剖学，又是中国医学与希腊医学各别所代表古代东、西洋医学出发点的大差异。希腊医学重视人体解剖，欧洲解剖学形成医学基础理念始自十六世纪，而此理念，古代中国于《内经》著作时代便已建立，五脏（心、肝、脾、肺、肾）、六腑（胆、胃、大肠、小肠、膀胱、三焦）、经脉、络脉（动脉、静脉）的人体内部器官的结构，都由实体解剖得知。《汉书》王莽传（中）曾有天凤三年（纪元16年），命令以死因犯"使太医、尚方与巧屠共刳剥之，量度五脏，以竹筵导其脉，知所终始"，供医学研究为目的的解剖实验记事，受今日学者重视为古代中国解剖学进步的凭证②。外科医术又便以重视解剖学而与内科相偕

---

① 小川鼎三:《医学的历史》，第23—24页。
② 薮内清:《中国古代的科学》，第137、130页。

发达，三世纪汉末至三国时代，因开腹等大手术著名的外科圣手华佗，《后汉书》方术传与《三国志》魏志本传中均有传记。传中使用麻沸散麻醉的记事，国际学术界很注重其医学史意义。

经验医术结晶的《伤寒论》，完成于纪元二〇〇年左右后汉之末，乃中国最古的临床治疗文献，详细记载各种病症治疗药物的处方一一三例，三九七法。原名《伤寒杂病论》，现存状态分两书，专以论急性热病部分称《伤寒论》，此外杂病部分独立而另名《金匮要略》，两书高度的临床治疗体系，通古今均中国医学最有价值的药物疗法权威著作，著者张机（仲景），足堪誉为世界第一级的大医学家。[1] 同一病因，其症状存在个别差异，因之药物治疗的调合，须考虑个人体质，也自是成为中国医学的另一基本共识。

与医学相关联的汉朝第三部代表作《神农本草经》，非如《伤寒论》的知其著者与著作年代，而如《黄帝内经》伪托古人，所以也简称《本草》，推定须是后汉时代作品。[2] 中国"医学"与"药学"解释上原不可分，此一中国最早的实用药物书，列举上、中、下三品，包含植物、动物、矿物共三六五种药物，亦具应用博物学意味，主要目的便在药效论。也以《神农本草经》出现，后世有体系性以"本草"为名的独特学问发达。

支持社会发展的社会生产力中核乃生产技术，而全盘的生产技术水准，又以金属精炼技术衡量。中国此方面的惊人成果，系铁器大量铸造与使用成为可能的铸铁精炼，时间上较须十四世纪

---

[1] 小川鼎三：《医学的历史》，第 26 页。
[2] 石原明：《汉方》，第 35 页，而据小川鼎三《医学的历史》书末附录《医学史略年表》，则与《伤寒论》同列"纪元之初"。

始知其法的欧洲，领先达一千六百年。汉朝以渗炭法伟大发明而有精炼技术飞跃进步，钢铁出现，武器材料已使用钢铁。铸铁也以送风装置的进步，普遍用于生产农具与如制盐用的釜等其他生产用具。古代风箱乃利用兽力操作，活塞送风的"箱"型风箱自汉朝改良，一世纪初乃续有杜诗水排动力的风箱送风技术发明（《后汉书》杜诗传）。此水力传导装置的出现，又意味着汉朝机械技术发展的一面。[①]

冶铁工业展开机械技术的同时，关于农业，二世纪时宦者毕岚应用虹吸原理发明引水装置渴乌与翻车（水车以后发展为龙骨车）（《后汉书》宦者传张让条），灌溉效率增大。制粉用的磨，汉朝也利用水力，即所谓水碓。纺织业方面，动力传导机械轮带，同样已自汉朝发明。惟其轮带装置成立系中国独享盛誉，所以汉朝以来豪华织物制成，所需使用极长纤维的纺织技术，其起源乃有可能。

测量术的分野，定规、圆规、测尺、水准器、测角器等仪器，都已应用。国家大事业的治水技术，因而跨出一大步，水的流量得以正确测定。距离测定的记里程车发明，又系测定技术一大升进，与今日计程车计程原理相同，依车轮旋转运动的次数，于车上装置两个相对而立的木制人形，按行程每一里击鼓记录。记里鼓车加入天子卤簿行列的记载固须待至晋朝，但其原型已自二世纪后汉时代的画像石见出，则其于中国机械发达史的制作年代，上限至迟系后汉、三国的三世纪时代为可认定。

晋朝以来天子卤簿的属车配列，记里程车乃第二辆，为首第

---

① 铁的技术，取材自薮内清、山田庆儿《中国固有的科学技术》，人文书院版《世界历史》4.东亚世界，第 321—322 页。

一辆则另一机械装置指示方向的指南车。指南车最初制作者系后汉张衡或三国马钧（南朝《宋书》礼志），其设计车上人形朝南定向，车行方向转变而高立的木质人形南向姿态不变，所谓"车虽回转，所指不移"（《宋书》礼志）的原理今日虽不能详知，与齿轮装置的机械运动有关则可猜测。[①]

欧洲社会脱离长久的中世黑暗时代，自十六世纪变貌近代文明诞生，今日学术界共通承认自中国发源的科学业绩乃其原动力，允非过当，特别关于中国的四大发明，罗盘针、纸、印刷术、火药，直接对大革命式欧洲近代史揭幕，具有密切关系[②]，也是中国对世界人类文明永恒的伟大贡献。四大发明中，罗盘磁针于中国，使用于航海固须十二世纪初宋朝文献始有明确记录，但磁石指南性的根本原理发现，以及造纸术发明，都早在汉朝。

明末清初的西方传教士，曾由古代文献记录，惊叹中国黄帝破蚩尤的神话时代，已能明了磁石指示南北方向的性能而发明了指南车，现知中国指南车发明须在二世纪汉朝，且系与磁石全无关系的机械装置，磁石（磁体、磁铁）指南性的发现乃另一传承。纪元前二世纪后半《淮南子》的"慈石之引铁"语，以石之引铁如慈母引子，而"慈石"名词始见，"慈"也便是磁石文字的起源。接续磁力发现，一世纪后半王充《论衡》记述"司母之杓，投之以地，其柢指南"，系磁石指南性发现与被应用的明示。磁铁矿制成司南之杓所以呈现匙（杓）状的理由，也经学者研究解释，可以仅一点定看，减少置于平面上的摩擦，使回转时长柄

[①] 机械技术，取材自薮内清、山田庆儿《中国固有的科学技术》，人文书院版《世界历史》4. 东亚世界，第 319, 322—324 页；薮内清《中国古代的科学》，第 150—166 页。
[②] 薮内清：《中国古代的科学》，第 173—174 页。

容易而自然地向南北线位置停止。①六朝以后,由司南变化,乃有十一世纪宋朝大科学家沈括,今日已闻名世界的巨著《梦溪笔谈》中,"以磁石磨针锋,则能指南"的肯定已系指南针之语,以及纪元一千一百年左右,明白可见宋朝船舶的航海用磁盘,然后,十三世纪又有欧洲人航海的磁针知识展开。

纪元前三世纪前半秦朝大将蒙恬发明毛笔,二世纪初后汉宦官蔡伦发明纸,原均历史界定说,《后汉书》宦者传蔡伦条曾特笔大书:"缣贵而简重,并不便于人。伦乃造意,用树肤、麻头及敝布、鱼网以为纸。元兴元年(纪元105年)奏上之。帝善其能,自是莫不从用焉,故天下咸称蔡侯纸。"而一九六二年湖南省长沙出土战国时代的完整毛笔与笔筒,考定便是毛笔的笔管且自殷朝遗址中已有发现,可明了中国特有书写用具毛笔的使用非始自蒙恬,纸的发明时间,考古学的调查结果,同样证明尚须自蔡伦的时代前推。一九三三年考古学者黄文弼于新疆罗布诺尔附近的烽燧遗址中,发掘得纵横四公分×十公分的小纸片,与明记纪元前四九年至前八年年次的木简同在,纸的表面尚残存麻布的纤维。一九四二年考古学者劳榦(贞一师)与石璋如,又自河西走廊沿额济纳河的烽燧中,发现已揉成团而纪年纪元九三年与九八年的纸二枚,约略相同年次的木简也同时存在。由如上珍贵的事例,可知最大发明之一以植物纤维为原料的纸,其制造自一世纪甚或纪元前一世纪的前汉时代便已开始,较传统所记录发明时间,至少须上移一百年。所以,《后汉书》蔡伦传的记事,须是制造良质纸张而又得以廉价生产的技术大改良者,意味中国自

---

① 薮内清:《中国古代的科学》,第168—169页,引王振铎1948年《中国考古学报》第三册论文。

此知晓纸的大量生产方法。蔡伦幸运享有发明之誉,正如同近代西洋蒸汽机于英国瓦特以前已有制造,经瓦特改良,而瓦特被誉为蒸汽机发明者一般。① 蔡伦乃纸的原料与技术改良者之说,最近再以陕西扶风发现前汉时代古窖中的三张小纸片,而增强支持力。一九七八年十二月,当地进行土木工程挖掘到一储藏库性质的窖洞,三张碎纸发现时均被保存于一件装饰用漆器内,所以纸色虽已发黄,纸面且长青苔,但未腐烂,质地坚韧而具光泽。学者们考定,窖内藏物乃平帝时代遗留,碎纸可能尤系再以前的宣帝治世(纪元前73—前49年)便已制造,原料则乃麻类。② 所以,蔡伦的历史贡献,今日再评价已可以说中国纸的素质与制造技术因蔡伦而进步,二世纪时使用已得以广大普及,普遍成为书写用物。然后,中国制纸术于八世纪时传向当时的阿拉伯,十二世纪又传播到欧洲。"文房四宝"除笔、纸以外的墨、砚,现所了解均纪元前后的前汉之末起源③,亦即适应纸上书写需要而发明,为可了然,也因而才得解释墨与砚发明的理由。

汉朝人的生活与流行

纸发明以前,中国书写材料使用竹、木,谓之"简"。简呈细长形而予削薄,汉朝时标准长度相当于汉尺一尺,等于二十三公分左右,宽约一公分,厚约二至三公厘程度,竹制称竹简,木

---

① 蔡伦以前纸的考古发现解说,取材自薮内清《中国古代的科学》,第159页。
② 1979年5月21日《读卖新闻》报导。
③ 苏联科学院《世界通史》,东京图书版日译本古代5.,第725页。

制称木简。简原以竹制发源，由"简"字从"竹"可以明知。而无论竹、木简，书写文字时，如一简不能容纳，可以二枚、三枚或多数枚相续，用绳索编连，其形便是"册"。

以劳榦（贞一师）等代表的西北科学考查团，一九三〇年在宁夏额济纳河流域汉朝遗迹发掘获得的汉朝遗留大量木简（仅极少数竹简），数量逾一万件，乃中国考古学最丰硕成果之一，以出土地属汉朝张掖郡居延县，而今日"居延汉简"闻名世界学术界。其中后汉和帝永元五至七年（纪元93—95年）所编《广地南部候兵物册》七十八简（内一简无字），由麻绳缀连成册呈竹帘状，且保存了完整原型。居延汉简均当时当地驻防部队所遗，贞一师整理完成的《居延汉简》释文（分公文书、簿录、信札、经籍四大类，包括烽燧记录、军队名册、账簿、屯田经营）与《考证》巨著，内容广泛涉及汉朝政治、经济、军事等多方面关系，已系考古学上瑰宝，研究汉朝史最有价值的第一手资料[①]。一九五九年甘肃武威磨咀子东西约三百公里、南北约二百公里的范围内，二百余处汉墓的大规模发掘，又系考古学上一大成果，已整理的第六号墓遗物中，竹、木简均见，研究后可知系属王莽时代的四六九简《仪礼》，每一简下端均注顺序数字，以防脱简或错简，又予简册的审慎编连提供了实态说明[②]。武威汉墓《仪礼》也与另一失传千年，于一九七二年山东省临沂银雀山前汉古墓出土的竹简文书《孙膑兵法》，今日同被视为汉朝简册珍本。又系武威汉墓的新发现，第十八墓出土玉杖十简，记墓中主人

[①] 参阅拙著《古代北西中国》。
[②] 人物往来社《东洋的历史》3.秦汉帝国，第335页。

"幼伯"于后汉明帝永平十五年，其六十八岁时获朝廷颁赐鸠首玉杖与所附法律上优遇老年人权利的纪念性文字，对汉朝的敬老传统，予以实证。

与大宗重而不便的竹、木简同时，书写材料也用质轻却以价值昂贵仅通行上流社会薄而白的缣帛。此类用材在纸未发明以前便称之为"纸"，《后汉书》宦者传蔡伦条便曾明言："自古书契多编以竹简，其用缣帛者谓之纸"，系蔡伦以后如今日意义的纸普及，才改付"帛书"的名词，以称此类书写材料。但纸的创意导源于此，形式也模仿了帛，则由"纸"字从"系"旁为颇明显。帛书约呈十公尺长的带状，可以卷拢，以便收藏，此形态称之为"卷"，如同竹、木简的称"册"。民国十九年（1930年）湖南省长沙市因发展市街进行土木工程时，发现战国时代楚墓与汉朝坟墓遗迹呈上下层构造，自楚墓出土文字遗物，除汉朝以前中国最初的竹、木简发现受注目外，绘有神怪、图文并茂的帛书特为有名，且发现帛书信件。① 马王堆汉墓群出土，上为日月天阙、中为人间宴饮、下为想象中冥间景象的427字形帛画与导引图又是帛画名例。

一九七三年长沙马王堆考古发掘，纪元前二世纪前半汉初轪侯（长沙国丞相利苍）家族坟墓的第三号墓出现大量帛书，所谓"马王堆汉墓帛书"成轰动世界学术界一大盛事。除《易经》《左传》等珍贵文献外，今本《战国策》仅十一篇，而连同纪元前一百年以前已经散失，致《史记》著作时无缘于其资料加以利用的另外十六篇，共二十七篇《战国策》全貌，便自此墓重见

---

① 人物往来社《东洋的历史》3. 秦汉帝国，第337页。

天日，现称《别本战国策》或即称《帛书战国策》。其次，《老子》(《道德经》)以书体篆、隶之别而分的甲、乙本，也同时由此出土。《帛书老子》的编写，与今本"道"经为前编而"德"经为后编的顺序倒反，非《道德经》而须称《德道经》为堪注目。第三，最受重视乃全文古已散逸，仅《汉书》艺文志道家类留有书名《黄帝君臣十编》，以黄帝《十大经》的另一名称，出现为上述《帛书老子》乙本附录，《帛书老子》甲本卷后与乙本卷前，各附古逸书四编，甲本四编无题，乙本四编题名依次为：(1)《经法》、(2)《十大经》、(3)《称》、(4)《道原》，其第二编《十大经》内容性质为黄帝君臣言行录，与《汉书》艺文志书名含义正相符合，堪认定系异名的同一著作。黄帝学说与老子学说合一的"黄老之学"于汉朝初年特为盛行，黄帝之学何所指？又何时起源？向来都是谜团，现以古佚书重现而答案已得成立。《十大经》文中两见"今天下大争"之语，其系战国时代著作为可判明，至于从各别独立的"黄学"与"老学"到完成复合，以及黄老复合文献如帛书发现所示，其开始时间，则初步判定是帛书写本成立的年代，换言之，与汉朝初年《史记》所指"黄老之学"蔚为知识、思想主潮流之际。《十大经》黄帝之书所传"黄学"，学术界解读发现，政治思想恰与"老子"相反，"老子"对政治与法治持反对立场，"黄学"却明显代表了新兴地主阶级的法治思想，但其反对儒家"礼"的思想又与"老子"相同，是"黄学"基本特征之一，可能这便是"黄"与"老"学说相结合的原因。特征之二在其军事战略思想方面的高远见地，其文对先秦时代法家所具军事思想以比较的、集约的论析，具有与《孙子兵法》《孙膑兵法》匹敌的高价值。所以，《十大经》古文献的出土，对"黄学"与"老学"的比较，"黄老之学"与法家的关系，战国时代与汉朝初年儒、法斗争的立证，都是直接的重要资料，而建立其学问与思想史上新的位置。①

周朝文字至战国七雄抗争期，发生其形态的地域性歧异，秦朝统一前秦国时代，以立国宗周之地，倾向于最能保存西周遗风，直接继承西周金文而通用籀文（大篆），中国现知最古石刻文，秦国刻于十块鼓状石上的石鼓文便是。② 天下大定时整理与统一文字，即以籀文为基本，加以简略化而成篆书（小篆），乃官方正式字体。秦始皇巡行天下，立碑颂德，今日残存第二次东巡（纪元前 219 年）所遗泰山刻石断片（残存十四字）与较能保存完全形状的琅邪台刻石（文字存者十三行），均李斯亲书标准篆书。相同的字体，又可自刻有秦始皇二十六年（纪元前 221 年）统一天下度量衡诏书的铜权，以及咸阳遗址出土刻二十六年诏书铜版、半两钱、铁制八斤椭权、"维天降灵、延元万年、天下康宁"字样阿房宫瓦当等秦朝遗物③ 见出。统一时代的重量单位，也便以作为重量基准而发行的秦权出土非鲜，测得其计算率：一斤为二五六公克，一两为十六公克，一铢为〇·六七公克。④ 较篆书愈益简化，适应低级公职人员办事节省时间，方便

---

① 取材自 1975 年 3 月 12 日朝日新闻刊《马王堆出土的古本〈老子〉及重要古文献》论文与所引北京《历史研究》（1975 年第一期）《〈十大经〉初论》。
② 郭沫若考证系纪元前 770 年所遗，近来唐兰之说，考定其年代乃纪元前 374 年（秦献公十一年），见角川版《世界美术全集》12. 中国（一），第 211 页。
③ 平凡社版《世界考古学大系》6. 东亚Ⅱ，第 62 页；人物往来社《东洋的历史》9. 秦汉帝国，第 85、56、10、50 页诸页插图说明。
④ 关野雄：《中国的古代货币》，学生社版《古代史讲座》9. 古代的商业及工业，第 365 页。

于竹、木简上书写，战国楚国已常用的实用字体，也因被保留由徒隶使用而名隶书。到汉朝实用体的隶书终以普及而正式化，取代篆书的标准体地位。

纸的发明，又促成文字笔划原先带角接近方形的，容易向曲线的方向继续简略。后汉之末，通用至今日的实用日常字体楷书，也已由隶书经中间性字体八分而制定，草书且先于楷书便发源，隶书追随篆书，自此单使用为装饰文字。中国文字书写系谱，因之便在汉朝告一总结，中国书法之美，与图画同等具艺术品质，也自汉朝铸定。汉朝的文字资料，石刻、印章、封泥、金文、瓦砖、漆器等均有遗留于今日，竹、木简、部分漆器以及纸、帛文书，且系直接书写的笔迹。但其代表性作品，则如同秦朝仍系石刻。前汉刻石踏袭秦朝传统利用原石，所以形式颇不完整，但是风气非盛，今日发现殊少。后汉呈现倒反现象的大流行，且非粗糙刻石，而碑的形式与"碑"的名词都已成立。身后立墓碑，以及生前由门生故吏集资立碑，记功颂德，以示对上司或恩师感谢之意的习俗炽盛。汉碑标准字体便是隶书，保存迄今最多处，山东省曲阜孔庙前与西安市碑林，都可审察后汉书法之美，所以自昔已系优美隶书的临摹范式。

今日所见代表汉朝字体的有名汉碑均后汉时代，汉朝图画的代表作品也属后汉。此等图画，原供为建筑物壁面装饰，后汉特为流行与最具独特风格的，乃是画像石。所谓画像石，系于平板的石材表面雕以画像，作品非一个一个各别孤立而是相互组合，自身便构成石造的构筑体，包括墓地的石祠堂、石阙以及墓内石造墓室。而前汉尚无石椁墓，地上石造建筑物的存在也无确证，所以画像石的时代，集中于一世纪以降的后汉，下及魏晋时代。

　　后汉画像石调查资料显示，遗迹以良质石材出产地山东为最多，几乎具独占的印象，但河南、山西、陕西、江苏北部等中国北方广大地域以及四川，也均有发现。广为流行的原因，与后汉大型石材切割技术发达、铁制工具进步以及厚葬风习，都有关系。山东肥城奕镇村石室墓画像石之一记建初八年（纪元83年）石工王次制作，陕西绥德石室墓画像石之一铭文"永元十二年（纪元100年）四月八日王得之室宅"，都是明记年代的最早画像石之例。画材取自传说与历史中的帝王、圣贤、烈士等与孝子故事，均以儒家的劝戒与教化为主题，以及记述墓主人生前日常生活，关于出行、侍卫、迎宾、飨宴、庖厨、奏乐、舞蹈、杂伎百戏、祭祀、狩猎等与战斗之图；另一类主题为神灵怪异的灵界景象与祥瑞，分量也重。而无论何一主题，图中所出现人物本位之外，日月星辰、卷云、雷、禽兽、树木、舟、车、各种建筑等，内容包含特为丰富。画面基本上系写实，反映当时上层社会豪华的现实生活与思想信仰，充满了活力的线条艺术，表现贵人、妇人头饰服装、衣冠器物用具乃至礼仪与习惯，都一目了然，乃是了解汉朝风俗与流行的珍贵资料。

　　十二世纪宋朝时便已著名的山东嘉祥武氏石祠堂画像石，迄今仍博最高价值之誉，且自最初所知的武梁石室扩大发现另外构筑的前石室、后石室、左石室；同建于武氏家族墓地，总数至四十二石。其年代，武梁碑碑文记武梁于元嘉元年（纪元151年）卒，其子建石祠堂延聘名匠卫改制画像石，而由墓地入口处残存石阙上所刻武氏阙记，又知武梁乃武始公三弟中的大弟，石阙即武始公偕三弟早自建和元年（纪元147年）合延石工孟季、孟卯弟兄先已建筑，则武氏诸石祠堂，可知系二世纪中陆续建立之物，表现技法统一，均为阳刻而加阴线的影绘，即先阳刻浮出画像轮廓，再予凸起的人物眉目、鼻唇与衣纹，以及车、马等细部，加以阴刻线描。画面分上下层，自左壁转后壁再折向右壁，层次顺序相连，后世横卷的原始形态可证自后汉为已存在。上下层间施以几何学纹带的装饰，并有屋顶、垂帐、柱、楼阁、回廊与树木区别室内外。所展现车马大行列图、贵人拜礼图、妇人群像、水陆攻战图等现实社会写照，列有榜题，短者仅主题人物名，长者亦不过三十字左右的故事各场面：伏羲、女娲、禹王、桀王、河中浮鼎等历史画，以及超现实的东王父、西王母、云气怪兽等空想灵界图，尤其海神乘三鱼之车，指挥执枪龟侍卫与持剑鱼战士出击之图，骑龙有翼神人行列，雷神乘鼓车，星神乘北斗星等形形色色，堪叹佩思维活泼，幻想力充沛。

画像石另一代表作品山东肥城孝堂山石室，以系现存唯一完整的后汉石祠堂而显贵重。创建年代不明，依壁上后人落书刻辞"平原湿阴邵善君以永建四年（纪元129年）四月二十四日来过此堂即叩头谢贤明"，其年代早过梁氏石祠堂，系一世纪时之物，为可推测。石面阴刻线雕，人与物的图案机械反复，也堪说明构图系谱上的早期位置。

山东省沂水县南（今沂南）一九五四年发掘的石室墓（石椁墓），又系画像石一大发现，最大特色在于画题虽仍系后汉传统，但表现风格已与一、二世纪的画像石有异，活泼生动近似笔绘，正向南北朝式样接近。所以，因其成立年代无直接指示，学术界原已怀疑其为三世纪初后汉之末作品，现则修正考定乃魏晋时代之物，而非汉朝。①

汉朝画像石盛行以前，脱胎于瓦当刻纹的砖椁墓构成体画像砖，战国后期先已发生，画像石的美术传承，便起源于最早发达的壁画影响，以及画像砖的画像使用法。汉朝砖椁墓画像砖表面，踏袭战国时代传统，以禽兽、车马、建筑、树木等为单位纹样，机械式图案并列的场合居多。但四川省成都市附近各地崖墓，其入口与棺台纵横均四十公分左右的大型画像砖，独特的自由笔调为受注目，宾客图、酒宴图、歌舞杂伎图、车马行列图、授经图等题材与画像石同一系统，射弋收获图、采桑图、煮盐图等平民生活的写实，又非画像石得见而特为珍贵，手法乃薄浮雕、素雅、柔和而生动有力的特色，受学界激赏。只是此等崖墓画像砖成立年代迄无定说，纪元二、三世纪或推前到纪元前一至纪元一世纪初的意见，差距甚大。②

画像砖、画像石系绘画与雕刻的中间作品，汉朝直接的笔绘，其由地上建筑物壁面推移至坟墓内部，遗迹发现也以后汉为盛，自绥远托克托至朝鲜平壤周围汉墓，均多壁画制作。图样的楼阁、人物、车马似于画像石，画像石图画便传承自壁画，却较壁画能保存恒久而发达。传系一九一六年由河南省洛阳西郊八里台出土，散逸的诸大型砖上所直接彩绘风俗图，原先配置情况与系何建筑物虽均不明，但以已推定乃纪元前二至前一世纪前汉时代遗物，而弥足珍贵。图分三组，各绘男女人物，或行或止，或

---

① 画像石解说，主要取材自长广敏雄《画像石和画像砖》，角川版《世界美术全集》13. 中国（二），第187—192页。
② 画像砖解说，取材自长广敏雄《画像石和画像砖》13.，角川版《世界美术全集》13.，中国（二），第193页。成都崖墓画像砖年代的前说见同书卷末图版说明黑白（四十七），后说见苏联科学院《世界通史》东京图书版日译本古代5.，第722页。

招手，谈笑风生，背后携有仆从，贵人冠缨长衣，八字须，妇女姿容服饰所见又与当时陶俑所示一致。画面红、黄、蓝、黑，着色淡雅，生动传达了汉朝上层社会悠游生活的一般情况。河北望都东郊所药村发现一处属于约一至二世纪的后汉砖椁墓，其白壁彩绘壁画的行列图、奉祭图人物，均墓主人生前部属的郡国官吏，全员各有隶书题记，注明职衔。惜壁面损毁部分颇多，残存人物计：（前室南壁）寺门卒、门亭长；（西壁）□□掾、追鼓掾、门下史、门下贼曹、门下游檄、门下功曹；（东壁）仁恕掾、贼曹与总题"辟车五佰八"的八人；（北壁）主计吏、主簿；（通路东壁）白事吏、侍阁；（西壁）小史、勉□谢史。服装与持用之物各异，上级官员被冠带长剑，拱手执笏而立，唯主簿与主计吏坐于低床座，其前置砚、墨。"辟车五佰八"的八人代表者，衣短仅及膝，其一持旗，余持仪仗，可作为了解汉朝地方政治的官吏关系的参证。其有关神话、信仰与日常生活的豪华富丽多彩色壁画，自汉朝乐浪郡、辽东郡所在的朝鲜与辽宁省境，多室构造的巨大古坟内壁，发现也非少。旅顺营城子纪元一至二世纪的砖椁墓，第二号墓五处壁画之一，绘于主室深处壁面的奉祭图，上一段云中苍龙半现，灵鸟飞翔，冠缨而带剑的墓主人乘风上天，后随侍童，有三神仙接应，下段三供奉者持笏设供几，向空中礼拜。图中所示墓主人的人物八字长须特征，与前汉风俗图与望都行列图所见均同，可想定系通前后汉均流行的男子习俗。主室入口处左右所绘一对人物，考定便是神荼、郁垒之像，门神信仰的风俗已经存在当堪想定。年代稍后，辽阳北方北园纪元二至三世纪的石椁墓壁画，又以画题丰富与保存良好闻名，骑马人物图（文官与着甲胄、持武器的武人)、车马行列图、楼阁杂伎图(以顶上凤凰饰的三层楼阁为主题,下端布列大鼓、弄丸、飞剑等游伎图)、斗鸡图等,与画像石同趣。①

漆绘系汉朝绘画资料又一重要部分。平壤附近南井里纪元前一至纪元一世纪乐浪遗迹,木椁墓彩篋冢所出土长方形篮胎漆器的光泽彩画孝子图,特为逸品。彩篋周缘通绘男女老幼人物像至九十二个之多,除器身与盖的四隅十六个为立像外,余均坐像,呈绘卷形,流畅的线条勾划了不同的表情姿态。人物各有榜记,题名孝惠帝、南山四皓、纣帝、伯夷以及吴王、楚王、皇后、侍郎、美女,而以孝子传题材为主体,特征系人物均圆脸丰颊,与望都行列图、奉祭图壁画人物相似。篋的制作地,如同平壤乐浪王盱墓出土,漆绘西王母图与纪年永年十二年(纪元69年)的圆形漆案,均明记蜀郡官营工场出品。②四川产物而出现于朝鲜,是汉朝商贩活动范围之广与交通便利的证明。

汉朝墓葬乃是明了汉朝社会实态的资料宝库,绝非仅惊叹墓中出土绘画遗物的美术造诣而已。

埋葬死者的墓,原只求入土为安,战国后期也尚未发现坟丘风习,但至汉朝,权力者与富豪之墓筑有代表权势的坟丘之风兴起,却已达全盛,也因坟丘出现而得称之坟墓,"坟"字自身便是"丘"的意味。而魏晋时代,伴随薄葬令的强制推行,坟丘形

---

① 壁画举例,取材自角川版《世界美术全集》13. 中国(二)卷末图版说明,彩色(十六)(十七)(十八),黑白(六十一)(六十二)。
② 漆画举例,取材自角川版《世界美术全集》13. 中国(二)卷末,图版说明彩色(十九)(二十),与第197页附图说明。

式又走往衰微的方向。①

国家主权掌有者前汉诸帝，陵墓均在西安市附近，尤以渭水北侧为多。此等陵墓于一世纪王莽时代虽遭赤眉军损坏盗发，今日也概无内部构造发掘调查，但外貌仍然保存。形状均呈方形（切头方锥）状，呈二重或三重构筑，最大的武帝茂陵，方约二百五十公尺，高约三十六公尺。例外的是文帝霸陵几乎无坟丘，原因系文帝以恭俭著名于史书，遗诏谆谆叮嘱"不治坟烦民"（《史记》文帝本纪）体恤民力的结果。相对方面，后汉诸陵均在河南洛阳附近，却迄无调查收获，理由无由猜测。

墓坑（墓穴）周郭（椁）的四壁、天井（顶）、床（底）建

---

① 坟墓构造与附属石造物解说，取材自关野雄《坟墓的构造》，平凡社版《世界考古学大系》7. 东亚Ⅲ第31—43页；藤田国雄《汉代的雕刻》，角川版《世界美术全集》13. 中国（二），第155—162页。

近年有关坟墓学术发掘，具有特殊意义的例子，有：

第一，长沙马王堆前汉初期坟墓调查，曾发现历二千一百年尚未腐烂，保存相当良好，肌肤尚有弹性的尸体（女性）之例，已有再现。1975年7月21日东京得自中国大陆的报导说：湖北江陵纪南镇凤凰山第168号汉墓，具内外椁而完全密封的木棺内，发现全身浸泡在深红色药物性液体中，外表一如埋葬当时的男尸，年龄约五十岁，身长167公分，体重52.2公斤，皮肤仍有弹性，四肢关节尚可活动，还有一组完整的牙齿，口中含有小玉。内椁置大量纺织物，随葬明器有车、船、马、牛等与手工精巧的漆器、陶器、金属制品等五百余件，以及少量竹简。竹简之一书明墓主人地位乃第九等爵的"五大夫"，于前汉文帝十三年（纪元前167年）下葬，距今二千一百四十多年之久。

第二，1976年3月14日《读卖新闻》自香港报导，湖北云梦的城关地方，上年12月自水田中发掘得十二座古墓，出土铜器、漆器、陶器、竹器等四百余件遗物与约一千枚竹简。竹简内容多记秦昭王、秦文王、昭襄王与秦始皇的战史，其中四枚乃系律令，包括保护女权、严禁殴打妻子成伤的条文。而东京大学教授关野雄所重视，系有关建筑法竹简的发现，认为可对世界建筑史上木造建筑空前绝后的阿房宫建筑技术的了解，提供助力。

第三，1978年5月2日香港引新华社报导，云南省发现三座汉墓与一座战国墓。则纪元前三世纪以前中国文化便已波及云南省之势，似即汉武帝征服滇国必然成为事实的背景。

材，前汉踏袭源流深长的木椁墓传统，构造则繁简差距颇大，简单的仅椁室置棺而已（通常为二棺，夫妇合葬），规模巨大的如朝鲜平壤郊外乐浪遗迹多例，木椁内部似同家居，前、后室有通路速贯。砖椁墓发生的最早时间可上推至战国时代之末，但其风习展开须始自前汉末至后汉初之间，初用长方形小型砖，旋向规格大体长一公尺、宽四十公分、厚十五公分所谓空砖的中空大型砖发展。空砖表面刻几何学纹、动物纹、人物纹等纹样，便是所谓画像砖，其于四川崖墓，又变形为大型方块，以及无拘束的自由画，如前述。自此砖椁墓渐渐发达至替代木椁墓位置，普及中国全域，东起朝鲜，北及内蒙古，南至越南，分布广泛，至魏晋时代，墓制便已以砖椁墓为主体。后汉时代的砖椁墓构筑，普通均一室或二室，但山东禹城发掘成果，也发现有共十三室，总长一九·二五公尺，宽一四·二五公尺的遗例。于砖椁墓发展期间，石椁墓亦开始盛行，只其普及性不似砖椁墓而多见于山东、江苏、辽宁方面。至于无财力筑椁的普通平民之墓，则自古以来历史上各时代相通，都是规模既小随葬品又少的竖穴或土坑墓，或者竖穴侧壁又挖横穴的土洞墓，一名洞室墓，其上堆土作象征性坟丘而已。只是，汉朝土坑墓多，以后唐朝却土洞墓多。地域性墓葬风习中，值得注视的是四川省东部，由汉朝以至南北朝时代共通流行，自崖壁向内掘横穴式的崖墓，特别是岷江流域成都市等地方，特多发现。墓的小者深四·五公尺，宽与高一·二公尺光景，大者构造复杂，筑有长墓道与多数墓室而深可达九十公尺。东北辽宁旅顺附近所存在的贝墓，又是另一地域性墓葬特例。关于棺，从殷朝直至今日，一贯以木棺为主，汉朝亦然，自朝鲜乐浪遗迹南达广东，全有发掘出土。但地域性棺类也多，以东北为中心的瓮棺、四川的石棺（表面刻楼阁、人物、鸟兽图像）、砖棺、瓦棺以及船棺（木质船形的棺）等，都是。

以大石雕刻画像作为纪念物的风习，中国历史上最早没有发现，何时成立也不明。宫殿、祠庙、坟墓前的石阙与石人、石兽等石造物，得以确切证明须自汉朝开始，由此而迄南北朝时代均盛行。石门左右成对的柱状石阙，现存最古遗例系山东平邑皇圣卿石阙，铭文明记后汉元和三年（纪元86年）建造，阙呈四角柱状，表面刻人物、鸟兽、车马等浮雕，上以屋顶模型为盖。尤其是楼观组合物的豪华阙盖，四川雅安高颐（东汉益州太守，建安十四年，纪元209年卒）墓石阙（高5.88公尺）以完备著名，所雕系后汉建筑物的忠实复原与缩影。汉朝遗物石人、石兽甚多，陕西、山东、四川、河南、山西等省都有发现，以整石雕刻，简洁、素朴、充满气魄为共通特征。石人方面，西安市西斗门镇附近小庙所发现的昆明池牛郎织女石像（其地原为汉武帝时著名的昆明池，宋朝以后荒废），分别高二·三公尺与一·九公尺，造建年代可上溯到前汉元狩年间（纪元前122—前117年）。石兽所发现以石狮子为多，可能系因狮非产自中国，汉朝开通西域后始以外国进贡而视为珍兽之故，武氏祠也有一对。四川高颐墓前的一对，长约四公尺，昂首张口，抬胸阔步，姿态至为威武，而胸前两侧有翼，乃为特例。陕西兴平（距西安五十余公里，渭水之北）前汉霍去病（元狩六年，纪元前117年卒）坟周围所布石雕群，乃武帝时遗物，原已发现十件，现再增加七件，如抱熊石野人、石矮人、食羊石龙、石象、石牛、石马等，均庞然大物。跃马长二·五公尺，卧马长二·六公尺，皆在墓后，手法古朴雄劲，前者活现一跃而出之势，后者作静态状，无愧杰作。

最出色的马踏匈奴雕像在墓前，长一·九公尺，高一·〇八公尺，马呈静止直立姿势，强健的躯体满蕴活力，腿部筋络浮现生动表明了力的劲度。马腹下一名雄伟武人仰卧倒地，浓须、扁鼻、大目，左手持弓，右手握矛抵马，腿膝上屈，其面正对马首，作挣扎抵抗状，与马的镇静与定力成对比，同现其逼真神情。

中国历史的社会与思想、风俗与流行，汉朝都是经过战国大转捩后的新时代定型期，也都能自墓葬内容充分表达。殷朝炽盛的生人殉葬风习，经周朝渐渐衰退，孔子斥责"始作俑者，其无后乎"，固因以俑像人、俑仍似人而认为不仁，但以俑替代生人，终系一大进步。此等陪葬于墓内外的陶制或木质人形，小屯的殷朝小墓中已发现（小型陶俑），战国时代遗迹中开始增多。殷周豪华的车马坑风习渐渐退隐，替代以模型。汉朝已至由人形扩展到马、兽制作的时期，人形与动物乃皆谓之俑。同样的风习转变，以贵重器物与死者生前爱用之物随葬，发展为如同俑般利用土、木或其他材料，造作器物仿制品，也如同俑的发端自殷朝，模仿铜器而陶制爵、觚、钲之类，谓之"明器"。《礼记》檀弓篇解释其义："其曰明器，神明之也"，俑也以同系模拟意味而一起列入明器范畴（《礼记》檀弓篇："涂车刍灵，自古有之，明器之道也"，"涂车"指器，"刍灵"即俑）。到汉朝，前后四百年间多系太平盛世，祈愿死者于墓中续度生前相同生活的思想发达，尤其后汉厚葬风习盛行，豪富之家奢侈的实器埋葬之外，明器已制度化普及，陶俑造形多侍女、厨人与舞俑、乐俑、百戏等娱乐人物，高度多在二十至三十公分之间，模制对象的题材也广泛扩大。殷周铜器随葬习惯，汉朝后半已急剧退潮，当时爱好物钟鼎类铜器多由绿釉或陶器画纹着色模造，陶器本体也以烧制程度区分硬质与软质，前者为日常的实用物，后者便多制为明器。后汉时代，风习又向各种建筑物模制品的方向发展。学术调查统计，西安市近郊的白家口、红庆村及咸阳顺陵区狼家口等遗迹都有陶俑，西安市环城马路与宝鸡斗鸡台出土多绿釉的壶、钟、鼎、奁、灶、囷（圆仓）等，年代自前汉至后汉期均有，长安三里村砖椁墓陶瓿且见"建和元年（纪元147年）十一月"铭文。河南方面，洛阳烧沟与金谷园汉墓以明器发现特多闻名，洛阳涧西三遗体合葬的后汉砖椁墓各室，种类有壶、盆、耳杯、奁、灶、井、囷、猪圈与鸡、犬等模型。一九五六年陕县刘家渠所发现前汉墓一及后汉墓四十五，其灰、红陶与釉陶遗品名目，前汉墓囷二、灶一；后汉墓壶、缶、鼎、奁、斛、勺、耳杯、案、灯、井、灶、囷、碓房、猪圈、羊圈、方柜、熏炉、鸡、犬、猪、凫等与水边楼阁。辉县百泉村、舞阳县冢张村的若干后汉砖椁墓出土明器种类与相仿佛。以长安、洛阳与陕西、河南两省为中心的汉朝文化展开，辽东与朝鲜乐浪遗迹是河北、山东的延长，甘肃乃陕西的延长，中国全域东、西、南、北各地汉朝明器发掘学术报告提出，都立于同一基准。其中大放异彩者系四川省后汉崖墓中优秀作品，彭山县、内江县尤其成都市天回山的一群堪为代表，操琴、击鼓、执瓶、持农具与箕、烹饪等各类执役男女陶俑，犬、鸡、马等各种动物以及摇钱树台座与房舍、楼阁等，与陶制水田、水池。水田作业之象与同地出土画像砖所表现一致，非中原所有而乃四川豪族经济基盘与其绘画、造形艺术独立发展的反映。湖南、广东方面，长沙、广州的调查发现与中原共通的房舍、仓、灶、井等明器题材之外，俑以木制系战国时代以来当地传统，可概行明了。① 考古学上的汉朝，以当时高官、巨富与豪族之家墓葬的人与动物、屋舍器材、钟鼎等丰富明器以及多量实器随葬品出土，而且坟墓构造本体与其附属物各方面遗迹、遗物的完备提供，而被夸耀为墓葬的黄金时代。如许绘画、造形的实态资料自坟墓中重现于今日阳光之下，以及住居址等汉朝遗址中遗物的调查发现，又对二千年前纪元前后各两百年间汉朝的现实社会、习俗、思想与信仰，都具备了充分了解，而一幅丰富、生动的汉朝人生活复原图，得以重加绘制而展现于今人眼前。

汉朝系考古学的墓葬黄金时代，其直接传承所自的先行朝代秦朝，却以寿命短促而出土遗物零星，无系统性整理成果。但相对方面，最近已被学术界惊叹为二十世纪最大考古发现之一的骊山陵墓附近兵马坑，为令人瞠目的发掘成果，正代表了人身殉葬习俗确定向陶俑转变的意味。从一九三一年至一九七〇年，陵墓一带已有陶俑零星出土，一九七四年以农民于骊山下掘井陆续发现陶俑断片开始，展开有计划发掘，而有震动世界考古界的兵马坑秦俑出土一幕。一支具备七千五百具陶质人与马的庞大模型兵团，长眠地下逾二千年后复苏于今日，以出土位置邻近秦始皇陵墓东方一千八百公尺处，相信其存在意义乃系保护陵墓的地下禁卫军。完整与残破经复原后惊人数量的七千五百具陶俑，集中三个地区发现，以发掘时间先后编号为一、二、三号坑。一号坑规模最大，东西二〇九·二公尺，南北六十公尺，发现共六千具陶俑与车、马的战车部队与步兵兵团，分十一列埋入坑内，战车数共六辆，每车四马，车上三或四人，车后又随十二名步兵。一号

---

① 明器解说，主要取材自冈崎敬《明器の发达》，平凡社版《世界考古学大系》13. 中国（二），第 44—48 页。

坑东端的北方约二十公尺处系二号坑，挖出约一千四百具陶俑与陶马，较一号坑数量为少，品质却过之，井然配列的兵种也多，第一列为战车部队，第二列为持矛着甲步兵，第三、四列为弓箭手，第五、六列则为徒手战士，但与一号坑分埋的意义未明。一号坑的北方，又是三号坑，规模最小，仅六十八具陶俑，推测乃大部队的指挥中心。另又有四号坑发现，但只是空坑。三处兵马坑战车、武器系实物，人、马虽系陶制，也均与真实的人、马体积相等，容貌、姿态各不相同，如此浩大阵容而形态逼真、栩栩如生，非用模型制成，均系分别单独手塑，无愧人间罕有瑰宝。陶俑腿以下实心，躯体中空，表面涂漆，以不同的漆色区分组别，虽多已剥落，仍可辨认。士兵免冠，束发方式系在头顶偏右系髻，军官戴平顶帽，装备、服饰各依步兵、骑兵、战车战士之别而互异，军官阶级又以铠甲饰别为区分。陶俑人物一般身高在一七五至一九五公分之间，战马平均长二二〇公分，顶高一七〇公分。武器多已散佚，依残留部分调查，种类有戈、矛、弩、箭镞等与军官所持的剑，质地均青铜制，成分分析，除铜、锡外，尚有镍、镁、钴等十三种元素。[1]

秦始皇陵墓本体，又系中国建筑史上非只空前也属绝后的大陵墓工事，位于今西安市东北二十公里，陕西临潼东方的骊山北麓，整然二重阶梯式方形墓，方约三百五十公尺，高约五十公尺，面积较埃及最大金字塔犹大。外缘环绕周延三公里的土城，其南面城门痕迹尚属残存。只此秦始皇生前便已预营，役使

---

[1] 秦始皇陵墓兵马坑解说，取材自1978年6月12日《中国时报》译述美国同年4月号《国家地理杂志》专文，与1980年1月12日《中国时报》《二号坑的秦俑发掘》专文。

七十万劳动力，《史记》记系通过三层地下水始灌铜为椁的地下宫殿巨构，内部实况如何，尚未明了。与之同时兴筑，二世皇帝时竣工而项羽入关时烧毁的著名壮大华丽的阿房宫，乃系秦朝离宫别馆等大土木工事中惟一遗留迄今得见的残址，但也仅累见瓦当与瓦出土的基址土台，遗存今西安市西十公里处，呈现东西七百公尺、南北一百五十公尺的规格，与文献记录中"东西五百步（一步为26尺，秦汉时代一尺约今23.5公分）、南北五十丈"的说明，正相符合。①

距今咸阳城东八公里左右处，渭水以北秦朝首都咸阳的所有建筑遗址都已不存在，仅依出土遗物而得推知。汉朝惠帝五年（纪元前190年）竣工的雄大首都长安城，屹立渭水以南的遗迹今日则尚可辨认，位当西安市东北方约五公里处，版筑土城屈折而略呈方形，周围实测二五·一公里，无视屈折的直线长度为二二·六九公里，南壁至今残存五·八公里余，高十公尺，宽十至二十五公尺。四面各开三个城门，南壁西侧的一处仍维持旧状，门址切开约五十四公尺的土壁，依于所列础石得知系分宽八公尺的三条通道，以为出入口。距门内约一千公尺，残留东西一百五十公尺，南北五百公尺，而南侧高二公尺，北侧高十公尺的土台，土台表面瓦片杂乱散布。依《三辅黄图》（佚著者名，记录汉朝宫观苑囿的专门书）说明，此门为西安门，土台即未央宫壮丽宫殿基址，长乐宫的位置又在未央宫之东，但遗迹未发现。汉朝长安城外重要建筑址，发现于南郊与今日西安市西郊，为直径六十五公尺，高三十公尺的圆形大土坛，周围有宽

---

① 秦始皇陵墓、阿房宫址解说，取材自贝塚茂树《中国的历史》（上），第144页。

约二公尺的水沟（池）迹环绕，土坛中央乃边长九公尺四边形中庭，沿中庭四方均建长方形建筑而四隅连接。此一高大遗迹究竟系何建筑？已成颇有兴味的研究课题，以其中心部构造判断，似是明堂（天子论政与诸侯朝参之堂），而依圆水池外绕一周的特征，又如辟雍（天子学宫），均承自周朝的天子仪礼建筑，两说于学术界对立未决，却均无确证支持。惟依《三辅黄图》说明，辟雍位置应距长安西北七里，而明堂则在长安西南七里，因之明堂说较辟雍说为有力，也以此奇异形态解释之为象征天（上）圆地（下）方，汉朝儒家的天人感应论背景，而推定乃前汉之末元始四年（纪元4年）王莽建议的建筑。今日西安市西郊，此明堂址再往西的汉朝另一重要遗迹，系推定为太庙的南大门址。宽各十公尺而深各十三公尺的两土坛，左右对称而立，两土坛间隔约六公尺宽的中间通道，残留设置木造门扉的痕迹，两土坛周围的柱迹，又可想像其上当有门楼等高大建筑。后汉时代中国政治中心移至洛阳（光武帝以来名雒阳），今河南洛阳城东约十公里之地，西城壁迹三八一一公尺，北城壁迹二千六百公尺，全长判定东西三·五公里左右，南北五公里左右的矩形土城址，便是后汉与三国魏国的首都所在，只是尚无宫殿迹的调查。[①]

　　汉朝首都以外的郡县治城郭遗址调查，也颇有收获。以下都是所了解的规模：[②]

[①] 汉朝首都遗址解说，取材自驹井和爱《中国文化的开花》；村田治郎《建筑技术的进步》，平凡社版《世界考古学大系》7.东亚Ⅲ，第5—6、19—21页；村田治郎《帝王的建筑》，角川版《世界美术全集》13.中国（二）第150—151、153—154页。

[②] 汉朝郡县治遗址解说，取材自驹井和爱《中国文化的开花》同《（朝鲜）汉文化的移殖》，平凡社版《世界考古学大系》7.东亚Ⅲ，第6—8、112—114页。

鲁国治（鲁城）	东西 3.5 公里，南北 2.5 公里	今山东曲阜（今县城仅占其内侧西南隅四分之一面积）
辽东郡治（襄平县）	方 1 公里	今辽宁辽阳
乐浪郡治（朝鲜县）	东西 700 公尺，南北 600 公尺	今朝鲜平壤市大同江对岸
定襄郡治（成乐县）	方 550 公尺	今绥远省和林格尔县北十二公里
牟平县治	东西 135 公尺，南北 550 公尺	今山东福山县（近烟台市）
要阳县治	东西 220 公尺，南北 110 公尺	今河北滦平小城子
沓氏县治	东西 80 公尺，南北 135 公尺	今辽宁旅顺牧羊城
高显县治	东西 435 公尺，南北 545 公尺	今辽宁沈阳市伯富屯
秥蝉县治	东西 150 公尺，南北 110 公尺	朝鲜平安南道龙冈郡海云面于乙洞
河南县治	方 1.4 公里	今河南洛阳西（隔今洛阳之东便是前汉河南郡与后汉河南尹的治所雒阳）

汉河南城东区，近来颇多后汉时代住居址发现。其调查报告，每户面积均非大，实际的居住面，三〇四号南北三·三六公尺，东西二·三六公尺（砖壁厚26公分），附近有井与下水道；三一二号南北六·六公尺，东西三·四五公尺；三一四号分南、北两室，南室南北四·九四公尺，东西三·六四公尺，北室则三·二九平方公尺，各户又多附属设施方形或圆形仓库址。而且，住屋与谷仓等建筑物，底部颇多低于地面（约1~1.5公尺）场合，似系中国最古竖穴住居形式的残余痕迹。西安半坡发掘的前汉住居址，情况与洛阳略同。但辽宁辽阳北约三公里处三道壕所发现，约一万平方公尺面积上的六处住居址，各户占地却均广，南北各约十五公尺，东西二十至四十公尺，宅内井、灶、炉、畜圈，直径一公尺左右的竖穴式储藏窖中，铁制农具与铜器尚多散在，而

此等遗迹，无论规模大小均系民家，汉朝一般民家住居光景因而得以推定。①

鲁城残存的多种考古资料，则属汉朝上层社会住居建筑物。以后汉王延寿《鲁灵光殿赋》(《文选》录文)在赋序中，借喻"鲁殿灵光"为硕德仅存意味（前后汉之交，战乱中长安未央宫等全毁，灵光殿免于劫难）。此一华丽闻名天下的灵光殿，乃系于汉朝鲁城遗址的中央部与今日曲阜城东北发掘而见。遗址散见壁画残片，形形色色的瓦与瓦当等甚多遗物中，以廊下中央北侧发现建筑用诸刻纹石材之一，依汉朝王国独立纪年传统所刻"鲁六年九月所造北陛"字样，认知殿系前汉景帝时代建造。廊敷四角无纹方砖，内侧础石每隔一·九公尺成一列配置，而地面下深约二十至三十公分处，又出土前汉时代发达的几何纹方砖，此遗址分前一后汉上下层位发现的状态，系殿于后汉经过重修的证明。灵光殿巨型础石直径至五十至六十公分（邯郸温明殿址础石73公分），砖方三十七公分（龙虎纹方砖40公分，后汉），瓦当直径十五至十七公分（长乐未央瓦当20公分），宫殿址建筑规模的宏大可以想见。关于汉朝上层社会居住生活，今日地上实用建物固已全无残存，仅凭建筑材料与若干基部发掘，便予当时实体形态以复原，自有困难。然而，画像石、画像砖、壁画等绘画资料以及石祠堂与石阙顶部楼阁装饰，与后汉盛行仿写各种形式建筑物的明器等造型资料，各各丰富出土，非只富贵之家，后汉朝中产以上人家的生活场面，无论姿貌外观或邸宅的组合图样，都

---

① 民家遗迹，取材自五井直弘《豪族社会的发展》，筑摩版《世界的历史》3. 东亚文明的形成，第 173、167、163 页。

已能真实判明。[1]

邸宅屋舍配置，河南省郑州南关第一五九号砖椁墓明器，依其宅各种建筑物存在实态的原位置而所仿制的总模型，乃绝佳发掘资料。正面为门，门左有楼屋，进门中庭左侧仓库（？）而右侧厨房（有灶具二），三面环绕中庭成冂形，正面则为独立拾台阶而上的正屋，与正屋右侧相连为厕所，厕所后有猪圈。河北邢台前炉子村出土之例，则大门左右各为楼屋，进门中庭コ字形所围均为用途区别不明的二层建物。广州市东山象栏冈第二号墓所发现，又是入门中庭左右平房，正面二层正屋，正屋背后另有中庭，后中庭两侧与正屋相连为厕所、家禽饲养处与作业场所。如此正屋与处理谷物等之用的作业小屋、家畜小屋连合一起的类例，广东、湖南颇有发掘。独立的个别成形各种类陶质或绿釉建筑物明器，正屋，抑且城堡（广州市麻鹰冈第二号墓，砖铭建初元年即纪元67年，前后城门与四隅城壁上均建望楼的城堡模型与邸宅组合同时出土）及生活需用的井（或架屋顶，附有滑车起落吊桶）、灶、门扉之类外，以示墓主人财富与生活享受的谷仓、猪圈、羊圈、鸡舍以及亭台楼阁等，后汉墓中在在有所出土。此时代颇多二层或三层华丽的绿釉楼阁形明器，河南陕县出土的一例，底部置于盆中象征水边楼阁，三层楼阁以每层出入口与窗口呈上下组合而外观似六层，陪衬的人物像二层中六博，三层中张弩射天，状殊生动。

---

[1] 建筑与建材解说，主要取材自村田治郎《帝王的建筑》；林已奈夫《木造及砖筑》，角川版《世界美术全集》13.中国（二），第152—154、179—189页；驹井和爱《中国文化的开花》；冈崎敬《明器的发达》；驹井和爱《社会及思想》，平凡社版《世界考古学大系》7.东亚Ⅲ，第14—15、46、90—94页。

绘画的表现，后汉时四川崖墓提供了特多房舍细部资料，宝成铁路沿线与成都市附近所发现画像砖，对大门、双阙、中庭等各类建筑物的形态标示，均详细完备；辽宁省辽阳北园后汉石椁墓壁画楼阁杂伎图，三层楼阁黑瓦、朱柱，壁用朱与水色，屋顶饰凤凰，同系宝贵资料。江苏省铜山县洪楼村出土画像石的屋顶描绘，瓦一片一片加以勾划又堪注月。邸宅屋舍配置的平面透视图，山东省沂南县西八公里北塞村石椁墓中室南壁画像石为有名，望楼大门，门外双阙，宅内两大中庭分隔全体建筑物成田形，中排为厅堂而后排主人居所，高架仓库、井、厕所等齐全，此图现虽知系魏晋之物而已非后汉时所遗，但同类描绘大门、中庭、正屋、小庭、楼屋等建物配置的鸟瞰图，自成都市郊外出土画像砖同得见出。而绘画资料（以及明器）所示，主人所居正屋与谷物仓库（四角形谓"京"，圆形即"囷"）所以筑有基坛的理由，似为防范潮湿。谷仓甚或高架，原因相同。

建筑材料，迄后汉时代主要仍系木材，栋、梁、椽、柱、斗拱、天花板（绮井、藻井），以至门扉、窗棂、栏干等，均由木造，基坛与墙壁（甚厚）以泥土层垒而筑，砖多用于装铺室内地面与室外走廊，但后汉砖椁墓普及的同时，依洛阳汉朝河南城遗迹东区后汉时代民家的发掘例，砖壁也已发现，壁砖以长方形为多，规格约长三十公分，宽二十公分。石材则柱础与台阶（陛）为主功用，础石且多自然石。直线式倾斜的屋顶排列彩色瓦，檐前饰瓦当，但战国时代爱用的半瓦当（半圆形）于汉朝虽亦继续应用，多数却已自秦朝以来变为圆形，以及流行铭刻"长乐未央""千秋万岁"等吉祥文字，"上林""礼官"等制造官衙之名与年代，与圆形瓦当同样的文字瓦也多。屋脊灵鸟、灵兽装饰与檐角变化如所谓"反宇飞檐"的形式,又便自后汉开始。瓦当、砖、木表面与础石基部等细工雕刻,涡云纹、四瓣花纹、几何学纹,以及怪兽、四神纹为基调的纹样,多彩多姿的装饰,正与文献资料的"画栋雕梁""雕栏玉砌"记事对应。

除居住的建筑物以外,与汉朝人生活密切相关的考古发现还有如下诸多情况。①

关于衣服。自古丝(绢)以梦幻之美艳羡东西洋,中国也以长期系丝绸惟一产地傲视世界,汉朝织物原料便以之为代表。汉朝发达的丝织工业,织物种类有锦、绫、绮、罗、縠、纱、纨、绣以及缯、帛等多种多样名称,质地细密光柔。刺绣的图形,依今日出土资料,以鸟兽、楼阁、几何学图案为多,富丽华美,高贵品波状的涡云纹间配以龙、虎、凤凰等图,轻巧又薄似蝉翼。图样内且流行绣入文字,如"长乐明光""新神灵广成寿万年""交龙""登高"等吉祥语或与神仙思想有关之词。植物纤维织成的以麻布、葛布为普遍,乃一般庶民所服,吴之白纻于麻布中最是高级。御寒则用棉(木棉)或裘(皮毛)。

织物的织机,无实物遗存,惟武梁祠画像石曾母投杼图与徐州出土画像石机织图等,绘知其形,但此等均一般庶民生活的场面,而非官营工场进步与高级的织机。

服式上衣下裳(裙),分为两截,乃中国社会传统的正式服装。衣、裳合制连成一袭者另称深衣(袍),原仅家居便服意味,但自汉朝袍转变为正式朝服。下层人物以便利工作,衣及膝上

---

① 衣、食日常用具、生产用具与武器的解说,主要取材自水野清一《生活用具及武器的消长》;小野胜年《风俗及流行》,平凡社版《世界考古学大系》7.东亚Ⅲ,第58—86页;澄田正一《作镜技术的发达》。

而无裳（所谓襦），裤露于外。腰部系带实例也由乐浪石岩里第二一二号墓女体发现，其已残缺的大带、小带系结方式，约知系小带之上再缔大带，拖长垂下以为装饰。

冠帽方面，平壤市郊外彩箧冢与同系乐浪遗迹的王光墓、梧野里第十五号墓，均有实物纱帽断片出土，系利用整齐的木条为骨而以斜格织物编制，外涂漆。山西省阳高县（大同市北）十五号墓遗品，帽缘织饰金条飞鸟，同墓与同地十二号墓遗体下颚下，又均发现所遗小玉，得知冠的左右两侧垂下之缨，扣紧颐下的组纽一般缔有玉饰。自陶俑所见，役人一般为戴矮顶圆帽。

鞋类则分平底（履，汉朝以来称鞮，即鞋，阳高县有出土实物），革面麻底；高底（屐，彩箧冢出土实物），革面木底。

袜类有阳高县第十二号墓实物，乃现知汉朝惟一遗品，质地系麻布，下端缝合如匙状。

关于装饰。头饰方面有非系缨的冠帽，用笄状物横插，固定其冠于顶发之物，谓为簪，大形，男子专用，所以"簪""缨"成为贵族代名词。笄则男女通用，男子成年礼必束发头顶，安发而不连冠者便称笄。分股呈П形而长枝为钗，女用，汉朝钗的遗留物分长、短两型，短者长度约八公分，长者二十公分左右。所有发饰物材料，金、银、玉以及竹、木、骨制品均包括，乐浪遗迹中颇多发现。簪、笄首部施加细工，钗首弯曲部分也于安发实用外，多予装饰化变形。理发用的枱，木、竹材质，形有方头长枱、圆头短枱之别，齿亦有疏、密之分，河北怀安县五鹿充墓与乐浪遗迹王盱墓等，均有遗例。束发头顶的形式乃为右卷，侍女之发后垂或于头后系垂髻，如绘画与陶俑立、坐像所见。耳饰类，耳环与垂玉、水晶、玻璃、珠等各种各式耳珰，各地汉墓的女子棺内多所发现。

身饰部分，有仪礼用与装身用的区别，仪礼用环、璜、璧、衡等各种类佩玉，战国时代盛行，汉墓出土状况已明示衰微倾向，但环、璧遗存尚非少，湖南零陵县汉墓与乐浪石岩里第九号墓出土品，且是前者二十二公分，后者二一·六公分的大型品。装身具的应用普及，自王盱墓等乐浪遗迹、怀安县五鹿充墓、万安县北沙城以至长沙、合肥、广州汉墓，普遍都有发现。美丽洁莹的玉，突破仪礼之器的严肃性，用途广泛波及实用生活的佩饰方面。其他装身用制品材料，水晶、玛瑙、琥珀、松绿石、玻璃、磁制抑或金、银等俱全，成形又是珠、连珠、枣玉、切子玉、瓢形与人形、动物、心叶、刀形等，惟均以用于胸、腕等位置而属小型。指环与钏尤其多量，如乐浪石岩里第十号墓出土左右手用金、银指环合计十三件，银钏四件之数，类似情况多见，且非孤例。

战国时代特为流行男子专用的带钩，汉朝已唱低调，但各地坟墓中仍多发现，有琴形、棒形、络龙形、虎形、鸟形、匙形、琵琶形与佩剑用小钩的分类。透雕、镶嵌、镀金等铜制品之外，铁、玉、水晶、松绿石、贝、骨、玻璃等制品均见。魏晋以后，带钩的使用更为衰退。

关于饮食。陶制贮藏用的器种壶、瓮、罐、仓之上，往往朱书、墨书或刻书"水""盐""麦万石""稻万石""白米万石""大郭酒三石"等文字。洛阳金谷园汉墓出土谷物仓明器又书"黍""大麦""小麦""稻米""粟""大豆""小豆""麻""盐"字样，当系汉朝主要食用的谷物种类说明。

洛阳汉朝河南城东区第三一七号砖壁住屋址，与谷物仓库相邻的小屋有杵、臼出土，同样的杵、臼与磨模型，也多自住宅构造的附属建筑物作业小屋明器发现。可知粒食之外，粉食习惯于汉朝也已养成。

炊具至汉朝而整备乃最堪注意事件之一，灶脱离其原型垼（《说文解字》段注："士丧之灶，土块为之，且仅通孔可煮而已，故谓之垼，不谓之灶也。垼，《礼经》作塈"），便自汉朝而发达应用。其构造容易由画像石与明器推察，横侧开口，一方是烟囱，平台上二或三孔供炊爨。因而鬲的使用已被扬弃，鼎也由祭祀意义转变为煮物之器，无脚的釜（以后转形为锅）、鍑（小形釜）与其上所置的甑，替代为日常炊具。各地多数发现此类汉朝流行的炊具，以长沙市沙湖桥三十五处前汉墓中陶鍑十三、陶甑十、铜鍑二、铁鍑一，九处后汉墓中陶鍑五、陶甑六、铁鍑五之例，又得知甑、鍑（釜）材质比重的推移。

食器，基本所用系陶（瓷）器与漆器，以及若干青铜器、银器。盛用器种有杯、盘、盂（盌）、椀（小形钵）等，堪注目为用以盛羹、汤液体食物抑或酒的杯，椭圆形而左右有耳，自战国时代成形时谓耳杯，汉朝上层社会至为爱好。银杯之外，各地木椁墓中出土漆杯甚多，质地敦煌边陲所发现为木芯，其他大部分夹纻，由蜀郡工官等所制作镀金耳的金具漆杯，底部针雕细字工人之名，其豪华品性格，《盐铁论》有文杯（漆杯）一件价值等于铜杯十件的记载。

酒具而又多用途的壶形器物，前汉尚继承殷周青铜器系统为青铜制品，铭年永光三年（纪元前41年）的孝文庙钟与长沙元年（纪元前155年）的镀金钫可为代表，却也正向陶瓷制品发展。与青铜制钟、钫对应，坚致而灰白色的灰釉陶钟、钫，前汉墓中同多存在，器身左右分别有耳的圆壶，且于南北各地广泛分布。战国时代灰釉陶流布长江下流时，原系拍纹陶系统，其于中国中南部加大弘布的后汉时代，仍保持此一地方性特色。广东省广州华侨新村前汉墓群的灰釉陶之例，拍纹与刻纹互见，器形则有盖的鼎、钟、钫、两耳壶、四耳壶等俱在，耳又饰牺首或兽首，以及五联壶、四联盒（缶）、三联盒（缶）、盒（缶）、格盒等。温酒器出现青铜制的镰斗（镰壶、温斗），推定系纪元前一世纪与纪元一世纪，前后汉之交的遗品所示形状，呈鸟嘴、三足而后有方柄。

日常生活用具，其他的主要发现有——

枕，乐浪遗迹王盱墓出土断面所见，乃木与竹为芯而涂漆，山西阳高第十二号墓之物则木匣形而两端施以雕饰。

溺器，以通常作兽形而称虎子，兽口即器口，背上有提柄。广州东山羊后汉墓出土为铜制品，江苏江都后汉墓所发现又系木胎漆器。

关于度量衡，尺，铭有"虑侃铜尺，建初六年（纪元81年）八月十五日造"的建初虑侃铜尺，乃现被认知的汉朝标准尺，长度二三·五公分。而各地出土物略有参差：

——湖南省长沙市东郊雷家嘴砖椁墓青铜尺，长二十三公尺。

——长沙市小村子冲椁砖墓青铜尺、山东省掖县砖椁墓金铜尺，长二三·六公尺。

——安徽省合肥市乌龟墩汉末砖椁墓青铜尺，长二三·七五公尺。

——洛阳西郊晋朝永宁二年骨尺，长二十四公分。

量器，基本型乃铭有"始建国元年（纪元9年）正月癸酉朔日制"字样的新朝嘉量,连接代表斛(斗)、升、合(龠)等三个圆筒容器,斛、斗、升、合均十进法,合为二龠,一升为二百毫升。余外出土物为斛量、合量等单独的量器。

秤,依王莽新朝嘉量一钧、九斤、二斤、一斤、十二两等数的重量计准,汉朝一斤为二二六·六六公克。洛阳东区汉朝遗迹等,有铁权出土。

案、几,自画像石、画像砖可见,后汉时代的室内习惯仍系席地而坐,所谓端坐。与端坐生活关联,所以案、几之脚一般均低,几系大形而长,案则较短的长方形之几。乐浪遗迹中,梧野里第十九号墓发现的几,高十七公分,脚可折叠,使用时张开而升高;彩箧冢、王光墓出土之案,高十至十七公分,面施漆绘。椅子、桌子的生活尚非其时。

箱、匣,均漆制,有盖,藏物之用,木芯或夹纻(麻布与漆皮交互制成器形)之外,篮胎(以竹成胎)亦见(另有皮胎,则用为盾、甲)。箱的小形物谓箧,乐浪彩箧冢便以彩箧闻名,同系乐浪遗迹王盱墓的彩画小匣,以内储珠玉、耳饰等贵重品而知即今珠宝匣意味。

奁,乃漆制箱、匣类而具有特定用途,专供置化妆品与束发用具之物的容器,今日化妆箱意味,古代也谓之镜匣。器形多呈圆形,椭圆形、方形亦有,构造与战国时代仿佛。盖部之内分二层,活动的上层盛镜,下层内置各型小盒,长方形盒盛长栉、刷子(兽毛制),马蹄形盒盛短栉,圆形、椭圆形、半圆形、方形等小盒分置滑石粉、红黛铅华粉、板油、毛拔等,此等物品的种类,多随王盱墓奁连同发现而被了解。怀安县五鹿充墓奁内小盒之数且至十二。

镜，化妆用的青铜镜，平滑的镜面之背，以钮为中心，铸出种种不同纹样，凝集千变万化意匠而予以工艺品化，非古代世界任何国家可以匹敌。中国自战国开始出现特殊精巧的镜的制作，至汉朝仍然受继其制镜技术，最初沿袭自平面无限展开的羽状、涡云等底纹上，复合个体的动物纹、几何学纹主纹，以及金银镶嵌的战国式镜手法。渐渐二重组合的底纹消失，主纹已底纹化波及全面，而独自形态的前汉式镜于大变化下出现。深雕的星云镜、铭带内行花纹镜（内外二带则重圈纹镜）、草叶纹镜的镜式与几何学纹平稳发展，铭带文字多"见日之光，天下大明"（日光镜）、"洁白而事君，怨污妦之弇明"（清白镜）吉祥或示志词。广州市华侨新村十六处前汉墓中，出土九种十七面古镜的报告，以及乐浪遗迹中一墓出土二镜之例，足见汉朝人对镜的钟爱。前汉末至后汉初，四格规矩镜盛行，外缘流云纹，铭带附铸"尚方作镜"字样，内区多配四神，铭带也是"左龙右虎辟不祥，朱雀玄武顺阴阳"（乐浪方格规矩四神镜）等文字。现存最古纪年镜，居摄元年（纪元6年）的内行花纹精白镜，与王莽始建国二年（纪元10年）规矩兽带镜，便都制造于此时代。与一时流行的四神意匠并行，又是兽带镜与兽首镜，此一趋向，最后固定为后汉式镜特征，而二百年神兽镜时代展开。灵帝中平四年（纪元187年）幽冻白铜铭神兽镜，外缘菱纹，内画纹带，再内锯齿纹带，再内又是半圆与铸刻铭文的方格交互配列，以呈现半球状的钮为中心，内区浮雕式的四神、四兽，配置有八个环状乳，乃神兽镜顶点期典型的作品。同样具有浮雕风格，与画像石手法共通，也与画像石同样表现人物故事、车马的神人画像镜，同于后汉发达。汉朝后继朝代魏晋，造镜继承后汉形式，便以神兽镜居多，而铭文又多神仙思想。镜铭"尚方作镜""尚方佳镜"制作官署名的传统，后汉以来，也已有新的变化，自"三羊作镜""青盖作镜"再变"朱氏""刘氏"等，改换为个人名的铸出，同样开魏晋镜的先河。"买者富贵"字样铸出，尤明示为民间制作贩卖品而非官制。

灯具，汉朝燃油或脂膏照明，所以火皿乃灯台构造的主要部分。各种形式中，豆形最普遍，火皿由支柱高高撑起在上，台脚呈喇叭状，以支持重量（或作承盘状）。材质以"灯"的古字为"镫"，可知原系金属制，实物的铜制、铁制品也于各地均有出土，但陶瓷制品同自汉墓被发掘。器形往往装饰人物、盘龙、瑞禽等形象，羊形灯、胡人灯、多支灯（多支树枝形）等，都堪举例。雁足灯（神爵元年，纪元前61年造）、凤凰灯（河平元年，纪元前28年造）等铭年灯也多有发现。调查显示，汉朝又流行耳杯形灯，其火皿系呈开闭式。

熏香具，室内熏炙香料之用，汉朝创作典型用器之一，通称之为博山炉。大部均陶瓷制，金属制品较少，形式如同灯具的基本形为豆形而加盖，且多有承盘安置（承盘盛水，功用似借水的蒸发以助散发香气），汉墓多有发现。盖部雕仙山台阁成圆锥形，支柱又饰瑞禽、凤凰等形象意匠为共通，但也有变通，如铭年神爵元年（纪元前61年）之物，盖部系螭龙透雕，顶又附环。

生产用具、农具方面，各地坟墓出土实物、画像砖与陶俑农夫手中持有物所示，种类有：犁、耙、钁、镰（鎌）、耨、锄（与"锹"无一定称谓）、铲等，均铁制，形式与战国时代同。工具方面有：斧、锛、锤、凿、锥、锯、刀等，以及裁缝专用的剪刀与熨斗，熨斗发现最古之物铭年五凤元年（纪元前57年）。

关于武器与武具，汉朝四百年间，武器自承继战国时代的铜、铁并用而完全铁器化。汉初铜刀乃长约八十至九十公分的细长形，刀身无弯曲度而为直刀，柄扁平，柄首环形，环内加饰，刀柄与刀身组合部的铎镀金，仍系战国式的环头大刀；铜剑也全然承自战国形式，无铎而短。前汉铁刀已长至一百一十五公分左右，锻造，仍为扁平与环头，但无铎，环内也无饰；铁剑突形长大化为堪注目，自战国式的全长仅四十公分伸展及一公尺左右，且加装了饰纹的铎，以及配以剑鞘。其剑柄首部突起处与剑鞘前端各由玉制，沿鞘身又装长十余公分长方形玉把手的珍品，即闻名的"玉具剑"，湖南省长沙市五里牌墓、乐浪遗迹等均有出土品。戈的形式，汉朝已衰废，由T字形锋头与援呈直角而锋又细长的戟取代盛用。矛亦细身，身的断面纺锤形或菱形，颈有铎。汉朝军队强大威力主力所系的弩，比较完整形虽非多，残留弩机遗例则甚夥，弩身木制涂漆，长五十至七十公分，弩机铜或铁制，长约十五公分。乐浪遗迹石岩里第二一二号墓与弩伴出，也有木质短弓断片，复原后约长八十公分。长弓无遗例，出土物仅其残存的两端，扁平而弯曲的扣弦用骨制品。

防卫用武具，盾无遗品，但从画像石与陶俑得推察，士兵乃刀、盾，或矛、盾并用，右手执武器，左手持面略弯曲的小形盾，即所谓手盾，材质系革制。铠甲也无全形资料，仅金属札甲明光铠与如长沙战国墓漆札的断片，发现于敦煌边塞等遗址。

汉朝社会，今日以纸上与地下资料皆丰富，而其面貌已颇清晰，也因以获得如下的三项综合印象：

其一，物质生活丰裕，适应都市生活者需要，工艺发达，立足前代基盘上的工艺品愈形讲求精美，而爱好使用的习惯与其制作方向，都接近后代基准。殷周象征权威，以仪礼而铸造青铜器，自西周末经春秋至战国时代，已丧失公的意义，纯已变化为上层社会日用的珍爱物，金、银、七宝、玉镶嵌与镀金，迥非繁缛的殷周铜器精神可比拟，器的种类随之减少祭祀用尊、爵等酒器，而鼎、壶等古制器形普及。汉朝加大此一趋向，细金细工视战国时代为又一大进步，而器种愈形减简，器形愈轻快而适合日用，自前代技术向大量生产化的方向利用发展。相对方面，质地反形单薄，镜以外的一般铜器纹样也朴素，有向简素化退步的感受。然而，简素而多产，正说明铜器变为合理化应用，殷周铜器成分铜90%，锡10%，汉朝变为85%与15%之比，而合金比率合理化。

与铜器衰退相对应，汉朝日常生活的器物，陶器与漆器已有主流感。汉朝陶器制作技术的进步，具有划期性意义，美术陶器发达，形态简素而优雅，质地已近瓷器的釉陶与素烧陶器确立分庭抗礼之势。素烧的灰陶与红陶两个系统中，灰陶受继传统仍占出土品的压倒多数，于当时社会应用普遍，多涂白地而加红、褐、绿、黄、青、蓝、橙等色的华丽彩画纹，手法洗练，质地坚薄，胎土用细泥质。釉陶制作须恃高超技术，艺术价值特高，殷周以来由灰硬陶生产过程中发明的灰釉陶，汉朝愈益坚实进步，以灰为媒溶剂而用一千二百至一千三百度的高温烧制。另一方面，本质原是素地红陶的一种，以铅为媒溶剂而七百至八百度低温所制作的褐、绿二色铅釉陶，乃汉朝独有，流行于长安为中心的北方一带。只是，灰釉陶与铅釉陶固同系原始瓷器意味的原瓷，用途却于汉朝有其区别，前者供实用，后者仅制为明器。而特堪注目又是魏晋负有盛名，更为进步的高级品青瓷，河南信阳先已有一群汉朝遗品发掘出土，浙江德清与陕西咸阳也存在其窑址。中国真正的瓷器，汉朝已建立发展基础为可认知。

战国时代制作已盛的漆器类、几、案、盘、耳杯、奁、盒、壶、匣、鞘、矛柄、弓等各种制品的种类已属繁多，汉朝尤其受欢迎，制作技术与丰富纹样均发展到登峰造极，足堪为汉朝工艺的代表。彩画黑地或朱地，黑、朱、黄、绿等颜料在滑面上描绘的流丽图纹，运笔细密而轻妙，富于生动感，画面富丽华美，高级品中更出现纤细针刻。耳杯的耳、奁和盘的缘、几和案动物图案的足等，以及环、扣配件，又多金、银、铜等金具。汉朝漆器工业乃政府独占，"常山漆园司马"之印的发现，可知自种植漆树便由官方管理，而为地方政府直营事业，所以漆制品器底铭文有"蜀郡西工""广汉工官""子同（梓潼）郡工官""武都郡工官"等工官名，以及护工卒史、长、丞、掾、令史等，又可想见此制造业的规模。①

而无论漆器、铜器、金银器、陶瓷器，以及名闻天下的四川之锦等织物工业，官营工场（中央直属的尚方、考工、东园匠、织室，地方又是工官、服官）系生产上层社会消费品，民间所制贩则是人民大众生活必需品，物资充裕与汉朝雄厚的经济基盘，都可由厚葬出土品内容而反映，反过来说，也助长了厚葬风习的形成。武帝以来盐、铁专卖，分布全国各地的盐官、铁官，从出土的"琅邪左盐""齐铁官印""齐铁官长""临淄铁丞"等铜印与封泥，可知其官名实态。

其二，中国文化于汉朝已完成对传统的总结和扬弃，其文物

---

① 铜器、陶器、漆器综合说明，主要取材自樋口隆盛《官营工艺》；冈崎敬《异国趣味及工艺》，角川版《世界美术全集》13. 中国（二），第 164—170 页、171—176、204 页。

融合、调和前代累积要素而表现自身独特的精神，由画像石、壁画、器物图纹，以及造形资料的艺术意匠与形态观察，其写实的、伦理的人间中心，与圣王贤相、忠臣孝子题材，明白对应了儒家人文主义。与之相并行，已与儒家思想结合，当时发达的阴阳五行说也同系要素。镜背纹自战国受继的涡云纹已被代表天象的星云纹替代，伏羲、女娲交会图反映阴阳二元信仰。左（东方）青龙、右（西方）白虎、前（南方）朱雀、后（北方）玄武四神配置所示的方位支配，加"中"（黄）便是五行的"五"数。明器中的家屋、门扉、井、灶模型，又正符合汉朝"五祀"，依于《白虎通》而知民间年中行事：春祀户（家）、夏祀灶、秋祀门、冬祀井，六月祀中霤（土神意味，国祀社，家即祀中霤），户乃木，灶乃火，门乃金，井乃水，中霤乃土，同系五行的生活支配意识。另一方面，汉朝艺术衬托了当时流行的神仙说与灵界思想，镜背面所饰前代的饕餮、螭龙纹样已变为神兽意匠与云气纹，东王公、西王母题材的神仙画像镜，以及神兽镜图纹中有翼仙人，尽行出现，铭文又叙"食玉英，饮醴泉……寿万年"仙人生活。熏炉构造承盘表示大海，圆锥形火皿代表浮现海中，重叠山岳间树木、凤凰等禽兽隐现的仙岛，火皿小孔中香烟袅绕以示灵山吞吐的云气。丝织物相同意境的山岳、云气、仙人以及"新神灵、广成寿、万年"的文字，均是鲜明的神灵感，而其后成为道教一大思想要素。但南北朝以来盛行佛教艺术系统的莲瓣（莲华）纹样，汉朝尚无发生迹象。汉朝植物纹样，如瓦当刻纹所表现，流行的乃是四瓣纹。此一事实，又堪说明佛教影响之于汉朝，尚非普遍的社会现象。

其三，汉族文化所代表的中国文化，其突破发展的独自性而涵容西方文化的确切时间表，向来是学者研究与探求上兴味浓厚的课题，如今学者间对纪元前二世纪汉朝势力突入中亚细亚，强力开通连接地中海世界的交通大动脉丝路，乃开启东西文化交流的有形轨道，此意见已为多数人接受，虽然最早线索还须联系到战国文化受容西徐亚文化因素。抑且，学者间也曾别具见解，认为中国春秋战国时代，正值古代波斯帝国大发展，以及亚历山大大帝东征中亚细亚与北印度，西方势力汹涌东渐的期间，所以波斯、希腊抑或印度等外来文化都曾渗透到转型形态中的中国文化。特别是纪元前三世纪末秦朝统一中国，酷似大流士大帝时代波斯，中国与西亚细亚所呈现的历史发展过程相仿佛，秦始皇巡行天下，勒石纪功，事迹也与大流士刻岩记其伟业符合。印度自纪元前三世纪阿育王以前，中国自秦始皇以前，都无刻石风习，都系大流士扩大波斯支配区后发生，因而认为无论印度或中国，蒙受的都是波斯文化影响[1]。但波斯影响的意见，并无证据支持，考古学的结论，中国文明的独自性，时代下及战国仍然保持。战国时代系中国历史飞跃的时代，而飞跃的原动力，乃是中国自体的社会、经济大变革，仍以中国独自本土的文明为骨干，后期"胡服骑射"西徐亚外来文化激荡，对战国文化的成立与开展，都未发生决定性的作用。

所以，东西文化交流的展开，断限自汉朝人横渡沙漠，打开西方未知世界大门，丝路与南方海上贸易大道敞开之际，为最具体。中国历史上人、地、事的接触与交涉，自此明显突破了"中国世界"范畴，而迈向更广阔的世界。然后乃有第七世纪唐朝，

---

[1] 羽田明：《中国所接受的外来文化》，人文书院版《世界历史》2.东亚世界第二卷，第301—302页。

长安之都昂首阔步的贵公子，绣袍长剑，银杯健马，拥西域美姬而饮葡萄绿酒，中国文化或汉族文化，继汉朝的成熟期而兴起又一隆盛高潮。磅礴的汉族中国文化最具代表性的唐朝阶段，才丰富融合了外来物质、精神的要素，反过来说，也以汉朝大量吸收与消化外来文化，才有更上层楼的唐朝文化之开创。

思想·学问与独尊期儒家

统一朝代的伟大传承、思想、学问、文化自战国基盘再向上，展现中国文明史的灿然大时代，其前提条件为代表表达力的文字使用数，愈益增加。中国统一之初，纪元前三世纪秦朝"书同文"之际，丞相李斯（以及后继丞相车府令赵高、太史令胡毋敬）制作的文字表《仓颉篇》，共录三千三百字。后汉和帝永元十二年（纪元100年）许慎整理完成中国语言学、文字学最著名的辞书《说文解字》，已加多至九三五三字，为《仓颉篇》三倍之数，至纪元三世纪三国魏国张揖的辞书《广雅》，百余年间又增一倍之数达一八一五〇字。中国最古辞书传说系周公所作，但考定须至纪元前后王莽时代，当为脱离本属《礼记》一篇原型而扩大篇幅单独成立专书的《尔雅》，传统乃以所谓"经学"的最早训诂之书闻名。至《说文解字》而予所收录文字开始依部首编定，成立今日中国字典、辞书模型，其学术上永久价值在于迄今仍是研究中国文字字形、字义、字音源由，即所谓"小学"学问最重要的必读书。

光明的秦汉大世纪，自《说文解字》的汉和帝时代上溯两个多世纪，武帝治世而铸定全盛局面，文化学术世界中的第一流人才极多活跃于此时代。汉朝学者间原多出色的散文家与诗人，武帝时宫廷中诗人、著述家、学者，尤堪盛称群贤毕集。长诗形式而词藻富丽受楚辞浓厚影响的赋，发达为中国文学史上汉朝文学的代表，武帝文学侍从之臣司马相如乃其出类拔萃的集大成诗人。采集、整理民谣而配以音乐以便歌唱的音乐诗乐府，也自武帝时代创始。乐府之歌，以生动、活泼又音节优美为特色，此类与赋全然讲求文词美迥异的诗歌作品，内容是写实的、艺术的，却也是平民的、平易的，代表人物便是直接领导武帝宫廷庞大乐团的作曲家李延年。散文自秦朝李斯的泰山、琅邪台诸刻石文书建立高水准，汉朝后继的伟大散文家之一司马迁，更大业绩在于其不朽名著《史记》撰定，成为中国最初的通史，司马迁也博得中国史学创始者的至高评价，被学术界推崇为东洋"历史之父"[1]，而与西洋"历史之父"的希腊史学家希罗多德（Herodotos），同受景仰。

司马迁于武帝时代，继承其父宫廷天文学者司马谈一生搜集历史资料职志，又游历全国，亲身体验各地民俗、风土人情，自纪元前一〇八年（元封三年）着手《史记》大事业的执笔，经历十六年，纪元前九三年（太始四年），完成此巨著[2]（武帝崩于纪

---

[1] 人物往来社版《东洋的历史》3. 秦汉帝国，第432页。
[2] 《史记》完成年代，异说颇多，此依贝塚茂树考定（中公新书《史记》）。吉川弘文馆版《世界史年表》（第44页）列举梁玉绳天汉四年（纪元前97年）与赵翼征和二年（纪元前91年）两说。司马迁生殁之年，亦无定说。其生年，王国维持纪元前145年说，桑原隲藏、郭沫若、山下寅次均主纪元前135年说，1956年纪念司马迁诞生二千一百年，所依系王国维之说。关于殁年，王国维主张纪元前86年，刘际铨、郭沫若主张纪元前93年，齐思和、翦伯赞编著《中外历史年表》，则列于纪元前92年条（亦见吉川弘文馆年表解说）。

元前 87 年）。前此中国历史编纂方式以孔子编年体《春秋》为模范的传统，由《史记》而突破，全书一〇三卷的丰富内容，分五大部门，顺序追记与录叙自最古以迄著作当时武帝时代的历史为"本纪"（第一部门），踏袭朝代年代记的形式，另以诸侯之国的编年史与历史关键人物传记为"世家"（第四部门），均政治史。第二部门为诸朝代与列国诸侯系谱、对照年表的"表"，第三部门是文物制度、天文历数、社会生活与经济状况等特定问题专门史的"书"，最大篇幅第五部门"列传"，则是以各时代政治家、经济家、军事家、学者为主，广及游侠、刺客、产业界、医卜、艺术等各方面专家与代表性人物的传记，个人事迹著录标准，又均具有社会使命的意义，得以见出时代特色。学术界因此惊异于欧洲社会史、文化史的记述发达须待十八世纪以后，而《史记》却于纪元前一百年左右，与年代记的政治史记事并行，已使用社会史、文化史的方法，司马迁进步历史观产生如此之早，堪叹佩为奇迹，其系史学界无与伦比第一人，以及《史记》实乃世界最初的综合历史，已非仅代表中国，而直系全球性意味，均由学术界认定而致以至高敬意①。司马迁《史记》的伟大，又表现于一贯秉承孔子春秋之笔的精神，《史记》著作便在君主权力隆盛顶点的汉武帝时代，司马迁自身先后任官太史令、中书令，且均皇帝侧近亲信之臣，而对武帝同加率直批判，其受被评为道家流之父司马谈影响，著作态度非全与儒家见解一致②，严正持对事件

---

① 中央公论社《世界的历史》1.古代文明的发现，第 250 页。
② 所以班彪批评司马迁"论学术则崇黄老而薄五经，序货殖则轻仁义而羞贫穷，道游侠则贱守节而贵俗功"（《后汉书》班彪传）；其子《汉书》作者班固同申其义，且直指司马迁"是非颇谬于圣人"（《汉书》序论）。

独立的评价，所代表也非上层阶级而毋宁是平民意识，于人与事一律客观与平等看待，从将陈胜、吴广与周公、孔子同列世家，平民身份的伯夷、叔夷开启列传之页的体例可见。

《史记》多样性学术价值，又一特色见于正确的地理记录。现行最古的中国地志《尚书》禹贡篇，名义上记夏禹时之事，实质内容系战国后期地理知识集大成，反映中国九州划一统治与统一国家构想的成熟。有关中国周边部的地理书《山海经》与《穆天子传》，考定同自战国时代编定，为目迷五色百花齐放姿态下的产物，记述范围虽广，臆测尚多。邹衍的地理知识，亦被今日学者赞扬，所谓中国于天下乃八十一分之一，中国名曰赤县神州，中国以外如赤县神州者九，有裨海环之（见《史记》孟子荀卿列传）的思想，仍只止此而已。广域统一的大领土国家实现，依于行政上的必要，以及数学与测量学的发达，地理学发展至汉朝乃具充分把握，司马迁读万卷书又行万里路，地理资料搜集的翔实，自国内推展到国外异民族地区，而著作中专门出现"匈奴""大宛"诸列传，遗留至今日，其记事被世界学术界广泛正视与引用，认定系关于纪元前二世纪时北亚细亚、中亚细亚及其以西诸国家特具信凭性的正确史地资料。此部分记录于其后《汉书》中，续加充实为更详细的西域传而受珍视。

司马迁《史记》对中国历史思想的发展，影响为莫大，其文体与记述方法，成为后代热心仿效的模式，完成于纪元一世纪末的《汉书》乃最早之例。《汉书》著作者班固，以其父班彪接续《史记》武帝以来事迹编写的前汉史《后传》为基础，扩大成与《史记》媲美的巨著，虽其以正统的儒家立场，对司马迁思想颇有批评，但《汉书》内容，却多直接引用《史记》原文。班固去世后全书未完成部分，由其妹即有名的后汉宫廷女诗人班昭续竣。《汉书》全书分四部门，各代皇帝的年代记与皇帝传记为"纪"，年表为"表"，《史记》的"书"为"志"，增补《史记》平准书易名食货志，又新增刑法志（法律、刑罚）、五行志（祥瑞、灾异）、地理志（地方行政区划）、艺文志（全国图书目录与分类说明），人物传记为"传"，而无《史记》的"世家"。以后各朝代"正史"的编写体例，基准直接便是《汉书》，间接则《史记》。

武帝时代辑定的另一高价值学术文献，乃高祖之孙与武帝族叔淮南王刘安，邀集众多学者所编《淮南子》，原分内、中、外书，流传迄今仅存内书二十一篇，多科学与自然哲学之述。《淮南子》与《吕氏春秋》同系杂家著作，但基本思想则是道家的，寓有以道家之"道"统一诸子百家学问的意味，正是汉初黄老之学风靡的结局，却也已系回光返照。淮南王刘安于元狩元年（纪元前122年）继十三年前（建元六年，纪元前135年）著名的黄老爱好者窦太皇太后（文帝皇后与景帝太后）之崩，以涉嫌谋反自杀，代表汉朝政治无为之治思想的实质结束，也便在窦太皇太后崩逝前一年，国家宣告独尊儒术表征的五经博士已经设置。

汉武帝治世，总结诸子百家时代，尊崇儒学为国学，乃中国思想文化史一大划期。自此以迄清朝覆亡，儒家于学问的独尊位置，持续垂二千年，系中国历史特堪注目现象之一。而此期间，以十至十三世纪宋朝为断，儒学却又前后容貌有异，宋朝以后的儒学乃以"四书"为中心，宋朝以前，唐朝儒学固较汉朝儒家思想也已变化，但均系以"五经"为中心的儒学。

"五经"时代，继诸子学问而发达，儒者六艺教养基准的经学专门研究乃系主轴。六艺原与"六经"为同义词，"艺"的形式是"经","经"的内容是"艺",但汉朝设"五经博士"而非"六"数,系因《乐经》早已散失,所以流传后世时乃于六经仅存五经的情况下代表"六艺"。相对而言,五经也自汉朝开始而实数非"五",《易经》自经文之外增加十翼;《春秋》经文之外,公羊、穀梁与最后加入的左氏三家不同注释书,所谓"春秋三传"相与并传;《礼经》原指礼仪之书即今日意义的"仪礼",武帝以后增补《礼经》意味的礼、乐、思想论文集《礼记》辑定时,《礼经》才易名《仪礼》,前汉末刘歆以武帝时所发现佚书《周官》(政治制度之书)改编《周礼》,"三礼"也已成立;《书经》又最早自九十余岁秦朝遗在老博士伏生,文帝治世口授时改以《尚书》习称。所以,"五经"中《礼》析"三礼"、《春秋》分"三传",连同诗、书、易共成九部,"九经"之名虽自唐朝而得,原型却早由汉朝成立。而且,汉朝《易经》与《春秋》均系经、传分立,尚非止"九"教,晋朝才"以传系经",如唐朝或今日所见的《易经》系经文、十翼(传)合编与《春秋》三传之形(唐朝又以"九经"加《孝经》《论语》《尔雅》而成"十二经",宋朝"十二经"再加《孟子》成今日所知的"十三经")。

儒家经典专门研究的"经学"时代最早展开,《史记》儒林列传记载:"及今上(武帝)即位……言诗,于鲁则申培公(《汉书》儒林传申公条'事齐人浮丘伯受诗'),于齐则辕固生,于燕则韩太傅;言尚书,自济南伏生(胜);言礼,自鲁高堂生;言易,自菑川田生(何);言春秋,于齐鲁自胡毋生,于赵自董仲舒。"依此传承的鲁诗、齐诗、韩诗、"书"(欧阳生传自伏生)、"礼"、"易",以及"春秋"公羊学(胡毋生、董仲舒之学),便自武帝时代首先设置学官,宣帝治世如"诗"分三家之例,"书"于原欧阳之学外，增大、小夏侯之学，"礼"分大戴礼、小戴礼、庆氏礼，"易"分施氏、孟氏、梁丘氏之学，"春秋"公羊之学分严、颜二家，另增穀梁之学，五经分别并立三家学说，次代元帝又单独增"易"京氏之学一家为四家。前汉末王莽摄政至新朝期间，续列毛诗、古文尚书、春秋左氏之学（《左传》）以及《周礼》。光武帝复兴汉朝，后汉又回复前汉元帝以前基准，而罢庆氏礼、穀梁传，共立十四博士[①]（"诗""书""礼""易"各三家，"春秋"公羊学二家）。

　　相伴的一大事件乃朝廷图书馆整备。自汉初惠帝四年（纪元前191年）正式命令解除秦朝挟书之禁，《汉书》艺文志大书"大收篇籍"，"广开献书之路"，"建藏书之策，置写书之官"，官方藏书数量不断充实。只是，纸发明以前，中国图书系用竹简或木简编纂，保存不便，也常脱简或错简，又以均系写本而文字易有漏误。所以武帝第四代元帝之子成帝在位，学者刘向就朝廷藏书校勘与整理每一书的异本，写为定本，亦即留传今日中国古代书籍的基础，乃继孔子整理六经后中国文化史一大功劳者，具有学术上重大意义。刘向另一中国学问发展史的伟绩，在于图书分类，制成汉朝官方收藏图书的完全目录，予所有经书、诸子百家等书内容以提要说明。此项中国最古也是世界最古的目录分类[②]，以及中国文献学的创始，至其子刘歆而完成，编定著名的《七略》，分类系辑略、六艺略、诸子略、诗赋略、兵书略、术数略、方技略，可惜其书后世已散佚。

---

① 后汉十四博士，依柳诒徵《中国文化史》（上）第403页引《宋书》百官志、《续汉书》百官志。

② 平凡社版《思想的历史》2.春秋战国与古代印度，第397页。

国家奖掖儒学与鼓励秦朝思想弹压令下隐匿书籍的复出，民间古书重现于此间，却也因而产生了"今文""古文"之别，以及连带的经文内容歧异。《尚书》之例，伏生依个人记忆，口诵传授欧阳生等弟子时，用当时通行的字体记录，便是武帝以来太学的国定教本，而其后又有传说出自曲阜孔子旧宅壁间，篇数较多，以蝌蚪古文书写的《尚书》流传，谓之"古文尚书"，先已通行的乃对称"今文尚书"。总而言之，今文经典均秦朝旧儒于汉初所授，传承系谱分明，代表汉朝官方正统的学问；古文经典则前汉中、后期陆续自民间所出现。汉初张苍所传，《左传》亦即其一，如何传授多数不明了。前后汉之交，古文经典以王莽托古改制而提倡，一度增列太学教育课程，后汉虽已取消，但古文经典研究兴趣已经加浓，着眼于经典文句解释、注释的学问所谓训诂学，至后汉时又形成专业化经学的特色，待后汉中期以来私人讲学风气发达，所讲授主要便是古文系统的经典。古文经学或古文学（民间）与今文经学或今文学（官方），相互间对立与炽烈论争，乃不可避免。尽管今文学派严厉抨击"古文"多系虽具渊博学问，却附和王莽的名学者刘歆伪作，但平心而论，所有原始经典，未经刘向、刘歆父子努力校勘整理以成今日之形以前，即使今文经典也层叠追加，又未可必其无故意或口诵抄写时疏失之事，致对最初思想，已有区别，所以古文经学爱好热潮愈益高涨。须后汉末大儒马融弟子郑玄，以经学权威大家名满天下时，始统一古文学派与今文学派学说，予易经等多数经典以集大成注释，古今文学的纷争才倾向于平息，学者专以郑玄之注为经典解说基准。但是，其时黄巾之乱已起，中国大混乱序幕已被掀开，汉朝经学著作多数于战祸中失传。隋唐回复统一秩序，所存仅为今文系的《仪礼》《公羊》《穀梁》《大戴礼记》《小戴礼记》，原古文系的《周礼》《毛诗》《左传》，以及两系统共有的《易经》与《尚书》，便是今日所见的儒家经典。

时间	著作
纪元前三世纪前半	编年迄纪元前298年的《竹书纪年》，乃关于中国古代史年代学最可信赖的参考书。
纪元前二世纪前半（前185年左右）	陆贾《新语》出，儒家思想抬头的先声。
纪元前二世纪后半（前136年）	国家始置五经博士，儒家一尊地位建立。此时期董仲舒（前104年卒）《春秋繁露》，以《春秋》公羊传的统一理论为中心基础，发挥天人相关主旨，而系依存于阴阳五行思想与灾异说的解释学成立。
纪元前一世纪前半	最杰出历史学家司马迁《史记》完成（述至前122年），世界文献史上最重要的史书里程碑之一。
纪元前一世纪后半	刘歆《七略》出，中国最古的目录学。 刘歆制定史前时代的中国历书《三统历谱》，也是具有科学价值的历史编纂。 《尔雅》辑定。
一世纪后半（章帝建初四年即纪元79年）	学者集合于宫中白虎观，讨论五经解释异同，由班固主稿，以发言记录编为《白虎论奏》，今名《白虎通义》或《白虎通》。 班固（纪元92年卒）著《汉书》。 批判的思想家王充（纪元100年卒）著《论衡》论文集。
二世纪前半	许慎完成《说文解字》，今日中国语源学研究的本源。
二世纪后半（灵帝熹平四年即纪元175年）	校订《易》《书》《鲁诗》《仪礼》《春秋》《公羊传》《论语》等七经，以成立永久标准本为目的，写刻碑石，建于洛阳太学，便是后世有名的"熹平石经"，今日尚有断片残存，传说隶书经文出自名学者蔡邕手笔。（"五经"而分七经，因《春秋》于汉朝尚系经、传分立，《论语》则未立学官。） 荀悦仿《左传》编纂汉朝史《汉纪》。

汉朝古今文学派以前的经学，传授多出自荀子门下[1]，受继的是荀子思想。自孔子弟子以届汉初的传承系谱，依流传为[2]：

《诗》商瞿——公孙段——子庸——馯臂子弓——周丑——孙虞——田何

《书》{ 漆雕开
       孔鲤——孔伋——孔帛——孔求——孔箕——孔穿——孔顺——孔鲋 }

《诗》子夏——曾申——李克——孟仲子——杨牟子——荀卿 { 浮丘伯（鲁诗）
                                                      毛亨（毛诗）}

《春秋》{ 子夏 { 公羊高——公羊平——公羊地——公羊敢——公羊寿——胡毋生（公羊）
                穀梁赤——荀卿——申公（穀梁）}
          左丘明——曾申——吴期——铎椒——荀卿——张苍（左传）}

《礼》{ 子夏
       子贡 }

《乐》{ 曾子
       子游
       孺悲 }

《礼记》自汉朝编纂，所收录关于礼、乐各篇，也经发现乃是《荀子》相关诸篇的模写[3]。儒学脱出荀子学说影响力，则同

---

[1] 刘大杰《中国文学发展史》第 90 页："(荀子)在儒家学说的传授上，占有重要的地位，毛、韩诗，左传，穀梁，皆其所传，犹长于礼"；冯友兰《中国哲学史》(上)第 438 页："荀子为战国末年之儒家大师，后来学者，多出其门。"

[2] 附表采自开明版罗元鲲《高中本国史》第一册，第 71 页。

[3] 冯友兰《中国哲学史》(上)第 369 页："礼记中言丧祭礼及乐诸篇，多与荀子同，大抵非钞《荀子》，即荀派后学所作也"；第 439 页："大小戴礼记中诸篇，大半皆从荀学之观点以言礼。其言教育者，大戴礼记中直钞《荀子》劝学篇，小戴礼记中之学记，亦自荀子之观点以言教育。盖当时荀学之势力，固比较汉以后一人所想像者大多多也。"

样也始自汉朝。《礼记》的大学篇已兼容荀子与孟子思想,同书中庸篇与儒家另一重要著作《孝经》,又全系《荀子》非十二子篇严词谴责的曾子—子思—孟子学说演绎。汉朝儒学予荀子思想最大的变貌,乃在六艺中《易》的地位再估定。《荀子》劝学篇:"故《书》者,政事之纪也;《诗》者,中声之所止也;《礼》者,法之大分类之纲纪也。……《礼》之敬文也,《乐》之中和也,《诗》《书》之博也,《春秋》之微也,在天地之间者毕矣",系儒家自身最早的六艺教育效能说明,惟于《易》独缺,为堪注目。而至汉朝,《史记》太史公自序已一变而为:"《易》著天地、阴阳、四时、五行,故长于变;《礼》经纪人伦,故长于行;《书》记先王之事,故长于政;《诗》记山川、溪谷、禽兽、草木、牝牡、雌雄,故长于风;《乐》乐所以立,故长于和;《春秋》辨是非,故长于治人";再变而如《汉书》艺文志所言:"六艺之文,《乐》以和神,仁之表也;《诗》以正言,义之用也;《礼》以明体,明者著见,故无训也;《书》以广听,知之术也;《春秋》以断事,信之符也。五者盖五常之道,相须而备,而《易》为之原。故曰:《易》不可见,则乾坤或几乎息矣,言与天地而终始也。至于五学,世有变改,犹五行之更用事焉。"

《易经》原与筮的关系密切。而自《尚书》早期作品洛诰、金縢等篇得知,周朝初年尚踏袭殷朝用龟卜之法,所以筮法乃周朝发明由辅助卜法而终替代了卜法。《易经》最初出现的时间因而不能太古,经文主体的上下篇,文字也颇简单,仅为筮验说明意味。孔子论《易》,《论语》全书不过"五十而学《易》,可以无大过矣"(述而篇)一语,可能便以单纯用于决疑之故。《孟子》引用六经之语,于《诗》《书》最多,却从未引《易》,也知

《易经》于孟子时代仍无原型变异。篇幅扩充与理论建立，如同《春秋》经文之外的三传，礼经（《仪礼》）之外的礼记诸篇，于上下篇基础上成立十翼，多数经典文字也须自战国晚期以至前汉中期，却也从而超越决疑范畴，毋须与筮关联，已向注入了百家之学成分的思辨之书转变。

战国时代思想界的百家蜂起，学问的相互影响，同中有异或异中有同，不可避免乃意想中事。儒家的场合，孟子与荀子学说不同，是前者之例；荀子天道即自然，与人事全然无关的思想近于道家，而礼制的强制约束力主张由弟子韩非子发展为法家思想根源，又是后者之例。荀子批评子思、孟子"略法先王而不知其统，案往旧造说，谓之五行"（《荀子》非十二子篇），《孟子》著作的本体固无从觉察阴阳五行色调，阴阳五行学说于孟子时代也尚未兴起，但由其浓厚的民本思想而引发天命即民心意识，则已系阴阳五行说高涨的战国晚期，荀子非十二子篇之作也在其时，所指正是子思—孟子学派儒者以天命意识沟通而受阴阳家重大影响的事实。《中庸》以"天命之谓性"之句开宗明义，导入的"故君子之道，本诸身，征诸庶民，考诸三王而不缪，建诸天地而不悖，质鬼神而无疑，百世以俟圣人而不惑。质诸鬼神而无疑，知天也；百世以俟圣人而不惑，知人也"（第二十九章），"上不怨天，下不尤人"（第十四章）等理念，内涵便都是阴阳家的天人感应学说。阴阳五行思想反映于同时代儒家著作，《尚书》洪范篇与汉朝录入《礼记》中的月令篇，都是色调特深的代表作品。阴阳家的"五德终始"说，且由洪范篇创见"五行"的名词。《易经》固独以道家思想为主，阴阳说同系渗透要素，如前引《史记》太史公自序所明言，而有十翼诸篇著作高潮的展开。

阴阳思想趋向的加大，战国经秦朝过渡到汉朝时，阴阳五行也终融合为儒学自身要素，六经（缺《乐》为五经）原理被加饰，而原始儒家的学说发生巨大变容。

《汉书》艺文志中《易经》已被尊为六经之原，前此《史记》太史公自序论述六艺要旨，则以《春秋》为主，大书"夫春秋，上明三王之道，下辨人事之纪，别嫌疑，明是非，定犹豫，善善恶恶，贤贤贱不肖，存亡国，继绝世，补敝起废，王道之大者也"，前汉学风特重《春秋》，《春秋》与汉朝政治密切，为堪注目。汉朝独尊儒术，提案人董仲舒便是《春秋》解释学之一《公羊传》的权威学者，《春秋》经文开卷第一句"元年春王正月"（隐公元年）的解释，又便以《公羊传》谓"称春者，岁也；称王者，谓文王也；称王正月者，大一统也"，为最符合汉朝蒸蒸日上的国运，公羊学因之于春秋三传也最是风靡。而董仲舒的公羊学，又正代表了儒家立场发扬阴阳五行思想登峰造极的境界，以大一统秩序的范式求诸自然界秩序而建立其理论根据。

董仲舒名著《春秋繁露》，继承以天子尊严地位为前提的春秋公羊学"大一统"特色，理论中心基础筑于"天、地、阴、阳、木、火、土、金、水九，与人而十者，天之数毕也"（《春秋繁露》天地阴阳）、"天人之际，合而为一"（《春秋繁露》深察名号）的最高原理，说明"人"既系"天"（自然）之构成一要素而关系密切，所以人事与自然（天）也由阴、阳之气相互感应，帝王便以有德而受天之命有天下，现实主权的确固与安定与天直接相连，予"天人合一"说发挥至极致。《尚书》洪范篇已调整的水、火、木、金、土五行次序，也被确定再调整为木、火、土、金、水，而予"五行相胜（克）"说以逆方向的补充，形成木生火、火生土、土生金、金生水、水生木的"五行相生"论，依五行次序，顺序相生（谓之"比相生"），间隔相克（谓之"间相胜"，即：木克土而中隔火，火克金而中隔土等），五行相生相克理论乃告完整。五行之"数"又各各与五方（木＝东、火＝南、土＝中、金＝西、水＝北）、五色（木＝青、火＝赤、土＝黄、金＝白、水＝黑）等配当。由是又形成辅助"五德终始"说的"三统"说历史观，分别以夏＝黑统（以寅月为正月，色尚黑）、殷＝白统（以丑月为正月，色尚白）、周＝赤统（以子月为正月，色尚赤），为始源朝代循环的学说。

《春秋繁露》又一突破性理论系在引申"天人合一"之义的灾异说。孟子所倡导民本学说升高为天人感应的"天命即民心"、"天意即民意"的原始民主主义思想，被董仲舒巧妙利用，所谓"天之生民非为王也，而天立王以为民也。故其德足以安乐民者，天予之；其恶足以贼害民者，天夺之"（《春秋繁露》尧舜不擅移汤武不专杀），以自然界灾异为武器，依存于《春秋》权威为护符，以批判与约束专制政治。其理论，帝王既受天命，依天的意志支配天下，朝代又适应自然与人间世界的木、火、土、金、水五行循环而变革，则政治适当与否，从自然现象正常运行与否得以见出，朝代之德衰而政治误失，天必降灾异警告，促令反省与纠正，否则，国家坏灭危机不可避免，朝代因以兴替。所以，勉诫帝王应随时警惕，慎勿失民心、违民意而上干天怒，乃是董仲舒之书一大得意手笔。灾异说展开系以董仲舒为第一人，儒家传统的"天命"思想也以灾异说而得丰富。三公乃人间政治的最高执行长官，天文变异日蚀等现象出现时，汉朝例必策免三公，理论依据便立于天人相关说，汉朝通全朝代无昏暴之君，也未始非此学说警惕作用发生效力。

惟其如此，儒学自汉朝而被承认为国家学问，儒家认识论的本质却较春秋战国原始儒学时代，已完全向观念论移行。天人相关，天支配人间，人间行为感应于天，天观察人间行为善恶而加赏罚的世界观，普及于全社会，主要表现为：

人间秩序上合于天，"天"的自然界有一定秩序，天高、地低、水流、鸟飞、兽走、寒来暑往后又暑来寒往，存在永远调和的法则，天人感应，人间的理法合乎天地自然的理法，人世间才能秩序整然。以圣天子、圣人尧、舜为典范的先王之世，便是符合自然理法的理想世界，为秩序亲和的人间大同世界。而遂行先王之道与天相应，惟经由圣人周公集大成而孔子整理的六经教养与实践才能实现。以六经为准绳的实践，如有偏差已悖天理，天降灾异警告；相对来说人间秩序调和，天也降兆瑞以示嘉勉，是谓祥瑞。汉武帝创始年号，以"得宝鼎后土祠旁"而号"元鼎"（《汉书》武帝纪）。因此祥瑞便是最早依凭，历代皇帝，祥符嘉瑞往往成为改元理由，宣帝七次改元的后四次：神爵、五凤、甘露、黄龙，且全由于祥瑞出现之故。

阴阳五行说神秘主义，原与儒家合理主义相拒斥，其影响儒学的程度，大而国家兴亡，小而个人祸福全纳其中，已系意料之外，自此出发点继续向迷信偏离，前汉后期以来谶纬说大流行，尤为不可思议。所谓"谶"，乃以隐语预言未来，《河图》《洛书》便是；"纬"的语意与"经"相对，认为经书系表面文字，而孔子另制阐明内中真义的文书传世，谓之"纬书"，与六经相配当，而有《易纬》《书纬》《诗纬》《礼纬》《乐纬》《春秋纬》之外加《孝经纬》，总称七类纬书的"七纬"出现。谶纬说于汉朝蔚然风行，便以学者几乎尽行接受而发展为全国上下的共同信仰，诚然是汉朝思想最大变化，伏羲、女娲的人类始原说也于此背景下深入社会人心。逆流的推向极峰，终激发政治上巨潮，中断汉朝命运，历史上区分前、后汉的间隔朝代王莽新朝兴起，谶纬说赫然是原动力。王莽活用天人相关的儒家原理，于企求实践古代世界圣人贤者理想的共有心理基盘上，连续利用符瑞，上演其和平革命的禅让剧。先是应验自井中所出现上圆下方（象征天、地）白石，其上且书"告安汉公莽为皇帝"预言，而居摄称假皇帝，再以拜受黄衣人携留汉高祖庙，内置记有"莽为真天子"预言符命的金（铜）匮，而正式登位皇帝（均《汉书》王莽传）。黄色乃土德的代表色，火德之"汉"灭而土德之"新"兴，一个新的朝代"新"朝，以王莽凛遵天命，由汉朝（创始人高祖为代表）禅让成立云云。汉朝再兴，刘秀起兵时也散布"刘秀当为天子"预言，结局依赤伏符谶文"刘秀发兵捕不道，四夷云集龙斗野，四七之际火为主"，而登大位（《后汉书》光武帝纪）。谶纬说虽牵涉两次政治大波折，却以光武帝刘秀仍是笃信者，于后汉仍然盛行不衰。三世纪以后中国大分裂期谶纬渐渐退潮，至七世纪隋朝再统一中国，才断然禁绝，纬书一律焚毁。统计留存至隋朝而载入《隋书》经籍志的纬书，数至八十一种，但今日已仅能自若干古书的引文中见其身影。

阴阳一谶纬说弥漫的时代，非无特立独行之士与谔谔之言，后汉初桓谭强烈批判时俗，上书被誉德治明君的光武帝非难谶纬（《后汉书》桓谭传），竟遭贬斥，著作《新论》也遗憾失传。迷信压力如此重大之下，继桓谭之死的后辈王充，思想、志气均承继桓谭而加以发扬光大。王充系班彪弟子，班彪之子班固乃章帝时《白虎通》的主稿人，《白虎通》内容正是时尚神秘解释学的代表巨著，相对方面，反抗时潮勇敢给予攻击的代表人，便是同时代王充。王充实证的、经验的批判精神，否定天的权威，反对天人感应思想，暴露儒家迷信天意与灾异说的弱点，阐述世界乃永久性、物质性，而物质世界又系自然发展的原理，与之对立。知识的源泉，也确认系现实世界的感觉所由，否定时俗儒家所谓古代圣人贤者乃文明制作者，具先天知识，以及神奇的直觉之说。此等精辟见解，均见于其思想论文集《论衡》。《论衡》论证方法立于现实的经验主义、合理主义立场，验证事物的真伪、正否才加判断与下结论。所以，虽然其自然的世界秩序论，强调人事与天命无关，而主张个人、个物与外界关系都是偶然的，非必然的，今日也有批评之为宿命论，乃王充思想的破绽之说[1]，但其无情地严厉批判观念论时潮，无疑乃汉朝最突出的儒学思想家，思想史上具有大进步意味，学说的价值已获今日学术界肯定，甚或推重之为古代最大唯物论者[2]。王充思想激烈的攻击精神，于后汉初期被目为异端，影响却至大，正视儒学堕落的警钟作用自此发生，其后社会间意识形态发展，哲学上认识论的抵抗观念论倾向转盛，王符、仲长统等继挽狂澜，儒家学问的尊严始未续往下堕。

同时，儒家于汉朝学术的地位，原系独尊而非独断或统制，百家之学光辉尽管黯淡，却非熄灭，《汉书》艺文志所载百家学问丰富著述的散损，原因也非政治的而是社会的，战乱或者后继学者衰颓系其主要，儒家学派自身并不例外。同时，经学时代儒

---

[1] 平凡社版《思想的历史》2. 春秋战国与古代印度，第397页。
[2] 苏联科学院《世界通史》，东京图书版日译本古代5.，第729页。

家学者的研究范围,非限六经(五经)而多牵涉百家学说,又超脱早期儒家路线而铸定后世走向,就诸子思想的保存与流传言,因之反而便是功劳者。但儒学自身"中庸"调和意识的被强调,包容百家之说的弹性也愈增大。风靡一时的墨家"兼爱""非攻"学说系因与"大一统"社会现实脱节而自行式微,法家法治主义原与儒家德治主义相斥,儒家通过"大一统"与"帝王权威"的法家同一思想管道,以及阴阳意识的新解释(阳=德治、阴=法治),却已相互辅成。《易经》原理早自战国时代,循"一阴一阳之谓道"(《系辞传》)的方向衔接道家思想,前汉之末扬雄借用《道德经》的"玄"字展开玄学理论,也至王充《论衡》宇宙论而已向道家认同,对阻遏阴阳—谶纬说流风,自消极批判一方面,发生其积极的疏导作用,开启魏晋南北朝儒家新学风转换之门,也鼓励了宗教思想于此际活泼成长。

道家与其名词由来《道德经》的"道"字,宗教兴起时被道教所移用,也由《道德经》内容朝神秘说与怪异说方向行进,而连结教义中更大要素的神仙说。神仙说乃百家蜂起的战国末期炽热追求现世欲望风气的延长,祈求永生的意愿勃发,尤其山东半岛,海岸线绵长,遥望海上烟雾迷蒙,海市蜃楼,推想东方海中不可思议的岛上有不老不死仙人居住,也相信仙人系服食其以特殊技术炼制的灵药。因之于齐、燕沿海大流行,持此思想的称之为方士。所以方士自身也各有独特方术炼制丹药的心得。神仙说与秦朝凭以统一中国的法家思想原不调和,但统一中国后的秦始皇东方巡行,却于琅邪、之罘听信齐方士之言,而有派遣徐福率领大船团,携三千童男女出东海,寻觅海中蓬莱、方丈、瀛洲三仙岛,访仙人求不死灵药的故事流传今日。纪元前三世纪徐福此行，传说中向与日本相关，描述其发现日本列岛，认为即蓬莱仙岛而在和歌山县南端的新宫市登陆，迄今当地尚遗留徐福墓与纪念神社，以及新宫市稍南纪伊半岛尖端便是弃船登岸之地的考证云云。而学术考古之下，了解所谓徐福在日本的遗迹，纯系日本人空想的产物，为江户时代学者的托古伪作[①]。实则徐福蓬莱仙岛是否以日本列岛为目标，且不可知，其行无结果也可想像。迨秦始皇继续东巡，碣石燕方士卢生偕归咸阳，制造不死之药未成而逃逸，临行于儒生间散布讥讽秦始皇的言词，激起秦始皇盛怒，坑儒暴行即由此而起。神仙说到汉朝，黄老之学副产物的神秘论黄帝不死、黄帝升天登仙思想倡行，阴阳五行说又获正统儒家支持，《礼记》礼运篇"麟、凤、龟、龙，谓之四灵"，月令篇"驾苍龙"，抑且《左传》庄公二十二年"凤皇于飞"等灵界禽兽想像，以及广阔的天空、大海，深幽静寂的高山，都对仙境意念的产生有刺激作用，神仙信仰于是蔓延愈广。汉武帝事业伟大似秦始皇，对神仙与长生不老之境的向往，也步秦始皇后尘。巡行东方登泰山祭天记录的频繁，于史上为空前绝后，皇天后土，均予狂热祭祀。宫中特建目的系会见神仙的豪华高台，李少君、少翁、栾大、公孙卿等都是受宠信的有名方士。《史记》封禅书实质便是武帝神仙迷信篇与上述诸方士的列传。神仙意识之于汉朝，已系普及于社会上下层，广成子、赤松子、王子乔等神仙都是民间普遍信仰。不老不死谓之"得道"，其人谓之"真人"，而接续有魏晋南北朝的道教胎动与成立。《史记》封禅书载元光二年（纪元前133年），李少君告武帝："祠灶则致物，致物而丹沙

[①] 人物往来社版《东洋的历史》3.秦汉帝国，第77页附注。

可化为黄金，黄金成以为饮食器则益寿"，又系世界科学史上最早有关炼金术的文献，自此方士灵药方术，也向发达的炼金技术发展。

儒家与道家，以及由道家变形了的道教，与渡来的佛教等宗教思想，全自汉朝而筑成了后世中国，乃至东洋的精神文化基础。

汉朝社会、经济层面剖析——乡里与豪族

《孟子》梁惠王上"百亩之田，勿夺其时，八口之家，可以无饥矣"的议论，反映孟子时代的战国中期，封建制下已渗入地缘因素的中国古代氏族制社会明显向"八口之家"小家族单位分解的事实，也正基于此社会背景，孟子有回复理想中井田制度的主张提出。但井田制或公田制下，由多数血族成员构成氏族大家族协同的低阶段耕作形态，终以春秋时代之中以来，铁器革命生产效率的突破，而不可能复活。虽然社会组织重大变革的小范围家族劳动成立，各国步伐不相一致，但其潮流则乃共通。纪元前四世纪中战国秦国卫鞅变法，系最巨大与最彻底的一波，废公田，开阡陌，一方面最终打破世袭贵族的身份制，另一方面对一般人强行单婚家族分家政策，封建制下"国"已可由不同姓的氏族合组，以政治力强制拭抹残存的氏族制遗迹。于是，中国统一实现，一类迥异传统的新的社会秩序与国家政治体制确立。

所以，承袭秦朝郡县制下的汉朝社会，构成单位纯已系"家"而非"族"，社会基部也已非氏族共存的血族集团，而乃分解了的一个个"家"所聚居，为全然地缘团体意味的乡村组织。汉朝乡

村组织，《汉书》百官公卿表记县以下"大率十里一亭，十亭一乡"，学者的解释与对乡、亭、里三阶段秩序的研究，却从来颇有异论。概括而言，可以设定于如下两点：（1）百官表录有前汉时代全国县、乡、亭的总数，而未及于里，则最下段的"里"，并非地方行政区划而其性质为自然村落。（2）百官表有乡官"三老掌教化，啬夫（大乡换设"有秩"）职听讼，收赋税，游徼循禁贼盗"的职务说明，"亭"则缺，亭的性质因之似是专司警察与旅行宿驿（《汉书》高帝纪注："亭，谓停留行旅宿食之馆"；《后汉书》百官志："亭有亭长，以禁盗贼，承望都尉"）的虚级单位，与"传""驿"公文传递系统，距离之里的"十里一亭"关系为密切。简言之，汉朝地方基层组织，惟"里"受"乡"的实质统辖，人所周知汉朝选举制度有"乡举里选"之称，便是注脚。

全与氏族传统秩序切断，迥非春秋时代以前，虽不同姓却仍系同一氏族聚居的农民社会结合基础单位"里"，与自然结合的共同生活者固仍多同一血缘，聚居成态也非限同里而可能扩及相邻之里，但相对方面，同姓之里混住异姓之家的场合已成普遍，抑或数个不同血缘家族同一里内居住，系较封建制为一大突破。汉高祖刘邦与其功臣卢绾，同系沛丰邑中阳里出身而又同日生，里中人纷携羊酒往两家道贺，乃是好例，也从而可以觉察，血缘团体经过封建制转变到地缘团体之初，非同一血统者相互间仍遗留同血统的亲密感与连带感。村落或"里"的此等性格，又表现于农民自己的小社会"里"内，维持自律秩序的机能，自己防卫，共同出资举行"社"（土地）的祭祀，以及共同尊敬生活经验丰富的高年长者而推之为"父老"，一般里民相对都称"子弟"，铸定为维系里内相互关系、感情与生活秩序的一面。惟其如此，父老堪视为"里"的代表者，汉高祖入关，得关中父老协力的事实为不可漠视，项羽乌江自刎也叹"我何面目见江东父老"。高祖功臣陈平微时在故乡，录入《史记》陈丞相世家中的一则故事："里中社，平为宰，分肉甚均。父老曰：善，陈孺子之为宰"，父老于里中的地位与发言分量可知。颁诏天下"赐高年帛"，"复（免除）子若孙（算赋或徭役）"的记事累累见史书诸帝纪，朝廷对里中长老的礼尊又从而可知。

乡的成立，从来并无乡"社"存在，可知性质多已倾向政治方面，于乡里民自治习惯的基础上加设了行政制度，所以置有统称"乡吏"的职位，以啬夫为主体而配置若干辅佐吏员。乡吏均由县直接派遣，系统上便是县的属吏，担当责任乃一乡的户籍编定、租税征收、兵役与司法的总括。乡又设三老一人，非官吏，掌教化，免除其徭役与兵役（从各乡三老中选一人又为县三老），地位甚高，规定得与县令抗礼，系乡民代表者与乡的象征。所以，乡的机能，一方面是最高自治单位，一方面也是最低行政单位，通过乡吏的触手，以及中间介入郡都尉系统的"亭"，而将国家政治权力浸透至村落（里）。

氏族制社会发展至高阶段而变貌为封建制又崩坏，春秋时代以前"刑不上大夫，礼不下庶人"阶级藩篱，也以卫鞅变法的强制力而最后撤销，新设定二十等军功爵的授予对象，非限旧"贵族"而广泛容纳了国民全体，庶人同得跻身爵等称号的"士""大夫"之列。郡县制统一国家新的社会——家族形态确立期的汉朝，踏袭其爵级与名目，却已非限褒赏军功或纳谷助赈、募民徙塞等特定个人的特殊事迹，赐爵扩大为皇帝即位、立皇太子、改元、祥瑞出现等国家庆典之际，普遍化也习俗化包含全国人民，不论贫富，无差别同沐德泽的国家恩典。向惯例恩典转化了的汉朝"赐民爵"统计，依文献记事：前汉时代五十三次，王莽时代一次，后汉时代三十六次，平均每四五年便有一次[①]。通常每一次赐爵，前汉时代一般庶民为一级，三老、孝弟、力田二级，后汉则前者二级，后者三级。仅无籍者、流民与奴隶除外，无此权利。二十等爵的构造分三层次：

——爵第一级至第八级：（一）公士、（二）上造、（三）簪袅、（四）不更、（五）大夫、（六）官大夫、（七）公大夫、（八）公乘，为下级爵位赐庶民，对象均编户户主。如前已受爵而再获赐爵机会，可以一级、二级单位计量，累积加算至相当的爵位，以到达第八级的公乘为其极限。但后汉制度，如有超过，其超过部分且准移赐其子或兄弟，或兄弟之子。此等爵位，允许买卖，且等于赎罪符意味，得以抵消减免刑罚，爵三十级得免死罪。

——第九级以上的高爵位赐秩六百石以上官员：（九）五大夫（十）左庶长（十一）右庶长（汉朝尚右）（十二）左更（十三）中更（十四）右更（十五）少上造（十六）大上造（十七）驷车庶长（十八）大庶长，又免除徭役，但已以功劳为条件（高祖功臣樊哙、曹参均曾受赐五大夫之爵，各见《汉书》本传）。

——再以上（十九）关内侯，已赐有食邑，最高级（二十）彻侯（避武帝讳改称通侯或列侯），具封邑，如同诸侯王称"国"，以其租税为收入。诸侯王子弟封侯，所谓王子侯，便依列

[①] 西嶋定生：《秦汉帝国的出现》，筑摩版《世界的历史》3. 东亚文明的形成，第115页。

侯之例。

　　所以，二十等爵至于汉朝，已系上以功臣"列侯"衔接另一意义"列爵二等"王、侯的王室系统，下及全民，予社会上下各阶层一体包容在内的身份秩序。庶民于此习俗化了的爵制秩序下，多数都获赐爵机会，尤其小家族编户的每一户主，虽然爵级仍有差别，却同样都已是有爵者。居延汉简中，自各地征发前往当地屯戍兵士的名簿甚多发现，其中便多有爵庶民，爵位也颇见到达第八级公乘的记录[①]。《孟子》公孙丑篇下曾言："朝廷莫如爵，乡党莫如齿"，爵制效用，因之学者间有由朝廷秩序延及乡里，以爵制秩序与齿（年龄）的秩序结合，相互表里而构成汉朝全社会礼的秩序的主张[②]。通过民爵的礼的秩序，其普遍化于庶人而形成乡里秩序，又被解释为是皇帝直接连结与把握农民大众的纽带[③]。而直接的、个别的农民支配，正是秦汉郡县制度的基本关系。

　　秦汉政治组织骨干，全新的郡县制度下国家体制，便依个别人身支配的新的统治理论，以结成君主—人民枢轴而实现。皇帝为最高与惟一源泉的国家权力介入农村生活秩序，其支配一个个自原氏族分出的小型农民家族形态，且非对分解了的"家"，而系予家族成员以直接把握，换言之，对"家"内"人"的个别支配，方式则通过郡县政治末端乡的租税征收与徭役。

---

① 西嶋定生：《秦汉帝国的出现》，筑摩版《世界的历史》3. 东亚文明的形成，第111—112页。

② 西嶋定生：《秦汉帝国的出现》，筑摩版《世界的历史》3. 东亚文明的形成，第126页。

③ 西嶋定生：《秦汉帝国的出现》，筑摩版《世界的历史》3. 东亚文明的形成，第111—112页。

汉朝租税与徭役，基本均踏袭卫鞅变法以来的秦朝制度，见于《汉书》食货志、帝纪与其注释——

租税制度，大致为租（税）与赋两种类，前者收益税性质，后者人头税与财产税性质。课征方法也区分为二：收益税中的田租与人头税，依官方调查为准，其他收益税与财产税则由本人申报（所谓"占"），经查定而纳税。其项目：

——田租乃农业课税，依农地面积的收获量三十分之一征收，可谓甚低。高祖原定十五分之一，为前汉时代最高税率，文帝在位期时或减半，时或全免，景帝元年（纪元前156年）减半征三十分之一后成定制。后汉之初一度高至十分之一，光武帝建武六年（纪元30年）起，恢复旧制三十分之一。

——人头税又分算赋（定额120钱为一算，但往往减额40钱、90钱、80钱等）与口钱，均依每年八月的全国户口调查征收，人头税算赋以与财产税算赋区别而别称"口算"。口算课征对象系十五至五十六岁的成年人，不分男女，每人每年一算，商人与奴婢（主人缴纳）二算、口钱对象则七至十四岁的未成年男女，每年二十三钱，内三钱乃武帝时起加征，充战车、军马补充费。

——财产税系对人民所有财产课征的算赋，也便以与人头税算赋区别而别称"赀算"，"赀"即财产，与"资"同义，但最早似限田、宅不动产，每值一万钱一算（127钱）。武帝时加重商工业者赀算，对其动产课税（《汉书》食货志下："诸贾人、末作、贳贷卖买，居邑贮积诸物，及商以取利者，虽无市籍，各以其物自占"），商人（"贾人"）财资（所谓"缗"）每二千钱一算，工业者（"末作"）四千钱一算，另名"算缗钱"或"缗算"。武帝加征的又两项新税目是交通运输工具税"算车船"与家畜税

"算马牛羊"。关于前者，主要征收对象为商车，也及于轺车（代步之车，如今日自用轿车意味），一般人一算，商人二算，五丈以上大船一算。同于后者，每值千钱输二十。课征同以商人与富人为主，乃可明了。

——田租以外诸类营业的收益税，名目各异，渔业的渔税称海税，商贾业称市税（具市籍而固定开设店肆的商人，非挟雄资而行商意味的"贾人"），金融业称予贷税等，而总名之为"山泽园池市井之税"。

租税征收遵行政府收入（公用财政）与帝室收入（私用）的区分，田租、算赋系前一系统，口钱中武帝所增车马费三钱也归国库，主管官衙大司农，国家行政费（含百官俸禄）、军事费、土木费、救恤费、外交费等由此等财源支付；其余收入均归后一系统，由少府与水衡都尉两单位职司其事（后汉省并水衡都尉入少府），供宫廷一切支用、祭祀费、臣下赏赐费等所需。商工业诸税（山海之利与营业税），封建制下原系诸侯收益，如今集中皇帝为主财源，历史界因之有从此形成君主权经济基础的解说①。此一立论虽尚须进一步研讨，但汉朝帝室财政驾凌政府财政现象，《汉书》王嘉传列举纪元前一世纪后半元帝时代两系统收支相抵后的剩余金额，大司农（所谓"都内钱"）四十亿钱，而少府（十八亿钱）、水衡（二十五亿钱）两共四十三亿钱，已容易察知，此尚系盐铁专卖的前汉时代，后汉盐铁业多数时间开放民营，纳入巨额税金便以在山海之利范畴，又系帝室收益。

秦汉货币分黄金、铜钱两等，黄金为上币，秦以一镒为一

---

① 西嶋定生：《秦汉帝国的出现》，筑摩版《世界的历史》3. 东亚文明的形成，第100页，引加藤繁主张。

金，汉以一斤为一金。钱则通用的计算单位，一金折算万钱。

与租税同系国民义务的徭役，也分力役与兵役两种类，惟其体系，以记录文字非芜杂即暧昧，解释方面尚无定说。较易明了的是力役制度，凡十五至五十六岁的男子（男女？），每年一个月，于住居地的郡县义务劳动，从事公共设施土木工事，服役者称"更卒"。前汉首都长安城构筑，便是力役更卒的成绩（《汉书》惠帝纪："元年春正月，城长安；三年春，发长安六百里内男女十四万六千人城长安，三十日罢；六月，发诸侯王、列侯徒隶二万人城长安；五年春正月，复发长安六百里内男女十四万五千人城长安，三十日罢；九月，长安城成"）。

关于兵役，则任何规制化解释都以假说成分居多，大致情况约为——自届二十三岁的成年男子中，选体检合格者（身高未满六尺二寸乃疲癃），称"正卒"，为地方民兵，每年分批定期在郡县分材官（步兵）、骑士（骑兵）、楼船（水兵）诸兵种，接受谓之"都试"的训练，亦至五十六岁服役期满；服役期间，有征往首都充当中央禁卫军（南、北军）一年的义务，称"卫士"，以及每年三天，调边境防备部队，从事国土警戒，称"戍卒"，但后一场合，以为期短暂，此一义务，得纳公定价三日三百钱的"更赋"，由官方代办代理人担当，供应募者的给付。后汉力役制度如旧，兵役制度"无都试之役"（《后汉书》百官志五）与建武七年（纪元31年）诏："宜罢轻车、骑士、材官、楼船及军假吏，令还复民伍"（《后汉书》光武帝纪），则一大变革。

汉朝户籍调查，便以当时租税与徭役的必要，而被重视，其严密统计结果的信凭度甚高，遗留迄今，仍是汉朝社会史研究特具信用价值的珍贵资料。以下是居延汉简中所见当地屯戍部队构成人员的算簿两例[①]——

《居延汉简图版》五四·一：

> 二燧隧长居延西道里公乘徐宗，年五十，妻妻，子男一人，男同产二人，女同产二人，宅一区，直三千，田五十亩，直五千。用牛二，直五千。妻一人，子男二人，子女二人，男同产二人，女同产二人（即：弟、妹同居）。

又《居延汉简图版》三七·三五：

> 侯长觻得广昌里公乘礼忠，年三十，小奴二人，直三万，大婢一人，直二万，轺车一乘，直万，用马五匹，直二万，牛车二两，直四千，服牛二，六千，宅一区，万，田一顷，五万，凡赀直十五万。

《史记》太史公自序述司马迁任太史令，注引《博物志》也记载其户籍："太史令，茂陵显武里，大夫司马（迁），年二十八，三年六月乙卯除，六百名。"其意：司马迁乃茂陵县显武里出身，爵第五级的大夫，二十八岁的元封三年（纪元前108年）任太史令，秩六百名。茂陵系武帝生前预营陵墓之地；前汉末户六万余，口二十七万余，司马迁之父司马谈由夏阳徙此设籍。

每年八月编制的户籍，《汉书》地理志曾收录前汉之末，平帝元始二年（纪元2年）详细的郡国户口总表（注又补入主要

---

① 诚文堂新光社版《世界史大系》3.东亚Ⅰ，第36页附图与说明。

各县人口数），可能已系世界最古的精密人口统计，全国总数共一二二三三〇六二户，

五九五九四九七八人。与汉朝东西方遥遥相对的一世纪时罗马帝国，人口约略七千万至八千万之间，虽然超过汉朝，但罗马此数仅依推算获得而无正确统计。

全国心脏地区，十三部刺史的司隶校尉部所辖有三辅、三河、弘农七郡，一五二万户，六六八万人，占一〇三郡国人口总数的百分之十一以上。其中原秦朝内史辖地的三辅（京兆尹、左冯翊、右扶风）京畿地区，六十四万户，二四三万人，中心长安城与其周围卫星都市合成的大首都京兆尹，十九万户，六十八万人，内居住于长安城的，统计为八万八千户，二十四万六千人，此数以固有户籍为准，军人、官吏以及向地方纳税而一时居留在京之人，不计入内，所以长安人口的实数尚须增加颇多。

班固《两都赋》介绍长安城，描写为："内则街衢洞达，闾阎且千。九市开场，货别隧分，人不得顾，车不得旋"（《后汉书》班固传）。古代都市中设立一定的商业地区，便是"市"，与一般居住地区的"里"相区别。市有管理的专设官署，于市内营业的商人也除户籍外须另办登录，称之"市籍"。市内同业商店比排成街，名以为"肆"或"列"。汉朝长安市场商业区广开九处之多，长安城交易的鼎盛与商业人口之众，可以概见。相同的繁华人间，西方大都市成都，户数七万六千（《汉书》地理志）；东方大都市"临淄十万户，市租千金"（《史记》齐悼惠王世家）都与长安相仿佛。《史记》货殖列传列举余外代表性的大都市，又有蓟、邯郸、温轵、中山、洛阳、睢阳、宛、江陵、吴、寿春、番禺等。此一事实，具体说明纪元前三世纪汉朝全域手工业、商

业发展条件的优厚。

商工业自脱离农业独立发展,战国时代货币经济已形发达,统一之后,以国内交通自由,以及货币单位与度量衡制度的统一,商品生产与各种物资经商人之手流通全国,愈益便利,资本运转也愈顺利。《史记》货殖列传对秦朝至汉朝初期的商工业大资本家,列举甚多:"蜀,卓氏之先,赵人也,用铁冶富,……倾滇、蜀之民,富至僮千人";"(蜀)程郑,山东迁虏也,亦冶铸,贾椎髻之民,富埒卓氏";"宛,孔氏之先,用铁冶为业,……连车骑,游诸侯";"曹,邴氏尤甚,以铁冶起,富至巨万,贳贷行贾遍郡国";齐刀间,"逐渔、盐、商贾之利,……起富数千万";"(洛阳)师史尤甚,转毂以百数,贾郡国无所不至,……致七千万";"唯桥姚已致马千匹,牛倍之,羊万头,粟以万钟计";"无盐氏,吴楚七国兵起时,长安中列侯封君行从军旅,赍贷子钱,其息什之。一岁之中,则无盐氏之息什倍,用此富埒关中",以及"田(佃)农"、"掘冢"(墓穴工)、"博戏"(职业赌博)、"贩脂"、"卖浆"之流,莫不可以致富。《史记》平准书:"邓通,大夫也,以铸钱,财过王者,故吴邓氏钱布天下",又是法定通货发布以前巨富特例的记事。所谓致富者"大者倾郡,中者倾县,小者倾乡里","富商大贾周流天下"(《史记》货殖列传),正是汉朝初年社会堪注目现象。

然而,郡县制统一国家的社会基础筑于独立自耕农,自广大农村稳定收取租税、征发力役,也是支配的稳定性所寄托。所以,农业被政府重视为本业,而非基干产业、从业人数比例为小的商工业只是末业,区别"本""末",乃当然之事。从秦末战乱流离,到汉朝恢复农村秩序,货币经济下商工资本膨胀,特别是势力过度成长与具投机性的商人，以其对平稳的农村经济潜在恶化危险性，而政府非加欢迎，自亦必然。《汉书》食货志（下）记录："天下已平，高祖乃令贾人不得衣丝乘车（《汉书》高帝纪八年即纪元前199年令），重租税以困辱之。孝惠、高后时，为天下初定，复弛商贾之律，然市井子孙亦不得宦为吏"，便是开始警觉后果严重，抑商思想初现的说明。士、农、工、商的四民，社会地位等差意识成立，以及"商"被压制到最低，都自汉朝而始，也都出于扶本必须抑末的经济思想。但商人活跃，汉初半个世纪间，相反却随和平时期固定化而愈明显，《史记》货殖列传开列巨富大贾名单，多数便出现于此期间。于无盐氏之例所说明，诸侯王且无可抗拒商人高利贷盘剥，以及程郑以奴隶出身而贩卖人口发达的风习盛行情况下，农村蒙受创伤尤甚为可想象。因之，早在纪元前二世纪前半，已有两位政论家先后上书文帝，警告其危险性，谠论收入《汉书》食货志（上）的是：

　　一夫不耕，或受之饥，一女不织，或受之寒。……今背本而趋末，……生之者甚少，而靡之者甚多，天下财产何得不蹶？……今驱民而归之农，皆著于本，使天下各食其力，末技游食之民转而缘南晦，则蓄积多而人乐其所矣。（贾谊）

　　今农夫五口之家，其服役者不下二人，其能耕者不过百晦，百晦之收不过百石。春耕夏耘，秋获冬藏，伐薪樵，治官府，给徭役；春不得避风尘，夏不得避暑热，秋不得避阴雨，冬不得避寒冻，四时之间亡日休息，又私自送往迎来，吊死问疾，养孤长幼在其中。勤苦如此，尚复被水旱之灾，急政暴虐，赋敛不时，朝令而暮改，当具有者，半贾而卖，亡者取倍称之息，于是有卖田宅鬻子孙以偿责者矣。而商贾大者，积贮倍息，小者坐列贩卖。操其奇赢，日游都市，乘上之急，所卖必倍。故其男不耕耘，女不蚕织，衣必文采，食必粱肉；亡农夫之苦，有仟佰之得。因其富厚，交通王侯，力过吏势，以利相倾；千里游敖，冠盖相望，乘坚策肥，履丝曳缟。此商人所以兼并农人，农人所以流亡者也。今法律贱商人，商人已富贵矣；尊农夫，农夫已贫贱矣。故俗之所贵，主之所贱也。吏之所卑，法之所尊也。上下相反，好恶乖迕，而欲国富法立，不可得也。（晁错）

商业与具连带关系而立于手工业基础的大产业，继续发达到纪元前二世纪后半武帝时代，其对社会、经济生活的影响，政府已不能不关注，而有抑商政策的断行。贾谊警告商业资本侵入农村时兼并土地的病态，首被决然校正，所以《汉书》食货志（下）大书"元光中，令贾人有市籍及家属，皆无得名田，以便农。敢犯令，没入田货"。《汉书》武帝纪又是"元光六年（纪元前129年）初算商车"，十年之后的元狩四年（纪元前119年）又"初算缗钱"（武帝纪），"匿不自占，占不悉，戍边一岁，没入缗钱。有能告者，以其半畀之"（食货志下），连续的大压力加诸商人，终出现《汉书》食货志下接续记录的情况："于是告缗钱者纵矣，中家以上，大氐皆遇告。乃分遣御史、廷尉正监分曹，往往即治郡国缗钱，得民财物以亿计，奴婢以千万数，田大县数百顷，小县百余顷，宅亦如之。于是商贾中家以上，大氐破。"

严厉压制商人的另一理由，也以国家对外交涉积极政策正值其时展开，支出费用上扬，而商人冷漠态度如《汉书》食货志

（下）记事："富商大贾，冶铁鬻盐，财或累万金，而不佐公家之急"，不被政府原谅。所以，与加立新税同以开广财源肆应浩繁支出为目的的新经济政策实现，商人无可避免又是牺牲的目标。便系缗算令发布的同一年（元狩四年），经济统制化起步，盐、铁切断民间关系的命令发布，其制造与贩卖归由国家，中国最早的专卖事业运营开始。盐与铁，因关切人民生计，而自战国以来向以最大产业与最博利润的商品生产著名，致巨富者累累，汉初愈盛。抑且，铁冶固系企业家莫大利益所寄，相对而言无论矿山开掘或铁器制铸，也以大资本与大量劳动力为必要，其事业的经营因之惟有归富豪独占。盐则山东海盐、山西池盐与岩盐、四川井盐，非随处均可生产而珍贵。盐、铁由课税制断然移向专卖制，目的便在剥夺商工业暴利，中央大司农之下置专管盐铁之事的丞，地方郡县分布此两大国营企业制贩管理中心，《汉书》地理志列有铁官四十四处，盐官三十二处。六年后的元鼎四年（纪元前113年），货币铸造权又由国家自民间之手收回，水衡都尉监督铸造全国统一的良质铜货五铢钱发行，强化货币经济功能。再三年，元封元年（纪元前110年）均输平准法定案施行，又向流通面加以彻底统制，由官买入量多价廉地区物资转输物乏价昂的地区卖出，或者，市场低价时收购而高价时抛出，目的在调节物价，操作中归于国家的利益则属副产物，以收阻止农民贫困化的效用，排除商人投机垄断的可能。最后，酒也一度自天汉三年（纪元前98年）加入专卖之列，所谓"榷酤"，相隔十多年，武帝次代昭帝始元六年（纪元前81年）起废止。再次代宣帝五凤四年（纪元前54年），准御史中丞耿寿昌的奏请，均输平准法机能延长至设立谷物统制机关常平仓，调节年岁丰歉与谷价，此项对民生特具重要意义的措施，以后诸朝代迄清朝仍然持续。

儒家是重农主义的强力拥护者，但对统制经济却持坚决反对态度。所以迨武帝去世，《汉书》食货志（下）记"昭帝即位六年（始元六年），诏郡国举贤良文学之士，问以民所疾苦，教化之要。皆对愿罢盐铁酒榷均输官，毋与天下争利，视以俭节"，而群儒与统制经济决策并执行首脑人物御史大夫桑弘羊间的大论争展开，胜利仍归于桑弘羊。所以酒类酿贩虽因此自同年开放民营，盐、铁则除其后元帝曾恢复三年民营外，通前汉时代贯彻专卖政策。元帝之父的宣帝治世，学者桓宽整理上述历史性政策大辩论双方发言记录成书，便是著名的《盐铁论》，流传后世为研究汉朝社会经济的绝好资料，内容分六篇：本议、力耕、通有、错币、禁耕、复古。而《盐铁论》复古篇总结说明："令意总一盐铁，非独为利入也，将以建本抑末，离朋党，禁淫侈，绝并兼之路也"，又正是统制经济宗旨的最简赅言词宣示。

汉朝手工业，形态上官营工业与民营工业、自给工业与商品工业、家内工业与工场工业之分为向所存在，官业工场产品原非以营利为目的，却便以盐、铁专卖而侵入民间商品生产范畴，独占高利润。特别关于矿业、铸钱与金属品制造业规模的庞大，自《汉书》贡禹传"汉家铸钱，及诸铁官皆置吏卒徒，攻山取铜铁，一岁功十万人已上"的作业人数统计已可得知。供宫廷消费与皇帝赏赐的中央与所分布地方诸官营工场，同传资料也说："齐三服官作工各数千人，一岁费数巨万；蜀、广汉主金银器，岁各用五百万；三工官（尚方、考工、东园匠，均少府所属）官费五千万，东、西织室亦然"，各地此等监制织物的服官，以及漆器制作等专业工官分布状况，《汉书》地理志均有明载。官营工业资材的丰富,技术的萃集,作业专门分化的细密,都是汉朝工艺名满天下的原因,今日考古学的发掘资料全可加以证明。汉朝发达的官营工业,也与武帝时代西域、南海交通线畅开,国际通商旅行热潮下官方商队的盛大往返外国,共同代表了武帝以来汉朝商工业的特色。

以武帝在位为断,汉朝社会、经济前后俭侈判然有别。视距武帝之崩未满半个世纪的纪元前一世纪中,元帝之世政论家御史大夫贡禹上书所言已颇明晰:"高祖、孝文、孝景皇帝,循古节俭,宫女不过十余,厩马百余匹。孝文皇帝衣绨履革,器亡琱文金银之饰。后世争为奢侈,辗转益甚,臣下亦相放效,衣服履绔刀剑乱于主上,主上时临朝入庙,众人不能别异。"另一次弊害论上奏中,尤其揭发一大堪注目事态:"富人积钱满室,犹亡厌足。民心动摇。商贾求利,东西南北各用智巧,好衣美食,岁有十二之利(20%利润),而不出租税。农夫父子暴露中野,不避寒暑,捽屮杷土,手足胼胝,已奉谷租,又出藁税,乡部私求,不可胜供。故民弃本逐末,耕者不能半。贫民虽赐之田,犹贱卖以贾。"(《汉书》贡禹传)非常明显,财政、经济新政策的实行,届至纪元前一世纪之中所见出,充实国库的目的固然达成,却除了激发与育成中产阶级以上奢靡风尚,增大社会消费欲望之外,弹压商人未能成功,由"抑末"而相对"建本"的理想成为泡影,以贡禹奏文内容与一个世纪前晁错之言对比,可全行了然。

抑商政策注定无效,又因《汉书》食货志下记载武帝统制经济决策的指导人出身,"(东郭)咸阳,齐之大鬻盐;孔仅,南阳大冶;……(桑)弘羊,洛阳贾人之子",均由民间商工实力人物中登用,位至经济阁僚最高层的大农,抑且御史大夫,以及

"乘传举行天下盐铁，作官府，除故盐铁家富者为吏，吏益多贾人矣"，倒反还是汉初商人不得仕官法令的彻底破坏。所以，最初雷厉风行的缗算令颁布，商人固一度面临破产边缘，待"吏益多贾人"时，复苏便至为容易，重税也尽可向消费大众转嫁，而终出现上引贡禹笔下的一幕。贡禹另一奏文"欲令近臣诸曹、侍中以上，家亡得私贩卖"（《汉书》贡禹传）所指，毋宁又是商而仕、仕而商的官商公然合流社会病态写照。绥和二年（纪元前7年）哀帝即位，"限民名田"失败乃前汉气运将尽一大信号，方案中条目之一"贾人皆不得名田为吏，犯者以律论"（《汉书》哀帝纪）背后所反映，正是武帝抑商政策要件之一，商业资本禁止转化土地资本的法令适用，同样早已丧失效力，而成空文。抑商的结局，商人社会、经济势力仍是不断抬头。

　　汉初努力保护农业，提携农民，由国家权力直接介入，给与农具、耕牛、住屋诸条件，重视农业构造最主要一环的水利灌溉土木工事，又提供长期休养生息环境，乃有武帝初年景气到达极点时社会富力空前蓄储的盛况出现。所以，保护自营农民防止其没落，以免社会根本发生动摇，汉朝自立国便是国家第一大事。武帝时社会矛盾的破绽加大，涉外关系费用调度繁剧，物质生活一般水准增长，都对农村原有生活的波动与农民对土地的游离现象，发生刺激作用，抑商固为稳定农村社会、经济的手段之一，更重要还是正面从农村自身，鼓舞农民定居土地再增产的意愿。经由农业水利的大规模工事，武帝治世于各地大事展开的情况，《汉书》沟洫志有其详尽记录，特别关于关中地区，漕渠、龙首渠、六辅渠、灵轵渠、成国渠、沣渠、白渠等，均自其时开通。千顷、万顷的田地以获灌溉而开发，或者收获增加。同时，农具改良与农法改革，武帝时代也正在跃进，耦犁（双耜）的新式农具即于其时普及使用，"三脚楼"更是每犁三叉，二牛耦耕而三人操作，播种与覆土同时进行的进步技术，一日可播种一顷。依于旧有休耕法（易田法）效率的土地利用法而创意，纪元前一世纪初武帝末年搜粟都尉赵过发明的新式农法代田法，又是标准适用"三脚楼"的大农法代表，以五顷为经营基准，推广于陕西、甘肃地方的关中地区。田作区分相互间隔的甽与垄，甽中播种，育成苗时，以垄土覆甽中苗根，所以作物成长收根深之效，耐于抗旱害与强风而茂盛，收成较普通之田，每亩可增一二石，所谓"用力少而得谷多"（《汉书》食货志下）。甽与垄每年交替互换，今年之甽乃明年储土之垄，今年之垄又变明年播种之甽。与代田法大经营相对，稍后的纪元前一世纪后半成帝时代，议郎氾胜之教田三辅，发明适合于小农经营的集约农法区田法（或称区种法）。田地每亩区划一定规格的多数区（沟），分别于沟中定额播种，施加肥料，注意灌水，乃应用于零细农地经营，以发挥肥效而增大收获量的农作方法。

地力的努力利用，农业生产力尽管不断上升，盛结丰硕果实，而原已存有的腐败自坏因素却也正在滋长。汉初亩制，仍沿古制百步为一亩，武帝时改二百四十步为一亩的新制，较之文帝时晁错所述旧制一亩收成一石的情形，因之已随单位面积扩大与生产技术进步，增大至每亩平均三至四石，肥沃田地称"亩钟之田"，一亩可收获一钟（六石四斗），农家经济的表象似视汉初愈见充裕。但平年每石约八十钱上下（《汉书》食货志上李悝之言推算）的谷价，凶作之年可猛涨为元帝永光中（纪元前45—前39年）的"京师谷石二百余，边郡四百，关东五百，四方饥馑"（《汉书》

冯奉世传），二十多年前上代宣帝元康四年（纪元前62年）又以"比年丰，谷石五钱"（《汉书》宣帝纪）暴落。涨、跌差距如此之大，农家经济所受波动的剧烈则一，灾歉的影响固甚明显，大丰年而导致谷贱，同样伤农。更严重的，长期太平盛世，人口快速增长时耕地分配不足，乃是农村社会、经济内蕴的大问题，武帝以来往往开放公田、苑囿，奖励新垦，对农民的助力仍嫌微小，值得注意是附加强制（或鼓励）的大规模屯垦制定为国家政策，国境边缘新开地上，有计划地发展移民拓殖，即所谓屯田。《汉书》的记载，武帝时代"（元狩四年），自朔方以西至令居，往往通渠置田官，吏卒五六万人"（匈奴传上），"（元鼎六年），而上郡、朔方、西河、河西，开田官，斥塞卒六十万人戍田之"（食货志下）等乃军屯，"（元朔二年），夏，募民徙朔方十万口"（武帝纪）；"（元狩二年），初置酒泉郡，后稍发徙民充实之"（西域传）；"（元狩四年），山东被水灾，民多饥乏，于是天子遣使，虚郡国仓廪以赈贫，犹不足，又募豪富人相假贷，尚不能相救，乃徙贫民于关以西，及充朔方以南新秦中七十余万口，衣食皆仰给于县官"（食货志下）；"（元鼎六年），置张掖、敦煌郡，徙民以实之"（武帝纪）；"武帝通西南夷道，作者数万人，悉巴蜀租赋不足以更之，乃募豪民田南夷，入粟县官，而内受饥于都内"（食货志下）等，又都是民屯的事例。《汉书》收录，与前引全国户口数字同系《地理志》按语"汉极盛矣"时代，前汉平帝元始二年的全国已开发农地，所谓定垦地的调查统计，乃是八二七〇五三六顷（一顷为一百亩），每户农地面积平均六十七亩余的比率，较之汉初晁错所言旧制百亩，增加已百分之六十。

然而，《汉书》食货志上语，"哀、平之世，百姓赀富虽不及文景，然天下户口最盛矣"，已系农村（百姓）景气曲线下降的注脚。尤堪注目，平帝时代户口与耕地面积比率的平均数公算，且不足代表当时土地分配实况，自晁错以来便加注视的一方面"卖田宅，鬻子孙以偿债"，"流亡"，"贱卖（田地）"，一方面以"兼并"而土地集中现象终末戢止，耕地分配不均终未根本解决，形成了汉朝土地问题死结。小农在农村人口不断滋长压力下贫穷化，典卖土地，愈陷贫穷的恶性循环，乃铸定土地经济的农民致命伤，以及汉朝社会、经济基盘倾斜的巨大自坏力。

晁错的抗议，强调"商人兼并农人"，自作小农受流通经济发展的影响，以商业高利贷资本侵蚀而债务奴隶化，系政府防止小农没落，小农却仍然没落的起点。然而，大土地占有蔚然成风，商人挟田与任官的限制又从实质解除，商人—地主—官员身份得任意变换之时，"商人"兼并土地的单独特性渐渐隐伏，而概括入以官、商、地主身份互转为特性新形成的社会势力"豪族"范畴。汉朝中期以来，也已以豪族发展为社会中心的强烈变化为特色。

豪族原型便是社会基层乡里中大势力家族与父老身份的结合，此等地方上具发言权的父老在土地经济力强化时，乃成为最初形态的豪族。申言之，豪族面目本色，系土地私有制成立后，伴随土地得以自由买卖而必然产生的地主。成长过程中，除固有乡里社会中的高地位者外，又以高官退休返乡，外来官吏于地方土著（包括诸侯王增加分家时的财势者），或者大商人转化，而豪族系谱增广，但均以土地投资而在地方生根，站立到地方的社会高地位，则仍系殊途同归。豪族地主循其出售土地生产品、商贾、高利贷等多元化事业运行的财资积蓄，增大土地经营，再发展地方势力，轨迹又相一致。而豪族势力膨胀，被牺牲者直接都是地方上自营小农民，或通常所称的自耕农。此现象自非国家所愿见，所以逆流初兴期，武帝时曾严加弹压，《史记》酷吏列传所收载，便都是活跃其时的强硬官员制裁地方豪族的记录，也以其对付豪族手段的严酷而呼之"酷吏"。但酷吏的结局，却如"宗室豪杰人人惴恐"的内史宁成"归家（南阳），贳贷置陂田千余顷，假贫民，役使数千家，致产数千金"（《史记》酷吏列传宁成条）事例，自身同样转化成豪族，豪族之势乃不可遏止。汉朝中期以后，豪族代表社会特色的形势，因之渐已成立。出现于汉朝文献的"豪族"一词，又以大豪、豪大家、豪富、豪杰、豪强、豪右、豪姓、豪宗、大姓、大族、著姓等称谓多方面表现，其成长时阶层构筑的雄厚可见。

已丧失土地而没落的自营农民命运，不外乎流亡他乡别谋生计（包括转入都市），仍留本乡者便须假豪族土地耕作，变换身份为佃农，又或者沦为奴隶。但步上流亡之途的结果，除非幸运改营小商业，或投身工场，否则仍免不了依靠异乡豪族佃作，或充奴隶。关于汉朝奴隶问题，则今日已系对汉朝社会史研究论争的焦点——

奴隶于汉朝称"奴婢"，概括了女性的意味，文献中的同义词有苍头、白衣、家僮、僮使、僮仆、僮隶、僮奴、奴仆、奴房、婢妾、传婢等。王商私奴以千数、史丹僮奴以百数（《汉书》诸人本传）、"卓王孙僮客八百人，程郑亦数百人"（《汉书》司马相如传）、"张安世家童七百人，皆有手技作事，内治产业，累积纤微，是以能殖其货"（《汉书》张安世传），以及前引武帝雷厉风行奖励检举隐匿财产时，没收富人奴隶总共至千人抑或万人等私奴婢数字与其役使性质，都是汉朝奴隶使用发达的表征。晁错"鬻子孙"与"卖田地"并论，法令允许人身买卖、赠与而奴隶市场自由设立，又为盛用奴隶广开供给源。所以，唯物史观历史家的立论，便是强调如上现象，而论断汉朝仍系役使奴隶生产，利用奴隶劳动的奴隶制社会，须后汉成立的纪元一至二世纪大所有者豪族与所谓"客"之间大规模新的隶属关系发展，特别是光武帝禁止杀害奴隶等一系列立法，奴隶地位才起变化，奴隶可悲叹的生活条件才获得缓和。唯物史观学者比拟光武帝此等法令，一如罗马奴隶社会崩坏的开始时期，系纪元二世纪五贤帝Hadrianus 皇帝与其后继者有关奴隶诸法令的发布相类似，也同一功效，惟其如此，中国的两汉时代，须光武帝对奴隶加以保护与解救的法律推行，私奴隶所有的决定性消灭才有证据云云。[①]此项意见的立证，实则执一而非概全，由如下事实都可显见：

第一，汉朝奴隶诚然为数众多，豪族私奴隶来源也非一端：（1）没落农民自卖或卖妻子（2）债务典质（3）被盗贼掠卖，包括掠得的胡人（如陶俑面貌所示）（4）奴产子（5）受赏赐的官奴婢[②]。而如上奴隶私有的主要源泉，则是债务奴隶，汉朝所谓"赘子"或"赘婿"（"赘"即典质之意，农民贫穷化的结果，往往以典质子女入豪族之家，以济眉急，届至约定期限无力偿债赎还时，没为奴婢，但以后清偿本息仍得恢复自由。此类情况下男子于主家蒙婚配者，便称"赘婿"，也因之于后世转化为招赘意义），所以奴隶所有者的奴隶支配，一部分是流动的而非固定。

---

① 参阅苏联科学院《世界通史》，东京图书版日译本古代 5.，第 719—720 页。
② 增渊龙夫《中国统一国家的成立》经济篇，诚文堂新光社版《世界史大系》3. 东亚Ⅰ，第 46 页。

第二，国家直接隶属的官奴婢主要系依法律没入的罪人家族，战争中俘虏大量补充为官奴婢的事例，汉朝并不存在，所以数字非如想象之多。前汉中后期之交的太平盛世元帝时代统计，总数不过十余万人（《汉书》贡禹传），于汉朝全人口的比率可谓微小。与大所有者支配的私奴婢，以视谷价平年每石七十钱至百钱程度，而奴隶价格在一万至二万钱之间（居延汉简资产计算），显系高价，主家又须为之负担加倍人头税算赋，奴隶由卖买而得之数不能多过债务关系，此便是原因。私奴以千计的现象，至少前汉时代乃特例为可推想。

第三，关于汉朝奴隶性质，是否使用于农耕与其他产业的生产奴隶？奴隶为高价格的事实，同样已系答案，即十分不符合土地耕作的经济原则。以此而言，部分学者所持奴隶劳动系汉朝豪族大土地经营主要方式的见解，也十分值得怀疑。汉朝奴隶毋宁以家内奴隶所占比重为大，用途多在供主家家中杂役之需，奴隶大所有者才以若干程度的奴隶用于生产，包含家内手工业、商业以及耕作。官奴隶的情况相同，生产奴隶非为特色，供宫廷、诸官衙杂役才为主要（《汉书》食货志下："其没入奴婢，分诸苑养狗马禽兽及与诸官"），元帝时贡禹建议"官奴婢十万余人戏游亡事，税良民以给之，岁费五六巨万，岁宜免为庶人"（《汉书》贡禹传），正是最佳写照。

第四，豪族拥有部分生产奴隶虽可认定系事实，但土地经营的主要方式决非奴隶，则可断言，而乃佃农——自身已无土地的农民佃作代耕。此等佃作关系，汉朝文献称之"假田"，假田者谓之"客"。而且，大规模假田贫民的酷吏宁成之例，早自武帝时代便已发生，也非必待至后汉时代。

第五，光武帝连续强行颁布奴隶解放令，诚然是后汉立国之初政治特色之一，但从累次诏令内容（均《后汉书》光武纪）：

建武二年五月诏曰：民有嫁妻卖子欲归父母者，恣（悉）听之。敢拘执，论如律。

六年十一月诏：王莽时吏人没入为奴婢不应旧法者，皆免为庶人。

七年诏：吏人遭饥乱，及为青、徐贼所略为奴婢下妻，欲去留者，恣（悉）听之。敢拘执不还，以卖人法从事。

十一年诏曰：天地之性人为贵。其杀奴婢，不得减罪。

八月癸亥诏曰：敢炙灼奴婢，论如律，免所炙灼者为庶民。

冬十月壬午，诏除奴婢射伤人弃市论。

十二年三月，诏陇、蜀民被略为奴婢自讼者，及狱官未报，一切免为庶人。

十三年十二月甲寅，诏益州民自八年以来被略为奴婢者，皆一切免为庶民；或依托为人下妻，欲去者，恣（悉）听之，敢拘留者，比青、徐二州以略人法从事。

十四年十二月癸卯，诏益、凉二州奴婢，自八年以来自讼在所官，一切免为庶人，卖者无还直。

可知前后十一次中，仅建武十一年（纪元 35 年）三次可谓永久立法，性质却是基于人道主义的保护奴隶权益，其余解放令的适用均有特定对象（建武二年则尚属战乱期），简言之，是局部的与权宜的。而同性质的诏令，非以光武帝为始，前汉之初已然：

高帝五年诏曰：民以饥饿自卖为人奴婢者，皆免为庶人。

文帝后四年，免官奴婢为庶人。

武帝建元元年，赦吴楚七国帑输在官者。(《汉书》本纪)

相对方面，奴隶至汉末仍然盛用，"奴""客"并称且已系习惯用语。

惟其如此，所有有关汉朝社会系奴隶制社会的理论，如非对文献资料的解释有意歪曲，便是夸大，理论破绽颇多，自无由成立。中国社会架构，自纪元前三世纪封建制完全毁坏而统一国家出现，恒久筑于小农经营的磐石已经稳固，以后各个朝代的治或乱，都随小农生活秩序的安定或没落而转移，定律也不变。前汉中期以来奢侈之风勃兴，豪族势力动摇社会基盘时，数量激增的奴隶只是其副产物而已。

定型了的豪族轮廓，乃以同族的结合为中心，同时又结集了非血缘者客体与奴隶支配关系的大土地所有者。血缘集团同族的聚居规模，从《史记》酷吏列传郅都条记豪滑大家"济南瞯氏宗人三百余家"之数，可以概见，也随此形态而扩散其乡里的强固势力。团结庞大数量同族发挥力量的另一方面，非血缘者含为自己的构成员，非奴隶隶属民的"客"，以具有客员意味，所以也称"宾客"，实体又呈现了多样性。层次最高的学问才能之士，性质如同战国四公子周围食客，寄食身份之外，更重要系备主家顾问，"客作""客佣"等也都是"客"。而"客"的概念中主流，则主家大土地经营的耕作者主体"佃客"，均为丧失了土地的当地农民，或自他乡流亡至此的没落农民，由豪族吸收，供给其家族住居场所与生产手段，实行定额土地的代耕，谓之佃作，而每年向主家缴纳报酬,数量的约定,以收获量二分之一为通例。"佃客"的不断产生,地方豪族私的隶属民无休止增多,大土地经营劳动力无虞匮乏,而土地集中愈获得鼓励。

纪元前二世纪中,大学者董仲舒已对土地因兼并而集中的可忧后果加以警觉,其建议武帝,土地私有必须有限制:"(秦)用商鞅之法,改帝王之制,除井田,民得卖买,富者田连阡陌,贫者亡立锥之地,……小民安得不困?……汉兴循而未改。古井田法虽难卒行,宜少近古,限民名田,以澹不足,塞并兼之路"(《汉书》食货志上),较之晁错的要求"防止"兼并,发言立场固已转变到"阻遏"兼并,换言之,相隔仅约三十年,兼并已非敏锐观察下的预感,而面临果已来临的现实,然而,董仲舒时代面临的"问题"尚系初兴,其发言含义仍在警惕预早绸缪。但自此的一个多世纪间,问题愈来愈令人担心,小农民典卖土地或被侵夺入豪族之门已多,特别当非人力可以抗拒的灾歉发生,贫民饮鸩止渴的场合。不幸,纪元前一世纪后半正是水旱凶作之年相接,汉朝社会疲惫之相已现。绥和二年(纪元前7年)成帝崩而哀帝即位,乃有辅政左将军(改大司马)师丹步董仲舒之后,坚决提出限田策,其言:"(文帝)务劝农桑,帅以节俭。民始充实,未有并兼之害,故不为民田及奴婢之限。今累世承平,豪富吏民,赀数巨万,而贫弱愈困,……宜略为限。"(《汉书》食货志)汉朝政府才第一次,也是惟有的一次,对大所有者发布具体的土地、奴隶限制令,诸侯王以下至吏民,名田一概毋得过三十顷,诸侯王限奴婢二百人,列侯、公主一百人,关内侯、吏民三十人。结果遭遇大阻力,法令窒息难行而中止,从防止土地兼并到阻遏土地兼并的计划与政策,全行失败。

更不幸者，灾荒、疾疫自贡禹以至师丹的元帝—成帝—哀帝时代，各地间歇未息，饥馑农民的流亡潮波涛起伏，社会人心浮动，纪元前二十年左右成帝时代开始，叛乱已一处处爆发。哀帝次代平帝，王莽以假皇帝为过渡而新朝政权正式登场，天下田一概收归国有称"王田"，奴隶改名"私属"，汉朝从未敢轻举妄动的土地改革，果由王莽强行，且已脱出汉朝温和的限田意识而实现古代井田制复活。王田令谓："汉氏减轻田租，三十而税一，常有更赋，罢癃咸出。而豪民侵凌，分田劫假，厥名三十，实什税五也"（《汉书》食货志上），展望新政策下佃农免受豪族剥夺，诚然是快事，然而，流民却未回复固定到土地，因天灾、盗贼毁损的灌溉工事与生产手段未能复原，复古的理想非只草率，也与现实游离，激怒大所有者又无助于贫农解脱当前困窘，不能终止社会已现的颓弛病态，反而由于政府不负责任的骚扰加剧了社会秩序颠簸，《汉书》食货志上、下篇末的各一段记载："民愈贫困，常苦枯旱，亡有平岁，谷贾翔贵（《汉书》食货志记：一石二千；《后汉书》光武帝纪：王莽末年黄金一斤易粟一斛），末年盗贼群起"；"青、徐、荆、楚之地，往往万数战斗死亡，缘边四夷所系虏，陷罪，饥疫人相食。及莽未诛，而天下户口减半矣"，局部的、小规模的农民反乱急速如劲风送烈火之势几乎烧遍中国全域，王莽个人生命与短促的新朝政权自告断送，近两个世纪以来不断严重的土地分配与农民贫穷问题，也以"天下户口减半"的悲痛结局而自然解决，告一段落。

另一方面，哀帝之初限田令被否决，国家政令推行遭抵制，豪族势力的发展在前后汉之交已如何强大甚为明显。推翻王莽运动中，接替充当前锋的农民大众而收取最后成功之果，复兴汉朝与开创后汉国运的，正是豪族。创业主光武帝家族固系持有大土地的南阳豪族之一，其母南阳樊氏之女，樊氏更是当时典型的豪族大地主，《后汉书》樊宏传记述光武帝外祖父樊重（樊宏系其子，光武帝之舅），大书："为乡里著姓。父重，字君云，世善农稼，好货殖。……其管理产业，物无所弃，课役童隶，各得其宜，故能上下戮力，财利岁倍，至乃开广田三百余顷。其所起庐舍，皆有重堂高阁。陂渠灌注，又池鱼牧畜，有求必给。……赀至巨万，……推为三老。年八十余终。其素所假贷人间数百万。"同时光武帝之姊嫁邓家，邓氏"世吏二千石"，代代高官，是南阳有名的豪族。光武帝之妻为著名美人阴丽华，阴氏同系南阳百顷大地主，阴丽华之母又即出自邓家，光武帝之兄縯最初领导三方动员（刘縯自身、光武帝与李通、光武帝姊夫邓晨），合兵七八千人起义时，阴氏一族便追随邓氏，掌握"子弟、宗族、宾客千余人"的动员力。如邓、刘、阴三家互结婚姻，相与呼应的形态，又是豪族间如何携手团结、维护共同利益之例。而豪族相互间的提携与结合，便是后汉立国的原动力，仅南阳一郡，后汉开国功臣与前汉时代豪族，除邓、阴外其余与光武帝间的关系见下表[①]。

李通	刘秀友人
邓禹	刘秀学友
任光	乡、县官
朱祐	刘氏亲戚
马成	县官
朱歆	刘氏亲戚
张湛	刘秀学友

① 此表据人物往来社版《东洋史》3.秦汉帝国，第282页，摘引宇部宫清吉论文《南阳与刘秀》资料列表改制。

后汉立国基础筑于富豪联合阵线，豪族已与国家权力相结合，乃较前汉时代为一大升进。因之，文献记录"自建武、永平（光武与其次代明帝年号），民亦新免兵革之祸，人有乐生之虑，与高、惠之间同。而政在抑强扶弱，朝无威福之臣，邑无豪桀之侠"（《汉书》刑法志著者对前汉记事的延长部分语），以后汉初期比拟前汉之初，外貌相似，实质显非，恢复社会秩序正常运行时的人民"乐生"意愿激发，乃系光武帝与其创业功臣所代表开明地主，警惕前汉末大变乱惨痛教训，自我约束与收敛，愿意与自营小农民共存共荣的结果，"初，光武长于民间，颇达情伪，见稼穑艰难，百姓病害"的《后汉书》循吏列传序所述，即此之意。所以，"强"的被压制标准，在其是否嚣张过分，是否违背与小农民共存共荣原则，"威福""豪桀"非"无"而系"隐"而已。相对而言，豪族的让步也不过到此为止，光武帝局部解放奴隶的命令可以忍受，核实调查其名下土地、人口时便曾激烈反抗（建武十五年，《后汉书》刘隆传、光武纪），可以全知后汉回复国家、社会欣欣向荣的实态，与其依凭。但即使如此，在后汉立国之初，也仍出现"阴氏侯者凡四人，暴至巨富，田有七百余顷"（《后汉书》阴兴传，阴兴即光武帝阴皇后之弟）；"马防兄弟贵盛，奴婢各千人已上，资产巨亿，皆买京师膏腴美田"（《后汉书》马防传，马防乃武帝次代明帝马皇后之兄）的事态。

因之，豪族势力坚实发展的历史，便在后汉时代写下——

经济方面，樊重"好货殖"，"假贷人间"，光武帝于王莽末年以"卖谷于宛"的因缘结识李通，李通的经历，据《后汉书》李通列传记载又是："世以货殖著姓。父守，……初事刘歆，好星历谶记，为王莽宗卿师。通亦为五威将军从事，出补巫丞，有能名，……（自免归里，）居家富逸，为闾里雄"，前汉豪族地主本色上加涂的商人面貌已颇明晰。后汉恢复汉朝政权与重建前汉制度时，商人限制主义的抑商政策，已大幅修正，均输平准与专卖制度，以及仕官禁令，均加废止，盐、铁恢复开放民营（虽然其后也曾一度短时间实行专卖）。自由经济于豪族土地资本与商业资本的圆滑互转最蒙其利，且也以豪族联合政权的本质，而此等关系必然改变。所以大学问家桓谭为此上书光武帝，慨乎而言："夫理国之道，举本业而抑末利，是以先帝禁人二业，锢商贾不得官为吏，此所以抑兼并，长廉耻也。今富商大贾，多放钱贷，中家子弟，为之保役，趋走与臣仆等勤，收税与封君比入"（《后汉书》桓谭列传）。

　　社会方面，强势豪族的崛起，原已从乡里自治组织中，引发了独自的社会结合之力。到土地兼并现象加大，自营小农民转变的佃农多被吸收入豪族隶属下生产，社会构成的基本关系渐渐移向豪族，乡里组织内部矛盾激化，而自治机能无可避免被破坏。"闾里之雄"的态势成立，豪族以领有私的隶属民接替国家权力，非只租税（佃租），也兼及了徭役。灌溉设施向系公有，也由政府征发劳动力经营，但前汉末强大豪族如樊重之例，已自力独立维持渠（运河、给水网）、陂（贮水池）。前后汉之交大动乱期间，又获得发展机会，结集宗族、宾客（佃农）、奴隶组成私兵，建筑防备盗贼袭击的强固工事，即所谓"壁"，"垒""堡""坞"都是其同义词。《后汉书》诸传记中，便累见"郡县大姓，各拥兵众"；"依险固，作营壁"等记载，樊宏传"宏（樊重之子）与宗家、亲属作营堑自守，老弱归之者千余家"的记载，又明示私城堡规模之大。后汉国家由此等人物，以及此等情况下建立，返回旧观自不可能。惟其如此，后汉社会，一方面是乡的官治机关（有秩、啬夫与其辅佐乡吏）随乡里自治一面减色而强化（三老之名，晋朝且已从制度上彻底消失）；循此大改革方向，以后终有北魏三长制村落的新组织成熟；另一方面，有秩、啬夫乃郡、县属吏，却又必须与地方豪族势力妥协，而实质成为豪族利益的代办者。

社会结构变化期间，一类原有的社会力量，却正与豪族势力的飞跃呈现反比例衰退，便是任侠。任侠或游侠风气受尊重，战国已然，汉朝初年仍然盛行于民间。任侠之风，代表的是阶级社会崩坏而平民社会树立期，作为自发的新秩序平衡力和闾里生活的道德约束力，特征又是自身不必受此生活律的约束，以及行为表现为非组织的个人化，《史记》游侠列传是其活泼生态的绝佳描述。游侠也与无赖之徒存有结合关系，汉高祖刘邦即其类型。而豪族秉其庞大财、势，垄断乡里之势形成，任侠非凭财、势的特立独行，便受到限制而只有退缩。从另一意义言，任侠轻财、仗义、急人之急、为友复仇、除暴安良、锄强扶弱等特性，却已变质分化入社会各阶层，抑且豪族中人，"任侠"不必继续表现为特定人物的造形，而光荣结束其历史。所以《后汉书》以后的正史，再无如《史记》游侠列传的踪影。

政治方面，汉朝制度，占官吏绝大多数的地方郡、县属员（地位最高者为功曹）、五官掾、主簿，以及监属县的督邮，其分"曹"办公的诸曹负责人称"掾"，辅佐人则"史"，非中央任命，系郡、县长官直接由土著的当地籍人士中补用，而此类员吏数字，有记录可查考的，后汉河南尹所属九百二十七人（《后汉书》百官志五注引"汉官"）未分割两郡前的会稽郡五百人（《后汉书》陆绩传）。豪族兴起后，以其对地方的影响力而方便取得此等职位，乃自然之事，由前文光武帝同乡功臣表已容易察知，《宋书》恩幸传序又有汉朝"郡县掾史，并出豪家"的明言。学者间对汉碑研究，尤多地方掾史多任豪族子弟的例证发现，酸枣令刘熊碑与繁阳令杨君碑铭文所示，且知掾史之位的大半均由各县十姓内外的豪族占有，而有县的地方统治，大抵以十姓内外土著势力为媒介的推论[①]。必须经由中央任命的官员，通过"乡举里选"选举制度，由地方长官采纳乡里舆论，向中央推荐登用的方式，于后汉发展为最广阔之途，而人物评价系以儒家价值标准作外形，于后汉奖励儒学，豪族多已儒学化的基底上，"客"的标榜主家，便于乡党风评的形成发生作用，郡太守、丞的下部机构中，最重要的功曹，《后汉书》百官志五记其职掌又是直接有关的"选署功劳"，有利条件都指向了豪族。抑且，后汉官界炽盛的结党风习，同一师长的门生、故吏间，以及与师长子弟间，相互援引，国家公的关系已转以私的结合关系连系。帝室也有与豪族互结姻缘的传统，光武帝自不用说，以后明帝马皇后乃马援之女，章帝窦皇后乃窦融曾孙女，和帝前一阴皇后即光武帝阴皇后兄的曾孙女，后一邓皇后又是邓禹孙女，都对政治社会的豪族权势，产生鼓励与提携的作用。此一趋向，亦即魏、晋、南北朝时代门阀政治的萌芽。

豪族的自制力毕竟有其时间局限，经历光武帝—明帝—章帝—和帝四代八十年，和帝开启后汉中期以来连续的皇帝幼年登位局面，外戚、宦官专权与互斗，国家权力衰退。外戚例系豪

[①] 增渊龙夫：《中国古代国家的构造》，学生社版《古代史讲座》4. 古代国家的构造（上），第183页。

族，宦官与其子弟又新制造了豪族，豪族间财富积蓄表征的土地兼并，便以外戚、宦官骄横带头而呈竞赛式效尤。同一期间，户口却在迅速滋长，根据光武帝在位三十三年崩逝之年，中元二年（纪元57年）统计，包括整理流离、脱籍者户籍与自然繁殖人口，已自"汉兴至于孝平，户口极盛。及王莽篡位，续以更始、赤眉之乱，至光武中兴，百姓虚耗，十有二存"（《后汉书》郡国志一注引《帝王世纪》）的基准，回复到约五分之二的四二七万户，二千一百万人，再半个世纪的和帝元兴元年（纪元105年），便达到约略与前汉极盛期相等的九二三七一一二户，五三二五六二二九人之数（此据《后汉书》郡国志注补后汉历代户口统计。郡国志本文与诸郡国分别统计详数，均依其后顺帝永和五年即纪元140年户口调查已以灾类而减少颇多），土地兼并现象恶化而人口压力又增大，前汉后期强烈的社会矛盾，后汉中期已经再现。

社会贫富差距，后汉也较前汉愈为拉大。平民生活基本的谷物，后汉中期与其以前，有记录稽查的最高价与最低价是："（明帝永元十二年，纪元69年，）是岁，天下安平，人无徭役，岁比登稔，粟斛三十，牛羊被野"（《后汉书》明帝纪）；"（安帝永初四年，纪元110年，）连年不登，谷石万钱"（《后汉书》庞参传），显较前汉时代为偏高。而豪族骄奢令人侧目，光武帝、明帝、章帝禁奢侈、禁厚葬诏令累有颁布而终无效，可供参证。外戚、宦官专政期豪族的飞扬跋扈与威福自居一般，《后汉书》诸传记记述尤其明晰，传记附入此时期诸政论家控诉文献，都是反映后汉末期社会的矛盾，为了解汉朝豪族最终发展的珍贵资料：

而今京师贵戚，衣服饮食，车舆庐第，奢过王制，固亦甚矣。且其徒御仆妾，皆服文组彩牒，锦绣绮纨，葛子升越，筒中女布。犀象珠玉，虎魄瑇瑁，石山隐饰，金银错镂，穷极丽靡，转相夸咤。其嫁娶者，车軿数里，缇帷竟道，骑奴侍童，夹毂相引。……古者墓而不坟，中世坟而不崇，……文帝葬芷阳，明帝葬洛南，皆不藏珠宝，不起山陵，墓虽卑而德最高。今京师贵戚，郡县豪家，生不极养，死乃崇丧，或至金缕玉匣，檽梓梗柟，多埋珍贵，偶人车马，造起大冢，广种松柏，庐舍祠堂，务崇华侈。(《后汉书》王符传所载王符《潜夫论》浮侈）

豪人之室，连栋数百，膏田满野，奴婢千群，徒附万计。船车贾贩，周于四方，废居积贮，满于都城。(《后汉书》仲长统传所载《昌言》理乱）

井田之变，豪人货殖，馆舍布于州郡，田亩连于方国，身无半通青纶之命，而窃三辰龙章之服，不为编户一伍之长，而有千室名邑之役，荣乐过于封君，势力侔于守令。(《后汉书》仲长统传所载《昌言》损益）

而自安帝"比岁不登"以来(《后汉书》安帝纪元初二年条：五月诏，"被蝗以来，七年于兹"，则天灾之始，尚须隔殇帝上溯至和帝之末），灾歉通二世纪顺、冲、质、桓、灵诸帝治世，亦即自王符的时代入三世纪仲长统所历汉朝末代献帝的时代，几乎从未间断[①]。连续的水旱饥馑，非只贫富对立愈形尖锐化，农民脱离土地

---

① 参阅拙著《南方的奋起》第一部分。

流离他乡苟延生机的浊潮连连升高与扩大。农民没落与流亡者增多，国家财政收入相对注定减少，而外戚、宦官权力斗争又再介入知识分子的士人，政治混乱与腐败达到极点时，增税的形态已是横征暴敛。农民怨忿，农村破产，盗贼蜂起之势不可遏止，政治、经济、社会危机总爆发，乃有灵帝中平元年（纪元184年）空前大规模黄巾反乱勃起，社会基盘的小农民层构筑因剧烈波动而瓦解，中国历史至此，已非前后汉之交局面的又一循环，乃是长达四百年的大分裂。

东洋——中国文明圈形成

南方的改造：百越／南蛮／西南夷

夏、商（殷）、周三朝代开启中国历史之页，"中国"的实质与含义，却毋宁是"中国世界"，中国史也正是"中国世界"周延不断扩大的历史。统一的秦汉大世纪，总结前此设定的"中国世界"为"中国"，以及分别自东、南、西、北诸方向，续予"中国世界"以再设定，而"中国"与"中国世界"两层架构成立。

此项伟大业绩，北、西两方面，系次卷《古代北西中国》论述主体，本章内容，乃关于南方以及东方。

南方，纪元前三世界秦朝统一中国以前，所指乃是长江流域，换言之，即今日中国的中部。《尚书》禹贡篇九州是中国原始的"天下"概念，以及最早的自然、人文地理调查资料综合整理，而特具高价值。其九州区划虽无明确界限，但对以后各朝代的政治地理区分，却有莫大影响与关联。禹贡主要内容：

州名	土质	田	赋	贡品（特产品）
（1）冀州	厥土惟白壤	厥田惟中中	厥赋惟上上错	岛夷皮服
（2）济河惟兖州	厥土黑坟	厥田惟中下	厥赋贞，作十有三载乃同	厥贡漆丝，厥篚织文

续表

州名	土质	田	赋	贡品（特产品）
（3）海岱惟青州	厥土白坟，海滨广斥	厥田惟上下	厥赋中上	厥贡盐絺，海物惟错，岱畎丝枲，铅松怪石，莱夷作牧，厥篚檿丝
（4）海岱及淮惟徐州	厥土赤埴坟	厥田惟上中	厥赋中中	厥贡惟土五色，羽畎夏翟，峄阳孤桐，泗滨浮磬，淮夷蠙珠暨鱼，厥篚玄纤缟
（5）淮海惟扬州	厥土惟涂泥	厥田惟下下	厥赋下上上错	厥贡惟金三品，瑶琨筱簜，齿革羽毛惟木，岛夷卉服，厥篚织贝，厥包橘柚锡贡
（6）荆及衡阳惟荆州	厥土惟涂泥	厥田惟下中	厥赋上下	厥贡羽毛齿革，惟金三品，杶榦栝柏，砺砥砮丹，惟箘簬楛，三邦底贡厥名，包匦菁茅，厥篚玄纁玑组，九江纳锡大龟
（7）荆河惟豫州	厥土惟壤，下土坟垆	厥田惟中上	厥赋错上中	厥贡漆枲絺纻，厥篚织纩，锡贡磬错
（8）华阳黑水惟梁州	厥土青黎	厥田下上	厥赋下中三错	厥贡璆铁银镂砮磬，熊罴狐狸织皮
（9）黑水西河惟雍州	厥土惟黄壤	厥田惟上上	厥赋中下	厥贡惟球琳玻玕

《尚书》禹贡篇传说系大禹平定洪水后所规划，夏朝的制度，另两部传说同样甚古的作品《尔雅》释地与《周礼》职方氏，同样也谈到九州，前者指系殷制，后者则周制。只是于禹贡九州的名词，略有调整——

禹贡	尔雅九州	周礼九州	推定位置（括弧内今日省名）
（1）冀州	（1）西河间曰冀州	（8）河内曰冀州	古黄河于今塘沽出海的凵字形内面右侧（河北省大部分与河南省北部）
	（8）燕曰幽州	（7）东北曰幽州	自黄河平原北端、热河山地南部向东伸入辽河流域部分（河北省北部、热河省南部与辽宁省、安东省）
		（9）正北曰并州	黄河凵字形内面左侧（山西省）
（2）兖州	（6）济、河间曰兖州	（5）河东曰兖州	黄河自塘沽出海的古水道与今日出海水道的中间地带（山东省西部、河北省东部）
（3）青州	（9）齐曰营州	（4）正东曰青州	泰山以东地区（山东省东部）
（4）徐州	（7）济东曰徐州	无	泰山以南至淮河流域（山东省南部、江苏安徽两省北部）
（5）扬州	（5）江东曰扬州	（1）东南曰扬州	长江下流域（江苏安徽两省南、浙江省、江西省北部）
（6）荆州	（4）汉南曰荆州	（2）正南曰荆州	长江中流域（湖北省、湖南省）
（7）豫州	（2）河南曰豫州	（8）河南曰豫州	淮河、汉水与黄河间地区（河南省大部分），九州的中央部
（8）梁州	无	无	长江上流域（四川省）
（9）雍州	（3）河西曰雍州	（6）正西曰雍州	秦岭以北（陕西省、甘肃省）

九州夏、商（殷）、周制云云，今日自无人信其为真实，禹贡篇系战国时代作品，向无疑义，《尔雅》与《周礼》，虽以学术界考定均与刘歆有关，但尤须迟至前后汉之交的王莽时代始形成，但"九州"取材，则与禹贡出自同一的战国时代地理知识背景。所以三份资料，至为明显均以"南方"设限于长江流域，《尔雅》与《周礼》且不包含长江上流域即今日的四川省。

纪元前三世纪后半，中国经由秦朝，统一的非只是"地"

（中国），也是"人"（汉族），建设的非只是统一的民族国家，也是统一以农业为表征的民族国家。正确而言，广域中国的统一，且是共同经济手段的前汉族诸集团组合统一的汉族，以及净化统一农耕环境的必然结果。惟其如此，适应汉族范畴不断扩大，农业土地需求不断增长的现实，中国统一之前与汉族诞生期的战国时代，已系汉族开拓四周国土大活跃的时代。统一之后以届汉武帝在位的纪元前二世纪末，前后一个多世纪间，人力资源的统一调度运用，将农业高度发展的民族拓殖运动推展至极峰，北方受地理变化与气候变化的双重限制，不得不依最大限度的耕作有利一线，建设强制性的人为国境线大长城，一方面警告长城外的非汉族止步，一方面也明白表示农业汉族的活动愿意到此为尽头。相对方向，南方领土的再南方却豁然开朗，长江以南粤江、红河流域，一片完全适宜汉式农业文化与汉族专门化社会移殖的广大地理范围，而且放眼无涯，至海才是限界。南方的南方或"新南方"，因之迅速追随"南方"，政治上归纳为中国一部分，经济、文化上铸定汉族发展的新生命线。此从"新南方"而言，其历史第一页便自加入中国开始，秦汉时代以来才徐徐脱出其史前文化；从整体中国而言，又是确立以后二千年的历史地理范围，以及自北向南历史发展之轨，系以融合"新南方"而全线贯通。

发源于黄河的中国文明向南扩展，顺序是分明的。黄河平原及沿渤海湾带状的海岸平原，向东、北延伸为松辽平原，向南便通过淮河平原，连接了长江下流域，连绵都是肥沃的大平原。长江中部，其最大支流之一的汉水水系，从南阳盆地西隔秦岭（终南山），又与黄河平原与黄土高原都相衔接，秦岭横断陕西省南部全境，尤系南北土壤、气候、作物、水陆运输迥异的显明分界。春秋时代，汉水—长江中游楚国，淮河—长江下游吴越，先后勃兴威胁中原，便是南方—中原文化发展的结果。纪元前三世纪秦朝统一中国又短命覆亡，最早揭起革命大纛的陈胜、吴广，最后收取成功之果的刘邦与其伙伴，出身均在淮河一带，以及刘邦事业基点设于汉水上流汉中，又系地理上"南方"范畴内，人文分量已具备创造历史转变统一国家命运能力，以及决定中国轴力第一次由东西转而为南北。不过南北形势中仍未摆脱"东""西"因素，刘邦系由淮河转移汉水而展开大事业。

同样的了解，长江流域文化整体水准，向中原奋起直追的态势偏于中流域，自战国后期，已统一南方但受汉水流域秦国支配压力而向东方退却的楚国，新都城建设于淮河流域而不考虑长江下流，以及秦汉之际，一度领导反抗秦朝的项羽势力，兴起于长江下流吴地，统治中心也必须移建到淮河以北彭城的事态，均知长江下流文化届临纪元前三世纪，尚不能与中流域相提并论。

然而，战国时楚国势力强大期间的楚威王治世（纪元前339—前329年），长江中、下游汉式文化育成者，已分别向南遥远的未知地，跨出了冒险事业的第一步。《史记》下列两则记事，乃是有关"新南方"开发的最早文献记载："楚威王兴兵而伐之，大败越。……越以此散。诸族子争立，或为王，或为君，滨于江南海上"（越世家，《史记》吴起传也有楚国"南平百越"之语，以汉族最早接触"江南"百越的时间，推前至纪元前四世纪前半）。

"楚威王时，使将军庄𫏋将兵循江上，略巴、蜀、黔中（汉朝改武陵郡）以西。……𫏋至滇池，方三百里，旁平地，肥饶数千里，以兵威定，属楚。欲归报，会秦击夺楚巴、黔中郡，道塞不通，因还。以其众王滇，变服，从其俗，以长之"（西南夷传）。《后汉书》西南夷列传续有时间稍后的补充记录："楚顷襄王时（纪元前298—前263年），遣将庄豪从沅水伐夜郎，军至且兰，柯船于岸而步战。既灭夜郎，因留王滇池。以且兰有柯船牂柯处，乃改其名为牂柯。"

便是说，纪元前四世纪以来，长江流域汉文化波涛，后浪推逐前浪，一方面开始有形的沿海岸线南涌；另一方面，触角也已伸入了今日云南、贵州的大西南地区。所以，中国泛南方的开发与汉化，共同母体固系一体的黄河文明，步骤上却分两个层次。中原先进文明与进化路线，先对早期历史中的"南方"或长江流域的文明化，发生催生作用；第二步，"南方"汉化成熟，又替代中原，接棒对"新南方"负起指导移殖黄河—中国文明生根、开花、结果的历史任务。

自南方再起步，目光优先置于"新南方"正面，乃自然之势。此一古"南方"正前方的广大地域，见诸汉朝文献便是所谓"百越"之地，亦即纪元前四世纪后半，发达于浙江方面的长江下流统一势力越国，被吞噬于楚国南方领土大并合浪潮时，越族由支配集团率领，分散南下的逃亡目的地。"百越"其词，便随其时的分布形势而出现，也假借了浙江省越族与越国之名而得，代表此一系种族新的却是更辽阔生活地域与其人民的意味。"百越"（《汉书》改《史记》的"越"字为同音异体"粤"字，粤江即珠江之名的由来）总括的称谓内涵，又分别依自东向西大迁徙到达方位而名：旧越国领内未迁移而就近在会稽郡境隐匿入山区的，称"山越"；最邻近旧越国，在浙江省南部瓯江流域温州方面的，称"瓯越"或"东瓯"；以闽江流域福州一带为中心，称"闽越"；住居广东省支流纵横，今日中国第三大水系粤江（珠江）

流域的，称"南越"；于广西与今日中南半岛越南北半部广泛分布的，称"貉越""瓯貉"，或与"东瓯"对称为"西瓯"。越族转移居住地域与扩大为"百越"之后约百年，中国统一，相伴成长的汉族巨人健壮双臂，终于立即拥有了百越全地域。南方四郡于秦始皇三十三年（纪元前214年）均行成立，南海文明之曙光初现，中国南方大门也开始直面南海与太平洋，一如今日的形势。

"新南方"四郡开辟，是秦朝伟大政治理想的实现，也是"中国"再扩大的革命性方式转变。以前，须其地汉化成熟才称之为"中国"范畴，"新南方"于秦朝统一政治余势下，被军事征服而吸收入"中国"，意义较夏、商、周时代已全形倒反，乃是预先划定了"中国"预定地，然后加以拓殖与开发。此种方式，与同时期的北方政策初无二致，只是北方的中国所需要土地，划界是人为的（长城线），南方则依天然的海洋。伴随军事行动结束，而郡县制度建设，立即大规模展开移民运动，南方也如同北方，《史记》秦始皇本纪三十三年条"以适遣戍"与注语："五十万人守五岭（大庾岭、骑田岭、萌渚岭、都庞岭、越城岭，粤江流域与长江流域的分水岭）"，都是开发"新南方"的有效行动。只是秦朝短命崩裂，南方四郡的有计划开发不足十年，便于诸侯蜂起的激流中瓦解，《史记》的记载为：

闽中郡：（闽越王无诸及越东海王摇者，）其先皆越王句践之后也，姓驺氏。秦已并天下，皆废为君长，以其地为闽中郡。及诸侯畔秦，无诸、摇率越归鄱阳令吴芮，所谓鄱君者也。（东越列传）

《汉书》吴芮传：吴芮，秦时番（鄱）阳令也，甚得江湖间民心，号曰番君。天下之初叛秦也，……因率越人，举兵以应诸侯。……及项羽相王，以芮率百越，佐诸侯从入关，故立芮为衡山王。

南海三郡：尉佗者，真定人也，姓赵氏。秦时已并天下，略定杨越，置桂林、南海、象郡，以谪徙民，与越杂处十三岁。佗，秦时用为南海龙川令，至二世时，南海尉嚣病且死，召龙川令赵佗语曰："项羽、刘季、陈胜、吴广等州郡各共兴军聚众，虎争天下，……吾欲兴兵绝新道，自备待诸侯变，会病甚。且番禺负山险，阻南海，东西数千里，颇有中国人相辅，此亦一州之主也，可以立国。郡中长吏无足与言者，故召公告之。"即被佗书，行南海尉事。嚣死，佗即移檄告横浦、阳山、湟谿关曰："盗兵且至，急绝道聚兵自守。"因稍以法诛秦所置长吏，以其党为假守。秦已破灭，佗即击并桂林、象郡，自立为南越武王。（南越列传）

南越独立势力以番禺（今广州）为中心而兴起，包含领土北入江西省境，东尽福建南部沿海，西至广西，南及越南北、中部，已系绝大部分越族天地的统一，以迄重归"中国"约百年持续期间，于"新南方"汉化非只未具负数作用，反而放出高强度光芒。政治舵手赵佗固系汉族杰出的组织家，其辅佐人以及"与越杂处"的汉族移民集团中同多优秀人才，自中国汉朝恢复安定秩序，南越对汉朝态度由暧昧转变到确定服从，赵佗上文帝复交书："老臣妄窃帝号，聊以自娱"（《史记》南越尉佗列传）的不亢不卑神情如绘，即使置诸当时"中国"也是第一等文笔。而所谓"去帝号",事实上只在对汉朝宗主—藩属关系,于自国仍然称皇帝。此一方式,以后越人自建越南国家时也被踏袭,乃是中国所有属国中,少数以中国外臣身份,接受中国"王"的册封,向中国称王,而国内又是"帝"的特例。赵佗南越国的服属汉朝,自此站立到如同封建制度下楚国对于周朝天子位置,特别是南越的汉族支配,其指导方针向原住民越族修正适应性,倒退到部分蛮夷化,也已与楚国同一步调。赵佗上书文帝文首自称"蛮夷大长老夫臣佗",正似楚王当年自认"蛮夷",甚或更早时期周朝立国西戎而周文王自谓"西夷之人"的再现。南越国追随楚国开发长江流域的同一路线开发粤江流域,中国全域黄河—长江—粤江三大流域血肉相连的稳定奠基,应是纪元前三世纪后半以来,赵佗南越国的重大历史贡献。抑且,原住民已非越族,而系不同血统的黎人活动场所,秦朝势力未曾到达的广东雷州半岛与对面海南岛,最早的汉人移民屯垦事业展开,也便在南越建国的时代。

汉初八十年消极、和平政策,以武帝登位而急剧转向,南、北国境均自缩回秦朝统一之初的形势,恢复秦朝国土膨胀时旧貌。关于南方,自汉初分封而列为外臣的闽越王与东瓯王间互斗结果开始,建元三年(纪元前138年),东瓯最早"请举国徙中国"(《史记》东越列传),元鼎六年(纪元前111年),南越国独立历史终结,汉朝大军压境下传世五王九十三年(《史记》南越尉佗列传)而亡,次年(元封元年,纪元前110年),闽越被攻灭。中国直接的郡县制度主权统治,中断一个世纪后重新衔接,政治力指导下的正规开发恢复。但是,汉朝较之秦朝原制,也已有调整:

关于原闽中郡，一项较移民愈为积极的措施推行，便是：以当地原住民移向"中国"的反移民运动。行动自东越"请举国徙中国"，自动要求迁徙而"悉与众处江、淮间"，到闽越破灭，相同被强制"其民徙处江、淮之间"。便是说，浙江南部以至福建一带的越族，全部都在果断的反移民运动下，被安置到淮河平原，接受强迫改造。空置土地则由移民汉族填补，于二十多年后的武帝次代昭帝始元二年（纪元前85年）置冶、回浦两县，属会稽郡，回浦且系会稽南部都尉治所（《汉书》地理志上会稽郡条注）。

秦朝南海三郡的南越国领地，分割九郡，原南海郡、桂林郡为南海、郁林、苍梧等三郡，原幅员最大且大部在今日越南境而北部兼跨中国境的象郡，南越国时代已分置交趾、九真两郡，现再增划广东、广西交界地区的交趾郡北境为合浦郡，而九真郡南境为日南郡，共改设四郡。另新加入中国领域的海南岛，二分为珠崖郡与儋耳郡。上列元鼎六年九郡，于武帝元封五年（纪元前106年）模拟禹贡九州领地区划，成立十三部刺史监察制度时，专属十三州中的交州，待海南岛二郡建设半个世纪之后，以土著与汉族移民间不断摩擦而又于元帝初元三年（纪元前46年）撤治，交州所领，便是全行回复秦朝大三郡地理基准的七郡五十五县。

新南方自此与中国牢固不可分（一世纪后汉建国，海南岛也已续设珠崖县，属合浦郡）。司马迁《史记》的完成便在武帝末年，货殖列传介绍全国风土民俗，长江—粤江流域一体的泛南方人文，已至为分明：

夫自淮北沛、陈、汝南、南郡，此西楚也。其俗剽轻，易发怒，地薄，寡于积聚。江陵故郢都，西通巫、巴，东有云梦之饶。陈在楚夏之交，通鱼盐之货，其民多贾。徐、僮、取虑，则清刻，矜已诺。

彭城以东，东海、吴、广陵，此东楚也。其俗类徐、僮。朐、缯以北，俗则齐。浙江南则越。夫吴自阖庐、春申、王濞三人招致天下之喜游子弟，东有海盐之饶，章山之铜，三江、五湖之利，亦江东一都会也。

衡山、九江、江南、豫章、长沙，是南楚也。其俗大类西楚。郢之后徙寿春，亦一都会也。而合肥受南北潮，皮革、鲍、木输会也。与闽中、干越杂俗，故南楚好辞，巧说少信。江南卑湿，丈夫早夭。多竹木。豫章出黄金，长沙出连、锡，然堇堇物之所有，取之不足以更费。九疑、苍梧以南至儋耳者，与江南大同俗，而杨越多焉。番禺亦其一都会也，珠玑、犀、瑇瑁、果、布之凑。

《史记》列举番禺为全国性大都市之一，以中国当时最大贸易港而繁荣，《汉书》地理志粤地条"自日南障塞、徐闻、合浦，船行可（某）日，有（某）国，又船行（某）日，有（某）国……"记事，又另列举伴随同时期西域陆上贸易展开盛大的南海海上贸易，除番禺外其余的船团发航与返航港口。但堪注意，武帝以迄前汉之末百年间，汉族的粤江—红河流域殖民，却以越南方面的效率为快速。元始二年（纪元2年）详细的各郡户口调查统计（蛮夷以非郡县直接支配而非调查对象），由《汉书》录入地理志时，交州七郡中的越南三郡九十八万人，较之广东、广西四郡三十九万人，呈现的是五与二比例。七郡详数：

南海郡	户	19613	口	94253
郁林郡	户	12415	口	71162
苍梧郡	户	24379	口	146460
合浦郡	户	15398	口	78980
交趾郡	户	92440	口	746237
九真郡	户	35743	口	166013
日南郡	户	15460	口	69485

得知非只交趾、九真两郡汉族人口均超过南海郡，交趾郡的七十四万人，多过南海郡且达八倍。交趾三郡的发达，足以表现汉朝开拓新南方重点与特征所在。

"百越"或"百粤"的名词，自此渐渐自文献中消失，《后汉书》中已无其传记。"越"的种族名与国名从退隐到重现，须待今日越南，十世纪中脱离中国领土范畴独立的时代。而统一中国动荡期，分解的各个地方政权确立其独立国家路线之例，中国历史上也惟第一次大分裂五胡乱华以来，东北方领土尽头的朝鲜，以及第二次大分裂五代十国以来，南方领土尽头的越南。反面的意义，也惟其越南自汉朝着力经营，受中国直接支配下摄取中国文明至一千年之久，才具备从中国分出而独立建国，以及所建设便是模拟中国的另一个"中国"条件，其社会组织、人民生活方式、姓名、思想、习俗，固全达到汉族水准，血统也已与随独立而变质反归化意义的汉族大量混合，诸朝代创建人，因之便多土著化了的汉族移民后裔[1]。文字自近代史法国统治期间，二十世

---

[1] 越南最重要的长期朝代，以及民族自觉最高昂时代，模仿汉字制造民间通俗文字喃字的陈朝，《大越史记全书》便说明开国主陈煚，"其先闽人，三世生日南"；篡夺陈朝政权而展开"属明时代"（中国明朝撤消越南独立而收入直接的主权支配）的短暂胡朝（黎季犛，改姓胡），又述其自认虞舜之后。

纪初强迫变换罗马拼音的今日越南"国语"以前，一向用中国所移植的汉字。关于语言，原与广西方言相近的越语，迄今仍多保存中国统治时代吸收的通用汉语成分。所以，今日越南于第十世纪开始切离中国独立，另一意义也系汉族同化炼炉中，完成变换血统边缘的及时自拔，得于中国域内同族均行变化汉族之际，独能延续自身种族的命脉，源自浙江地方的中国古代越族历史，系由今日中南半岛越南历史的连接，才得维持不坠。

越南民族的中国起源，中、越文献记录相同，也由越南历史界自身悬为基本理念。越南独立后，十三世纪陈朝编集越南最早国史《大越史记》年代纪，始自赵佗的赵朝成立，以及可能便依《史记》记录，以纪元前一一一年赵佗南越国灭亡之年为基点，上推九十三年（《史记》的南越国存在期）而设定赵佗即位之年于纪元前二〇八年。十五世纪后黎朝增补前书续成的《大越史记全书》，追加赵朝以前事迹为"外记"时，卷一鸿庞氏又记述："壬戌元年，初，炎帝神农氏三世孙帝明生帝宜，既而南进至五岭，接得婺仙女生王。王圣智聪明，帝明奇之，欲使嗣位，王固让其兄，不敢奉命。帝明于是立帝宜为嗣，治北方；封王为泾阳王，治南方，号赤鬼国。王娶洞庭君女，曰神龙，生貉龙君。君娶帝来女，曰妪姬，生百男，是为百粤之祖。一日，谓姬曰：'我是龙种，你是仙种，水火相克，合并实难'，乃与之相别。分五十子从母归山，五十子从父居南，封其长为雄王，嗣君位。雄王之立也，建国号文郎国，分国十五郡。"以后，雄王第十八世灭亡于远道来征的四川蜀王子泮，蜀王子留驻越南建瓯貉国，号安阳王，以及安阳王四十四年即中国秦始皇三十三年（纪元前214年），秦置南海三郡，瓯貉国属象郡，续至安阳王五十年的纪元前二〇八年，而国家破灭于赵佗南越国的大并合运动。此一传记，中国文献亦有相同记载，便是《史记》注姚氏案广州记云："交趾有骆（貉）田，仰潮水上下，人食其田，名曰骆侯。诸县自名为骆将，铅印金绶，即今之令。后蜀王子将兵讨骆侯，自称为安阳王，治封溪县。后南越王尉佗攻破安阳王，令二使典主交趾、九真二郡，即瓯骆也。"

依于如上资料，可以认识，越南民族始源意识发扬，概括历史时代以前神话系谱而编定的鸿庞朝故事中，泾阳王时期尚附属于中国南方（新南方），雄王受封建文郎国，指的才是貉越分支定居越南，所以今日越南，便以传说雄王立国的四月二十一日定为建国纪念日而系国定假日（也可推测，雄王的"雄"字似是"雒"字笔误而因因相循。"雒""洛""骆""貉"又系同义字，"雒王"即貉王，符合记录说其时族群中有世袭之权的貉头或貉长由貉侯或貉将统监，而属于貉王的阶级封建制社会组织），此其一。其二，附加的传说时代仍以归属中国统治（蜀王子）终结，接续已是历史之始的赵朝大南越国与汉朝南方九郡时代，连续十个世纪以上的中国与汉族支配，时间超过届抵今日独立诸朝代历史总和。越南的中国渊源与文化上如何血浓于水，由是均可想见。也因而人种学的解说，二次世界大战期间的国际著作，曾直接归纳越南民族为"北方南下的蒙古利亚人种之一；中国人的分派"之说[①]。考古学调查，也有越南文明与中国间密切关系的如下说明——

纪元前二千年代的中南半岛全地域，几乎全是漂泊的 Austro-

---

① 二次世界大战或日本军阀所谓大东亚战争期间，日本大东亚省昭和十八年版《南方年鉴》下篇（各国分论），逸见重雄：佛领印度支那编，第10页。

Asiatic 狩猎、采集种族，不知农耕与饲养家畜，待他们进步到半定居生活，经营原始农耕时的纪元前一千年代之初，中南半岛东部也已有印度尼西亚（Indonesiene）集团诸种族到达而与先住民融合，灌溉农业渐发生，青铜器已与石器并用。纪元前一千年代后半（前七至前一世纪），系半岛最后大规模移动时期，原藏—缅族集团向西北，原泰族集团与原越南族集团分向北方与东北，分别自中国大陆向半岛移动。半岛东北部红河流域青铜器盛期（纪元前五至前一世纪），便与移住者到达时间相一致，而有东山文化遗迹的残存。以独特型式的青铜制斧与短剑、独特型式的小船为特征，推动定居地中南半岛东北部文化向急速发展阶段的，以孙梅河右岸为中心的东山文化主人，由中国东南部移住而与先住民混血形成"瓯越"，便是今日越南民族的直接祖先，所谓"文郎国"的时代，可能标示便是纪元前四至前三世纪这段时间[1]。但稍早时的考定，则貉越于中国东南越族分支大移动的时间表上，系纪元前三世纪初到达广西南部，同世纪后半进入越南境内，而于旧东京地方建文郎国[2]，且说明，其使用石锹耕作，持大弓发射涂毒铜矢，染黑齿，身体施黥纹，头发作椎髻[3]，仍保留了浙江原始越族断发文身时代的习俗。接续，考古学上的越南北部，又已系特多铜鼓与汉朝方格四乳镜、五铢钱等出土，推

---

[1] 越南史前考古调查，取材自苏联科学院《世界通史》，东京图书版日译本古代 5.，第 703—705 页。

[2] 如前引《南方年鉴》，佛领印度支那编，第 12 页；水谷乙吉《安南的历史》，第 8 页，均是。

[3] 水谷乙吉：《安南的历史》，第 10 页引法国马伯乐著《文郎王国》；平凡社版《世界历史大系》5. 东洋中世史第二篇，第 545 页同。

测便是《后汉书》马援传所指示的年代[1]，考古学上一起汇合入中国南部的砖椁墓时代了。

历史上越南与今日越南（Viet-Nam）政治地理范畴并非一致，为须辨明。今日越南国境，习惯仍用十九世纪后半以来法国统治时期区划的北部——东京（Tonkin）、中部——安南（Annam）、南部——交趾支那（Cochinchine）旧名词，或者，越语自身所习称的北圻、中圻、南圻（或北份、中份、南份；面北、面中、面南）。历史时代展开，中国领土包含的便是旧东京（北圻）与安南（中圻）北部、中部，汉朝交趾三郡的位置，交趾郡在红河三角洲，今日河内为中心的东京地区，今日清化以南的旧安南北部为九真郡，安南中部今日顺化一带为日南郡[2]，南界可能到达今日岘港附近[3]，却也到此为极限。独立国时代，踏袭的长期仍然此一基准，一统三圻，如越南现状，还是最近两百年之事，十七世纪中国清朝盛世以前非是。古代，越南乃三分其地，越族定住地之南，沿海岸线以达今日西贡附近Sant Jacques 隘，占有旧南部安南与北部交趾支那地区的，是从事海上贸易而与印度商业、文化紧密结合的印度尼西亚系人种占族（Cham）；相邻据有湄公河三角洲的，又是与印度、雅利安系一部分混血的农业民族吉蔑族（Khmer，高棉族）、柬埔寨族（Cambodgiens）。前者纪元二世纪末建设中国称之"林邑"的国家，而自称"占婆"（Champa）；后者一世纪初最早立国

---

[1] 平凡社版《世界历史大系》2., 驹井知爱、江上波夫、后藤守一《东洋考古学》，第 50 页。

[2] 诚文堂新光社版《玉川百科大辞典》14. 世界历史卷，第 189 页。

[3] 平凡社版《世界历史大系》5. 东洋中世史第二篇，第 545 页。

时，以"扶南"之名见于中国文献，以湄公河中流域的今日高棉国为中心，统治圈北及寮国，西有泰国，东南便包含了越南的交趾支那。[①]占人与柬埔寨人语言视单音语的汉藏语族—汉泰语系越语迥非同源，于今日越南国内，泰族（Thai）一支的老挝族（Laotiens 寮人 Leos）、总括除占人外的印度尼西亚系统先住民后裔，种族繁多而散居中圻安南山脉深处山地蛮人意味的昧人（Moi）、分居东京（北圻）西北高地而概称蛮族（Man）的傜人（yao）、苗人（Meo）与汉藏语族中藏缅语系（Tibeto-Burmese Sub-family）猓倮族（Lolo）等，均系少数民族。而柬埔寨人、老挝人、泰人、缅人，却分别是越南以外今日中南半岛其余四国高棉、寮国、泰国、缅甸的主要民族，也除柬埔寨人外，余三支如同越南族，一概由中国南方发源，而且多数便与汉族同一语言系统，包括苗、傜，也是。此项学术界定说，虽然移动年代以及如何移动的路线考定尚有歧异，然而，以中国历史南移而带动东南亚的改造，则已肯定。

　　从越南扩大至中南半岛全域，西洋人称之为 Indochina，固表示其系中国与印度中间地区的地理位置，也与文化上形成中国与印度两大先进文明圈接触点的意味相符合。但半岛地形便由中国大陆延伸（如红河上流便是云南省境的元江，湄公河发源地且远在青海省，纵贯西康、云南两省均名澜沧江，出国境才称湄公河，越南脊梁的安南山脉又系西藏山系一支脉），自然景观一致，也方便人文上流通，铸定半岛居民最早属南方系，结局却被一波一波中国大陆移来的蒙古利亚人种所压倒，然后才有半岛历史时

---

① 林邑与扶南，主要取材自诚文堂新光社版《玉川百科大辞典》14. 世界历史卷，第 189 页；晓教育图书版《现代教养事典》7. 历史卷，第 99 页。

代的开创。而移入半岛诸民族，其与中国南方母体于大陆分化，众多南方成员间语言、血统关系，人类学上认同的系谱是：

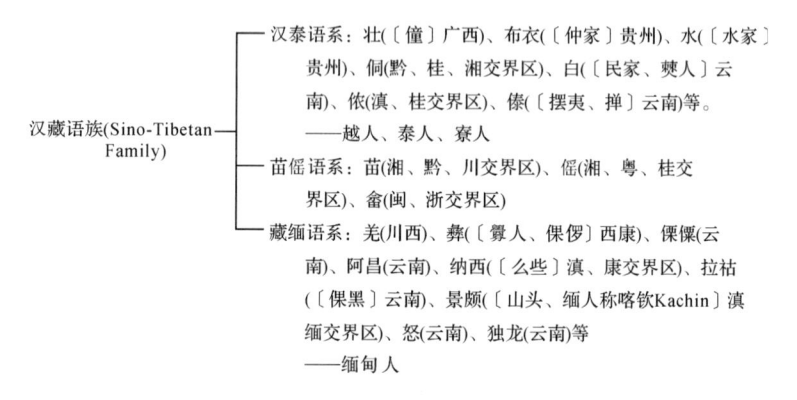

汉藏语族(Sino-Tibetan Family)
├─ 汉泰语系：壮(〔僮〕广西)、布衣(〔仲家〕贵州)、水(〔水家〕贵州)、侗(黔、桂、湘交界区)、白(〔民家〕、僰人〕云南)、依(滇、桂交界区)、傣(〔摆夷〕掸〕云南)等。
│   ——越人、泰人、寮人
├─ 苗傜语系：苗(湘、黔、川交界区)、傜(湘、粤、桂交界区)、畲(闽、浙交界区)
└─ 藏缅语系：羌(川西)、彝(〔夷倮倮〕倮倮〕西康)、傈僳(云南)、阿昌(云南)、纳西(〔么些〕滇、康交界区)、拉祜(〔倮黑〕云南)、景颇(〔山头、缅人称喀钦Kachin〕滇缅交界区)、怒(云南)、独龙(云南)等
    ——缅甸人

中南半岛民族与中华民族其余构成分子间关系又是——

高棉（柬）人所属的 Mon-Khmer 语系，与云南省接界缅甸地区的佤（Hawa）、崩龙（Penglung）等族同一 Austro-Asiatic 语族。

台湾山地诸族与海南岛黎人，又系 Austronesian 语族中的 Indonisian 语系，与在越南已式微的占人或东南亚今日马来西亚、印尼、菲律宾各国的主要民族，都是同一种族。

而如上中华民族南方系诸成员的前身，多数于秦汉时代均已登场，"南蛮"与"东南夷"，系其概括的名词。秦朝以前，在汉族诞生的巨大压力下进入汉族所摒弃的古"南方"边缘，复杂地形的险恶山岳地带为生活场所诸种族，汉族谓之"南蛮"。所以，"南蛮"早自战国时代已依方位别出现，但其长江中流域湖北、湖南一带分布方位，继起"新南方"开拓期展开时，已非"南"而系"中"，只于整体南、北对立形势中仍是"南"蛮。楚国带动统一中国的南方再出发，展现在汉族眼前的"新南方"广阔地

域中前未接触的种族，居住于东南方与南方的是"百越"，对西方与西南方面的，便总称之为西夷、南夷或一括的"西南夷"。汉族势力介入百越之地系统一中国第一次对外大发展期的秦朝，余势兼并西南夷地区，则第二次大发展期汉朝武帝时代。较早出现的南蛮一词，使用时便以方便而与所指分布范围广泛的混合名词"西南夷"通用，或者说，"西南夷"倒反由代表大方位意味的广义"南蛮"包含。简言之，两类名词虽有区分，却是混淆的，也是混用的。

西南夷在《史记》中辑有专传，其记载为：

> 西南夷君长以什数，夜郎最大；其西靡莫之属以什数，滇最大；自滇以北，君长以什数，邛都最大；此皆魋结，耕田，有邑聚。其外西自同师以东，北至叶榆，名为嶲、昆明，皆编发，随畜迁徙，毋常处，毋君长，地方可数千里。自嶲以东北，君长以什数，徙、筰都最大；自筰以东北，君长以什数，冉駹最大。其俗或土著，或移徙，在蜀之西。自冉駹以东北，君长以什数，白马最大，皆氐类也，此皆巴蜀西南外蛮夷也。

此一广大地域，自纪元前四世纪后半楚国势力一度到达滇国，联系便告中断。纪元前二世纪汉族空前强盛，对外南、北齐头发展的同时，才续注意到西南方面在武帝元光五年（纪元前130年），最接近"中国"，四川、贵州两省交界地区的夜郎国首先服从汉朝统治，置犍为郡，此一大事，便是历史上有名的"始通西南夷"，放弃已两百年的原楚国路线重新连接起来。夜郎是所谓

"南夷"，位于四川以西而称"西夷"的邛、筰诸国也分别设县，属蜀郡。政策的大幅度向积极态度转变，须至灭亡南越国同一年的元鼎六年（纪元前111年），远征军移师，沿四川省外缘，北自甘肃，南至云南的异民族各"国"，一概加以征服，两年后的元封二年（纪元前109年），最远的滇国也随之投降。于是，西南夷地区继犍为郡而一举增开六郡：

牂牁郡（原且兰地），今贵州省中南部。

越巂郡（原邛都地），今云南省东南地区。

沈黎郡（原筰都地），今四川省西部（后废郡）。

汶山郡（原冉駹地），今四川省西北部（宣帝时并入蜀郡）。

武都郡（原白马地），今甘肃省南部。

益州郡（原滇地），今昆明为中心的云南省中部地域。

这一线再突破，系一个半世纪以后的后汉第二代明帝时代，纪元一世纪中，盘踞滇西纵谷无量山脉（哀牢山脉）以西大片高地的哀牢夷要求内附，置永昌郡（云南省西部），而中国西南领土范围越过元江、澜沧江，扩大到缅甸萨尔温江（Salween）上流怒江为国界。

西南方与西北方同系汉朝溢出秦朝领土范围的两大部分，前汉十三部（州）的建立，西南夷诸郡最北边的武都郡，以地理位置与杂居异民族乃广泛分布青海、甘肃、陕西的西戎诸种族之一，而与河西五郡（加金城郡）同系西北方位凉州十郡中，新开地域六郡的一郡。其余便合成西南方位益州八郡中的南半部四郡（连同先成立的犍为郡而减省沈黎、汶山两郡），接受北四郡汉中、广汉、蜀、巴的领导。前汉继承楚国开发西南夷路线而转变其长江中流的前进方向为长江上流，北四郡便是支援基地，抑且，巴、蜀自身的原住民又便是西夷一支，仅于时间上最早加入"中国"与汉化。纪元前四世纪后半秦并巴、蜀系历史大事件，以四川盆地结合为大后方，其丰富物产与所蕴藏地下资源的高度利用，是战国末期秦国飞黄腾达的经济源泉。以成都（蜀郡）为中心，四川的富庶自成经济地理单元，于汉朝继续直线发展，《史记》货殖列传大书其农、工、商产业界盛况："巴蜀亦沃野，地饶卮、姜、丹沙、石、铜、铁、竹木之器。南御滇僰、僰僮；西近邛、筰，筰马、旄牛。然四塞，栈道千里，无所不通，唯褒斜绾毂其口，以所多易所鲜。"

川、康、云、贵大西南地区与粤江流域L形全域加入汉族中国，骤然增大汉族中国土地面积几乎三分一。对于如此大片合乎汉族标准的蛮荒之境，开发工程的浩大与艰苦，都可以想象。长江流域，在古代也是到处茂盛的大森林，以及由雨泽积聚而成的沼泽，对习惯于干燥风土的中原人而言，已够潮湿。进抵长江以南的再南方，同样的现象不但继续，而且愈益显著，气候又更加燠热，满布了密林的丘陵与山地，古木参天，荒草没胫，漫山遍野的荆棘、毒蛇、猛兽出没其间，简直危险之甚。比较长江流域更丰润的雨量，加上进入热带圈时强烈的灼热阳光，于此特殊环境与特殊湿度所产生的瘴气，更令人恐怖。如此皆构成汉族活动的大障碍，所以纪元前二世纪后半汉朝政府决心收并这片土地时，反对派的理由便是"南方暑湿，进夏瘴热，暴露水居，蝮蛇蟒虫，疾疫皆作"（《史记》淮南王谏武帝征南越书）。然而，环境尽管恶劣，只要土地与气候适合于汉式生产技术，开展农业的基本价值存在，汉族有毅力，有热忱，也有耐心克服困难。长江流域的开发经验，尤其对长江以南可以随长江流域而变成汉族生活圈,增强了信心,所以,郡县制舵向下,一片片稻田,一处处村落,一个个环绕城墙的城市,终于在汉族披荆斩棘,虽然缓慢却是稳健的行进脚步下,先后出现。

南方的奋起,经济、文化大跃进,须待三世纪以来中国混乱沸腾,全社会秩序脱轴又重建,汉族南北形势再分配之际。但于汉朝,以前后汉两个阶段地域编户数字比较,南方成长基础的建立,已能显见其端倪——

前汉(《汉书》地理志元始二年即纪元2年户口统计):

全国九十三郡国,一二二四万户,五九五九万口

南方 { 益州南四郡二十八万户,一六三万口
（犍为、越嶲、益州、牂柯）
交州七郡二十一万户,一三四万口 } 四十九万户,二九七万口 } 三六〇万户 一七三三万口 (三十四郡国)

徐州五郡国、荆州八郡国、扬州六郡国、益州北四郡
三一二万户,一四三六万口

北方(司隶、豫、冀、兖、凉、青、并、幽等八州,五十九郡国),八六三万户,四二二六万口

后汉(《后汉书》郡国志永和五年即纪元140年户口统计):

全国九十五郡国,九六八万户,四九一五万口

南方 { 益州南五郡　五十六万户,三三一万口
（前汉四郡加永昌郡）
交州七郡　二十七万户,一一一万口
（缺交趾、郁林两郡统计） } 八十三万户,四四二万口 } 四五二万户 二一〇二万口 (三十四郡国)

徐州五郡国、荆州七郡、杨州六郡、益州北四郡
三六九万户,一六六〇万口

北方(司隶、豫、冀、兖、青、凉、并、幽等八州,五十一郡国),五一六万户,二八一三万口

从如上两表，容易察知，前汉之末的汉族人口分布，系 70% 集中在全国三分之一面积的北方（黄河流域），其三分之二面积的大南方（淮河—长江—粤江—红河流域）仅居住 30% 人口。但相隔一个半世纪，北方与南方间，人口分布差距已缩小到 57% 与 43% 的百分比。北方人口减少的趋向，自前汉人口最密集的豫州三郡，到后汉时代，汝南郡由原接近二六〇万人减至二一〇万人，颍川郡由二二一万人减至一四三万人，沛郡尤由二〇一万人退缩至二十五万人之数，以及所有前汉百万以上人口的大郡陈留、东郡、济阴与"三河"之二河内、河南，后汉除河南尹已系首都所在而勉强维持一〇一万人之外，其余概落在百万人以下可见。与"三河"同隶司隶校尉监察区的"三辅"（京兆尹、左冯翊、右扶风）、弘农，前汉乃全国最精华地域，辖有六十八县二九一万人，后汉仅剩四分之一的七十二万人与四十七县。西北到东北的北方边境诸郡（凉、并、幽州所属），汉族居民数剧减现象多数与关中相同。南方方面人口相对增加的趋势，前汉只长江上游蜀郡、中游南阳、下游会稽三郡超过百万，后汉续又出现巴郡、零陵、长沙、豫章等百万人大郡，邻接豫州的荆州南阳郡且自原一九四万人一跃超过二四〇万人，取代前汉汝南郡而登全国第一大郡地位，扬州会稽郡则分割两郡（吴郡 70 万人、会稽郡 48 万人）。

关于新开地，交州七郡人口统计，《后汉书》郡国志所列较《汉书》地理志为少，系记录残缺所造成的假象，南海郡由前汉九万人增至后汉二十五万人，六县增为七县；苍梧郡十四万人增至四十六万人，十县增为十一县；九真郡十六万人增至二十万人，自原七县减为五县；日南郡七万人增至十万人，合浦郡七万人增至八万人，各维持原五县旧状，都是增长的说明。特堪注意系县数，后汉紧缩国家财政政策下，裁并人口减少各县数字至四百，乃地方行政一大征象，交州诸郡却反而多见增设。《后汉书》郡国志漏交趾郡户口资料，而明记独较原十县增达两县为十二县，可以推知，人口必然较前汉七四万人增长甚多。同缺户口资料的郁林郡由十二县减为十一县，非定必出于人口数字降低的原因，九真郡之例也可供参证。

益州南四郡（后汉五郡）西南夷后裔，便都是中华民族的西南地区诸构成民族，所以给人历史上汉族对此部分开发可能不热心的印象，但自前引两志，已显见汉朝的汉族移民数字，实际较交州七郡更多。只是，此一广大地区，迄今仍是中国地理因素最复杂、地形最险恶的区域，山地、丘陵、高原、纵谷错综分布。雄耸峭拔的高山，怒涛湍急的奔流，切割高原一处处深邃的峡谷，虽然不符合标准汉式农业经济利益观念，重叠山岳与大峡谷间开朗的大平野固不可见，大河支流一块块较小面积平原却多的是，仍然非无利用价值。因之决定这大片土地的需要与否，汉族是犹豫的，不能如对粤江流域似的明快直截。于此，秦朝的态度是断然放弃，汉朝才重加估价，在取舍之间选择了前者。郡县政治下，汉族源源不断地移民，土著住民居留地被划定在原无人迹的山区，连续了"古南方"范畴内荆州武陵、零陵、桂阳诸郡蛮夷，早期于前汉族诸集团净化农耕环境时被驱逐，而退入群山生活的同一待遇。汉族诞生后，对领土内外，特别是新征服"汉化预定地"而汉族不感兴趣部分的残余异民族，允许以效忠与服从当地郡县约束为条件，自郡县制度外维持固有社会组织实行自治，沿国境乃相共通，却以湘、桂、黔、滇、川、康大西南特殊化地理环境中，汉族行政区与蛮夷自治体错杂形态最为复杂，中国领土上异民族自治现象也因而最为突出，此其一。其二，汉族文明以发展至最高阶段的生产方法与制度、繁复的人际公共生活方式、周密的社会组织与统治技术为表征，异民族的文化上汉化或血统上同化，一方面需要时间，一方面也需要异民族自发的意愿。否则，土著部落热忱不高，西南土著隐入地区的地形与气候又非汉族所能适应，汉族不愿也不敢进取时，便惟有警戒他们不惹是生非，加以和平隔离。此一状态铸定为历史传统，西南夷终也分别独立繁衍成了今日的西南诸民族，而且扩大其生活领域于东南亚。虽然二千年来，西南夷一定程度上的汉化还是不可避免。

自古代南方向今日南方，汉族瞻望前途，一片光明。以沃土与丰富自然条件为背景的二千年南方发达史由中国统一时代起笔，结论则如今日地理教科书所说，中国六大地理区域中，中部地方与南部地方合占全国总面积 20% 的土地上，居住了全国总人口数的 60%，乃是国家富力最集中的地区。较之《汉书》地理志统计时，恰成鲜明倒反。

东方的黎明——东夷

纪元前三世纪后半中国统一，结束历史期以来的中国世界，又开创了新的中国世界历史。第二次中国世界以第一次中国世界政治的、文化的统一为基石而展开，所以前后本质上仍是连续的，为中国世界的再扩大。然而，从"地"已系"中国"，"人"已系"汉族"的"汉族中国"统合立场出发，也必然较统一前存在了新的特征，而此特征，乃表现于政治与文化的周延不必一致，也不必再以地与人的统一为归趋。中国政治支配圈原与中国文明弘布圈为同义，秦汉时代的中国世界，中国政治力可以延展至北亚细亚与中亚细亚，却须随国势盛衰而伸缩。中国文明则固定化愈随时间而愈深厚移植东亚，今日习知的东洋—中国文明圈自是成立，由成员国家、民族共同散发世界文明之光。

政治的中国世界与文化的中国世界，毋须定必对应的性格差异，依于如下可见：

汉族对中国内、外异民族，所谓东夷、南蛮、西戎、北狄政治从属的规范，系以颁赐印绶——履行朝贡手续，而建立宗主—属国关系，谓之"外臣"。汉朝西域三十六国为有名之例，但西域三十六国从未被学术界列入中国文明圈内。

相对情况，朝鲜与越南，分别自汉族中国直属东北与南方领土的郡县政治切离，改立藩属国家关系；日本又自中国属国而自主，却都是东洋—中国文明圈内韧性最强的一员。今日日本即使简约的历史著作也会特笔说明，日本与日本人承受中国文化影响，乃是决定性的，其吸收已系血肉似完全融合，非欧美文化的附加性可比。[①] 入门书的诠释又是：东亚与亚洲其他地域比较，可发现其历史与文化的独自特征，即：共通使用中国的汉字，尊崇儒学，包括信仰主流之一的佛教也非原来南亚起源，乃是与亚洲其他地域相异以中国为中心而第二次展开的大乘佛教。所有出现于东亚域内国家，历史与文化都与中国密切关联，因之育成的国民生活状态与其习俗，便是现在的历史位置决定性因素。申言之，朝鲜、日本以及越南，其各自的文化与历史，都受母体中国

---

① 上横手雅敏：《东亚的日本》，人文社版《世界历史》4. 东亚世界，第 444 页。

文明之惠而形成以及展开，无一例外。① 至于生活习惯，人所周知，中国与其邻近国家进食餐具用筷子，乃与共通文字汉字同系东洋—中国文明圈最鲜明的独特标志。

惟其如此，文化的中国世界便代表了东亚世界，或者地理范畴尚延伸入中南半岛东南亚，而名东洋世界。东洋世界的形成与展开，都须以中国为中心，也由中国文明之域导航，追寻中国渊源，才可理解东洋历史。于此，历史界以起点设定于中国文明最初的激荡期战国时代，中国周围诸地域受其变动影响的波及，自蒙昧苏醒，开始向文明移行。秦汉成立中国统一国家，周围地域直接编入中国支配，或以朝贡形式服属于中国宗主权之下的结果，中国历史最早含盖东洋全域，东洋—中国文明圈开始形成。

东洋—中国文明圈内，汉族依自身规准区分东、南、西、北四方异民族，并评估其开化程度，《汉书》地理志燕地条的一段记载为堪注目："东夷天性柔顺，异于三方之外，故孔子悼道不行，设浮于海，欲居九夷，有以也"；《后汉书》东夷列传序则："王制云：东方曰夷。夷者，柢也，言仁而好生，万物柢地而出。故天性柔顺，易以道御，至有君子、不死之国"；《三国志》魏志东夷传序也记："虽夷狄之邦，而俎豆之象存。中国失礼，求之四夷，犹信"，都是对东夷赞美之词。《史记》中所包罗的异民族传记有匈奴、南越尉佗、东越、朝鲜、西南夷、大宛等列传，属于东方的仅朝鲜。关于朝鲜，《史记》宋微子世家中虽也载："于是（周）武王乃封箕子于朝鲜而不臣也"。但朝鲜列传如同南越列传，毋宁乃是汉族殖民史与始建郡县史性质，东夷事情的最早

---

① 西嶋定生：《东洋史入门》，第11—12页。

记录，乃是附加在《汉书》地理志燕地条的概括说明部分："（燕地）北隙乌丸、夫余，东贾真番之利。玄菟、乐浪，武帝时置，皆朝鲜、濊、貊、句骊蛮夷。殷道衰，箕子去之朝鲜，教其民以礼义、田、蚕织，作乐浪朝鲜民犯禁八条。……乐浪海中有倭人，分为百余国，以岁时来献见。"《三国志》魏志与著作年代在后且政治记事外风土民俗资料多援用《魏志》的《后汉书》，才分别依夫余、高句丽、束沃沮、挹娄、濊、三韩、倭人种族别，分条撰定蔚为大观的东夷传。总称"东夷"，可知多数系住居东北地方与朝鲜的古代通古斯（Tungus）系诸种族。东夷之事，出现于中国史书由简而详的层次，固表示汉族对他们了解的广泛与深入程度增长，也遗留至今成为研究此等民族自身尚无历史记录以前的历史活动最可宝贵、客观、充分的文献资料。《三国志》魏志以东夷与乌丸（桓）、鲜卑同列一卷而分撰传记，且系已能明了乌桓、鲜卑的游牧化通古斯—东胡系，须与东夷系狩猎民族有别的证明。如上记录内容所反映，正代表了汉族移殖东北、朝鲜后，泛东方诸民族迎向文明黎明的进程。

通古斯种族系今日中国域内，除汉藏语族外分布最广的阿尔泰语族（Altaic Family）一支，中国五族共和中除了汉、藏两族，满、蒙、回三族，便分属阿尔泰语族三系统，即东——通古斯语系，中——蒙古（Mongol）语系，西——突厥（Turk、土耳其）语系。满族虽然今日几乎都已被汉族同化，但达呼尔、索伦、赫哲、奇楞、鄂伦春等族，仍都代表了东北地方的通古斯族，或者说即历史上东夷的后裔。

只是，东北地方这个区域范围，须注意系随十七世纪满清朝代成立而施加的政治区划，在此以前，向依自然与人文分属三个不同的地理单元：

南部辽河流域与沿渤海海岸沃野，乃是农耕汉族主要的生活据点一部分。

西部兴安岭东麓展开的草原，系蒙古高原游牧天地东方边缘。

自长春以东，从北到南的大片山岳密林地带，才是通古斯族人的活跃舞台，舞台面而且南方包含朝鲜半岛，北方向西伯利亚伸展，贝加尔湖（Oz. Baika1）以北，自叶尼塞（Yenisei）河东面，南、北平行两大支流 Podkamennaya Tunguska 河与 Nizhnya Tunguska 河，通过勒拿（Leno）河直到鄂霍次克（Okhotsk）海与日本海，全系同一语系诸种族分布地域，"通古斯"种族名词的由来，也便与两条通古斯卡河有关。

惟其如此，中国东北地方，乃是亚洲的森林（西伯利亚）、干燥（蒙古）、湿润（汉族中国）三大风土地接触点①，当地历史便受此复杂的环境地理条件而推移。

关于辽河平原，地理形势上便与汉族环境的"中国"不可分割，地质上也是中国自杭州湾沿海岸向北一系列冲积平原的尽头，土壤、气候、作物种类全是黄河流域的延续，古代中原居民移住，非只陆上通过山海关走廊至为方便，自山东半岛北端经庙山列岛而抵辽东半岛南端的海上交通线也已利用。所以新石器时代的文化，已以中国龙山文化为背景。② 纪元前四至前三世纪左右，辽河谷地、大凌河流域土地由汉族中国确定支配的历史开始，战国燕国积极向北方与东北方进出的结果，置渔阳、上谷、

---

① 江上波夫：《北亚史》（山川版），第 183 页。
② 三上次男：《古代朝鲜、满洲的状势》，诚文堂新光社版《世界史大系》3. 东亚Ⅰ，第 336 页。

右北平、辽西、辽东等五郡，辽西郡的范围自热河山地东南部东至辽河为界，辽河以东的辽宁省东半部、安东省南部以及朝鲜半岛北部，则为辽东郡领内。

《史记》朝鲜列传记载："自始全燕时尝略属真番、朝鲜，为置吏筑障塞。秦灭燕，属辽东外徼"；同书苏秦列传苏秦说燕文侯也有"燕东有朝鲜、辽东"之语，朝鲜与辽东并列，抑或附属辽东，又系地理、地形自然条件的结合。朝鲜半岛自东北地方延伸形成，长白山（朝鲜方面名"白头山"），贯通半岛内外，长白丘陵与半岛北部盖马台地乃为一体，鸭绿江的性质也与辽河相同，所以半岛实质便是大陆一部分。此一事实，今日历史界颇加重视，认定便是朝鲜或韩国历史所以必受大陆，特别是东北地方势力左右的原因，其发展也因而概与中国大陆关系的变化相应。简言之，切断东北地方的历史关系，朝鲜历史便无从解释。① 明显的例证，辽东考古发掘，发现战国燕国明刀钱，分布特为广泛②，明刀钱于朝鲜鸭绿江渭原附近、清川江宁边附近等地，同样多有发现，齐刀也有见出，明刀出土例且波及韩国全罗北道务安③，都是半岛地理因素决定追随中国东北历史的开端。纪元前三世纪左右，中国人（汉族或前期汉族诸集团的燕人、齐人）既到远东，活力已必然渗过鸭绿江，移民源源进出，中国政治、经济力开始伸入朝鲜半岛。

朝鲜半岛考古学成果的系统性整理，对中国文明提携半岛走出原始时代，指示尤其明晰。④ 半岛旧、中石器时代的存在无确

---

① 稻叶岩吉：《朝鲜史》，平凡社版《世界历史大系》11.朝鲜满洲史，第5页。
② 江上波夫：《北亚史》（山川版），第185—186页。
③ 稻叶岩吉：《朝鲜史》，平凡社版《世界历史大系》11.朝鲜满洲史，第17—18页。
④ 朝鲜半岛考古学解说，主要取材自榧本龟次郎《朝鲜的黎明》，平凡社版《世界考古学大系》7.东亚Ⅲ，第102—103、111页。

证，新石器时代便是分布于山岳地带的中国系统丹彩与磨研壶类、豆、甑等素纹陶器，与河川、海边地带的北方欧亚大陆系统栉目纹陶器共存，而素纹陶器并存的石器除石剑、石镞外，又是石刀（石庖丁）、石斧、石凿、纺锤车等农耕与纺织用具，以及部分金属品农具与武器类（铜制或铁制）伴出，大同江方面秦戈出土为有名，凡此于栉目纹系种类的陶器、石器中为概无。可以推知两类陶器使用者，前者生活方式已系从事农耕生产，后者仍依存河、海渔猎与植物采集为生活手段，正是中国东北地方狩猎、农耕两类型文化分别延长，以及铸定半岛因接触中国金属文化而金石并用的特征，却也因局部地区中国文明溉润缓弱，而石器时代仍长时期继续残存。出土随葬遗物的墓葬场所，亦以受中国东北石棺墓（箱形石棺）文化影响，使半岛由原始的无设施死者地下埋葬方式，自纪元前三世纪左右发生箱形石棺，以及竖穴式石室墓形式，较迟又有石棺、石室为基本的积石冢与支石墓筑造，渐次自北向南波及。其发展中心的支石墓上限，推定为纪元前二世纪末以前。所以，考古学上朝鲜半岛脱出原始社会形态的准备期，年代与战国燕、齐移民东来以届汉朝初期的文献记录符合，而有半岛文明发生的考古报告结论供参证。

今日韩国与日本学者的朝鲜史研究，同以史前时代名"古朝鲜"而分期，但对传统箕子开国说颇有异论。韩国学界所接纳乃以古"朝鲜族"传说为基准的自身民族信仰，如同日本神武开国神话，始见于王氏高丽朝鲜两部最古史书之一，十三世纪末所完成《三国遗事》的檀君开国神话（另一较早的著作《三国史记》无此说），谓桓雄天王降临神檀树下，与熊女为婚而生檀君王俭，檀君以中国唐尧即位五十年庚寅之年，建都平壤城，定国号朝鲜，又移都白岳山阿斯达，御国一千五百年，中国周虎（武）王即位己卯，箕子受封朝鲜东来，始让国隐去，寿一千九百岁，成山神云云。所以今日韩国用檀君纪年，以纪元前二三三三年为檀纪元年。然而，檀君传说虽然仍系以箕子事迹为基础的追加神话，箕子之说却已被韩国学界一概否定，其唯物史观学者且否定檀君之说，解释如前引《汉书》地理志说箕子东来作犯禁八条并八条内容的记事，与中国人或特定的箕子都不相干，乃是古代中国人所见，纪元前三世纪否王与其子准王（此据《三国志》魏志东夷传马韩条引《魏略》，但《魏略》仍明记准王系箕子之后）时代，古朝鲜土著的朝鲜族阶级社会，与当时习惯法的反映。①

日本方面所持见解，认为"朝鲜国"的出现，系战国时代中国势力获得加速与加大向外发展机会的结果。新设辽东郡以前，燕、齐支配力先已波及朝鲜，只是尚属分散的、游离的，以燕、齐亡命者为代表。渐渐朝鲜域内此等中国人相互团结，指导当时中国人呼之真番、朝鲜等的先住诸种族，建设国家，奉箕子为始祖，郡县政治成立时仍允许存在，便是"箕氏朝鲜"②。所以，"箕氏朝鲜"须承认系中国人建设的朝鲜第一个国家③，虽然朝鲜不必确由箕子，以及确于箕子时代开国。而箕子被假借为朝鲜开国人物的理由，端以箕子于中国乃第一等受尊敬的仁人，日本学者相信，正相当于德川时代的日本历史界，指承日本开国乃自中国圣贤吴泰伯，如德川光圀刊行朝鲜《东国通鉴》的林春斋序言

---

① 金达寿:《朝鲜》(岩波版)，第42—44页，引朝鲜金日成大学朝鲜史讲座《朝鲜史概要》。

② 江上波夫:《北亚史》(山川版)，第256—257页。

③ 三上次男:《古代朝鲜、满洲的状势》，诚文堂新光社版《世界史大系》3.东亚Ⅰ，第339页。

所代表的思想："就想泰伯至德而基我王迹。箕子有仁以开彼土地，均是先圣之所称也。共曰东方君子国者，不亦宜乎？中华始舍是，六合之内，守纲常之道，仰文物之化，未闻如本朝及朝鲜者，岂非泰伯、箕子之遗风哉？"[1]

朝鲜史上第二次国家建设与第二个中国人国家，为攻灭"箕氏朝鲜"准王而建立的"卫氏朝鲜"，《史记》朝鲜列传记录颇为明晰："朝鲜王（卫）满者，故燕人也……汉兴，为其（指朝鲜）远难守，复修辽东故塞，至浿水为界，属燕。燕王卢绾反，入匈奴，满亡命。聚党千余人，魋结蛮夷服而东走出塞，渡浿水，居秦故空地上下鄣，稍役属真番、朝鲜蛮夷及故燕、齐亡命者王之，都王险。"今日平壤最古"王俭城"之名初见，可能且是檀君"王俭"名词的导源，以之为中心的卫氏朝鲜国，与同时期南方的尉氏南越国，同以统一的汉族中国为母国而南、北遥遥相对，但是韩国史学介绍卫氏朝鲜，如箕氏朝鲜也作卫满原即朝鲜族的解说。[2] 卫满驱逐准王，系汉高祖崩逝，卢绾亡入匈奴之年的纪元前一九五年左右，国势隆盛，真番、临屯诸族均受控制，经历三代约八十年，至其孙右渠领导国家时，灭亡于汉武帝元封三年（纪元前108年）的汉朝大攻略，追随南方南越国回并母国，以《史记》朝鲜列传结语汉朝"遂定朝鲜为四郡"为结局。朝鲜或韩国史上"古朝鲜"时代由是落幕，新的"汉四郡"（乐浪郡）时代开始。

朝鲜史大转捩年代，系以纪元前一〇八年半岛汉四郡设置为基准，实则半岛设郡非自此始，二十年前的武帝元朔元年（纪元

---

[1] 稻叶岩吉：《朝鲜史》，平凡社版《世界历史大系》11.朝鲜满洲史，第187页。

[2] 金达寿：《朝鲜》（岩波版），第44页。

前128年），已一度以东海岸濊君南闾反抗卫氏朝鲜统制，率族人二十八万口要求内属，而其地开置苍海郡，但仅维持三年便以交通不便作罢。汉四郡的位置，除乐浪郡治朝鲜县即今平壤，文献与考古资料均已证实之外，对余三郡治今日地名的比定，以及四郡辖境范围，学术界意见颇为纷异，尤其真番郡北方说与南方说歧见特甚，从来未有定说①，今日通说则：②

---

① 战前，东洋史学界对朝鲜四郡位置所在的考订兴趣颇浓，下过研究上的大功力，但意见差异，自稻叶岩吉个人两著作，《满洲发达史》（大正八年初版，昭和九年增订，日本评论社版）与《朝鲜史》（昭和十年，列入为平凡社《世界历史大系》第11卷朝鲜满洲史上篇），前后主张已有修正可见（参照前书第15页，后书第21—22页）。同系平凡社版《朝鲜满洲史》，其下篇矢野仁一《满洲史》，又是另一意见（参照该书第224页）。主要诸说：

	乐浪郡	真番郡	临屯郡	玄菟郡
稻叶岩吉（前说）	卫满朝鲜根据地的今大同江流域	京畿、忠清道一带	江原道一带	咸镜道与跨鸭绿江上流地方
稻叶岩吉（后说）	卫满朝鲜直辖领地	于四郡中距离为最远，郡治霅县在南鲜之地	江原道一带	郡治沃沮城在今咸镜南道，属县高句丽、西盖马等包有鸭绿江内外长白山东海岸的广泛土地
矢野仁一	包有汉水流域以至大同江流域之地	忠清道一带	江原道一带	咸镜道与跨鸭绿江上流之地
今西龙（《真番郡考》）		忠清道，全罗北道（郡治在锦江流域）		
那珂通世（《朝鲜古史考》）白鸟库吉（《东洋学报》汉四郡疆域）	平安道（含今慈江道）、黄海道、京畿道	咸镜南道南部与江原道〔北方说代表者〕	咸镜道	鸭绿江下流域与佟佳江流域

② 依三上次男《古代朝鲜、满洲的状势》说，诚文堂新光社版《世界史大系》3. 东亚Ⅰ，第342页。

乐浪郡（卫氏朝鲜直辖领地与朝鲜族聚居地）、平安北道、慈江道西部、平安南道沿海地区与黄海南北道、京畿道。

玄菟郡（沃沮族地），咸镜南、西江、慈江三道各大部分与平安南道的山岳地带。

临屯郡（临屯族，即濊族地），咸镜南道南部与江原道地区。

真番郡（真番族地），忠清南、北道与全罗南、北道地区。

简言之，四郡全体，已概括了仅东南部庆尚南、北道与全罗南道南方沿海一隅除外的半岛广范围。但二十六年后，武帝次代昭帝始元五年（纪元前82年），最远的真番郡与日本海方面的临屯郡，均加废撤，玄菟郡全行向鸭绿江以北退却，原辖区并入乐浪郡为东部都尉领域（后汉又放弃乐浪东部都尉地，便是载于《汉书》地理志而《后汉书》郡国志未见的东暆以下七县），郡治移设到高句丽县（今安东省新宾县附近），改以佟佳江（浑河）流域的今日安东省境为后退辖区，半岛内独存乐浪一郡。变化原因推想一半系以移住汉族与土著种族间不协调，而昭帝政治乃以紧缩其父武帝所遗庞大财政为特色，又是原因的另一半，所以断然收缩半岛事业，情况与其后南方旧南越国领域内的海南岛撤治，一般无二。然而，朝鲜半岛经营范围与其费用缩小的相对，正也是经营力集中的意味。管辖二十五县（后汉十八县）的大郡乐浪郡惟一屹立半岛，迄于中国大分裂变局中的晋愍帝建兴元年（纪元313年），存续逾四百年，统一领导半岛，散发其政治、经济、文化充沛的合成活力，而"乐浪时代"光辉熠熠于史（三世纪三国时代辽东成立公孙氏独立政权时代以来，乐浪一分为二，分割直辖领域南境的汉江流域新置带方郡，系出自效率增大的目的而非削弱）。

四百年"乐浪（带方）时代"展开，写下朝鲜文化史第一章。高度发达的汉朝文物移植，其丰硕遗迹留存迄今，固系无法以价值衡量的历史资产，对汉朝文化自身，也建立了研究上一基准。乐浪郡治或乐浪郡主县朝鲜县治遗址，便是今日平壤市大同江对岸，平安南道大同郡大同江面土城里的土城，为十分明白。城址利用大同江畔岩壁的一部分为北壁与东壁，城壁东西延长七百公尺余，南北约六百公尺，略呈方形，西南城壁尚残有保存比较良好的部分在。城内约略中央部的建筑址，出土大量汉朝遗物，长方形砖敷设宽四公尺、长四十公尺的步道，石筑水沟与井，自然石础石，以及瓦当、瓦片碎件、铜和铁镞等武器、铁蒺藜、铜鼎、陶质生活用具、装饰品、半两、五铢、大泉五十货币等均见。遗物的一大特色系所发现封泥，"乐浪太守章""乐浪大尹章"（王莽改太守官名为大尹）"前莫丞印""不而左尉"等前汉时代乐浪郡的县名，"昭明丞印"等前、后汉共有的县名，甚多见出，"乐浪封泥"因而闻名。瓦当上"乐浪富贵"等四字配列，"乐浪礼官"字样为堪注目，郡国置礼官，职务主要乃礼仪、祭祀，而与天子关系密切的汉朝制度，以大同江面船桥里古墓的孝文庙钟出土，得相互参照，钟刻"孝文庙铜钟容七升、重卅七斤，永光三年（纪元前39年）六月造"铭文，知系前汉元帝时代所遗，供与次年"罢祖宗庙在郡国者"的《汉书》元帝纪永光四年冬十月乙丑诏印证。

乐浪郡的属县位置，今日多数已不可知，仅黄海南道信川郡信川面土城即昭明县治址、咸镜南道永兴郡顺宁面所罗里土城即不耐（而）县治址，可以考定。黄海北道凤山郡文井面的土城址，也以同郡岿山面乌江洞古墓出土铭有"（西晋）太康元年三月王氏造""使君带方太守张抚夷砖"等文字之砖，曾推定系带方郡治遗址[1]。调查面积约占乐浪郡治遗址二十五分之一的平安南道龙冈郡海云面于乙洞土城，系另一著名遗址，以古城东北发现花岗岩碑，而知系秥蝉县治遗址。碑的大部已损毁，现存长一·三公尺的碑身，上刻七行汉隶，其文字："□（元）囻目年四月戊午秥蝉长□□（改行）□建丞属国会□为众□□（改行）□□神祠刻石辞曰（改行）□平山君德配代嵩（改行）□估秥蝉兴甘风雨惠闰土田（改行）□□寿考五谷丰成盗贼不起（改行）□□臧出入吉利感受神光"，与《后汉书》章帝纪元和二年（纪元85年）二月诏："今山川鬼神应典礼者，尚未咸称，其议增修群祀，以祈丰年"的记事，正相符合，因而得以对碑文残缺年号加以考定。

郡县城郭附近散在的坟墓遗迹，乐浪郡治址周围发掘为特多，主流便是中原标准型的木椁墓与砖椁墓，此外则石椁墓与小儿瓮棺。随葬武器类、黑漆皮甲、札甲、马具，以及铜镜、玉器、陶器、漆器等实器与砖椁墓明器，甚多精巧工艺品，彩箧冢、王光墓、王盱墓、大同江面第九号墓等，尤以出土遗物质量俱丰，逸品累见，受考古界重视。古时助丧赠物谓之"赗"，其制实例，也自彩箧冢出土长二三·七公分，宽七·二公分的柏材板，表面墨书汉隶"缣三匹（改行）故吏朝鲜丞田肱谨遣吏再拜奉（改行）祭"而见。

乐浪汉朝遗物，最早铭年为昭帝始元二年（纪元前85年）[2]，尚系四郡并立时代。后汉五官掾王盱与其家族的坟墓，尤多建武

---

[1] 及川仪右卫门：《满洲通史》，引大正三年朝鲜总督府朝鲜古迹调查略报告，第33页。

[2] 及川仪右卫门：《满洲通史》，引大正三年朝鲜总督府朝鲜古迹调查略报告，第26页。

二十一年漆杯、永平十二年神仙龙虎画家漆盘等四川制造的铭年豪华高级漆器出土[①]，其一宫廷用羹杯外底铭文："建武廿八年（纪元 52 年）蜀郡西工造，乘舆䊷纻器，二升二合羹棓（杯）。素工回、髹工吴、汍工文、洢工廷、造工忠、护工卒史旱、长氾、丞庚、掾翁、令史茂生"，造作分业的细密与其严谨态度，自诸技术者与监制者均具名，以示负责，为可了然。

乐浪雄厚的汉朝文化遗存，反映了其时汉族移住之势的汹涌。实则，此一趋向自"所诱汉亡人滋多"（《史记》朝鲜列传）被列卫氏朝鲜破灭罪名之一时，已经形成，乐浪郡直接支配下，汉族移植尤已公开化。《汉书》地理志户口统计资料，大东北地区诸郡便正以乐浪为遥遥领先，后汉北方边郡人口普遍大退潮，行政区大幅合并，而《后汉书》郡国志所说明，仍是乐浪郡一枝独秀。移民渡来之源，古朝鲜时代"燕、齐亡人"分由东北大陆的陆路、山东半岛的海道的走向，大体延续而无甚改变。记录入《汉书》《后汉书》的东北四郡户口记录是：

		前汉		后汉（辽东属国都尉独立"比郡"，领六县，户口不详）
辽西郡	14 县	户 72654 口 352325	5 县	户 14150 口 81714
辽东郡	18 县	户 55972 口 272539	11 县	户 64158 口 81714（？）
玄菟郡	3 县	户 45006 口 221845	6 县	户 1594 口 43163
乐浪郡	25 县	户 62812 口 406748	18 县	户 61492 口 257050

---

① 平凡社版《世界历史大系》2. 驹井知爱、江上波夫、后藤守一《东洋考古学》，第 15 页。

数字庞大的汉族移民与其后裔集结乐浪，筑成中国文明的传导之渠直通东方大门，郡内原住民与郡的周围诸异民族，精神、物质生活蒙受四百年灌溉之惠，乃得洗脱其原始性而培育文化根苗，刺激土著诸部族政治、社会组织的发展。日本史学界注意到乐浪考古发掘的王光、王旴墓成果，文献记录又载文字输入日本，系乐浪覆灭后归化半岛的汉裔王仁，而对乐浪王氏系谱寄以兴趣。追究的结果，发现《后汉书》循吏传王景条有明白记述，原籍琅邪郡不其县，八世祖以学者身份移住而成乐浪诌邯人。已系乐浪籍的王景，又长期服务于大陆，乃治河专家，仕官至庐江太守。如上考证于中国史本身无大关系，却暗示两个问题：第一，乐浪文化与中国大陆为干枝相通，代表的便是"中国"文化而非局部的地域性文化；第二，乐浪大放中国文化光明，其系东方异民族世界广域的文明灯塔，非仅乐浪（带方）郡存在的时代，强力光度也持续到四世纪中国大变局中乐浪（带方）郡倾覆以后，汉族后裔于乐浪文化灌输东方异民族已开花结果，一系列民族国家发生之际，仍以转变的另一形态归化人，继续为东洋—中国文明圈坚实形成付出可敬的心力，也因而固定朝鲜历史仍以中国为轴而发展的方向。则"乐浪时代"的意义，已非止于朝鲜或韩国史的分期名词而已。

乐浪伸出中国东方领土前端，为中国东洋世界支配的一大据点。但其形势并非孤立，而系大东北地区四郡一体连锁环节之一，辽东郡为政治、文化策动中核，辽西郡接应后援，玄菟郡侧翼，乐浪郡便是前方基地，四者为相互衔接呼应的有机体。对于同化东方落后诸种族，四郡携手尽其历史的努力。

四郡接触周围"东夷"诸种族，其分布状况为：夫余在北方，挹娄、沃沮、濊依序自北至南在东海岸，高句丽、朝鲜在郡内（朝鲜族在乐浪郡内已不存在"国"的形态，所以东夷传无其传记），韩、倭在前方，多数便是古代东北亚森林地带的各狩猎民族。也以四郡布列后的往返交涉，东夷事情经由汉朝实地观察得知，而载入记录，如《后汉书》东夷传序所说："使驿不绝，故国俗风土，可得略记。"

关于古代森林地带居民，最早出现于中国文献的是肃慎与貊人，"肃慎"的存在，仍以传说成分居多，"貊人"则系实在。"貊"字也另书写作"貃"或"貉"，《中庸》之言："施及蛮、貊"；《周礼》夏官职方氏也记"掌四夷、八蛮、七闽、九貉、五戎、六狄之人民"，可知"貊"或"貉"乃泛称意味，对象便是中国东北森林地带通古斯语系诸种族，亦即夫余等"东夷"的概括名词——尚未能区别特定民族时的种族总称谓。

但森林地带"狩猎"人民，非纯粹经营狩猎生活之谓。丘陵、山岳满布的密林间也分散有一块块小面积可耕地，松花江一带且有大片平原，于地形上连接辽河平原合称松辽平原。所以，狩猎人民多同时从事低度谷物栽培，实际系半猎半农的生活，因此而存在容易接受与吸收农耕为根本的汉族文化因素，以汉族立场衡量，乃出现为"天生柔顺，易以道御"的评语。貊人自建国家于中国史中登场，正是自松花江平野兴起的夫余（扶余、扶餘）。

夫余族推定自四郡之势成立以前，已由辽东郡支配外侧蓄积其中国文化潜力，以今日哈尔滨东南阿城附近与长春西北方的农安附近为中心，结合周围诸氏族集团形成貊人最初的阶级社会部族国家。王以下，有以马加、牛加、猪加、狗加为称的四部族长,分别支配所附属小族长,发展为相当长时期统制松花江中流域的大势力。广泛分布于合江省、松江省与苏俄沿海州(Primorskii Krai)的挹娄族,也服属其领导。但待统治集团一分支脱离本国,南下另行领导高句丽国家愈益强盛,相形之下便显得减色,历史的命运也便是向高句丽屈服。

《三国志》魏志(以及《后汉书》所转录)的夫余传记内容主要有:

"夫余在长城之北,去玄菟千里,南与高句丽,东与挹娄,西与鲜卑接,北有弱水,方可二千里。户八万,其民土著,有宫室、仓库、牢狱。多山陵、广泽,于东夷之域最平敞。土地宜五谷,不生五果。"

"其人粗大,性强勇谨厚,不寇钞。国有君王,皆以六畜名官,有马加、牛加、猪加、狗加、大使、大使者、使者。邑落有豪民,名下户皆为奴仆。诸加别主四出,道大者主数千家,小者数百家。食饮皆用俎豆,会同、拜爵、洗爵,揖让升降。以殷正月祭天,国中大会,连日饮食歌舞,名曰迎鼓,于是时断刑狱,解囚徒。"

"在国衣尚白,白布大袂,袍、袴,履革鞜。出国则尚缯绣锦罽,大人加狐狸、狖白、黑貂之裘,以金银饰帽。译人传辞,皆跪,手据地窃语。"

"用刑严急,杀人者死,没其家人为奴婢。窃盗一责十二。男女淫,妇人妒,皆杀之。"

"兄死妻嫂,与匈奴同俗。其国善养牲,出名马、赤玉、貂狖、美珠。珠大者如酸枣。"

"以弓矢刀矛为兵,家家自有铠仗。国之耆老自说古之亡人。

作城栅皆员,有似牢狱。行道昼夜无老幼皆歌,通日声不绝。有军事亦祭天,杀牛观蹄以占吉凶,蹄解者为凶,合者为吉。有敌,诸加自战,下户俱担粮饮食之。"

"其死,夏月皆用冰。杀人徇葬,多者百数。厚葬,有椁无棺。"

"夫余本属玄菟。汉末,公孙度雄张海东,威服外夷,夫余王尉仇台更属辽东。……其印文言'濊王之印',国有故城名濊城,盖本濊貊之地,而夫余王其中。"

"汉时,夫余王葬用玉匣,常豫以付玄菟,王死则迎取以葬。"

高句丽历史,其与夫余间的渊源向被史学界强调,朝鲜最早国史,王氏高丽朝撰定的《三国史记》高句丽本纪第一,叙述始祖东明圣王开国传说,谓其讳朱蒙(一云邹牟,一云家牟),母乃河伯女,夫余王闭之室中,为日影追逐而有身孕,卵生朱蒙,善射。夫余王金蛙恶之,于是,"朱蒙乃与乌伊、摩离、陕父等三人为友,行至淹淲水,欲渡无果,恐为追兵所迫,告水曰:我是天帝子,河伯外孙,今日逃走,追者垂及如何?于是鱼鳖浮出成桥,朱蒙得渡,鱼鳖乃解,追骑不得渡。朱蒙行至毛屯谷(《魏书》云至普述水)……与之俱至卒本川(《魏书》云至纥升骨城),观其土壤肥美,山河险固,遂欲都焉,而未遑作宫室,但结庐沸流水上居之。国号高句丽,因以高为氏。"中国正史《魏书》高句丽传记录上面故事的年代犹早,情节全同,文字也大同小异。而特有兴味的,高句丽此一传说,参考《三国志》魏志夫余条引《魏略》录入的夫余开国神话,又可发现其属雷同:"昔北方有高离之国,其王者侍婢有身,王欲杀之,婢云:有气如鸡子来下,我故有身。后生子,……名曰东明,常令牧马。

东明善射，王恐夺其国也，欲杀之。东明走南至施掩水，以弓击水，鱼鳖浮为桥，东明得渡。……因都夫余之地。"高句丽开国传说与之地名有异，人名则一，便由夫余传说转化而成的痕迹至为明显，所以高句丽统治者系由夫余分派，自堪信凭。然而，传说中东明王的高句丽开国年代系纪元前37年，"高句丽"族与其名词却早已存在，纪元前一世纪初玄菟郡内迁，郡治所在的主县，便以系高句丽族聚居地而命名高句丽县，相互间似乎出现了矛盾。

然则，《汉书》王莽传中与《三国志》魏志东夷传高句丽条，相同的一段记事为堪重视："先是，莽初发高句丽兵当伐胡，不欲行，强迫遣之，皆亡出塞为盗寇。……（严）尤诱期高句丽侯驺（骑）至而斩之，传其首诣长安。莽大悦，布告天下，更名高句丽为下句丽，令咸知焉。"东明王朱蒙的高句丽开国，因之不外两种解释：

其一，"朝代"的变易，高句丽"国"由自族统治转变夫余系支配。高句丽族领导者驺被斩而国家陷入混乱之际，夫余方面的野心家乘机南下，以彼此生活习惯、语言相同的方便，重新团结高句丽族而接收统治权，新成立夫余系高句丽国，与已系后汉时代的中国重建新的从属关系，地位也由原高句丽"侯"上升为"王"。但依此推定，传说的"开国"年代必须延后到纪元一世纪前半，而非纪元前一世纪后半。

其二，高句丽族向来小部落分散而不统一，系朱蒙代表的先进夫余势力，于纪元前一世纪后半介入，才确立中心领导，成立国家。果属此一情况，则始祖朱蒙一名邹牟的传说，猜测可能便与王莽时代被斩的"驺"是同一人，"驺"即"邹牟"的略称①。换言之，朱蒙系实在人物，系经后人渲染其事迹而神秘化，借用故国夫余东明王出生传说，作成高句丽开国的相似传说。

不论如何，分布于今日旅顺东方山岳地带，立于中国直辖领土上受玄菟郡卵翼，而从事狩猎、渔捞、山间平地农耕的高句丽族，以得文明化了的北方同种族夫余提携结果，纪元前后，也已以鸭绿江支流佟佳江（沸流水）中流域的安东省本溪市桓仁（纥升骨城，玄菟郡治高句丽县）为根据地，独立为一大部族国家，分涓奴、绝奴、顺奴、灌奴、桂娄等五部，追随夫余建设氏族制阶级社会，东亚历史上又一个夫余系貊人国家政治秩序成立。后汉光武帝建武八年（纪元32年），受赐王号。所以部分史学家的意见，高句丽全历史三期分期的第一期（沸流时代）之始，难求可靠的年代，惟有设定于确实纪年的纪元三二年，乃为允当②。汉末大分裂局面初展的纪元二一〇年左右，自发祥地东移。迁都鸭绿江中流域丸都（今吉林集安市西），而高句丽历史转换入第二期（丸都时代）；四世纪五胡乱华期间南进攻略乐浪郡成功，纪元四二七年又迁都乐浪郡故地平壤，而入第三期（平壤时代），以迄纪元六六八年覆亡于唐朝。

《三国志》魏志（以及《后汉书》）的高句丽记事，已系高句丽历史发展至第二期时写照：

"高句丽在辽东之东千里，南与朝鲜、濊貊，东与沃沮，北与夫余接。都于丸都之下，方可二千里，户三万。多大山深谷，

---

① 矢野仁一：《满洲史》，平凡社版《世界历史大系》（十一）朝鲜满洲史，第23页，引《那珂通世遗书》第二十五章《高句丽古碑考》。
② 末松保和：《朝鲜古代国家的军事组织》，学生社版《古代史讲座》（五）古代国家的构造（下），第287页。

无原泽。随山谷以为居，食涧水。无良田，虽力佃作，不足以实口腹。"

"其俗节食，好治宫室，于所居之左右立大屋，祭鬼神，又祀灵星、社稷。其人性凶急，善寇钞。"

"东夷旧语以为夫余别种，言语诸事，多与夫余同，其性气衣服有异。"

"汉时赐鼓吹技人，常从玄菟郡受朝服衣帻，高句丽令主其名籍。后稍骄恣，不复诣郡，于东界筑小城，置朝服衣帻其中，岁时来取之，今胡犹名此城为帻沟溇。沟溇者，句丽名城也。"

"其民喜歌舞，国中邑落，暮夜男女群聚，相就歌戏。"

"其人絜清自喜，喜藏酿。跪拜申一脚，与夫余异，行步皆走。以十月祭天，国中大会，名曰东盟。其公会，衣服皆锦绣金银以自饰。大加主簿头著帻，如帻而无馀，其小加著折风，形如弁。"

"无牢狱，有罪诸加评议，便杀之，没入妻子为奴婢。"

"其俗淫。男女已嫁娶，便稍作送终之衣。厚葬，金银财币，尽於送死，积石为封，列种松柏。其马皆小，便登山。国人有气力，习战斗，沃沮、东濊皆属焉。"

挹娄，于《三国志》魏志东夷传的记述中，值得注意处系：（1）"在夫余东北千余里，滨大海，南与北沃沮接，未知其北所极"；（2）"其人形似夫余，言语不与夫余、句丽同。……东夷饮食类皆用俎豆，唯挹娄不法，俗最无纲纪"；（3）"人多勇力，……善射，弓长四尺，力如弩，矢用楛，长尺八寸，青石为镞，古之肃慎氏之国也"；（4）"无大君长，邑落各有大人。……自汉以来臣属夫余，……黄初中叛之"。可以综合了解，挹娄已非貊人，乃是貊人生活圈之外，停滞石器时代的未开化原始社会人民，为东北地区北方的纯粹通古斯族，或者以叙述方便，假用旧说东北极北之民名词，而与貊人对称肃慎系通古斯族。但三国时代的三世纪前半，向由夫余国支配的此等低文化水准种族，也已受夫余影响渐渐接近文明，并脱离夫余约束独立。自苏俄沿海州方面，向黑龙江下流与松花江流域活泼进出，发展为勿吉—靺鞨—渤海—女真的中国东北历史的全新路线。

沃沮（或东沃沮）与濊（或东濊、濊貊即临屯），北南相接，共同面临日本海，前者北接挹娄、夫余，后者南连辰韩，地理上依朝鲜半岛山脉南北纵走的地形，山右与东海岸间，通称"里朝鲜"之地，亦即汉四郡时代的玄菟郡（沃沮族）与临屯郡（濊族）所在，与山左"表朝鲜"乐浪郡并立。《三国志》魏志东夷传各各记录其居民，"其言语与句丽大同"或"言语、法俗大抵与句丽同"。沃沮北部越过图们江又包有苏俄沿海州南端部分，也依方位另称"北沃沮"。沃沮、濊全系貊人种族之一，又均"无大君长，邑落各有长帅"，自汉朝受赐不耐濊侯、沃沮侯等名号，从未出现统一国家，最后注定便以卷入高句丽的貊人大统合漩涡为归宿。

"真番"族名，自真番郡撤废而消失，相对，前此未见的"韩"族（"韩"地）名词，却接替登场，则"真番"与"韩"之间可以等同，如同"临屯"即"濊"，似非仅凭猜测。住居朝鲜半岛南部，从事稻作种植的韩族是否也是貊人系？二次大战后以韩国学界为主流的今日意见，乃是正面的，因之与战前研究结论的南方起源说，尚待调和。而有关韩人记事，最早文献《三国志》魏志东夷传韩条内容所浮现，实则正是貊人信鬼神、喜歌舞与南方系倭人文身的习俗相互掺杂。韩地也如同倭地，政治形态届《三国志》叙事时代的三世纪中，尚系不统一的小部落分立状况，而归纳之为三个政治地区，所谓"三韩"。便是：忠清道、全罗道方面五十三国以"马韩"总称、庆尚道大部分地域十二国总括称"辰韩"，庆尚南道与全罗南道的半岛正南方部位，又是"弁韩"（弁辰）为称的另十二国。都是大"国"万余家，小"国"六七百家，而《魏志》总叙："韩在带方之南，东西以海为限，南与倭接，方可四千里。"

日本列岛倭地情况，《三国志》魏志东夷传倭条，以"倭人在带方东南大海之中，依山岛为国邑。旧百余国，汉时有朝见者，今使译所通三十国"为起首，洋洋二千多字的三世纪时实地调查报告，乃与考古学印证，证明日本史前史脱却绳文式时代而向汉族文化为底子的弥生式文化移行，详记阶级分化，豪族出现，政治社会开始发生的最古文献凭证，所以特受今日日本史学界珍视，确认为日本史研究的基础。

以乐浪郡设置而得中国文化提携的日本，自最早《汉书》地理志燕地条"岁时献见"的简单记录，到《后汉书》东夷传倭条，便已是"建武中元二年（纪元57年），倭奴国奉贡朝贺，使人自称大夫，倭国之极南界也，光武赐以印绶。安帝永初元年（纪元107年），倭国王师升等献生口百六十，愿请见"，对中国的正式属国关系建立。《三国志》魏志中，更载入了卑弥呼女王与宗主国魏国间亲密交涉的详尽记事。光武帝所颁赐刻有"汉委奴国王"五字，一七八四年（日本天明四年）在筑前国志贺岛叶崎出土，今日由日本政府指定为国宝的金印，与近年发现于云南省晋宁县石寨山古墓中，印文"滇王之印"的金印，同系研究汉朝"外臣"关系的重要实物资料。"滇王之印"出土报告尚待时日,"汉委奴国王"印则已测定,系纯金印材,上附蛇纽,重量一百零八公克,四方印台每边二·三公分或汉尺一寸。①

汉朝中国为中心的宗主—属国朝贡网展开,由"外臣"关系维系的周围所谓"四夷国",分别附属边郡,接受监督,四时诣郡朝谒,有军征赋调,供给役使。也以诸边郡为黏着点,一方面维护中国世界参与者间国际社会的和平秩序,一方面予以经济、文化的提携,以及政治上的指导。而就后一意义,四夷国中便以纪元前二世纪开始展现的东夷世界效率为特高。所以当纪元后二世纪后半中国大乱以来,东方朝贡组织的国际支配力固陷弱体化,共同安全体制也因而崩坏,朝鲜半岛与日本列岛国家体制的成立,却获得了有利条件与时机。其结果,五世纪中国政治初步回复稳定,南北朝重建东亚新秩序时,已升高为朝鲜半岛高句丽、百济、新罗三国与日本列岛"倭之五王"的形势,此际诸藩国返回中国—东方朝贡网,东亚史新的一章掀开了。

---

① 栗原朋信:《汉帝国及印章》,学生社版《古代史讲座》4.古代国家的构造(上),第 317—319 页。

主要参考书

平凡社:《世界考古学大系》第5—7卷(东亚Ⅰ、Ⅱ、Ⅲ),昭和四〇、四一年(1965—1966年)。

角川书店:《世界美术全集》第12、13卷(中国一、二),昭和三八年(1963年)。

学生社:《古代史讲座》全十三卷,昭和三六至三九年(1961—1964年)。

平凡社:《世界历史大系》(一)史前史、(二)东洋考古学、(三)东洋古代史、(十一)朝鲜满洲史,昭和九、十年(1934—1935年)。

诚文堂新光社:《世界史大系》第二卷(文明的发生),第三卷(东亚Ⅰ),昭和三九年(1964年)。

筑摩书房:《世界的历史》(一)历史的黎明、(三)东亚文明的形成,一九六八年。

人物往来社:《东洋的历史》第一、二、三卷,昭和四一年(1966年)。

苏联科学院版《世界通史》《古代》(一)至(六)(东京图书株式会社日译本),一九六一年。

和田清:《中国史概说》,岩波全书,一九五〇年。

贝塚茂树:《中国的历史》,岩波新书,一九六四年。